JN318150

金沢北条氏編年資料集

永井晋・角田朋彦・野村朋弘 編

八木書店

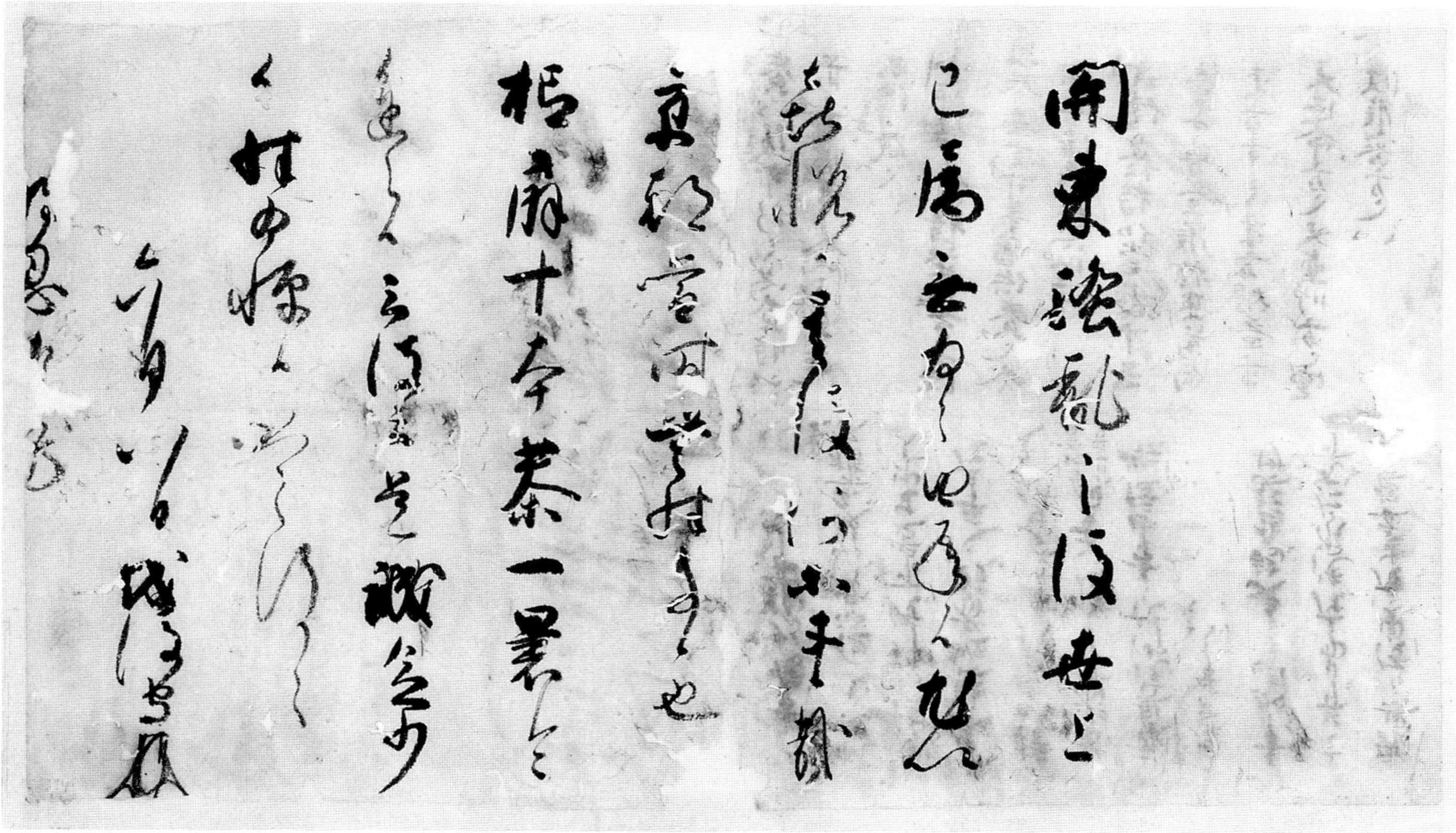

口絵1　金沢貞顕書状（321号資料、24/393）

金沢貞顕が六波羅探題南方として在京していた時期の書状。本文は右筆書。差出の「越後守」の下に貞顕自筆の花押がある。筆順は同じだが、縦長なのが、若い頃の花押の特徴。杉原紙を使用しているので、紙背にある聖教の文字が透けてみる。

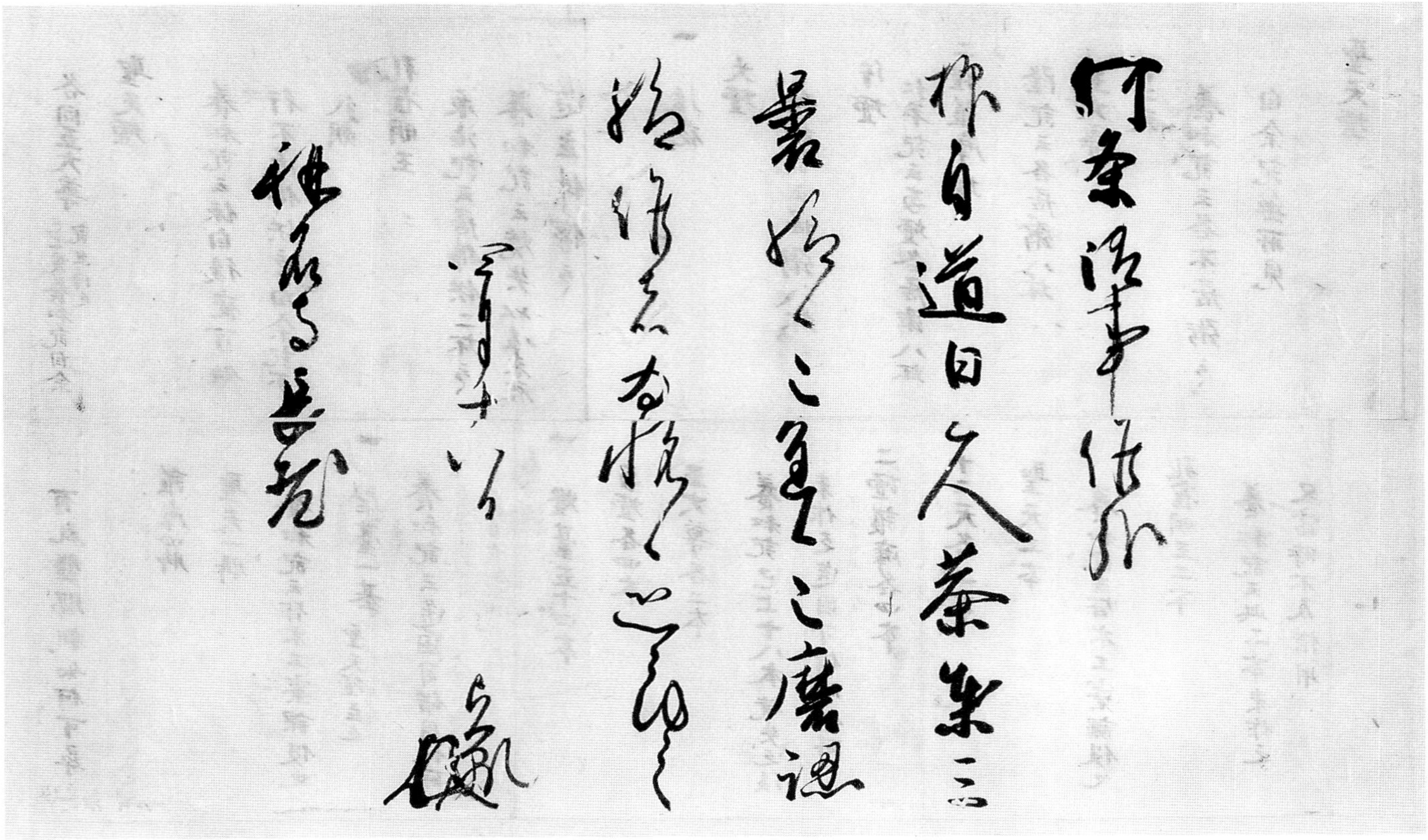

口絵２　金沢貞顕書状（449号資料　127/455）

金沢貞顕が引付三番頭人を勤めていた頃に鎌倉で書いた書状。花押は六波羅探題南方時代と同様に腰高である。貞顕の署名も、連署時代とは筆跡が異なる。これらの特徴と共に、紙背の聖教が釼阿応長元年書写聖教であることから、連署時代まで下らないことは明らか。

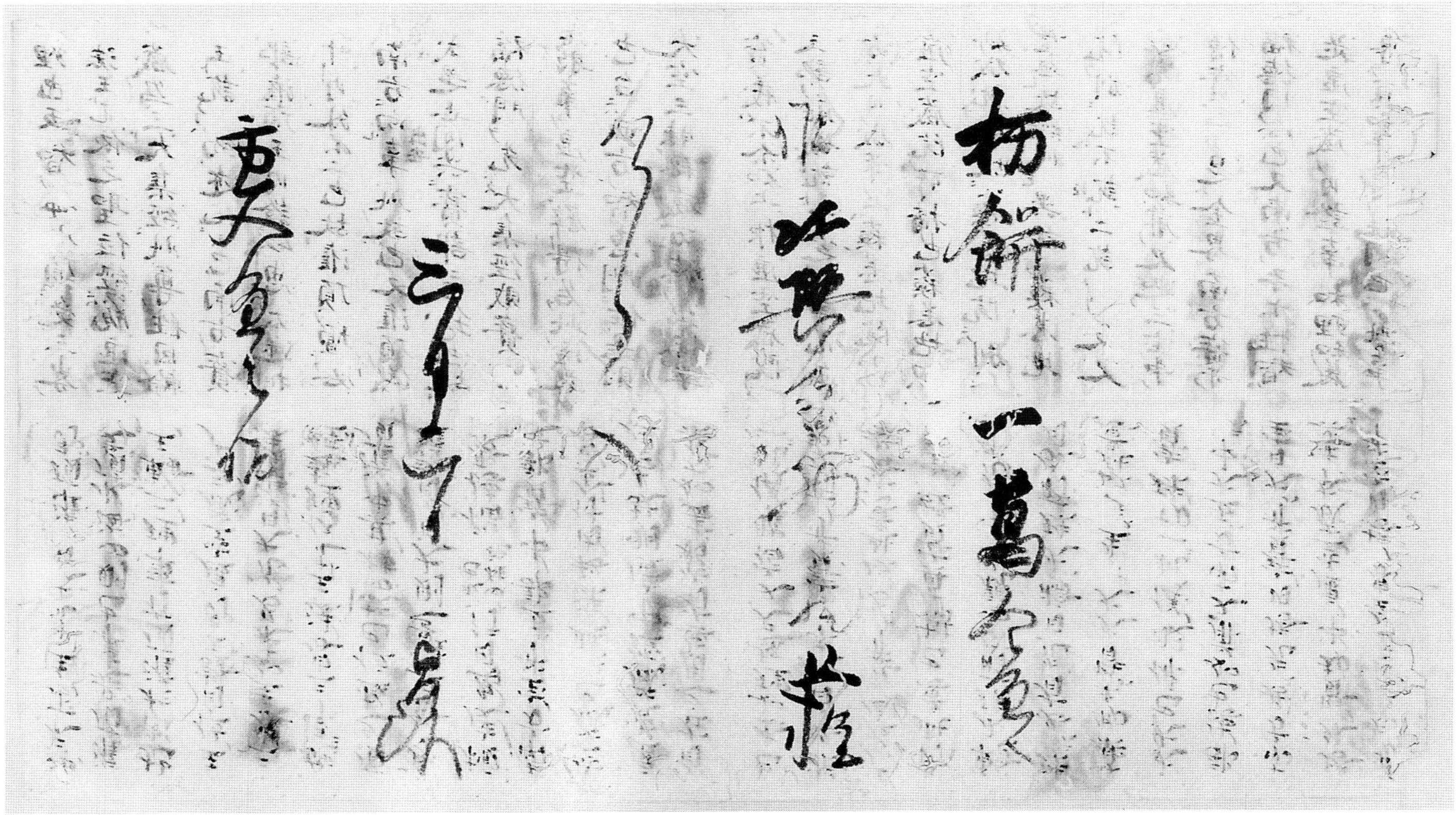

口絵３　金沢貞顕書状（635 号資料、166/491）

金沢貞顕連署時代の自筆書状。貞顕の草名が引付三番頭人時代とは異なる。陸奥紙に書いているので、杉原紙を使用した書状とは異なり、紙背の聖教の文字はぼやけて透ける程度である。書状の文字も、重厚で萱目の影響を受けて墨の濃淡が表れている。貞顕全盛時代の料紙である。

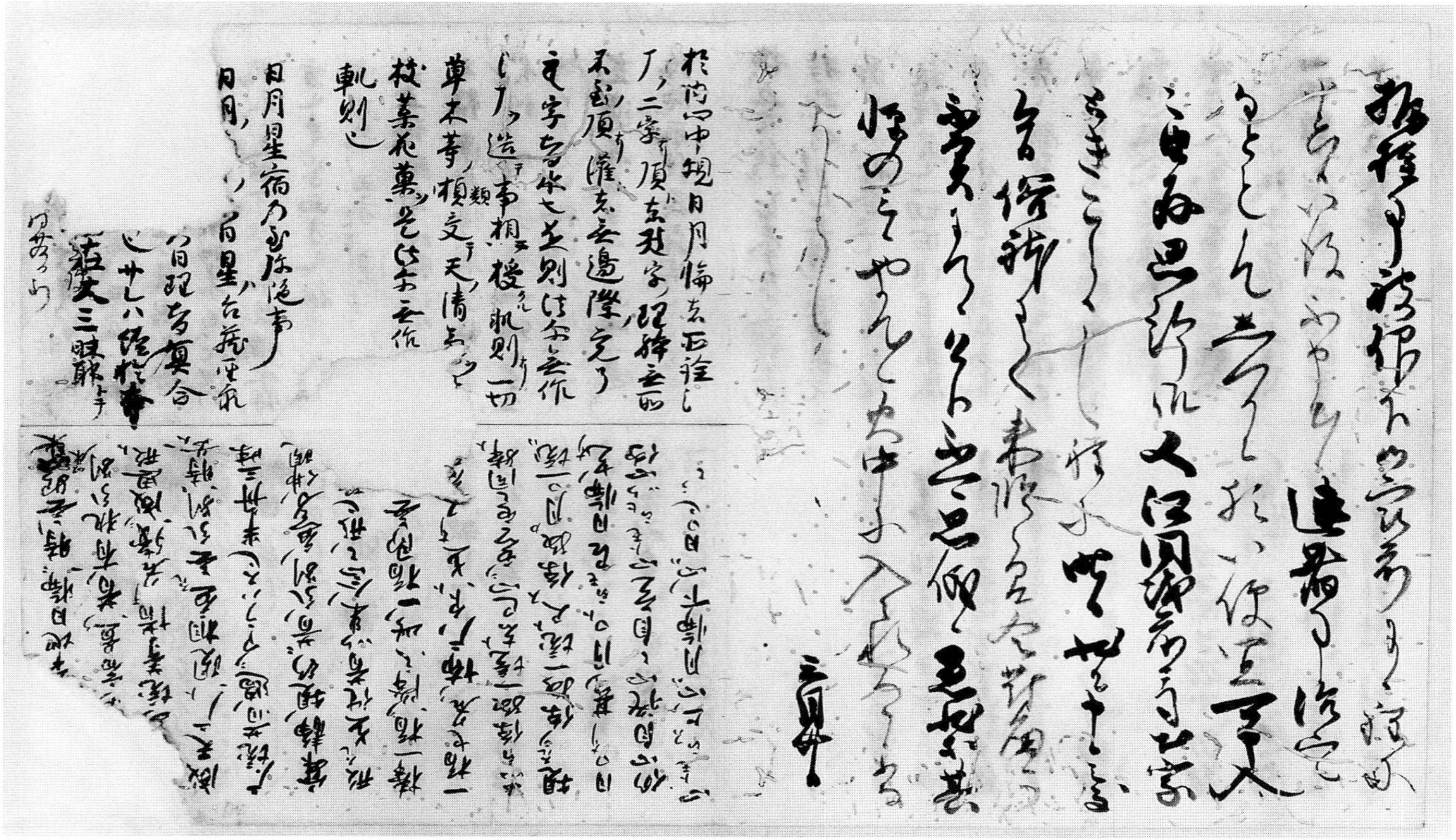

口絵４　金沢貞顕書状（785 号資料、375/672）

六波羅探題南方の嫡子貞将に送った金沢貞顕執権在任中の書状。署判の位置に日付を記している。左端上段に貞将側が記した受取注記が聖教と異筆でみえる。この書状は裏紙で料紙右半分で終わっているので、聖教として裏面４頁と表面２頁の６頁をとっている。

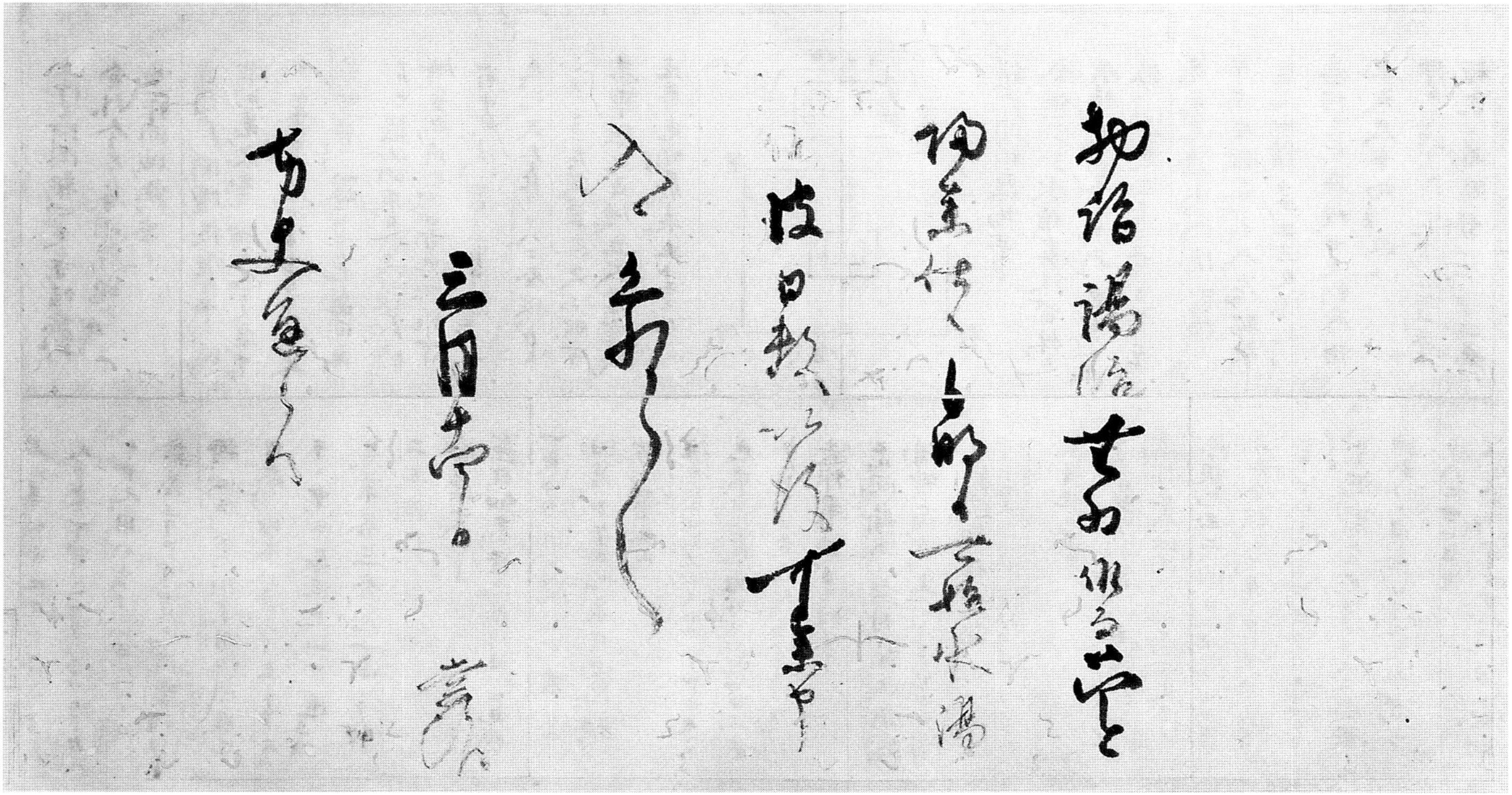

口絵５　金沢貞顕書状（997 号資料、457/754）

金沢貞顕出家後の書状。陸奥紙を使い、「崇顕」の法名で署名している。鎌倉の赤橋亭から称名寺長老釼阿に送った日常的な書状で、口絵２・３とは料紙も書式も微妙な違いがある。本書状は、貞顕没後の供養経料紙として金沢貞将や釼阿が選りすぐった料紙である。

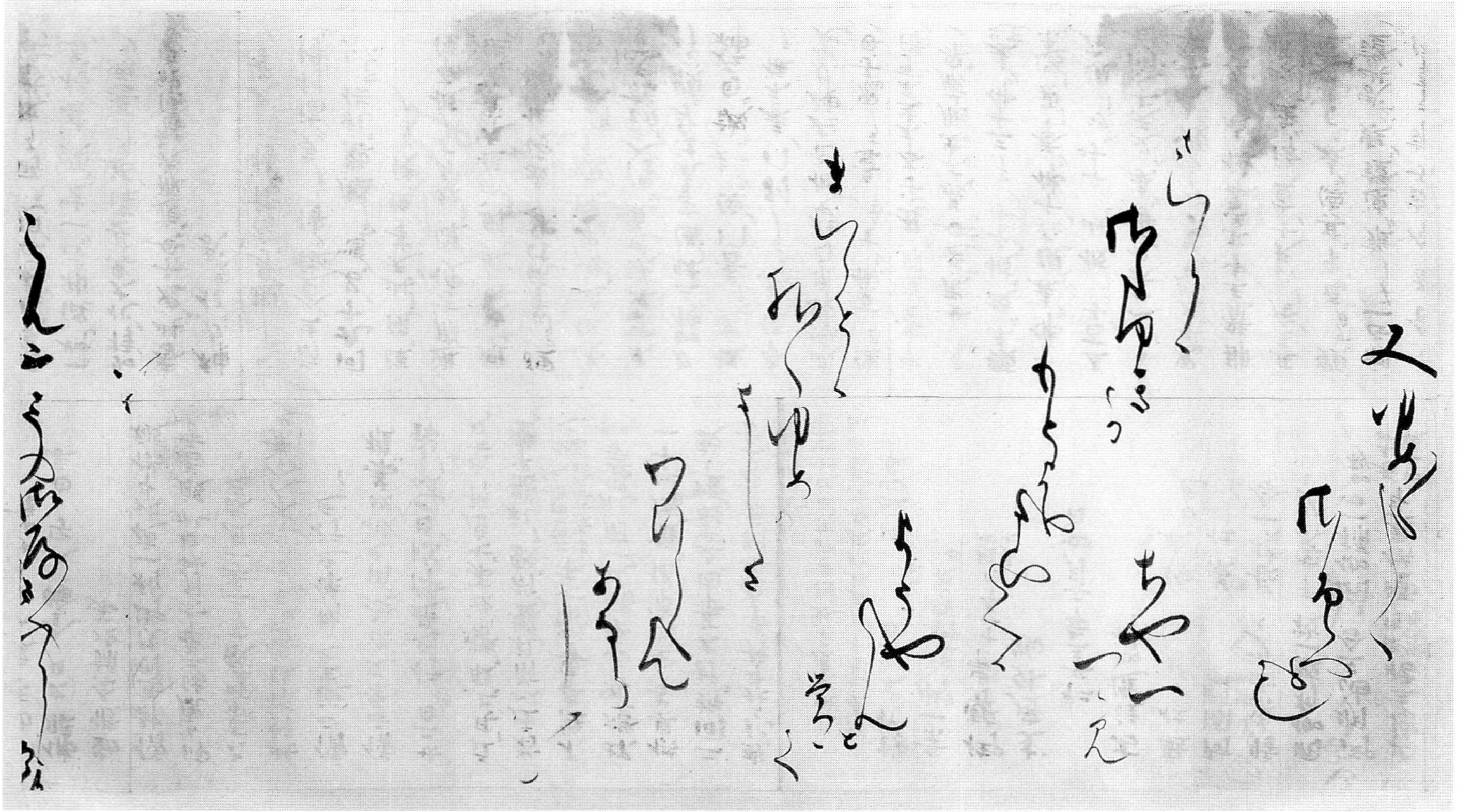

口絵6　金沢貞顕書状（775号資料、481/773）

金沢貞顕連署時代の仮名書状。貞将が京都から送ってきた茶をお裾分けすると伝えるもので、仮名で「さたゆき」と書かれている。円教房永賢に茶を届ける送付状であるが、仮名書しているところをみると、永賢は律院の尼寺長老であろうか。

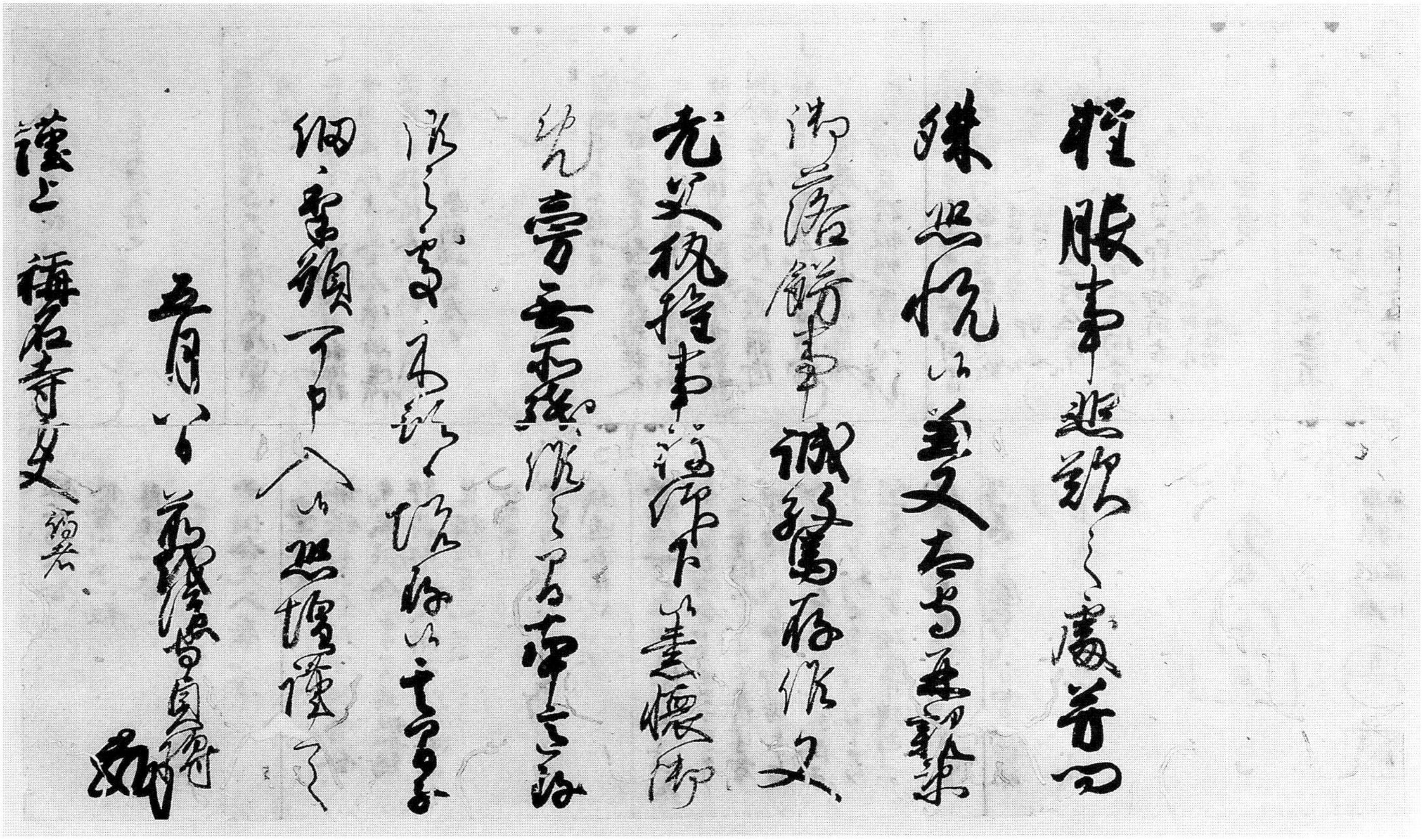

口絵７　金沢貞将書状（787号資料、518/783）

金沢貞将が嘉暦の騒動が一段落した後に称名寺長老釼阿に送った右筆書状。貞将の側近は盛久以下数名が確認されるが、事務書類が残るのみなので、書状に用いる貞将自筆や右筆の筆跡は確定していない。この書状は、季顕が副状を書き、鎌倉に下向すると伝える。

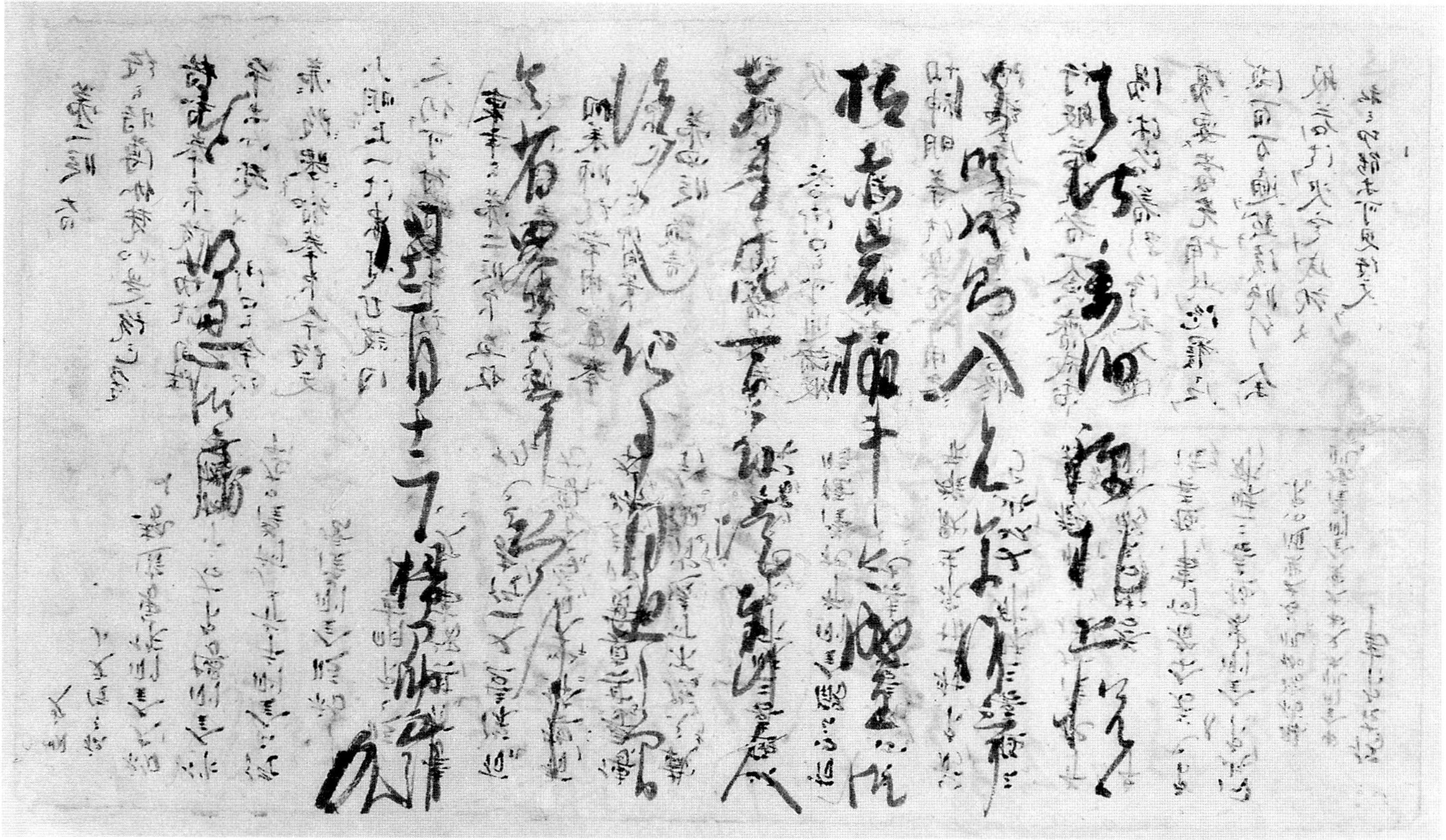

口絵８　倉栖兼雄書状（329号資料、552/797）

金沢貞顕の右筆を勤めた側近倉栖兼雄の書状。兼雄は貞顕と共に世尊寺流の書を学んだので、筆跡のみでは判別しづらいものがある。貞顕・釼阿が用いる料紙と右筆・奉行人が用いる料紙は品質に差があること、身分による人名表記の違いにより、貞顕と被官の書状は区別できる。

まえがき

北条氏一門の金沢氏は、鎌倉幕府第十五代執権金沢貞顕の時代に全盛時代を迎えた。一族には、武蔵国六浦庄金沢郷を本拠地とした嫡流、貞顕の兄で北条実時の甘縄亭を継承した引付頭人甘縄顕実の一流、異国征伐のために博多に駐留して鎮西探題に就任した北条実政の鎮西金沢氏、鎮西評定衆や大隅・長門・周防の守護を歴任した北条時直の一流などの諸家がある。また、貞顕の子顕助・貞助は真言密教広沢流の仁和寺真乗院の院主を歴任し、貞顕の兄顕弁は園城寺長吏と鶴岡社務を兼務して天台密教寺門流の重鎮となり、伝法灌頂を行って弟子を育成していた。鎌倉時代後期の金沢氏は、武家の世界においても、寺院社会においてもさまざまな所に名前の書き残される実力者に成長していた。

本資料集は、金沢氏の中で鎌倉赤橋の公邸で活動した嫡流を中心に、可能な限り編年に近い形式の編纂を行った。金沢氏関係の資料は、『吾妻鏡』や家政運営に拘わる文書など年代の明確なものは半数に満たず、称名寺住僧と日常的なやりとりに使用した年号を記さない書状群が大半を占める。それらの書状は聖教の紙背文書として伝存したものなので、本資料集で最大の労力を払ったのは、編年と書状本文の復元である。この作業を完成させるため、角田朋彦氏・野村朋弘氏と共に原本にあたり直した緻密な作業を行い、刊行にたどりつくことができた。

金沢氏嫡流に関する主要史料は点検したこと、書状類の編年がより精緻になったことなど、本資料集は鎌倉後期の研究に益することが多いと考えている。御活用いただければ幸甚である。

代表編者　永井　晋

目　次

口　絵
まえがき……i
解　説―金沢氏の歴史と文書―……永井　晋　v
凡　例……xxi
本　文……1
系図・表……543
1　金沢氏系図……545
2　金沢氏嫡流婚姻関係図……548
3　北条氏略系図……549
4　天野氏系図……551
5　遠藤氏系図……552
6　長井氏系図……552
7　安達氏系図……553
8　明経道清原氏略系図……554

表1　金沢氏領一覧……555　表2　金沢氏被官一覧……558
表3　金沢氏・称名寺関係寺社一覧……560
表4　書状立紙一覧……562

あとがき……567

索　引……*1*
人名索引……*2*　地名索引……*40*　典籍・聖教名索引……*50*

金沢北条氏関係年表……*55*

公的文書の発給一覧……*69*
表1　北条実時……*70*　表2　北条顕時……*70*
表3　金沢貞顕……*70*　表4　金沢貞将……*94*

解　説―金沢氏の歴史と文書―

永井　晋

第一節　家名と通称

金沢氏は、二代執権北条義時の子陸奥五郎実泰を祖とする。武蔵国久良岐郡六浦庄金沢郷を苗字の地とすると考えての通称である。この一流は、鎌倉赤橋の館を公邸とした嫡流（赤橋殿・金沢家）と、北条実時の甘縄亭を継承した甘縄家、鎮西探題として博多に下向した実政の一流（以後、鎮西金沢氏とよぶ）、鎮西評定衆や大隅・長門・周防の守護を歴任した上野介北条時直の一流（通称は上野）、豊前国規矩郡を通称とした規矩高政（規矩殿）、豊前国糸田庄を通称とした糸田貞義（糸田殿）など、鎌倉後期に発展していくつもの分家を成立させていった。[1] この他にも、右大将家法華堂別当・鶴岡社務・園城寺別当・園城寺長吏を歴任した顕弁やその甥で将軍家護持僧を勤めた顕瑜が宿坊とした西御門御房があり、金沢貞顕を惣領とするこの一流が得宗家につぐ有力分家のひとつに成長していたことが一族の展開からうかがえる。

ただ、この一流にとって六浦庄金沢郷は、別亭と菩提寺のある本拠地であり、鎌倉中の人々は日常的には鎌倉の館や宿所に常駐していた。本資料集から明らかなように、北条顕時の通称が「赤橋殿」であり、称名寺の釼阿が顕時の館を「赤橋鳳亭」と称しているように、京都に住む公家と同じ感覚で館を通称としたので、同時代の人々の呼び方に従えば、顕時以後の歴代は「赤橋殿」の通称で表記すべきである。(2)『太平記』は北条重時の末流赤橋家に赤橋の家名を被せているが、赤橋守時の館は「浄光明寺敷地絵図」に記載がみえる。(3)赤橋家が扇谷の館を本宅としているのであるから、金沢家が赤橋殿を本宅にしても問題ないであろう。

北条氏一門の中には、早期に家名の固定した家とそうでない家とがある。北条泰時は家督を継いだが、本来は継承すべき地位にあった名越家（母方比企氏）・常葉家・金沢家（母方伊賀氏）のように、嫡流（得宗家）に対して対立的か和戦両様の構えをみせる家は自立性が高く、分家の形成が早い。北条義時の弟時房のように庶流の地位が早くに定まった家も、大仏家・佐介家のように家名のもととなる鎌倉の本宅が定まってくる。北条泰時の時代から家名の固定化が進む家と、鎌倉末期になっても館を通称としていて本宅の定まらない家では、家という組織の成熟度が全く違うのであろう。

北条氏一門金沢氏は赤橋殿を本宅として赤橋を通称とする家なので、金沢という家名はふさわしくない。金沢の家名を定着させたのは金沢文庫初代文庫長関靖の『金沢文庫の研究』序論や『金沢文庫古文書』編纂の時につけた文書名であり、八十年間にわたって使われ続けた巨大な文書群を丸ごとリネームするのはかえって混乱を招くことになるので、今回は暫定的に甘縄家と金沢家に分かれた金沢貞顕以後の世代にのみ金沢の通称を被せることにした。歴代の館をみると、実泰の亀谷殿、実時の西御門殿（天野氏から継承、後に顕弁・顕瑜の西御門御房）・甘縄殿（実時亭を顕実が継承）、顕時以後の赤橋殿（顕時・貞顕と嫡流が継承）が本宅と考えられる。六浦庄の金沢亭は金沢殿・金沢南殿といった一門の女性が継承し、金沢氏の人々は法要や休養のために金沢殿を利用している。引付頭人・連署・執権といった鎌倉幕府中枢の要職を務める宿老であるが故に、長期に鎌倉を離れられないのが金沢氏嫡流の日常である。金沢氏にとって、六浦庄は本拠地として開発した後背地であり、常駐の場所ではないのである。

第二節　実泰・実時・顕時

北条実泰は、北条義時と伊賀朝光の娘（伊賀氏）を父母に持ち、陸奥五郎を通称とした。伊賀氏は北条義時の正室であり、陸奥四郎政村や陸奥六郎時尚が同母兄弟となる。

北条義時の急死が発端となって起きた元仁元年（一二二四）の伊賀氏事件は、北条泰時政権成立にあたって、北条義時と共に寡頭体制を布いてきた北条政子が義時後室伊賀氏を北条氏から排除しようとして仕掛けた政変である。政子の読み誤りは、伊賀氏が文官であり、挑発に乗って軍勢を動かさなかったことである。伊賀氏が北条義時の本宅大倉亭に籠もって沈黙を保ったことで、北条泰時・時房・三浦義村といった京都で承久の乱の戦後処理をして政治的な手腕に磨きをかけた世代が仲裁に入り、伊賀氏一族の失脚を黙認する代わりに伊賀氏を母とする政村・実泰・実尚を追及しないことで事件を落着させた。罪を問われた伊賀氏も隠居や流罪以上の罪科には処されなかった。武力衝突の回避に成功した北条泰時・三浦義村の政治手腕は、北条時政・政子・義時が行ってきた武断政治から文治政治への転換として評価されるべきものであった(4)。

この事件の後、実泰は六波羅探題として上洛する北条重時の後任として小侍所別当に就任した。政村は北条氏の本家とは対立しないものの、和歌や源氏物語の伝受といった文化的なつながりから仲間を広げていったが、それを政治的な力となる集団へと転換させなかった。出入りしている人々は多いが、あくまでも文化的なサークルであるとするのが政村の賢いところである。一方、実泰には精神的に弱いところがあり、文暦元年（一二三四）に突然自害を図って周囲に取り押さえられる騒ぎをおこした。この事件の後、北条泰時は実泰から実時への小侍所別当職譲任を強行し、自らが実時の後見となることを周囲に告げた。実時が鎌倉幕府の中での地位を維持できるか否かの危機は、泰時の援助で回避することができた。その後、北条実時は泰時の嫡孫経時の腹心として、政権の中枢に入っていくことになる。

実時・顕時の二代は鎌倉幕府の中で引付衆・評定衆・引付頭人と昇進し、伊勢国守護職を持つことで、執権・連署や六波羅探題を務める得宗家に次ぐ家格を持つ分家の下に位置する引付頭人を極官とする分家として、鎌倉幕府内部の地位が定まった。北条氏一門の中でも後発の家としては、このあたりが昇進の上限である。

北条実泰・実時父子は、詩歌管弦とよばれる教養の中で和歌を学んでいる。実時は、伯父北条政村の娘（金沢殿）を正室に迎え、常葉家と親密な関係を築いていた。実泰・実時は政村を中心とした和歌・源氏物語を嗜む文化的集団に属していたので、この人々が残した歌集に和歌が収録され、実時作と考えられる源氏物語の注釈書『光源氏物語抄（異本紫明抄）』（ノートルダム清心女子大学所蔵）が今日に伝わっている。金沢氏が漢籍を家の教養として学び始めたのは、九条家が鎌倉に派遣した奉行人清原教隆から、実時が清家の家学「明経道」の伝授を受け始めてからである。清原教隆の鎌倉下向は仁治二年頃（『古文孝経』奥書）、実時が清原教隆から伝授を受けるのは宮騒動（一二四六年）以後である。また、実時・顕時は和歌と蹴鞠を家学とする飛鳥井家の姻戚となり、飛鳥井家の蹴鞠を習っている。蹴鞠は御所という狭い空間で暮らす将軍家の運動であり、蹴鞠の相手も御所に出仕する武家の仕事であった。

北条時頼から時宗への家督継承では、時頼が庶長子として冷遇した北条時輔が有能な人物として同情を集めたことで、時宗の地位を安定化させるために時輔排除を強行する必要が生じた。北条時宗とそれを支える宿老北条政村が主導する政権は、文永三年（一二六六）の将軍宗尊親王の京都送還と文永九年（一二七二）の二月騒動によって、時輔と反主流派の名越教時を排除し、政局の安定をはかった。この時期の鎌倉幕府の政局は、最大勢力の地位を確かなものとした得宗家の内訌と二重写しであり、二月騒動以後の幕府政治は得宗北条時宗の外戚安達泰盛と内管領（得宗家執事）平頼綱の路線対立が、対立軸の中核となっていった。この対立を衝突に発展させない抑止力が、南宋を孤立させるために日本に対して従属を求めたモンゴルの外交政策であった。

文永五年（一二六八）、モンゴルは日本に対して友好と通商を求めてきた。しかし、関白近衛基平は中国風の王朝を名乗らないモンゴルを「北狄」と見なし、返書の必要はないと判断した。これは、中華文明圏の地域大国としての日本の価値観をそのままモンゴルに当てはめた評価である。モンゴルが中国に侵攻して金王朝を滅ぼし、西方の諸国を滅ぼして巨大な帝国を築いていても、部族制（ウルス）を基本とする価値観のまま国家を造っていた。中国を領土とした勢力（後の大元ウルス）は、日本を京都と鎌倉のふたつの部族からなる国家とみなしていた。

朝廷の意向を受けた鎌倉幕府は元との戦争を必至とみて、九州に所領を持つ御家人に下向して駐留するよう通達した。この時に、北条実時の子実政は異賊征伐の大将軍として博多に派遣された。実政・時直の鎮西派遣が、鎮西金沢氏成立の端緒となる。(5)

北条実時が引付一番頭人を最後に建治二年（一二七六）に亡くなると、四郎顕時が家督を継いだ。正室が安達泰盛の娘（法名無着）であることから、(6)顕時は安達泰盛の支持勢力と見られていた。顕時は引付四番頭人まで順調に昇進したが、北条時宗政権下の権力抗争の重圧に悩みは深く、夫人たちと共に老荘思想や禅宗に傾倒していくことになる。

霜月騒動がおきた弘安八年（一二八五）十一月十七日、顕時は安達泰盛のもとに駆けつけず、館に籠居して事件をやりすごした。縁坐の咎は問われたものの、下総国埴生庄への隠居で処分は落着している。金沢氏は埴生庄や印西条に所領を持ち、近くには有力被官富谷氏（貞顕乳母夫）や縁者の所領、実時が外護した龍角寺などゆかりの人々が点在していた。顕時は田舎には引っ込んだものの、縁者に囲まれた静かな隠居生活をすごしたと考えてよいだろう。

永仁元年（一二九三）の平禅門の乱によって平頼綱が失脚し、顕時は鎌倉に復帰して引付頭人の職に復した。顕時諷誦文には、胃病に悩まされながらも、得宗北条貞時の篤い信頼にこたえて政務に励んだ晩年の姿が記されている。金沢氏が大仏氏や赤橋氏と肩を並べる宿老に台頭していく足がかりは、霜月騒動・平禅門の乱で多くの人材を失った鎌倉幕府の中で、北条貞時の信頼をかちえたことにあるといってよい。顕時が赤橋亭を給わったのも、永仁年間と推定される(7)。

北条顕時の人柄は、周囲にいた女性達の書状や女性達が発願となった顕時供養の諷誦文に残されている。女性に好かれたというと語弊が生じるが、金沢氏一門を発展させた自信家の北条実時に対し、顕時には鎌倉幕府中枢の厳しい権力抗争を生き抜いた線の細い貴公子という印象がある。

第三節　貞顕・貞将

貞顕は金沢の通称が定着してしまっているので無理に呼び方を変えようとは思わないが、同時代の人々が貞顕に金沢の通称を被せていないことは知っておく必要がある。貞顕の最初の通称は顕時の越後守に由来する「越後六郎」（「関東開闢皇代幷年代記」）で、左近大夫将監を経て中務大輔になった後は在職者一名の官職を歴任したので、官職名で貞顕と特定されていた。赤橋亭は、貞顕が称名寺長老釼阿に送った書状の発信場所が「赤橋殿」周辺と特定されることから、顕時から貞顕に継承された可能性が高い。

貞顕の初任の役職六波羅探題南方は、通常は次席の探題であるが、六波羅北方北条基時が鎌倉に戻った後は、南方のまま首席である執権探題を務めた(8)。貞顕が六波羅南方を務めた時期は、六波羅探題を金沢氏重代の職とすべく、公家政権の運営に関する書物を次々と収集している。また、在京するようになったことで、明経道清原氏の嫡流から清家の家学を習い始めた。仁和寺真乗院院主職に長男顕助を就任させたり、大覚寺統の重臣吉田家と姻戚関係を結んだりと、貞顕は京都の人脈を広げることに努めた。貞顕の嫡子貞将が六波羅探題南方として在京した鎌倉末期には、京都の土倉月蔵房との取引が明確にみえるようになる。

六波羅探題の職務である洛中警固は、京都の街の治安維持にあたる治安部隊の役割を担うものである。承久の乱で朝廷や院の指揮下にある京の武者を解体した鎌倉幕府は、京都の治安維持を重い責務として引き受けるようになり、在京人・京都大番役・篝屋役など在京を命じられて常駐する御家人を増やすことで対応した。一方で、京都の物流に深く関与することで権門寺社が立ち直ってくると、自信を強めた延暦寺大衆の嗷訴が再び活発化していった。神仏の戦争ともいわれる元寇の勝利は権門寺社の権威を高め、権門寺社と六波羅探題との衝突が激化していった。特に、京都の東北部を西坂本と称して勢力圏に組み込んだと考えている比叡山延暦寺の影響力は大きかった。六波羅探題在任中の貞顕は、徳治の春日神木入洛と正和の新日吉社闘乱の二度、権門寺社との衝突で処分寸前まで追い詰められている。

これらの難局を乗り切って連署に就任した貞顕は、得宗北条高時を支える宿老として鎌倉幕府の中で重みを増していった。金沢氏の全盛時代は正和から元徳の頃で、貞顕はその富によって称名寺と常在光院の修造を手がけている。

正中元年(一三二四)、金沢貞将は正中の変で動揺する京都を警固するため、六波羅探題南方として上洛した。この上洛では通常の規模を越えた五千騎を率いて上洛したので(『花園院宸記』元亨四年十一月十六日条)、当初は畿内での反乱鎮圧を想定した部隊編成を行ったことがわかる。

正中三年(一三二六)三月、金沢家最大の危機となる嘉暦の騒動が起こる。この政変は、執権北条高時が死にいたるかも知れないと判断された大病で出家を遂げたため、後任の執権と得宗家の後継者を誰にするかを争った得宗家の内訌である。この時、貞顕は高時と共に出家することを望んだが、高時の意向を受けた長崎氏と摂津氏が、高時の長子邦時が成長するまでの中継ぎとして執権就任を要請した。貞顕は大きな戸惑いを見せたが、執権就任を家の名誉と考え、出家を思い留まって三月十六日に十五代執権に就任した。しかし、高時の弟泰家が母方安達氏の支持を受けて執権就任を望んだため、十五代執権をめぐる貞顕と泰家の争いとなった。貞顕には高時側近の得宗被官や幕府の文官がつき、泰家には得宗家の外戚安達氏がついた。得宗家の家督をめぐる争いが、鎌倉幕府をゆるがす権力抗争へと発展したのである。家の名誉と考えて執権就任を承諾した貞顕の誤算は、泰家支持派の反撃で暗殺の噂まで流れたことであった。執権就任から僅か十一日後の三月二十六日に出家を遂げたのは、両者の対立が終息していないことを物語るが、その中での貞顕の選択は執権を辞任して権力抗争の圏外に出ることであった(9)。

出家を遂げて法名を崇顕とした貞顕は、六波羅探題南方を務める嫡子貞将と、貞将の控えとして何かあった時にはその跡を継げる地位まで上昇しておく必要のある貞冬の昇進に力を尽くした。元徳二年（一三三〇）、貞冬が評定衆に昇進し、貞将も六波羅探題南方の任を終えて鎌倉に戻り、引付頭人に転任した。正慶二年（一三三三）には、貞将は引付一番頭人にあり、次の役職は連署であった（「鎌倉年代記」表書）。高時の嫡子邦時はまだ九歳なので、分家から中継ぎの執権・連署を出して引き継ぐ必要があり、貞将が執権に昇る可能性は十分にあった。

後醍醐天皇の二度目の挙兵となる元弘の乱では、元徳四年（一三三二）の上洛軍編成で貞冬が大将軍に選ばれている。貞冬は、金沢家が守護を務める伊勢国から近江国柏木御厨を経て宇治に進出し、楠木正成が籠もる赤坂城を攻める軍勢の大将軍に名を連ねた。西国では、博多合戦後に肥後国守護規矩高政が阿蘇大宮司家の鞍岡城を攻め落とし、長門周防守護北条時直は二度にわたって伊予に攻め込んで河野氏と戦った（「楠木合戦注文并博多日記」）。金沢氏の人々は、鎌倉幕府を支えるべく諸方で戦っていたのである。

正慶二年（一三三三）の鎌倉合戦では、金沢貞将は小袋坂切通しの防御につき、鎌倉幕府最後の日となる五月二十二日に討死を遂げた（『太平記』巻第十「大仏貞直并金沢貞将討死事」）。この後、貞顕は北条高時の側に最後まで残った人々と共に東勝寺に移り、高時の自害を見届けた後に自害した（『太平記』巻第十「高時并一門以下於東勝寺自害事」）。赤橋殿を本宅とする金沢氏嫡流の滅亡である。

第四節　金沢氏と『吾妻鏡』

北条実泰・実時・顕時の事を記した編年の基礎史料が、『吾妻鏡』である。『吾妻鏡』が、無官の時期の実時を「実時主」と記すなど、金沢氏に対して好意的な記述のあることは、八代国治が『吾妻鏡の研究』（吉川弘文館　一九一三年）で指摘している。その後、石田祐一「放生会と弓始の記事について」（『中世の窓』八号　一九六一年）で『吾妻鏡』編纂に小侍所の資料が多く用いられていることが明らかになり、金沢氏に関する資料が『吾妻鏡』編纂の材料として多く収録されている理由が明らかになった。『吾妻鏡』の編者を金沢氏にあてる推論が出されたのも、資料の偏在から推論すれば無理のないところである。今日では、問注所執事三善氏が有力視されている(10)。

『吾妻鏡』は将軍家の実録という編纂形式をとるので、金沢氏は引付頭人・評定衆・小侍所別当といった『吾妻鏡』に記事の収録されやすい役職を務めたことで、その動向を逐次追っていくことができる。本資料集でも、金沢家と三善氏は、天野氏を通してつながることが、確認されている。

金沢氏が収集した本が金沢文庫本として珍重されたこと、菩提寺称名寺が多くの資料を今日に伝えたことも、金沢氏の動向が追跡しやすい大きな要因となる。金沢氏が漢詩文・和歌・蹴鞠を教養として将軍御所で活動した教養人であること、北条時頼と共に西大寺長老叡尊を鎌倉に招請し、律宗西大寺流を鎌倉に広めた功労者であったことなどは、金沢氏の名前が記憶される理由となる。実時の時代のものは、駿河御譲本『斉民要術』や小侍所と千葉家の被官がやりとりした中山法華経寺所蔵聖教の紙背文書などに、貞顕・貞将ほどではないにしても、金沢氏の人々がやりとりした書状が残されている。『吾妻鏡』や公務にかかわる書状から明らかになる公人の姿と、典籍の奥書・漢詩文・和歌などの文化的な資料から明らかになる私人の姿を重ねることで、金沢氏の人々の人柄や個性が浮かび上がってくる。

第五節　金沢氏関係の書状を紙背にもつ聖教群

金沢貞顕・貞将二代に拘わる資料は、重要文化財「金沢文庫文書」と重要文化財「称名寺聖教」の紙背文書が中心となる。これらの古文書は、称名寺が相伝文書として伝えてきた古文書（『武州文書』・『新編武蔵国風土記稿』収録のもの）と、封をして、しまい込まれたまま開けられることのなかった真言密教広沢流の聖教群に混じって伝来した古文書及び聖教紙背文書群に大きくわかれる[11]。

紙背文書のある聖教の持主は、金沢貞顕・貞将父子と結んで称名寺の全盛時代を築いた二世長老釼阿とその後継者と目されていた五世長老什尊である。

称名寺は浄土教寺院として成立したが、北条実時が文永四年（一二六七）に下野薬師寺の僧審海を長老に迎えて律院に改めていったことで、鎌倉における律院の中核的な存在へと成長していく。審海は五部大乗経受取のために鎌倉に来た使者なので、説得にあたった極楽寺長老忍性は審海の入寺にあたって極楽寺の僧を随伴させている。嘉元二年

（一三〇四）に審海長老が入滅すると、審海が指名した尊定房禅恵と称名寺生抜きの戒円房祐範や明忍房釼阿との対立が表面化し、禅恵は延慶元年（一三〇八）に上総国夷隅郡の千光寺に遷ったままで辞任している。「称名寺条々規式」のような常住物とみなされる審海の遺品は称名寺に残されたが、審海と陰刻がある密教法具（小網寺所蔵）のように私物は禅恵一派が千光寺に移したと考えられる。金沢家・称名寺に関する初期の資料が少ない理由のひとつは、ここに求められる。金沢家の動向を伝える中核の資料は、金沢貞顕が篤い信頼を寄せた明忍房釼阿（二世長老）と、釼阿が後継者と考えていた玄寥房煕允（五世長老什尊）所持本の紙背文書として残る。

書状は年代を記さないので、内容や閏月から年代の確定するものは問題ないが、特定できないものは聖教の伝来・書写年代・文書のかたまりで年代推定の幅を見定める必要がある。そこで、釼阿・煕允本を中心に主だった紙背文書と聖教の関係を述べてみよう。

称名寺二世長老釼阿（一二六一～一三三八）が弘安年間にまとめた「釈摩訶衍論私見聞」[12]の紙背文書は、称名寺長老が審海の時代であり、釼阿も鎌倉で修業しているので、鎌倉や称名寺周辺の話題が多い。一方、金沢貞顕が六波羅探題として上洛する直前の頃からの書状を含む嘉元二年書写の「薄草子口決」以後の聖教紙背文書は、金沢貞顕や金沢氏の夫人・被官との間でやりとりした書状が圧倒的多数を占める。これは、釼阿が鎌倉の佐々目遺身院に滞在していた仁和寺上乗院の益性法親王からさまざまな伝授を受けていたため、金沢氏の人々とやりとりした書状を聖教の書写に次々と使っていったためである。この時期の書状は、杉原紙の多いことが特徴で、料紙の品質は悪くはないが、金沢貞顕全盛時代のものとなる正和～元亨年代の聖教書写に利用された料紙と比較すると、品質がよいとはいえない[13]。

金沢貞顕が六波羅探題南方を務めた時期の紙背文書を含む聖教には、釼阿延慶二年書写本とよばれる一群の聖教がある。先述した真言密教広沢流を継承する益性法親王から釼阿が伝授を受けた一群の聖教で、真言密教広沢流の中でも

「御流」とよばれる格の高い流派が伝授の中心となっている。[14] この頃、佐々目遺身院には在野の密教ともいうべき西院流元瑜方をおこした元瑜が鎌倉の人々に広沢流の伝授を盛んに行っていた。称名寺の釼阿、極楽寺の順忍、武蔵僧正経助の三人は鶴岡社務頼助の後継者として台頭しようとする佐々目有助（伊具兼義子）と法流の継承をめぐって対立する少数派の益性法親王を支持することで、広沢流の中でも最も格の高い流儀の伝授を受けることができた。そのためには金沢貞顕の支援は必須の条件となるが、貞顕もまた釼阿を支持することで金沢氏出身の密教僧や称名寺の僧侶が武家鎮護の祈禱をできるようになることは有利な案件と考えていた。益性法親王は有助との競望に敗れて京都に帰り、仁和寺（持明院統支持）と対立する大覚寺（大覚寺統支持）に保護されることになる。また、京都に退いたとはいえ、有助との対決をあきらめたわけではなく、経助・順忍・釼阿を重要な支持勢力として、彼らに広沢流の伝授を続けていった。釼阿本「秘鈔口決」をはじめとした広沢流の聖教が称名寺の寺格を証明する貴重な聖教となっていくのは、称名寺歴代長老が継承した広沢流の流儀が在野の真言ではないためである。釼阿は、この重要な聖教の書写に金沢家から受け取った書状を使っていた。

第六節　金沢貞顕書状の立場による変遷

金沢貞顕もまた、金沢家を六波羅探題の家として定着させるために、朝廷の歴史・法律・有職故実に関わる典籍の書写を続けた。京都で書写した『侍中群要』（名古屋市蓬左文庫所蔵）紙背文書の料紙は、貞顕が受け取った書状や京都で用意した料紙であることを示している。この時期の金沢貞顕書状は、貞顕が京都を離れられない立場にあるため、鎌倉に下向を命じた被官や称名寺が六波羅南殿に派遣した僧侶に使者口上を託し、称名寺の戒円房祐範や明忍房釼阿に書状を送った。

金沢貞顕が六波羅探題の任を終えて鎌倉に戻ると、鎌倉の赤橋亭にいる貞顕と称名寺長老として方丈にいる釼阿との書状のやりとりになる。金沢貞顕が釼阿に送る書状も、釼阿が金沢貞顕に送る書状も、書状を預かった使者は返事を貰って帰ることになるので、主要な用件は使者口上に託され、書状に記される内容は使者が何を伝えるかだけを書いた簡略なものになる。また、相手から受け取った書状の裏に返事を書く「状裏書状」が多くみられるようになった。京都と鎌倉といった遠距離間の書状のやりとりであった六波羅探題時代とは異なり、赤橋亭と称名寺は使者が日帰りできる距離なので、「その場で」を意味する即日・即時が日付として入ったり、帰宅まで待たせた使者を眼前にして書いた書状など、極端に簡略な書状が増えてくる。貞顕と釼阿と使者はお互いによく知る間柄なので、貞顕書状の差し出しは「貞顕」と草名で自署した自筆書状が多くなり、内容を詳しく記した文言が消える。保存を前提としないその場のやりとりをした書状を、釼阿は聖教の書写にもちいたのである。この時期の書状には重要な案件を記さないので、証拠となるものを残さないようにと指示した「火中に投ずべき」の文言はみえない。

金沢貞顕が六波羅探題として上洛した金沢貞将に充てた書状は、京都と鎌倉を往復する六波羅探題の使者や、伊勢国守護所・長門周防守護が鎌倉に派遣した使者の帰還に合わせて貞将に届けるよう依頼した書状が多くなる。使者口上がつかないため、貞顕の書状は用件を箇条書きした自筆書状が多くなる。伝言が頼めないため、書状に用件を書き込んでいるのである。これらの書状は、金沢貞将が将来造ることになる貞顕供養経の料紙として、貞顕自筆書状を選んで手元に残し、称名寺長老釼阿に預けたものである。鎌倉幕府滅亡によって、金沢貞将による亡父貞顕供養経料紙造紙の目的は失われたが、釼阿や煕允は聖教書写用の上質な料紙として手元に持ち続けた。

この時期の代表的な紙背文書群を概観してみよう。

貞顕が連署を務めた時期の書状の代表は、東国で書写された図像集としても珍しい「宝寿抄」紙背文書群である。[15]ここには、正和から元亨にかけての釼阿宛金沢貞顕自筆書状が収められている。釼阿は、図像集作成のため、厚手の上質な料紙を選り抜いている。宍倉佐敏氏は、ここで選び抜かれた料紙を陸奥紙と考えている。[16]

嘉暦の騒動で出家を遂げた後の金沢貞顕書状は、大半が六波羅探題金沢貞将に送った自筆書状となる。これは、受け取った貞将がいずれ造ることになる貞顕供養経の料紙として自筆書状をより抜いたものなので、書状の内容ではなく、自筆であることと品質のよいものであることが選抜の基準となっているところに特徴がある。貞将は膨大な料紙を蓄積をしていたようで、釼阿は料紙の一部を熙允（五世長老什尊）に譲っている。熙允は、これらの書状を南北朝時代中期まで使っている。熙允本「甫文口伝抄」や「当流口伝」のように、熙允は、これらの書状を南北朝時代中期まで使っている。[17]

金沢氏の歴史を読み解くのは、あまり数が多いとはいえない編年の根拠を基準点としながら、聖教の紙背に残る書状群と対話を続ける作業である。そのためには、何時・何処で・誰が・誰の物を書写したかという基本的な書誌データを、絶えず参照としなければならない。古文書・聖教・什物が網の目のように結びついて形成された称名寺伝来資料の世界を理解することなしに読めないのが、金沢文庫の文書群の特徴である。

この資料集によって、金沢氏関係資料群の編年は大きく前進すると考える。しかし、聖教の書写年代に仮に収めた文書はまだまだ多い。次の世代がさらなる編年を進め、より精緻な編年に置き換えることを期待したい。

註

（1）永井晋「金沢北条氏の系譜」（『金沢北条氏の研究』所収　八木書店　二〇〇六年）。
（2）永井晋「赤橋殿壇所について」（『鎌倉考古』一一号、二〇一一年）。
（3）大三輪龍彦編『浄光明寺敷地絵図の研究』（新人物往来社　二〇〇五年）、大三輪龍哉「「浄光明寺敷地絵図」に見る屋地」（『鎌倉遺文研究』二七号　二〇一一年）。
（4）永井晋「伊賀氏事件の歴史的意義」（『金沢北条氏の研究』所収　八木書店　二〇〇六年）。シンポジウム「三浦義村と中世国家」基調講演（高橋秀樹）及びシンポジウム報告（文責　事務局）（『三浦一族研究』一六号　二〇一二年）。
（5）永井晋「北条実政と建治の異国征伐」（『北条時宗の時代』所収　八木書店　二〇〇八年）。
（6）山家浩樹「無外と無着」（『金沢文庫研究』三〇一号　一九九八年）。
（7）神奈川県立金沢文庫編『没後七〇〇年　北条顕時―金沢北条氏二代―』（同　二〇〇一年）。永井晋「北条顕時論」（『金沢北条氏の研究』所収　八木書店　二〇〇六年）。
（8）森幸夫「南北両六波羅探題についての基礎的考察」（『六波羅探題の研究』所収　続群書類従完成会　二〇〇五年）。
（9）永井晋「金沢貞顕総論」（『金沢北条氏の研究』所収　八木書店　二〇〇六年）。
（10）五味文彦『増補　吾妻鏡の方法―事実と神話にみる中世―』（吉川弘文館　二〇〇〇年）。
（11）永井晋担当　神奈川県立金沢文庫企画展図録『鎌倉密教』（同　二〇一二年）。
（12）福島金治「金沢称名寺釼阿筆録聖教の紙背文書―『釈摩訶衍論私見聞』『釈摩訶衍論私見聞』―」（『鎌倉遺文研究』創刊号　一九九八年）。
（13）永井晋「金沢貞顕書状の料紙について」（『金沢北条氏の研究』第四章第二節　八木書店　二〇〇六年）。
（14）阿部泰郎・福島金治・山崎誠編『守覚法親王と仁和寺御流の文献学的研究資料篇　金沢文庫蔵御流聖教』（勉誠出版　二〇〇〇年）。
（15）神奈川県立金沢文庫編『金沢文庫資料図録　書状編Ⅰ』（同　一九九二年）。
（16）宍倉佐敏「紙漉の技術にみる中世の古文書」（『金沢文庫研究』三一三号　二〇〇四年）。
（17）永井晋「金沢貞顕書状の特質」（『金沢北条氏の研究』第四章　八木書店　二〇〇六年）。

凡　例

一、本書は、金沢北条氏に関係する資料を編年資料集として刊行するものである。

一、各資料は、編年に排列した。原本に年月日の記載がないものは、推定した上で便宜排列した。年が特定できないものでも、ある程度範囲が特定できるものは、各年の「年末雑載」に便宜納めた。

一、巻末に付録として系図・表・索引を掲載した。

一、本書の校訂上の体例はおよそ次の通りである。

1　用字は原則として新字を用いた。

2　本文中に便宜、読点（、）並列点（・）を補った。

3　史料の摩滅、虫損等により解読不能の箇所は、その状態により□・□□・□□□等で示した。補入文字のある場合は「　」で補入箇所を示し、右傍行間に補入文字を記した。

4　原本の誤記、誤写等により解読不能の文字には、右傍に（ママ）と付した。原本の文字を置き換えるべき傍註には〔　〕を、参考または説明のための傍註には（　）を用いた。（　）の傍註は主として参考のための人名・地名である。

5　文書が欠落している場合、前欠は「　　　　、後欠は　　　　」で示した。

6　仮名は現用の字体とした。

一、各資料は、以下の記載からなる。

1　アラビア数字

本資料における通し番号。番号を振らずに「参考」と記したものは、金沢氏の関係資料として論じられてきたが、調査の結果、史料名を変更して金沢氏関係資料から外したものや、金沢氏関係と断定するに到らないと判断したもの、及び近世地誌にみられる伝承などである。

2　資料名

文書名および典籍名・聖教名。自筆・右筆書の区分がある場合や、現所蔵者を記した。

3　資料番号等

『金沢文庫古文書』については、資料名の次に（　）で以下の項目を記した。

1）重要文化財『金沢文庫文書』

活字本『金沢文庫古文書』の資料番号／神奈川県立金沢文庫の整理番号。古文書の紙背に残る聖教他の資料名。古文書の紙背には料紙の再利用として書写された聖教や草案として作成された文書土代等が残る。紙背が白紙の場合は、紙背なしと記した。現在の文書が、聖教書写の際に切断されたものを復元した場合、紙背のデータに番号を付し、上下切断の場合は上・下、左右切断の場合は右・左と紙背データが残る位置を示した。

2）重要文化財『称名寺聖教』紙背文書

活字本『金沢文庫古文書』の資料番号／古文書が紙背に残る聖教名　写真出納番号。

3）金沢文庫本奥書

所蔵者名　『金沢文庫古文書　識語篇』番号。

4）金沢氏関連資料

所蔵者名　文化財指定名称及び所蔵者が用いる資料群の名称及び史料集や史料紹介で用いられた史料番号。

4　史料本文

1）本文は、原本が改行されている場合でも追い込んで組み、原本の改行の位置に二重括弧（』）の記号を付した。

2）猶々書は、本文の前に二字下げで記した。

3）人名註は、（法名、家名　実名）で記したが、北条氏一門については史料本文では「北条」で統一し、解説では分家の家名や通称を用いた。

4）地名註は、（国名＋郡郷名）と（国名＋庄園名）で記した。なお、鎌倉・京都・奈良といった都市の洛中・鎌倉中のような市街地は（国名＋都市名）で記した。また、都市法の領域を越えて市街化した相摸国山内庄や武蔵国六浦庄や京都周辺の地域については、市街地に準じた地名註をつけた。

5）書札礼における料紙の名称は次の通りとした。

本紙：書状本文の第一紙。

裏紙：書状本文の第二紙。料紙の裏面に記すので、裏紙という。

礼紙：礼紙書などに用いられる礼式上の第三紙。通常は白紙なので、残りにくい。

懸紙：上記三紙を巻く礼式上の横位置料紙。

立紙：封紙に用いる縦位置の料紙。

料紙の表：紙漉の際に紙料液側となって簀目のつかない面。
料紙の裏：紙漉の際に簀子側の面となって簀目の痕跡が残る面。
なお、書札礼では料紙を二枚持って、第二紙裏面に本文を書くのを礼式とするので、作法通りに書かれた場合は裏紙の裏面に書状の文字が残る。旅先であったり、その場で返事をするために裏紙の裏面（料紙の表面）に文字を記した状裏書状は、料紙の表面に文字が残る。

5 解説

1）解説は編年の基準となる典拠や史料に記されている事項を簡略に説明した。
2）解説で使用した【神】は、『神奈川県史　資料編　古代・中世』の資料番号。【鎌】は、『鎌倉遺文』の資料番号。【神】・【鎌】の未収は、同資料集に収録されていないことを示す。

一、底本

資料の所蔵先は、各資料本文に記した。なお、頻出する「関東往還記」・「建治三年記」は尊経閣文庫所蔵本を使用した。また、「徳治三年春日神木入洛日記」は、春日大社所蔵「日記の一」である。

一、刊本からの引用

『群書類従　正・続』・『吾妻鏡』・『史料纂集』・『史料大成』等の史料叢書に含まれ、原本にあたることが困難であったり、良質な校訂本文があるものについては、次の刊本から引用した。また、単発で引用した史料については、解説で典拠を示した。
群書類従　「関東評定衆伝」・「元徳二年三月日吉社并叡山行幸記」・「保暦間記」・「常楽記」・「吉口伝」・

「見聞私記」
新訂増補国史大系　『吾妻鏡』・『増鏡』・『百錬抄』・『類聚三代格』
続国史大系　「宗尊親王鎌倉御下向記」（『吾妻鏡』附録）
増補続史料大成　「鎌倉年代記」・「武家年代記」
史料纂集　『公衡公記』・『花園天皇宸記』
新訂増補史料大成　『吉続記』
新編国歌大観　「東撰和歌六帖」・「東撰和歌六帖抜粋本」・「拾遺風躰和歌集」
大日本古記録　『実躬卿記』
歴代残闕日記　「文保三年記」・「吉槐記」・「光明寺残篇」
大日本仏教全書　「三井続灯記」

漢籍の奥書　神奈川県立金沢文庫『金沢文庫古文書　識語篇』（神奈川県立金沢文庫、一九五六～五八年）及び小林芳規『平安鎌倉時代に於ける漢籍訓読の国語史的研究』附録「漢籍古典本奥書識語集」（東京大学出版会、一九六七年）を典拠とし、その後の所蔵者の移動については、現在の所蔵者名で表記した。

その他　「院号定部類記」（『図書寮典籍解題　続歴史編』宮内庁書陵部、一九五一年）・「園太暦」（続群書類従完成会本）・「古今和歌集」（西下經一著『古今集の傳本の研究』明治書院、一九五四年）・「資寿院置文」（『日本高僧遺墨　第二巻』毎日新聞社、一九七〇年）・「寺門伝記補録」（『大正新修大蔵経』）・「沙弥法義寄進状」（中尾堯編『中山法華経寺史料』吉川弘文館、一九六八年）・「新編鎌倉志」（『大日本地誌

大系　新編鎌倉志・鎌倉濫觴考』雄山閣、一九五八年）・「関城書裏書」（『改訂史籍集覧』近藤活版所、一九〇二年）・「禅定寺文書」（古代学協会編『禅定寺文書』吉川弘文館、一九五九年）・「太平記」西源院本（鷲尾順敬校訂『西源院本　太平記』刀光書院、一九三六年）・「鶴岡社務記録」（『鶴岡叢書　鶴岡社務記録』鶴岡八幡宮社務所、一九七八年）・「鶴岡八幡宮社務職次第」（『鶴岡叢書　鶴岡八幡宮寺諸職次第』鶴岡八幡宮社務所、一九九一年）・「梅松論」（『新選日本古典文庫　梅松論・源威集』現代思潮社、一九七五年）・「伏見上皇院宣写」（佐藤眞人「『延暦寺護国縁起』の考察―成立事情および記家との関係を中心に―」『季刊　日本思想史』六四号、二〇〇三年）・「某書状断簡」（『冷泉家時雨亭叢書　冷泉家歌書紙背文書　上』「続古今和歌集紙背文書」朝日新聞社、二〇〇六年）・「明通寺文書」（『小浜市史　第三巻社寺文書』一九八六年）・「越後文書宝翰集　三浦和田文書」（『新潟県史　資料編四』「反町英作氏所蔵文書」新潟県、一九八三年）・「名語記」（田山方南校閲『名語記』勉誠社、一九八三年）・「明月記」（『明月記』国書刊行会、一九一一年）・「毛詩」（『大東急記念文庫貴重書解題　総説・漢籍』一九五六年）

一、本文の校訂は、永井を中心に、角田・野村が行った。その他、各資料の解説、附録の表・系図・索引は永井が担当し、発給文書一覧は野村が作成した。

一、本書は、研究代表者永井晋「金沢文庫古文書及び称名寺聖教紙背文書の復元的研究」（平成23年度～27年度科学研究費補助金基盤研究（B）課題番号二三三二〇一四七）のための写真撮影及び校訂本文作成の成果の一部を公開したものである。また、重要文化財金沢文庫文書の撮影は京都ミックが研究代表者の委託を受けて行った。

建保二年（一二一四）

１『吾妻鏡』建保二年十月三日条

三日、甲子、霽、卯剋、相州(北条義時)参着給、戌剋、相州子息於御前元服給、理髪前駿河守惟義(大内)朝臣也、号相摸五郎実義(実泰)、

〔解説〕

北条実泰の元服を記す。実泰の初名は、五郎実義である。安貞二年正月以前に実泰と改名している。

貞応二年（一二二三）

２『吾妻鏡』貞応二年十月十三日条

十三日、壬午、為駿河守(北条重時)奉行、撰可祗候近々之仁、被結番、号之近習番、

一番　駿河守　　結城七郎(朝広)兵衛尉
　　三浦駿河三郎(光村)
二番　陸奥四郎(北条政村)　　伊賀四郎(朝行)左衛門尉
　　宇佐美三郎兵衛尉
三番　陸奥五郎(北条実義)　　伊賀六郎(光重)右衛門尉
　　佐々木八郎(加地信朝)
四番　陸奥六郎(北条有時)　　佐々木(泰綱)右衛門三郎
　　信濃二郎(二階堂行泰)兵衛尉
五番　三浦駿河二郎(泰村)　　同四郎(三浦家村)
　　加藤六郎(景朝)兵衛尉
六番　後藤(基綱)左衛門尉　　嶋津(忠義)三郎兵衛尉
　　伊東(祐長)六郎兵衛尉

〔解説〕

小侍所別当の北条重時が担当となって、将軍九条頼経の近習番が編成された。北条実泰（初名実義）は三番に選ばれている。

元仁元年（貞応三、一二二四）

３『吾妻鏡』貞応三年六月十八日条

十八日、甲申、霽、戌剋、前奥州(北条義時)禅門葬送、以故右大将家(源頼朝)法華堂(相摸国鎌倉)東山上為墳墓、葬礼事、被仰親職(安倍)之処辞申、泰貞(安倍)又称不帯文書故障、仍知輔(安倍)朝臣計申之、

式部大夫（北条朝時）・駿河守（北条重時）・陸奥四郎（北条政村）・同五郎（北条実義）・同六郎（北条有時）幷三浦駿河二郎（泰村）及宿老祇候人、少々着服供奉、其外御家人等参会成群、各傷嗟溺涙云々、

〔解説〕
十三日に亡くなった北条義時の葬送を記す。義時の子供や姻戚の三浦泰村などが親族の序列に従って記されている。

嘉禄元年（元仁二、一二二五）

4 『吾妻鏡』嘉禄元年五月十二日条

十二日、壬申、武州（北条泰時）幷駿河守重時（北条）・陸奥四郎政村（北条）・同五郎実義（北条）・大炊助有時（北条）等除服祓事、去年故右京兆（北条義時）葬礼者、主計大夫知輔（安倍）依致沙汰而可令勤之処、所労之間、以子息為名代、令行之云々、

〔解説〕
北条泰時・重時・政村・実義・有時が父北条義時卒去による服喪が明けたことを記す。服忌令が示す父母の服喪は一年である。

5 『吾妻鏡』嘉禄元年十二月二十日条

廿日、丙午、快霽、今日若君（九条頼経）有御移徙之儀、申一点御出御狩衣御騎馬、午刻之由雖載勘文、時刻所推移也、又先例此事皆為夜儀、今度武州（北条泰時）依計申給而白昼也、殊有所思食云々、御出儀、

先諸大夫
左近大夫将監佐房（大江）　周防前司親実（藤原）
三条左近大夫将監親実　大膳亮広仲
兵衛蔵人広光（毛利）　藤勾当頼隆（藤原）
善式部大夫光衡（三善）　伊賀蔵人
周防蔵人　兵衛判官代
伯耆蔵人　和泉蔵人
以上十二人先行

次御後
一 武州　一 同次郎（北条時実）　一 越後守（北条朝時）
二 駿河守（北条重時）　二 大炊助（北条有時）　二 相摸四郎（北条朝直）
三 三浦駿河前司（義村）　三 同二郎（三浦泰村）　三 同三郎（三浦光村）

四 同四郎（三浦家村）　四 中条出羽前司（家長）　四 町野民部大夫（康俊）
五 日向介　五 小山下野左衛門尉（朝長）　五 結城左衛門尉（朝光）
六 後藤左衛門尉（基綱）　六 佐々木四郎左衛門尉（信綱）　六 隠岐三郎左衛門尉（二階堂行義）
七 加藤左衛門尉（行景）　七 天野左衛門尉（政景）　七 伊賀四郎左衛門尉（朝行）
八 同六郎左衛門尉（伊賀光重）　八 宇佐美兵衛尉　八 中条次郎左衛門尉（家平）
九 佐々木太郎左衛門尉（重綱）　九 土屋左衛門尉（宗光）　九 狩野藤次兵衛尉（為光）
十 中左衛門尉　十 遠藤左近将監（為俊）　十 嶋津大夫判官（忠久）
等供奉、前後皆歩儀也、自南門令入御給、於南庭中央令下御給、経御車寄戸并二棟廊、入御寝殿階間、武州褰御簾、被奉入畢、陰陽権助国道朝臣（安倍）束帯候反閉若君下御後令立、留庭中給間参向、於廊辺賜禄五御衣、周防前司取之、向御所一拝退出、水火者被儲御所、童女者略之、又牽黄牛御牛飼者着青狩衣相副之、内藤左衛門尉盛時役之、其後供奉人以下列座庭上、如元三式、有進物役人、
御剣　駿河守
御調度　三浦駿河前司
御行騰沓　大炊助
一御馬　駿河次郎　同三郎
二御馬　佐々木太郎左衛門尉　同三郎（佐々木泰綱）
三御馬　隠岐三郎左衛門尉　同四郎（二階堂行久）
四御馬　狩野藤次兵衛尉　加藤五郎兵衛尉（光資）
五御馬　陸奥四郎（北条政村）　同五郎（北条実義）
入御之後、人々於侍所被行垸飯云々、今度御移徙、於事為略儀也、作法三ヶ日、式不及之云々、

〔解説〕
大倉から宇都宮辻子への御所移転により、将軍九条頼経が遷った当日の次第を記す条文。北条実義は、同母兄の政村と共に御馬を引いている。

安貞二年（一二二八）

6『吾妻鏡』安貞二年正月三日条
三日、丁丑、霽、垸飯、越州（北条朝時）沙汰、御剣駿河守重時（北条）布衣、御弓箭陸奥四郎政村（北条）、御行騰沓陸奥五郎実泰（北条）、御馬五疋、

〔解説〕
正月の年中行事である垸飯の役を記す条文。この日の沙

汰人は分家を起こした名越朝時が勤め、北条実泰は行騰沓の役を担当している。垸飯の役を勤めることは、鎌倉幕府の要人の一人であることを示している。実義から実泰への改名後の初見である。

7『吾妻鏡』安貞二年七月二十四日条

廿四日、乙未、陰、将軍家(九条頼経)御逗留田村(相摸国三浦郡)、有遠笠懸・小笠懸等、人々候埒際見物、此間、三浦二郎泰村与佐々木太郎左衛門尉重綱口論、互及過言、泰村笠懸射手、乍乗馬、於埒内挟箭、重綱見証進寄於埒外取太刀、各可決雌雄之形勢也、未引弓抜太刀之以前、宿老之類相宥両方之間、無為静謐云々、

射手
相摸四郎(北条朝直)　陸奥五郎(北条実泰)
小山五郎(長村)　相摸五郎(北条時直)
小笠原六郎(時長)　筑後十郎(小田時家)
長江八郎(師景)　伊賀六郎右衛門尉(光重)
佐々木判官三郎　城太郎(安達義景)
佐々木八郎(加地信朝)　氏家太郎(公信)
宇都宮四郎左衛門尉(頼業)　三浦又太郎(氏村)
三浦二郎(泰村)　結城七郎(朝広)

及晩、有田家御遊興、舞女数輩群集云々、

〔解説〕
将軍九条頼経が三浦義村の田村山荘に御成したことを記す。北条実泰は、笠懸の射手を勤めている。

寛喜元年（安貞三、一二二九）

8『吾妻鏡』寛喜元年五月五日条

五日、壬申、鶴岡(相摸国鎌倉)神事也、将軍家(九条頼経)無御参、陸奥五郎(北条実泰)奉幣為御使、

〔解説〕
将軍九条頼経による鶴岡八幡宮社参がないので、北条実泰が奉幣御使として代参している。

寛喜二年（一二三〇）

9『吾妻鏡』寛喜二年三月二日条

二日、甲午、晴、於竹御所(相摸国鎌倉)、被行千度御祓、其後入

夜、御参鶴岳八幡宮（相摸国鎌倉）、又駿河守（北条重時）依可候六波羅（山城国京都）、辞小侍別当間、今日以陸奥五郎実泰（北条）為其替云々、

〔解説〕

北条重時が六波羅探題として上洛するので、空席となる小侍所別当に北条実泰が就任している。これ以後実泰流は、実泰・実時・顕時と小侍所別当を三代にわたって勤めることになる。

貞永元年（寛喜四、一二三二）

10『吾妻鏡』貞永元年閏九月十日条

十日、丁巳、霽、被始行変気御祈云々、

修法

八字文殊 信乃法印（道禅）　雑掌 和泉守（天野政景）

一字金輪 松殿法印（良基）　雑掌 出羽前司（中条家長）

尊星王 宰相法印（縁快）　雑掌 佐原五郎左衛門尉（盛時）

北斗 松殿法印（良基）　雑掌 城太郎（安達義景）

薬師 丹後僧都（頼暁）　雑掌 駿河入道（行阿、中原季時）

愛染王 加賀律師（定清）　雑掌 土屋左衛門入道（宗光）

御当年

一壇 助法印（珍誉）　雑掌 陸奥五郎（北条実泰）

一壇 越後法橋（範智）　雑掌 隠岐入道（二階堂行村）

鶴岡宮（相摸国鎌倉）

仁王会　御神楽 政所沙汰云々

御祭

三万六千神 晴賢（安倍）　雑掌 武州（北条泰時）

天地災変 親職（安倍）　雑掌 相州（北条時房）

属星 晴幸（安倍）　雑掌 宇都宮修理亮（泰綱）

天曺地府 宣賢（安倍）　雑掌 大和左衛門尉（久良）

泰山府君 経昌（安倍）　雑掌 足立三郎（元氏）

七瀬御祭 晴茂（安倍）泰宗（安倍）重宗（清科）道氏 晴秀（安倍）文親（惟宗）清貞〔晴〕（安倍）

〔解説〕

鎌倉幕府が天変消除の祈禱を行った時の交名。北条実泰は、当年星供を勤める宿曜師珍誉の雑掌を勤めている。

天福元年（貞永二、一二三三）

11『吾妻鏡』天福元年十二月二十九日条

廿九日、己亥、陸奥五郎(北条実泰)子息小童(実時)歳十、於武州(北条泰時)御亭元服、号太郎実時、如駿河前司(三浦義村)在座、一事以上、亭主御経営也、即又為加冠、是非兼日之構、有所存俄及此儀之由、被仰云々、

〔解説〕
北条実時の元服を記した条文。北条泰時の意向により、急ぎ執り行われたことが記されている。

文暦元年（天福二、一二三四）

12『吾妻鏡』文暦元年六月三十日条

卅日、丁酉、陸奥五郎(北条実泰)依病痾、辞小侍所別当、而此事為重職、子息太郎実時(北条)年少之間、難譲補之由、雖有其沙汰、武州(北条泰時)雖重役、雖年少、可加扶持之由、依令申請給、所被仰付也云々、

〔解説〕
北条泰時は、北条実泰の病が重いので、嫡子実時に小侍所別当を譲補したいと、反対する人々を強硬に押し切った様子を伝える。これによって、実泰流が小侍所別当を勤める家として、鎌倉幕府の中で地位を確保することになった。

13『明月記』文暦元年七月十二日条

十二日、己酉、朝天快晴、定修今月朔、書状到来、将軍家(九条頼経)産御祈、修法十三壇、五度延引、事煩多在世、六日朝義時(北条)朝臣五郎男(北条実泰)実有卿(一条)実一腹、誤突切腹度々絶入、或狂気自害之聞云々、当時験者祈之、又有小恠異妖言等云々、窃以此一門年々毎六月有事、匪直也事歟、

〔解説〕
藤原定家が日記に書き残した風聞。北条実泰が狂気の自害を遂げたが、死にきれなかったと伝える。事情は不明である。実泰を一条実有と同母兄弟と伝える。

14『吾妻鏡』文暦元年八月一日条

一日、丁卯、北条弥四郎経時被補小侍所別当、是陸

奥太郎(北条)実時依令奉行竹御所(九条頼経室、源頼家女)御後事有憚、暫不可出仕之故也云々、

〔解説〕
北条実時は、竹御所の葬送の奉行を勤めたため、物忌の期間に入っている。そこで、北条経時を小侍所別当に補任したという。北条氏の本家である義時流（得宗家）が小侍所別当職を勤めたのは、これが最初である。

嘉禎元年（文暦二、一二三五）

15『吾妻鏡』嘉禎元年十二月二十四日条

廿四日、壬子、重為御祈、於処々本宮、令転読大般若経、可修御神楽之由被仰下、被付雑掌人、仍面々遣使、依可勤仕之也、

(伊勢国)伊勢内外宮(北条時房)相州御沙汰　(山城国)石清水八幡宮(北条泰時)武州御沙汰
(山城国)賀茂社(寂秀、大友親秀)大炊助入道沙汰　(大和国)春日社(泰茂)長井判官代
(近江国)日吉社(中原季時)駿河入道　(山城国)祇園社(北条実時)陸奥掃部助
(山城国)大原野社武州御沙汰　(山城国)吉田社(西阿、季光)毛利入道
(山城国)北野社武州御沙汰　(山城国)若宮武州
(尾張国)熱田社(中条家平)出羽左衛門尉　(紀伊国)熊野社正月十五日以後可被始此御祈
(紀伊国)本宮(家連)佐原三郎左衛門尉　(紀伊国)新宮(重氏)備中左近大夫
(紀伊国)那智(宗業)湯浅二郎入道

此外
尊星王護摩　宰相律師円親(円意)
不動護摩　荘厳房僧都行勇
炎魔天供　宮内卿律師征審

〔解説〕
将軍九条頼経の病気平癒の祈禱が行われている。重ねてとあるので、初度の祈禱は効験が十分でないと判断されたのであろう。今度は、鎌倉に勧請した諸社の本社に対して行うという。祇園社の沙汰人として、北条実時の名前があがっている。

嘉禎二年（一二三六）

16『吾妻鏡』嘉禎二年十二月二十六日条

廿六日、己酉、（中略）今日、北条弥四郎(経時)被辞申小侍所別当云々、

〔解説〕
北条経時の小侍所別当辞任を伝える。北条実時の小侍所別当還任に関する記事はないが、15号資料で祇園社への奉幣を担当しているので、物忌はすでに明けている。この時、実時は小侍所別当に復任したのであろう。

嘉禎三年（一二三七）

17『吾妻鏡』嘉禎三年正月二日条

二日、甲寅、霽、今日垸飯、雖為左京兆（北条泰時）御分、依御軽服、孫子弥四郎（北条経時）殿被沙汰之、御剣丹後守（足利）泰氏、御弓矢左衛門大夫（長井）泰秀、御行縢沓上野七郎左衛門尉朝（結城）広、

一御馬　遠江式部丞（北条光時）　南条七郎左衛門尉（時員）
二御馬　駿河四郎左衛門尉（三浦家村）　同五郎（三浦資村）
三御馬　隠岐三郎左衛門尉（二階堂行泰）　同四郎左衛門尉（二階堂行久）
四御馬　陸奥太郎（北条実時）　原左衛門四郎（泰綱）
五御馬　陸奥七郎（北条時尚）　平左衛門三郎（盛時）

〔解説〕
北条泰時が軽服のため、嫡孫経時が垸飯を勧めている。この日の御馬献上に、北条実時と叔父時尚（実泰の同母弟）の名前が見える。

暦仁元年（嘉禎四、一二三八）

18『吾妻鏡』暦仁元年正月二十日条

廿日、丁卯、御弓始也、今年依可為御物忌、不可有此儀之由、窮冬雖被定、故被遂之、射手事、昨夕俄於御前被仰合于如始（ママ）（三浦）義村、為催促、被下日記於陸奥（北条実時）太郎云々、

射手
一番
小笠原六郎（時長）　藤沢四郎（親賢）
二番
横溝六郎（義行）　松岡四郎（時家）
三番
岡辺左衛門四郎　本間次郎左衛門尉（信忠）
四番
三浦又太郎左衛門尉（氏村）　秋葉小三郎

五番
下河辺右衛門尉《（行光）》　山田五郎
午刻、将軍家《（九条頼経）》依可有御上洛、為御出門、入御于秋田城介義景《（安達）》甘縄家《（相摸国鎌倉）》、被召御輿、御立烏帽子、御直垂也、供奉人行粧、同奉摸其体云々、入夜、左京兆《（北条泰時）》幷室家《（三浦義村女）》御出門于駿河守有時《（北条）》第、

〔解説〕
北条実時が、小侍所別当として正月の年中行事である弓始（的始）を沙汰している。中世の甘縄は、現在の御成小学校を中心とした一帯である。

19　『吾妻鏡』暦仁元年二月七日条

七日、癸未、霽、着御橋本駅《（遠江国敷智郡）》、先之人々点定家々間、陸奥太郎実時《（北条）》主宿于舞沢松原《（遠江国敷智郡）》、及戌剋、京兆《（北条泰時）》令聞彼野宿事給、被仰曰、実時者小侍別当、重職異他、尤可候于御所《（九条頼経）》辺之仁也、而依無其所、止宿駅路上者、予暖座於里家之条、有其恐云々、仍令到于陸奥太郎野宿之間、宮内少輔泰氏《（足利）》・駿河前司義村《（三浦）》以下人々、多以辞申旅宿、参件松原、還為諸人之煩、早可令入本所給之由、各申之、又遠山大和守《（景朝）》辞旅店御所、近々、招請陸奥太郎之間、京兆憚人々礼、令帰本宿給、太郎主施面目、宿于和州本所云々、

〔解説〕
将軍九条頼経上洛の途中、橋本宿（現静岡県湖西市新居町）で起きた騒動である。小侍所別当である北条実時は、さまざまな手配を行っていたので、旅宿を確保できず野宿になった。それを聞いた北条泰時が一緒に野宿をすると言い出したので、周囲の人々が困惑した様子を伝える。

20　『吾妻鏡』暦仁元年二月十六日条

十六日、壬辰、天霽、（中略）今日、将軍家《（九条頼経）》御逗留野路駅《（近江国栗太郡）》、明日御入洛之間、依被定随兵已下行列也、小侍所別当陸奥太郎実時《（北条）》、注供奉人、被持参之、匠作《（北条時房）》・京兆《（北条泰時）》於御前令定左右給之後、被返奉行人云々、所被載将軍家御判於件散状端也、

〔解説〕
将軍上洛の行列が野路駅（現滋賀県草津市野路）まで進んだので、小侍所別当北条実時は将軍入洛の供奉人交名

を作成して提出し、執権・連署が参上して将軍家の御前で相談したと伝える。この日までは旅装であるが、翌日は人々が着飾った姿で入洛の行列を組むので、特に念入りに行われている。

延応元年（暦仁二、一二三九）

21『吾妻鏡』暦仁二年正月十一日条

十一日、壬午、雨雪降、将軍家（九条頼経）御参鶴岡八幡宮（相模国鎌倉）、午二点御出（御束帯、御車）、陸奥掃部助（北条実時）役御剣、佐渡判官基（後藤）政・上野判官朝広（結城）等供奉、今日、陸奥国郡郷所当事有沙汰、是准布之例、沙汰人百姓等、私忘本進之備好銭貨、所済乃貢追年不法之由、依有其聞、白河関（陸奥国白河郡）以東者、於下向輩所持者、不及禁制、又絹布麁悪甚無謂、本様可令弁済之旨被定、以匠作（北条時房）奉書被触仰前武州（北条泰時）、

〔解説〕
北条実時が、将軍九条頼経の鶴岡八幡宮参詣に供奉し、御剣役を勤めている。

22『吾妻鏡』延応元年五月五日条

五日、甲戌、依御不例事、被行御祈等、

琰魔天供	岡崎法印（成源）	右馬権頭（北条政村）沙汰
薬師護摩	大蔵卿法印（良信）	甲斐守（長井泰秀）沙汰
泰山府君祭	維範朝臣（安倍）	後藤佐渡前司（基綱）沙汰
大土公祭	親職朝臣（安倍）	陸奥掃部助（北条実時）沙汰
霊気祭	広相朝臣	兵庫頭定員（藤原）沙汰
鬼気祭	泰貞朝臣（安倍）	信濃民部大夫入道（行然、二階堂行盛）沙汰
呪詛祭	晴賢朝臣（安倍）	天野和泉前司（政景）沙汰

〔解説〕
将軍家の御不例御祈を勤める僧侶・陰陽師と雑掌を記している。この前日、陰陽師七人が土公神の祟りと報告しているので、それに対する御祈と陰陽道祭になっている。

仁治元年（延応二、一二四〇）

23　『吾妻鏡』仁治元年三月十二日条

十二日、丙子、当番無故不事輩五人被止出仕、所謂、宇都宮五郎(宗朝)左衛門尉・広沢三郎(実能)兵衛尉・塩谷四郎(泰朝)兵衛尉・上野《結城》十郎(朝村)・海老名左衛門尉(忠行)等也、陸奥掃部助(北条実時)奉行之、

〔解説〕
将軍御所に出仕する小侍所簡衆の中で、勤務状態がよくない五人の出仕を止めたという。小侍所別当の職務を記した条文である。

24　『吾妻鏡』仁治元年八月十日条

十日、辛丑、去三月依不事被止出仕之輩蒙免許、陸奥掃部助(北条実時)承仰、加下知云々、

〔解説〕
出仕を止められた五人（23号資料）の出仕停止が解かれたので、北条実時がその手続きをとっている。

仁治二年（一二四一）

25　『吾妻鏡』仁治二年十一月四日条

四日、丁亥、天晴、今朝、将軍家(九条頼経)為武蔵野開発御方違、渡御于秋田城介義景(安達)武蔵国鶴見別庄(橘樹郡)、御布衣・御輿・御力者三手供奉人着水干、宿老帯野矢、若輩為征矢、面々刷行粧、頗以壮観也、前武州(北条泰時)参給、申剋着御、即有笠懸、可決勝負、就其雌雄、於鎌倉可定所課之由、被仰下之間、各思箭員云々、

射手
北条大夫将監(経時)　武蔵守(北条朝直)　相摸式部大夫(北条時直)
北条五郎兵衛尉(時頼)　遠江式部大夫(北条時章)　陸奥掃部助(北条実時)
若狭前司(三浦泰村)　佐々木壱岐前司(泰綱)　後藤大夫判官(基政)
上総式部大夫(時秀)　伊賀次郎左衛門尉(光房)　佐原五郎左衛門尉(盛時)
上野十郎(結城朝村)　下河辺左衛門次郎(宗光)　加地八郎左衛門尉(佐々木信朝)
城次郎(安達頼景)　小笠原六郎(時長)　佐原六郎兵衛尉(時連)
小山五郎左衛門尉(長村)　駿河式部大夫(三浦家村)
念人

御所（九条頼経）　前武州　宮内少輔（足利泰氏）
遠江前司（北条朝時）　右馬権頭（北条政村）　毛利蔵人大夫入道（西阿、季光）
甲斐前司（長井泰秀）　駿河守（北条有時）　秋田城介（安達義景）
能登守（三浦光村）　佐渡前司（後藤基綱）　前大蔵少輔（遠山景朝）
下野前司（宇都宮泰綱）　大蔵権少輔（結城朝広）　出羽前司（二階堂行義）
大和前司（伊東祐時）　大宰少弐（狩野為佐）　加賀民部大夫（三善康持）
信濃民部大夫（二階堂行泰）　伊賀前司（小田時家）　近江四郎左衛門尉（佐々木氏信）
但馬守（藤原定員）

此人数外今日供奉人

隠岐大夫判官（二階堂行久）　隠岐前大蔵少輔（二階堂行方）　笠間判官（時朝）
大須賀左衛門尉（胤秀）　隠岐次郎左衛門尉（佐々木泰清）　大多和新左衛門尉
大隅左衛門尉（大河戸重村）　三村右衛門尉（時親）　狩野五郎左衛門尉（為広）
加地七郎左衛門尉（佐々木氏綱）　加藤左衛門尉（行景）　宇佐美左衛門尉（祐泰）
弥次郎左衛門尉（親盛）　弥善太左衛門尉（三善康義）　信濃四郎左衛門尉（二階堂行忠）
武藤左衛門尉（景頼）　長尾三郎兵衛尉（光景）　土肥次郎（朝平）
田中太郎　和泉七郎左衛門尉（天野景経）　宇都宮五郎左衛門尉（宗朝）
前隼人正（伊賀光重）　毛利蔵人（泰光）　但馬左衛門大夫（藤原定範）

〔解説〕
将軍九条頼経が武蔵野開発の方違として行った鶴見御成を記している。鶴見で催された笠懸の射手に、北条実時の名前がみえる。

26 『吾妻鏡』 仁治二年十一月二十五日条

廿五日、戊申、今夕、前武州（北条泰時）御亭有御酒宴、北条親衛（経時）・陸奥掃部助（北条実時）・若狭前司（三浦泰村）・佐渡前司（後藤基綱）等着座、信濃民部大夫入道（行然、二階堂行盛）・大田民部大夫（康連）等、文士数輩同参候、此間及御雑談、多是理世事也、亭主被諫親衛曰、好文為事、可扶武家政道、且可被相談陸奥掃部助、凡両人相互可被成水魚之思之由云々、仍各差鍾、今夜御会合、以此事為詮云々、

〔解説〕
北条泰時亭で行われた酒宴の逸話を記す。「蜀志」諸葛亮伝の故事のように、北条氏本家の家督を継ぐことになる北条経時の腹心に北条実時がふさわしいことを、泰時が重臣達に伝えたことは重要な意味をもつ。

27『吾妻鏡』仁治二年十一月二十七日条

廿七日、庚戌、当将軍（九条頼経）家御時関東射手似絵可被図之由、有其沙汰、今日以評定之次、先注其人数、如陸奥掃部助（北条実時）・若狭前司（三浦泰村）・佐渡前司（後藤基綱）・秋田城介（安達義景）、為意見者被用捨之、自京都就被仰下、為被進覧也、而前武州（北条泰時）祗候人、依為達者被召出之輩、可被加否、及再往沙汰、是前武州不可然之旨有御色代之故也、雖致彼家礼、為本御家人也、又勤公役之上、為堪能之族、依何憚可被除哉之由、遂治定、横溝六郎（義行）・山内左衛門次郎等、尤可為其人数云々、但横溝事、前武州頻辞申給、片目有疵故歟、

〔解説〕
父九条道家の依頼を受けた将軍九条頼経が、関東の射手の姿を絵巻に描かせようとした時の逸話である。北条泰時は、横溝氏・山内首藤氏など北条氏に家礼の礼をとる御家人を、選考の対象から外すよう指示している。御家人として自立している人々と、鎌倉幕府の御家人と北条氏家礼の二重の立場を持つようになった人々との差異が出てきていることを伝える。

28『吾妻鏡』仁治二年十二月八日条

八日、辛酉、小侍所番帳更被改之、毎番堪諸事芸能之者一人、必被加之、手跡・弓馬・蹴鞠・管絃・郢曲以下事云々、諸人随其志、可始如此一芸之由被仰下、是於時依可有御要也、陸奥掃部助（北条実時）被相触此趣於人々云々、

〔解説〕
小侍所別当北条実時が、小侍所番帳を改編したことを伝える。編成にあたって、それぞれの番に諸芸に秀でた人々を配したという。

29『吾妻鏡』仁治二年十二月二十九日条

廿九日、壬午、被定若君（九条頼嗣）御前御方祗候人数、結六番、御撫物御使幷御格子上下役、悉被分置之、所被撰将軍御方之体也、陸奥掃部助（北条実時）奉行之、

〔解説〕
将軍九条頼経の嫡子頼嗣のもとに祗候する若君御前御方祗候人を六番で編成したと記す。編成は将軍御所の番衆

編成に準じたという。これも、小侍所の仕事である。

寛元元年（仁治四、一二四三）

30『吾妻鏡』寛元元年七月十七日条

十七日、壬辰、臨時御出供奉人事、依不知其参否、毎度相催之条、且遅引基也、且奉行人煩也、兼令存知之、聞御出之期者、不論昼夜、為令応御要、可結番之旨、被仰陸奥掃部助(北条実時)之間、以当時不祗候人数、令結番之、前大蔵少輔(二階堂)行方於小侍加清書、所押台所之上也、又就在国等、雖不加此人数、於時随令参上、可被召具之、雖為此衆、若有数輩同時故障者、可催加他番人之由、被仰出云々、

定

御共結番事次第不同

上旬

前右馬権頭(北条政村)　遠江馬助(北条清時)
遠江式部大夫(北条時章)　足利大夫判官(家氏)
相模右近大夫将監(北条時定)　甲斐前司(長井泰秀)
遠江修理亮(北条時幸)　能登守(三浦光村)
上総権介(秀胤)　秋田城介(安達義景)
周防前司(藤原親実)　毛利蔵人(泰光)
越後二郎　遠山前大蔵少輔(景朝)
大和前司(伊東祐時)　大隅前司(島津忠時)
上総式部大夫(時秀)　春日部甲斐守(実景)
宇都宮大夫判官(頼業)　但馬右衛門大夫(藤原定範)
笠間判官(時朝)　小山五郎左衛門尉(長村)
新田三郎　上野弥四郎左衛門尉(結城時光)
同十郎(結城朝村)　宇都宮掃部助(時村)
関左衛門尉(政泰)　宇都宮五郎左衛門尉(宗朝)
駿河五郎左衛門尉(三浦資村)　佐原五郎左衛門尉(盛時)
葛西三郎左衛門尉(時清)　近江四郎左衛門尉(佐々木氏信)
和泉二郎左衛門尉(天野景氏)　同七郎左衛門尉(天野景経)
宮内左衛門尉(公景)　大須賀七郎左衛門尉(重信)
木内二郎(胤家)　宇佐美藤左衛門尉(祐泰)
小野寺四郎左衛門尉(通時)　信濃四郎左衛門尉(二階堂行忠)

後藤新左衛門尉　多々良(通定)二郎左衛門尉
山内(通重)藤内左衛門尉　渋谷(武重)二郎太郎
佐貫(時信)太郎　大和(宗綱)二郎
益戸(行幹)三郎左衛門尉　本間(信忠)二郎左衛門尉
大見(実景)左衛門尉

中旬

武蔵守(北条朝直)　備前守(北条時長)
相摸式部大夫(北条時直)　摂津前司(中原師員)
佐渡前司(後藤基綱)　下野前司(宇都宮泰綱)
遠江右近大夫将監(北条時兼)　大蔵権少輔(結城朝広)
駿河式部大夫(三浦家村)　河越(泰重)掃部助
相摸七郎(北条時広)　上総(政秀)修理亮
美作前司(宇都宮時綱)　江石見前司(大江能行)
前大宰少弐(狩野為佐)　水谷(重輔)右衛門大夫
佐原(経連)大炊助　能登右近蔵人(源仲家)
隠岐大夫判官(二階堂行久)　信濃大夫判官(二階堂行綱)
薬師寺(朝村)左衛門尉　佐竹(助義)八郎
駿河八郎左衛門尉(三浦胤村)　武田(政綱)五郎三郎

梶原(景俊)左衛門尉　武藤(景頼)左衛門尉
淡路又四郎左衛門尉(長沼宗泰)　薗田弥二郎
塩谷四郎左衛門尉　摂津左衛門尉
大多和新左衛門尉　肥前太郎左衛門尉(佐原胤家)
伊賀(光房)二郎左衛門尉　土肥(朝平)二郎兵衛尉
狩野(為広)五郎左衛門尉　常陸太郎
千葉(胤時)八郎　長江(景秀)八郎四郎
弥善太左衛門尉(三善康義)　内藤(盛継)七郎左衛門尉
後藤(基村)三郎左衛門尉　同小幡三郎左衛門尉
雅楽(時景)左衛門尉　豊田源兵衛尉
太宰三郎左衛門尉(狩野為成)　安積六郎左衛門尉(伊東祐長)
海老名(忠行)左衛門尉　飯富(長能)源内左衛門尉
加藤(行景)左衛門尉

下旬

丹後前司(足利泰氏)　陸奥掃部助(北条実時)
北条五郎(時頼)兵衛尉　若狭前司(三浦泰村)
越後掃部助(北条時景)　伊豆前司(若槻頼定)
佐々木(泰綱)壱岐前司　少輔左近大夫将監(大江佐房)

陸奥七郎（北条時尚）
隠岐前大蔵少輔（二階堂行方）
佐原肥前々司（家連）
伊賀前司（小田時家）
加賀民部大夫（三善康持）
佐渡大夫判官（後藤基政）
淡路式部大夫
城二郎（安達頼景）
河津判官（加藤尚景）
上野五郎兵衛尉（結城重光）
大曾禰兵衛尉（長泰）
隠岐二郎左衛門尉（佐々木泰清）
東中務丞（胤行）
弥二郎左衛門尉（親盛）
加地七郎右衛門尉（氏綱）
大隅太郎左衛門尉（大河戸重村）
紀伊二郎左衛門尉（豊島為経）
広沢三郎左衛門尉（実能）

出羽前司（二階堂行義）
美濃前司（藤原親実）
前隼人正（伊賀光重）
伯耆前司（葛西清親）
信濃民部大夫（二階堂行泰）
但馬前司（藤原定員）
常陸修理亮（小田重継）
小笠原六郎（時長）
上総五郎左衛門尉（泰秀）
駿河九郎（三浦重時）
駿河又太郎左衛門尉（三浦氏村）
佐原六郎左衛門尉
伊東三郎左衛門尉（祐綱）
長掃部左衛門尉（秀連）
同八郎左衛門尉（加地信朝）
肥後四郎兵衛尉（大見行定）
長尾三郎左衛門尉（光景）
波多野六郎左衛門尉

出羽二郎兵衛尉（二階堂行有）　伊賀四郎左衛門尉（朝行）
相馬左衛門五郎（胤村）　海上五郎（胤有）
押垂左衛門尉（基時）

右、守結番次第、可参勤之状、依仰所定如件、

寛元々年七月　日

〔解説〕
将軍家の臨時出御にあたって編成される供奉人の番帳を作成したという。それまでは、将軍家出御のたびに行列編成を考えていたので、番帳から編成するように制度を改めたのは、鎌倉幕府の運営の組織化が進んでいる様子を示している。【神】三六四、【鎌】六二〇二。

31　香取社造営注文写　（香取神宮所蔵「本所古文書」）

□〔注〕進香取社造進注文事（下総国）

合

一、□〔一、カ〕□□〔正神〕殿一宇　同大床舞殿　幸嶋役　千葉介（時胤）
一、火御□□〔子社〕一宇　萱田郷役
□〔一、カ〕於岐栖社一宇　吉橋郷役　千葉介
一、一鳥居一基　印東庄役　千葉介

一、勢至殿社一宇神保郷役　〔千葉〕□□介
一、不開殿社一宇小見郷役　木内下総〔胤時〕□〔介〕
一、佐土殿社一宇匝瑳北条役　千葉八郎
同大床舞殿同所役□　□殿同所役
一、嫐殿社一宇大戸庄神崎庄　国分小次郎跡　千葉七郎跡
一、東廊一宇　凮早郷役所
一、中殿一宇　〔埴〕垣生西役　掃部〔北条実時〕□□〔助殿カ〕
一、北庁屋一宇大須賀所役　〔大須賀〕胤信跡
一、胆男□□〔社一カ〕宇　〔埴〕垣生西内富谷郷役
一、三鳥居一基大方郷役　関〔政泰〕□□〔左衛カ〕門尉
一、祭殿一宇結城郡役　上野入〔結城朝光〕□〔道〕
一、火王子社一宇　下野方
一、忍男社一宇　下野方
一、内院中門一宇匝瑳北条　飯高五郎跡
一、西廊一宇　矢木郷所□〔役〕
一、若宮社一宇　千葉介
一、酒殿一宇　遠山方所□〔役〕
一、渡殿一宇　上野方所役

一、外院中門一宇印西所役　掃部〔北条実時〕□□〔助殿カ〕
一、東脇門一宇平塚郷所役　掃部助殿
一、西脇門一宇　同所役
一、宝殿一宇　猿俣所役　〔葛西清重〕壱岐入道跡
一、二鳥居一基　下葛西所役同跡
一、楼門一宇　〔埴〕垣生・印西所役
一、大炊殿一宇　国司御沙汰
一、薦殿一宇　国司御沙汰
一、脇鷹社一宇　国□〔司〕御沙汰
一、鹿嶋新宮社一宇　国司御沙汰
一、八龍神社六宇　国司御沙汰
一、玉垣三十一丈六尺　国司御沙汰
一、四面釘貫四百五□〔間〕
一、馬庭埒　国分寺役
寛元々年癸卯十一月十一日　大禰宜□　□
一、内殿アリ神輿　幷諸神宝物目録ニアリ　此外□　□
一、馬場殿　一宇　国司御沙汰
一、八郎王子一宇　同前

一、又見社　一宇　同前
一、返田王子社一宇同前　一、御弊〔幣〕棚　同前
一、大楯八龍神□〔社カ〕　同前　一、印手社一宇　□□〔同前〕
一、師子　呪　　同□〔前カ〕

〔解説〕
下総国一宮香取社の造営注文に、北条実時が「掃部助殿」の名前で記されている。実泰流が国衙領の印西（現千葉県印西市）や平塚郷（現千葉県白井市）、埴生西条（現千葉県印西市）を所領としていたことがわかる。「一西脇門一宇」までは二段組の記載方法であるが、便宜上一段組にした。『千葉県史料　中世編　香取文書』香取神宮文書5号。【鎌】六二四七。

32　造営所役注文　（香取神宮所蔵「本所古文書」）

注進　下総国香取太神宮廿一ケ年一度
　造替諸社役所幷雑掌人事
一、当国諸御家人勤仕役所
一、正神殿一宇　　千葉介〔頼胤〕
　同大床　舞殿　　幸嶋役所
一、火御子社一宇　　黄〔萱〕田郷役　千葉介
一、於岐栖社一宇　吉橋郷役　千葉介
一、楼門一宇　垣〔埴〕生・印西所役
一、一鳥居一基　印東庄役　千葉介
一、勢至殿社一宇　神保郷役　千葉介
一、不開殿社一宇　小見郷役　木内下総前司
一、佐土殿社一宇　匝瑳北条役　千葉八郎〔胤時〕
一、媼殿社一宇　大戸・神崎両所役 国分小次郎跡 千葉七郎跡
　同大床舞殿同所役
　幷仮媼殿同所役
一、東廻廊一宇　風早郷所役
一、中殿一宇　垣〔埴〕生西役　掃部助殿〔北条実時〕
一、北庁屋一宇　大須賀所役〔大須賀〕胤信跡
一、胆男社一宇　垣〔埴〕生西内　富谷郷役
一、忍男社一宇　下野方
一、二鳥居一基　下葛西役同跡
一、三鳥居一基　大方郷役　関左衛門尉〔政泰〕
一、祭殿一宇　結城郡役　上野入道〔結城朝光〕
一、火王子一宇　下野方

一、内院中門一宇　匝瑳北条　飯高五郎跡
一、西廻廊一宇　矢木郷所役
一、若宮社一宇　千葉介
一、酒殿一宇　遠山方所役
一、渡殿一宇　上野方所役
一、外院中門一宇　印西所役　掃部助（北条実時）殿
一、東脇門一宇　平塚郷所役　掃部助（北条実時）殿
一、西脇門一宇　同所役
一、宝殿一宇　猿俣所役　壱岐入道（葛西清重）跡

一大行事造進役所等
一、内殿　神輿　諸神宝物　国司御沙汰
一、火〔大〕炊殿一宇　国司御沙汰
一、薦殿一宇　同役所
一、脇鷹社一宇　同役所
一、鹿嶋新宮社一宇　国司御沙汰
一、馬場殿一宇　同役所
一、八龍神社六宇　同役
一、八郎王子社一宇　国司御沙汰
一、玉垣三十一丈六尺　同役
一、又見社一宇　同役所
一、返田悪王子社一宇　国司御沙汰
一、御弊〔幣〕棚　同役所

〔解説〕
下総国一宮香取社の造営注文。金沢家領の埴生西条（現千葉県印西市）や印西（同市）、平塚郷（現千葉県白井市）に、北条実時が「掃部助殿」の名前で記されている。年月日未詳の注文であるが、実時を「掃部助」と記すので、前号文書にかけてここに収める。『千葉県史料中世編　香取文書』香取神宮文書6号。【鎌】六二四八。

33 『吾妻鏡』寛元元年十一月十八日条

十八日、庚申、依天変等事、為将軍家（九条頼経）御祈、被行天地災変祭、泰貞（安倍）朝臣奉仕之、陸奥掃部助（北条実時）沙汰也、水谷右衛門大夫（重輔）為御使、

〔解説〕
北条実時が、将軍家護持の御祈禱として行う天地災変祭を沙汰している。

寛元二年（一二四四）

34『吾妻鏡』寛元二年八月十五日条

十五日、癸未、天晴、鶴岡八幡宮(相摸国鎌倉)放生会也、大殿(九条頼経)并将軍家(九条頼嗣)御参、先有御祓、坊門少将清基為陪膳、水谷左衛門大夫重輔候役送、御覧舞楽之後、酉刻還御、供奉人行列、

先陣随兵

河越掃部助泰重　上総修理亮政秀

肥前太郎左衛門尉胤家(佐原)　隼人太郎左衛門尉光義(伊賀)

上野弥四郎左衛門尉時光(結城)　天野和泉次郎左衛門尉景氏

大曾禰兵衛尉長泰　千葉七郎太郎師時

遠江式部大夫時章(北条)　相摸右近大夫将監時定(北条)

次御車

佐竹八郎助義　式部兵衛太郎光政(伊賀)

千葉次郎泰胤　海上五郎胤有

木村太郎政綱　伊東六郎右衛門尉祐盛

武藤右近将監兼頼　渋谷十郎経重

立河兵衛尉基泰　葛山次郎

平新左衛門尉盛時

已上十一人直垂帯剣、候御車左右、

御後　五位六位布衣下括

前右馬権頭政村朝臣(北条)　遠江守朝直(北条)

北条左近大夫将監時頼　越後守光時(北条)

宮内少輔泰氏(足利)　陸奥掃部助実時(北条)

甲斐前司泰秀(長井)　若狭前司泰村(三浦)

摂津前司師員(中原)　能登前司光村(三浦)

秋田城介義景(安達)　下野前司泰綱(宇都宮)

上総権介秀胤　駿河式部大夫家村(三浦)

佐渡前司基綱(後藤)　出羽前司行義(二階堂)

前太宰少弐為佐(狩野)　毛利兵衛大夫広光

大蔵権少輔朝広(結城)　江石見前司能行(大江)

佐々木壱岐前司泰綱　伯耆前司清親(葛西)

大河戸民部大夫俊義　春日部甲斐前司実景

薗田淡路前司俊基　完〔宍〕戸壱岐前司家周

但馬前司定員(藤原)　隼人正光重(伊賀)

加賀民部大夫康持(三善)　伊賀前司時家(小田)
但馬兵衛大夫定範(藤原)　常陸修理亮重継(小田)
小山五郎左衛門尉長村　梶原右衛門尉景俊
駿河五郎左衛門尉資村(三浦)　壱岐六郎左衛門尉朝清(葛西)
弥次郎左衛門尉親盛　遠江次郎左衛門尉光盛(佐原)
同六郎兵衛尉時連(佐原)　佐渡五郎左衛門尉基隆(後藤)
安積六郎左衛門尉祐長(伊東)　肥前太郎左衛門尉胤家(佐原)
伊賀次郎右衛門尉光泰　大須賀左衛門尉胤氏
宇佐美左衛門尉祐泰　加藤左衛門尉行景
出羽四郎左衛門尉光家(中条)　薬師寺新左衛門尉政氏
関左衛門尉政泰　淡路又四郎左衛門尉宗泰(長沼)
相馬五郎左衛門尉胤村　武藤左衛門尉景頼
信濃四郎左衛門尉行忠(二階堂)　後藤次郎左衛門尉基親
一宮善右衛門次郎康有(三善)　小野寺四郎左衛門尉通時
内藤七郎左衛門尉盛継　出羽次郎兵衛尉行有(二階堂)
佐竹六郎次郎(義行)　上野三郎国氏(畠山)
阿曾沼小次郎光綱　木内次郎胤家
後陣随兵
上野前司泰国(畠山)　三河守頼氏(世良田)
遠江五郎左衛門尉盛時(佐原)　梶原左衛門太郎景綱
小山下野四郎長政　宇都宮新左衛門尉朝基
城次郎頼景(安達)　土屋次郎時村
武田五郎三郎政綱　小野沢次郎時仲
山内藤内通景　延尉

〔解説〕
鶴岡放生会行列の御後に、北条実時の名前がみえる。狩衣を着して参列するこの位置は、鎌倉幕府の重臣や有力御家人が多くを占める。

35 『吾妻鏡』寛元二年十二月八日条

八日、甲戌、天晴風静、今日、大納言家(九条頼経)乙若君御前御着袴幷令嘗魚味給、申刻、於寝殿有其儀、人々着布衣下括、参集、武州(北条経時)被献垸飯、宛如元三、武州被奉結御腰、又大殿(九条頼経)令食之給、彼此陪膳北条左親衛(時頼)候之云々、両事訖、進御引出物、
大殿御方
　御剣　越後守(北条光時)

一御馬置鞍　小山四郎　同五郎（長村）
二御馬同　大隈太郎左衛門尉（大河戸重村）　同次郎
将軍家御方（九条頼嗣）
　御剣　陸奥掃部助（北条実時）
一御馬置鞍　肥前太郎左衛門尉（佐原胤家）　同四郎左衛門尉（佐原光連）
二御馬同　弾正左衛門尉　同十郎
若君御方
　御馬置鞍　甲斐太郎（長井時秀）

〔解説〕
大殿（前将軍）九条頼経の乙若御前袴着と御食初《おくいぞめ》を記した条文。北条実時は、将軍家九条頼嗣方の御剣役を担当している。

寛元三年（一二四五）

36『吾妻鏡』寛元三年十一月四日条

四日、乙未、入道大納言家（九条頼経）明春可有御上洛事、被経御沙汰、供奉人数五十三人被定之、既被下其散状於小侍所別当陸奥掃部助実時（北条）、其上所被差副別奉行人能登前司（三浦光村）・信濃民部大夫入道（行然、二階堂行盛）等也、二月十四日必定可有御進発之由云々、

〔解説〕
北条氏の本家は、将軍家の父親として権威を持ち始めた大殿九条頼経を京都に戻そうとしたが、北条氏の分家名越光時をはじめとした北条氏本家と対立する勢力はこれを阻止しようとした。この駆け引きの中で、北条実時は前将軍帰洛の事務手続きを進めている。

寛元四年（一二四六）

37『吾妻鏡』寛元四年五月二十六日条

廿六日、癸未、天晴、終日暴風、今日於左親衛（北条時頼）御方、内々有御沙汰事、右馬権頭（北条政村）・陸奥掃頭助（北条実時）・秋田城介（安達義景）等為其衆云々、

〔解説〕
北条氏の本家が主催する会議（寄合）を記した最初の史料。北条実時は、後に寄合衆とよばれることになる会議の構成員となった。

38『吾妻鏡』寛元四年六月十日条

十日、丁酉、於左親衛《(北条時頼)》御亭、又有深秘沙汰、亭主・右馬権頭《(北条政村)》・陸奥掃部助《(北条実時)》・秋田城介《(安達義景)》等寄合、今度被加若狭前司《(三浦泰村)》、内々無御隔心之上、可被仰意見之故也、此外、諏訪入道《(蓮仏、盛重)》・尾藤太《(景氏)》・平三郎左衛門尉《(盛時)》参候、

〔解説〕
大殿九条頼経を京都に追放した宮騒動で確立した北条時頼政権の中核となる人々の構成を示す条文。宮騒動で中立を保った三浦氏と折り合いをつけるために、三浦泰村を寄合の構成員に加えている。

宝治元年（寛元五、一二四七）

39『吾妻鏡』寛元五年正月十三日条

十三日、丁卯、右大将家《(源頼朝)》法華堂《(相摸国鎌倉)》前人家数十宇失火、陸奥掃部助《(北条実時)》亭在其中、

〔解説〕
鎌倉の大火を記した条文。右大将家法華堂の南側、西御門にあった北条実時亭も延焼したと記されている。この敷地が西御門殿と呼ばれ、後に顕弁の西御門御房になると思われる。

40『吾妻鏡』寛元五年二月二十日条

廿日、甲辰、於左親衛《(北条時頼)》御第、将軍家《(九条頼嗣)》御浜出之間、犬追物射手以下人数事、有其沙汰、掃部助実時《(北条)》奉行之、

〔解説〕
北条時頼亭で、将軍家御浜出の際に催される犬追物の打ち合わせが行われた。小侍所別当北条実時が奉行を担当している。

41『吾妻鏡』寛元五年二月二十三日条

廿三日、丁未、今日、将軍家《(九条頼嗣)》御浜出始也、左親衛《(北条時頼)》令参給、被構御桟敷等云々、

犬追者射手

上手

北条六郎《(時定)》　若狭前司《(三浦泰村)》

上野十郎《(結城朝村)》　薩摩七郎《(伊東祐能)》

遠江六郎（北条教時）　小笠原余一（長澄）
中手
武蔵六郎　武田五郎三郎（政綱）
駿河五郎左衛門尉（三浦資村）　千葉次郎（泰胤）
佐々木壱岐前司（泰綱）　城九郎（安達泰盛）
下手
陸奥掃部助（北条実時）　相摸八郎（北条時隆）
三浦式部大夫（氏村）　大隅太郎左衛門尉（大河戸重村）
小山大夫判官（長村）　駿河四郎式部大夫（三浦家村）

〔解説〕
将軍家御浜出の射手を記す。ここに記載された射手の交名は、小侍所が作成した資料と推定される。下手の筆頭に北条実時の名前がみえる。

42「古文孝経」奥書（出光美術館所蔵　識語篇七二六号）

（尾）
寛元五年三月九日、以清家累葉秘説、奉授洒掃少尹（北条実時）閣畢、
前参河守清原教隆（花押）
朱墨之点、同教隆加之了、

本奥云、
仁治二年九月十六日、雨中燭本校点功畢、抑予全経伝習之次第、先於八歳始読論語、経五ケ年終其篇、其後於十二歳読此書、其時手身書点、受家君（清原仲隆）説了、而件本、幼学之間、字様錯謬、料帋尫劣、不可伝後代、随又紛失了、仍新調此本、欲伝子葉、於書写者雖借他人之手、於校点者用微躬之功、累祖之秘説更無所脱漏、子々孫々伝此書者、深秘匱中莫出閫外、夫古文孝経者、壁中之旧本、隷古之遺字也、而本朝相伝諸家之本、古字今字錯乱用之、蓋依去聖甚遠、伝写有誤之漸也、今勘字書等、欲用古字之処、頗有率爾之恐、況唐家改古文、用今字了、可資準的者歟、但尚書孝経本朝伝来之始、為古字之本、一向不可失旧体、仍本用今字、傍附古字、一部之内悉不附之、唯少々注之、示本体之許也、宜以一察万耳、于時柳営（九条頼経）拝趨之節、雖無余力、杏檀鑽仰之功、猶労寸腸、躭（耽）道之志、孔父捨諸、
正五位下行参河守清原真人（教隆）在判

永仁六年十一月廿四日、以家秘説、奉授越州(北条貞顕)五品左
親衛閤了、
助教清原真人(直隆)(花押)

嘉元二年九月十九日、以大博士良枝(清原)真人之本、重校
合訖、
(北条)貞顕

本奥云、
保延二年八月五日庚子、以中家本移点了、
同廿日乙卯、見合家本了、
東市正清原頼滋 頼業本名也

保延四年三月八日申刻、見合或本了、
頼業(清原)

仁平元年五十六、引合述議読正了、但喪親章不勘改
而已、
安元二年五月廿日亭午(ママ)、授説於大舎人允良業(清原)了、
博士在判 頼業也

承元二年四月十三日朝間、以家説授主水正頼尚(清原)真人
了、
大外記博士良業(清原)

貞永元年六月十一日、以家秘説授主水正良季(清原)本名良尚了、
大外記清原頼尚

建長元年十月十七日、於燭本、重授良季(清原)了、
在判 頼尚也

弘長二年八月四日、以家説、授少外記良枝(清原)了、
今日仲秋釈奠也、
在判 頼尚也

弘長三年八月廿日、以家秘説、授得業生良任(清原)了、
散位在判 頼尚也

弘安四年正月十四日、於燭本、重授良枝(清原)了、
在判 良季也

正応二年六月十二日、以家秘説、授主水正宗尚(清原)了、
前明経博士清原良季

永仁三年五月廿六日、重授宗尚(清原)了、
在判 良枝也

(追筆の奥書)
嘉元三年五月廿四日、以大外記良枝(清原)真人之本、重見
合訖、
従五位上行越後守平朝臣(北条貞顕)(花押)

以家本重校合畢、件奥書等、悉以愚筆所書写也、

大外記兼博士清原真人(良枝)(花押)

正和元年五月十四日、以秘説奉授武蔵守殿(北条貞顕)畢、此書去永仁六年、助教直隆奉授之、然而、依貴命重奉授訓説者也、

大外記清原(良枝)(花押)

同日、奉授左近大夫将監殿畢、

(清原良枝)(花押)

元徳二年七月二日、以南堂十代之秘説、奉授武州(北条忠時)新左親衛尊閤了、

散位清原(教宗)(花押)

金沢文庫（追加の続紙）

昔北条氏執闔外之権、仮法経史致学儒仏、新模竺支(インド・中国)之書、及本朝之格式、嗜読書、於竺籍以朱印之、於聖経以墨印之、別営書蔵容万軸、俗謂之金沢文庫、嘗招清教隆講群書治要、貞観政要、可謂有志治道、而猶不本六経、惜哉、此古文孝経亦庫中一書也、教隆校是正、除謬妄、加訓右旁、尤為証本之最者歟、自後遭纂乱之厄、散落世人手也、爰大江広世不意感得焉、請予曰、此書雖幸存巻端之一緒今尚闕矣、豈不嘆哉、願就全成矣、辞無由染毫於淩陰氷泓、継点于清流遺訓焉、

寛永壬午閏九月日　度支郎清原賢忠(朱印)

〔解説〕
奥書から、寛元五年三月九日に清原教隆が北条実時に授けたことに始まり、金沢家の歴代が清家の家説を学んだ歴史がうかがえる。実時・顕時・貞顕・忠時と歴代の名前がみえる。

43『吾妻鏡』宝治元年六月五日条

五日、丙戌、天晴、辰刻小雨灑、今暁鶏鳴以後、鎌倉中弥物忩、未明左親衛(北条時頼)先遣万年馬入道於泰村(三浦)之許、被仰可相鎮郎従等騒動之由、次付平左衛門入道盛阿(盛綱)、被遣御書於同人、是則世上物忩、若天魔之入人性歟、於上計者、非可被誅伐貴殿之構歟、此上如日来不可有異心之趣也、剰被戴加御誓言云々、泰村

披御書之時、盛阿以詞述和平子細、泰村殊喜悦、亦具所申御返事也、盛阿起座之後、泰村猶在出居、妻室自持来湯漬於其前勧之、賀安堵之仰、泰村一口用之、即反吐云々、爰高野入道覚地(安達景盛)伝聞被遣御使之旨、招子息秋田城介義景(安達)・孫子九郎泰盛(安達)各兼着甲冑尽諷詞云、被遣和平御書於若州(三浦泰村)之上者、向後彼氏族独窮驕、益蔑如当家之時、憖顕対揚所存者、還可逢殃之条、置而無疑、只任運於天、今朝須決雌雄、曾莫期後日者、依之城九郎泰盛・大曾禰左衛門尉長泰・武藤左衛門尉景頼・橘薩摩十郎公義以下、一味之族引卒軍士、馳出甘縄(相摸国鎌倉)之館、同門前小路東行、到若宮大路中下馬橋北、打渡鶴岡(相摸国鎌倉)宮寺赤橋、相構盛阿帰参以前、於神護寺(相摸国鎌倉)門外作時声、公義差揚五石畳文之旗、進于筋替橋北辺、飛鳴鏑、此間所張陣於宮中之勇士悉相加之、而泰村今更乍仰天、令家子郎従等防戦之処、橘薩摩余一公員不着甲冑為狩装束者、自兼日懸意於先登、潜入車排之内、宿于泰村近辺荒屋、付時声進寄、小河次郎被射殺・中村馬五郎同相並之、皆為泰村郎等被慕疾〔疵カ〕焉、先之、盛阿馳駕令帰参、雖申事次第、三浦一類有用意事之条者、雖勿論、旁依有御沙汰、被廻和平之儀之処、泰盛既及攻戦之上、無所于被宥仰、先以陸奥掃部助実時(北条)、令警衛幕府(相摸国鎌倉)、次差北条六郎時定為大手大将軍、時定令撤車排、揚旗自塔辻(相摸国鎌倉)馳逢、相従之輩如雲霞、諏方兵衛入道蓮仏(盛重)抽無双之勲功、信濃四郎左衛門尉行忠(二階堂)決殊勝負、獲分取、凡泰村郎従精兵等、儲所々辻衢、発矢石、御家人又忘身命、責戦矣、巳剋、毛利蔵人大夫入道西阿(季光)着甲冑、卒従軍、為参御所(相摸国鎌倉)、打出之処、彼妻泰村妹取西阿鎧袖云、捐若州参左親衛御方之事者、武士所致歟、甚違年来一諾訖、盍恥後聞兮哉者、西阿聞此詞、発退心加泰村之陣、于時甲斐前司泰秀(長井)亭者、西阿近隣也、泰秀者馳参御所之間、雖行逢西阿、不能諍留、是非存親昵之好、且不却与同于泰村之本意兮、於一所為加追討也、尤叶武道有情云々、万年馬入道馳参左親衛南庭、乍令騎馬申云、毛利入道殿被加敵陣訖、於今者世大事必然歟、左親衛聞此事、午刻参御所、被候将軍(九条頼嗣)御前、重被廻奇謀、折節北風変南之間、放火於泰村南隣之人屋、風頻扇、煙覆彼館、泰村幷伴党咽烟遁出館、参籠于故右大将軍(源頼朝)法華堂(相摸国鎌倉)、舎弟能登守光村(三浦)者在永福寺(相摸国鎌倉)惣門内、従兵八十余騎張陣、遣使者於兄泰村之許云、当寺為殊勝城郭、於此一所、相共可被待討手云々、泰村答云、縦雖有鉄壁城郭、定今不得遁歟、同者於故将軍御影御前欲取終、早可来会此処云々、専使互雖為一両度、綷火急之間、光村出寺門向法華堂、於其途中一時合戦、甲斐前司泰秀家人幷出羽前司行義(二階堂)・和泉前司行方(二階堂)等、依相支之也、両方従軍多被疵云々、光村終参件堂、然後西阿・泰村・光村・家村・資村幷大隅前司重隆(大河戸)・美作前司時綱(宇都宮)・甲斐前司実景(春日部)・関左衛門尉政泰以下、列候于絵像御影御前、或談往事、或及最後述懐云々、西阿者専修念仏者也、勧請諸衆、為欣一仏浄土之因、行法事讃廻向之、光村為調声云々、左親衛軍兵攻入寺門、競登石橋、三浦壮士等防戦、竭弓剣之芸、武蔵々人太郎朝房(北条)責戦有大功、是為父朝直(北条)臣義絶身、一有情之無相従、僅駕疲馬許也、不着甲冑之間、輙欲討取之処、被扶于金持次郎左衛門尉泰村方、全其命云々、両方挑戦者殆経三刻也、敵陣箭窮力尽、而泰村以下為宗之輩二百七十六人、都合五百余人令自殺、此中被聴幕府番帳之類二百六十人云々、次壱岐前司泰綱(佐々木)・近江四郎左衛門尉氏信(佐々木)等承仰、為追討平内左衛門尉景茂(長尾)、行向彼長尾家、作時声之処、家主父子者、於法華堂自殺訖、敢無人于防戦、仍各空廻轡、但行逢子息四郎景忠(長尾)、生虜之持参云々、甲冑勇士等十余騎塞壱岐前司之行路、諍先登之間、泰綱雖問其名字、敢不能返答、而景茂等依不所在、無合戦之儀、剰彼勇士乍名謁逐電云々、申刻、被実検死骸之後、被進飛脚於京都、遣御消息二通於六波羅相州(北条重時)、一通奏聞、一通為令下知近国守護地頭等也、又事書一紙同所被相副也、左親衛於御所休幕被中沙汰之、其状云、

若狭前司泰村(三浦)・能登前司光村(三浦)以下舎弟一家之輩、今日巳剋、已射出箭之間、及合戦、終其身以下一

家之輩及余党等被誅罰候畢、以此趣、可令申入冷泉（西園寺実氏）太政大臣殿給候、恐々謹言、

六月五日　左近将監（北条時頼）

謹上　相摸守（北条重時）殿

追啓礼紙申状云

毛利入道西阿不慮令同心之間、被誅罰畢、若狭前司泰村・能登前司光村幷一家之輩余党等、兼日令用心之由、有其聞之間、被用意候処、今日五日巳剋、令射出箭之間、及合戦、其身以下一家之輩余党等被誅罰訖、各存此旨、不可馳参、且又可相触近隣之由、普可令下知西国地頭御家人給之状、依仰執達如件、

六月五日　左近将監

謹上　相摸守殿

事書云、

一、謀叛輩事

為宗親類兄弟等者、不及子細可被召取、其外京都雑掌・国々代官所従等事者、雖不及御沙汰、委尋明、随注申、追而可有御計者、

〔解説〕

宝治合戦の顛末を伝える条文。この日、小侍所別当北条実時は、将軍御所の警固についていて、主戦場には出ていなかった。

44 『吾妻鏡』宝治元年六月六日条

六日、丁亥、可討捕上総権介秀胤之旨、被仰付大須賀左衛門尉胤氏・東中務入道素暹（胤行）等、秀胤者依為泰村（三浦）妹聟也、又武蔵国六浦庄内、余党人等群居之由、風聞之間、仰領主陸奥掃部助実時（北条）、差遣家人等之上、薩摩前司祐長（伊東）・小野寺小次郎左衛門尉通業、同日逆党首等及実検云々、光村（三浦）・家村（三浦）等之首、頗有御不審、未被一決云々、又大倉次郎兵衛尉発向武蔵国、為尋求残卒之所隠居也、

〔解説〕

六浦庄の地頭北条実時は、庄内に逃げ込んだ三浦氏与党の追捕を命じられた。金沢家が六浦庄地頭職を持つこと

を明確に伝える最初の史料である。

45『吾妻鏡』宝治元年六月二十六日条

廿六日、丁未、今日、内々有御寄合事、公家御事、殊可被奉尊敬之由、有其沙汰云々、左親衛(北条時頼)・前右馬権頭(北条政村)・陸奥掃部助(北条実時)・秋田城介(安達義景)等参給、諏方兵衛入道(蓮仏、盛重)為奉行、

〔解説〕
宝治合戦後の寄合の構成員を知ることができる。北条時頼・北条政村・北条実時・安達義景という中核は変わっていない。

46『吾妻鏡』宝治元年七月一日条

一日、壬子、御所中番帳被改之、若州(三浦泰村)一族幷余党数輩、已依有其闕也、為陸奥掃部助(北条)実時奉行、清撰新加衆、及清書云々、

〔解説〕
宝治合戦で三浦泰村与党として多くの御家人が没落したため、将軍御所に出仕する人々の番帳を作りかえなければならなくなった。小侍所別当北条実時が中心となって、厳しい基準を設けて欠員補充を行ったという。

47『吾妻鏡』宝治元年十月二十日条

廿日、己亥、来月放生会、依可有御参宮、供奉人以下事、今日有其沙汰、陸奥掃部助(北条実時)奉行之、

〔解説〕
宝治合戦の影響で延引となった鶴岡放生会が、十一月に行われるため、供奉人以下の役の配分が行われた。

48『吾妻鏡』宝治元年十一月十六日条

十六日、乙丑、天晴、申刻以後南風烈、今日、三浦五郎左衛門尉盛時捧状有訴申事、其旨趣雖多之、詮句如昨日、随兵風記者、以盛時被書載于出雲前司義重(波多野)之下訖、当家代々未含超越遺恨之処、匪啻被書番于一眼之仁、剰又被註其名下、旁失面目之間、可止供奉儀之由云々、出雲前司義重聞此事、殊憤申云、於累家規摸者、誰比肩哉、至一眼事者、承久兵乱之

時、抽抜群軍忠被疵、施名誉於都鄙之上、還面目之疵也、今更亘覃盛時横難云々、為陸奥掃部助(北条実時)奉行、相州(北条重時)幷左親衛(北条時頼)等凝評定、被宥両方、但為五位之間、猶以義重所被注上也、午刻、将軍家(九条頼嗣)御出、及馬場之儀等如例、

〔解説〕
鶴岡放生会で、三浦氏の家督を継ぐことになった佐原盛時と波多野義重のどちらを上席として扱うかを問題とした座次相論が起きている。この席次の決定を、執権北条時頼・連署北条重時・小侍所別当北条実時の三人が話し合い、位次によることを決めている。

49 『吾妻鏡』宝治元年十二月十日条

十日、己丑、将軍家(九条頼嗣)出御馬場殿、覧遠笠懸、相州(北条重時)・左親衛(北条時頼)令参候給、

射手
陸奥掃部助(北条実時)　北条六郎(時定)
城九郎(安達泰盛)　佐渡五郎左衛門尉(後藤基隆)
遠江次郎左衛門尉(佐原光盛)　信濃四郎左衛門尉(二階堂行忠)
下野七郎(宇都宮経綱)　武田五郎三郎(政綱)
武蔵四郎(北条時仲)　小笠原与一(長澄)

〔解説〕
将軍九条頼嗣が馬場殿に出御して行われた遠笠懸の射手を北条実時が勤めている。

宝治二年（一二四八）

50 『吾妻鏡』宝治二年七月三日条

三日、戊申、来月十五日鶴岡放生会、依可有将軍家(九条頼嗣)御出、供奉人事、日来有其沙汰、被催人数、今日整進奉交名、就覧之、於御前随兵以下事被差定之、相州(北条重時)・左親衛(北条時頼)被申沙汰、陸奥掃部助(北条実時)為奉行云々、

〔解説〕
八月十五日に行われる鶴岡放生会の出御行列について、小侍所別当北条実時が担当者となって作成した資料をもとに、将軍九条頼嗣の御前で執権北条時頼・連署北条重時が話し合って決定したと伝える。

51『吾妻鏡』宝治二年閏十二月二十日条

廿日、癸亥、明春正月御弓始事、為試其堪否、陸奥（北条実時）掃部助今日被催射手等之処、左親衛（北条時頼）以安東五郎太郎為御使、被仰遣云、寒中的調者、為射手尤不便也、且聊属暖気之後、弓猶可得其体之旨、古老射手等所申也、此上者明春可有其沙汰歟、如何云々、掃部助被報申云、年内的調者、依為古例雖申行、頗不庶幾事也、今仰旁可相叶射手之所存歟、古老口伝可為向後例之由云々、仍被止旧年的調云々、

〔解説〕

将軍御所で行われる正月の年中行事的始（弓始）の的調（試射）を小侍所が行おうとしたところ、寒さが厳しいので日程を変更したらどうかと北条時頼が伝えてきたので、日程を変更している。

52「熊野三山建立由緒年代記」（「熊野速玉神社記録」）

御建立由緒年代之事

後三条院　延久四壬子年造国駿河
　奉行近衛左大臣（藤原師実）　大工宗久
堀河院　寛治元丁卯年　造進
崇徳院　天治二乙巳年　造進
　奉行小松内大臣（平）重盛公
二条院　平治元己卯年　造国遠江
征夷将軍源朝臣頼朝卿　建久四癸丑年　建立
土御門　承元己巳年　造国阿波
順徳院　建保二甲戌年焼失時　造進
　奉行形〔刑〕部卿僧正（長厳）　大工宗清
四条院　仁治二辛丑年　造国遠江
後深草院　宝治二戊申年焼失　造進
　奉行鎌倉越後入道平（北条）実時法師
後二条院　徳治元丙午年　造進
後醍醐天皇　元亨三癸亥年　造国安房遠江
　奉行鎌倉相州平（北条）高時法師　〔崇〕宗鑑
後光厳院　貞治五丙午年　造国土佐大黒庄
征夷将軍前大納言正二位源朝臣義詮（足利）卿

文和年中奉行佐々木渡(佐脱)判官入道道誉(高氏)法師
後土御門院御宇　文明六甲午年十一月　御遷宮
征夷将軍義尚(足利)御建立
閣(関)白秀吉(豊臣)公名代大納言秀長(豊臣)卿再興天正十八年

〔解説〕
熊野社造営の次第を記した記録。宝治二年の炎上の時は、北条実時が奉行となって鎌倉幕府が造進したと記されている。『神道大系　神社編　熊野三山』所収。

建長二年（一二五〇）

53『吾妻鏡』建長二年正月三日条

三日、己巳、垸飯奥州(北条重時)御沙汰、御剣　尾張前司時章(北条)、御調度　陸奥掃部助実時(北条)、御行騰　小山出羽前司長村、
一御馬　陸奥弥四郎時茂(北条)　宿屋次郎忠義
二御馬　越後五郎時家(北条時員)　浅羽次郎兵衛尉
三御馬　出雲五郎左衛門尉宣時(波多野)　波多野五郎秀頼
四御馬　上野弥四郎左衛門尉時光(結城)　同十郎朝村(結城)
五御馬　遠江六郎教時(北条)　尾張次郎公時(北条)

〔解説〕
正月垸飯が年中行事として整備されると、元日から正月三日までの三日間、沙汰人・御剣役・御調度役の三役の序列が形成されていった。北条実時は、三日目の御調度役を勤めている。

54『吾妻鏡』建長二年三月二十六日条

廿六日、壬辰、天晴、将軍家(九条頼嗣)於旅御所(相摸国山内庄山内殿)有御遊宴等、先可覧射的之由、被仰之間、不及被催小侍所、於当座、相州(北条時頼)計撰供奉人中、直召仰、仍無所欲遁避、各一五度射之、次有御鞠会、二条侍従(教定)承仰、被注申人数間、為秋田城介義景(安達)奉行、巳一点催人々、午下剋、教定(二条)朝臣以下参進、以武藤左衛門尉(景頼)・塩飽左近入道(信定)、上鞠事、有御問答于教定朝臣、可為兼教(二条)朝臣上鞠役云々、其後、大夫雅有(飛鳥井)十歳、置御鞠於懸中、教定朝臣計立其衆、算役、塩飽左近大夫信貞、後藤左衛門尉説尚申計、是相州仰云々、依無尊仁也、
御的射手

一番　遠江太郎清時（北条）　城次郎頼景（安達）
二番　遠江六郎左衛門尉時連（佐原）　小笠原余一長隆〔澄〕
三番　幸嶋小次郎時村　薩摩九郎祐朝（伊東）
四番　上野十郎朝村（結城）　加地五郎次郎章綱（佐々木）
五番　武田五郎七郎政平　土肥四郎実綱

御鞠衆
尾張少将清基朝臣（藤原）　二条少将兼教朝臣
兵衛佐忠時（姉小路）　大夫雅有（飛鳥井）
陸奥掃部助実時（北条）已上布衣　熊王丸
行久（紀カ）　行信（紀カ）
資能（押垂）已上直垂葛袴　仁俊（紀カ）等身衣

見証
奥州（北条重時）　相州
前右馬権頭（北条政村）　尾張前司（北条時章）
刑部大〔輔〕夫入道々成　秋田城介義景（安達）
後藤佐渡前司基綱　信濃民部大夫入道行成〔然〕（二階堂行盛）

〔解説〕
北条実時が蹴鞠衆として宴遊に名を連ねている。二条教定と姻戚関係にあるので、教定が家学として継承する飛鳥井流の蹴鞠を習ったのであろう。二条教定の子雅有が飛鳥井を称するようになる。

55『吾妻鏡』建長二年十二月二十七日条

廿七日、戊午、近習結番事治定、自今已後、至不事輩者、削名字、永可止出仕之由、厳密被触廻之云々、彼番帳、中山城前司盛時（中原）所加清書也、

定　結番事次第不同

一番子午
備前々司（北条時長）　遠江左近大夫将監（北条時兼）
遠江六郎（北条教時）　武蔵五郎（北条時忠）
城九郎（安達泰盛）　小山出羽前司（長村）
能登右近大夫（仲時）　武藤左衛門尉（景頼）
出雲五郎左衛門尉（波多野宣時）　隠岐次郎左衛門尉（佐々木泰清）
筑前次郎左衛門尉（二階堂行頼）　式部六郎左衛門尉（伊賀朝長）
同兵衛太郎（伊賀光政）　佐貫弥四郎（広信）
山内三郎太郎　平賀新三郎（惟時）

二番丑未

遠江守(北条朝直)　相模式部大夫(北条時広)
遠江太郎(北条清時)　長井太郎(時秀)
佐々木(泰綱)壱岐前司　内蔵権頭(藤原資親)
大曾禰二郎左衛門尉(盛経)　大須賀左衛門尉(胤氏)
遠江新左衛門尉(三浦経光)　薩摩七郎左衛門尉(伊東祐能)
足立太郎左衛門尉(直元)　阿曾沼小次郎(光綱)
大曾禰五郎　土肥四郎(実綱)
三村新左衛門尉(時親)　加藤三郎(景経)

三番寅申

相模右近大夫将監(北条時定)　武蔵太郎(北条朝房)
相模八郎(北条時隆)　那波左近大夫(大江政茂)
安芸前司(中原親光)　城次郎(安達頼景)
出雲次郎左衛門尉(波多野時光)　伊東八郎左衛門尉(祐光)
千葉次郎(泰胤)　隠岐新左衛門尉(佐々木時清)
伊賀次郎左衛門尉(光房)　宇佐美藤内左衛門尉(祐泰)
壱岐太郎左衛門尉　加地太郎(佐々木実綱)
武藤八郎　本間次郎兵衛尉(信忠)

四番卯酉

宮内少輔(足利泰氏)　上野前司(畠山泰国)
足利三郎(利氏)　新田参河前司(世良田頼氏)
下野七郎(宇都宮経綱)　佐渡大夫判官(後藤基政)
梶原左衛門尉(景俊)　同太郎(梶原景綱)
信濃四郎左衛門尉(二階堂行忠)　出羽次郎左衛門尉(二階堂行有)
小野寺新左衛門尉(行通)　上野十郎(結城朝村)
波多野小次郎(宣経)　出羽四郎左衛門尉(中条光宗)
伊賀四郎(小田景家)　鎌田次郎兵衛尉(行俊)

五番辰戌

北条六郎(時定)　尾張次郎(北条公時)
武蔵四郎(北条時仲)　城三郎(安達景村)
近江大夫判官(佐々木氏信)　遠江次郎左衛門尉(佐原光盛)
同六郎左衛門尉(佐原時連)　摂津新左衛門尉
伯耆四郎左衛門尉(葛西光清)　善太左衛門尉(三善康定)
備後次郎兵衛尉　出羽三郎(二階堂行資)
波多野五郎兵衛尉(秀頼)　伊東三郎
筑後左衛門次郎(茂木知定)　土屋新左衛門尉

六番巳亥

陸奥掃部助(北条実時)　陸奥四郎
越後五郎(北条時員)　上野三郎(畠山国氏)
佐渡五郎左衛門尉(後藤基隆)　和泉次郎左衛門尉(二階堂行章)
肥後次郎左衛門尉(狩野為時)　和泉七郎左衛門尉(天野景経)
弥次郎左衛門尉(親盛)　常陸次郎兵衛尉(二階堂行雄)
薩摩九郎(伊東祐朝)　小野沢次郎(時仲)
筑前四郎(二階堂行佐)　大泉九郎(長氏)
渋谷次郎太郎(武重)　長江七郎(景朝)
右、守結番次第、一日夜、無懈怠可令勤仕之状、
依仰所定如件、
建長二年十二月日　相摸守(北条時頼)
陸奥守(北条重時)

〔解説〕
将軍御所の近習番を、勤務の実態にあわせて改めるという。北条実時が六番の筆頭に記されている。この番帳は、史大夫中原盛時が清書したという。【神】四一四、【鎌】七二五九。

建長三年（一二五一）

56『吾妻鏡』建長三年正月一日条

一日、壬戌、天晴風静也、垸飯、相州(北条時頼)御沙汰、進物
役人、
御剣　前右馬権頭(北条政村)　御調度　陸奥掃部助(北条実時)
御行縢　佐渡前司(後藤基綱)
一御馬　相摸式部大夫時弘(北条)　相摸八郎時隆(北条)
二御馬　武蔵四郎時仲(北条)　同五郎時忠(北条)
三御馬　遠江六郎左衛門尉時連(佐原)　同新左衛門尉経光(佐原)
四御馬　上野弥四郎右衛門尉時光(結城)　同十郎朝村(結城)
五御馬　和泉次郎左衛門尉行章(二階堂)　出羽三郎行資(二階堂)
今日、将軍家(九条頼嗣)幷若君御前等、有御行始之儀、相州(北条時頼)御
第入御、
供奉人
将軍御方
前右馬権頭政村(北条)　武蔵守朝直(北条)
陸奥掃部助実時(北条)　宮内少輔泰氏(足利)

北条六郎時定　越後五郎時家（北条時員）
佐渡前司基綱（後藤）　大蔵権少輔朝広（結城）
小山出羽前司長村　下野前司泰綱（宇都宮）
新田三河前司頼氏（世良田）　前太宰少弐為佐（狩野）
遠山前大蔵少輔景朝　内蔵権頭資親（藤原）
安芸前司親光（中原）　能登右近大夫仲時（源）
大隅前司忠時（島津）　内藤肥後前司盛時
筑前前司行泰（二階堂）　薩摩前司祐長（伊東）
遠江次郎左衛門尉光盛（佐原）　武藤左衛門尉景頼
大曾禰左衛門尉長泰　和泉次郎左衛門尉行章（二階堂）
摂津新左衛門尉　常陸次郎兵衛尉行雄（二階堂）
本間次郎兵衛尉信忠　小野沢次郎時仲
若君御前御方
尾張前司時章（北条）　遠江守時直（北条）
相模右近大夫将監時定（北条）　相模八郎時隆（北条）
那波右近大夫政茂（大江）　上野三郎国氏（畠山）
縫殿頭師連（中原）　越中前司頼業（宇都宮）
伊勢前司行綱（二階堂）　伊賀前司時家（小田）
三浦介盛時　城二郎頼景（安達）
伊賀二郎左衛門尉光房　式部六郎左衛門尉朝長（伊賀）
出羽次郎左衛門尉行有（二階堂）　壱岐太郎左衛門尉
大須賀次郎左衛門尉胤氏　肥後次郎左衛門尉景氏（天野）
弥善太右衛門尉康義（三善）　隠岐新左衛門尉時清（佐々木）
大曾禰五郎

〔解説〕
北条実時が、元日垸飯の御調度役を勤めている。正月の年中行事である垸飯の沙汰人・御剣役・御調度役は鎌倉幕府の宿老や重臣が勤める役なので、その配列は幕府首脳部の序列を示している。

57　『吾妻鏡』建長三年正月八日条

八日、己巳、天晴、営（相模国鎌倉）中心経会也、将軍家（九条頼嗣）出御、今日、相州（北条時頼）金銅薬師如来像八寸被令鋳、御産平安之御祈請之為也、工藤三郎左衛門尉光泰奉行之、則被遂供養、鶴岡（相模国鎌倉）別当法印（隆弁）為導師、又長日薬師供幷信（真）読大般若経被始行云々、次由比浜御弓始、被撰射手、陸奥掃部助（北条実時）監臨之、武蔵守（北条朝直）・遠江守（北条時直）・北条六郎（時定）以下、

為見物而被行向云々、

射手十七人

一番　武田五郎七郎(政平)　早河次郎太郎(祐泰)
二番　横溝七郎五郎(忠光)　桑原平内(盛時)
三番　布施三郎(行忠)　小野沢二郎(時仲)
四番　平井八郎(清頼)　薩摩九郎(伊東祐朝)
五番　真板五郎二郎(経朝)　池田五郎(清奉)
六番　佐貫弥四郎(広信)　諏方兵衛四郎(盛頼)
七番　多賀谷弥五郎(重茂)　工藤右近三郎
八番　河野右衛門四郎(通時)　一色四郎左衛門尉
九番　秦右近三郎独弓

〔解説〕
鎌倉幕府の正月の年中行事である弓始が行われ、北条実時が行事の責任者として監臨したという。この年は、九番射手秦右近三郎が一人で射る異例の編成となった。

58『吾妻鏡』建長三年十一月十三日条

十三日、戊戌、戌剋、禅定二位家(九条頼経後室、藤原親能女)有御移徙之義、亀谷(相摸国鎌倉)新造御第入御、被用御輿、散位広資(安倍)朝臣候反閉、賜禄二衣、右近大夫仲親(源)役之、

扈従直垂立烏帽子

武蔵守(北条朝直)　尾張前司(北条時章)
遠江前司(北条時直)　陸奥掃部助(北条実時)
相摸右近大夫将監(北条時定)　北条六郎(時定)
越後五郎(北条時員)　武蔵四郎(北条時仲)
内蔵権頭(藤原資親)　安芸前司(中原親光)
小山出羽前司(長村)　出羽前司(二階堂行義)
和泉前司(二階堂行方)　越中前司(宇都宮頼業)
長門前司(笠間時朝)　大隅前司(島津忠時)
伊賀前司(小田時家)　内藤肥後前司(盛時)
出雲前司(波多野義重)　伊勢前司(二階堂行綱)
上野三郎兵衛尉(結城広綱)　梶原右衛門尉(景俊)
和泉二郎左衛門尉(天野景氏)　信濃四郎左衛門尉(二階堂行忠)
伊賀二郎左衛門尉(光房)　大須賀左衛門尉(胤氏)
肥後二郎左衛門尉(狩野為時)　葛西新左衛門尉(清時)
出羽二郎左衛門尉(二階堂行有)　豊後四郎左衛門尉(島津忠綱)

下野七郎（宇都宮経綱）　城三郎（安達景村）
佐々木壱岐三郎（頼綱）

〔解説〕
将軍九条頼嗣の生母である禅定二位家が亀谷新造御亭に遷った。その供奉人の行列に、北条実時がみえる。

59『吾妻鏡』建長三年十二月七日条

七日、壬戌、宮内少輔泰氏（足利）自由出家之過、依之所領下総国埴生庄被召離之、陸奥掃部助実時（北条）賜之、是不諧之上、小侍別当労依危也、当庄者、泰氏朝臣始拝領之地、始而入部之刻、於此処者遂素懐、不思議不謂之乎、然泰氏朝臣各以為相州（北条時頼）縁者、其上父左馬頭（正義、足利義氏）入道為関東宿老、頻雖嘆子細申、依人而不可枉法之由、及御沙汰云々、

〔解説〕
下総国埴生庄（現千葉県成田市・栄町）の地頭職が、足利氏から北条実時に移ることになった経緯を伝える。自由出家の過とは、鎌倉幕府に出家の許可を取らずに無断で出家することをいう。出家入道しても鎌倉幕府の仕事を続けるのであれば問題は少ないが、公文書の作成や朝廷を相手とした仕事には制限が加わってくる。そのため、出家にあたっては許可が必要であった。

建長四年（一二五二）

60『吾妻鏡』建長四年四月一日条

一日、甲寅、天晴風静、寅一点、親王（宗尊親王）自関本宿（相摸国足上郡）御出、未一剋、着御固瀬宿（相摸国鎌倉郡）、御迎人々参会此所、小時立行列、先女房各乗車下臈為先、美濃局（土御門定通室、顕方母）・別当局・一条局（土御門）大納言通方卿女、・西御方尼、土御門内大臣通親公女也、布衣諸大夫、侍各一人在共、此外女房雑色外無僮僕、

次随兵二行

足利次郎顕氏　三浦介盛時
武田五郎三郎政綱　小笠原余一長澄
城次郎頼景（安達）　下野四郎景綱（宇都宮）
陸奥七郎業時（北条）　尾張次郎公時（北条）
相摸右近大夫将監時定（北条）　備前々司時長（北条）

次狩装束二行帯弓矢、

大隅太郎左衛門尉　伯耆太郎左衛門尉

長門守時朝(笠間)　遠江次郎左衛門尉光盛(佐原)
佐々木壱岐前司泰綱　後藤壱岐前司基政
武石次郎(胤村カ)　武石三郎朝胤
遠江六郎教時(北条)　越後五郎時員(北条)
河内守祐村　出羽二郎左衛門尉行有(二階堂)
甲斐太郎時秀(長井)　城九郎泰盛(安達)
陸奥弥四郎時茂(北条)　小山出羽前司長村
足利太郎家氏　北条六郎時定
尾張前司時章(北条)　陸奥掃部助実時(北条)
武蔵守朝直(北条)
次御輿上御簾、御服顕文紗、萌黄御狩衣、紅御衣、紫御奴袴、被括腹白、御力者三手、
次公卿
土御門宰相中将顕方卿布衣
次殿上人
花山院中将長雅朝臣布衣
次諸大夫
右馬権助親家(藤原)
次医陰道
采女正丹波忠茂　前陰陽少允安倍晴宗
次自京供奉人々
波多野出雲前司義重　佐々木加賀守親清相並
長井左衛門大夫泰重　左近大夫将監長時(北条)已上狩装束、後騎馬済々
路次、自稲村崎(相摸国鎌倉)、経由比浜鳥居西(相摸国鎌倉)、到下々馬橋(相摸国鎌倉)、暫扣御輿、前後供奉人各下馬、中下馬橋東行、経小町(相摸国鎌倉)口、入御相州御亭(北条時頼)于時申一点也、奥州(北条重時)・相州・前右馬権頭政村(北条)・甲斐前司泰秀(長井)・出羽前司行義(二階堂)・下野前司泰綱(宇都宮)・秋田城介義景(安達)等、予候庭上、御輿入南門寄寝殿、土御門宰相中将被候之、其後有垸飯之儀、奥州沙汰給、先出羽前司行義(二階堂)申時刻、次親王出御南面、両国司(北条時頼・北条重時)被候廊切妻地下座敷皮、相公羽林(土御門顕方)参進、上御簾三箇間御座間、并東西、次前右馬権頭政村持参御剣、入南門経庭上、昇自寝殿沓脱、置御座之傍、帰着本座、次御弓張之、前陸奥左近大夫将監長時、次御行縢沓、後藤佐渡前司基綱、次御馬置鞍、
一御馬　備前々司時長(北条)　遠江六郎教時(北条)引之
二御馬　足利太郎家氏　上総三郎満氏(足利)

三御馬　遠江次郎左衛門尉光盛（佐原）　同六郎左衛門尉時連（佐原）
四御馬　大曾禰太郎左衛門尉長泰　同次郎左衛門尉盛経（大曾禰）
五御馬　北条六郎時定　工藤左衛門尉高光
亦砂金百両・南庭十・羽一箱被奉之、此外兼被納御塗籠物等、美精好絹五十疋・美絹二百疋・帖絹二百疋・紺絹二百端・紫五十端・糸千両・綿二千両・檀紙三百帖・厚紙二百帖・中紙千帖、次被納御厨子中物・砂金百両・南庭十両、次御服二重織物・御狩衣萌黄・二御衣白御単・二重織物御奴袴・濃下袴・御直垂十具織物村濃布五具・御小袖十具・御大口一・唐織物御衣一領・御明衣一・今木一、次女房三人分、上臈二人一人別巻絹十疋、帖絹十疋、紫十、染物十、色々、下臈巻絹十疋、紫十染物十、色々、等也、各被置休所云々、

〔解説〕
新将軍宗尊親王が鎌倉に到着した日の次第を記している。北条実時は、新将軍が鎌倉の街に入る行列の狩装束の位置に並んでいる。

61「宗尊親王鎌倉御下向記」

宗尊親王鎌倉御下向記
御下向の御すく〳〵（宿々）ならびにひる（昼）の御まうけ（儲）の所、
のぢ（野路）　ゆきのぜんじ（壱岐前司）（後藤基政）
かゞみ（鏡）　をなじ
いぬかみがわら（犬上河原）　ぎやうぶのごんのぜう（刑部権少輔）（那波政茂）
みのうら（箕浦）　さゝきのゆきのぜんじ（佐々木壱岐前司）（泰綱）
かしわばら（柏原）　あふみのはうぐわん（近江判官）（佐々木氏信）
たる井（垂）　むさのごんのぜう（武佐権允）
かさぬい（笠縫）　しもづけのぜんじ（下野前司）（宇都宮泰綱）
たかじく　おなじ（同）
おほくさ（大草）　ではのとうじさえもん（出羽藤次左衛門）（中条頼平）
あかいけ（赤池）　おなじ
かやづ（萱津）　おなじ
さかいがわ（境川）　おきのみちうさゑもん（隠岐）（左衛門）

やはぎ（矢作）　あしがゞのにうだう（足利入道）（義氏）
みやぢ（宮路）のなか（中）山　おなじ
とよかは（豊川）　ぎやうぶのごんのぜう（刑部権少輔）
おゝいわ（大岩）　じやうのすけ（城介）（安達義景）
はしもと（橋本）　むさしのかみ（武蔵守）（北条朝直）
ひきま（曳馬）　おなじ
いけだ（池田）　おなじ
かけがは（掛川）　おなじ
きく河（菊）　同
おかべ（岡部）　さがみのかみ（相模守）（北条時頼）
てごし（手越）　同
おきつ（興津）　同
かんばら（蒲原）　同
はゝなか（原中）　あの（阿野）　きせがわ（黄瀬川）
さの（佐野）　さのゝぢとう（佐野地頭）
あゆざわ（鮎沢）　かいのくに（甲斐国）
やまなか（山中）　せきもと（関本）　かのゝしんざゑもん（狩野新左衛門）

おゝいそ（大磯）　みうらのすけ（三浦介）（盛時）
御とも（供）の上らう（臈）
にし（西）の御方（内大臣源通親女）
女房三人　御かいさく（介錯）
一人　のせのはんぐわんだい（野瀬判官代）
一人　さ二らうざゑもん（郎左衛門）
一人　ながゐのさゑもん（長井左衛門）（泰重）
びてう一人　ゑびのさゑもん（海老名左衛門）（忠行）
一、てうどの（調度）
女ばう（房）二人
一人　おがさはらのにうどう（小笠原入道）
一人　すわう（周防）の入道
びてう（備中）一人　ゆきのはんぐわんだい（壱岐判官代）（藤原親実）　内藤ゑもん（右衛門）
べたうどの（別当殿）
女ばう（房）二人
一人　はたのゝいつきのぜんじ（波多野出雲前司）（義重ヵ）

一人　みまさかのにうどう（美作入道）
びてう一人　おほうちのすけ（大内介）
あさやたのさゑもん（厚狭弥太左衛門）
一、ねうばう（女房）一人みのどの（美濃殿）　またのゝなかづかさ（俣野中務）
一、びてう一人　まつもか（松岡）の人〳〵
一、とし一人　しをやのへいざゑもん（塩谷平左衛門）（家氏）
くぎやう（公卿）
さいしやう（宰相）の中じやう（将）あきかた（顕方）
てんじやう（殿上）人
くわさんのゐん（花山院）の中じやう（将）ながさだ（長雅カ）
所（諸）たいう（大夫）
ひうがのむさのすけ（日向右馬助）ちかいゑ（親家）
おなじきおと（同弟）ゝはうぐわんだい（判官代）
ねうばう（女房）のかいしやく（介錯）
さぶらひ（侍）
とうしんざゑもん（藤新左衛門）　ねうばう（女房）のかいさく（介錯）
ぶし（武士）
六はら（波羅）のさこんのだいぶ（左近大夫）（北条長時）　をなじき（同）けんそく（眷属）

御むかへの人〳〵
をはりのかみ（尾張守）（北条時章カ）　むさしのかみ（武蔵守）（北条朝直）
あしかゞ（足利）二郎（顕氏）
むつのくに（陸奥国）の四郎（北条時茂カ）　かもんのすけ（掃部助）（北条実時）
をやまのいでは（小山出羽）の前司（長村）
城九郎（安達泰盛）　かいの次郎（甲斐）
びぜん（備前）の前司（北条時長）
ごとうをきのかみ（後藤隠岐守）（基政）　をきの（隠岐）出羽子一人
おゝすみ（大隅）の子一人
とうたうみ（遠江）の次郎左衛門（佐原光盛）
けしの子一人
いとう（伊東）の六郎左衛門（祐盛）　かさわのながとのかみ（笠間長門守）（時朝）
かうづけ（上野）の右衛門
かりぎぬ（狩衣）にてまいる（参）人〳〵
むつ（陸奥）の国かみ（守）（北条重時）　さがみのかみ（相摸守）（北条時頼）

とうたうみのかみ（遠江守）（北条時直）
びぜんのぜんじ（備前前司）（北条時長）
さがみ（相摸）の八郎（北条時隆）
武蔵三郎
にたの（新田）三河前司（世良田頼氏）
あしかゞ（足利）の三郎（利氏）
ぜうのむくのすけ（城木工助）
同右近蔵人（源仲教）
しまづ（島津）の大隅（忠時）前司
すはう（周防）の修理すけ（亮）
城介（安達義景）
出羽前司（二階堂行義）
肥後前司（狩野為定）
あきのぜんじ（安芸前司）（中原親光）
伊勢前司（二階堂行綱）
うさび（宇佐美）の河内守

さがみのうこん（相摸右近）大夫（北条時定）
長井八郎蔵人
ながゐのうこんのだいぶ（長井右近大夫）
のとのうこんだいぶ（能登右近大夫）（能登重教）
佐土〔渡〕前司（後藤基綱）
だざい（太宰）の少弐（武藤景頼）
ふかす（深栖）の下野前司
下野前司（宇都宮泰綱）
大そ根（大曾禰）左衛門（長泰）

をきの（隠岐）三郎左衛門（二階堂行氏）
弥二郎ざゑもん（左衛門）（親盛）
近江大夫判官（佐々木氏信）
うさび（宇佐美）の判官（祐泰）
城二郎（安達頼景）
同三郎（安達景村）
出羽七郎（二階堂行頼）
伊勢四郎
梶原さゑもん（左衛門）（景俊）
太田のさゑもん（左衛門）
ひぜんのぜんじ（肥前前司）（紀久良）
ひぜんのさゑもん（肥前左衛門）
上野七郎（結城朝広）
同三郎兵衛（結城広綱）
なかうちのさゑもん（長内左衛門）
長二郎左衛門（義連）

安達三郎左衛門
をきのはうぐわん（隠岐判官）（佐々木泰清）
同四郎（安達時盛）
とゐのさゑもん（土肥左衛門）
田中さゑもん（左衛門）（知継）
しなの（信濃）ゝ四郎左衛門（二階堂行忠）
かのゝ（狩野為成）五郎左衛門
長太郎左衛門

長三郎左衛門(朝連)
はわきのさえもん(伯耆左衛門)
かまだのさゑもん(鎌田左衛門)(行俊)
いとうの八郎兵衛(伊東)
同四郎ざゑもん(左衛門)
あさぬまの小二郎(阿曽沼)(光綱)
須藤左衛門
とうひこの三郎(藤)(肥後)
出羽のさゑもん(左衛門)
さつまの七郎ざゑもん(薩摩)(左衛門)(伊東祐能)
あだちの四郎ざゑもん(足立)(左衛門)
いやぜんだざゑもん(弥善太左衛門)(三善康義)

〔解説〕
六代将軍宗尊親王鎌倉下向の宿次（宿泊地）と下向行列の交名を記した仮名書きの資料。『吾妻鏡』に記された記事と対比することができる（続国史大系『吾妻鏡』附録）。

62 『吾妻鏡』建長四年四月二日条

二日、乙卯、天晴、城次郎頼景(安達)為御使上洛、無為御下着事、為被奏聞也、今日垸飯秋田城介義景(安達)沙汰之、和泉前司行(二階堂)方、申刻限、御剣武蔵守朝直(北条)、御弓矢陸奥掃部助実(北条)時、御行縢沓秋田城介義景、次御馬、

一御馬　相摸右近大夫将監時定(北条)　相摸式部大夫時弘(北条)
二御馬　伊勢前司行綱(二階堂)　信濃四郎左衛門尉行胤(二階堂)〔忠カ〕
三御馬　出羽次郎左衛門尉行有(二階堂)　同三郎行資(二階堂)
四御馬　和泉次郎左衛門尉行章(二階堂)　同三郎行家(二階堂)
五御馬　越後五郎時員(北条)　梶原右衛門尉景俊
次帖絹百疋納櫃十合、長櫃三合入、内々献台所、被納塗籠云々、

〔解説〕
宗尊親王を鎌倉に迎えた最初の垸飯で、北条実時が調度役を勤めている。

63 『吾妻鏡』建長四年四月十七日条

十七日、庚午、天晴、於御所有御鞠始之儀、人数、
土御門宰相中将顕方卿　右馬助親家(藤原)
二条中将兼教朝臣上鞠　相摸守(北条時頼)
右馬権頭政村朝臣(北条)　陸奥掃部助実時(北条)
城九郎泰盛(安達)　上野十郎朝村(結城)
工藤二郎左衛門尉光泰　所右衛門尉行久(紀)
滝口兵衛尉行信(紀)　東中務少輔胤重

三村左衛門尉時親中算、以三百為数、

〔解説〕
将軍宗尊親王の御鞠始の衆に北条実時が選ばれている。
金沢家の教養が、漢詩文と蹴鞠であったことを伝える。

64 『吾妻鏡』建長四年四月三十日条

卅日、癸未、天晴、引付加二方為五方、以民部大夫藤原(二階堂)行盛法師為四番頭、以秋田城介藤原(安達)義景被定五番頭、一二番頭人如元云々、

引付

一番二日
前右馬権頭政村(北条)　佐渡前司基綱(後藤)
備前々司康持(三善)　伊勢前司行綱(二階堂)
中山城前司盛時(中原)　内記兵庫允祐村
山名次郎行直

二番七日
武蔵守朝直(北条)　出羽前司行義(二階堂)
伊賀式部入道光西(光宗)　清左衛門尉満定(清原)
越前兵庫助政宗(中原)　皆吉大炊助文幸(惟宗)
対馬左衛門尉仲康(源)

三番十二日
尾張前司時章(北条)　陸奥掃部助実時(北条)
常陸入道行日(二階堂行久)　大曾禰左衛門尉長泰
新江民部大夫以基(大江)　大田太郎兵衛康宗(三善)
長田兵衛太郎広雅

四番廿二日
信濃民部大夫入道行然(二階堂行盛)　和泉前司行方(二階堂)
対馬前司倫長(三善)　武藤左衛門尉景頼
深沢山城前司俊平　甲斐前司宗国
山名中務丞俊行

五番廿七日
秋田城介義景(安達)　筑前々司行泰(二階堂)
三河前司教隆(清原)　大田民部大夫康連(三善)
進士次郎(光政)蔵人　明石左近将監兼綱
越前四郎経朝(中原経友)

〔解説〕
北条実時が引付の三番衆に選ばれている。実時の学問の師清原教隆も五番の引付衆にみえる。【鎌】七四三七。

65「関東評定衆伝」建長四年条（抜粋）

引付衆　掃部助《陸奥》平実時(北条)、四月加、

66『吾妻鏡』建長四年八月一日条

一日、癸丑、天晴、親王(宗尊親王)家令任征夷大将軍御之間、可有御拝賀于鶴岡八幡宮(相摸国鎌倉)之由、雖有被定之儀、所被停也、但於供奉人散状者、被召置御前云々、陸奥掃部助(北条実時)披覧之云々、

御拝賀供奉人次第不同、布衣

陸奥守(北条重時)　相摸守(北条時頼)
御剣(北条政村)前右馬権頭　尾張前司時章(北条)
武蔵守朝直(北条)　相摸右近大夫将監時定(北条)
陸奥掃部助実時(北条)　備前々司時長(北条)
陸奥弥四郎時茂(北条)　武蔵太郎朝房(北条)
遠江太郎清時(北条)　那波左近大夫政茂(大江)
三河前司頼氏(世良田)　佐渡前司基綱(後藤)
小山出羽前司長村　大蔵権少輔朝広(結城)
秋田城介義景(安達)　出羽前司行義(二階堂)
和泉前司行方(二階堂)　能登右近大夫仲時(源)
伊賀前司時家(小田)　大隅前司忠時(島津)
伊勢前司行綱(二階堂)　佐々木壱岐前司泰綱
遠江次郎左衛門尉光盛(佐原)　城二郎頼景(安達)
梶原右衛門尉景俊　出羽次郎左衛門尉行有(二階堂)
豊後四郎左衛門尉忠綱(島津)　大曾禰左衛門尉長泰
信濃四郎左衛門尉行忠(二階堂)　武藤左衛門尉景頼
和泉五郎左衛門尉政泰(天野)　足立三郎左衛門尉元氏
常陸次郎兵衛尉行雄(二階堂)　狩野五郎左衛門尉為広
肥後次郎左衛門尉為時(狩野)

随兵

尾張次郎公時(北条)　北条六郎時定
足利太郎家氏　相摸八郎時隆(北条)
三浦介盛時　城九郎泰盛(安達)
長井太郎時秀　下野七郎経綱(宇都宮)

上野五郎兵衛尉重光(結城)　大曾禰二郎左衛門尉盛経
阿波四郎兵衛尉政氏(薬師寺)　阿曾沼小次郎光綱
佐竹常陸次郎長義　武田三郎政綱
南部次郎実光　和泉次郎左衛門尉行章(二階堂)
大須賀次郎左衛門尉胤氏　武石四郎胤氏
越中四郎左衛門尉時業(宇都宮)　伊豆太郎左衛門尉実保(加藤)
直垂着
上野弥四郎左衛門尉(結城時光)　同十郎(結城朝村)
益戸三郎左衛門尉(行幹)　城三郎(安達景村)
出羽三郎(二階堂行資)　壱岐新左衛門尉(後藤基頼)
佐々木四郎左衛門尉　相馬次郎左衛門尉(胤継)
武藤次郎兵衛尉(頼泰)　平賀新三郎(惟時)
宇佐美五郎右衛門尉　伊東三郎
渋谷左衛門尉(武重)　色部左衛門尉
小早河美作次郎兵衛尉　加藤三郎(景経)
伊達次郎　大須賀左衛門太郎(長氏)
鎌田次郎兵衛尉(行俊)　大泉九郎

〔解説〕
八月十五日・十六日の年中行事である鶴岡放生会の供奉人行列の編成作業を伝える史料。小侍所別当としての北条実時の仕事を示している。

67 『吾妻鏡』建長四年十一月十二日条

十二日、壬辰、天晴、陰、申一刻、始御馬御覧、薩摩七郎左衛門尉祐能(伊東)為奉行、令引立鞠御坪、又被定御簡衆、於小侍所者、未被造畢之間、可着到于御廏侍、着到者可為二通、一通者、毎夜於常御所簀子読申之後、可進置御前、一通者、可献相州(北条時頼)御方云々、又問見参結番、同被定下、掃部助実時(北条)主奉行之、

定

問見参結番事

一番　卯酉
梶原右衛門尉(景俊)　中山左衛門尉
弥次郎左衛門尉(親盛)

二番　辰戌
城次郎(安達頼景)　肥後次郎左衛門尉(狩野為時)

信濃四郎左衛門尉(二階堂行忠)　渋谷左衛門尉(武重)
三番　巳亥
和泉五郎左衛門尉(天野政泰)　武田五郎次郎(信時)
小山七郎(宗光)
四番　子午
大曾禰次郎左衛門尉(盛経)　押垂蔵人(資能)
遠藤右衛門尉
五番　丑未
後藤壱岐守(基政)　同五郎左衛門尉(後藤基隆)
式部兵衛太郎(伊賀光政)　平岡左衛門尉(実俊)
六番　寅申
伊賀次郎左衛門尉(光房)　薩摩七郎左衛門尉(伊東祐能)
武藤七郎(兼頼)

〔解説〕
小侍所御簡衆の人選と結番について記すとともに、日々の出勤を確認する担当者の結番を記している。日々の勤務記録は二通作成され、一通は将軍宗尊親王の御前で読み上げた後、小侍所が管理し、もう一通は執権北条時頼のもとに送られるという。実時が別当を勤める小侍所の業務を伝える史料である。

68 『吾妻鏡』建長四年十一月十八日条

十八日、戊戌、雷鳴一声、来廿一日於新造御所(相模国鎌倉)依可有御的始、今日被催其射手、陸奥掃部助実時(北条)奉行之、
武田五郎七郎(政平)　真板五郎次郎(経朝)
早河次郎太郎(祐泰)　佐々木左衛門四郎
桑原平内(盛時)　山城三郎左衛門尉(本間忠氏)
土肥左衛門四郎(実綱)　工藤右近三郎
二宮弥次郎(時元)　佐貫弥四郎(広信)
同七郎(佐貫広胤)　藤沢小四郎
薩摩十郎(伊東祐広)　平井八郎(清頼)
布施三郎(行忠)
右、来廿一日可有御弓場始、各為射手可被参勤之状、依仰所廻如件、

〔解説〕
将軍宗尊親王の新造御所の弓始（的始）について記した史料。的始は小侍所が管轄する年中行事なので、別当北

条実時が奉行を勤めている。小侍所が作成した廻状を掲載している。

建長五年（一二五三）

69『吾妻鏡』建長五年正月二日条

二日、辛巳、天晴、垸飯入道左馬頭義氏（足利）朝臣沙汰、宰相（土御門）中将（顕方）上御簾、

御剣　武蔵守朝直（北条）　御弓箭　陸奥掃部助実時（北条）
御行騰　和泉前司行方（二階堂）
一御馬　上野三郎国氏（畠山）　刑部次郎左衛門尉国俊
二御馬　筑前次郎左衛門尉行頼（二階堂）　伊勢次郎行経（二階堂）
三御馬　平新左衛門尉盛時　同四郎兵衛尉
四御馬　三村新左衛門尉時親　同三郎兵衛尉親泰（三村）
五御馬　足利太郎家氏　同次郎兼氏（足利）

明日依可有御行始于相州（北条時頼）御亭、今夕被催供奉人、是以元日着庭衆所被撰也、小侍所司平岡左衛門尉実俊、令朝夕雑色等廻其散状云々、

〔解説〕
北条実時が正月二日の御剣役を勤めている。前年よりも序列のあがっていることがわかる。

70『吾妻鏡』建長五年正月十六日条

十六日、乙未、来廿一日、依可有御参于鶴岡八幡（相摸国鎌倉）宮、被催促供奉人、而大宰少弐為佐（狩野）・筑前々司行泰（二階堂）者申障云々、有御撰、奉行之、為陪膳能登右近大夫仲時（源）候役送云々、自西門（相摸国鎌倉）出御、若宮大路（相摸国鎌倉）、

行列
御車
三浦
遠江十郎頼連　伊賀
式部兵衛太郎光政
梶原右衛門太郎景綱　小野寺新左衛門尉行通
海上弥次郎胤景　大須賀左衛門次郎胤氏
伊賀四郎景家　武藤七郎兼頼
土屋新三郎光時　大泉九郎長氏
内藤肥後三郎左衛門尉
御剣役人布衣
武蔵守朝直（北条）　武藤左衛門尉景頼

御後布衣
尾張前司時章（北条）
相摸右近大夫将監時定（北条）
越後右馬助時親（北条）
遠江六郎教時（北条）
尾張次郎公時（北条）
武蔵太郎朝房（北条）
足利太郎家氏
出羽前司長村《小山》
秋田城介義景（安達）
和泉前司行方（二階堂）
前大蔵権少輔朝広《結城》
能登右近大夫仲時
壱岐前司泰綱《佐々木》
大隅前司忠時《島津》
備後前司康持（三善）
薩摩前司祐長（伊東）
三浦介盛時

遠江前司時直（北条）
相摸式部大夫時弘（北条）
北条六郎時定（北条）
陸奥弥四郎時茂（北条）
越後五郎時家（北条時員）
遠江太郎清時（北条）
伊豆前司頼定（若槻）
佐渡前司基綱《後藤》
下野前司泰綱《宇都宮》
参河前司頼氏《新田》（世良田）
壱岐守基政《後藤》
安芸前司親光（中原）
日向右馬助親家（藤原）
伊勢前司行綱（二階堂）
伊賀前司時家《小田》
城九郎泰盛（安達）
遠江次郎左衛門尉光盛《三浦》（佐原）

梶原右衛門尉景俊　　出羽次郎左衛門尉行有（二階堂）
上野五郎兵衛尉重光《結城》　　豊後四郎左衛門尉忠綱（島津）
伊賀次郎左衛門尉光房　　大曾禰左衛門尉長泰
隠岐三郎左衛門尉行氏（二階堂）　　大須賀左衛門尉胤氏
筑前次郎左衛門尉行頼（二階堂）　　和泉五郎左衛門尉政泰（天野）
同六郎左衛門尉景村（天野）　　伊豆太郎左衛門尉実保（加藤）
小野寺左衛門尉時通　　伯耆四郎左衛門尉光清（葛西）
弥次郎左衛門尉親盛　　出羽藤次左衛門尉頼平（中条）
足立太郎左衛門尉直元　　押垂左衛門尉基時
善右衛門尉康長（三善）　　紀伊次郎左衛門尉為経（豊島）
薩摩七郎左衛門尉祐能（伊東）　　渋谷左衛門尉武重
加地七郎左衛門尉氏綱（佐々木）　　常陸次郎兵衛尉行雄（二階堂）
伯耆左衛門清経（葛西）

以上供奉人事、懸御点交名、依加催促、参上之処、佐々木壱岐前司（泰綱）・足立左衛門尉推参、而掃部助実時（北条）為小侍別当不知之、於供奉路次、各承別仰令参給歟之由、尋問之処、無分明返答云々、

〔解説〕将軍家の鶴岡八幡宮出御の行列編成に手違いがあったと記している。小侍所別当北条実時は交名をもとに仕事を進めていたが行き違いがあり、佐々木泰綱と足立左衛門尉が行列に加わるため参上したという。

71『吾妻鏡』建長五年二月三十日条

卅日、戊寅、晴、鶴岳（相摸国鎌倉）林頭桜花盛也、酉剋、将軍家（宗尊親王）為覧彼花、俄以出御御烏帽子、直衣、御車、土御門宰相中将（顕方）・花山院中将（長雅）・相州（北条時頼）・掃部助実時（北条）・右馬助親家（藤原）等供奉、前右典廏（北条政村）・城九郎泰盛（安達）等追参加、

〔解説〕将軍宗尊親王の思いつきによって、鶴岡八幡宮で観桜会が催された。北条実時は、この会に供奉している。

72「関東評定衆伝」建長五年条（抜粋）

評定衆　掃部守（助カ）平実時（北条）、二月加、
引付衆　掃部助平実時、二月加評定衆、

〔解説〕北条実時が、この年に引付衆から評定衆に昇格したことが記されている。

73『吾妻鏡』建長五年三月十八日条

十八日、丙申、霽、晩景、御所（相摸国鎌倉）御鞠始、其衆、式部大夫時弘（北条）・掃部助実時（北条）・越後五郎時家（北条時員）・遠江次郎時通（北条）・遠江六郎教時（北条）・右馬助親家（藤原）・壱岐前司泰綱（佐々木）・下野四郎景綱（宇都宮）・城九郎泰盛（安達）等也、

〔解説〕将軍御所の鞠始に、北条実時が御鞠衆として参加している。

74「群書治要」奥書（宮内庁書陵部所蔵　識語編四七八号）

（第一尾）
建長七年八月十四日、蒙酒掃少尹尊閤（北条実時）教命、加愚点了、此書非潔斎之時、有披閲之恐、仍先雖点末巻、暫致遅怠、是向本書、力有其煩之故耳、
前参河守清原（教隆）（花押）

同年九月三日、即奉授洒掃少尹尊閤了、抑周易者、
当世頗其説欲絶、爰教隆粗慣卦爻之大体、不堕訓説
之相伝、為窮鳥之質、争無称雄之思哉、
前参河守清原(教隆)(花押)

(第二尾)
建長五年七月十九日、依洒掃少尹(北条実時)尊閤教命、校本書
加愚点了、
前参河守清原(教隆)(花押)

(第三尾)
建長五年十月五日点之了、蓋依洒掃員外少尹(北条実時)之厳命
也、
前参河守清原(教隆)(花押)

(第五尾)
建長六年十一月六日、蒙洒掃少尹(北条実時)尊閤教命、加愚点
了、
前参河守清原(教隆)(花押)

(第六尾)
建長第七暦大蔟十三日、蒙洒掃小尹(北条実時)尊閤厳命、加点
了、
前参河守清原(教隆)(花押)

(第七尾)
康元二年三月九日加点了、蓋依越州使君(北条実時)尊閤教命
也、
前参河守清原(教隆)(花押)

(第八尾)
依越州使君(北条実時)尊閤厳命、加訓点畢、
前参河守清原(教隆)(花押)

(第九尾)
正嘉元年四月十二日、加愚点了、
前参河守清原(教隆)(花押)

(第十尾)
建長七年十二月十三日、依洒掃少尹(北条実時)尊閤教命、詰老
眼加点了、
前参河守清原(教隆)(花押)

(第十一尾)
建治二年五月廿一日、以康有(三善)之本令書写了、当巻紛
失之故也、抑康有本者、以予之本、先年所書写也、
(花押)(北条実時)「実時」(異筆)

本奥云、
文永五年六月廿四日校合了、
本云、
弘長三年十二月卅日、藤京兆(藤原茂範)被点送了、蓋是去年

春之比、依誂置也、

(第十四尾)

徳治二年正月廿七日、以左衛門権佐光経(藤原)本書写点校訖、

従五位上行越後守平朝臣貞顕(北条)

同二月八日、重校合畢、

正五位下行越後守平朝臣貞顕(北条)

(第十五尾)

此書壱部、先年於京都書写了、而当巻誂右京兆茂範(藤原)加点了、爰去文永七年十二月、当巻已下少々焼失了、然間以康有(三善)之本、重書写点校了、康有者以予之焼失之本、所書写也、于時建治二年八月廿五日、

越州刺史(北条実時)(花押)

本奥云、

本云、正元々年極月廿八日、右京兆(藤原茂範)点給了、蓋是去比依誂申也、

(第十六尾)

當巻先年所持之本者、右京兆(藤原茂範)所加点也、而焼失了、而以件本、勾勘康有(三善)書写了、仍今以康有之本、所補其闕者也、于時文永十一年四月十日、

越州刺史(北条実時)(花押)

(第十七尾)

建治元年六月二日、以勾勘本、書写点校終功、抑此書一部事、先年後藤壱州(基政)為大番在洛之日、予依令誂所書写下也、而於当巻者、仮藤三品茂範(藤原)之手、令加点畢、爰去文永七年極月、回禄成孽、化灰燼畢、今本者、炎上以前、以予本、勾勘令書写之間、還又以件本、重令書写者也、

越州刺史(北条実時)(花押)

(第十八尾)

当巻先年所持之本者、右京兆茂範(藤原)所加点也、而件本回禄成孽、爰以当本、勾勘康有(三善)書写了、然間以康有之本、所補闕分也、于時文永十一之暦初夏上旬之日、

越州刺史(北条実時)(花押)

(第十九尾)

当巻炎上之間、以勾勘之本、書写点校了、抑勾勘本者、炎上以前、以愚本所書写也、

于時文永十二年四月四日、

越州刺史(北条実時)(花押)

勾勘本奥云、
　本云、
文永三年七月二日、藤翰林《（藤原茂範）》被点送了、蓋是先年
依誂置也、　越後守平《（北条実時）》在之
（第廿一尾）
当巻点事、去文永二年四月之比、誂左京兆俊国《（藤原）》朝臣
畢、而同四年三月廿五日所下遣也、且申出仙洞《（亀山上皇）》御書
移点畢、但件本有不安事者、引勘本書直改云々、
　越州刺史平《（北条実時）》（花押）
（第廿二尾）
当巻点事、子細同于第廿一巻、越州刺史平《（北条実時）》（花押）
（第廿四尾）
当巻点事、子細同于第廿一巻、越州刺史平《（北条実時）》（花押）
（第廿七尾）
点校了、　直講清原隆重
以隆重手跡、擬表紙書之訖、所注付也、以仙洞《（亀山上皇）》御本
点之、而無奥書、但先年進巻々、或有之、或無之
歟、

（第廿八尾）
延慶元年十二月十七日校合畢、同十八日、重校合
訖、　貞顕《（北条）》
（第廿九尾）
嘉元四年二月十八日、以右大弁三位経雄《（藤原）》卿本書写
点校畢、此書祖父越州《（北条実時）》之時、被終一部之功之処、後年
少々紛失、仍書加之而已、
　従五位上行越後守平朝臣貞顕《（北条）》
　本奥云、
以天書々点訖、　藤　判 俊国《（藤原）》朝臣也
合本記伝、少々直付之、相違是多、不似余書、　同　上判
所存点直畢、文永八年四月十五日読了、　藤　経雄《（藤原）》
嘉元四年二月廿一日、重校合畢、
　越後守《（北条貞顕）》（花押）
（第卅尾）
嘉元四年四月七日、以右大弁三位経雄《（藤原）》卿本、書写点

校畢、
本奥云、　従五位上行越後守平朝臣貞顕《(北条)》
以御書々点訖、　藤　判　俊国《(藤原)》朝臣也
各合晋書之文、相違所々直付之、　判　同上
加委点了、　判　同上
受畢、　藤　経雄《(藤原)》
嘉元四年四月十七日、重校合畢、
越後守《(北条貞顕)》(花押)

(第卅二尾)
以蓮華王院《(山城国京都)》宝蔵御本、一校並写点了、
直講清原《(教隆)》(花押)

(第卅三尾)
申出蓮華王院《(山城国京都)》宝蔵御本、加校点了、
直講清原《(教隆)》(花押)

(第卅四尾)
文応之冬、参洛之次、申出蓮華王院《(山城国京都)》御本、校点了、
直講清原《(教隆)》(花押)

(第卅五尾)
文応之暦、仲冬之律、為進上辛酉歳運勘文参華之次、申出蓮花王院《(山城国京都)》宝蔵御本、校合写点了、蓋是依越州《(北条実時)》使君尊閤教命也、
直講清原《(教隆)》(花押)

(第卅六尾)
点本奥云、
長寛二年五月十五日、
正五位下行大内記藤原朝臣敦周点進
文応元年孟冬之候、為進上革命勘文参花之次、申出蓮花王院《(山城国京都)》宝蔵御本、校之点之了、
直講清原《(教隆)》(花押)

(第卅七尾)
為進上辛酉勘文参花之次、申出蓮花王院《(山城国京都)》宝蔵御本、加交点了、依越州《(北条実時)》使君尊閤教命而已、
直講清原《(教隆)》(花押)
御本奥云、
長寛二年五月十五日、
正五位下行大内記藤原朝臣敦周点進

(第卅八尾)

申出蓮華王院(山城国京都)宝蔵御本、加校写点了、

直講清原(教隆)(花押)

(第卅九尾)

蓮華王院(山城国京都)宝蔵御本奥書云、

長寛二年清凉八月、伏奉　綸命(二条天皇)、謹以点進、恐多魯魚之疑、独招周鼠之哂矣、

河内守従五位上藤原朝臣敦綱

正元々年仲冬之候、為進覧革命勘文参華之次、申出蓮華王院(山城国京都)宝蔵御本、校合之、又写点了、

直講清原(教隆)(花押)

(第四十尾)

御本奥書云、

課短材点進之、于時長寛二年之秋也、

河内守従五位上藤原朝臣敦綱

為進辛酉勘文参洛之次、申出蓮華王院(山城国京都)宝蔵御本、校合写点了、

直講清原(教隆)(花押)

(第四十一尾)

以蓮華王院(山城国京都)宝蔵御本点校了、　直講清原(教隆)(花押)

(第四十二尾)

依越州使君(北条実時)尊閤教命、申出蓮華王院(山城国京都)御本校点了、

直講清原(教隆)(花押)

(第四十三尾)

本奥書云、点校了、

長寛二年五月十五日、

散位従五位下藤原朝臣敦経点進

以蓮華王院(山城国京都)宝蔵御本校点了、　直講清原(教隆)(花押)

(第四十四尾)

以蓮華王院(山城国京都)宝蔵本一校了、　直講清原(教隆)(花押)

本奥書云、

長寛二年五月十五日、

散位従五位下藤原朝臣敦経点進

(第四十五尾)

申出蓮華王院(山城国京都)宝蔵御本加校点了、直講清原(教隆)(花押)

(第四十六尾)

誂参州(教隆)、以蓮華王院(山城国京都)本点校了、　越後守平(北条実時)(花押)

本奥云、

長寛二年六月三日点進之、元来無点本之上、文字多闕謬、頗雖刊正、猶有不通、仍加押紙、粗呈其所、

助教清原真人頼業

(第四十七尾)

申出蓮華王院(山城国京都)宝蔵御本校点了、

直講清原(教隆)(花押)

(第四十八尾)

申出蓮華王院(山城国京都)宝蔵御本、加校点了、

直講清原(教隆)(花押)

(第四十九尾)

申出蓮華王院(山城国京都)宝蔵御本校点了、　直講清原教隆

(第五十尾)

文応改元之暦、応鐘上旬之候、清家(清原教隆)末儒白地上洛、蓋是及六旬之後、加五儒之末、雖無面目、不得黙止、為進上革命勘文、愍所催長途旅行也、以此便宜、依越州使君(北条実時)教命、此書申出蓮華王院(山城国京都)宝蔵御本、終校点之功者也、此御本之外、諸儒家更無此書点本云々、尤可秘者歟

直講清原(教隆)(花押)

〔解説〕

文応元年に革命勘文奏上のために上洛した直講清原教隆が、北条実時の指示によって天皇家の宝蔵蓮華王院宝蔵本を書写したのが祖本という。明経道清原氏の家説を底本とした写本だが、藤原式家・藤原北家・菅原氏などの諸家から学んだ訓説を加えている。

75 『吾妻鏡』建長五年十二月二十二日条

廿二日、丙寅、晴、前和泉守藤原行方(二階堂)為四番引付頭人行盛(二階堂)入道、卒去之替、前筑前守藤原行泰(二階堂)補五番引付頭義景(安達)入道、卒去之替、

引付

一番

前右馬権頭政村(北条)　佐渡前司基綱(後藤)

備後前司康持(三善)　伊勢前司行綱(二階堂)

城九郎泰盛(安達)、初加　中山城前司盛時(中原)

内記兵庫允祐村　山名進次郎(行直)

二番

武蔵守朝直(北条)　出羽前司行義(二階堂)

伊賀式部大夫入道光西(光宗)　清左衛門尉満定(清原)

越前兵庫助政宗(中原)　皆吉大炊助文幸(惟宗)

対馬左衛門尉(源)仲康

三番

尾張前司(北条)時章　陸奥掃部助(北条)実時

常陸入道(二階堂行久)行日　城次郎(安達)頼景

大曾禰左衛門尉長泰　新江(大江以基)式(民カ)部大夫

大田(三善康宗)太郎兵衛尉　長田兵衛(広雅)太郎

四番

前大宰少弐(狩野)為佐今日加　頭人和泉前司(二階堂)行方

対馬前司(三善)倫長　武藤(宗国)左衛門尉景頼

深沢山城(俊平)前司　甲斐前司

山名中務(俊行)丞

五番

筑前々司(二階堂)行泰　参河前司(清原)教隆

大田民部(康連)大夫　進士(中原経友)次郎(光政)蔵人

明石左近(兼綱)将監　越前四郎

今日申剋、御所被始行長日尊勝陀羅尼并御本尊供養、和泉前司(二階堂)行方奉行之、丑剋、経師谷口(相模国鎌倉)失火、北風頻扇、余炎迄(行カ)浜高御倉前(相模国鎌倉)、焼死者十余人云々、

〔解説〕
四番引付頭人二階堂行盛・引付五番頭人安達義景の卒去により、引付の改編が行われた。北条実時は三番の評定衆としてみえる。

建長六年（一二五四）

76『吾妻鏡』建長六年正月三日条

三日、丁丑、陰、垸飯(北条重時)奥州御沙汰、

御剣　尾張前司(北条)時章

御調度　掃部助(北条)実時

御行縢沓　下野前司(宇都宮)泰綱

一御馬　遠江六郎(北条)教時　同七郎(北条)時基

二御馬　出雲五郎左衛門尉(波多野)宣時　同次郎(波多野)時光

三御馬　波多野小次郎(宣経)定経　同兵衛次郎(波多野)定康

四御馬　筑前次郎太郎重家　同小次郎知家

五御馬　陸奥弥四郎(北条)時茂　鹿島田左衛門尉惟光

〔解説〕

正月三日の垸飯の調度役に北条実時の名前がみえる。

77 『吾妻鏡』建長六年三月十六日条

十六日、己丑、掃部助(北条)実時之母儀(六浦殿)卒去云々、

〔解説〕

北条実時の母が卒去したと記す。実時の母は天野政景の女で北条実泰の室となり、六浦殿の通称で呼ばれた。

参考「新編鎌倉志」巻四

○御前谷(相摸国鎌倉)附尼屋敷

御前谷ハ、智岸寺谷ノ西ナリ、此前ノ并ヲ尼屋敷ト云、或云、御前谷・尼屋敷、二所共ニ尼御前ノ屋敷ニテ一所ナルヲ、土俗誤テ二ツニ分ツ、尼御前ト云ハ、二位尼平(北条)政子也ト、政子ハ大御所トテ、始ハ(源)頼朝屋敷ニ居住、後ニ勝長寿院ノ奥ニ、伽藍并ニ御亭ヲ立、南新御堂御所ト号ス、此地ニ居住ノ事未考、今按ズルニ、東鑑ニ、建長三年十一月十二日、禅定(九条頼経後室、藤原親能女、大宮局)二位家、亀谷ノ新造ノ御亭ニ御移徙ト有、此禅定二位家ハ、(九条)頼嗣将軍ノ母、二棟御方ナリ、亀谷ニ居住セラル、此二位ヲ政子ト訛歟、或云、鶴岡ノ古文書ニ、(中原師員後室)亀谷禅尼ト書ルアリ、是ハ上野国淵名与一実秀或云、天野和泉前司政景ガ女ニテ、北条実泰室、越後守(北条)実時母ナリ、実泰此所ニ居住ス、故ニ亀谷殿ト号ス、実泰ガ室、後ニ尼トナリ、慈香ト号ス、亀谷ノ禅尼ト云ト、又ハ天野屋敷トモ云フ、天野藤内遠景此トコロニ居住ス、故ニ名クト、イヅレヲ是トシガタシ、

〔解説〕

北条実時母に関する伝承を記すので、仮にここに収める。上野国の淵名氏は、秀郷流藤原氏の淵名氏と、「門司氏系図」に記された明経道中原氏の淵名氏があり、いずれかは不明。なお、振仮名は省略した。

78 『吾妻鏡』建長六年三月二十日条

廿日、癸巳、小侍所事、可令陸奥弥四郎(北条)時茂奉行之由、被仰下之、陸奥掃部助(北条実時)重服之程也、

〔解説〕
77号資料に記した北条実時母の卒去により、小侍所別当が北条時茂に交代している。重服の服仮は一年であるが、時茂が代行した期間は短いようである。

79　平岡実俊奉書　（中山法華経寺所蔵「天台肝要文」紙背文書）

六月廿日御神事流鏑』馬役事、雖為定役、兼日』可被催候之由、所被仰下□(也カ)、』仍執達如件、

四月十五日　左衛門尉(平岡実俊)奉

（花押）

千葉介(頼胤)殿

〔解説〕
鶴岡臨時祭の流鏑馬役について、小侍所の所司平岡実俊が沙汰している。次号文書により、建長六年にかける。『千葉県の歴史　資料編　中世2』同文書38号。【鎌】七七三一。

80　平岡実俊奉書　（中山法華経寺所蔵「破禅宗」紙背文書）

来六月廿日、若宮(相摸国鎌倉鶴岡八幡宮)流鏑之』(馬脱カ)役事、任先例可令参勤』給之由、所被仰下也、仍執達』如件、

建長六年五月九日　左衛門尉(平岡実俊)(花押)

千葉介(頼胤)殿

〔解説〕
前号文書に続くものとみられる小侍所司平岡実俊の奉書。千葉頼胤に対し、鶴岡臨時祭流鏑馬役（流鏑馬射手一騎を担当する役）の勤仕を割り振ったことを伝える。『千葉県の歴史　資料編　中世2』同文書4号。【鎌】七七四六。

81　『吾妻鏡』建長六年閏五月一日条

一日、壬寅、相州(北条時頼)随身下若等、参御所(相摸国鎌倉)給、将軍家(宗尊親王)出御広御所(相摸国鎌倉)、御酒宴及数献、近習人々被召出之、各乗酔、于時相州被申云、近年武芸廃而、自他門共好非職才芸、触事已忘吾家之礼訖、可謂比興、然者、弓馬芸者追可有試会、先於当座被召決相撲、就勝負、可有感否御沙汰之由云々、将軍家殊有御入興、爰或逐電、或令固辞、為陸奥掃部助(北条実時)奉行、於遁避之輩者、永不可被召仕之旨、再三依仰含、十余輩慭及手

合不撤衣装、長田兵衛太郎(広雅)被召出候砌、判申勝負是
非、依為譜代相撲也、
一番左持 右
三浦(佐原時連)遠江六郎左衛門尉
結城(朝村)上野十郎
二番
大須賀左衛門四郎
波多野小次郎(宣経)
三番左持 右
渋谷太郎左衛門尉(武重)
検牧中務三郎
四番左勝 右
橘薩摩余一(公員)
肥後弥藤次
五番左勝 右
広沢余三(実方)
加藤三郎(景経)
六番左持 右
常陸次郎兵衛尉(二階堂行雄)
土肥四郎(実綱)
勝幷持者被召御前、賜御剣御衣等、雲客取之、負者
不論堪否、以大器各給酒三度、御一門諸大夫等候
杓、凡有興有感、時壮観也、

〔解説〕
北条時頼が、近年は武芸が廃れ、家職でない芸に励んで
いる者が多いと言いだし、急に相撲会が開かれることに
なった。その席で、北条実時は奉行を勤めている。

82『吾妻鏡』建長六年閏五月十一日条

十一日、壬子、奉公諸人面々可為弓馬芸事之由、被
仰出、今日為陸奥掃部助(北条実時)・和泉前司(二階堂)行方・武藤少卿
景頼等奉行、於御所中(相摸国鎌倉)被触廻之、相州(北条時頼)内々令申行給
之故也、於馬場殿(相摸国鎌倉)、連日可有遠笠懸・小笠懸、御所
内々可令射給之由云々、

〔解説〕
北条時頼が、将軍御所に出仕する者は弓馬の芸を励むよ
うにと御所中に触れを廻らすよう指示した。北条実時・

二階堂行方・武藤景頼がその担当者となっている。

83　平岡実俊書状

（中山法華経寺所蔵「破禅宗」紙背文書）

六月廿日流鏑馬間事、』御札旨加一見候了、
抑、如此神事等、両方指』合候時者、専可被勤仕若
宮（相摸国鎌倉鶴岡八幡宮）』御神之（事脱カ）由被定置候了、然則、自』是不及執申候
歟、猶可令』申給子細候者、以別人□』可令申給哉
候覧、恐々』謹言、
（建長六年）閏五月廿日　　　　左衛門尉（平岡実俊）
　　　　　　　　　　　　　　（花押）
謹上　千葉介殿（頼胤）まいる

〔解説〕
小侍所が鶴岡臨時祭の流鏑馬役を割り振ったのに対し、千葉頼胤は他からも役の配分を指示されたと辞退の回答をした。小侍所司の平岡実俊は、辞退を繰り返すのであれば、別の人に依頼すると伝えている。『千葉県の歴史　資料編　中世2』同文書3号。【鎌】七七六五。

84　長専書状

（中山法華経寺所蔵「秘書要文」紙背文書）

御放生会随兵役事、』以廻文被相催候之上、』掃部助（北条実時）
殿御奉行』にて、如此被仰下て候也、』急可令申御
返事給候之』由、彼御使申候也、以此』趣可有御披
露候、恐惶謹言、
（建長六年ヵ）七月六日　　　　法橋長専
　　　　　　　　　　　　　（花押）
進上富木入道殿（常忍）

〔解説〕
小侍所別当北条実時が鶴岡放生会の随兵役を割り振ってきたと、鎌倉に滞在する千葉家の家司法橋長専が在国する宿老富木常忍に伝える。さらに常忍から千葉頼胤に伝えられた建長六年とは確定できないが、関連文書にあわせて仮にこの年にかけて収める。『千葉県の歴史　資料編　中世2』同文書27号。【鎌】七六八八六。

85　長専ヵ書状

（中山法華経寺所蔵「天台肝要文」紙背文書）

（端裏書）「ときの（富木）入道殿（常忍）　　ちやう□（せヵ）ん」
来八月御放生会御随兵事、』御催状如此候、平岡左（実

（俊）衛門尉』奉行にて候也、いそき可有』御奉之由、催使申つるに候』也、このやうをいそき見参ニ入』させ給候て、左右を申させ給へ』く候歟、又千束郷（武蔵国豊島郡）御年貢米、』今月分御所方の御相まちニ』被切候て、面々請使等せめ』をいたし候也、かた〳〵のせめつ』かひ無治術候也、雖然ことな』る子細等承及候へハ、身のしか』らしめたる事と存候也、又かねの

かはりを給ハらす候事、何やう』に候へき事にて候やらん、この事に』つなかれ候て、難治之次第に候也、』日々のせめつかい只可有御推察』候歟、その子細、この程委注申候』しハ、見参ニ入て候けるやらん、』如此御大事の候たひことに身』一人のふしやうにて候事、返々歎』入候、これに候面々せめつかいとも』を正直の御使ヲたまハり候て、』みせ候ハ、やと存候也、借上米未』進のせめつかい三方よりせめ候、』せにせうのつかひ四五方より候、』つねのせめつかい三人をもてい』まハひまなき事にて候、又この』程ハ千束郷請使数十人つきて』候、安美入道ハ日々二時ニせめ候、』いつもの事とハ存候へとも、ま』めやかにためしなく候也、

〔解説〕

前号文書を受けた富木常忍の返書とみられる。千葉頼胤には、小侍所の随兵役配分に対して即答しかねる事情があったのであろう。小侍所司平岡実俊が催促の使者を送ってきたという。常忍は、頼胤に対してどう回答するか相談するという。関連文書にあわせて、仮にこの年にかけて収める。『千葉県の歴史　資料編　中世2』同文書34号。【鎌】七六八七。

86 『吾妻鏡』建長六年六月十六日条

十六日、丙戌、鎌倉（相摸国）中物忩之間、自昨夕諸人群参御所中、皆令着到之、披閲、相州（北条時頼）御覧云々、

所謂

遠江前司（北条時直）　陸奥掃部助（北条実時）
同太郎（北条実村）　相摸式部大夫（北条時広）
遠江六郎（北条教時）　陸奥六郎（北条義政）
同七郎（北条業時）　備前三郎（北条長頼）

上総三郎(足利満氏)　新田参河前司(世良田頼氏)
後藤壱岐前司(基政)　和泉前司(二階堂行方)
同次郎左衛門尉(二階堂行章)　嶋津周防前司(忠綱)
安芸前司(中原親光)　小山七郎(宗光)
下野七郎(宇都宮経綱)　遠江六郎左衛門尉(佐原時連)
城次郎(安達頼景)　同三郎(安達景村)
阿曾沼小次郎(光綱)　信濃四郎
大曾禰次郎左衛門尉(盛経)　隠岐三郎左衛門尉(二階堂行氏)
宇都宮五郎左衛門尉(泰親)　武藤左衛門尉(景頼)
同右近将監(武藤兼頼)　完(宍)戸次郎左衛門尉(家氏)
和泉五郎左衛門尉(天野政泰)　善右衛門尉(三善康長)
同五郎左衛門尉(三善康家)　善六郎兵衛尉
善太右衛門尉(三善康定)　肥後次郎左衛門尉(狩野為時)
渋谷次郎左衛門尉　小野寺四郎左衛門尉(通時)
同八郎左衛門尉　山内新左衛門尉(成通)
同太郎左衛門尉　山内藤内左衛門尉(通重)
進三郎左衛門尉(宗長)　常陸太郎左衛門尉
田中右衛門尉(知継)　肥後次郎左衛門尉(天野景氏)

同四郎兵衛尉(大見行定)　紀伊次郎左衛門尉(豊島為経)
足立太郎左衛門尉(直元)　同三郎
足立左衛門三郎　和泉七郎左衛門尉(天野景経)
池上藤左衛門尉(康光)　真壁平六
薩摩七郎(伊東祐能)　狩野五郎左衛門尉(為広)
同四郎　狩野帯刀左衛門尉
中山右衛門尉　長内左衛門尉
加地七郎右衛門尉(佐々木氏綱)　大泉九郎(長氏)
鎌田兵衛三郎(義長)　同次郎兵衛尉(鎌田行俊)
同図書左衛門尉(鎌田信俊)　遠藤右衛門尉
宇間右衛門尉

今夕月蝕、左大臣法印厳恵修御祈、雖有陰雲之気、度々出現云々、

〔解説〕
鎌倉に不穏な気配が漂ったので、将軍御所に参集した人々の着到状を整理したものであろう。北条実時・実村父子の名前がみえる。

87『吾妻鏡』建長六年十二月一日条

一日、己巳、五方引付更被結番之、

引付

一番

前右馬権頭(北条政村)　佐渡前司(後藤基綱)
備後前司(三善康持)　伊勢前司(二階堂行綱)
城九郎(安達泰盛)　中山城前司(中原盛時)
内記兵庫允(祐村)　山名進次郎(行直)
佐渡右京進新加

二番

武蔵守(北条朝直)　出羽前司(二階堂行義)
伊賀式部大夫入道(光宗)　縫殿頭(中原師連)新加
清左衛門尉(清原満定)　越前兵庫助(中原政宗)
皆吉大炊助(惟宗文幸)　対馬左衛門尉(源仲康)

三番

尾張前司(北条時章)　掃部助(北条実時)
常陸入道(二階堂行久)　大曾禰左衛門尉(長泰)
城次郎(安達頼景)　江民部大夫(大江以基)
太田太郎兵衛尉(三善康宗)　長田兵衛太郎(広雅)

四番

和泉前司(二階堂行方)　武藤左衛門尉(景頼)
対馬前司(三善倫長)　前太宰少弐(狩野為佐)
那波左近大夫将監(大江政茂)新加　深沢山城前司(俊平)
甲斐前司(宗国)　山名中務丞(俊行)
雑賀太郎(尚持)新加

五番

筑前々司(二階堂行泰)　参河前司(清原教隆)
太田民部大夫(康連)　長井太郎(時秀)新加
明石左近将監(兼綱)　進士次郎蔵人(光政)
善刑部丞新加　越前四郎(中原経友)
対馬左衛門次郎

〔解説〕

引付の改編を示す。北条実時は三番の評定衆としてみえる。

建長七年（一二五五）

88「関東評定衆伝」建長七年条（抜粋）

評定衆　掃部助《陸奥》平実時（北条）、十二月任越後守、

〔解説〕

評定衆北条実時の越後守補任を記す史料。

康元元年（建長八、一二五六）

89「春秋経伝集解」奥書

（宮内庁書陵部所蔵　識語篇一一六九号）

（第一尾）

本奥云、

建長八年正月廿四日、以家秘説、奉授越州太守（北条実時）尊閤

了、　前参河守清原（教隆）在判

本奥云、

建保三年四月廿二日、授秘説於末子仲光（清原）了、

散班仲隆（清原）

以累代秘本写点了、此書勘知旧史、闕文読改、後者

脱漏、秘訓多存、故実非一、以諸家講伝家学、此書

過他書之故也、子細在□決而已、　清原仲光

文永第五歳夷則十七日、以家秘説、奉授越州次郎（北条篤時）尊

閤畢、　音博士清原（後隆）（花押）

一覧畢、于時応永丁亥仲夏下旬候、

相之鎌倉県山内酔醒軒主　怡

（第二尾）

本奥云、

弘長元年四月晦日、以家秘説、奉授越州使君（北条実時）尊閤

了、　前参河守清原（教隆）在判

本奥云、

受説之本、長兄大儒（清原仲宣）相伝畢、仍為伝子孫、書点此

本、於書写者、雖借他人功、於朱墨点者、手躬加之

了、于時建長二年二月三日、

参州前刺史（清原教隆）在判

文永五年八月二日、以九代之秘説、授申越後二郎（北条篤時）尊

閤了、

朝請大夫清原（直隆）（花押）

文永五年九月五日、以音博士(清原俊隆)本一校畢、
本奥云、
正元二年正月十二日、以家説授肥筑(清原俊隆・清原直隆)両別駕畢、于時
無両本、仍以本奥云、一本所授両人也、
直講(清原教隆)在判
於于相之(相摸国山内庄)酔醒軒之下一覧畢、于時応永丁亥仲秋下旬
日、　怡
(第三尾)
文永五年八月十八日、以累家秘説、奉授越後次郎(北条篤時)尊
閤畢、
音博士清原(俊隆)(花押)
本奥書云、
正嘉二年四月晦、以家秘説、奉授越州使君(北条実時)尊閤畢、
前参河守清原(教隆)在判
文永五年八月廿八日、以音博士(清原俊隆)本一授畢、
本奥云、
治承四年七月廿六日未剋、慥受家秘説了、
能登介清原良業
元暦元年七月十四日巳刻、重奉受御説了、

建長元年五月廿一日申刻許、以清家秘本、為稽古書
写了、
主水正良業(清原)
木工権助安倍維行
正元二年四月三日、以摺本付反音了、
肥前介俊隆(清原)
文応元年五月四日、授肥・筑(清原俊隆・清原直隆)両別駕畢、
直講(清原教隆)在判
(第四尾)
文永五年八月十八日、以累代之秘説、奉授越州次郎(北条篤時)
尊閤了、
朝請大夫清原(直隆)(花押)
本奥云、
建長五年十一月廿二日、以家秘説、奉授酒掃少尹(北条実時)尊
閤畢、
前参河守清原(教隆)在判
本奥云、
治承四年七月廿七日、於摂州都(摂津国福原京)、已別受家秘説了、
能州別駕清原良業在判
黷音通先生之講説之席畢、于時応永十四丁亥仲冬四

日、

相之《相模国山内庄》酔醒軒主、野翁怡

（第五尾）

文永五年九月廿日、以累代之秘説、奉授越州次郎尊《北条篤時》

閣了、　朝請大夫《清原直隆》（花押）

本奥云、

正元元年五月廿八日、以累葉秘説、奉授越州使君尊《北条実時》

閣了、　前参河守清原《教隆》在判

本奥云、

治承四年八月廿日、於摂州《摂津国福原京》授良業了、　在判頼業《清原》也

黷音通先生講説之席畢、于時応永十四年丁亥仲冬中

旬、　怡

（第六尾）

本奥書云、

文永二年正月七日、以清参州《清原教隆》之本、書写点校了、

書本奥云、本奥云、

治承四年六月廿六日々中、比校家本了、于時在摂州

新郡《都》《福原京》、　大外史《清原頼業》在御判

建保二年三月廿四日、以家説、授仲宣《清原》了、

助教《清原仲隆》在判

同三年四月廿七日、校家本了、　在判

承久二年六月廿九日、授仲光《清原》了、　在判

正元元年四月八日、以家説、授申外史二千石了、

散位頼尚《清原》

文永五年九月廿五日、以累家秘訓、授申越後次郎尊《北条篤時》

閣了、　音博士清原《俊隆》（花押）

黷音通先生講説之席畢、于時応永十四年丁亥仲冬廿

日、　怡

（第七尾）

本奥云、

建長六年五月廿三日、以参州《清原教隆》之本書写、並数返校点

了、

本奥云、

延《建》久五四十七点了、　良別駕《良業也》

治承四年十月廿三日、授良別駕《清原良業》了、　在判頼業《清原》判也

建長六年六月七日、以累家秘説、奉授酒掃少尹尊《北条実時》閣

了、此巻末有爛脱、以為秘説而已、

文永五年九月廿五日、以外記大夫（清原直隆）本一授畢、
前参河守（清原教隆）清在判
本奥云、本奥云、
治承四年十月廿三日、授良別駕（清原良業）畢、　在御判
文永元年四月二日、書写了、　散位清原直隆
文永元年五月十四日、加朱墨令点畢、　在判
文永五年十月廿日、以家之秘説、授中越州（北条篤時）次郎尊閤
了、　朝請大夫（清原直隆）清（花押）
一覧了、于時応永十五年戊子季春下旬之候、　怡
（第八尾）
本奥云、
建長六年七月十七日、以清家累葉秘説、奉授酒掃少（北条実時）
尹閤了、
前参河守清原（教隆）在判
本奥云、
寿永三年四月十五日朝間、受重御説了、
主水正（清原）良業
治承四年十月四日、授良業了、

文永五年十月十五日、以累家秘説、奉授越後次郎（北条篤時）尊
在判　（清原）頼業判也
閤畢、　音博士清原（俊隆）（花押）
一覧畢、于時応永十五年戊子孟夏十四日、
相之酔醒軒主（相摸国山内庄）　怡
（第九尾）
本奥云、
文永二年正月廿三日、以清家累葉之訓説、奉授越州（北条実時）
使君尊閤畢、
前参河守清原（教隆）在判
文永五年十一月十五日、以家秘訓、奉授越後次郎（北条篤時）尊
閤畢、　音博士清原（俊隆）（花押）
一覧畢、于時応永十五年戊子仲夏初八日、
相之酔醒軒主（相摸国山内庄）　怡
（第十尾）
本奥云、
建長六年十一月十日、以家秘説、奉酒掃少尹（北条実時）尊閤

畢、
前参河守清原（教隆）在判
本奥云、
治承四年十二月八日、授良（清原良業）別駕了、去月廿六日、車
駕自摂州（摂津国福原京）還于平安京（山城国）、
大外記清原（頼業）在判
応保二年七月四日、以証本移点了、
造酒正清原（祐安）在判
文永五年十一月十七日、以累家之秘説、奉授于越州（北条）
次郎（篤時）貴殿了、
朝請大夫清原（直隆）（花押）
一覧畢、于時応永十五年六月四日、
相之（相摸国山内庄）酔醒軒主　野翁怡
（第十一尾）
本奥云、
文永二年十二月廿五日、以故大外史（清原教隆）之本、書写移点
校合了、
本奥云、
文永元年三月廿二日書写了、
散位清原俊隆
同廿八日、以摺本付釈文了、
文永元年四月十一日、加朱点墨点其功既訖、此書受
説之本、伝而在長先大儒（清原頼業）遺跡、為子孫証本、加老年
之功而已、
前参河守清原（教隆）在判
文永五年十月一日、以音博士（清原俊隆）本一校畢、奥書上同、
文永五年十二月九日、以家秘説、奉授越後（北条篤時）次郎尊閤
畢、
音博士清原（俊隆）（花押）
一覧畢、于時応永十五年戊子孟秋中旬、
相之山内酔醒軒主　野翁怡
（第十二尾）
本奥云、
文永二年二月十日、以清参州（清原教隆）之本書写点校了、
書本奥云、
弘長二年夷則朔日、以摺本古本、手身書写了、
筑州別駕清原（直隆）在判

愚老加墨点了、

前参河守(清原教隆)在判

本奥云、

文永元年霜月八日、謬課愚拙之性、猥終校点之功

畢、

散位清原俊隆

文永五年十二月廿六日、以家之秘説、授申越後次郎(北条篤時)

貴閣了、

朝請大夫清原(直隆)(花押)

一覧畢、于時応永十五年戊子仲秋下旬怡

(第十三尾)

本奥云、

建長七年九月三日、以累葉秘説、奉授酒掃少尹(北条実時)尊閣

了、

前参河守清原(教隆)在判

本奥云、

治承五年正月晦夜、授良業(清原)別駕了、

頼業(清原)大外史在判

建暦二年二月卅日、授秘説於仲宣(清原)畢、

助教仲隆(清原)

承久三年五月十一日、授家説於仲光(清原)了、

仲隆(清原)

文永第五歳臘月廿五日、授申越後次郎(北条篤時)尊閣畢、

音博士清原(俊隆)(花押)

経一覧畢、応永十五年九月八日、　山内翁　怡

(第十四尾)

弘安元年九月廿二日、以音博士俊隆(清原)真人之本、書写

点校畢、

従五位下行左近衛将監平朝臣「北条顕時」(花押)

本奥云、

文永二年閏四月十五日、授愚息音儒(清原俊隆)了、

大外記(清原教隆)在判

弘安元年十月十二日、授申越後左近大夫将監(北条顕時)尊閣

畢、此書至廿九巻、捧説先畢、而十四十五、先君(北条実時)御

時回禄成孽、重以有書点之間、越巻有訓詁之故也、

音博士清原(俊隆)(花押)

嘉元三年七月六日、以家説、奉授越後守(北条貞顕)殿了、
直講清原宗尚

弘安元年九月廿二日、以音博士俊隆(清原)真人之本、書写
点校畢、
従五位下行左近衛将監平(北条「顕時」)朝臣(花押)

(第十五尾)

本奥云、
応保二年八月十六日、以秘本粗校合了、
良醞令祐安(清原)

治承五年閏二年八日両朝、授良才子(清原良業)了、于時関東海
西乱兵競発、入道相国(平清盛)忽以薨逝、天下匆々、衆庶寒
心、
(清原頼業)在判

本奥云、
嘉応二年六月廿六日亥刻、授嫡男外史(清原近業)二千石畢、
(清原頼業)大外記在判

治承四年九月廿六日朝、重見合家本了、于時灸治籠
居、
(清原頼業)大外記在判

寿永三年二月廿四日、重受御説了、
(清原)良業

建暦二年十月九日、以家秘説、授息男仲宣(清原)了、
(清原仲隆)国子助教在判

承久三年八月廿一日、授家説於仲光(清原)畢、于時天下有
乱、未及平定、
(清原仲隆)在同判

建治三年九月廿八日、霖雨之中、蘭灯之下、校点功
了、此書先年課拙掌所書写也、
音儒清原(俊隆)在判

弘安元年閏十月三日、授申越後左近大夫将監(北条顕時)尊閤
了、此書至廿九巻、奉授先畢、此巻先君御時(北条実時)回禄成
孽、重被書点之間、越巻有訓説之故也、
音博士清原(俊隆)(花押)

嘉元三年七月十九日、以家説、奉授越後守(北条貞顕)殿了、
直講清原宗尚

(第十六尾)

本奥云、
文応元年九月十四日、以家秘説、奉越州使君(北条実時)尊閤
了、
直講清原(清原教隆)在判

本奥云、

仁平三年閏十二月十六日亥刻、以或本正義勘合了、
在御判
文永五年九月一日、以外記大夫(清原直隆)本一校畢、
本奥云、
甲子之歳九月十(ママ)一月廿日、於灯下読畢、
久寿二年八月廿日巳刻、校合或本畢、　在(清原頼業)御判
保延六年正月十九日辰刻、重合摺本畢、
正嘉元年七月十三日、書写了、
孔門貫主在判
正嘉元年七月廿三日、家君(清原教隆)之本焼失之間、以頼尚(清原)古
本、手身書点之畢、于時在花洛(山城国京都)之蓬屋、
明経得業生清原直隆在判
文永六年二月十六日、以家之秘説、奉授越州次郎(北条篤時)尊
閣了、
朝請大夫清原(直隆)(花押)
(第十七尾)
本奥云、
正元二年三月四日、以清直(教隆)講之本書点了、
本奥云、本奥云、

治承四年十月廿八日、重見合家本了、請了、于時在摂州新都(摂津国福原京)、
在(清原頼業)御判
治承五年後二月廿九日、授良別駕(清原良業)了、
大外記(清原頼業)在御判
寿永二年二月一日、読了、　在判
合家古本了、
件本奥云、
保延六年正月廿日、重校摺本了、
頼(清原頼業)ー
仁平三年後十二月廿四日卯刻、覆勘了、
在御判
久寿二年九月八日戌剋、見合或本畢、
建暦三年五月二日、以家秘説授仲宣(清原)了、
助教(清原仲隆)在御判
承久三年三月廿二日、授仲光(清原)了、
在(清原仲隆)御判
天福元年八月十七日、以家説本校点了、身病相侵、
心慮無聊矣、

直講(清原仲宣)在判
延応二年三月廿日、以累祖之秘説、授隆尚(清原)了、
助教(清原仲宣)在判
右、以累代之秘説、遂四度之校点了、雖為一字半
字、不仮(借)他人之手、皆至墨点朱点、所加自身之功、
於病中馳筆端了者也、于時在花洛(山城国京都)、正嘉元年林鐘廿
八日、
明経得業生清原直隆在判
文応元年九月廿五日、以家秘説、奉授越州(北条実時)使君尊閤
了、
直講清原(清原教隆)在判
文永五年九月廿日、以外記大夫(清原直隆)本一校畢、奥書同、
文永六年四月十三日、以累祖之秘訓、奉授于越州(北条篤時)二
郎才子了、
朝請大夫清原(直隆)(花押)
一反猟之畢、于時応永己丑孟春廿四日、相之(相摸国山内庄)酔醒軒
主、
桑門怡老(花押)
(第十八尾)
本奥云、
弘長二年四月十九日、以家秘説、奉授越州(北条実時)使君尊閤
了、

書本奥云、
前参河守清原(教隆)在判
古本奥云、
治承四年仲冬十日、於摂州(摂津国福原京)重見合家本畢、于時関東
兵起称義挙、台岳(近江国延暦寺)侍乱勧還都(山城国京都)、鶴髪前儒独嗜左史、
類杜預之居襄陽也、酔後之狂筆而已、
大外史(清原頼業)在御判
文永五年九月廿二日、以外記大夫(清原直隆)本一校畢、
本奥云、古本奥云、
上総殿御筆、
甲子之歳霜月廿四日、読合畢、保延六正廿、重合□此
字不被見解
朝之摺本畢、
仁平四年正月十日申刻、以或本幷正義読合畢、
直講(清原頼業)在御判
久寿二年九月廿四日辰刻、見合或本畢、
長寛二年四月十三日、以証本校合畢、
造酒正清原祐安
治承四年仲冬十日、於摂州(摂津国福原京)重見合家本畢、于時関東
兵起称義挙、台岳(近江国延暦寺)侍乱勧還都(山城国京都)、鶴髪前儒独嗜左史、

類杜預之居襄陽也、酔後之狂筆而已、
大外史(清原頼業)在御判
治承五年三月八日、授良業(清原)畢、
在御判(清原頼業)
寿永三年二月七日、重読畢、
良業(清原)
建暦二年五月十七日、以家秘説、授愚息仲宣(清原)畢、
助教仲隆(清原)
貞応元年五月十六日、授仲光(清原)畢、仲光者、教隆之本名也、
天福元年八月廿二日、以家之証本、加校点畢、
在御判(清原仲隆)
延応二年三月廿五日、以家説、授隆尚(清原)畢、
直講清原(教隆)在判
正嘉元年八月十日、書写畢、
助教(清原仲宣)在判
孔門貫主在判
正嘉元年九月五日、以累代秘説、手身校点畢、雖一字一点、不借他人之手者也、于時在花洛(山城国京都)、

明経得業生清原直隆在判
文永六年四月十三日、以累家秘説、奉授越後次郎(北条篤時)尊閤畢、
音博士清原(後隆)(花押)
一反猟(臘)之畢、于時応永己丑仲春、於于相之(相摸国山内庄)酔醒軒下、
桑門怡
(第十九尾)
本奥云、
弘長二年五月廿日、以家秘説、奉授越州使君(北条実時)尊閤了、
前参河清原(教隆)在判
書本奥云、
古本奥云、
仁平四年正月辰刻、読講了、
直講(清原頼業)在判
久寿二年十月十三日戌刻、以或古本見合了、
頼業在判
文永五年九月廿四日、以外記大夫(清原直隆)本一校畢、
本奥云、古本奥云、

応徳甲子霜月廿六日、読畢、
仁平四年正月十八日辰刻、読講畢、
直講（清原頼業）在御判
久寿二年十月十三日戌刻、以或古本見合畢、
在御判
保延六年正月廿一日、見合唐本畢、于時雨濛々、
東市正頼（清原頼業）ー
正嘉元年十月十日、以累家之秘本書写了、
魯門貫首在判
正嘉元年十二月八日、以家秘説校点畢、雖一字一点
不借他人之手、手身終功者也、
権少外記清原直隆在判
文永六年五月十八日、以累家秘説、奉授越後次郎（北条篤時）尊
閤畢、
音博士清原（俊隆）（花押）
於相之（相摸国山内庄）酔醒軒之下一覧畢、于時応永十六年季春上
旬、
老野翁（花押）
（第廿尾）
本奥云、

文永元年十一月十一日、以参州（清原教隆）之本書写点校了、
文永二年正月十一日、以累家秘説、奉授越州使君（北条実時）尊
前参河守清原（教隆）在判
閤了、
本奥云、
治承五年正月廿三日晡時、校合家本了、
在御判祖父大外記殿（清原頼業）
治承五年四月十二日、授良（清原良業）別駕、
在御判同上
文永五年九月廿七日、以外記大夫（清原直隆）本一校畢、
本奥云、本奥云、
治承五年正月廿三日晡時、校合家本畢、
在御判祖父大外記殿（清原頼業）
治承五年四月十二日、授良（清原良業）別駕畢、
在御判同上
寿永三年三月三日、受御説畢、
良（清原）業
建暦三年八月七日、以家秘説、授仲（清原）宣了、
国子助教（清原仲隆）在御判
天福元年九月廿四日、以家之証本校点了、先日奉受
厳訓之時、雖校合之、猶有脱漏之故也、

直講清原(仲宣)在判
延応二年四月二日、以秘説、授隆尚(清原)畢、
助教(清原仲宣)在判
正嘉二年二月十八日、以家証本書写了、外史(清原)直隆
正嘉二年三月廿七日、以家秘説、手身書点了、
権少外記清原(直隆)在判
文永六年六月廿三日、以累家之秘訓、奉授越州(北条篤時)二郎
朝請大夫清原(直隆)(花押)
才子尊閤了、
於于相(相摸国山内庄)之酔醒軒下猟(臘)之畢、于時応永十六年三月廿七
日、
怡(花押)
(第廿一尾)
本奥云、
文永二年十月十一日、以清大外記教隆(清原)本、書写校点
了、
本奥云、本奥云、
治承五年四月廿七日、授説於良(清原良業)別駕了、
在御判(清原頼業)
元暦元年五月四日、雨中重受御説了、

主水正良業(清原)
建暦三年霜月第廿日、以家秘説、授愚息仲宣(清原)了、
国子助教(清原仲隆)在御判
延応二年四月九日、以家説、授愚息隆尚(清原)了、
助教(清原仲宣)在判
正嘉二年七月八日、手身書写畢、
鸞台録事清原(直隆)在判
同年同月廿日、以累代之秘説校点了、雖為一字一点
不借他人之手而已、于時涼風払軒、陰雨霑砌者也、
権少外記(清原)直隆
文永五年十月一日、以外記大夫(清原直隆)本一校畢、奥書同
文永六年六月廿七日、以累家秘説、奉授越後次郎(北条篤時)尊
音博士清原(俊隆)(花押)
閤了、
於相(相摸国山内庄)之酔醒軒之下一覧畢、于時応永己丑潤三月十三
日、
老野翁(花押)
(第廿二尾)
本奥云、
弘長二年十二月廿六日、以累家秘説、奉授越州(北条実時)尊閤

畢、　　前参河守清原(教隆)在判

本奥云、

治承五年五月九日、授良別駕(清原良業)了、

(清原頼業)在御判

建保二年六月五日、授家秘説於愚息仲宣(清原)、

散班(清原仲隆)在御判

文永五年十月四日、以外記大夫(清原直隆)本一校畢、

本奥云、本奥云、

治承五年五月九日、授良別駕(清原良業)了、

(清原頼業)在御判

建保二年六月五日、授家秘説於愚息仲宣(清原)畢、

散班(清原仲隆)在御判

正嘉二年九月六日、書写了、

権少外記清原直隆

同年同月十六日、以累代之秘説校点畢、雖一字一点

不借他人之手者也、

正六位上行鸞台録事清原真人(直隆)在判

文永六年七月十八日、以家秘説、奉授越後次郎(北条篤時)尊閤

畢、　　音博士清原(俊隆)(花押)

一覧畢、応永□□〔十六カ〕年三双月廿一日、　　怡(花押)

(第廿三尾)

弘長元年六月十三日、以参州(清原教隆)本書写移転了、

文永二年六月二日、校合了、

書本奥云、本奥云、

治承五年五月廿二日午刻、授良別駕(清原良業)了、

大外記(清原頼業)在御判

元暦元年五月十五日、重奉受御説了、主水正良業(清原)

建保二年七月廿四日、授家秘説於愚息仲宣(清原)了、

散班(清原仲隆)在御判

正嘉二年十月四日、書写了、

権少外記直隆(清原)

同年同月十八日、以累祖之秘説、校点了、

正六位上行鸞台録事清原真人(直隆)在判

弘安元年五月三日、以家説、授申越後左近大夫将監(北条顕時)

尊閤了、

音博士清原(俊隆)(花押)

嘉元三年閏十二月十九日、奉授越後守殿(北条貞顕)了、

大外記兼博士越中権守清原真人（良枝）（花押）
（第廿四尾）
本奥云、
文永二年四月廿九日、以清大外記（清原教隆）本書写点校了、
書本奥云、本奥云、
治承五年六月八日、授良業（清原）了、　在御判（清原頼業）
元暦元年五月廿日午剋、重受御説了、主水正良業（清原）
建保二年八月八日、以家説授仲宣（清原）了、散班在御判（清原仲隆）
正嘉三年正月十二日、書写了、　散位在判（清原直隆）
同年同月卅日、校点了、雖一字半点不借他人之手者
也、　従五位下行筑後介清原真人（直隆）在判
文永五年十月七日、以外記大夫（清原直隆）本一校畢、　奥書同
文永六年八月十五日、以累家秘説、奉授越後次郎（北条篤時）尊
閤了、　音博士清原（俊隆）（花押）
猟（臘）之畢、于時応永十六年己丑孟夏下旬之候、相之（相摸国山内庄）酔醒
軒主、　老野翁（花押）
（第廿五尾）

本奥云、
弘長三年十二月十七日、以家秘説、奉授越州使君（北条実時）尊
閤了、　前参河守清原（教隆）在判
本奥云、
古本奥云、
久寿三年三月廿七日酉刻、以或古本見合畢、件書奥
云、几直根継、
以天長九年七月九日講読畢、苅田直講尊尚（種継）復件毫用墨点也、新本奥
書、
治承三年六月晦日、授良業（清原）才子畢、　在御判（清原頼業）
元暦元年五月廿四日、重奉受御説了、主水正良業（清原）
建保二年九月七日、授家秘説於愚息仲宣（清原）畢、　在御判（清原仲隆）
貞応三年三月十二日、授四郎冠者了、
文永五年十月、以外記大夫（清原直隆）本一校了、　在御判
本奥云、
正元々年五月十四日、書写畢、　筑州別駕（清原直隆）在判

同年同月廿四日、以家秘本、手身校点畢、
筑後介直隆(清原)
余奥書同前、
文永六年八月廿三日、以家之秘説、授申越州(北条篤時)二郎才
子了、
朝請大夫清原(直隆)(花押)
於于相之(相摸国山内庄)酔醒軒之下一覧畢、于時応永十六年己丑仲
夏下旬、
怡(花押)
(第廿六尾)
文永二年正月十一日、以清参州(清原教隆)之本書写点校了、
書本奥云、本奥云、
養和元年七月廿六日、授良(清原)別駕了、
在御判(清原頼業)
元暦元年五月廿九日、重受御説了、
主水正良業(清原)
建保二年九月十六日、授家説於仲宣(清原)了、
散班在御判(清原仲隆)
正元元年六月六日、書写了、
筑州別駕在判(清原直隆)
同年同月十五日、以累代之秘説、手身校点了、
筑後介直隆(清原)

弘安元年六月三日、以家説、奉授越後左近(北条顕時)大夫将監
尊閤畢、
音博士清原(俊隆)(花押)
嘉元四年四月十一日、以家説、奉授越後守殿(北条貞顕)了、
直講清原(宗尚)(花押)
(第廿七尾)
文永五年十月十五日、以外記大夫(清原直隆)一校了、
本奥云、
文永二年閏四月十五日、授愚息外史二千石了、
大外記(清原教隆)在判
余奥書、同前、
文永六年九月十五日、以家秘説、奉授越後次郎(北条篤時)尊閤
畢、
音博士清原(俊隆)(花押)
応永十六年己丑孟秋初三日一覧畢、相之山内酔醒軒
主、
野翁(花押)
(第廿八尾)
本奥云、
文永元年十月朔日、以家秘説、奉授越州使君(北条実時)尊閤
了、
前参河守清原(教隆)在判

文永五年十月十六日、以外記大夫(清原直隆)本一校畢、
本奥云、
弘長二年五月廿一日、以古摺両本手身書写了、
筑州別駕清原(直隆)在判
前参河守(清原教隆)在判
愚老加墨点了、
文永二年閏四月十八日、受御説了、彼在京都(山城国)、于時
無本之故也、　直隆(清原)
文永六年九月廿七日、以家之秘説、奉授越後二郎(北条篤時)尊
閤了、
朝請大夫清原(直隆)(花押)
一覧畢、于時応永己丑仲秋初三日、老野翁(花押)
(第廿九尾)
本奥云、
文永二年七月十四日、以清大外記(清原教隆)之本、書写点校
了、
書本奥云、
弘長元年十二月十日、以摺古両本、手身書写了、
筑後介清原(直隆)在判
詰老眼加墨点了、

前参河守(清原教隆)在判
文永五年十月十八日、以外記大夫(清原直隆)本一校了、
本奥云、
文永二年閏四月十六日、受説了、彼本在京都(山城国)、于時
無本之故、
余奥書同前、　直隆(清原)
文永第六歳初冬十二日、以家説、授申越後次郎(北条篤時)尊閤
畢、　音博士清原(俊隆)(花押)
一覧畢、応永己丑仲秋後二日、　怡(花押)
(第卅尾)
本奥云、
文永二年二月十一日、以清参州(清原教隆)之本、書写点校了、
本奥云、
文永元年三月七日、書写了、　散位清原俊隆
同十一日、以摺本付釈文了、
文永元年九月十八日、以家本校点了、賜家君(清原仲隆)本之
本、伝在舎兄大儒(清原仲宣)之家、今為備子孫之証本、詰六十
六廻之老眼、所加功也、在天之文星、先聖先師、豈

無哀憐乎、
前参河守清原(教隆)在判
文永四年十月十一日、右筆始之、同五年七月十四日之間、一部三十巻、書写校点畢、
文永五年十月十九日、以外記(清原直隆)大夫本一校畢、
本奥云、新本奥書云、
保延六年二月七日亥刻、向残灯合摺本了、于時時三漏頻移、九枝纔挑了、但去年正月廿七日、以内匠允重憲(清原)本、受家君(清原祐隆)之玄訓了于時年、十八
東市正清原頼―(業)
仁平四年三月十九日酉刻、重読合了、自去年五月初読之、此経篇多、正義少、経文義例雖挙大意、於平常之文者、孔祭酒所釈纔十之二三而已、故先進古賢、訓詁頗疎、家々秘本非無疑殆、鄙生年齢十四初志学業、二十年来浮沈此道、諸経之中殊嗜斯文畢、雖伝先考之説、未能散当時之疑、徂背之後、無便撃蒙、然間去久安六年窮冬、適儒耽恩弘道、仍或校古本、或拠正義、粗加愚案、頗改旧誤、就中無正義、釈之所々、尋勘本未聊加粉黛来楷、後昆莫加嘲矣、
大故殿
朝散大夫国子学都講防州別駕、清原(頼業)在御判
保元々年五月廿一日卯刻、重以或古本見合了、凡一部卅軸、同所比校也、其中或有古説、或有新箋、従善棄謬、唯取合意耳、
家君(清原教隆)自点奥書、
文永元年九月十八日、以家本校点了、賜家君(清原仲隆)之本、伝在舎兄(清原仲宣)大儒之家、今為備子孫之証本、詰六十六廻之老眼、所加功也、在天文星、先聖先師、豈無哀憐乎、
前参河守清原(教隆)在判
文永元年十二月一日、以秘本手身書点之了、即又以家君(清原教隆)自点之本一校了、彼奥書皆緑右而已、
朝請大夫清原(直隆)在判
文永二年閏四月廿五日、授(清原)直隆畢、
大外記(清原教隆)在判
此書一部卅巻、以或外記(清原直隆)大夫本、或音博士(清原俊隆)本重一校畢、

文永六年十月廿一日、以家之秘説、奉授越後次郎貴（北条篤時）
闇了、今日即一部卅巻其功終矣、
　　　　　朝請大夫清原（直隆）（花押）
一覧畢、于時応永十六年八月廿九日、　　（花押）

〔解説〕
金沢文庫本「春秋経伝集解」の奥書。明経道清原氏の家説が、将軍九条頼経の奉行人として鎌倉に下向した清原教隆の一流から北条実時の家族に伝授されていたこと、金沢貞顕が六波羅探題として在京するようになってからは明経道清原氏の嫡流から伝授されていたことが奥書から明らかになる。

90『吾妻鏡』康元元年四月廿九日条

廿九日、庚寅、晴、三番引付頭人等事、有其沙汰、今日被定之、所謂武蔵守朝直（北条）為一番引付頭、前尾張守時章（北条）為二番頭、越後守実時（北条）為三番頭、

〔解説〕
引付が改編され、北条実時は引付三番頭人に昇格した。

91「関東評定衆伝」康元元年条（抜粋）

評定衆　陸奥掃部助平実時（北条）、去年十二月任越後守、四月為三番頭、

〔解説〕
北条実時が、四月に引付三番頭人に昇格したこと、前年十二月には越後守に昇進したことが記されている。

92『吾妻鏡』康元元年六月二十九日条

廿九日、戊子、放生会御参宮供奉人事、越州（北条実時）任例注惣人数、申下御点、
御点散状次第不同
陸奥守（北条重時）　同三郎（北条時村）
武蔵守（北条朝直）　同太郎（北条朝房）
同四郎（北条時仲）　同五郎（北条時忠）
同八郎（北条頼直）　北条六郎（時定）
遠江前司（北条時直）　同太郎（北条清時）
同次郎（北条時通）　相摸右近大夫将監（北条時定）
陸奥左近大夫将監（北条長時）　同六郎（北条義政）

郵便はがき

料金受取人払郵便

神田支店
承認

4583

差出有効期間
平成26年1月
10日まで

101-8791

514

東京都千代田区神田小川町三—八

八木書店

出版部

行

お願い　小社刊行書をお買上げいただきまして、ありがとうございます。皆様のご意見を今後の出版の参考にさせていただきたく、また新刊案内などを随時お送り申しあげたいと存じますので、この葉書をぜひご投函賜りたく願いあげます。

読者カード

書　名（お買上げ書名をご記入ください）

お名前　　　　　　　　　　　生年月日　19　　年　　月　　日

ご住所　〒　　　—

TEL　　　—　　　—　　　　ご職業・ご所属
FAX　　　—　　　—
E-mail アドレス　　　　@

ご購入の直接動機
(1)書店でみて　(2)＿＿＿＿＿新聞雑誌の広告をみて
(3)＿＿＿＿＿の書評による　(4)＿＿＿＿さんの推せん
(5)ダイレクトメール　(6)その他＿＿＿＿＿＿＿

ご購読新聞・雑誌名（　　　　　　　　　　　　　　　　）
八木書店からの案内　　　来ている／来ない

お買上書店名　　都府県　　市区郡　　　　　　　書店

この本についてのご意見ご感想を

(北条業時)同七郎
(北条教時)刑部少輔
(北条実時)越後守
(北条時隆)同八郎
(北条長頼)備前三郎
(畠山国氏)同三郎
足利次郎(顕氏)
(足利満氏)上総三郎
(後藤基隆)同五郎左衛門尉
(二階堂行有)同次郎左衛門尉
(二階堂行頼)同七郎
(安達景村)同三郎
武藤少卿(景頼)
(安達泰盛)秋田城介
(佐原光盛)遠江守
三浦介(盛時)
長井太郎(時秀)
(狩野為時)同二郎左衛門尉

(北条時親)越後右馬助
(北条時基)遠江七郎
(北条時弘)相摸式部大夫
(北条兼時)駿河四郎
(畠山泰国)上野前司
(足利家氏)中務権大輔
(足利利氏)同三郎
(後藤基綱)佐渡前司
(二階堂行義)出羽前司
(二階堂行資)同三郎左衛門尉
(安達頼景)城次郎
(安達時盛)同四郎
(武藤頼泰)同二郎兵衛尉
千葉介(頼胤)
(三浦泰盛)同三郎左衛門尉
同五郎左衛門尉
(狩野為佐)前大宰少弐
(狩野為成)同三郎左衛門尉

(宇都宮泰綱)下野前司
(宇都宮経綱)同七郎
(二階堂行章)同二郎左衛門尉
(若槻頼定)伊豆守
(祐村)河内守
(二階堂行泰)筑前々司
(大曾禰長泰)上総介
(島津忠時)大隅前司
(島津忠綱)周防守
梶原上野介(景俊)
(宇都宮頼業)越中前司
(世良田頼氏)新田参河前司
(大江政茂)那波左近大夫
(小田時家)伊賀前司
(後藤基頼)同新左衛門尉
(中原重親)同右近大夫
(二階堂行綱)伊勢前司
摂津(親員)大隅前司

(宇都宮景綱)同四郎
(二階堂行方)和泉前司
小山出羽前司(長村)
(宇佐美祐泰)日向守
(祐氏)同三郎左衛門尉
(二階堂行頼)同二郎左衛門尉
(大曾禰長経)同太郎左衛門尉
(島津久時)同修理亮
(島津忠行)同三郎左衛門尉
(梶原景綱)同太郎左衛門尉
同左衛門尉
佐々木壱岐前司(泰綱)
同太郎
後藤壱岐前司(基政)
(中原親光)安芸前司
(笠間時朝)長門守
(佐々木氏信)対馬守
(中原師連)縫殿頭

能登右近大夫(源仲時)
大曾禰二郎(盛経)左衛門尉
周防修理亮
同新左衛門尉(小野寺行通)
足立三郎(元氏)左衛門尉
大見肥後二郎左衛門尉
薩摩七郎左衛門尉(伊東祐能)
同六郎左衛門尉(天野景村)
狩野五郎(為広)左衛門尉
足立太郎(直元)左衛門尉
武藤右近将監(兼頼)
同二郎兵衛尉(土肥朝平)
阿曾沼小次郎(光綱)
同二郎左衛門尉
茂木左衛門尉(知定)
同八郎左衛門尉
常陸二郎左衛門尉(二階堂行雄)
山内新左衛門尉(成通)

同右近蔵人(源仲家)
同太郎(大曾禰長頼)
小野寺四郎(通時)左衛門尉
伊賀次郎(光房)左衛門尉
同三郎(足立)
同四郎兵衛尉(大見行定)
和泉五郎左衛門尉(天野政泰)
肥後次郎左衛門尉(天野景氏)
同太郎
信濃四郎左衛門尉(二階堂行忠)
土肥三郎(維平)左衛門尉
同四郎(土肥実綱)
伊豆太郎左衛門尉(加藤実保)
宇都宮五郎(泰親)左衛門尉
常陸太郎左衛門尉
同修理亮(小田重継)
佐竹六郎(義茂)
山内藤内(通重)左衛門尉

大須賀二郎(胤氏)左衛門尉
紀伊二郎左衛門尉(豊島為経)
中山左衛門尉
進三郎(宗長)左衛門尉
同三郎(葛西清経)
渋谷左衛門尉(武重)
遠江大炊助太郎
相馬次郎兵衛尉(胤継)
薬師寺阿波四郎兵衛尉(政氏)
淡路又四郎(長沼宗泰)
同兵衛次郎(伊賀光泰)
同三郎左衛門尉(武石朝胤)
鎌田三郎(義長)左衛門尉
押垂左衛門尉(基時)
遠江十郎左衛門尉(佐原頼連)
内藤肥後三郎左衛門尉
江戸七郎(重保)
常陸二郎兵衛尉(二階堂行雄)

同新左衛門尉(大須賀朝氏)
河越次郎(経重)
小山七郎(宗光)
伯耆三郎左衛門尉(葛西時清)
風早太郎(康常)
伊東八郎(祐光)左衛門尉
伯耆四郎左衛門尉(葛西光清)
同孫五郎左衛門尉(相馬胤村)
千葉七郎太郎(師時)
式部太郎左衛門尉(伊賀光政)
武石四郎(胤氏)
淡路五郎左衛門尉(長沼宗義)
大曾禰五郎兵衛尉
平賀新三郎(惟時)
鎌田次郎兵衛尉(行俊)
内藤豊後二郎左衛門尉
小田左衛門尉(時知)
式部八郎兵衛尉

長掃部左衛門尉(秀連)　同長次郎右衛門尉(長義連)
内藤肥後六郎(時景)　弥四郎左衛門尉
同新左衛門尉

〔解説〕
小侍所別当北条実時が、鶴岡放生会の供奉人交名を作成している。交名の中には、実時の名もみえる。

93「古今和歌集」

(國學院大學図書館所蔵　武田祐吉博士旧蔵)

書本云、「本奥云、越本(北条実時)如此、又ノイ本此書様無之、
此集家之所様、雖説之多、且任師説』又加了見、
為備後学之証本、不顧』老眼之不堪、手自書之、
近代僻案之』好士等以書生之失錯、称有識之秘
事、』可謂道之魔姓(性)、不可用之、但如此用捨、』只
可随其身所好、不可存自他之差前志、』同者可随
之、
貞応元(二イ)年十(七イ)一月廿(二イ)日(癸卯イ)　戸部尚書藤(藤原定家)在判
後朝以人令読合出入落字畢、

「寛元々年十月八日、以京極中納言入道(藤原定家)自筆之本』
書写比校畢、云文字云書様、聊不相違書』本所写
留也、於当道家可秘達者乎、
「建長四年九月七日　午刻書写畢、
後日一校畢、
「建長八年沽洗九日、書写校合畢、文字』書様如書本
写之、而彼本僻事有其数、』是展転書写之錯歟、猶
以証本可校合』者也矣、　寂恵法師
「後日以朱少々有勘付事、極以自由事歟、』早可
消之、
「同年七月四日、於李部(源親行)之亭、以越州(北条実時)史之』証本、悉
以令比校之処、少々有相違事、仍』行数書様文字
等、任彼本悉皆直付畢、』即加墨点付越本是也、又
彼奥書詞云、
此本申請右典廐(北条政村)、年来御所持之本所書写也、』彼本
者、京極中納言定家自筆也、彼卿於和歌』既得独
歩、於仮名能弁子細云々、是以書写』調帖之間、和
字漢字勿用異、作行沽寸法』悉移本体、無省先賢之

証本、是末代之』規模而已、于時宝治第三之暦、大蔟初八之候、』秘記子細以備後見矣、

又云、

建長四年六月十九日、以右兵衛督教定(二条)朝臣本』重一校、即少々有所直付、所謂称氏本是也、』為氏(二条)朝臣自筆之本也、而其父為家(藤原)卿加自筆』奥書、其詞曰、

建長四年卯月中旬

以家秘本令書写之、

為備証本也、

前亜相戸部尚書(藤原為家)藤

建長第八之暦夷則初三之候、

九条内府基(基家)・五条三品俊(藤原俊成)・京極黄門(藤原定家)定三本』・壬生二品家(藤原家隆)・清輔朝臣等、已上以此等之本』遂校合之処、臨皆相違、頗迷是非、仍』啻守京本之一隅為指南、暫以余本之』異説、傍付之畢而已、

〔解説〕

源親行亭で北条実時所持本（越本）を書写したと記された奥書を持つ写本。北条実時は、北条政村が所持していた藤原定家自筆本を書写したことが記されている。

94『吾妻鏡』康元元年七月十七日条

十七日、乙巳、晴、将軍家(宗尊親王)御参山内(相模国山内庄)最明寺、此精舎建立之後、始御礼仏也、相州(北条時頼)可被遂御素懐之由、内々有其沙汰、依思食彼余波歟、殊被刷今日御出之儀云々、

御出行列

先随兵十二人騎馬

足利次郎兼氏　遠江三郎左衛門尉泰盛(三浦)

武田八郎信経　小笠原三郎時直

城次郎頼景(安達)　下野四郎景綱(宇都宮)

河越次郎経重　大須賀次郎左衛門尉胤氏

小山出羽前司長村　佐々木対馬守氏信

北条六郎時定　武蔵四郎時中〔仲〕(北条)

次御車綱代庇

大隅修理亮(島津久時)　出羽三郎左衛門尉行資(二階堂)

相馬二郎兵衛尉胤継　武石四郎胤氏

小野寺新左衛門尉行通　隠岐二郎左衛門尉時清(佐々木)
山内藤内左衛門尉通重　平賀新三郎惟時
三浦介六郎頼盛　城四郎時盛(安達)
周防五郎左衛門尉忠景(島津)　出羽七郎行頼(二階堂)
肥後二郎左衛門尉為時(狩野)　南部又二郎時実
大須賀左衛門四郎朝氏　近江孫四郎左衛門尉泰信(佐々木)
氏家余三経朝　土肥四郎実綱
波多野小二郎宣経　鎌田次郎兵衛尉行俊
次御剣役人
遠江太郎清時(北条)
次御調度役
小野寺四郎左衛門尉通時
次御供奉廿二人各布衣下括、騎馬、武官皆帯弓箭、
越後守実時(北条)　刑部少輔教時(北条)
足利三郎利氏　備前三郎長頼(北条)
長井太郎時秀　佐々木壱岐前司泰綱
新田参河前司頼氏(世良田)　和泉前司行方(二階堂)
内藤権頭親家(藤原)　伊勢前司行綱(二階堂)
上総介長泰(大曾禰)　武藤少卿景頼
筑前二郎左衛門尉行頼(二階堂)　河内三郎左衛門尉祐氏
式部太郎左衛門尉光政(伊賀)　和泉三郎左衛門尉行章(二階堂)
出羽次郎左衛門尉行有(二階堂)　壱岐新左衛門尉基頼(後藤)
上野五郎兵衛尉重光(結城)　善右衛門尉康長(三善)
小田左衛門尉時知　薩摩七郎左衛門尉祐能(伊東)
次小侍所司
平岡左衛門尉実俊

奥州(北条重時)・相州被候堂前、又武蔵守(北条朝直)・遠江前司(北条時直)・出羽前司(二階堂行義)・佐渡前司(後藤基綱)・三浦介(盛時)等同参候、大夫尉泰清(佐々木)・時連(佐原)等予於門外左右、構敷皮、御礼仏之後、入御于相州御亭(相摸国山内庄)、廷尉行忠(二階堂)布衣冠、参会此砌、有御遊和歌御会等、今日御逗留也、

〔解説〕

将軍宗尊親王が北条時頼創建の山内最明寺に御行した時の行列を記す。御後に北条実時の名前がみえる。

95『吾妻鏡』康元元年九月二十八日条

廿八日、乙卯、越後守（北条実時）室赤斑瘡所労云々、

〔解説〕
北条実時正室の所労を伝える。実時の正室は北条政村の女である。

96『吾妻鏡』康元元年十二月十三日条

十三日、庚午、明春正月御的始射手等被差定之、被下御教書、越後守（北条実時）奉行之、

〔解説〕
小侍所が担当する正月の年中行事である的始の準備の様子を記す。この日、北条実時が奉行となって射手の候補に書類が回されたという。

正嘉元年（康元二、一二五七）

97『吾妻鏡』正嘉元年八月十四日条

十四日、丙申、対馬守氏信（佐々木）可為于明日放生会御参宮（相模国鎌倉鶴岡八幡宮）供奉人数之由、被仰出、仍可相催之旨、行方（二階堂）伝仰於越州（北条実時）云々、

〔解説〕
佐々木氏信に対し、明日の鶴岡放生会に供奉人として参列することを伝達するように、御所奉行の二階堂行方から北条実時に指示が伝達されている。小侍所別当としての仕事である。

98『吾妻鏡』正嘉元年十一月二十三日条

廿三日、甲戌、晴、酉剋、越後守実時（北条）朝臣息男十歳於相州禅室（道崇、北条時頼）御亭（相摸国山内庄）元服、号越後四郎時方（北条）、理髪丹後守頼景（安達）、加冠相摸太郎（北条時宗）七歳、

〔解説〕
北条実時の嫡子顕時の元服を伝える。初名は四郎時方で文応元年まで名乗り、翌弘長元年から顕時と改名している。時方・顕時ともに宗尊親王の後見として鎌倉に下った土御門顕方からの偏諱であろう。

99『吾妻鏡』正嘉元年十一月二十四日条

廿四日、乙亥、明年正月御的射手等被差定之、越後（北条実

時)守被下奉書云々、

〔解説〕

翌年正月の的始の射手選考が行われ、北条実時が奉行として該当者に連絡の書類を送っている。

100 「律」奥書　(国立公文書館所蔵　識語二五四〇号)

(慶長写一尾)

律巻第一 名例

文永十年、蒙越州使君(北条実時)尊閤厳命移点畢、于時蕤賓初
律苅人後朝而已、

音博士清原俊隆

此書先年受教隆(清原)真人之説了、而件書回禄成孽化灰
燼、仍重以俊隆(清原)之本先年書写教隆本同事也、書写校合了、于時文
永十年九月廿八日、

越州刺史平(北条実時)(花押影)

文永十年十月十九日、以右金吾校尉奉重(豊原)遺本、裏書
頭書以下多加潤色畢、彼本奥云、嘉禄弐年仲冬五日
書写畢律学博士四代相承、秘本也、以彼移之
「以家々秘本聊比校畢、」(朱書)

以家説授原右金吾校尉(豊原奉重)畢、土御門院前武者所豊原奉重、于時任官依当道之挙、拝秘書浴無堀之恩、遷監門畢、

明法博士中原在判

以大理卿中(正カ)(中原)基光、律学博士中明継(中原)、右金吾録事中明(中
原)方等家本令校合之畢、

(同七尾)

律巻第七

正嘉元年十一月廿九日、以相伝秘説奉授越州太守(北条実時)尊
閤畢、

前参河守清原(教隆)

〔解説〕

北条実時が所持していた清原教隆所持本の書写本が焼失したため、あらためて清原俊隆所持本を書写したと記す。この本は、明法道中原氏の伝本であったことが奥書からわかる。

101 『吾妻鏡』正嘉元年十二月十八日条

十八日、戊戌、二所御参詣供奉惣人数記、陸奥掃部助(北条実時)付和泉前司行方(二階堂)、令進覧之処、件人数者、悉可加

催促之由云々、仍以之用散状、所被仰也、先々就御点催其衆、今度儀似被始例云々、

〔解説〕
北条実時が将軍宗尊親王の二所詣の供奉人交名を作成したという。すでに越後守となっている実時を陸奥掃部助と記すのは、『吾妻鏡』編纂上の誤りであろう。

正嘉二年（一二五八）

102 『吾妻鏡』正嘉二年正月三日条

三日、癸丑、晴、垸飯（北条政村）相州御沙汰、御簾役如昨、御剣越後守実時（北条）、御調度　左近大夫将監公時（北条）、御行騰沓　和泉前司行方（二階堂）、

一御馬　陸奥七郎業時（北条）　稲津左衛門尉
二御馬　備前三郎長頼（北条）　広河五郎左衛門尉
三御馬　越後四郎時方（北条顕時）　伊賀三郎左衛門尉実清
四御馬　式部太郎左衛尉光政（伊賀）　伊賀左衛門三郎朝房
五御馬　新相摸三郎時村（北条）　糟屋左衛門三郎行村

〔解説〕
正月年中行事の垸飯で、北条実時は三日目の御剣役、嫡子顕時は三御馬を勤めている。

103 「源氏物語」河内本　夢浮橋巻尾奥書（名古屋市蓬左文庫所蔵　識語篇五八五号）

正嘉二年五月六日、以河州李部親行（源）之本、終一部書写之砌（功カ）畢、
越州刺史平（北条実時）（花押）

〔解説〕
北条実時が、源光行・親行父子が撰んだ河内本の『源氏物語』を書写したことを伝える奥書を持つ。北条実時は、源氏物語の注釈書『光源氏物語抄（異本紫明抄）』の編者ではないかと指摘されている。北条政村を中心とする文化的な交流の中で、造詣を深めていった。

104 「令義解」奥書（国立公文書館所蔵　識語篇二五七〇号）

（慶長転写第一尾）
正嘉二年五月十日、以相伝秘説、奉授越州使君（北条実時）尊閣了、

弘長三年十二月廿六日、重読合了、
前参河守清原(教隆)
越州(北条実時)刺史

(同第二尾)
弘長元年五月十四日、以代々相伝秘説、奉授越州(北条実時)使
君尊閣了、抑此巻相伝之本焼失之間、以他人本所補
入之也、
前参河守清原(教隆)

(同第三尾)
正元々年十月十四日、以三代伝受秘説、奉授越州(北条実時)使
君尊閣畢、
弘長元年九月五日、重読合之散蒙了、
直講清原(教隆)

(同第四尾)
加朱点墨点畢、
朝請大夫清原俊隆
文永二年後四月四日、以清大外史(清原教隆)之本、書写点校
了、

本奥云、
於僧廷尉亭読合了、
音博士清原(俊隆)在判
元仁二年卯月十二日、午剋之許終書写之功了、
同十四日申剋移点了、
後生中原在判
弾正忠中原(職仲)在判

(同第五尾)
文応元年八月十六日、於鶴岡八幡宮(相摸国鎌倉)放生会棚所、奉
授越州(北条実時)使君尊閣了、几以見物為次以読書為先給、好
学之志有所不暇、盍以此謂而已、
直講清原(教隆)判

(同第六尾)
文応二年二月八日、以三代相伝秘説、奉授越州(北条実時)使君
尊閣了、
直講清原(教隆)
弘長三年二月九日、重読合了、

(同第七尾)

当巻故清大外史（清原教隆）之本令紛失之間、以原武衛（豊原）奉政之本、書写点校了、
于時文永三年黄鐘晦日
越州刺史（北条実時）平

本奥云、
安貞二年九月十一日書写了、同十四日委点了、貞永元年八月下旬、以或儒家本重見合了、右衛門豊原重（奉重カ）
安貞第三之天狭鐘中旬之候、以家説授原右金吾（豊原奉重）校尉了、
抑金吾者依稟庭訓於累葉之風、可瑩鑽仰於玉条之露、而中古以降家門悉廃学、久昧仙砌之月父祖共忘道、徒翫宮樹之花、爰校尉学始勤学也、志元懇志也、因之、弐部書令律併授之而已、
修理左宮城判官明法博士兼左衛門少尉備中権掾章久（中原）　在裏判

（寛政十二年版刊本奥）
右令義解十巻、以紅葉山（武蔵国江戸城）御文庫古本・水戸殿（徳川光圀）校本・松浦家・岩城家及稲葉通邦蔵本、校正之畢、
寛政十二年十二月日　検校保己一（塙）

〔解説〕
清原教隆が北条実時に伝授したことを伝える写本。教隆は清原家重代の家説をもとに講義したが、その写本は焼失したので明法道中原氏の訓点がうたれた写本を書写したと伝える。

105『吾妻鏡』正嘉二年六月一日条

一日、己卯、小雨降、将軍家（宗尊親王）還御之後、和泉前司行方（二階堂）進勝長寿院（相模国鎌倉）供養日供奉人散状於武州（北条長時）、々々被奉御所之処、猶可催加人数之由、被仰下之間、被相触其旨於越後守（北条実時）云々、

〔解説〕
勝長寿院供養の供奉人交名作成のやりとりが記されている。将軍宗尊親王・御所奉行二階堂行方・執権北条長時の協議したものが、小侍所別当北条実時に伝えられていることがわかる。

106『吾妻鏡』正嘉二年六月二日条

二日、庚辰、霽、越後守（北条実時）依武州（北条長時）之命、持参四日供奉人加増散状於御所、以土御門黄門（顕方）、伺申人数用捨并

行列事之処、於用捨者被計下之、至行列者可為武州計之由被仰下、越州(北条実時)帰参東亭(相摸国鎌倉小町東亭)、申此由、而猶可伺申之旨依被命、越州又雖披露此趣、御返事同前、仍相州(北条政村)・武州・越州定行列進入之、但為御所(宗尊親王)御計之由、可召仰供奉人等之趣、武州密々被仰云々、

〔解説〕
勝長寿院供養の行列について、将軍宗尊親王、将軍家の後見土御門顕方、執権北条長時・連署北条政村の間で意見が交わされ、将軍家の意向をうけて北条実時が動いている様子がわかる。

107 『吾妻鏡』正嘉二年六月九日条

九日、丁亥、来十一日依可有入御最明寺殿(相摸国山内庄)、今日所(行被催供奉人也、尾張左近大夫将監(北条公時)自去四日所労・小野寺新(行通)左衛門尉炙治、両人許申障云々、其外進奉訖之後、駿(後定)河右近大夫者廂石也、如此供奉散状可進覧之由、和泉前司(二階堂)行方内々触申越後守(北条実時)之処、以前既披露、被下御点、治定之上者、称不能左右之由、不被加之云々、

〔解説〕
将軍家が十一日に北条時頼の最明寺殿に入御するので、その供奉人選定を行っている。体調不良によって二人の辞退者が出たが、一度人選を行った後なので、欠員の補充はしないことが確認されている。

108 『吾妻鏡』正嘉二年六月十七日条

十七日、乙未、来八月鶴岳(相摸国鎌倉)放生会御参宮供奉人事、為申下御点、昨日自小侍所、如例注物人数、被付武藤少卿景頼之処、称所労返遣之間、今日被付進武州(北条政村)、早可申沙汰之旨、領状云々、其記書様、

相摸太郎(北条時宗)　同三郎(北条時輔)
武蔵前司(北条朝直)　同左近大夫将監(北条時仲)
同五郎(北条時忠)　尾張前司(北条時章)
同左近大夫将監(北条公時)　遠江前司(北条時直)
同右馬助(北条清時)　越後守(北条実時)
陸奥六郎(北条義政)　同七郎(北条業時)
新相摸三郎(北条時村)　中務権大輔(足利家氏)
刑部少輔(北条教時)　遠江七郎(北条時基)

足利上総三郎(満氏)
越前々司(北条時広)
備前三郎(北条長頼)
越後右馬助(北条時親)
駿河四郎(北条兼時)
同五郎(北条通時)
越後又太郎(北条信時)
民部権大輔(北条時隆)
三浦遠江新左衛門尉(佐原経光)
三浦介六郎左衛門尉(頼盛)
那波刑部少輔(大江政茂)
長井判官代(泰茂)
式部太郎左衛門尉(伊賀光政)
同兵衛次郎(伊賀光長)
前太宰少弐(狩野為佐)
小山出羽前司(長村)
畠山上野前司(泰国)
同三郎(畠山国氏)
出羽前司(二階堂行義)
同三郎左衛門尉(二階堂行資)
同七郎(二階堂行頼)
丹後守(安達頼景)
秋田城介(安達泰盛)
同三郎(安達景村)
同四郎左衛門尉(安達時盛)
同六郎(安達顕盛)
和泉前司(二階堂行方)
同三郎左衛門尉(二階堂行章)
上総介(大曾禰長泰)
同太郎左衛門尉(大曾禰長頼)
同三郎左衛門尉(大曾禰義泰)
下野前司(宇都宮泰綱)
同四郎(宇都宮景綱)
尾張権守
式部六郎左衛門尉(伊賀朝長)
伊東六郎左衛門次郎

武藤少卿(景頼)
同二郎左衛門尉(武藤頼泰)
越中前司(宇都宮頼業)
同四郎左衛門尉(宇都宮時業)
伊賀前司(小田時家)
石見守(宇都宮宗朝)
後藤壱岐前司(基政)
同新左衛門尉(後藤基頼)
大隅前司(島津忠時)
同修理亮(島津久時)
日向守(宇佐美祐泰)
周防守(島津忠綱)
同三郎左衛門尉(島津忠行)
同五郎左衛門尉(島津忠景)
対馬守(佐々木氏信)
内蔵権頭(藤原親家)
新田参河前司(世良田頼氏)
梶原上野前司(景俊)
同太郎左衛門尉(梶原景綱)
同三郎左衛門尉(梶原景氏)
江石見前司(大江能行)
長門前司(笠間時朝)
同三郎左衛門尉(笠間朝景)
信濃守(佐々木泰清)
筑前二郎左衛門尉(二階堂行頼)
同四郎左衛門尉(二階堂行佐)
千葉介(頼胤)
摂津大隅前司(中原親員)
縫殿頭(中原師連)
武石三郎左衛門尉(朝胤)
風早太郎(康常)
太宰次郎左衛門尉(狩野為時)
阿曾沼小太郎(光綱)
千葉七郎太郎(師時)
上野五郎左衛門尉(結城重光)
小田左衛門尉(時知)

河越次郎(経重)
相馬次郎兵衛尉(胤継)
後藤次郎左衛門尉(基親)
武藤右近将監(兼頼)
淡路又四郎(長沼宗泰)
伊東八郎左衛門尉(祐光)
鎌田三郎左衛門尉(義長)
同三郎
田中右衛門尉(知継)
常陸太郎左衛門尉
同修理亮(小田重継)
薩摩七郎左衛門尉(伊東祐能)
伊勢次郎左衛門尉(二階堂行経)
大須賀新左衛門尉(朝氏)
塩屋周防兵衛尉(泰朝)
同五郎左衛門尉(三善康家)
武田五郎三郎(政綱)

大曾禰左衛門太郎(長頼)
同五郎左衛門尉(相馬胤村)
土肥左衛門四郎(実綱)
鎌田次郎兵衛尉(行俊)
出羽弥藤次左衛門尉(中条頼平)
小野寺新左衛門尉(行通)
足立太郎左衛門尉(直元)
天野肥後新左衛門尉(景茂)
茂木左衛門尉(知定)
同八郎左衛門尉
佐々木孫四郎左衛門尉(泰信)
同九郎(伊東祐朝)
内藤肥後六郎左衛門尉(時景)
同四郎
善右衛門尉(三善康長)
狩野五郎左衛門尉(為広)
小笠原六郎三郎(時直)

〔解説〕
八月の年中行事である鶴岡放生会の供奉人交名について、小侍所案が提示されたと記されている。供奉人に北条実時の名前がみえる。

109 『吾妻鏡』正嘉二年六月十八日条

十八日、丙申、武州(北条長時)申下供奉人御点、被遣越後守(北条実時)之許、牧野太郎兵衛尉為中使云々、右御点布衣、左長点随兵、短点帯剣云々、

〔解説〕
執権北条長時が、小侍所案に対して意見を示している。右御点は布衣、左長点は随兵、短点は将軍家の左右につく直垂帯剣に移すようにという指示は、具体的で興味深い。

110 『吾妻鏡』正嘉二年七月二十二日条

廿二日、己巳、日向守祐泰(宇佐美)漏今度供奉人数訖、是去年十月大慈寺(相摸国鎌倉)供養之時依遅参不供奉、今年六月勝長(相摸国
鎌倉)寿院供養日者、又称所労不参、如此間自然相漏歟、殊周章申越後守(北条実時)之処、就御点相催許也、非私計之由

返答、

〔解説〕

宇佐美祐泰が、鶴岡放生会の供奉人交名の名前に洩れたことに異議を申し立てたところ、北条実時は小侍所案をまとめて上申したと回答し、認めなかった。

111『吾妻鏡』正嘉二年七月二十三日条

廿三日、庚午、祐泰（宇佐美）所労平減之上者、可供奉歟之由、達行方（二階堂）之間、御供奉事承畢、可存其旨之由、載返状、送其状於越州（北条実時）、此上者申可供奉之由、越州重云、此状全非恩許所見者、祐泰重愁遣内蔵権頭親家（藤原）、々々投返状、又遣其状於越州之処、問答如前云々、去年御堂（相摸国鎌倉大慈寺）供養遅参、今年又所労、依如不慮事、定被処懈緩之故、不被催歟之由、頻歎申之云々、

〔解説〕

御所奉行二階堂行方と小侍所別当北条実時が、宇佐美祐泰の処遇について意見を交わしている。病気や遅刻が原因で出仕しなかったことが怠慢と判断されている。

112『吾妻鏡』正嘉二年八月六日条

六日、壬午、日向前司祐泰（宇佐美）可加布衣人数之旨、被仰下之間、武藤少卿景頼達奉書於越州（北条実時）云々、

〔解説〕

宇佐美祐泰の嘆願が通り、行列の布衣の位置に加えることが将軍の意向として北条実時に伝えられている。

文応元年（正元二、一二六〇）

113『吾妻鏡』文応元年正月二十日条

廿日、戊子、今日、於御所（相摸国鎌倉）中、被定置昼番衆、其内於壮士者、歌道・蹴鞠・管絃・右筆・弓馬・郢曲以下、都以堪一芸之輩、於時依可有御要、被定結番、去比御要之時、無人之間、殊以此御沙汰出来、仍仰小侍衆、於芸能之輩目六、度々被仰合相州禅門（道崇、北条時頼）治定云々、工藤三郎右衛門尉光泰奉行之、城四郎左衛門（安達時盛）尉為清書、

定

昼番事次第不同

一番子午
相模太郎（北条時宗）
尾張左近大夫将監（北条）公時
足利上総三郎（満氏）
同六郎頼盛（安達）
遠江十郎左衛門尉（佐原）頼連
武藤左衛門尉頼泰
渋谷左衛門太郎朝重
弾正少弼（北条）業時
民部権大輔（北条）時隆
秋田城介（安達）泰盛
下野四郎左衛門尉（宇都宮）景綱
筑前五郎左衛門尉（二階堂）行重
信濃五郎左衛門尉（二階堂）行宗

二番丑未
越前々司（北条）時広
武蔵五郎（北条）時忠
出羽大夫判官（二階堂）行有
淡路又四郎左衛門尉（長沼）宗泰
隠岐三郎左衛門尉（二階堂）行景
佐貫七郎広胤
大泉九郎氏広
遠江右馬助（北条）清時
和泉前司（二階堂）行方
和泉三郎左衛門尉（二階堂）行章
式部太郎左衛門尉（伊賀）光政
大須賀新左衛門尉朝氏
江戸七郎太郎長光

三番寅申
陸奥左近大夫将監（北条）義政
備前三郎（北条）長頼
上野大夫判官（結城）広綱
城四郎左衛門尉（安達）時盛
（幸）寺嶋小次郎時村
出羽七郎左衛門尉（二階堂）行頼
本間弥四郎左衛門尉忠時
相模三郎（北条）時輔
小山出羽前司長村
大隅修理亮（島津）久時
周防五郎左衛門尉（島津）忠景
筑前次郎左衛門尉（二階堂）行頼
一宮二郎左衛門尉（三善）康有

四番卯酉
新相摸三郎（北条）時村
宮内権大輔（長井）時秀
日向前司（宇佐美）祐泰
大曾禰太郎左衛門尉長経
加藤左衛門尉景経
阿曾沼小次郎光綱
小野寺新左衛門尉行通
越後右馬助（北条）時親
木工権頭（藤原）親家
城弥四郎（安達）長景
上野十郎（結城）朝村
武石四郎左衛門尉長胤
波多野小次郎（宣経）定経

五番辰戌
刑部少輔（北条）教時
新田三河前司（世良田）頼氏
遠江七郎（北条）時基
縫殿頭（中原）師連

美作兵衛蔵人家教(藤原)　城五郎左衛門尉重景(安達)
河越次郎経重　筑前四郎左衛門尉行佐(二階堂)
甲斐三郎左衛門尉為成(狩野)　土肥四郎実綱
善五郎左衛門尉康家(三善)　椛野四郎左衛門尉景氏
二宮弥次郎時元
六番巳亥
越後守実時(北条)　同四郎顕時(北条)
後藤壱岐前司基政　武藤少卿景頼
上総前司長泰(大曾禰)　佐渡五郎左衛門尉基隆(後藤)
壱岐新左衛門尉基頼(後藤)　伊勢三郎左衛門尉頼綱(二階堂)
薩摩七郎左衛門尉祐能(伊東)　肥後新左衛門尉景氏(天野)
鎌田次郎兵衛尉行俊　渋谷三郎太郎重村
早河次郎太郎祐泰

右、守次第、各可令参勤之状、依仰所定如件、

正元二年正月日

〔解説〕

将軍御所に出仕する昼番衆を定めている。六番の筆頭に北条実時、それに次いで顕時の名前がみえる。【鎌】八四六七。

114 『吾妻鏡』文応元年二月二日条

二日、庚子、晴、将軍家(宗尊親王)御方違、渡御二棟御所(相摸国鎌倉)、是可被修理御所(相摸国鎌倉)之故也、今日、小侍御簡有新加衆、和泉前司行方(二階堂)伝仰於越州(北条実時)、仍令平岡左衛門尉(実俊)・工藤三郎右衛門尉(光泰)申沙汰之、

二番

伊賀左衛門四郎(景家)　同六郎

四番

美作兵衛蔵人(家教)

五番

木工権頭(藤原親家)

〔解説〕

小侍所簡衆の欠員補充が行われている。御所奉行二階堂行方が小侍所別当北条実時に伝え、その指示を受けて小侍所司平岡実俊・工藤光泰が番帳を改めている。二番・四番・五番を増員したことが記されている。

115『吾妻鏡』文応元年二月二十日条

廿日、戊午、廂御所(相摸国鎌倉)結番、更被書改、行方(二階堂)書之、

定

廂御所結番事

一番自一日至五日

一条中将(能清)　越後守(北条実時)
尾張左近大夫将監(北条公時)　新相摸三郎(北条時村)
武蔵八郎(北条頼直)　武藤少卿(景頼)
佐渡五郎左衛門尉(後藤基隆)　出羽三郎左衛門尉(二階堂行資)
小野寺新左衛門尉(行通)　上総太郎左衛門尉(大曾禰長経)
鎌田三郎左衛門尉(義長)　一宮次郎左衛門尉(三善康有)

二番自六日至十日

阿野少将(公仲)　治部権大輔(足利頼氏)
武蔵左近大夫将監(北条時仲)　備前三郎(北条長頼)
和泉前司(二階堂行方)　駿河右近大夫(後定)
下野四郎左衛門尉(宇都宮景綱)　常陸次郎左衛門尉(二階堂行雄)
城五郎左衛門尉(安達重景)　後藤壱岐左衛門尉(基頼)
信濃判官次郎左衛門尉(二階堂行宗)　平賀三郎左衛門尉(惟時)

三番自十一日至十五日

中御門少将(宗世)　宮内権大輔(長井時秀)
陸奥左近大夫将監(北条義政)　越前々司(北条時広)
秋田城介(安達泰盛)　駿河次郎
武藤右近将監(兼頼)　薩摩七郎左衛門尉(伊東祐能)
出羽七郎左衛門尉(二階堂行頼)　伊勢四郎左衛門尉
城弥九郎(安達長景)　大曾禰太郎左衛門尉(長頼)

四番自十六日至廿日

讃岐守(藤原忠時)　弾正少弼(北条業時)
相摸三郎(北条時輔)　武蔵五郎(北条時忠)
後藤壱岐前司(基政)　出羽大夫判官(二階堂行有)
城四郎左衛門尉(安達時盛)　信濃次郎左衛門尉(佐々木時清)
武蔵左近将監(北条時仲)　和泉三郎左衛門尉(二階堂行章)
鎌田次郎左衛門尉(行俊)　狩野四郎左衛門尉(景茂)

五番自廿一日至廿五日

中御門新少将(実隆)　民部権大輔(北条時隆)
遠江七郎(北条時基)　足利上総三郎(満氏)

新田参河前司(世良田頼氏)　兵衛判官代
式部太郎左衛門尉(伊賀光政)　大隅修理亮(島津久時)
筑前三郎左衛門尉(二階堂行実)　美作兵衛蔵人(藤原家教)
壱岐三郎左衛門尉(佐々木頼綱)　大泉九郎(長氏)

六番 自廿六日 至晦日
二条少将(兼教)　刑部少輔(北条教時)
遠江右馬助(北条清時)　越後四郎(北条顕時)
木工権頭(藤原親家)　図書頭(丹波忠茂)
城六郎(安達顕盛)　周防五郎左衛門尉(島津忠景)
加藤左衛門尉(景経)　甲斐三郎左衛門尉(狩野為成)
上総三郎左衛門尉(大曾禰義泰)　土肥四郎(実綱)

右、守結番次第、五ヶ日夜、無懈怠可令勤仕之状、
所定如件、

正元二年二月　日

〔解説〕
廂御所番衆を改めている。勤務を五日夜と規定しているので、昼番衆と廂番衆が昼夜交代で勤務していたことがわかる。御所正殿の弘廂に祗候する番衆であろう。一番に北条実時、六番に北条顕時の名前がみえる。【鎌】

八四八〇。

116 『吾妻鏡』文応元年三月二十一日条

廿一日、戊子、天晴風静、戌剋、御息所(宗尊親王室、近衛兼経女、宰子)入御、先寄御輿於東御亭(相摸国鎌倉)相州(北条時宗)太郎御亭檜皮寝殿妻戸、東御方被参儲、相州(北条政村)・武州(北条長時)被候之、次自同西門平門出御、雑色二人取松明前行、町大路南行、入御所東門棟門、経東北庭、将軍家(宗尊親王)於東侍密々御見物、土御門中納言(顕方)・花山院中納言(長雅)・一〔二〕条少将雅有朝臣・弾正少弼業時(北条)・木工権頭親家(藤原)・相摸三郎時利(北条時輔)・越後四郎時方(北条)・前陰陽少允晴宗朝臣(安倍)等候其所、寄御輿於中御所(相摸国鎌倉)南渡廊西向妻戸内、東御方、一条局(源通方女)同前、

扈従
相州 雑色二人、着直垂者五人、已下皆布衣、
武州 同相並、
武蔵前司朝直(北条) 雑色二人、童一人、着直垂者二人、
尾張前司時章(北条) 同
左近大夫将監義政(北条) 同、已上相並、

相摸太郎殿（北条時宗）雑色二人、童一人、着直垂者五人、
相摸四郎（北条宗政）相並

此外

大曾禰太郎左衛門尉長頼　梶原太郎左衛門尉景綱
対馬四郎左衛門尉宗綱（佐々木）　岩間平左衛門尉信重
筑前四郎左衛門尉行佐（二階堂）　鎌田図書左衛門尉信俊
伊勢次郎左衛門尉行経（二階堂）　信濃次郎左衛門尉行宗（二階堂）
上総三郎左衛門尉義泰（大曾禰）　大隅四郎左衛門尉

以上十人、着直垂、列歩御輿左右、

此外、越後守実時（北条）就催促進奉之処、依妻室（北条実時室、北条政村女、金沢殿）病悩、臨期申障、女房東御方・兵衛佐局・周防局自閑路被参、進御膳、東御方被候陪膳、別当局・兵衛佐局・周防局為役送、吉時、将軍家御烏帽子、直衣、土御門黄門（顕方）役御剣、相摸太郎殿（北条時宗）献御沓給、御傅母覆御衾、取御沓令退出給、

〔解説〕
将軍宗尊親王の正室が将軍御所に入御したことを記す条文。北条実時は正室（金沢殿）の病により欠席したが、北条顕時はこの行列を見るために東侍所へ出御した宗尊親王に随行していたことが記されている。

117　『吾妻鏡』文応元年七月六日条

六日、壬申、為和泉前司行方（二階堂）奉、有被尋問于越後守実時（北条）・相摸太郎（北条時宗）主等事、是去年被相催随兵之時、大須賀新左衛門尉朝氏・阿曾沼小次郎光綱、各自由不参、而慭以光綱者差進子息五郎、朝氏者立弟五郎左衛門尉信泰（大須賀）於代官、此事許容、誰人計哉者、実時朝臣等申云、以詞令申者、伝者若無委細披露歟、退載状可令言上者、則勒状付工藤三郎右衛門尉光泰、先披覧于相州禅室（道崇、北条時頼）之処、被計仰云、載状之条、頗以似厳重歟、只以光泰・実俊（平岡）等之詞属行方謝申之条可宜歟者、彼状云、

去年八月放生会御社（鶴岡八幡宮）参供奉人間被仰下両条

一、阿曾沼小次郎随兵役以子息令勤仕申事

右、所労之由、押紙于廻文之間、言上子細之処、以光泰・実俊、度々有御尋子細、可令勤仕之由被

仰下訖、更非自由之計候、

一、大須賀新左衛門尉・同五郎左衛門尉等間事

右、於大須賀新左衛門尉者、被下随兵御点歟間、催促候之処、所労之由押紙于廻文之間、注申此旨候之処、現所労之間、御免訖、次於五郎左衛門尉者、本自被下直垂御点候之間、勤仕訖、此両人事、同非私計候、

以前両条、如此之由覚悟候、但胸臆申状、不足御信用候歟、然而、如此事、先々不及御書下候之間、或引勘愚記、或任御点注文、言上子細、以此趣可令披露給候、恐惶謹言、

七月六日　平時宗

越後守実時

進上　和泉前司（二階堂行方）殿

〔解説〕

御所奉行二階堂行方が、供奉人催促に対して無断で欠席することは論外として、代官を送ってきた場合はどうするかと、小侍所別当北条実時・北条時宗に質問したことに対する回答を記載している。【鎌】八五三四。

118　『吾妻鏡』文応元年七月七日条

七日、癸酉、朝氏（大須賀）・光綱（阿曾沼）等間事、行方（二階堂）聞光泰（工藤）・実俊（平岡）口状披露云々、無殊事歟、越州（北条実時）等書状、随禅室（道崇、北条時頼）厳命留中（衍カ）申云々、

〔解説〕

供奉人催促に対して代官を派遣した阿曾沼光綱と大須賀朝氏の対応について、小侍所が北条時頼に判断を求めたところ、問題にしないとの回答があったので、北条実時の書状は保留とされた。

119　『吾妻鏡』文応元年十一月十日条

十日、癸酉、明年御的始射手事被差定之、相摸太郎（北条時宗）殿・越後守（北条実時）等被下奉書、

〔解説〕

翌年の正月的始の射手が定められたので、小侍所別当北条時宗・実時連署の奉書が作成され、射手に伝達された。

120『吾妻鏡』文応元年十一月十一日条

十一日、甲戌、二所御参詣事、来十九日可被始之、仍供奉人間事、可被催促之趣、和泉前司行方《二階堂》奉仰、触申越州《北条実時》幷相摸太郎殿《北条時宗》、而卿相雲客事者、就為御所奉行沙汰、任例可令行方《二階堂》催促之処、加于小侍方、奉行事申可被催由之条、聊背宿徳両人所存之間、忽被返遣彼公卿等散状於行方云々、其状云、

二所御参詣供奉人間事、仰給之趣、不得其意候之間、所給之注文等返進候、恐々謹言、

十一月十三日　時宗《北条》
実時《北条》

和泉前司殿《二階堂行方》御返事

〔解説〕

十一月十九日に進発する二所詣（伊豆権現・箱根権現）の供奉人交名について、御所奉行二階堂行方は公卿殿上人の分を作成するのが先例であると、小侍所の越権を非難した。その申請をうけて、公卿・殿上人の交名は御所奉行の仕事と確認し、小侍所が作成した文書を回収している。【鎌】八五七三。

121『吾妻鏡』文応元年十二月十六日条

十六日、己酉、明年正月御弓始射手等事、被差定之処、称所労申障之輩相交之間、今日、於小侍所相摸太郎殿《北条時宗》・越後守《北条実時》等経談合、自由対捍不可然、内調之時企参上、可申子細之旨、被下御教書云々、又武州長時《北条》、頓病辛苦云々、

〔解説〕

正月的始の射手交名に記載された人々に伝達をしたところ、理由をつけて辞退する人が多かったので、小侍所別当二人が話しあい、説明のつかない辞退を認めないこと、辞退を申し出る者は内調（試射）に出席して説明するよう御教書で伝えた。

弘長元年（文応二、一二六一）

122『吾妻鏡』弘長元年正月四日条

四日、丙寅、七日供奉事、以御点人数召進奉、而最明寺殿《道崇、北条時頼》、公達御事、有可被載于如散状之次第、所謂

相摸太郎(北条時宗)・同四郎(北条宗政)・同三郎(北条時輔)・同七郎(北条宗頼)如此、是禅室(北条時頼)内々所思食也、当時書様、頗違御意云々、工藤三郎右衛門尉光泰得其趣、告事由於越州(北条実時)云々、越州報云、於今度散状者、人々既進奉訖、此上今更不能書改歟、直承存之後、可改向後体之由云々、此事不限今日、去年則安東左衛門尉光成告申旨如此云々、太非越州所存歟、武藤少卿(景頼)一同之間、去年冬之比、於禅室(北条時頼)御前、聊依暇申突鼻云々、凡太郎殿(北条時宗)可被着兄之上由被仰之、

〔解説〕
北条得宗家の家内事情が、鎌倉幕府の行列編成に影響を与えているので、その件について、北条実時や武藤景頼が承伏しかねると所存を申している。北条時頼は後継者である時宗を最上位の席にすえようとしたが、将軍御所で仕事をしている人々に適用する官位や年臈といった座次次第による序列に背くものなので、異議を申し立てている。その結果、武藤景頼は譴責されている。後に二月騒動で誅殺されることになる時輔の所遇をめぐる問題が大きな影を落としている。

123

『吾妻鏡』弘長元年正月五日条

五日、丁卯、晴、将軍家(宗尊親王)御祈禱始、和泉前司行方(二階堂)奉行之、又来九日可有御鞠始之由云々、而懸一本枯間、為被仰下、可注進交名之旨、行方伝仰於平岡左衛門尉実俊、仍注進之、其中被下御点訖、

刑部少輔(北条教時)　越前々司(北条時広)
遠江守(佐原光盛)　武蔵五郎(北条時忠)
秋田城介(安達泰盛)　出羽大夫判官(二階堂行有)

仰此人々、来九日可有御鞠始、懸一本、期日以前可尋進之由、被仰下之趣被書下之、越州(北条実時)奉云々、

〔解説〕
正月七日に将軍御所で鞠始を行うこと、この席では懸物をすることを出席者に伝えるよう小侍所別当北条実時に指示が出されている。

124

『吾妻鏡』弘長元年正月七日条

七日、己巳、晴、将軍家(宗尊親王)御参鶴岡八幡宮(相摸国鎌倉)、
供奉人

公卿

土御門中納言顕方卿　六条二位(藤原)顕氏卿

坊門三位(藤原)基輔卿

殿上人

御襖陪膳 一条中将能清朝臣　冷泉少将隆茂朝臣

御沓役 中御門少将宗世朝臣　二条少将雅有朝臣

中御門新少将実信朝臣　御笠役 讃岐守師平朝臣

坊城中将公敦朝臣　唐橋少将具忠

一条侍従公冬

前駈

御榻役 中務権少輔(藤原)重教　安芸掃部助大夫(中原)親定

赤塚左近蔵人資茂

布衣

(北条朝直)武蔵前司　(北条時忠)同五郎

(北条時章)尾張前司　(北条公時)同左近大夫将監

(北条時直)遠江前司　(北条清時)同右馬助

(北条実時)越後守　(北条顕時)同四郎

(北条時宗)相摸太郎　(北条時輔)同三郎

(北条宗頼)同七郎　(北条教時)刑部少輔

(足利頼氏)治部権大輔　御剣役 (北条業時)弾正少弼

(北条時村)新相摸三郎　(北条時隆)民部権大輔

(北条時基)遠江七郎　(大江政茂)那波刑部少輔

(二階堂行方)和泉前司　(長井時秀)宮内権大輔

佐々木(泰綱)壱岐前司　武藤少卿(景頼)

後藤(基政)壱岐前司　(後藤基親)同次郎左衛門尉

(藤原親家)木工権頭　(小田時家)伊賀前司

(大曾禰長泰)上総前司　(大曾禰義泰)同三郎左衛門尉

(中原師連)縫殿頭　(宇佐美祐泰)日向前司

(島津忠綱)周防前司　(島津忠頼)同六郎左衛門尉

(狩野為成)甲斐守　(島津久時)大隅修理亮

(伊賀光政)式部太郎左衛門尉　(安達顕盛)城六郎

(二階堂行雄)常陸二郎左衛門尉　(佐々木時清)信濃二郎左衛門尉

武藤(兼頼)右近将監　大多和左衛門尉

(伊東祐能)薩摩七郎左衛門尉　御沓 土肥(実綱)四郎左衛門尉

(加藤実保)伊豆太郎左衛門尉　(二階堂行世)出羽八郎左衛門尉

御笠 鎌田(行俊)二郎左衛門尉　鎌田(信俊)図書左衛門尉

善五郎(三善康家)左衛門尉　　進(宗長)三郎左衛門尉
平賀三郎(惟時)左衛門尉　　小野寺(行通)新左衛門尉
長次(義連)右衛門尉
帯剣
出羽(二階堂行頼)七郎左衛門尉　　和泉(二階堂行章)三郎左衛門尉
武藤(頼泰)左衛門尉　　城(安達重景)五郎左衛門尉
周防(島津忠景)五郎左衛門尉　　加藤(景経)左衛門尉
上総二郎左衛門尉　　同(大曾禰景実)四郎
鎌田三郎(義長)左衛門尉　　式部(伊賀光長)二郎左衛門尉
隠岐(二階堂行長)四郎兵衛尉　　武石(長胤)新左衛門尉
大曾禰太郎(長頼)左衛門尉　　薩摩(伊東祐広)十郎左衛門尉
肥後(大見行定)四郎左衛門尉

〔解説〕
将軍宗尊親王の鶴岡八幡宮参詣行列の布衣に北条実時の名前がみえる。

125 『吾妻鏡』弘長元年正月九日条

九日、辛未、於前浜(相摸国鎌倉)有御的始射手之試、相摸太郎(北条時宗)殿令監臨給、工藤三郎右衛門尉光泰候御共奉行之、此外、南部二郎(実光)・小笠原彦二郎(政氏)等為御共、越後守(北条)実時故障、子息四郎(北条顕時)主相具平岡左衛門尉実俊行向、同奉行云々、射手十二人、一五度射之、

一番　二宮弥二郎(時元)
　　　横地左衛門二郎(長重)
二番　桑原平内(盛時)
　　　周枳兵衛四郎(頼泰)
三番　渋谷新左衛門尉(朝重)
　　　望月余一(師重)
四番　横溝弥七(忠景)
　　　平嶋弥五郎(助経)
五番　本間弥四郎左衛門尉(忠時)
　　　小嶋又次郎(家範)
六番　平井又二郎(有家)
　　　小曾六郎(隆俊)

射訖之後、被定仰云、今度令勤人数不幾之上、各宜令皆参者、

〔解説〕
的始の試射に関する記録。北条実時が勤められないので、嫡子の顕時が代理として、小侍所司の平岡実俊とともに奉行したと伝える。

126『吾妻鏡』弘長元年正月十四日条

十四日、丙子、霽、御的始、射手十八、二五度射之、今日、越後守（北条実時）不出仕、相摸太郎殿（北条時宗）一所令奉行之給云々、

一番
二宮弥次郎時光〔元〕
横地左衛門次郎長重
二番
本間弥四郎左衛門尉忠時
小嶋弥次郎家範
三番
望月余一師重
周枳兵衛四郎頼泰
四番
平井又次郎有家
小曾六郎隆俊
五番
渋谷新左衛門尉朝重
平嶋弥五郎助経

〔解説〕
正月の的始を北条実時が勤められないので、北条時宗が一人で運営に当たったと記されている。

127『吾妻鏡』弘長元年八月三日条

三日、癸巳、武蔵五郎（北条時忠）可為随兵、越後四郎（北条顕時）着布衣可供奉之由、被仰下云々、

〔解説〕
鶴岡放生会の供奉人行列に変更があり、北条顕時が布衣に加えられている。

128『吾妻鏡』弘長元年八月十三日条

十三日、癸卯、為将軍家（宗尊親王）御願、被奉御剣於諸社、筑

前二郎左衛門尉行頼（二階堂）奉行之、次放生会御出之間事、条々有其沙汰、先被定供奉人着座之所、十五日者、随兵者如例可候西廻廊東方、着狩衣之輩者可為東廻廊前、十六日者、随兵者埒門南左右在西面可着、次座席事、東者自腋門前迄于東而布衣人少々、其次先陣随兵可着、西者自廻廊迄西而布衣又少々、其次可為後陣随兵、

次宮内権大輔（長井時秀）　長門前司（笠間時朝）
宇都宮石見前司（宗朝）　大隅大炊助
壱岐三郎左衛門尉（佐々木頼綱）　伊勢三郎左衛門尉（二階堂頼綱）

等各依有鹿食事、辞申供奉間事、為行方（二階堂）・景頼（武藤）等奉行、内々有其沙汰、太自由也、放生会以後、殊可有其沙汰之由云々、此間事、平岡左衛門尉実俊一人申沙汰之、工藤三郎右衛門尉光泰軽服之故也、而実俊奉行難仰之由、越州（北条実時）依被申之、自相摸太郎殿（北条時宗）、被差副平三郎左衛門尉（盛時）之間、座席事可存知之旨被仰含、

〔解説〕
小侍所司工藤光泰が軽服のため鶴岡放生会供奉人行列の奉行を勤められなくなったので、平岡実俊一人で沙汰することに話し合いは進んだ。しかし、北条実時が実俊一人では処理しきれないだろうと判断したので、平盛時が工藤光泰の代役として臨時に加えられることになった。

129 『吾妻鏡』弘長元年八月十四日条

十四日、甲辰、放生会条々、重有其沙汰、所謂、立随兵并布衣供奉人等次第、可進覧之旨、被仰越後守（北条実時）之処、任位次於立次第者、不可及子細、不然者無左右難計申之由、以景頼（武藤）被報申之、重仰云、不可依位次、且任家之清花、且分嫡庶可立次第也者、於御持仏堂前公卿座、越州并武藤少卿（景頼）等雖相談之、非位次々第者、凡難道行之間、猶言上其由、此上被止其儀云々、次中御所（宗尊親王室、近衛兼経女、宰子）依可有御参、被定供奉人、是平三（盛時）郎左衛門尉依可奉行、下賜其散状、如将軍家（宗尊親王）御共、着直垂者可候之、可令帯剣否有沙汰、不可然云々、次伊勢二（三）郎左衛門尉頼綱（二階堂）、佐々木壱岐四郎左衛門尉長綱鹿食咎事、父壱岐前司泰綱（佐々木）・伊勢入道行願（二階堂行綱）等就愁申之、評定次及其沙汰、有御免云々、次小野沢次（時

郎（仲）・山田彦次郎、可催加直垂着之由被仰云々、次供奉人等、於宮中可着座次第被定之、両方御桟敷之前、除御妻戸之外、布衣衆可候其下、除両国司（北条政村・北条長時）着座之前、東者可為先陣随兵座、西者可為後陣随兵座云々、

〔解説〕
鶴岡放生会の運営について、北条時頼は鎌倉における家の序列をもととした新たな基準を提案したが、武藤景頼と北条実時は座次次第による序列を守るようにと反対して思い留まらせたと伝える。

130 「金剛仏子叡尊感身学正記」 弘長元年十月八日条

十月八日、具（見）阿弥陀仏為鎌倉越後守平実時（北条）使者、一切経一蔵寄進西大寺（大和国奈良）、鎌倉照明寺（武蔵国六浦庄称名寺）寄付、予状将来、可下向関東之由云々、難治旨多端之間、二通寄状共返与之、

〔解説〕
北条実時の使者として見阿が西大寺に入り、一切経を寄進し、鎌倉下向を求める書状を届けた。実時は、称名寺にも一切経を寄進しているので、定舜を派遣して複数組購入したのであろう。『西大寺叡尊伝記集成』所収。

131 『吾妻鏡』 弘長元年十一月二十六日条

廿六日、甲申、明年正月御弓始事有其沙汰、被差射手等、相摸太郎殿（北条時宗）・越後守（北条実時）被下連署奉書云々、

〔解説〕
翌年正月の的始の射手候補が決まったので、この日北条時宗・北条実時連署の奉書が作成されて射手に伝えられることになった。

132 「金剛仏子叡尊感身学正記」 弘長元年十二月十二日条・同十八日条

十二日、越後守平実時（北条）状同廿五日到来酉刻、寄進一切経、不可依下向有無趣也、十八日酉刻、一切経入御于当寺、同廿八日、定舜比丘隆信房来臨、関東下向方々利益、応莫太趣種々物語、

〔解説〕
西大寺長老叡尊の鎌倉下向を促す使者として、北条実時

が見阿を派遣してきたこと、実時が西大寺に宋版一切経を寄進したことを記している。称名寺所蔵の重要文化財「宋版一切経」は複数の本が混ざった寄せ集め本として伝存している。西大寺本も、中国の商人がつくりあげた寄せ集め本と思われる。『西大寺叡尊伝記集成』所収。

133「興正菩薩行実年譜」弘長元年十二月十八日条

十八日、鎌倉越後守平実時（北条）公、以貝〔見〕阿弥陀仏寄附宋本一切経於西大（大和国奈良）・浄住（山城国）両寺各一部、菩薩設供慶讃、伶倫奏楽、男女雲《如》集、外儀尤昌、蓋稟檀主厳命也、今存西大寺者、即是此経也、

〔解説〕
北条実時が見阿を使者として西大寺に派遣し、宋版一切経を西大寺と浄住寺に寄進したと伝える。年譜が書かれた時には、この一切経は西大寺に存在していたという。『西大寺叡尊伝記集成』。

134「関東往還記」前記　弘長元年十二月二十八日条

（称名寺所蔵　神奈川県立金沢文庫管理）

廿八日、多年同□〔法〕入宋沙門定舜、自□□〔関東〕詣于当寺（西大寺）、以越州（北条実時）□談之趣、啓長老（叡尊）云、倩観近来之躰、雖云仏法弘世僧侶満国、唯争執論之鋒、出離之道隔□〔閑カ〕鎮、趁名利之門、解脱之要如忘、然間在俗之輩、□〔才〕性弥猛而不知因果之□〔可カ〕信、梟悪増仍而不弁正法之可崇、依之治国之□追年而廃、寃民之□随日而減、仏法之凌夷、国土之凋弊、豈非此時哉、而如伝承者、西大寺長老（叡尊）、独行正法之間、道俗預化導、因果之道已顕、貴賤蒙恩益、解脱之縁漸萌云々、南□□如斯、東夷盍然乎、仍最明寺（道崇、北条時頼）相□〔州〕禅門、同心所奉請也、若於有下向者、□〔為〕法為国可為莫大之利□□□〔益者也カ〕、況逗留難強可久、所望只有一夏之間、〱被致化導、縦雖無慚《放逸》之輩、盍帰正法之理者哉、就中処已為辺鄙之境、人亦□□〔為〕持之器歟、一夏之後□□早還本、□□、多年同法来□上□□疑殆之間、従此知利益□〔可カ〕然、

〔解説〕
鎌倉から西大寺へ参詣に来た定舜が、北条実時と面談した内容を叡尊に伝えている。実時は定舜に北条時頼の意

向を伝え、叡尊の鎌倉下向を説得するよう依頼していた。

弘長二年（一二六二）

135「関東往還記」弘長二年正月二日条

弘長二年壬戌正月二日、見阿重為越州(北条実時)之使、到来当(大和国西大寺)寺、謁長老(叡尊)、終夜談話、其趣更不違定舜之詞、又披覧越州遣見阿之状、一為仏法興隆、且為自身受戒、亦□□下向之由、最明寺禅門(道崇、北条時頼)□□有下向者□　□載之、長老□　□之身、参発薩埵之□　□間、為衆生若有益者、縦焦泥梨之炎〔土〕、因〔餓〕鬼畜〔生〕之苦、更不可有悔心、況於顧老身乎、況於痛遠路乎、就中雖仏法似感、人皆迷因果之間、正見之者少、邪見之者多、而彼党若帰正理者、□□(国カ)泰平民□　□之、其上一夏□□時□□□、然則抛身於衆生、任運於三宝、可令下向之由、領状已畢、

136「金剛仏子叡尊感身学正記」弘長二年正月二日条

二日、為越後守州(北条実時)使者、見阿ミタ仏(ママ)持越州状持来、彼状載最明寺禅門俗名相摸守平(北条)時頼、法名道崇為興法為受戒、尤庶幾旨、仍方々難去子細多故、慭領状、去年十月自八幡乗輿□(帰)寺時、窮屈過法数日、長途存命難有、□(已)捨身命行、不可衆僧評定、即領状以此趣触衆中畢、

〔解説〕

北条実時の使者見阿が西大寺に到着し、叡尊に対して鎌倉下向を要請した。内容は、以前に聞いた定舜の言葉と異ならなかったという。この日、叡尊は鎌倉下向の要請を承諾したことを人々に伝えたと記されている。135号資料は『改訂増補関東往還記』（便利堂）、136号資料は『西大寺叡尊伝記集成』。

137「興正菩薩行実年譜」弘長二年二月二日条

二日、大檀越越州大守平実時(北条)公懇請菩薩(叡尊)、不得辞之、聿摧其行、即招徒僧泉福寺(涌イ)戒印秀律師(源秀)、監守西(大和国奈良)大、秀公送菩薩於木津河(山城国相楽郡)之滸、作礼而謂曰、某桑楡

残景、与死為鄰、何得再瞻慈顔乎、雖然、吾願世々毘賛本師、弘法利生、縦百千万億劫、終不退転、因唱偈曰、

願我生々得侍師　如影随形不暫離
弘法利生助玄化　塵点劫海終不辞

唱畢潸然、不自知涕之下、其重法敬師之志、不亦至乎、菩薩既至鎌倉(相摸国)、大檀主慰問甚至、

〔解説〕
鎌倉下向に当たり、叡尊は親しい弟子達を招いて偈を唱えている。見送る人々の中には、高齢の叡尊は戻れないだろうと考えていた人々が多くいたことを記している。『西大寺叡尊伝記集成』。

138「関東往還記」弘長二年二月二十七日条

廿七日、於同国大磯宿(相摸国余綾郡)中食、於同国懐嶋(大庭御厨)儲茶、爰越州(北条実時)進力者、今夕無為着鎌倉、先奉入西御門(相摸国鎌倉)人家、即天野和泉六郎左衛門景村之宿所也、今ノ和泉入道(天野政景)之跡也、見阿参、入夜越州参、数刻談話、越州云、雖非出家之儀、為在家之分、欲列御弟子之数、然則一向可奉仰教旨、又御下向事、最明寺禅門(道崇、北条時頼)頻悦申者也云々、又去鎌倉(相摸国)不幾有一寺、号称名寺(武蔵国六浦庄)、年来雖置不断念仏衆、已令停止畢、以件寺擬御住所云々、長老(叡尊)被報云、従遁世以降、依有別願、有未住有資縁之所、而件寺已有数多之領所云々、頗背素意、次為充愚老(叡尊)之住処、停止日来念仏之条、太以不庶幾、旁難止住云々、越州云、仰之旨清浄甚深也、須相計云々、即退出了、

(裏書)「景村者六浦殿(北条実泰室、天野政景女)兄弟、越州コシウトニ令坐候故也、今ノ大仏尼寺(相摸国鎌倉郡深沢郷)長老行円坊之親父也、」

〔解説〕
西大寺長老叡尊が鎌倉に入った日の様子を記している。北条実時が出迎えに派遣した使者と懐島（現神奈川県茅ヶ崎市）で合流し、鎌倉に入る際の手はずを聞いている。実時は、母方の一族天野景村が借りていた西御門宿所を叡尊一向の宿所として用意していた。この夜、実時は叡尊と対面し、在家の弟子に加えて欲しいと意向を伝えている。『改訂増補関東往還記』（便利堂）。

139「関東往還記」弘長二年二月二十八日条

廿八日、越州(北条実時)集一族、尋鎌倉(相摸国)中無縁寺之処、案得釈迦堂、即以見阿申送云、尋得一寺、一向無縁之地也、中古或上人為度東土之衆生、建立堂舎、摸洛陽(山城国京都)嵯峨釈迦像所奉安置也、故号新清凉寺(相摸国鎌倉)、若相叶御意者、可有御計云々、即先遣同法令見之処、地勢者雖狭、無巨難之由、還申之間、可然之由被返答畢、

〔解説〕
北条実時は、叡尊が鎌倉で布教するのに相応しい場所を一族の人々に探させ、無住となっていた新清凉寺を候補として用意していた。叡尊は弟子を派遣して確認させたところ、土地は狭いが他に問題ないとの報告だったので、この寺を拠点に布教することを決定した。『改訂増補関東往還記』（便利堂）。

140「関東往還記」弘長二年二月晦日条

晦日、越州(北条実時)参、良久閑談、其後於釈迦堂(相摸国鎌倉)行梵網布薩説戒長老(叡尊)、以次聊有説法、今日雖深雨、最明寺室(道崇、北条時頼)奥州禅門(北条重時)女幷越州一族已下来集聴聞、又禅宗僧数輩来、可共布薩之由雖所望不許之、弁事衆十五人、結縁衆三百六十五人也、入夜結界、行四分布薩説戒盛遍、又見阿同法数輩入近住衆、

〔解説〕
北条実時が新清凉寺を訪れて西大寺長老叡尊と面談をした。その夜、北条時頼夫人と実時の一族が聴聞に訪れたという。『改訂増補関東往還記』（便利堂）。

141「関東往還記」弘長二年三月一日条

三月一日、面々分房、又最明寺禅門修理亮(北条)時氏息俗名(北条)時頼法名道崇忩可遂面謁之由、以越州(北条実時)申送、暫者可経廻、強不被忩可期便宜之由被返答、又観証為長卿孫(菅原宗長)越州後見・乗台(菅原)称名寺別当(武蔵国六浦庄)越州外舅・真鏡等三人、一向可沙汰僧事之由、越州申付之間、卜宿所於僧房之辺、各令移住、又男女雑居仏庭狼藉之間、為隔喧塵、三方構外墎(郭)、此外修理・掃除連々可致沙汰云々、

〔解説〕
北条時頼と叡尊の対面の機会が中々つかめないので、少し先に延ばした方がよいのではないかと、北条実時が仲

立ちしている。また、叡尊に同行した僧侶の世話を、浄土教時代の称名寺の中枢にいた人々に命じている。『改訂増補関東往還記』（便利堂）。

142「東撰和歌六帖」

身にかへて　惜むならひの　ありときかば
花の木陰に　名をや残さん
観証法師

〔解説〕
北条実時の後見観証（菅原宗長）が詠んだ歌。前号資料にかけてここに収める。『新編国歌大観　第六巻　私家集編Ⅱ』（角川書店）。

143「関東往還記」弘長二年三月七日条

七日、従今日対僧被談宗要、又上総前司（菅原）公氏、公輔朝臣子参、又越後太郎（北条）実村、越州子（北条実時）参、

〔解説〕
叡尊は、この日から僧侶を対象とした宗要の談義を始めたと記している。この日、北条実時の庶長子実村が叡尊のもとに赴いている。『改訂増補関東往還記』（便利堂）。

144「関東往還記」弘長二年三月八日条

八日、最明寺（道崇、北条時頼）禅門対面之志雖切、自身参謁者頗以多憚、又輙奉請私宅事、其恐不少、進退惟谷之由、越州（北条実時）来申之間、依一人之請、輙向他処事、雖不庶幾、今之趣誠難治歟、然者、自身可罷向之由被返答、即今夕、被向最明寺（相摸国山内庄）、数剋談話有巨細旨歟、及深更帰寺、

〔解説〕
北条時頼は多忙を極めるので、なかなか叡尊と対面する時間がとれないと北条実時を通じて伝えてきた。その話を聞いた叡尊は、最明寺で時頼と面談した。『改訂増補関東往還記』（便利堂）。

145「関東往還記」弘長二年三月十二日条

十二日、自三村寺（常陸国筑波郡）人夫八十余人持聖教以下道具帰着、又越後次郎（北条）篤時、実村舎弟（北条）参、

〔解説〕
北条実時の子篤時が叡尊のもとを訪れている。『改訂増補関東往還記』（便利堂）。

146「関東往還記」弘長二年三月十八日条

十八日、越州（北条実時）幷近衛中将（坊城公敦）等参、談古迹越州無隙于政務之間、毎月点三日談古迹、亜将同学、

〔解説〕

北条実時は、政務に忙しいので叡尊の法話を聞く日を定めて訪問しているという。『改訂増補関東往還記』（便利堂）。

147「関東往還記」弘長二年三月二十一日条

廿一日、行羅漢供、又移堂於南舎越州本妻、家（北条実時室、北条政村女）、夕、行弘法大師（空海）御影供供養法、長老（叡尊）、聴衆成群、

〔解説〕

羅漢供を行った後、堂を北条実時室の家に移して、弘法大師御影供を行ったという。『改訂増補関東往還記』（便利堂）。

148「関東往還記」弘長二年四月八日条

八日、朝行仏生会、越州（北条実時）・亜将（坊城公敦）等参、受斎戒幷講古迹、仍今日者例講経被略之、

〔解説〕

北条実時と坊城公敦が叡尊のもとを訪れ、斎戒を受け、講義を聴いている。『改訂増補関東往還記』（便利堂）。

149「関東往還記」弘長二年四月十八日条

十八日、越州（北条実時）等参、談古迹、其後越前守時広（北条）参謁、

〔解説〕

北条実時が一行を率いて訪れ、講義を聴いている。その後、北条時広も訪れたという。『改訂増補関東往還記』（便利堂）。

150「関東往還記」弘長二年五月二日条

二日、講古迹、乗台本妻被侵病痾、不能行歩、受戒之志雖切、参詣難叶之由歎申之間、頼玄行彼家授之、病者受十重幷数十人分受、

〔解説〕

鎌倉に下向した叡尊一行の世話をするようにと仰せつかった称名寺別当乗台の夫人が重病で歩けないため、受戒できないのを残念がっているという。この日、三村寺長老頼玄が乗台妻の家に赴いて十重戒を授け、ほか数十人も受戒したという。『改訂増補関東往還記』（便利堂）。

151「関東往還記」弘長二年五月十四日条

十四日、受者繁多、而礼堂難容受之間、越州(北条実時)俄正面差庇、其後行四分布薩説戒盛遍、従最明寺(道崇、北条時頼)進使者云、為奉受斎戒明日欲参、明日若有御故障者可期来廿三日、又受戒之習、必捧布施之由、世多言伝、然而未明実否欲承存云々、長老(叡尊)被報云、斎戒事、明日者依布薩聊可指合、来廿三日可宜歟、次受戒布施事、普雖□人口、未曾見仏説、頗為謬説歟云々、入夜男女一千二百六十三人受菩薩戒、

〔解説〕
斎戒の参列者が多かったので、北条実時は、礼堂の庇を広げて空間を広くしたと記している。『改訂増補関東往還記』(便利堂)。

152「関東往還記」弘長二年五月二十九日条

廿九日朝、中納言(土御門顕方)来臨、被受斎戒、夕、梵網布薩説戒長老(叡尊)、小説法有之、、結縁衆数千人、又最明寺禅門(道崇、北条時頼)所労漸得減之間、近日可参之由、以越州(北条実時)申送、入夜行四分布薩説戒定尊、

〔解説〕
北条時頼の病状が快方に向かっているので、近日中には対面したいという意向を、北条実時を通じて叡尊に伝えている。『改訂増補関東往還記』(便利堂)。

153「関東往還記」弘長二年六月二日条

二日、越州(北条実時)妻子以下一族等、依令所望、今夜男女七百廿人受菩薩戒、将軍(宗尊親王)御所女房以下大小名等、済々雖所望、依局指合、今夜難叶之間、以来四日又可被授之、

〔解説〕
北条実時の妻子や一族が、まとまって叡尊のもとを訪れ、菩薩戒を受けている。『改訂増補関東往還記』(便利堂)。

154「関東往還記」弘長二年六月十九日条

十九日、畠山入道(義念、足利頼氏)足利左馬入道参、又相州(北条政村)欲受斎戒、枉可有光儀、若不可叶者、可参詣之由、以越州(北条実時)相州和多申(ママ)送、長老(叡尊)被報云、如此之所望、雖多其数、若随於其

請、不可有尽期、殆可及纏頭之間、年来所辞来也、而若随今之命者、可似依人而有親疎、仍難叶云々、

〔解説〕
連署北条政村が、北条実時を通じ、斎戒を受けたいので対面したいと伝えてきた。しかし、叡尊はこの申し出を受けたら人をみて差別していると思われるので、配慮いただきたいと辞退を伝えている。『改訂増補関東往還記』（便利堂）。

155「関東往還記」弘長二年六月二十四日条

廿四日朝、相州（北条政村）参、越州（北条実時）同随、受斎戒、其後、被談出離之要并政道事等、越州談古迹、頼玄入疥癩宿、授斎戒、

〔解説〕
叡尊に来駕を断られた北条政村が、北条実時を伴って訪問している。『改訂増補関東往還記』（便利堂）。

156「関東往還記」弘長二年六月二十七日条

廿七日朝、遠江中務権大輔（北条）教時、息（北条）朝時参、奉尋出世之要政道事、斎後、越州（北条実時）等参、談古迹之処、長老（叡尊）俄違例、仍彼両三人退出畢、所詮、云連々之化導、云諸人之対面数月窮崛之上、被侵炎暑、身神違例歟之間、加灸服薬、得小減、又大輔律師弥瑜宿曜師数月臥病床、不遂受戒之志、為生涯之恨之由愁歎之間、盛遍行向彼住所、弥瑜悦而泣受十重、同法数十人同受之、

〔解説〕
名越教時・北条実時らが相次いで叡尊を訪問した。しかし、叡尊の体調が思わしくないので、皆引き上げたという。『改訂増補関東往還記』（便利堂）。

157「鎌倉年代記」弘長二年条　（京都大学総合博物館所蔵）

六・廿八、引付頭、一（北条）朝直・二（北条）時章・三（北条）実時、

〔解説〕
引付改編。北条実時は三番頭人に列している。

158「関東往還記」弘長二年七月三日条

三日、越州（北条実時）家中青女等、心与力行羅漢供、入夜二条少将雅有・越州参、談修行之用心、

〔解説〕

北条実時の家中の人々や夫人達が、この日の羅漢供の準備を手伝ったという。飛鳥井雅有・北条実時が叡尊のもとを訪れ、修行のことについていろいろと話をしている。『改訂増補関東往還記』（便利堂）。

159「関東往還記」弘長二年七月六日条

六日朝、遠江中務権大輔教時（北条）来受斎戒、越州（北条実時）等談古迹、

〔解説〕

名越教時が出直してきて、斎戒を受けている。この日、北条実時も面談をしている。『改訂増補関東往還記』（便利堂）。

160「関東往還記」弘長二年七月八日条

八日朝、相州（北条政村）妻両人本妻中将（将軍家女房）、給法名如教、新妻左近大夫時村母（大河戸重澄女）、給法名遍如幷女已下一族等、於北舎受斎戒、其後、越州（北条実時）等談古迹、夕、小野源蔵人太郎時村参、入夜、中納言（土御門顕方）来臨、終夜閑談、黄門（土御門顕方）被申云、貪名利之時、只思栄路之可趁、遇知識之今、初悟世俗之如夢、然則世事官途諌心而厭之、菩提涅槃捨身而欲求、仍受菩薩之禁戒、可為当来之指南之由思定云々、長老（叡尊）感懐之余、委被談修行之次第之間、弥以倍信敷仰、所詮身者居俗衆、雖非剃染之形、心者専化他宜廻利生之計、是則受人身之思出、遇仏法之得分也云々、偏含歓喜、暁更退出、今夜、見阿又下向、

〔解説〕

北条政村の夫人以下の一族が斎戒を受けている。その後、北条実時・土御門顕方の来臨を記す。『改訂増補関東往還記』（便利堂）。

161「関東往還記」弘長二年七月十三日条

十三日、武州（北条長時）母奥州禅門（北条重時）後家治部卿（平基親女）参、受斎戒、又行羅漢供、武州母已下大小名八百二十五人受菩薩戒、又最明寺禅門（道崇、北条時頼）、以越州（北条実時）申送云、一夏化導之間、利益以外

広博也、而当時被打寄事、不便之儀也、其上炎暑過法、一両月有延引、其後可被相計云々、長老(叡尊)以此趣被披露僧中之間、衆僧評定云、於外衆之利益者、雖経年不可尽、炎暑者、兼存儲事也、只怱可有帰洛之由云々、長老以此趣被返答畢、又黄門(土御門顕方)給法名了中、凡大小名男女貴賤悉悲歎帰歟(洛カ)之速、然而外衆之利益者雖莫大、僧侶之稽古無下癈怠之間、依存未来之益、怱欲帰洛者也、

〔解説〕
叡尊の西大寺に帰る時期が問題となっている。北条時頼は、実時を通じて炎夏の時期は避けた方がよいのではないかと伝えたが、叡尊は衆僧と諮って帰寺の時期を変えないことを決定した。『改訂増補関東往還記』（便利堂）。

162「関東往還記」弘長二年七月十八日条

十八日、越州(北条実時)室相州(北条政村)女幷女等、又相州一族、於北舎受斎戒、相州室(北条政村室、大河戸重澄女)申云、一人之女子付夫左近大夫時茂(北条)、六波羅守護、故奥州禅門子(北条重時)住京、参西大寺(大和国奈良)可奉受戒之由申遣畢、若令参詣者、必可被授云々、仍被領状畢、昨日之余疾雖猶不快、依有先約受者群集之間相扶、上下、六百二十一人授菩薩戒、此内建長寺(相模国山内庄)禅宗僧済々受之、最明寺禅門(道崇、北条時頼)欲遂面謁之由申送、窮崛之間、可期後日之由、被返答畢、

〔解説〕
北条実時の正室と縁者の女性達が斎戒を受けている。また、六波羅探題北条時茂室が西大寺に赴いて斎戒をうけることを希望しているが可能か、と確認をとっている。『改訂増補関東往還記』（便利堂）。

163「関東往還記」弘長二年七月二十三日条

廿三日、越州(北条実時)参、良久閑談、越州云、最明寺禅門(道崇、北条時頼)内々有結構事、其故者関東平均之帰依、争無其標幟、寄進庄薗於西大寺(大和国奈良)、欲令住持僧法、而私之沙汰者、猶似聊爾、仍可擬将軍(宗尊親王)御寄進切々懇望、何無納受乎之由申、而種々令支度云々、

〔解説〕
北条実時が、北条時頼の意向として、西大寺に荘園を寄進したいと打診してきたが、北条時頼個人の意思ではな

く、将軍家からの公的な寄進とすることで調整がついた。

164「関東往還記」弘長二年七月二十五日条

廿五日、最明寺（道崇、北条時頼）進使、奉問違例事、漸復本之由被返答、又越州（北条実時）依頻所望、入夜読懺法、相州室（北条政村室、大河戸重澄女）送葩、越州送香、調声寂澄、唄永真、聴衆如雲、

〔解説〕
叡尊が北条実時の意向を受けて法華懺法を始めた。実時は法会に香を寄進している。『改訂増補関東往還記』（便利堂）。

165「関東往還記」弘長二年七月二十六日条

廿六日、自遠国為受戒来集之輩、長老（叡尊）違例之間、不遂本望空欲帰之由、諸人愁吟之間、忍性数百人授菩薩戒、又最明寺（道崇、北条時頼）禅門依奉請、長老被向禅門故宅、数刻談話、禅門云、受戒以前、蹔奉親近欲承存菩薩之用心、而自身参詣者旁其有憚、毎日之光儀者又以為恐、進退惟谷、為之如何、抑私宅之辺有一閑亭、人跡不通、可然者蹔被移住哉云々、仍被領状畢、又往年依感夢想、進巧匠於南都法隆寺（大和国奈良）、奉摸聖徳太子真影、形勢彩色不違一事、以之奉仰仏法興隆之大将、而造立已畢、供養未遂、幸令得此時、即是天之所与也、欲被遂供養云々、然而堅被辞之、又僧侶止住之寺、於無資縁、如終之伝持更以不可叶、而被厭資縁之条、太不得其意、邂逅興隆之僧法、蹔不滅亡之様、可被相計、枉欲表微志如何云々、長老被報云、厭有縁好無縁、即是僧法久住之方便也云々、禅門猶頻雖強申、更無承伏、入夜被帰寺、其後読懺法、越州（北条実時）送葩名香、調声如前、

〔解説〕
北条時頼と叡尊が面談をしている。叡尊は寺に戻った後、法華懺法を行っている。北条実時は、叡尊に葩と名香を送っている。『改訂増補関東往還記』（便利堂）。

166「関東往還記」弘長二年七月二十七日条

廿七日、深雨大風、仍今日懺法之結願、可被延引之由、越州（北条実時）申送之間延引、懺法衆交名之間書出畢、寂澄・永真・性海・寛秀・静弁・恵海・清源・証位等

也、

167「関東往還記」弘長二年七月二十八日条

廿八日朝、木工頭（藤原親家）参、受斎戒、夕方、黄門（土御門顕方）来臨、今夜懺法結願、越州（北条実時）送芭名香、調声如前、已下皆随喜、

〔解説〕
北条実時発願の法華懺法結願は二十七日であったが、風雨のため二十八日に延引されている。『改訂増補関東往還記』（便利堂）。

168「関東往還記」弘長二年七月二十九日条

廿九日、伊勢入道（二階堂行綱）妻、和泉左衛門後家等、於北舎受斎戒、又越州（北条実時）旧妻実村（北条）・篤時（北条）等母参、夕、行四分布薩説戒、忍性、又自三村寺（常陸国筑波郡）僧衆数輩参、為拝謁長老（叡尊）云々、

〔解説〕
越州旧妻と記された北条実時の妾は淵名実秀の女で、庶子実村・篤時の母である。この日、叡尊のもとを訪れている。『改訂増補関東往還記』（便利堂）。

弘長三年（一二六三）

169『吾妻鏡』弘長三年正月十日条

十日、辛卯、天晴、為和泉前司行方（二階堂）奉行、被定旬御鞠之奉行、皆是所被撰堪能也云々、

正月　四月　七月　十月

上旬
冷泉中将隆茂朝臣　右馬助清時（北条）
出羽前司長村（小山）

中旬
越前々司時広（北条）　中務権少輔重教（藤原）
備中守行有（二階堂）

下旬
足利大夫判官家氏　武蔵五郎時忠（北条）
下野左衛門尉景綱（宇都宮）

二月　五月　八月　十一月

上旬
二条少将雅有朝臣　刑部少輔時基（北条）

後藤壱岐前司基政
　中旬
弾正少弼業時《北条》　越後四郎顕時《北条》
佐渡大夫判官基隆《後藤》
　下旬
左近大夫将監時村《北条》　三河前司頼氏《世良田》
周防左衛門尉忠景《島津》
　三月　六月　九月　十二月
　上旬
二条侍従基長　相摸三郎時輔《北条》
佐々木壱岐前司泰綱
　中旬
中務権大輔教時《北条》　秋田城介泰盛《安達》
信濃判官時清《佐々木》
　下旬
左近大夫将監公時《北条》　木工権頭親家《藤原》
城四郎左衛門尉時盛《安達》

〔解説〕
御所奉行二階堂行方の奉行として、将軍御所の旬御鞠の結番が定められた。二・五・八・十一月の中旬に北条顕時の名前がみえる。【鎌】八九一二。

170『吾妻鏡』弘長三年九月二十六日条

廿六日、癸卯、晴、入道陸奥五郎平実泰《北条》法名浄仙卒年五十六、

〔解説〕
北条実泰の卒伝。公職を退いた後の実泰については、出家を遂げて浄土教の僧として遁世していた。

171「東撰和歌六帖」

（第一　春）

なはの浦に　たつや霞の　おくの島
　そがひにだにも　見えぬ春かな　平実泰《北条》

故郷の　かきほの梅の　匂ふより
平実泰《北条》

　わが身にしむる　春風ぞふく　平実泰（北条）

もる山の　しづくも匂ふ　春雨に
　ぬるともゆかむ　花のした道　平実泰（北条）

青柳の　みどりの糸に　かぜふけば
　波のあやおる　春の池水　平実泰（北条）

朝日さす　すがのあら野に　たつ雲雀
　かすみてあがる　ほどぞしられぬ　平実泰（北条）

吹くかぜに　さけばかつちる　山ざくら
　さかりもしらで　春やすぐらん　平実泰（北条）

（第二　夏）

伊勢島や　汐ひのかたの　夕闇に
　猶玉見えて　飛ぶ蛍かな　実泰（北条）

（第三　秋）

明わたる　かたのの沖の　波まより
　見えて近づく　初雁の声　実泰（北条）

（第四　冬）

山風に　霰おちちる　たましまの
　この河上　深雪降るらし　実泰（北条）

172「拾遺風躰和歌集」

　題しらす

山かぜに　あられおちちる　玉島の
　この河上に　深雪ふるらし　平実泰（北条）

〔解説〕

171号資料は後藤基政が撰んだ私家集で、弘長元年以後文永二年以前の成立と年代が絞られている。172号資料は冷泉為相の撰とみられる私歌集。どれも和歌を詠んだ年代は特定できないので、卒伝にかけて、北条実泰の歌を収める。ともに『新編国歌大観　第六巻　私家集編Ⅱ』（角川書店）所収。

173『吾妻鏡』弘長三年十月十七日条

十七日、甲子、明年正月御的始射手事有其沙汰、可参勤之由、被下左典廐（北条時宗）一人御奉書、越後守（北条実時）重服之故也、

〔解説〕
小侍所が所管する翌年正月的始の射手選考の記事である。北条実時は父実泰の服喪のため、休職している。

文永元年（弘長四、一二六四）

174「鎌倉年代記」文永元年条（京都大学総合博物館所蔵）

六十六、引付頭、一見西（北条時章）・二実時（北条）・三泰盛（安達）、

175「鎌倉年代記」文永元年条（京都大学総合博物館所蔵）

十廿五、越訴頭、実時（北条）・泰盛（安達）、

176「関東評定衆伝」文永元年条（群書類従本）

評定衆　越後守平実時（北条）三番引付頭、六月十六日為二番頭、十月廿五日為越訴奉行、

〔解説〕
この年六月十六日の引付改編で北条実時が引付二番頭人に移り、十月二十五日に越訴奉行を兼任したことを伝える。

177「竜角寺縁起」

右竜角寺（下総国埴生郡）者、我朝第四十三代帝、元明天皇御宇女帝、和同弐天己酉陽春、天竜女化来志天建立当寺、

（中略）

一、禅林寺（亀山）天皇御宇、文永元年甲子懸継本堂南一方於日隠、願主当寺之僧円乗房幸円、偸被釈範閑勘教文、修復古仏・古寺、猶勝新立之善根、此寺者五百余歳之霊仏也、先于東大寺（大和国奈良）送三十之花月、越于天台山（近江国延暦寺）歴七十余歳之星霜、爰積利益衆生之功、除却万病友塵（ママ）之愁、従払秋風熱雲速也、二世悉地円満従浮夜月之衆水、甚顕雨電之精雲、衆病悉除

明証朝家無双之道場也、故加修理遂供養畢、当庄(下総国埴生庄)地頭越後守平朝臣実時(北条)、関東別当弥宴、
一、同御宇、文永六年二月十日、二王堂供養畢、爰杣山之時、雖有種々不思議、不及委註云々、
一、建立以後五百七十六年、弘安七年甲申本堂葺替、当庄棟別申給、不嫌神社仏所権門勢家取之、同十一月本堂萱葺替畢、（後略）

〔解説〕
北条実時が地頭職を給わった下総国埴生庄にある竜角寺（現千葉県栄町）の縁起。天正年間以前の成立とみられている。文永元年の修造を北条実時が支援していたことを伝える。「竜角寺縁起」の原本は昭和十九年に焼失している。田中喜作「下総国竜角寺縁起」（『美術研究』七巻六号）に翻刻。返り点・送り仮名は省略した。

文永二年（一二六五）

178 『吾妻鏡』文永二年正月一日条

一日、辛未、日蝕也、然而自去夜雨降、蝕不見、仍不及裹御所(相模国鎌倉)、被行垸飯沙汰左典廏(北条時宗)御、但垂御簾、無出御

土御門大納言(顕方)依催、雖被構参、用意計也、、御剣役越後守実時(北条)、御調度越前々司時広(北条)、御行騰沓秋田城介泰盛(安達)、
一御馬　陸奥十郎忠時(北条)　工藤次郎左衛門尉(高光)
二御馬　越後四郎顕時(北条)　武藤三郎兵衛尉
三御馬　城六郎兵衛尉顕盛(安達)　同九郎長景(安達)
四御馬　筑前四郎左衛門尉行佐(二階堂)　同五郎左衛門尉行重(二階堂)
五御馬　相摸七郎宗頼(北条)　工藤三郎左衛門尉(光泰)

〔解説〕
正月一日の垸飯で御剣役を北条実時が勤めたこと、この日進上する二御馬を北条顕時が勤めたことを記している。

179 『吾妻鏡』文永二年六月十三日条

十三日、己卯、雨降、午剋属晴、今日、為御息所(宰子、宗尊親王室、近衛兼経女)御産御祈、於御所被供養放光仏、導師尊家法印、左近大夫将監時村(北条)、左近大夫将監顕時(北条)等取御布施、又被行七瀬御祓、

〔解説〕
将軍宗尊親王室宰子の御産の御祈で、北条顕時が布施取

役を勧めたことが記されている。

文永三年（一二六六）

180『吾妻鏡』文永三年正月二日条

二日、丙申、天晴、垸飯左京兆(北条政村)御沙汰、御簾前大納言(土御門顕方)、御剣左近大夫将監公時(北条)、御調度左近大夫将監顕時(北条)、御行縢備中守行有(二階堂)、御馬五疋、垸飯以後、将軍家(宗尊親王)御行始相州(北条時宗)御亭、御引出物如例、御剣左近大夫将監時村(北条)、砂金左近大夫将監公時、羽左近大夫将監顕時、御馬二疋、

〔解説〕北条顕時が垸飯で調度役を勤め、その後の将軍宗尊親王の北条時宗亭御行始で鷲羽役を勤めたことを記している。

181「類聚三代格」奥書　（宮内庁東山御文庫所蔵　識語篇二五八六号）

（同第五下尾）

文永三年十月三日、以原内武衛(豊原奉重)之本、書写校合畢、

越州刺史平(北条実時)（花押）

本奥云、

安貞二年四月九日書写了、

図書允豊原奉重

同十三日移点了、

〔解説〕北条実時自筆の奥書がある。書写の原本は、明法道の豊原奉重所持本である。識語篇二五八七号として収録された巌松堂本の原本。

182『吾妻鏡』文永三年三月六日条

六日、己亥、天晴、今暁、木工権頭親家(藤原)為内々御使上洛、又諸人訴論事被止引付沙汰、問注所召懸訴陳状、可勘申是非也、前々被記申詞之間、為被賦九人評定衆、所被結番也、

御評定日々奏事結番次第不同

一番三日　十三日　廿三日

尾張入道見西（北条時章）　越前々司時広（北条）
宮内権大輔時秀（長井）　伊賀入道々円（小田時家）
和泉入道行空（二階堂行方）

二番六日　十六日　廿六日
越後守実時（北条）　中務権大輔教時（北条）
出羽入道々空（二階堂行義）　信濃判官入道行一（二階堂行忠）
対馬前司倫長（三善）
三番十日　廿日　晦日
秋田城介泰盛（安達）　縫殿頭師連（中原）
少卿入道心蓮（武藤景頼）　伊勢入道行願（二階堂行綱）
日参日々
一番衆一日　十五日　二番衆五日　廿一日
三番衆十一日　廿五日
政所・問注所及執事、毎日可令参也、且自問注所、毎日可差進文士二人也、

183 「関東評定衆伝」文永三年条（抜粋）

評定衆　越後守平実時（北条）、二番引付頭、越訴奉行、三月止頭、

〔解説〕
引付の制度を改め、奏事結番が定められている。北条実時は二番頭人から奏事二番の筆頭に移っている。また、越訴奉行を兼務している。182号資料は【鎌】九五一一。

184 『吾妻鏡』文永三年六月二十日条

廿日、辛巳、天晴、於相州（北条時宗）御亭、有深秘御沙汰、相州・左京兆（北条政村）・越後守実時（北条）・秋田城介泰盛（安達）会合、此外人々不及参加云々、今日、松殿僧正良基退出御所中逐電、有子細云々、

〔解説〕
将軍宗尊親王の京都送還について話し合った寄合を記す。得宗北条時宗を取り巻く重臣が名を連ねている。

185 法印宮清書状

（五二一四／名古屋市蓬左文庫所蔵「斉民要術」紙背文書）

（石清水八ヵ）□□□（幡）宮寺所司等申、宇佐弥勒寺（豊前国）『□　□』豊後
（山城国）国山香庄内本郷下司職『□　□』田等、為大友出羽
前司頼泰朝臣『□　□』叙用　綸旨、致押妨及狼籍〔藉〕

間事、』［　］状案副具書等進覧候、此事就文永』［
］年関東御教書、遂複問候了、件申』［　］記自
六波羅（山城国京都）御注進候云々、以三箇』［　］問注記被出御
引付可被経御沙汰』［　］旨、所司等令申候、御
沙汰之時、』［　］得御意候哉、委旨雑掌所司可』
［　］候、恐々謹言、
八月十日　　法印（新善法寺宮清）（花押）
謹上　越後守殿（北条実時）

〔解説〕
鎮西奉行大友頼泰や九州の所領がでてくる書状。越訴頭北条実時が受取人となっている。法印は、石清水八幡宮の新善法寺宮清が該当すると思われる。年次未詳であるが、実時が越訴奉行を務めていた期間のものであり、しばらくここに収める。【神】七三四、【鎌】一一五九一。

186　法印宮清書状

（五二一五／名古屋市蓬左文庫所蔵「斉民要術」紙背文書）

［（石清水八カ）］幡宮領出雲国横田庄、可被中分』［　］
事、雑掌法橋祐範申状案』［　］通副具書等進覧之
候、子細載状候歟、』［　］事地頭令懈怠神用以下
公事料□』［　］之間、任関東貞永元年御下知
状、』［　］被止請所儀歟之由、所司等去年就』［
］言上候、去正月廿九日御教書付進』［（六）］波（山城国京都）
羅、被尋下地頭候畢、雖可相待彼』［　］候、沙
汰往複〔復〕難治次第候之間、所詮』［　］被中分之由
申請候、仍雑掌令参□』［　］、子細定申上候
歟、御沙汰之時、可□』［　］御意候哉、恐々謹
言、
十月廿五日　　法印（新善法寺宮清）（花押）
謹上　越後守殿（北条実時）

〔解説〕
宇佐弥勒寺領豊後国山香荘および石清水八幡宮領出雲国横田荘に関する書状で、185号資料とともに越訴頭北条実時に充てて出されている。年次未詳であるが、実時が越訴奉行を務めていた期間のものであり、しばらくここに収める。【鎌】未収。

文永四年（一二六七）

187「関東評定衆伝」文永四年条（抜粋）

評定衆　越後守平《(北条)》実時、越訴奉行、四月辞越訴奉行、

〔解説〕
北条実時が越訴奉行を辞めたことを記す。

188　審海書状（一七一四／「首楞厳経大意」紙背文書）

悦便宜令申案内候、面謁之後、』貴辺何事候哉、毎事不審難』散候者也、

抑、去八月上旬之比、為五部大乗』経御迎、鎌倉《(相摸国)》多宝寺へ罷上て』候し程、同九月二日六浦《(武蔵国)》辺ニ候』金沢と申候処の寺《(称名寺)》を、越後守殿《(北条実時)》』良観《(忍性)》御房へ、同宿少々指遣候て、』可被成僧所之由、被仰付候之間、和尚』より愚身ニ可取沙汰之由、慇懃被申候』処、其不堪之体を再三雖辞退之由』申候、重懇切ニ被申付候之間、仍不及』力候まゝに、如此件寺《(称名寺)》ニ九月下旬より』止住仕てこそ候へ、

〔解説〕
北条実時の依頼を受けた極楽寺長老忍性が、所用で多宝寺に来た下野薬師寺（栃木県下野市）の僧審海を称名寺長老に推挙した経緯を伝える。審海が称名寺長老に就任した文永四年の書状である。【神】五四四、【鎌】九七七三。

文永六年（一二六九）

189「令集解」奥書（国立公文書館所蔵　識語篇一五七二号）

（慶長転写第一尾）

本奥云、

合本書加一見、至要所々、或加首書畢、或合点畢、

権大納言藤原在判

文永六年三月一日、合本書読了、

越州刺史《(北条実時)》

（同第二尾）

本奥云、

文応元年六月廿二日、於亀山《(山城国)》宿所見合本書訖、近日大上皇《(後嵯峨上皇)》不予之間、心中相默、仍不委見之、

（同第三尾）
本奥云、
文応元年七月朔日、見合本書了、
員外亜相藤在判

（同第四尾）
本奥云、
文応元年七月八日、早旦見合本書畢、
権大納言藤在判

（同第五尾）
本奥云、
文応元年七月十五日、見合本書畢、
員外亜相藤原在判

（同第六尾）
本奥云、
文応元年七月廿五日、見合本書了、
権大納言藤在判

（同第七尾）
前明法得業生三春信貞

（同第八尾）
本奥云、
文応元年八月廿日、見合本書加首書畢、
権大納言藤在判

（同第九尾）
本奥云、
文応元年八月卅日、於二条烏丸辺（山城国京都）見合本書加首書畢、
員外亜相在判

（同第十尾）
本奥云、
文応元年九月九日、見合本書加首書畢、文字狼藉未直得之、
権大納言藤在判

〔解説〕
北条実時が、権大納言所持本を読み合わせたと記す奥書を持つ写本。

190「鎌倉年代記」文永六年条（京都大学総合博物館所蔵）

四月廿七日、被始引付、一見西（北条時章）・二実時（北条）・三義政（北条）・四時広（北条）・五泰盛（安達）、

〔解説〕
文永三年に廃止した引付を復活させたことを伝える。北条実時は、引付二番頭人に就いている。

191「関東評定衆伝」文永六年条（抜粋）

四月廿七日、止問注所沙汰、被始五方引付、
評定衆　越後守平実時（北条）、四月為二番引付頭、
引付衆　左近大夫将監平顕時（北条）、

〔解説〕
北条顕時が引付衆に加わったことを伝える。

192 某書状断簡（冷泉家時雨亭所蔵「続古今和歌集」紙背文書）

〔五カ〕□手にて候内
凵方頭人尾張入道殿（見西、北条時章）　一方頭人越後守（北条実時）
凵方頭人越前守殿時広（北条）　一方頭人六郎左近大□（北条義政）
凵方頭人城介殿（安達泰盛）
□（かカ）やうに候、委細注文ハ此廿比にいな』局もとへ慥
便宜候之間、可注進言』四方田五郎左衛門殿（資綱）女房御
文慥□』令付進候て、御返事可令□（取カ）進上□』⌈
凵□⌈　凵

〔解説〕
北条実時が引付二番頭人になっている時期の書状。引付頭人の構成から、文永六年ないし七年と推定される。武蔵国御家人四方田資綱の縁者の名前もみえる。【神】・【鎌】未収。

193　北条顕時寄進状案（五二〇七／二　紙背なし）

寄進

武蔵国金沢称名寺々内寺外敷地事
右、敷地者任所副進絵図之』際目、可令領知給之
状如件、
文永六年十一月三日
越後守顕時（北条）
□□（在判）

〔解説〕
称名寺の寺内・寺外の敷地を寄進した内容となっているが、文永六年に北条顕時は越後守に補任されていないこと、本文書の筆跡から、南北朝時代に称名寺が訴訟のために作成した偽文書と考えられている（百瀬今朝雄『弘安書札礼の研究』東京大学出版会）。便宜上、この年に収録する。末尾の□□は現在摺り消されているので、賜蘆文庫文書所収称名寺文書中の同文書の写しによって補う。【神】五九〇、【鎌】一〇五二三。

文永七年（一二七〇）

194 「毛詩」巻二十奥書（大東急記念文庫所蔵）

永正十年六月一日終書写之功、即加朱墨訖、
少納言清原朝臣（宣賢）（花押）
加点一校了、
以当家累代秘点之本校正了、
宣賢（清原）
弘長二年四月廿三日以類代之庭訓加点了、以一字壱
点不借他人之手為子々孫々□終自身之
功而已、
筑州別駕清原（直隆）在判
文永七年臘月二日以累家秘説授申越後次郎（北条篤時）尊閣了、
音博士清原（俊隆）在判

〔解説〕
清原氏嫡流に伝来した「毛詩」（詩経の異称）。本奥書に、清原俊隆が北条篤時に伝授したことを伝える文言があり、金沢文庫本の写本とわかる。

文永八年（一二七一）

195 香取社造営所役注文案（香取神宮所蔵「本所古文書」）

□（一、カ）嬬殿御遷宮用途事
国絹玖疋一丈内
一疋　御正体纏料
三疋六丈　幄覆料

三疋　御戸帳料
四疋　神官禄料 宮司一疋〔　〕 物申一疋御〔　〕
准布廿五段二丈内
二反　歩布料
廿反　大幔五帖料
反二丈　内院神主三人捧襷料
反　物申膝突料
籾十一石内
五石　御遷宮御供料
三石　同夜神供幷神官等饗□〔料カ〕
三石　御油料
稲百卅束内
廿束　宮司禄料
廿束　大禰宜同料
廿束　物申同料
廿束　御物忌料
五十束　大細工同料
紙五帖　御遷宮御幣料
已上用途、大戸〔下総国〕・神崎〔下総国〕両庄課役也、
一、正神殿材木採始杣入山口祭雑事、
紙五帖
准布五段
籾六斗
酒一瓶子
荒薦三枚
已上行事所沙汰也、
同上棟日饗雑事
大工一前 二本立 〔　〕〔籾カ〕〔　〕斗
脇工三前 中饗 〔　〕
小工十五前　代籾九斗 前別
一、正神殿已下所々社屋等用途支配事、
正神殿壱宇伍間 檜皮葺、金銅金物、 在日隠間、登棟、
作料官米千伍□〔十〕斛
但、於正神殿雑掌者、自往古、以国中大□□□〔名造進〕
□〔之カ〕、治承者、豊嶋三郎清基、募葛西郡〔下総国〕年進〔貢カ〕造進
之、建久者、千葉介常□〔胤〕□〔募〕□三ケ年々貢造進

之了、嘉禄者、壱岐入道（葛西清重）□□（定蓮）募葛西郡（下総国）年貢造進
之、宝治者、千□□（葉介）時胤被国免神保（下総国）・萱田（下総国）・吉（下
橋（総国）等国領□□□（造カ）進之、今度者、葛西新左衛門入（清経）
道経□□□□〔蓮造進之〕、末代莫大之所役也、
渡殿一宇三間、檜皮葺、在金物、
作料官米佰伍拾斛
上野方郷（下総国）本役也、仍幸嶋地頭等造□□（進之カ）、
内院門一宇檜皮葺、在金物、
作料官米柒拾斛
匝瑳北条（下総国）本役也、仍地頭等造進之、
外院門一宇檜皮葺、在金物、
作料官米佰捌拾斛
印西条（下総国）本役也、仍地頭等越後（北条実時）□□□（造進之カ）、
不開殿一宇三間、葦葺、在金物、
作料官米佰柒拾斛
小見郷（下総国）本役也、仍地頭弥四郎胤直（東）造□□（進之カ）、
佐渡殿一宇一間、葦葺、在金物、
作料官米参拾斛

匝瑳北条（下総国）本役也、仍地頭等造□□（進之カ）、
勢至殿一宇一間、葦葺、在金物、
作料官米三十石
神保郷（下総国）本役也、仍地頭千田尼造進□（之カ）、
媼殿一宇三間一面、葦葺、在金物、已仮殿也、仍最前造進之、
作料官米百石、此外二二百石八行事□、
大戸（下総国）・神崎（下総国）両庄本役也、仍地頭等造進□〔之〕、
宝殿一宇三間、葦葺、在金物、
作料官米六十石
猿俣郷（下総国）本役也、仍地頭葛西新左衛（清経）□□□□（門入道経蓮カ）造進之、
東西脇門二宇各一間、葦葺、在金物、
作料官米六十石
平塚郷（下総国）本役也、仍地頭越後守実時（北条）造進□（之カ）、
東廊一宇五間、葦葺
作料官米七十石
風早郷（下総国）本役也、仍地頭左衛門尉康常（風早）□□□（造進之）、
西廊一宇五間、葦葺、
作料官米七十石

矢木郷（下総国）本役也、仍地頭式部大夫胤家（矢木）□□〔造進カ〕、
若宮社一宇一間、葺萱、在金物、
作料官米五十石
萱田郷（下総国）本役也、何〔仍カ〕地頭千葉介頼（頼胤）□□□□〔胤造進之〕、
祭殿一宇三間四面、葺萱、
作料官米百廿石
結城郡（下総国）本役也、仍地頭上野介広綱（結城）等造進□〔之カ〕、
中殿一宇三間、葺萱、在金物、
作料官米五十石
垣〔埴〕生西条（下総国）本役也、仍地頭越後守実時（北条）造□□〔進之カ〕、
酒殿一宇五間、葺萱、
作料官米百石
河栗遠山方（下総国）本役也、仍地頭等造進之、
但、宝治者、号御厨、給主等掠先例、雖申下宣
旨、以新立神領、不可対捍本役之旨、関東御式
目分明之上、被下　院宣之間、除神官上□〔分カ〕之外
造進之、今度者、無違乱令造之、
庁屋一宇五間一面、葺萱、
作料官米百石
大須賀郷本役也、仍地頭等造進之、
大炊殿一宇三間、葺萱、在金物、
作料官米三十石
無足之間、以庄々作料官米内、為行事所沙汰、
造進之、
薦殿一宇三間、葺萱、
作料官米三十石但任治承例、弐拾石、
無足之間、以庄々作料官米内、為行事所沙汰、
造進之、
火御子社一宇一間、葺萱、在金物、
作料官米三十石
建久以後、始募立用公田四ケ所当〔々脱カ〕、千葉介造
進之、仍今度千葉介頼胤以遠山方二丁・葛東
二丁造進之、
日王子社一宇一間、葺萱、在金物、
作料官米三十石
下野方郷（下総国）本役也、仍地頭武藤左衛門尉長○頼造

進之、
於岐栖社一宇一間、葺萱、在金物、
作料官米三十石
吉橋郷（下総国千葉郡）本役也、仍地頭千葉介頼胤造進之、
瞻男社一宇一間、葺萱、在金物、
作料官米三十石
垣（埴）生西条内富略郷（富谷郷）本役也、
仍地頭越後守実時（北条）造進之、
忍男社一宇一間、葺萱、在金物、
作料官米三十石
下野方郷本役也、仍地頭武藤左衛門尉長頼造
進之、
脇鷹社一宇一間、葺萱、在金物、
作料官米三十石
無足之間、以庄々作料官米内、為行事所沙汰、
造進之、
鹿嶋新宮社一宇一間、檜皮葺、在金物、
作料官米三十石

無足之間、以庄々作料官米内、為行事〔所脱カ〕沙汰、
造進之、
一鳥居一基
作料官米百石
印東庄（下総国）本役也、仍地頭千葉介頼胤造進之、
但、印東庄作料米二百石内、百石募、
一鳥居、百石者令弁済行事所畢、
二鳥居一基
作料官米百石
葛西郡本役也、仍地頭伯耆左衛門（葛西清経）入道経蓮造
進之、
三鳥居一基
作料官米百石
大方郷（下総国）本役也、仍地頭諏方三郎左衛門（盛経）入道真
性造進之、
玉垣三十一丈六尺
作料官米三十石但治承例二十五石、
無足之間、以庄々作料官米内、為行事所沙汰、

造進之、
四面釘貫四百五間
作料官米六十石
国分寺(下総国)本役也、仍地頭弥五郎時道女房造進
之、
内殿
作料官米□〔五カ〕十石
正神殿雑掌沙汰也、仍葛西入道経蓮(清経)造進之、
御簾□〔五カ〕間内
内殿三間
正神殿御戸二間
件所課者、任代々旧例、為雑掌課役也、但諸
社已下者、郡郷地頭等所課也、於無足所所
者、以庄□□〔々作〕料米内、為行事所沙汰、造進来
者例也、
六所当社六宇
為行事所沙汰、造進之、

〔解説〕
香取神宮の式年遷宮にあたり、北条実時が印西条（現千葉県印西市）・埴生西条（現千葉県印西市）・平塚郷（現千葉県白井市）の領主として費用を負担している。なお、年次未詳であるが、文永八年度の遷宮に関するものなので、ここに収める。『千葉県史料　中世編　香取文書』香取神宮文書９号。【鎌】九二五七。

文永九年（一二七二）

196「本朝続文粋」奥書

（国立公文書館所蔵　識語篇二三〇五号）

（第一尾）
文永九年十月廿二日、以相州(北条時宗)御本書写校合了、
猶点者、本無点之間当時無沙汰者也、已下巻々校
了、
越州刺史(北条実時)（花押）
同十二月以十三日〇以大内記広範(藤原)〇之本、移点校合畢、
（第二尾）
文永九年初冬下旬、以相州(北条時宗)御本、書写校合了、

越州刺史（北条実時）（花押）

同十二月五日、以大内記広範（藤原）之本、移点校合畢、

（第三尾）

文永之（九）年初冬之月、以相州（北条時宗）御本書校了、

越州刺史（北条実時）（花押）

同十二月十一日、以大内記広範（藤原）之本、移点校合畢、

（第四尾）

文永之（九）年初冬之月、以相州（北条時宗）之御本書校了、

越州刺史（北条実時）（花押）

同十二月五日、以大内記広範（藤原）之本、移点校合畢、

（第五尾）

文永之（九）年初冬之月、以相州（北条時宗）御本書校了、

越州刺史（北条実時）（花押）

同十二月十一日、以大内記広範（藤原）之本、移点校合畢、

（第六尾）

文永九年初冬下旬、以相州（北条時宗）御本書校了、

越後守平（北条実時）（花押）

（第七尾）

文永九年初冬下旬、以相州（北条時宗）御本、書写校合了、

越州刺史（北条実時）（花押）

（第八尾）

文永九年初冬下旬、以相州（北条時宗）御本書校了、

越州刺史（北条実時）（花押）

（第九尾）

文永九年初冬下旬、以相州（北条時宗）御本書校了、

越州刺史（北条実時）（花押）

（第十尾）

文永九年初冬下旬、以相州（北条時宗）御本書写校合了、

越後守平（北条実時）（花押）

（第十一尾）

文永九年初冬下旬、以相州（北条時宗）御本書校了、

越州刺史（北条実時）（花押）

（第十二尾）

文永九年初冬下旬、以相州（北条時宗）御本書校了、

越州刺史（北条実時）（花押）

（第十三尾）

文永九年初冬下旬、以相州(北条時宗)御本書校了、
越州(北条実時)刺史(花押)

〔解説〕北条実時が、北条時宗所持本を書写し、将軍宗尊親王の侍読藤原茂範の子大内記広範の所持本から訓点を移したと伝える奥書を持つ写本。「本朝続文粋」は平安時代後期に朝廷でやりとりされた漢詩文・祭文・諷誦文・書類の名文を集めた文例集なので、得宗家や実泰流は必要な資料として収集していたと推定できる。

197　諸国守護職注文

(東大寺図書館所蔵「梵網戒本疏日珠抄」紙背文書)

本給人信濃判官入道(二階堂行忠)
長門国　相摸(北条宗頼)修理亮《スケ》殿
本給人周防前司(藤原親実)
周防国　同
本給人大友出羽前羽(頼泰)(司)
筑後国　(異筆カ)「北六ハラ殿[　]」
武蔵守(北条宗政)殿
本給人少卿入道(少弐資能)
肥前国　越後守(北条実時)殿
同
肥後国　城介(安達泰盛)殿
本給人伊藤三郎左衛門
石見国　武蔵式部大夫(北条朝房)殿
本給人後藤判官(基頼)
越前国　足利上総守(満氏)(ママ)
本給人相摸式部大夫殿(北条時輔)
伯耆国　三浦遠江次郎左衛門(佐原経光)[　]
能登国　備前二郎殿(北条宗長)
尾張入道(見西、北条時章)□

〔解説〕元との戦争にともなう守護職の交代を記した一覧。肥前国が少弐資能から北条実時に交代している。『横須賀市史　史料編古代・中世Ⅰ』一三七五号。

198　名越教時書状

(①七五〇　②七五一／名古屋市蓬左文庫所蔵「斉民要術」紙背文書)

①
以使者申入旨候、可』被尋聞食歟、恐々』謹言、
八月廿七日　(北条)教時(花押)
越後守(北条実時)殿

---

②
「(上書)　(切封墨引)
越後守(北条実時)殿　教時」

〔解説〕
用件は使者が伝えるので、口頭で聞いて欲しいと記すのみである。名越教時は文永九年二月の二月騒動で誅殺されたので、仮に没年の文永九年にかけて収める。【神】七三五、【鎌】一一五九二。

文永十年（一二七三）

199 北条実時書状 （五二一〇／四 紙背なし）

世《（瀬）》戸堤内《（武蔵国六浦庄）》入海殺生禁断』事、下知状令書進候、若違犯』輩候者、可被觸仰政所候也、』恐惶謹言、

（異筆）「文永十年」
三月廿九日 実時状

〔解説〕
六浦庄の地頭北条実時が、領家職を持つ仁和寺の六浦庄政所に充てて送った書状。これとは別に、殺生禁断を命ずる文書が発給されている。瀬戸入海を殺生禁断の放生池にしたと伝える。【神】六五三、【鎌】一一二二一。

200 左衛門尉俊氏請文 （五二一一／五 紙背なし）

六浦庄《（武蔵国）》世《（瀬）》戸堤内入海殺生』事、自今以後、所被停止也、』早存知其旨、固可加禁断、』若有違犯之輩者、可注申交』名由事、謹承候了、守被』仰下之旨、可致其沙汰候、以此旨』可令披露給候、恐惶謹言、

文永十年四月二日 左衛門尉俊氏請文
（裏花押）

〔解説〕
前号資料を受けた六浦庄政所側の請文。俊氏は北条実時が伝えてきた内容について上司に伝達すると回答しているので、六浦庄預所職を持つ仁和寺に連なる人物と考えられる。俊氏は、鎌倉に下向している仁和寺の法流をくむ僧の代官と推測される。【神】六五四、【鎌】一一二二五。

201 善慶書状 （一七四八／名古屋市蓬左文庫所蔵「斉民要術」紙背文書）

雖乏少候、』筆十本、令』進上候、令入』見参給候乎、』恐々謹言、

（文永十年）
後五月十二日 善慶状
（花押）
鵜沼左衛門尉《（国景）》殿

〔解説〕
北条実時の重臣鵜沼国景に対して、筆十本を送ると伝え

る送付状。閏月によって文永十年と確定する。【神】六五七、【鎌】一一二八三。

202　結城朝広書状

（①六九六二　②一七〇〇／名古屋市蓬左文庫所蔵「斉民要術」紙背文書）

①
度々如申入候、何様にても、』令参上候天、可罷入見参之由』相存候、随又条々訴訟と申不』□旁可参啓候之処、依目労不能』□仕候之間、不参候之条、恐入候、

抑、備中国吉備津宮領者、依為』能登守秀康（藤原）跡、亡父日阿（結城朝光）賜二位家（北条政子）』両通之御下文、云地頭職、云社務職』、至于信仏（結城朝広）之時、都及五十余年』当知行無相違候之処、晴宗（安倍）不』顧二位家御下文、致両様之沙汰之間、

（本紙）
（裏紙）

②
就訴申候、奉行人長田（広雅）』左衛門尉申者、定有其咎歟、』可和与云々、凡於二位家御下知者、不』及改御沙汰之由、雖承及候、愚昧』身迷是非候、此条枉伺御気色』為蒙仰候、重以使者令申候、』委細被尋聞食候天、御披露候者、』可然候、恐々謹言、

（文永十年）十二月八日　　信仏（花押）

平岡左衛門尉（実俊）殿

「（上書）（切封墨引）

平岡左衛門尉殿　　信仏」

〔解説〕
結城朝広が、備中国一宮吉備津社の地頭職の相論について、実泰流の重臣平岡実俊を通じて北条実時に伝えている。結城朝広は、鎌倉幕府の引付奉行人長田広雅に不正があったとして越訴に持ち込もうとしている。【神】七三八、【鎌】一一五九五。

203　菊池武房書状

（六八六／名古屋市蓬左文庫所蔵「斉民要術」紙背文書）

畏令啓候、
左京権大夫（北条政村）殿御非常之由、承』及候、殊以驚歎入候之間、企参上可』申入候之処、依異国之事、鎮西地頭』御家人等、不可令参向之由、被下御教書』候之間、不参拝仕候之条、恐存候、仍』相親候出田又太

郎泰経令進上之候、』以此旨可有御披露候、恐惶謹言、

後五月廿九日（文永十年）　藤原武房（菊池）状（花押）

進上　平岡左衛門尉（実俊）殿

〔解説〕
菊池武房は、異国警固により鎮西を離れられないので、親族を派遣し、不参となる非礼を詫びている。北条政村の卒去に触れた閏五月の文書なので、文永十年と確定する。【神】六九七、【鎌】一一三三二。

204 「鎌倉年代記」文永十年条 （京都大学総合博物館所蔵）

六月廿五、引付頭一実時（北条）・二時村（北条）・三宗政（北条）・四時広（北条）・五泰盛（安達）、

205 「関東評定衆伝」文永十年条（抜粋）

評定衆　越後守平実時（北条）、二番引付頭、六月廿五日為一番頭、

〔解説〕
204・205号資料は、北条政村卒去による引付改編で、北条実時は引付二番頭人から一番頭人に序列をあげている。

206 小田時知書状 （①七一三 ②七一四／名古屋市蓬左文庫所蔵「斉民要術」紙背文書）

①
太郎殿（北条実村カ）御事承候、不変』時令馳参候、雖可申上候、近』隣人々可驚申候歟間、先以』使者申候、有其御心得、便宜之』時、可有御披露候、恐惶謹言、

九月十三日　左衛門尉時知（小田）状（花押）

□（進）上　平岡左衛門尉（実俊）殿

②
「進上（上書）　平岡左衛門尉殿　少尉時知状」

〔解説〕
北条実時の庶長子実村のことについて尋ねる小田時知の書状。体調を悪化させているのであろう。芳しくない時は参上すると伝えている。【神】七三七、【鎌】一一五九四。

207 後藤基頼書状 （①八〇四 ②八〇六／名古屋市蓬左文庫所蔵「斉民要術」紙背文書）

①
楊梅一合進上候、今年ハ、』無下ニせいちいさく候之間、』頗無念之次第候歟、此様を』可有御心得

候、恐々謹言、
(文永十年)後五月廿二日　　(後藤)基頼（花押）
(菅原宗長)観証御房

②「(上書)（切封墨引）
観証御房　　基頼」

〔解説〕
閏月により文永十年と確定する。六波羅評定衆後藤基頼が、北条実時の後見観証に進物をしたと伝える書状。歌人としてのつきあいの中でのやりとりであろう。称名寺の律院改編後も観証は浄土教の僧として残ったのであろう。【神】六九六、【鎌】一一三二七。

208　唐橋具忠書状

（七三二／名古屋市蓬左文庫所蔵「斉民要術」紙背文書）

其後御辺何事候哉、指』事不候之間、常不申案内
候、』存外之懈怠候歟、
抑、雖下品候扇卅本進之』候、毎事期後信候、恐々
謹言、
(文永十年)六月廿五日　　(唐橋)具忠
甘縄殿

〔解説〕
この書状の充所である甘縄殿については、北条実時と比定する説がある。甘縄（現鎌倉市御成小学校を中心とした一帯）は安達氏の鎌倉における拠点であるが、実泰流は安達氏とも唐橋家とも姻戚関係にあり、甘縄に館を持っていたとしても不自然ではない。北条実時の孫顕実は、甘縄を家名とした分家をおこしている。【鎌】一一五八四。

参考　日蓮書状

九月九日写鳥〔雁〕、同十月廿七』日飛来仕候了、抑越州
嫡男』幷妻尼御事、不知是非、』此御一門御事自謀
反之外、』異島流罪過分事歟、』ハタ又四条三郎(頼基)左衛
門』尉殿便風、于今不参付』之条何事耶、定自三
郎』左衛門尉殿申旨候歟、』伊与殿事、存外性情
智者也、当時学問無隙

仕候也、非裏〔褒〕美実器量』者也、来年正月大進阿闍
梨与越中可遣去之、白小』袖一給候了、今年日本

国』一同飢渇之上、佐渡国七月七日』已下、自天忽
石灰虫と申虫雨下、』一時稲穀損失了、其上疫々
虚々』遍満、方々死難難脱歟、』事々紙上難尽之、
恐々謹言、

十一月三日　日蓮（花押）

土〔富〕木殿（常忍）御返事

〔解説〕
「越州嫡男」を北条実時の庶長子実村にあてる説が出されている。しかし、実時の後継者は七代執権北条政村の娘を母とする顕時なので、越州嫡男を素直に人名比定すれば顕時となる。日蓮の佐渡流罪は文永八年から十一年なので、この間の越後守は北条実時一人であるが、越州は、越前・越中・越後三ケ国が該当するので、実時に特定することには無理がある。仮に、文永十年に収める（坂井法曄「金沢北条氏に関する日蓮の記録」『興風』一八号）。『日蓮遺文』四一四号。

文永十年（一二七三）年末雑載

「斉民要術」紙背文書

文永十一年三月十一日書写の奥書を持つ写本の紙背文書。年代の確定できない文書について、書写の前年の文永十年年末雑載としてまとめて収める。

209　藤原千寿王丸書状

（六八二／名古屋市蓬左文庫所蔵「斉民要術」紙背文書）

□〔乏ヵ〕少之至、雖恐存候、初』□〔到ヵ〕来候之間、生鮭一尺』
□〔進ヵ〕上之、以便宜可令入』見参給候、恐惶謹言、

七月廿八日　藤原千寿王丸

平岡左衛門尉殿（実俊）

〔解説〕
北条実時に対する進物の取り次ぎを平岡実俊に依頼した書状。【神】七三三、【鎌】一一五九〇。

210　頓宮ヵ忠氏書状

（六八七／名古屋市蓬左文庫所蔵「斉民要術」紙背文書）

□□〔夫ヵ〕入道殿御事示承、敢可』□□参候之処、
為京都大番役参洛』□□自去月十四日沈重病候、至
于当』□□〔時〕令存命候之間、前後不覚候、』□□不

及参上候之条殊以恐入候也、」□□淵江二郎右衛門
尉員平令」□□間、御存知此旨候者、可然相」□□
候、恐惶謹言、
後五月廿一日（文永十年カ）　藤原忠氏（頓宮カ）（花押）
平岡左衛門尉殿（実俊）

〔解説〕
北条政村卒去に関する書状のひとつ。京都大番役で在京していたところ、病床に伏していて、弔問に赴けなかったと伝える。武蔵国御家人と思われる淵江員平とは縁者なのであろう。忠氏の名代として淵江員定が北条実時に弔意を伝えると伝えた書状と思われる。【神】六九五、【鎌】一一三二六。

211　忠員書状

（六八八／名古屋市蓬左文庫所蔵「斉民要術」紙背文書）

□□ニ籠候、」□□入御見参」□□哉候覧、」□□謹
言、
□月廿九日　忠員（花押）
□（平）岡左衛門尉殿（実俊）

〔解説〕
北条実時に対する進物の取り次ぎを平岡実俊に依頼した書状（折紙）。【神】七四二、【鎌】一一五九九。

212　後藤基広書状

（七三三／名古屋市蓬左文庫所蔵「斉民要術」紙背文書）

□ちあハひ」□十令進上候、」便宜之時可令」入見
参給候、」恐々謹言、
六月廿五日　基広（後藤）（花押）
平岡左衛門尉殿（実俊）

〔解説〕
打鮑を送ったので、折りをみてお目にかけてくださいと平岡実俊に取り次ぎを依頼した書状（折紙）。北条実時と後藤氏は和歌の仲間なので、親しくしていた。【神】七二八、【鎌】一一五八五。

213　結城広綱書状

（七七四／名古屋市蓬左文庫所蔵「斉民要術」紙背文書）

□□ニこ」□（進カ）上仕候、かう（守殿）（北条実時）」□（殿カ）御かたの」□（けカ）さんに
入」給へく候、恐々謹言、

□月十九日　　広綱《結城》上（花押）

□□《ひら》《平岡》をか左衛門尉《実俊》殿

〔解説〕
品物はわからないが、送付状と判断してよい書状（折紙）。漢文でないところがめずらしい。北条実時は小山氏とは姻戚関係にあるので、結城氏も交流の範囲に入っていたのであろう。【神】七四一、【鎌】一一五九八。

214　印日書状

（八六〇／名古屋市蓬左文庫所蔵「斉民要術」紙背文書）

『□□七郎左衛門尉』参上仕けニ候へハ、定令

申』候歟、恐々謹言、

六月九日　　印日（花押）

平岡左衛門尉《実俊》殿

「（切封墨引）

平岡左衛門尉殿　　印日」

〔解説〕
法名から実名は追えないが、北条実時と使者をやりとりする鎌倉幕府の有力者や有力御家人の書状であろう。使者を派遣するので、用件を聞いて欲しいと平岡実俊に取り次ぎを求めた書状である。【神】七二六、【鎌】一一五八三。

215　二階堂行忠書状

（一〇七六／名古屋市蓬左文庫所蔵「斉民要術」紙背文書）

『□三籠令』□《進カ》上候、可令入』見参給乎候』□《覧カ》、恐々

謹言、

□《八カ》月廿五日　　行一《二階堂行忠》（花押）

□《平》岡左衛門尉《実俊》殿

〔解説〕
二階堂行忠が北条実時に三籠分の進物をしたので、お目に掛けてくださいと取り次ぎを求めた書状（折紙）。【神】七一二、【鎌】一一五六九。

216　仙覚書状

（一七三三／名古屋市蓬左文庫所蔵「斉民要術」紙背文書）

夏梨一褁、故折西枝』令進上候也、以此旨可令』入

見参給候、恐々謹言、

七月三日　　仙覚（花押）

平岡右衛門尉(実俊)殿

（本紙）
（裏紙）

「(上書)」　（切封墨引）

平岡右衛門尉殿　　　仙覚」

〔解説〕

書状の主は慈覚門徒と称するので、仙覚は武蔵国北院（埼玉県川越市）に連なる天台僧か。鎌倉の文化圏で育ち、「万葉集註釈」や「仙覚律師奏覧状」などを編纂した。北条実時との交流は、歌人としてのものであろう。この書状は、実時に対して夏梨を送ったので、平岡実俊に対して取り次ぎを求めたものである。【神】七二九、【鎌】一一五八六。

217 法親王書状

（二〇四八／名古屋市蓬左文庫所蔵「斉民要術」紙背文書）

昨夜俄会被思出候、」□一合進候、仙舜随身」□を点定進候也、今朝」□暑気寒気出来、此定」者可帰二階堂(相摸国鎌倉永福寺)候、今朝」謁別駕(安達泰盛)候、毎事期」見参候、謹言、

七月廿一日　　　法親

越後守(北条実時)殿

〔解説〕

益性法親王書状（金文二〇四四／整理一〇二七）に「法親」と署名があるので、法親は法親王の略称と考えられる。鎌倉に長期滞在しているので、二階堂は永福寺と推定してよいだろう。惟康親王の縁者と思われる。【神】七一九、【鎌】一一五七七。

218 佐渡寺文親書状

（二一一〇／名古屋市蓬左文庫所蔵「斉民要術」紙背文書）

□□遺跡□之程事候、争」無御計候哉之由、相存之議候、」□此旨便宜出来候者、可然之様」□(可カ)有洩御披露候歟、文親恐惶」謹言、

正月廿五日　　　佐渡寺文親上（裏花押）

進上　観証御房

〔解説〕

後見の観証を通じて、北条実時に依頼をしている。遺跡のことを言っているので、後継問題をめぐる争いから実時に相談をしたいのであろう。佐渡寺が特定できないので、詳細は不明。【神】七一三、【鎌】一一五七〇。

219　北条光時書状

（一三五三／名古屋市蓬左文庫所蔵「斉民要術」紙背文書）

先々令申候訴訟事、便宜之』□（時カ）者、得御意令加御脣
吻給候、』□望可足候歟、其子細、以使者』□（令カ）申
候、恐々謹言、
　七月十日　沙弥蓮智（北条光時）（花押）
謹上　越後守殿（北条実時）

（本紙）
（裏紙）

（上書）「（切封墨引）
　謹上　越後守殿　沙弥蓮智」

〔解説〕
宮騒動で失脚した名越光時は、伊豆国江間に引退していた。西大寺長老叡尊が鎌倉に下向した時にも、北条実時を通じて面謁を遂げている。今回は訴訟のことという。使者を派遣して説明したいと伝えるので、所領の争いなど重要な案件であろう。【神】七三〇、【鎌】一一五八七。

220　法親王書状

（四三二二／名古屋市蓬左文庫所蔵「斉民要術」紙背文書）

□程不申様覚候、凡暑気』□日倍増、熱悩無為方
候、』□下野律師良暁者、年来』□（知カ）己之仁候、依訴
訟令参上候、』□被尋聞候者本懐候、謹言
　六月廿五日　法親
越後守殿（北条実時）

〔解説〕
前号の法親王書状と同一人物である。訴訟のために鎌倉に下向してきた下野律師良暁は知人なので、訴訟として取り上げて欲しいという。北条実時が越訴奉行の時に受けた書状と思われる。法親王は、この時期の在任者が明らかでない永福寺別当であろうか。【神】七一七、【鎌】一一五七四。

221　法親王書状

（四三二三／名古屋市蓬左文庫所蔵「斉民要術」紙背文書）

下品扇廿本、色々筆』□管、随見来候進之』候、今
朝付尊玄令申』候了、毎事非見参者』難尽候、謹

言、

　三月廿一日　　　法親

越後《(北条実時)》守殿

〔解説〕

法親王からの進物を届けると共に、派遣した尊玄からいろいろと聞いて欲しいと伝える。細かいことは面談でないと伝えられないと記すので、将軍御所でよく顔を合わせていると推測してよい。法親王は将軍附として京都から下向し、永福寺別当に就任した惟康親王の縁者の可能性が高い。【神】七一五、【鎌】一一五七二。

文永十一年（一二七四）

222「斉民要術」奥書

（名古屋市蓬左文庫蔵　識語篇八三〇号）

（第一尾）

書写点校之、子細記第十巻奥了、

　本云、

宝治二年戊申九月十七日、康楽寺《(山城国愛宕郡)》僧正《(慈賢)》譲賜之、

　　典薬権助和気種成在判

仁安元年十月六日、於東坂本《(近江国)》河原口坊、以唐摺本書写了、

一校了、同七日又校了、

建治二年正月十五日、以近衛羽林借賜之、摺本校合了、

（第二尾）

　本云、

宝治二年戊申九月十七日辛酉康楽寺《(山城国愛宕郡)》僧正《(慈賢)》譲賜之、

　　正五位下行典薬権助和気朝臣《(種成)》　在判

仁安元年十月六日一校了、同七日又校了、

（第四尾）

書写点校之、子細記第十巻奥畢、

　本云、

宝治二年戊申九月十七日辛酉康楽寺《(山城国愛宕郡)》僧正《(慈賢)》譲賜之、

　　典薬権助和気《(種成)》在判

仁安元年九月廿八日一校了、

同年十月七日又一校了、

建治二年後三月九日、以近衛羽林借賜之、摺本校合

了、

（第五尾）

本云、

宝治二年戊申九月十七日、康楽寺（山城国愛宕郡）僧正（慈賢）所譲賜也、

正五位下行典薬権助和気朝臣（種成）在判

仁安元年九月廿九日一校了、同十月六日又校了、

（第六尾）

本云、

宝治二年戊申九月十七日辛酉伝得之、

典薬権助和気（種成）在判

仁安元年十月五日一校了、又校了、

（第七尾）

宝治二年戊申九月十七日辛酉伝得之、

（和気種成カ）在判

仁安元年十月二日一校了、又校了、

（第八尾）

宝治二年九月十七日伝得之、

仁安元年十月三日一校了、同年十月六日又校了、

（第九尾）

本云、

宝治二年戊申九月十七日、康楽寺（山城国愛宕郡）僧正（慈賢）所譲賜也、

正五位下行典薬権助和気朝臣（種成）在判

仁安元年九月廿八日午時書了、

十月五日一校了、同七日又校了、

（第十尾）

本云、

宝治二年戊申九月十七日辛酉自康楽寺（山城国愛宕郡）僧正（慈賢）之手伝之、

典薬権助和気（種成）在判

仁安元年九月晦日、於百斉（済）寺（近江国愛知郡）、以唐本摺本書了、

仁安元年一校了、同十月七日又校了、

此書一部十巻、小川僧正（承澄）御房、自京都令借下本給之間、書写校合了、

于時文永十一年三月十一日　越州刺史（北条実時）（花押）

〔解説〕

北条実時が、比叡山延暦寺の小川僧正承澄所持本を借用して書写校合を行ったと記す奥書。奥書から、もとが中国で印刷された版本であり、和気種成が天台座主慈賢から譲り受けた写本が、医道和気氏の伝本となったことが

わかる。

建治元年（文永十二、一二七五）

223　「群書治要」奥書

（宮内庁書陵部所蔵　識語編四七八号）

（第十九尾）

当巻炎上之間、以勾勘之本、書写点校了、抑勾勘本者、炎上以前、以愚本所書写也、

于時文永十二年四月四日、　越州刺史(北条実時)（花押）

勾勘本奥云、

本云、

文永三年七月二日、藤翰林(藤原茂範)被点送了、蓋是先年依誂置也、

越後守平(北条実時)在之

〔解説〕

宗尊親王の侍読藤原茂範の書写本から訓点を移した写本を焼失したため、勾勘に用いた本を書写して訓点を移したという。全文は、74号資料に収める。

224　北条実時譲状案

（五二一三／東京大学史料編纂所所蔵「市島春城旧蔵手鑑」）

□□(譲渡)　所領等事

信濃国大田庄大倉・石村両郷、』下総国下河辺庄前林・河妻両郷・』平野村

□(右カ)、件所々、所譲与藤原氏也、但於下河辺』郷村等者、一期之後、可付惣領之状□(如)件、

文永十二年四月廿七日

越後守平(北条実時)（花押影）

〔解説〕

北条実時が、所領を夫人に譲与したもの。譲与と一期分を分け、下河辺庄の所領を一期分としている。筆跡から、原本を忠実に写した案文と推定できる。【神】七七八、【鎌】一一八七七。

225　「関東評定衆伝」建治元年条（抜粋）

評定衆　越後守平実時(北条)一番引付頭、五月籠居六浦(武蔵国)、依所労也、

〔解説〕
尻付と関係史料により、北条実時が中風で六浦庄の別業に引退したことがわかる。

226「群書治要」奥書

（宮内庁書陵部所蔵　識語篇四七八号）

（第十七尾）
建治元年六月二日、以勾勘本、書写点校終功、抑此書一部事、先年後藤壱州（後藤基政）為大番在洛之日、予依令誂所書写下也、而於当巻者、仮藤（藤原）三品茂範之手、令加点畢、爰去文永七年極月、回禄成孽、化灰燼畢、今本者、炎上以前、以予本、勾勘令書写之間、還又以件本、重令書写者也、

越州刺史（北条実時）（花押）

〔解説〕
本書の原本は、北条実時が書写し、藤原茂範の訓点が移された写本であるが、文永七年の火事で焼失したと記している。後藤基政が焼失した原本を書写しているので、この年に基政所持本を写して欠巻を補っている。全文は、74号資料に収める。

227「名語記」奥書

（個人蔵　識語篇一三七二号）

（第十尾）
建治元年六月廿五日、稲荷法橋経尊之所送給也、件帖者去文永六年愚草之名語記令進上之時、正備高覧下賜御所、御返事之上、御馬牽預了、生前面目老後大幸也、而気味不愚之余重令案立、三四五字之反音、今度邪推之時聊故実出来、先進之書僻案訛謬多々之間、大略令改注了、仍十帖進上之、於先度五六帖者一向可被破却云々（此帖称所故縁奥州（北条時村）家人□□宮内左衛門持来々）者、先度雖不知書之善悪、感好文之志領納了、今度又宜然者歟、

越州刺史（北条実時）（花押）

（異筆）
延山（甲斐国身延山）武井房住物日述（花押）

〔解説〕
「名語記」は、鎌倉時代に作成された古辞書。語源について考察した古辞書として貴重。この写本は、醍醐金剛

王院流の稲荷法橋経尊から所持本を書写して送ってもらったという。北条時村の家人の縁者という人から一度入手した本を所持していたが、善本ではないので破却したと伝える。

228 六条八幡宮造営注文

（国立歴史民俗博物館所蔵　田中穣氏旧蔵文書）

造六条八幡新宮用途支配事 建治元年五月　日

鎌倉中

相摸守(北条時宗)武蔵前司入道(北条泰時)跡幷最明寺(北条時頼)跡寄合　五百貫

武蔵守(北条義政)所相渡陸奥入道(北条重時)幷武蔵入道(北条長時)跡　三□□

修理権大夫(北条時房)跡可除越後入道(北条時盛)分　三百貫

左京権大夫(北条政村)跡　二百貫

遠江入道(北条朝時)跡備前々司(北条時長)跡可寄合　二百貫

足利左馬頭入道(義氏)跡　二百貫

駿河入道(北条有時)跡　六十貫

越後守(北条実時)　八十貫

長井左衛門大夫入道(泰秀)跡　百八十貫

城入道(安達義景)跡　百五十貫

（中略）

建治元年六月廿七日、於関東将軍(惟康親王)政所定、同法眼下向之時、書写畢、

〔解説〕

六条八幡宮は、源頼義が京都の六条左女牛に石清水八幡宮を勧請したと伝える社。源氏の六条堀河亭の跡地にあり、京都における源氏の廟所となっていた。この年、将軍家は六条八幡宮造営の費用を鎌倉幕府に所属する人々に割り振っている。得宗北条時宗の五百貫が最も多く、連署を勤めた重時・時房の一流がそれに次ぐ分担をしている。但し書きをみると、分家の成立事情も読める。北条実時は八十貫を負担している。『南北朝遺文　関東編』三七七三。

建治二年（一二七六）

229「施氏尉繚子解義」奥書

（天理図書館所蔵　識語篇一四一七号）

（第廿六尾）

建治二年五月六日、以政連（中原）本、令顕時（北条）書写了、

越州刺史（北条実時）（花押）

〔解説〕
鎌倉幕府の奉行人中原政連の所持本を北条顕時に書写させたと記す。231号資料と一具で、編纂された武経の注釈書がある。

230「群書治要」奥書

（宮内庁書陵部所蔵　識語篇四七八号）

（第十一尾）

建治二年五月廿一日、以康有（三善）之本令書写了、当巻紛失之故也、抑康有本者、以予之本、先年所書写也、

（花押）（北条実時）「実時」（異筆）

本奥云、

文永五年六月廿四日校合了、

本云、

弘長三年十二月卅日、藤京兆（藤原茂範）被点送了、蓋是去年春之比、依誂置也、

〔解説〕
この巻も一度失われたので、問注所執事三善康有の所持本を書写したという。金沢文庫には三善氏の公務日記「建治三年記」がある。三善氏は北条実時の叔母（尼是心）の嫁ぎ先なので、書物の貸借のあったことを示している。全文は、74号資料に収める。

231「施氏司馬法講義」奥書

（右文故事附録　識語篇一四一八号）

（第十八尾）

建治二年六月七日、以兵庫之助（中原政宗）□、　越州刺史（北条実時）

〔解説〕
北条実時所持本であったことを示す奥書が収められている。229号資料と一具になる武経。兵庫助は、局務中原師直の曾孫で、鎌倉に下向した越前法橋円全の子兵庫助中原政宗と推測してよい。『吾妻鏡』には越前兵庫助政宗

の通称で記され、康元元年正月十六日に五十四歳で卒去したと卒伝がたてられている。政宗の子が、北条貞時に諫言した平政連である（「門司氏系図」『門司文書』北九州市自然史・歴史博物館）。

232 「群書治要」奥書（宮内庁書陵部所蔵　識語篇四七八号）

（第十五尾）
此書壱部、先年於京都（山城国）書写了、而当巻誂右京兆茂範（藤原）
加点了、爰去文永七年十二月、当巻已下少々焼失
了、然間以康有（三善）之本、重書写点校了、康有者以予之
焼失之本、所書写也、
　于時建治二年八月廿五日、　越州刺史（北条実時）（花押）
本奥云、
　本云、正元々年極月廿八日、右京兆（藤原茂範）点給了、蓋
　是去比依誂申也、

〔解説〕
文永七年に焼失した北条実時所持本を、三善康有所持本から補ったと伝える。全文は、74号資料に収める。

233 北条実時書状写（一／四〇〇函「聯句集」紙背文書）

「先トシテ、タ、上ヲカサリテ、ヘツラヒモトメタ
ルニテ候、ケニ重キ職』ヲモ授ケ、家中ヲモアツ
ケラレテ候ハン時ハ、必ス党ヲナシ、群《クン》ヲ』ムス
ヒテ、主ヲクラマシ、人ヲ損シ候ハンスル也、サ
テサフラフ者トモ』ノ中ヲ簡ヒ候ニ、実直ヨノツ
ネナル者ト覚候間、定メ申候、家中ヲ』アツケ、
大小事ヲ仰ラレ合テ、ヘタテナク召ツカハレ候ヘ
シ、此事身ノ器量』ヲモハカラス、過分ノ望ヲ懸
タルエセ物トモ、一定ソネミ申候ヌト』覚候、ヨ
ク〳〵心えラレ候テ、ハカラヒナトサレサセ給マ
シク候、サヤウノ輩ハナ』カク召ツカハルマシク
候、カヽルエセ者を召ツカフニ依テ、ヒカ事ヲモ
引出、』悪□　　　　　□』又別ニ心ヤスキ者
ヲモチテ、サネナ□ニヘタ』テ、□
□シ彼カ申ニ付テ、定タル事ヲモ、ミタリナト
せ』ラレ候ハン□　　　□レテ正躰ナキ事ニ

テ、ヤカテ人心々ニナリ、家中ミタレ』テ、勝事□　□也、イカニ不便ニ思者ニテ候ヘトモ、ソノ器量タ』ラサル者ニハ、□〔重カ〕事ヲキカセ、物ヲ申合ナトスル事ハ、アルマシキ事ニテ』候、帰リテ□　□ソノソノ〔衍カ〕者カ為ニモアタニ成候也、ヨク〳〵心エサセ給ヘク候、』

一所領配分落居セサル事、コレ召ツカフ輩ラ、偏ニ上ヲ軽スル』故ニテ候也、軽クセラル、故ハ、又ミタリニ人ノ云事ヲ用ヰ、賞罰《ハツ》ヲ明カニセサルカ至ス所ニテ候也、ミタリニ事ヲ不行、クハシク道理ヲタ、シ、』貴ヲモナタメス、賤ヲモステス、カタク賞罰ヲ行テ、私シ無ランニ』於テハ、人ミナ天ノ政ノ如クニ思テ、ウラミソネム所アルヘカラス候、設シ』心ノ不及ニヨテ、物事ヲ行ヒ候トモ、甚心私ナクテ、人ノ為、世ノ為メヲ』思テ行候ハンニハ、人ウラミヲ不致ス、天ソノ徳ニクミシ候ヘキ也、カク』私シ無ク□　□於テ□ウラミソネミ候ハン輩ニ於テハ、召ツカハルヘカ〔ラ脱カ〕ス候、トカ』ヲ行候、牧ノシハノ□ハレム至ニテ候也、一人ニ過ヲ行候ヌレハ、万人ツ、』シミ候故也、□〔コカ〕ノハカリ事ナクシテ、一旦不便ナレハトテ、ソノ過ヲ』ナ□〔タカ〕メ候ヘハ、万人ヒカ事ヲ留メス、主ヲホロホシ、身ヲ指〔損カ〕シ候也、』サレハ賞罰ヲ明カニセサルハ、人ヲ損シ、身ヲ損スル源ニテ』候也、コトサラ、貴ク重カラン者ノ罪ヲカラク行ヒ、賤カラン』者ノ忠ヲ賞セラレ候ヘク候、コレ政ノ故実ニテ候也、タ、政ト』申候ハ、賞罰ヲカタク、明カニ行フヨリホカノ事ナク候也、』此事トモクハシク、披覧シテ、ヨク〳〵存知候ヘトテ、病モ日ニソヘテヲモク、年ツモリ候テ、今ハ手モフルヒ、目モミヘス候ヘトモ、』カンナニ、自筆ニ、カキテ候也、仍執達如件、アナカシコ〳〵、

〔建治二年〕七月二日　　　　実ー〔北条実時〕

越後六郎《（北条実政）》殿

〔解説〕
北条実時家訓の別名を持つ書状。異賊征伐の大将軍として博多に赴任する子息実政に訓戒を授けたもので、書状の終わりには、体の調子はよくないが、自筆で書いたと伝える文言がある。この書状は、称名寺二世長老釼阿の書写本で「聯句集」の紙背に断簡として三紙が残っている。【神】八〇九、【鎌】一二五三一。

234「関東評定衆伝」建治二年条（抜粋）

評定衆　越後守平実時《（北条）》、一番引付頭、十月卒、
右京権大夫義時《（北条）》朝臣孫、陸奥五郎実泰《（北条）》法師男、母天野和泉前司政景女、暦仁元年三月十八日任掃部助、宣陽門院蔵人、建長七年十二月十三日任越後守、同日叙爵、文永二年六月廿七日叙従五位上、建治二年十月廿三日於六浦《（武蔵国）》別業卒、年五十三、

〔解説〕
北条実時の卒伝を載せる。建治二年十月二十三日に六浦別業で亡くなったと記す。称名寺に隣接する金沢館であろう。

235「東撰和歌六帖」第四

落葉　実時《（北条）》
庭の面の　□をだにも　見るべきに
猶さそふなり　山颪の風

霜　実時
玉串の　葉分の霜を　ふく風に
ゆふしでなびく　かもの神山

実時
三室山　神のしめゆふ　榊ばに
やたび霜置く　冬はきにけり

枯野　実時
さをしかの　妻どふ声も　絶はてぬ
真野の萩原　霜枯しより

〔解説〕
後藤基政が撰んだ私家集で、弘長元年以後文永二年以前の成立に年代が絞られる。和歌を詠んだ年代は特定できないので、仮に北条実時の没年にかけて収める。『新編国歌大観　第六巻　私家集編Ⅱ』。

建治三年（一二七七）

236「建治三年記」四月二十日条

廿日

常陸国雑人奉行事

越後左近大夫将監(北条顕時)出仕之上者、可被返付也、

熊野山(紀伊国)御幸事、被下 院宣(亀山上皇)、

今夕御所(惟康親王)御方違宇津宮野州(景綱)亭云々、

〔解説〕

北条顕時が父北条実時重服の服仮を給わっていたことを示す史料。顕時復任を記した史料は見えないが、ここ数日のことであろう。伊藤一美『建治三年記 注釈』（文献出版）。

237「建治三年記」十二月二日条

二日、晴、

相大守(北条時宗)賢息(貞時)御元服午時、二棟御所(相摸国鎌倉)被上西御格子、西御侍御酒肴垸飯如元三、越州(北条業時)被申剋限、其後出御歟、次賢息被参御簾中、次武州(北条宗政)同被参理髪御役、次城務(安達泰盛)持参烏帽子、佐対州(佐々木氏信)持参広蓋、長井備前(時秀)湯摩坏、御元服之後被賜御大刀、越州役歟、相大守已下着座于庭、中門以南々北行、車宿前東西行、西御門以南々北行被巻御簾、御剣前武州(北条宣時)、御弓征矢大切符(斑)、尾州(北条公時)、御甲冑藤威○相摸式部大夫(北条政長)越後左近大夫将監(北条顕時)、御野矢小切符(斑)、下野前司(景綱)宇津宮、御行騰備中前司(二階堂行有)、役、人自侍妻歴参

一、御馬栗毛上手相摸右馬助(北条宗房)下手長崎四郎左衛門尉(光綱)、二、鹿毛刑部少輔七郎(北条宗基)・工藤二郎右衛門尉(高光)、三、河原毛陸奥十郎(北条忠時)南条二郎左衛門尉、皆被置銀鞍、自西侍妻被引向中門与西侍東南角、其後相大守已下被参侍賜酒、康有(三善)幷宗有愁列人数接末藉、

〔解説〕

得宗北条時宗の嫡子貞時の元服式を記した条文。貞時は、この年七歳。式は将軍御所正殿南西の二棟御所で行われている。北条顕時は、この式で御調度役の甲冑役を勤めている。伊藤一美『建治三年記 注釈』（文献出版）。

弘安元年（一二七八）

238「関東評定衆伝」弘安元年条（抜粋）

評定衆　左近大夫将監《越後先代一族》平顕《北条》時、二月加、
引付衆　左近《越後》大夫将監平顕《北条》時、二月加評定、

〔解説〕
この年の二月、北条顕時は引付衆から評定衆に昇格している。

239　六波羅探題下知状案（五二一七／六　紙背なし）

〔　　〕備進国景《鵜沼》所拝領之守護領数〔　〕〔　　〕
女遺□《跡》之上者、不可有不審〔　〕〔　　〕有御沙
汰、当村為守護領内之〔　〕〔　　〕分明之由、国
景令申之上者、〔　〕〔　　〕汰之状如件、
弘安元年十二月廿五日
左近将監平《北条時国》〔　〕
陸奥守平《北条時村》〔　〕

〔解説〕
実泰流が守護職を勤める伊勢国守護領に関する相論。訴訟の当事者として守護代鵜沼国景の名前が上がっている。【神】八七六、【鎌】一三三三五。

弘安二年（一二七九）

240「金剛仏子叡尊感身学正記」

弘安二年九月二日条

九月二日、一切経開題供養、鎌倉《相模国》亀谷禅尼法名浄阿弥陀仏、本将軍家女房、摂津前司師員《中原》入道法名行厳之後家、予関東下向時、新清涼寺《相模国鎌倉》宿所之亭主、為越後守実時《北条》朝臣之沙汰、借用令去、自爾以来帰向三宝、禁断所領之殺生、受持菩薩之禁戒、時々音信于今不絶之仁也、俄以六十人々夫、奉渡一切経於当寺《大和国奈良西大寺》、而可奉開題之旨、有慇懃所望、難黙止故、勧請百僧令礼首題也、法会事終後、彼禅尼来曰、摂津前司《中原師員》入道所持仏舎利、不付嘱人、乍懸頸命終、為後家故、年来奉持、欲奉安置当寺、後日奉持懸可参詣

云々、則領状畢、

〔解説〕
鎌倉幕府の評定衆中原師員の後家が、一切経を西大寺に寄進したと伝える。弘長二年に西大寺長老叡尊が鎌倉に下向した時、北条実時に頼まれて宿所を叡尊に貸して以来の親交の結果と伝える。『西大寺叡尊伝記集成』。

弘安三年（一二八〇）

241「関東評定衆伝」弘安三年条（抜粋）

評定衆　越後左近大夫将監平顕時（北条）、十一月任越後守、

〔解説〕
この年十一月、北条顕時は越後守に補任されている。

弘安四年（一二八一）

242「弘安四年鶴岡八幡遷宮記」（静嘉堂文庫所蔵）

（弘安四年）同四月廿六日、卯剋上棟如常、道々者録注文、在于別紙、

上宮（相摸国鎌倉）　雑掌　相摸守殿（北条時宗）　　下宮　極楽寺入道跡（北条重時）　左京権大夫殿跡（北条政村）
熱田社　上野大蔵少輔入道（結城朝広）　中沼淡路前司跡（長沼宗政）　　三島社　三浦介（頼時）　天野肥後跡（天野光景）
高良社　畠山上野入道跡（泰国）　　松童社　毛利右近大夫跡
荏柄社　縫殿入道（中原師連）　　源大夫社　刑部大甫入道
武内社　駿河入道跡　　白旗社　小郷入道跡
竈神殿　筑後入道跡　　楼門　足利入道跡（義氏）
八足門　武蔵守殿（北条宗政）　　神宮寺　修理太夫故跡　遠江守御家人等
鐘楼　遠江入道故跡　　上幣殿　相摸守殿
拝殿　秋田城介（安達泰盛）　　下幣殿　越後守殿跡（北条実時）
拝殿　長井左衛門大夫跡（泰重）　　中鳥居　伊東大和入道（祐時）

此外、脇門廻廊面々雑掌、在于別紙、

〔解説〕
弘安四年の鶴岡八幡宮造営の役負担の交名。実泰流には、北条実時の跡職として一族の人々に分担が割り振られている。『神道大系　神社編　鶴岡』。

243「宝珠護摩壇図　私」（龍華寺所蔵）

文永七年四月四日、自今夕為相州（北条時宗）女房産祈禱被始

行、宝珠護摩』伴僧四口請書有別、大阿闍梨大僧都頼助、此法事法則以下毎事開田准后(法助)』御命云々、仍伴僧等被用京下輩了、』護摩被用伴僧事、御流様云々、御説云、諸護摩召具、伴僧事、或四口』或二口、随時儀云々、又巻数五口金剛仏子云々、若率四口伴侶云々、』雑掌城介(安達泰盛)、延行及数日、同以其沙汰云々、』

御産所、四郎左近大夫(北条宗政)亭也

弘安四年五月三日、自今夕被始行此法、護摩新越州(北条顕時)室城介女也、自旧年密々』有被申之事、謂求子之法也、以前二ケ度産依為女子也、聊有指合子細之間』延引、今月未入節以前、可被修之支度在之、於御住房始行之、其儀大体如図、』但壇東奉懸仏眼万タラ一鋪、其前立机一前安置、奉納本寸之御舎利袋、』其左真珠卅二粒安之以綿裹其表以紙裹之、右砂金七両白銀七両安之各以紙裹物裹猶紙也、』机傍挙一灯、机前立護摩壇塗方爐、其作法如常、但行者左脇机毎日被』安、仏布施謂上紙一帖巻而安之、在名香苔、其外毎事増益法式也、元瑜』可勤手替之由御開白後承之間、自後夜時参勤之、結願雖為十日』、々次不宜之故引上一日九日結願、々々時アサリ自被修之、則被遣御巻数了、

同五年九月十七日、於鶴岡八幡宮(相摸国鎌倉)社頭、自今夕一七ケ日之始行、仏眼』護摩給宀朱法也、同勤手替大体同前、但金銀所代被安置、廿種香薬』一裹歟、其外無違事、是大円覚寺(相摸国)造畢之由祈精云々、施主相州(北条時宗)、』御使兵庫頭長光(丹波)、

正応二年五月十日、於相州(北条貞時)亭宀朱護摩、伴僧四口元瑜・聖瑜頼宗・頼任、其作法全同』表記但仏眼呪、三力金以後至于一字金、御加持呪同仏眼也、

同八月十七日、於同亭修同、護摩伴僧無之、元瑜勤手替了、

同三年三月十八日、於社頭仏眼護摩宝朱也、伴僧四口元瑜・聖瑜定仏・頼任、』作法如常施主相州(北条貞時)、

〔解説〕

弘安四年の先例として、北条顕時夫人の正室（後に法名無着）が求子法を行ったことが記されている。先の二人の子供は女子だったので、男子を求めての祈禱であった。うち一人は足利貞氏室であろう。先例として記録さ

れるのであるから、この修法は成就した可能性が高い。誕生した男子は明らかでないが、成長していれば嫡男となるべき子である。本紙には、表面に壇図および注記がある。

244「鎌倉年代記」弘安四年条（京都大学総合博物館所蔵）

十月、引付頭、一業時《北条》・二宣時《北条》・三公時《北条》・四顕時《北条》・五泰盛《安達》、

245「関東評定衆伝」弘安四年条（抜粋）

評定衆　越後守平顕時《北条》、十月為四番引付頭、

〔解説〕
弘安四年十月の引付改編で、北条顕時は四番頭人となっている。

弘安五年（一二八二）

246　某願文（峯ケ岡八幡宮僧形八幡神坐像像内納入文書）

⌈　⌋《うやまてカ》申
ちゝハゝ《父母》、女けうしやうりやう、そのほか心さす
くわこ一〱に、』⌈　⌋やうわ⌈　⌋一さ
い⌈　⌋しやうゝらいしやうふ□《つ》た□《う》⌈
⌋』りんしゆしやうねん《臨終正念》、わう上こくらく《往生極楽》、
とせにハふきす候、仍ちやうすらんれいならしめ
給へ、
一たのミまいらせて候、十二の[redacted]《たい》ら《平氏》のうちのゝ
女、思さまなるほと』さいわい《幸》あらせて、そのと
く御かふらしめ給へ、
一たいらのあき時《平顕時》《北条》いつとなく候、いたハり《労》へちの事
なくたす□《けカ》、』しゆミやう《寿命》のいのち《命》、こんかう《金剛》の
ちから《カ》つけさせ給へ、』⌈　⌋いは□にめてたき
おのこらたひ□《おカ》ハしまし』⌈　⌋ちう⌈
⌋一々にかなハさせ給らせ、
一サニなかく、ふちわらの女けん《⌈　⌋ちや⌈　⌋といふ》せうちうたすけ』
　てたるをハしまし候へ、
こうあん五ねん七月廿三日
⌈　⌋

〔解説〕
北条顕時の病気平癒を祈願する文言を持つ像内納入文書。僧形八幡像は、鶴岡八幡宮と同じ様式なので、鎌倉の文化圏で造られたものと推定できる。像内納入の願主として、時房流の北条宗泰が推定される。『川口市史古代中世資料編』一三一七号。

247 常福寺阿弥陀三尊修理願文 (宝樹院所蔵)

奉建立 常福寺(武蔵国六浦庄) 僧定耀 僧永祐 僧忠珍 豊津清
正
二間四面堂一宇有礼堂 高二丈六尺 広二丈七
尺 長三丈二尺
久安三年大歳丁卯二月廿六日甲寅立之、四月一日甲午
上棟
大工僧厳勝 少工僧永勝 僧覚意 僧勢義
大壇主内蔵武直 縁友卜部氏 僧実祐 縁
友源氏 僧道仁

右、此銘文者、此堂棟木所打着文也、此堂本尊者、今等身坐像阿弥陀観音勢至二菩薩也、」抑、此堂宇幷敷地山林仏供田等在六浦本郷(武蔵国六浦庄)、然当荘地頭越後守平実時、為二親、於同」荘内金沢郷建立一伽藍、名称名寺、于時後嵯峨法皇第二皇子即位比、文永八年大歳辛未十一月」十一日、以彼常福寺被付称名寺末寺、爰称名寺住持僧沙門審海、当於大檀那越州(北条実時)逝去一」周忌之年、撤彼常福寺旧堂、移称名寺之弥勒堂合一堂、仍一堂内弥勒像、今阿弥陀」三尊奉並置云々、自彼久安造立、至迄今年弘安五年大歳壬午経一百余歳之星霜、依之此三尊仏像坐光皆破壊」御身悉損壊、爰審海比丘念々住修補之願楽、年々聚微少之銭財、捨三衣一鉢之余財、役一紙半銭之貯」畜、仍於此年中三尊之坐光、更以新造御□□像、又以端厳、凡一々荘厳倍勝本造矣、但一心」雖企恭敬修補之志、或仏等時節致種々無礼其罪重、伏願塵之洗浴、或剋面彫身、或染塗採薄、於此○早滅衆以仏加故衆罪善大円、以一々功力」先奉始大檀那故越州実時幷彼先妣先考等幽霊幷弟子、父母兄弟、現身養育父母等、師匠等」同法等、兼此仏像最初本願等、同今結縁所持等、其面々父母等作造衆身事諸人、皆同生安養」世界悉皆得見阿弥陀仏、聞法解悟得不退転、仍

至法界同生其土矣、
結縁者
小檀那内　慈性禅尼　同能性禅尼　同真観禅尼　同
蓮信禅尼　信願禅尼
同母儀禅尼　阿観禅尼　是心禅尼　金薄施主山臥僧
沙門明円
僧乗蓮　丹後局　専□禅尼　得生禅尼
作助結縁人　称名寺現前衆僧　大仏師土佐公○法橋円慶
同良弟子
塗師右馬入道　同子息兄弟二人　薄師入道五郎入道也
大奉行乗蓮　染売買役人法名安養房
大願主審海比丘
于時弘安五年大歳壬午七月卅日
大勧進審海比丘

〔解説〕
金沢区大道にある宝樹院本尊阿弥陀三尊像の造内納入文書。宝樹院の前身寺院常福寺創建の経緯と称名寺末寺となった経緯を記し、阿弥陀三尊像が称名寺弥勒堂に移されて修理されたことを審海が記している。本文中に、称名寺創建を後嵯峨院第二皇子即位の頃と記している。京都であれば第一皇子後深草天皇・第二皇子亀山天皇と数えることに問題ないが、称名寺は鎌倉幕府に連なる寺院である。鎌倉では後嵯峨院の第一皇子を将軍宗尊親王としている。第二皇子は後深草天皇になるので、称名寺創建を後深草天皇即位の寛元四年頃と考えておく。

弘安六年（一二八三）

248「鎌倉年代記」弘安六年条

（京都大学総合博物館所蔵）

四月、引付頭、一宣時（北条）・二公時（北条）・三時基（北条）・四顕時（北条）・五泰盛（安達）、

〔解説〕
弘安六年四月の引付改編で、北条顕時は四番頭人に留任となっている。

249「公衡公記」弘安六年九月十二日条

十二日、（中略）今日可被行小除目、可参陣云々、予申承由了、同剋内々着布衣帰今出川（山城国京都）、除目任人間事

書、家君(西園寺実兼)御書有付帥事等、忩忙之間不能引見如次第、且忩有可奏院事之間、酉一点着束帯蒔絵剣、無文帯、泔(紺)地平緒則参新院(亀山上皇)毛車、雑色・番頭等両三之、外無僮僕、細々公事略侍也依召参御前、奏家君令申給条々時村(北条)・顕時(北条)一級事、頼泰(大友)諸司長官事、能成(藤原)侍従事、良康(丹波)権侍医還任事勅答之趣、時村・顕時一級并頼泰兵庫頭等事、所有其沙汰也、能成事、任人已治定、職事退出了、然而汝参内之後、仰職事可書入小折紙者、良康(丹波)事、以尚長子息御療治賞被任了、今不及改任歟、其外望申諸司長官歟、於其条者被待便宜之由也、予退出参内、（中略）

聞書、雑任略之、

権少外記清原頼秀　侍従藤原能成

掃部助三善行俊

備前権守大中臣為行六位也、権守六位常事之由外記申之、新蔵人也

右近将曹秦久家　左衛門尉三善定衡

右衛門少志大江職重　兵庫頭平頼泰

弘安六年九月十二日

従四位下藤原定教

従五位上平時村(北条)　平顕時(北条)　安倍宗俊

従五位下清原季兼　藤原景氏元廷尉也、而申畏之時、依不合期不饗応下部、仍下部等一同訴之、各不従公事、仍被止其職被叙爵歟、不便々々、雖為家人更無御口入之事也、

去夜除目任人折紙謹進上候、可令進入中納言(西園寺公衡)殿御方給候、良季(清原)恐惶謹言、

九月十三日　大外記清原良季上

進上　大内記(藤原邦行)殿

〔解説〕

この時の臨時除目で、北条顕時が従五位上に昇進している。『史料纂集　公衡公記』。

弘安七年（一二八四）

250 「鎌倉年代記」弘安七年条　（京都大学総合博物館所蔵）

五月、引付頭、一宣時(北条)・二公時(北条)・三時基(北条)・四顕時(北条)・五宗景(安達)、

〔解説〕

弘安七年五月の引付改編で、北条顕時は四番頭人に留任となっている。

251　北条顕時書状　（三／名古屋市蓬左文庫所蔵「侍中群要」紙背文書）

伊予国久米郡良生名幷』国清名散田新田等地頭』代職事申つけ候、御さた』あるへく候、あなかしく、く、

弘安七年七月廿一日　（花押）（北条顕時）

御はゝ（金沢殿）へ

〔解説〕
北条顕時が、母金沢殿に伊予国久米郡内の名田地頭代職を給わったと伝える書状。金沢殿は北条政村の女で、北条実時の正室である。【神】九七七、【鎌】一五二五三。

弘安八年（一二八五）

252　「鎌倉年代記」裏書　弘安八年十一月十七日条　（京都大学総合博物館所蔵）

申時、城陸奥入道（安達泰盛）覚真一族悉被誅、但丹後守頼景（安達）法師脱殃訖、合戦之日、余炎移将軍（惟康親王）御所焼失訖、越後守顕時（北条）為泰盛入道縁坐之間、左遷総州（下総国）埴生庄、永仁四（元）年、被召返
合戦之時非分被誅輩、刑部卿相範（藤原）・三浦対馬前司（頼連）・懐島隠岐入道（道願、二階堂行景）・伴野出羽入道（長泰）・大宰少弐（武藤景泰）・大曽禰上総前司（義泰）・足利上総三郎（満氏）・南部孫次郎等云々、

253　「武家年代記」裏書　弘安八年条　（宮内庁書陵部所蔵）

十一十七、城陸奥入道（安達泰盛）泰盛法（安達）―覚真・同城介宗景（安達）・美濃入道長景（安達）・舎弟弥九郎、已上輩、一族被誅了、依余火御所炎上了、越後守顕時（北条）流刑永仁元四廿七被召返、赦免、

254　安達泰盛乱聞書　（本證寺所蔵「梵網戒本日珠抄」紙背文書）

越後守殿（北条顕時）被召籠』　宇治宮（ママ）　対馬入道手ヨセテ

〔解説〕
弘安八年十一月の霜月騒動について記した史料。北条顕時は安達泰盛に与せず、召し籠められた後に、下総国埴生庄に籠居することになった。【神】一〇一九。

255　北条顕時書状写　（八二二六／賜蘆文庫文書所収称名寺文書）

態以専使令申候、抑付城入道（覚真、安達泰盛）追討事、依』為因縁被残御不審候歟、仍配流之由被仰下候、』於今者、生涯之向顔不定仁覚候、殊抽丹誠可預御』祈念候、付其候天波、文永六年与梨何事登候和須、世上』騒乱之間、人之上歟、身之上歟、安不更仁難弁時分仁候幾、』仍寄進状并絵図を認置候、其後同九年正月十四日、』名越尾張入道（見西、北条時章）・遠江守（北条教時）兄弟倶非分被誅候了、同』年二月十五日六波羅式部丞（北条時輔）被誅候、今年又城入道』十一月十七日被誅候了、皆雖御存知事候、無常之理、銘』心腑候、凡此十余年之式、只如踏薄氷候幾、今既』其罪当身候之間、不運之至、思設事候、明日払暁、』総州（下総国埴生庄）下向候、寺家敷地事、以所副進之絵図、為際目、』向後可有御知行候、金沢郷（武蔵国六浦庄）事、不可有子細之由、被』仰下候之間、歎之中喜此事候、猶々祈禱偏憑存候、』以此旨可有御披露候、恐惶謹言、

「弘安八」
十二月廿一日　　　越後守顕時（北条）在判

進上　称名寺方丈（審海）侍者御中
「当寺開山妙性長老」

〔解説〕
南北朝時代に称名寺が訴訟のために作成した偽文書のひとつと見られる書状。霜月騒動の責めを負って、下総国埴生庄に隠棲する前日の書状として記されている（百瀬今朝雄『弘安書札礼の研究』東京大学出版会）。【神】一〇二三、【鎌】一五七六六。

256　北条顕時書状　（二／三七五　「夢因縁　般若用意」）

ゆめかまし』く候へとも、あふ』き三本進候、』又々恐候ほと□』は候はんとまい』らせ候、尚々ゆめ〳〵』しく候事、恐』入候、恐々謹言、

五月十五日　　　顕時（北条）
（花押）

ちやうらう（長老）の御方（審海）

〔解説〕
北条顕時が称名寺長老審海に扇三本を送ったことを伝える送付状。顕時は弘安八年十一月の霜月騒動に連座した

ときに出家したので、本書状はそれ以前のものとなる。顕時の出家にかけてここに収める。【神】一一四一、【鎌】一八三九七。

弘安九年（一二八六）

257「仏光国師語録」

示越後孫太郎

参禅無他事、只要明各人自己父母未生前一件事、此一件事人人皆有、箇箇円成、不用安排、不用装点、頭頭顕露、処処放光、日日夜夜、了無間隔、常在動用之中、千変万化、七出八没、得如此現成、得如此活落、得如此分暁、如此開闊、在諸仏分上、不増一絲頭許、在凡夫分上、不減一絲頭許、在越後太守分上、欠箇甚麼、今日将己事未明、扣老漢求法語、老僧拈起筆、守罔然、吾笑語之曰、此是三文買得、守不領奉勧太守、帰第反覆詳究、如何詳究、只向応接事物、区別是非処、治生産業処、折旋俯仰処、拈盌挙筋処、知暖知寒処、起坐困醒処、夜暗昼明処、上高下低処、著一隻眼自看、如此変化者、是甚麼物、此物従何而来、百年之後、又向何処去、只十二時中、如此做工夫、三年両年、五年七年、必得入手、曠劫可以受用、此名自己清浄法身仏、今世若不参得分明、千劫万劫、行幽冥之中、可不懼哉、

〔解説〕
無学祖元が越後孫太郎に示した法語。祖元の鎌倉滞在中、北条実時・顕時はともに越後守に任官しているので、越後孫太郎は実時孫とも顕時孫とも考えられるが、不明である。祖元の没日（弘安九年九月三日）にかけて収める。『大正新修大蔵経』。

正応五年（一二九二）

258「千載和歌集」奥書

（静嘉堂文庫所蔵　和学講談所旧蔵）

右兵衛督（一条）教定本或人借用畢、然又自後借取書写了、
于時建長第三暦初秋十一日而已、
同年八月十五日、以愚労三度校畢、但不審多之、以証本重可見合歟、同九月九日、以或本可校了、

正応五年壬辰八月中旬候、以前越後守実時（北条）本写之、
書写調帖々々間、和字漢字勿用異候、行法寸法悉移
本体、無肖先賢之証本、尤足末代之規模而已、
　明和元年冬十月　　　　穂雨
　　　　　　　　　　行年七十四歳書

〔解説〕
正応五年八月に北条実時所持本「千載和歌集」を書写したと伝える奥書を持つ写本。

永仁元年（正応六、一二九三）

259「鎌倉年代記」永仁元年条（京都大学総合博物館所蔵）

十月、止引付置執奏、時村（北条）・道鑑（北条公時）・師時（北条）・恵日（北条顕時）・宗宣（北条）・蓮瑜（宇都宮景綱）・宗秀（長井）等也、

〔解説〕
出家を遂げて法名を恵日と名乗る北条顕時が、北条貞時政権の執奏に名を連ねている。

260「親玄僧正日記」永仁元年十一月十七日条（醍醐寺所蔵）

十七日、天晴、風止了、越州（恵日、北条顕時）禅門被参了、中院御力者入来了、聖一法師云々、

〔解説〕
下総国埴生庄から鎌倉に戻った北条顕時が、この日親玄僧正と対面している。親玄僧正日記を読む会「親玄僧正日記」（『中世内乱史研究』十五号）に翻刻。

261「三井寺灌頂脈譜」百三　静誉前大僧正授三人（国立公文書館所蔵）

発意転（法輪）｜　大夫　永仁元｜十二｜廿二　唐院（近江国園城寺）八人　長声
　顕弁　　年廿五　良円神（供）｜　幸貞　弁聖　仙親
　　　　戒十四　現暹頭　基継助　寛全　宗円
虚空蔵　越後入道顕時（北条）子

〔解説〕
「三井寺灌頂脈譜」（江戸時代写本）は、天台宗寺門派の祖円珍が宗叡に授けたものから、安永四年に定玉が忍尊

に授けた伝法灌頂までを記した記録である。園城寺には、明治時代まで書き継がれた「伝法灌頂血脈譜」（『園城寺文書　第七巻』園城寺）が伝来する。永仁元年十二月二十二日、北条顕時の庶長子顕弁が実相院の静誉僧正から園城寺唐院で伝法灌頂を授けられたことが記録されている。

永仁二年（一二九四）

262「鎌倉年代記」永仁二年条（京都大学総合博物館所蔵）

十月、又置引付頭人、一時村《（北条）》・二道鑑《（北条公時）》・三道西《（北条時基）》・四恵日《（北条顕時）》・五蓮瑜《（宇都宮景綱）》、

〔解説〕
執奏を廃止して引付を復活させた記録。北条顕時は引付四番頭人に再任している。

永仁四年（一二九六）

263「鎌倉年代記」永仁四年条（京都大学総合博物館所蔵）

正月十二日、引付頭、一時村《（北条）》・二道西《（北条時基）》・三恵日《（北条顕時）》・四宗宣《（北条）》・五□□《（蓮瑜）（宇都宮景綱）》、

〔解説〕
引付改編。北条顕時は四番から三番に移っている。

永仁五年（一二九七）

264「鎌倉年代記」永仁五年条（京都大学総合博物館所蔵）

一時村《（北条）》・二師時《（北条）》・三道西《（北条時基）》・四恵日《（北条顕時）》・五蓮瑜《（宇都宮景綱）》

〔解説〕
引付改編。北条師時が二番頭人に入ったことで、北条顕時は四番頭人に移っている。

265 「見聞私記」 永仁五年閏十月七日条

一永仁五年閏十月七日未時、自佐々目谷(相摸国鎌倉)口火出来、甘縄(相摸国鎌倉)等大焼亡、千葉屋形已下兵部大輔(北条顕実カ)・駿河守・近江守等屋形悉焼了、甘縄宿坊焼失、於聖教等出用半被出了、

〔解説〕

鎌倉甘縄の大火を伝える。焼失した家屋の中の兵部大輔は、甘縄顕実の可能性がある。

永仁六年（一二九八）

266 「延宝伝灯録」 巻十九 （神奈川県立金沢文庫所蔵）

京兆(山城国京都)景愛尼無外如大禅師、別号無着、初名千代野、陸奥太守平泰盛(安達)城氏之女、既笄配越後守平某(北条顕時)金沢氏、失所天後帰心祖闈、拝請仏光(無学祖元)祝髪納戒、上京師謁諸知識、構資寿精舎専一坐究作工、一日触縁忽然大悟、詠和歌曰、千代野不加、伊多多久於計乃、曾古奴計天、美津太末良禰者、月毛也登良寸、謁光呈所悟、光挙黄龍三関徴問、答三転語、光付法衣幷自賛頂相、有末後一句分付無着之句、上杉氏・二階堂氏等、建景愛寺於京、請為第一代、師乃開堂、竪払拈鎚応接来機、無異大方叢林、凡有所問答曰、日面仏月面仏、時号日面和尚、諸官奏朝、陞寺位於京兆尼五山之甲、光臨遷化、与手書曰、汝受吾衣法道風大行、老懐懽喜、骨髪少許分留与汝、汝為安奉、別置一小禅刹、代吾分化須当竭力、不得違吾之志、師相攸城北(山城国京都)置正脈庵、為仏光之塔頭、永仁六年中冬二十八日化、寿七十六、康永元年、武蔵守源師直(高)・越後守源師泰(高)高氏幷景愛於正脈庵増構宏規、奉仏光為開山、請夢窓(疎石)兼管住持、左武衛源直義(足利)、改額万年山真如寺(山城国京都)、絶海津(中津)公値師百年忌拈香曰、落々玄機脱略窠臼、茫々苦海甘作舟航、用鉄磨本分之艸料、振末山已墜之玄綱、以言遣言掣卻喬梵鉢提之片舌、以毒攻毒、爛尽舜若多神之肝腸、可謂行解相応、心法双忘、又曰、総持曾続少林芳、無着重輝仏日光、争似吾師遺景愛、到今艸木発天香、

或曰、大灯国師（宗峰妙超）逢師于第五橋上、問曰、阿師莫是無著麼、師便撥開布衫曰、看々、諸仏出生門、灯笑而去、今按、師遷化時灯十七歳、当其在第五橋辺、距師滅後隔十余年、俚語附会之説、不足為実焉、

〔解説〕

北条顕時の正室は安達泰盛の娘で、法名を無着と号す。無着が無学祖元の弟子であったため、同じく祖元の弟子で京都景愛寺の開山となった無外如大と「千代野物語」の主人公千代野の女性三人の事績を混同してこの伝記が作られた。そのため、すべてが無着の事績ではない。この混同した伝記が、その後の研究を大きく混乱させることになった。無着の没年は不詳のため、伝記中の没日にかけてここに収める。

267「仏光国師語録」巻三

越州太守（北条顕時）夫人、請慶讃釈迦像楞厳経陞座、我仏釈迦世尊従無住法中、従無量劫来、修無功用行、遍無辺刹土、度無量衆生、三身不借、十号非彰、大千沙界一毫端、度尽衆生無所度、三祇非遠、万徳非功、降兜率陀天、示雪山苦行、玉毫宛転、破彼幽冥、擲棄金輪、統禦三界、五天竺国、室羅筏城、示大経巻、量等大虚、纔開口時、拈起払子云、便露出這一著子、其他諸経、百匝千重、不露線索、不露脚跡、如越大陣、只是点過、会者黙黙自知、不会者任他不会、唯是楞厳一会、分毫剖釐、八還弁見、七処徴心、貴要阿難便得入門、兜羅綿手、如百宝光、射阿難肩、阿難左右顧視、如将清浄大海、攪作一鼎沸湯、急索回頭早已十方無路、窮諸玄弁、一絲不掛機前、塵毛刹海、了無踪、四聖六凡俱絶踪、借他絃管、酔我韶華、万劫空流、般若名一句不留元字脚、文殊譾揀円通、観音舌頭拖地、楞厳一会即在于今、草木叢林更無異説、機智尽路頭絶、面皮翻転没来由、十方世界一団鉄、泥牛昨夜吼西風、火裏烏亀頭戴雪、卓拄杖云、華放優曇劫外春、珊瑚枝枝撐著月、復云、我太唐儒家有不信仏者、以十二部経為漫頇無有統緒、秀才家乍看諸経、如樵夫乍入大海、心目俱眩、東西南北、不知方向、千箇有九百九箇、興

謗唯看此経者、皆得入門、皆悟本法、皆知信向、方知如来的徹之処、有恨見此経之晩者、蓋此経破相顕理、指意剋的、一句両句、如白石蜜中辺皆甜、如雪山草寸寸是薬、奇哉不可思識也、方秋崖宋之名儒、因見儒家謗仏、作書云、楞厳円覚両書、仏之兵将也、仏之士馬也、仏之城郭也、若欲破彼、吾儒中有如此士馬城郭乎、若欲破彼須当堅甲利兵、亦当如彼円覚楞厳二書、方可与之立敵、若無此不可軽議釈教也、吁此経、如帝釈髻中之珠、能消一切衆毒、能降一切魔事、禅和家、做工夫、未得自在、未得受用、十二時中鑿山討路、正如世尊開門閉門趕阿難、狂猿意馬、到万仞崖頭、無著手脚処、一蹶起来和贓納款、却道我今覓者、即是我心、釈迦老子、恐阿難死在這裏、咄云、此非汝心、阿難矍然避席云、此若非我心、心心即同亀毛兎角、阿呵呵、釈迦老漢尽将三千大千世界、揑作一塵、付与阿難、阿難不肯承当、咄、莫謗法、也卓拄杖、復説偈曰、一念情消曠劫前、豁開塵網透塵縁、十方仏土無遮礙、百宝光中坐宝蓮、

〔解説〕
北条顕時の夫人の求めに応じた無学祖元の法語。顕時とともに禅を学んだ夫人は、六浦庄に嶺松寺を開いた千葉泰胤の娘もいるので、無着とは断定できない。その配列から弘安八年十月五日から冬至までの間のものと考えられるが、前号資料にかけて収める。『大正新修大蔵経』。

正安三年（一三〇一）

268 「大休和尚住寿福禅寺語録」

為越後守（北条顕時）逆修陞座、妙性円明、本無名相、想澄成於国土、知覚乃有衆生、当知四大本空、六根非有、由和合而有生、因難散而有滅、而況三界擾擾、六趣昏昏、因縁果報以無差、過去来今而宛爾、応思此身危脆、如朝露、如芭蕉、如風燭、如浮漚、出息不保、入息転息、即是隔生捨生、随業受報、未知何処受生、再思労生世相、如夢事、如浮雲、如空花、如電影、夢時不可言無、覚時了不可得、味有為本自空寂、是故妄想執着、所以釈迦老子道、一切有為法、

如夢幻泡影、如露亦如電、応作如是観、諸仏了此幻化、得証常楽我浄、故曰涅槃、有情不了幻化、妄見生老病死、故曰苦輪可不畏哉、今也檀那自念夙植善本、禀報霊倫、省悟昨非、深信因果、諦観色蘊幻質、猶如明鏡之形、蝸角虚名、有若大槐之夢、蓋今生福報、皆従過去之善因、此世修功、定作来生之善果、倘不逆修於因地、曷為末後之資糧、由是一心帰命三界導師釈迦慈父、方広円覚了義上乗、金剛般若甚深妙典、仍命緇白作諸仏事、惟願仏法僧宝、為我作大証明、枯我無始業障海、滌我無量業根塵、除我歴劫顛倒想、解我多生寃害結、消我煩悩及衆病、施我四大悉安楽、延我現生之寿命、植我後世之福基、得入如来光明蔵、成就堅固不壊身、復願所修諸善行、永為出世之種子、堅如金剛不変異、一一荘厳於浄報、一念信心纔啓処、大円鏡智了無遺、

269 「大休和尚法語」

越後守(北条顕時)殿

父母未生前一著子、在諸仏謂之金剛正体、在衆生謂之本覚妙明、世界未成、生仏未分、平等無際、智者了悟之超邁今古、愚者迷昧之流浪生死、故曰生死之事大矣哉、猶旦夜之必然也、然本有覚性、清浄無染汚、固非経論家言詞、譬喩方便之所修練、故祖師直指人心、令見自性天真之仏、不属有無非有、非無非々有、非々無、離四句絶百非、浄智妙円、体自空寂也、昔日潙山祐禅師、問香厳和尚、如何是汝父母未生前一句、香厳尽平日参解呈似、皆不契厥旨、遂辞往忠国師塔所憩止、一日無心中芟除草穢、以瓦石撃竹作声、契悟述偈曰、一撃忘所知、更不仮修持、動容揚古路、不堕悄然機、処々無蹤跡、声色外威儀、諸方達道者、咸言上上機、看佗香厳悟後、如龍出洞、騰雲致雨、似虎出林、風行草偃、檀那越後守(北条顕時)殿、予(大休正念)住建長(相模国山内庄)日、獲遂識荊之願、知有西来直指之宗、毎扣旨要、予嘉其誠信、略露一班曰、現前色身、乃父母所生四大仮合、一大違和、四大受病、若了四大本空、則諸病亦空、諸病既空、五蘊亦空、五

蘊既空、即是本来人、本来人即是父母未生前一句、所言一句者、非文字語句、岩頭和尚目為正位、亦名頂門、乃仏祖頂𩕳上一脈也、此父母未生前一句、不離于今父母所生色身、所以臨済大師道、有一無位真人、向諸人面門出入、未証拠者看、永嘉真覚道、無明実性即仏性、幻化空身即法身、豈欺人哉、檀那苟諦信無疑、試於語黙動静、酬応指呼之間、黙々在念、挙覚此父母未生前一句、或冥心静慮不得酖著寂黙、値妄念紛飛、不得随念而去、正好提撕話頭、要須心口内外相応、勿使斯須有間、驀忽地揑著父母未生前鼻孔、不勝慶快之至、便可了生死一段大事因縁、大事既了、超然居物象之表、声色純真見聞不礙、皆吾家本地風光、至於致君沢民、臨機応変、万別千差、悉帰一致、自然仏法世法打成一片矣、若謂別有神機妙解奇言妙句、可伝可授可敵、生死是乃今時邪見也、思之、

〔解説〕
268・269号資料はともに北条顕時に向けた大休正念の語録。268号資料は「寿福寺語録」に含まれるので、正念が建長寺から寿福寺に移った弘安元年から示寂する正応二年の間のものになる。北条顕時の没年にかけてここに収める。268・269号資料ともに『大日本仏教全書』。

乾元元年（正安四年、一三〇二）

270 金沢貞顕書状（倉栖兼雄筆）

（①一〇二／四三七 釼阿本「薄草子口決」巻十六
②四／三七七 釼阿本「薄草子口決」巻十五）

① 先日属明忍御房（釼阿）、南』殿御方源氏初十帖令申』出候き、而明忍御房』御他行候歟之間、進御』辺候、可令返進給候乎、』彼次十帖、付此使可令』申出之由思給候、同披』露候者、本意候也、恐々』謹言、
（本紙）

（裏紙）
② （正安四年）卯月三日　貞顕（花押）
（祐範）戒円御房

（上書）「（切封墨引）
戒円御房　貞顕」

〔解説〕
金沢貞顕書状のなかで編年の定まる最も古い書状。舅の北条時村が、一族の女性南殿が所持する「源氏物語」の借用を申し出ている（271号資料）。南殿は、金沢館の女主金沢殿（実時後家、北条政村女）に対し、南側の建物に住んでいたのであろう。金沢南殿ともよばれる。貞顕は、称名寺の明忍房釼阿に手配を頼もうとしたが、不在なので兄弟子戒円房祐範に頼んだ。金沢家の家督を継いでから、六波羅探題南方として上洛する間の書状である。【神】①一三三〇＋②未収、【鎌】①二一一五〇＋②未収。

271 金沢貞顕書状（倉栖兼雄筆）

（一〇三／四三八　釼阿本「薄草子口決」巻十九）

無御披露内々』可令申給候、
故越後守殿《北条実時》所持源』氏物語為披校候、可』借賜之由
自武州《北条時村》被』仰候、彼本南殿御方』候也、自是申候と
て始十』帖暫可令申出給候歟、』愆令申出給候て、
付此使

〔解説〕
北条実時所持本の源氏物語を南殿が継承しているという。武蔵守北条時村がこの本を借用したいと伝えてきたので、金沢貞顕が六波羅探題として上洛する乾元元年以前の書状と推定できる。月日を欠くが、前号文書に関連するので、続けて懸ける。【神】一三三九・【鎌】二一一四九。

272 「実躬卿記」乾元元年七月廿六日条

（武田科学振興財団所蔵）

廿六日戊午、（中略）、今日、六波羅南方越後左近大夫
貞顕《北条》入洛云々、法皇《後宇多上皇》為御見物、蜜々臨幸粟田口《山城国愛宕郡》桟
敷、予《三条実躬》参会、同車宗氏《藤原》卿、子刻入洛、其勢及千余騎
歟、帰畢已及丑刻、

〔解説〕
金沢貞顕が六波羅探題南方として入洛したことを伝える。後宇多法皇が粟田口に桟敷を構えて見物していたこと、三条実躬も挨拶に出向いたこと、入洛した貞顕の軍勢は一千余騎で、入洛の時刻を子刻（午前零時前後）と記している。この時代の一日は、丑寅が境である。『大日本古記録　実躬卿記』。

273 「鎌倉年代記」乾元元年条　（京都大学総合博物館所蔵）

（六波羅）
南 貞顕（北条）于時中務権大輔、
乾元々七為六波羅、延慶二下向、

274 「武家年代記」乾元元年条　（宮内庁書陵部所蔵）

（六波羅）
南方　中務大輔　越後守
貞顕（北条）七七進発、同廿七入洛、延慶元十二下向、同二正下着、

〔解説〕
「鎌倉年代記」「武家年代記」の補任表に記された金沢貞顕の経歴。乾元元年七月七日に鎌倉を進発、同二十七日に入京したことが確認できる。延慶元年十二月に京都を出発し、翌二年正月に鎌倉に到着した下向の日程も確認できる。入京の日が「実躬卿記」とずれるのは、一日の境目の時刻に京都に入ったためであろう。

275 金沢貞顕書状（倉栖兼雄筆）
（五／三七六　釼阿本「薄草子口決」巻十五）

賢察候、就中先考（北条顕時）月忌』仏事幷堂舎（武蔵国六浦庄称名寺）已下破壊、』或被勧申長老（審海）、或可被譴』責二宮（覚恵）候、如此事、一向貴辺』御坐、心安思給候、常可申候、』亦不漏便風承候者、本』意候、毎事又々可啓候也、』恐々謹言、
（正安四年）八月四日　左近将監（北条貞顕）（花押）
明忍御房（釼阿）

〔解説〕
金沢貞顕が上洛した翌月の書状である。左近将監の官職にあることから、正安四年と確定する。称名寺長老審海と関東代官二宮覚恵が、称名寺の堂舎破壊に意識の低いことを不満に思っている。また、明忍房釼阿が貞顕の腹心であることを伝える文言を含んでいる。【神】一三一一、【鎌】二一一七三。

276 金沢貞顕書状
（三一七／三〇九五　釼阿本「薄草子口決」巻十五）

明忍御房（釼阿）　（受取注記）「正安四―八―廿日到来、」　貞顕（北条）
使者ハ
□崎

〔解説〕
釼阿の受取注記によって日付が明らかになる書状の立紙。立紙は、書状を横位置で包む外側の包紙である。包まれていた書状は、明らかでない。『金沢文庫古文書』では、立紙を懸紙と表記している。【神】一三一二、【鎌】二一二〇五。

277 「伝心法要」後序刊記 （称名寺所蔵）

礼贈之偈曰、自従大士伝心印、額』有円珠七尺身、掛錫十年楼、蜀水』泛杯、今日渡漳浜一千龍象、随高』歩万里香花結勝因擬欲事、師為』弟子不知将法付何人自爾師資』道合渇聞玄論輯而成編目曰伝』心法要、仍自序語唐好事者、刊行』此集洛入日本有檀那越州刺史《北条顕時》』篤志内典公事之暇、喜閲是書、嘗』以心要問予、予但勉其制心一処、』則無事不弁因施財命工以唐本』模刊、広伝欲使本国未信直指之』宗者、知有人人此心中本具一叚』大光明蔵輝天鑑地耀古騰、今亦』嘱為後序、然亦未免昼蛇添足之、』猶毘耶浄名所謂無尽灯者也、越

〔解説〕
弘安六年に、北条顕時が出資して開版した弘安版「伝心法要」（大東急記念文庫所蔵）を、顕時の供養のために正安四年に覆刻したのが、称名寺本である。顕時の名前のみえる後序を収録する。

278 金沢貞顕書状 （六／残闕函「薄草子口決」写九二四—三）

「正安四《受取注記》—九—十三—下着　使者刑部左衛門尉《向山敦利》」
明忍御房《釼阿》　中務大輔貞顕《北条》

〔解説〕
釼阿の受取注記がある書状の立紙。向山敦利の初見史料である。金文二三九八号は、本文書の重出である。【神】一三一三、【鎌】二一二三七。

279 「吉続記」乾元元年十一月廿二日条

廿二日、辛亥、天晴、今日任大臣之次、愚老《吉田経長》可昇進之条、兼日治定、人以存之、上皇《後宇多》被思食定、而不慮勅勘、今及障碍、法皇《伏見上皇》御張行非拠之至、諸人驚耳目、大納言両闕、一闕者愚臣、兼日治定、今一闕可

被任家雅卿(花山院)之由、法皇頻被執申、院仰ニハ、実明卿(正親町)被召納言之時、今度闕可被任之由、有勅約之間、難黙止之由被申、可被任実明卿之由、上皇被思食定歟、予今不被免勅勘者、可被任家雅卿料也、彼卿非賢非才、非奉公、非家之正嫡、富小路殿(伏見上皇)奉公之仁、新院(後伏見上皇)御乳父、彼御所無左右之仁也、去年御治世之時、称不可仕二君、令籠居、今年時々令出仕歟、近日取入法皇媚申子細等、世以謳哥、内々施種々秘計云々、人以莫不弾指、任官叙位朝家大事、此一事猶相残歟、依非拠御推挙、被失任官之道、為君可歎事也、皆東方所存歟、武家中務大輔貞顕(北条)、以或上人此事驚承、定違遠方所存候歟之由、密々申入院御方云々、不慮事也、而法皇御張行之間、難叶歟、(後略)

〔解説〕
大納言の欠員二名を補充する臨時除目で、該当すると目されていた吉田経長が伏見上皇の意向で外された。この人事は鎌倉の意向によるものと伝えられているが、六波羅探題金沢貞顕は事前に説明を受けていなかった。そこで、律僧を使者に立てて伏見上皇の意向を確認している。金沢貞顕と吉田家のつながりを示す最初の資料である。『新訂増補史料大成　吉続記』。

280　金沢貞顕書状（倉栖兼雄筆）

（七／三七八　釼阿本「薄草子口決」巻十二）

上総入道殿(北条実政)去七日子刻令他界』給之由、飛脚小原木左衛門二郎・』伊豆本三郎兵衛尉、今日酉時到来、』依荒瘡、自去二日不例云々、』驚歎之外無他候、猶々歎而』余多候者歟、金沢殿御方(北条実時後室、北条政村女)以下、』以持村令馳申候也、定御悲歎』不少御事等候歟、令察申候、兼又、』寺中(武蔵国六浦庄、称名寺)当時何事候乎、京都無』殊子細候、就中々書(長井貞秀)一級御免』御教書一昨日十四日到来、承悦』□□□□

〔解説〕
金沢貞顕の叔父で鎮西探題を務めた北条実政の亡くなったのが乾元元年十二月七日、長井貞秀の昇進を伝える御教書が一昨日十四日に到着したと伝えるので、乾元元年十二月十六日の書状とわかる。【神】一三三九、【鎌】二一三二二。

乾元元年（一三〇二）年末雑載

281　金沢貞顕書状（自筆）（一一三四／九三七「宝幢抄　秘密決疑抄」）

『依候歟、心事期面候、』恐々謹言、

卯月十九日　貞（北条）□（顕）

（上書）「明忍（釼阿）御房（切封墨引）　貞（北条）□（顕）」

〔解説〕
釼阿の称名寺長老就任以前、金沢貞顕の六波羅探題就任前となると、乾元元年以前の書状となる。釼阿書状裏紙の裏面に記す。仮に乾元元年年末雑載に収める。【神】・【鎌】未収。

282　金沢貞顕書状（二九三八／一四八二影字　題未詳聖教）

俄只今参候、無御』指合候者、可入見』参候、毎事期面候、』恐々謹言、

即□　貞（北条）□（顕）

明忍（釼阿）御房

〔解説〕
日付は、即時・即刻のようなその場での返信を意味する文言である。金沢貞顕が六波羅探題として上洛する乾元元年以前に釼阿に送った書状。仮に、乾元元年年末雑載に収める。【神】・【鎌】未収。

嘉元元年（乾元二年、一三〇三）

283　金沢貞顕書状（①九六／一六〇〇　釼阿本「秘鈔口決」本鈔巻十六　②一〇／三八一　釼阿本「秘鈔口決」異尊巻第四）

①
□□御やくにて候、□』
鎮西掃部助（北条政顕）も、[redacted]（貞永）も、又六波（山城国京都）』羅へのほられ
候人も、方々』らうろうせられ候ハむ、□』人
歎申計なく候よしを』掃部（長井宗秀）など大方殿（北条時宗後家、安達泰盛女、潮音尼）さまへ
被申て』御らん候へかしと』覚候、毎事』中書（長井貞秀）
ニ（の）計ニしたかひて』御沙汰候へく候、』使者忩
（ゝ）候間、こまかならす』候也、猶々いのり事、』
能々御さた候へく候、

今月一日御文、廿六日到来、承候了、」此事治定、
とかく申はかりなく』歎入候、中書御事をこそたの
み』思まいらせて候へ、掃部御方能々』被申候て、
掃部又吉様ニ被申』候ハむニ、一さゝへハなと候ハ
さらん』と覚候、中書宿所へ御渡候て、猶〱』
能々可被仰候也、又平金吾（平宗綱）のもとへも、」御わたり
候て、金吾出身ハ故入道（頼綱）』□（本紙）

（裏紙）
②こそ候しニ、其恩をもわすれて、」此事をも申止め
て、此家をうし』なわれ候事のあさましき様を、」
長老（審海）御同道なとニて、かなわぬ』までも、くとき被
仰御覧』候へかしと覚候、又いのりとも、御はし』
め候らん事承候ぬ、返々悦入候、願も』能〱□候
て候へく候、此事により候て、」鵜入（鵜沼国景カ）可下にて候、
只治定上者、御使』上洛之後、可下候歟、其間猶
計』候へく候、恐々謹言、
（乾元二年）二月廿六日亥刻　　中務大輔（北条貞顕）（花押）
（上書）「（切封墨引）」

〔解説〕
金沢貞顕が六波羅探題として在京し、かつ中務大輔の官にあった時期と限定できるので、嘉元元年ないし二年となる。鎮西探題の後任問題が記されているので、乾元二年（嘉元元年）の可能性が高い。【神】①一四二〇＋②一三六七、【鎌】①二一〇七六＋②二一七一四。

284 「たまきはる」奥書

（神奈川県立金沢文庫所蔵　中村禮子氏旧蔵　識語篇一六五九号）

乾元二年二月廿九日、書写校合畢、此草子者建春門
院中納言（藤原健子）書之、俊成（藤原）卿女云々、
貞顕（北条）

〔解説〕
「たまきはる」は、藤原定家の姉、中納言（建春門院平滋子・八条院暲子内親王の女房、春華門院昇子内親王の後見）の回想録である。女院御所の故実や中納言が見聞した出来事を記している。金沢家が六波羅探題を重代の職とするために集めた書物のひとつで、金沢貞顕自筆の奥書と「金沢文庫」印が捺されている。

285　金沢貞顕書状（倉栖兼雄筆）

（一一／三八二　釼阿本「薄草子口決」巻十五）

「下向候、又来廿八日仏事仏』経等調下之候、依彼珍
事、』仏経等不思様候、歎入候、諷誦』願文雖草案
出来候、経尹卿（世尊寺）』に清書を誂て候か、未出来候
也、』追忩可令進之候、彼仏事ニ候』あひ候ハて、
何事も不執沙汰候、』歎入候、是にても如形讃嘆・
仏』経・鳴鏡候也、委細期恵雲坊』下向之便宜候、
恐々謹言、
（乾元二年）三月十日　（北条貞顕）中務大輔（花押）
（釼阿）明忍御房

〔解説〕
北条顕時三回忌について記した書状である。六波羅探題として在京する金沢貞顕は、諷誦願文の清書を能書として知られた世尊寺経尹に依頼している。金沢貞顕書状も倉栖兼雄書状も世尊寺流の書風で書かれているので、世尊寺流を学んだことがわかる。【神】一三六八、【鎌】二一一七五。

286　金沢貞顕書状

（未収／三七六函　最勝光院御仏開眼次第）

去月九日禅□』
抑、称名寺（武蔵国六浦庄）障□』綵進所存候之□』不存子
細候、左右□』可宜候、左様候者□』書画
事、相構□』（水谷清有）大蔵入道たくより□』一々
候、其外絵候□』候歟、他事期□
（乾元二年）閏四月□

〔解説〕
閏月から、乾元二年閏四月に比定できる書状。称名寺の荘厳につかう絵画類の調達に、六波羅評定衆水谷清有がかかわっている。水谷氏は長井氏の分家なので、長井宗秀の親戚である金沢貞顕に対し、清有が好意的に動いた可能性を考えてよいだろう。【神】・【鎌】未収。

287　「建礼門院右京大夫集」奥書

（京都府立図書館所蔵）

乾元二年七月三日　書写校合訖　（北条）貞顕

〔解説〕
284号資料の「たまきはる」と同様に、金沢貞顕が六波羅探題南方時代に収集した写本である。北条実時以来、金沢家は漢籍を教養とする家として活動してきたが、姻戚の常葉家（政村流）は和歌の家として名をなしていた。「たまきはる」や「建礼門院右京大夫集」は、常葉家とのつきあいや、貞顕が夫人や女房達のために集めたものであろうか。

288　金沢貞顕書状　（一三七一／「横帖　九」紙背影字）

（忍性）極楽寺長老御労之由』承及候、殊驚歎入候、法□（灯カ）』已欲消候之条、返々令悲』哀候也、又御心中御察』申候、以便宜之時、御病』体細々可示給候、毎事』期後信候、恐々謹言、

（乾元二年）（七）□月十四日　（北条貞顕）中務大輔（花押）

（釼阿）明忍御房

〔解説〕
極楽寺長老忍性は、乾元二年七月十二日に入滅した（「常楽記」）。この書状は忍性入滅二日後のものである。金沢貞顕は、忍性の容態悪化を早馬で知らされ、釼阿に対して慰めの書状を書いている。【神】一三五七、【鎌】二一五七八。

嘉元元年（一三〇三）年末雑載

289　二宮覚恵書状　（九九五／一〇三三「胎蔵界本末　秘法八帖」）

高江左衛門二』郎、明暁進発』候之由、只今来申候、』対面之程候也、』御状即事付候了、』一日罷帰候し二、』可申暇之由存候』処、（北条時雄）式部殿御対』面候之間、不申入候、』今仰恐悦候、』今度参上之時、』諸事可申入候也、』恐惶謹言、

十月六日　（二宮）覚恵（花押）

（釼阿）明忍御房御返事

〔解説〕
金沢貞顕の関東代官二宮覚恵の書状（折紙）。北条時雄は金沢貞顕の兄で、「為孫子　廻向　延慶三—四—十一　李部七□　御追善　五大堂殿勤仕事」（三七五函）という聖教によって、嘉元二年四月十一日に卒去していることがわかる。本書状は時雄の在世中なので、嘉元元

年以前となる。仮に、嘉元元年年末雑載に収める。【神】一五六一、【鎌】二二八四二。

嘉元二年（一三〇四）

290　金沢貞顕書状（自筆）

（八／三七九　釼阿本「薄草子口決」巻十五）

『申刻まで御わたり候て、』無申計□《（候）》、あいにくと
も』にてこそ候へ、尚々長老《（審海）》』御事、歎入候、委細
可』承候、此僧忩被申候之間、』令略候、毎事期後
信候、』恐々謹言、
　四月《（嘉元二年）》廿五日
　　　　　　中務大輔《（北条貞顕）》（花押）
　明忍《（釼阿）》上人御房
　「《（上書）》（切封墨引）」

〔解説〕
律院称名寺の開山、審海上人の病状が危急になったとの報告を受けての書状である。審海の入滅が嘉元二年六月十三日なので、この年の書状と考えられる。充所の「明忍上人御房」の表記は不審。【神】一三七四、【鎌】二一八〇四。

291　金沢貞顕書状

（三一八／残闕函「薄草子口決」写九一五―四）

　李部《（北条時雄）》事、返々歎入候、
今朝自是も進愚』状候き、抑、明日御延引』事、不
可有子細候歟、』其間可申談事等候、』相構可有光臨
候、毎』事期其時候、恐々』謹言、
　乃刻　　　　　　　　貞顕《（北条）》

〔解説〕
京都の中でやりとりされた書状で、「乃刻」とはその場での返信を示す。鎌倉で亡くなった金沢貞顕の兄時雄（嘉元二年四月十一日卒去）について触れているので、受取人は時雄の縁者である。時期も時雄の訃が京都に伝えられてから遠くない頃であろう。【神】・【鎌】未収。

292　金沢貞顕書状

（六三／残闕函「薄草子口決」写九一五―八）

関大進帰洛便宜、御文』委細承候畢、長老《（審海）》御労、』
此間如何、殊無心本候、委可』承候也、兼又、官途

事、当時』不思寄候之□《処カ》、被仰下候之条、』面目至
極候、中書《長井貞秀》常会合述』心緒候也、心事難尽候、委
旨』以清久申候、恐々謹言、
六月五日《嘉元二年》　越後守《北条貞顕》（花押）
明忍《釼阿》御房

〔解説〕
称名寺長老審海の入滅は六月十三日であり、この書状はその八日前のものとなる。長井貞秀が東使として在京したのは嘉元二年三月二十日から六月末なので、この書状はその間のものとなる。書状では、関大進と清久の二人が登場する。貞顕は、清久など被官は実名でよぶ。関氏は六波羅奉行人に見える名字なので、関大進もその一族と推定してよい。295号資料が清久帰洛と書くことから、この書状が伝える「委旨」を説明するために鎌倉に下ったことがわかる。【神】一三八三、【鎌】二一八四六。

293　倉栖兼雄書状（自筆）

（五四九／七九四　釼阿本「瑜祇経聞書口注」第三）

長老《審海》御入滅事、就公私』歎入候、依一寺《武蔵国六浦庄、称名寺》之祈禱、
全』三代之安寧、是併故長老』御精誠之所致也、就
中、去年』鎮西御遠行風聞之時、已令』施御智徳給
候き、向後為之如何、』然而、当長老《禅恵》御坐、何依違
候哉、』御心中等察申候、恐々謹言、
六月廿五日《嘉元二年》　掃部助兼雄《倉栖》（花押）
謹上　明忍《釼阿》御房

〔解説〕
この書状では、称名寺長老審海の入滅が伝わっている。審海は次の長老に尊定房禅恵を指名していたので、この段階では金沢貞顕も倉栖兼雄も、この後に起こる称名寺の騒動を予想していない。一方で、明忍房釼阿が禅恵の長老就任に強い不満を持っていたことは、この書状からも明らかである。【神】一四〇一、【鎌】二一八七六。

294　金沢貞顕書状（倉栖兼雄筆）

（九／三八〇　釼阿本「瑜祇経聞書口注」第一）

今月十三日禅札、同廿一日』酉刻到来、彼御入滅《審海》驚
歎』之外無他候、就内外憑申』候き、仍相構可奉再
会之』由、念願之処、無其儀候、殊』歎入候、又臨
終御正念、雖』案中事候、尤目出候、猶々本』意
候、寺務《武蔵国六浦庄、称名寺》幷祈禱以下事、』当長老《禅恵》御坐候之上者、心
安候、

〔解説〕
称名寺長老審海入滅（嘉元二年六月十三日入滅）の報せが、二十一日酉刻に六波羅南殿に伝わったことがわかる。金沢貞顕もまた、審海が後継者に指名した尊定房禅恵の長老就任により、称名寺が安定すると考えていた。「今月十三日禅札」といっているので、六月の書状とわかる。前号の倉栖兼雄書状と同日と推定される。【神】
一四〇〇、【鎌】二一八五四。

295　金沢貞顕書状（倉栖兼雄筆）

（三三／四〇二　釼阿本「薄草子口決」巻八）

清久帰洛之便宜、御文』両通到来候畢、抑、実景（鵜沼）』事、不便無極候、在京之間、』無人難治之処、殊々無申量』次第候、両通御状御返事、委旨』覚恵（二宮）下向之時、可申候也、兼又、中書（長井貞秀）』御下向候、京都（山城国）事、定御物語候』歟、心事期静便宜候也、■《長》老（審海）』御事、追日猶々歎入候、恐々』謹言、

七月一日（嘉元二年）　越後守（北条貞顕）（花押）

明忍御房

〔解説〕
六月五日付の金沢貞顕書状（292号資料）を持って鎌倉に下った清久が、京都に戻る時に釼阿から書状を預かった。その釼阿書状に対する貞顕の返事である。鵜沼実景が亡くなって、仕事が思うように進まなくなったと歎いている。東使として在京していた長井貞秀が鎌倉に戻ること、称名寺長老審海入滅の悲しみが実感として伝わってきたことなど、いくつかの用件を述べる。【神】
一四〇四、【鎌】二一八八三。

296　金沢貞顕書状（倉栖兼雄筆）

（二五／三九四　釼阿本「秘鈔口決」本鈔巻十七）

印西（下総国印西条）沙汰事、□□人構謀書』之由、訴人令申候云々、遺恨不少』候、其上自金沢殿（北条実時後室、北条政村女）可申方々之由』仰候之間、可存其旨候、猶々彼凶』害露顕事、相構〳〵達上聞之様、』可令伺申給候、式部殿（北条時雄）御跡事并』小河事以下承候了、事々期後』信候、彼両条事、覚恵（二宮）委細』可申候也、所詮少人事者、御存生之』時、ありつけさせ給より外の事候ま』しく候歟、此旨先日申候き、恐々』謹言、

七月六日（嘉元二年）　越後守（北条）（花押）

明忍(鈒阿)御房　（切封墨引）

〔解説〕
金沢貞顕の祖母金沢殿が知行する下総国印西条（千葉県印西市）のこと、貞顕の兄北条時雄の遺産相続のこと、小河のことが記されている。印西条の問題については、刃傷に及んでいることから、金沢殿が所領の沙汰人を排除する意思をもっている。他の二条については、関東代官二宮覚恵が処理すると言っている。時雄の没年から、嘉元二年と推定できる。【神】一四〇七、【鎌】二二八八六。

297　諸岡定智五輪塔婆銘

（熊本県玉名郡玉東町西安寺所在）

洛陽(山城国)六波羅住』諸岡三郎左衛門』入□沙弥定智、』
嘉元二年壬辰七月』九日酉剋入滅生年六十九、

〔解説〕
諸岡定智は、武蔵国師岡保（神奈川県横浜市）を名字の地とする一族であろうか。金沢氏の被官に師岡中務丞・諸岡民部の名前がみえるので、一族の中で在京した被官と推測することも可能である。六波羅探題在京中に亡くなった被官の墳墓であろうか。諸岡氏関係史料として、ここに収める。【鎌】二二八九一。

298　「公衡公記」後深草院崩御記

嘉元二年七月十六日条

（前略）抑、今夜子剋、両六波羅(山城国)南方貞顕(北条)、北方時範(北条)、為御訪参上、于時予在陣家、先南方参二条京極(山城国京都)京極以東、二条面、下馬、予(西園寺公衡)陣家前也、敷床子祇候北面、所相従之者三百余騎云々、以使者相触参上之由於予、々不出仕之間、以定衡(三善)付中中御門(藤原為方)前中納言奏院、故参上神妙之由有勅答、定衡仰其由於武家使、〱触貞顕、其後貞顕退出、此間時範又参二条万里小路辺下馬佇立云々、子細同前、承勅答之後退出了、

299　「増鏡」巻十一　さしぐし

七月十六日、二条富小路殿(山城国京都)にてかくれさせ給ぬ、六十二にぞならせ給ける、いとあはれにかなしき事

ども、いへばさらなり、(中略)よひ過程に、六原(山城国京都)の貞顕(北条)・のりとき(北条時範)二人御とぶらひにまいれり、京極(山城国京都)おもての門のまへに、床子にしりかけてさぶらふ、したがふ物ども、左右になみゐたるさま、いとよそほしげなり、

〔解説〕
金沢貞顕が、六波羅探題南方として、後深草上皇崩御の弔問に訪れたことを伝える。六波羅から持明院統の二条富小路殿に向かう経路が記されている。貞顕は、伏見上皇から神妙の旨を伝える勅答をたまわり、退出している。298号資料は『史料纂集　公衡公記』、299号資料は『新訂増補国史大系　増鏡』。

300　金沢貞顕書状（倉栖兼雄筆）

（三八／四〇七　釼阿本「薄草子口決」巻九）

戒円(祐範)御房御上洛便、今月』八日御札、同廿二日到来、委』細承候畢、云世上之作法、』云寺中(武蔵国六浦庄、称名寺)之事等、不審之処、彼』上洛為悦候、心事以彼御下』向之時、可令申候也、仍令省』略候、恐々謹言、

八月廿七日(嘉元二年)　　越後守(北条貞顕)(花押)

明忍(釼阿)御房御返事

〔解説〕
上洛した戒円房祐範が、嘉元二年八月二十二日に釼阿の書状を金沢貞顕のもとに持参した。祐範は釼阿と親交のある上臈の僧で、延慶元年六月以前に卒去している。貞顕からも釼阿からも信頼された人物なので、貞顕は祐範に口上を託し、委細は省略すると書いている。【神】一四二一、【鎌】二一九六七。

301　金沢貞顕書状（倉栖兼雄筆）

（三九／四〇八　釼阿本「瑜祇経聞書口注」第二）

戒円(祐範)御房、去月廿一日京(山城国京都)着、寺中(武蔵国六浦庄称名寺)無殊事候之由、承』及候、承悦候、兼又、以戒円』御房示給候条々、委細』承候畢、子細令申戒円』御房候、又長老(審海)御追福諷』誦給候了、御沙汰之次第、尤』丁寧候、恐々謹言、

九月七日(嘉元二年)

越後守(北条貞顕)(花押)

明忍(釼阿)御房御返事

〔解説〕
前号文書に続く書状で、称名寺長老審海の没後供養にふ

れているので嘉元二年と推定できる。また、本書状には戒円房祐範上洛の日付が記される。祐範は釼阿が信頼を置いた兄弟子なので、金沢貞顕といろいろな含みを持たせた交渉をしたのであろう。【神】一四一六、【鎌】二一九九〇。

302　六波羅下知状　（五二四七／一三　紙背なし）

伊勢国小□□住僧覚□□□』納所地頭代
兵部法橋押領□□』半抑留、寺□□落、往
古堤致□
右、当寺領平松壱段半、壁口壱段□』田地也、於
大垣内□□□』以来、彼地頭代
□□□』守護代鵜沼右（国景）□□□
□□』糾明子細、今年五月廿二日、同六月
□□』上、仰使者春日部弥二郎入道（正仏）□
□』景家等、同九月廿八日重遣日限□□』
十二日、正仏・景家請文者、任被仰□□』
旨、相触真近（伊勢国）地頭代之処、不及請□□』代背
三箇度召文不参之条、難遁□□、』然則、於
田地者停止押領、可令糾返、抑□□』可修固
也、次押領咎事、可被分召所領□
嘉元二年十二月十六日
越後（北条貞顕）□
遠江（北条時範）□

〔解説〕
金沢貞顕が守護を務めた伊勢国の相論を扱った六波羅下知状である。下部が欠損しているので、意味の取りにくいところがある。伊勢国守護代が鵜沼国景であること、六波羅探題が派遣した使者のうち、執権探題金沢貞顕の被官が春日部弥二郎入道正仏であることが確認される。執権探題とは、六波羅探題南北のうち朝廷と交渉を行う上席の探題をいう。この春日部氏が、伊勢平氏末流の進士春日部氏か、下総国下河辺庄春日部郷（現埼玉県春日部市）の紀姓春日部氏かは明らかでない。【神】一四一八、【鎌】二二〇五九。

嘉元二年（一三〇四）年末雑載

303　金沢貞顕書状（自筆）
（三三七／六三四　釼阿本「薄草子口決」巻十四）

又文庫書籍、此人□（にカ）』かし候事、あるましく

候、』もし李部（北条時雄）なとへ進たる』物候ハ、、忩其
跡より取』返て入へきよし、』恵雲房ニも』つ
たへ候へく候、』もしやの事を申候也、
明暁一定候哉、御なこり』をしさ、無申計候、相
構』愚身も忩可令下向候也、』□□（兼又）、上方への状書
進候、』任上書可付給候、又禅興（相摸国山内庄）』寺方丈御対面之
時者、下向』之志深候、便宜之時者、○太守禅門にも（崇演、北条貞時）御こと』付
をくハえられ候へと、事付』申候由を、御つたへ候
へく候、方』□□は野田四郎左衛門ニ

（紙背本奥書）
伝授抄記如前、』是則為紹隆仏法廻向菩薩也、
金剛仏子頼瑜
御自筆
四月三日一見畢　在御判
一交了

〔解説〕
金沢貞顕が京都から鎌倉に戻る人物に託した書状である。預かった人は明晩、京都を離れるという。貞顕の兄時雄が卒去したので、金沢家の文庫から貸し出した本は後継者から返却を受けてほしいと伝える。時雄の死は嘉元二年四月十一日なので、仮にこの年にかける。この書状を見ると、金沢家の蔵書は称名寺の僧恵雲房が出納している。【神】一四〇九、【鎌】二一九〇六。

304　金沢貞顕書状（倉栖兼雄筆）　（五〇三／一四）

先日拝謁之後、何条御事』候乎、久不啓案内候之
際、不』審不少候、
抑、来廿二日、故黄門上人位』仏、事如先々於御寺定
可被行』候歟、仍自小林女房為彼仏』事、五結被進
之候、最少事』候事、返々歎入候之由、能々可』被
申候由、内々申遣されて候、』□□何様にも廿二日
ハ故聴聞

〔解説〕
六浦瀬戸橋棟別銭注文土代（313号資料）が紙背なので、嘉元二年以前と推定できる書状である。銅銭約百枚を束ねたものを一連、百枚の束を何本も集めて一かたまりに結びあげたものを結という。一結は銭数貫になる。小林女房が称名寺に納める供養料の額からも、金沢家一門の

仏事としては規模の小さいことがわかる。金沢家被官層の縁者であろうか。【神】一四三五、【鎌】二二一八六。

305「百練抄」奥書（宮内庁書陵部所蔵　識語篇二〇五〇号）

（江戸期写四尾）
嘉元二年三月九日、書写校合了、
（同五尾）
嘉元三年三月一日、以大理定房(吉田)卿本、書写校合畢、
（同六尾）
嘉元二年二月廿六日、書写校合畢、
（同七尾）
嘉元二年二月卅日、以大理定房(吉田)卿之本、書写校合了、
（同八尾）
嘉元二年四月廿六日、以大理定房(吉田)之本、書写校合畢、又以権右中弁宣房(万里小路)朝臣之本見合訖、
寛永第九六初九見合一校了、
（同九尾）
嘉元二年四月廿六日、以大理定房(吉田)卿之本、書写校合畢、亦以権右中弁宣房(万里小路)朝臣之本見合而已、
（同十尾）
嘉元二年四月廿二日、以権右中弁宣房(万里小路)朝臣本、書写校合畢、
貞顕(金沢)
（同十一尾）
嘉元二年五月十日、以権右中弁宣房(万里小路)朝臣本、書写校合畢、
（同十二尾）
嘉元二年五月十日、以権右中弁宣房(万里小路)朝臣本、書写校合了、
（同十三尾）
嘉元二年五月十日、以権右中弁宣房(万里小路)朝臣本、書写校合畢、
（同十四尾）
嘉元二年五月十日、以権右中弁宣房(万里小路)朝臣本、書写校合畢、
（同十五尾）

嘉元二年五月一日、以権右中弁宣房（万里小路）朝臣本、書写校合畢、

（同十六尾）

嘉元二年五月十五日、以権右中弁宣房（万里小路）朝臣本、書写校合畢、

（同十七尾）

嘉元二年正月十五日、以大理定房（吉田）卿本、書写校合畢、　　貞顕（北条）

右武衛被遂独校了、

〔解説〕

嘉元二年に、金沢貞顕が吉田定房・万里小路宣房の本を用いて書写校合したことを伝える奥書を持つ「百練抄」である。「百練抄」は、安和元年から正元元年にいたる朝廷の年代記で、貞顕は六波羅探題を金沢家重代の職とするために必要な史書として収集した。吉田定房・万里小路宣房は、ともに大覚寺統の重臣である。

306「法曹類林」奥書

（国立公文書館・称名寺所蔵　識語篇二二九六号）

（国立公文書館本第二百尾）

嘉元二年六月八日、書写校合了、　　貞顕（北条）

（称名寺本巻九断簡）

嘉元二年六月廿二日　書写校合了、　　貞顕（北条）

〔解説〕

金沢貞顕が嘉元二年に書写校合した法律書。鎌倉幕府では、源頼朝の時代以来の判例法と執権北条泰時の「御成敗式目」以来の新制によって、独自の武家法が整備されていった。一方、朝廷は律令を原則とした建前論と公家新制や判例法による現実主義的対応の併用によって、独自の公家法を発展させていた。六波羅探題は京都で活動するため、自分の所属する集団の法である武家法と、職務上対応する公家社会の公家法の両方に通じている必要があった。そのために、公家法の基本書は必備であった。

307「院号定部類記」奥書

（宮内庁書陵部所蔵）

（巻一）

嘉元二年十二月二日、以藤中納言俊光（日野）卿本書写校合訖、

（巻二）
承元四年三月十日　部類畢、
大外記中原師方
一見之次、加首書畢、
（巻四）
嘉元二年十二月十二日、以前藤中納言俊光《（日野）》卿之本
書写校合事、
貞顕《（北条）》

〔解説〕
金沢貞顕が、日野俊光所持本を書写した奥書を持つ写本である。女院の院号定・殿上始などの儀式を記したもので、「院号定部類記」・「院号」などの書名でよばれる。局務中原氏の中原師方が部類したものを日野家が書写し、書き継いだ増補本である。貞顕の書写本には、「建礼門院右京大夫集」（287号資料）・「たまきはる」（284号資料）など女院御所について記したものがいくつかある。

嘉元三年（一三〇五）

308　金沢貞顕書状　（六七／三〇九六　題未詳聖教）

（受取注記）
「嘉元三―正―晦日　使者山上四郎
到来」

越後守貞顕《（北条）》
明忍御房《（釼阿）》

〔解説〕
金沢貞顕が釼阿に送った書状の立紙。受け取った釼阿が日付等を入れている。山上氏は上野国勢多郡山上保（群馬県桐生市）を本領とした金沢氏被官か。【神】一四二一、【鎌】二二〇八九。

309　「吉口伝」一　神宮上卿幷政道事

嘉元三年二月八日条

八日、晴、参院奏雑事、使庁結縁経、宝治別記幷夜行文書等備叡覧、夜行事被下院宣之条、可為何様哉、内々問答、武家可申之由有仰、貞顕《（北条）》辺依有内縁也、（後略）

〔解説〕
「吉口伝」は、「吉槐記」の記主吉田定房が部類した口伝

集。その中に、右の記事がある。吉田家からみて金沢貞顕が内縁ある者と記されている。貞顕の書状にも吉田定房・冬方兄弟に関する記事があり、親密なつながりがうかがえる。貞顕の子貞冬の名前は吉田冬方からの偏諱であろうか。『群書類従』。

310　金沢貞顕書状（倉栖兼雄筆）

（①一〇一／四三六　②一五／三八四　③二八／三九七　釼阿本「瑜祇経聞書口注」第三）

①
寂円帰洛之便、禅札委』細承候畢、関東悉未落居』
之様其聞候、実事候者、就公私』歎入候、於京都(山城国)当
時無殊』事候也、埴生庄(下総国)・北郡両政所(常陸国)』以下事承候
畢、又別駕女房(安達時顕)』御事、両条共以申領状候了、』委
旨以康幹(武)申候也、如屏風・』硯進物事、可存其旨
候、去比』左道物進候畢、向後も可』得其意候、如
此示給候、殊本意候、
（本紙）
（裏紙）
②
雖蒙御免候、帰洛必定、謳歌』尤以不甘心候、為之
如何、又金沢(武蔵国六浦庄)』屋形事、難治無極次第候歟、如此』
示給候、殊為悦□(候)、又瀬戸橋事(武蔵国六浦庄)、』以六浦(武蔵国)・下川辺(下総国)
棟別可被終功之由、』可申寺家之旨、已加下知候
畢、定覚恵(二宮)・』宗倫(令)可申候歟、次称名寺(武蔵国六浦庄)修理事、』
忩々可加下知候也、又真乗院(山城国仁和寺)事、以』敦利(向山)帰洛之
便、在京之間者、不可』然歟之由承候き、且自敵方(教助)
申子細』由蒙仰候しハ、自何方令申候乎、』可承存
候、当院□門跡者当時無』違乱分候歟、於門跡領者
定沙汰等』候覧、それハ更不可有尽期事候、』其上
自是□寄□□事とも候ハす、
（礼紙）
③
何可有巨難候哉、又適在京之時、』不入室者難治
候、下向事、已如此萌』出候、ふと下向候ハヽ、事
煩候也、凡此』事先人已約諸事候、彼素意又』(難)黙
止候之間、可入室之由思立候也、所(深円)』詮、彼敵方(教助)誰
人候乎、委細可承候、』且此分委旨可令申中書(長井貞秀)給候
也、』(毎事追可)恐々謹言申候也、恐々謹言、
二月十四日(嘉元三年)　越後守(北条貞顕)（花押）
明忍御房(釼阿)

〔解説〕
いくつもの用件を書き連ねた長文の書状である。六浦瀬戸橋造営のことについて触れているので、嘉元三年と推定できる。金沢貞顕の長男顕助は、仁和寺真乗院入室問題で教助と対立していた。このことについては、長井貞秀とよく相談してほしいと伝える。【神】①一四四二+②一四三七+③一四〇六、【鎌】①二二二〇八+②二二一八七+③二一八八五。

311　金沢貞顕書状（倉栖兼雄筆）

（一〇六／四四一　釼阿本「瑜祇経聞書口注」第一）

又山茶一裹令進』之候、見来候之間、不』顧乏少候、

以賢性帰洛之便示給候条々、』委細悦承候了、

一、中書（長井貞秀）家務事、承候畢、可得心候也、

一、虚名風聞事、事之次第承候了、此事先度以誓状』申中書候、猶又洒掃（長井宗秀）一同誓状を』もて重申候也、委旨難尽候、

一、羽林事、承候了、神妙事候歟、

一、両所御寄進事、殊々目出候、猶々悦入候、

一、行者事、尤不便候、、、

〔解説〕
長井貞秀の家内の問題に、金沢貞顕が関わったのであろうか。内容は不明であるが、貞顕は宗秀・貞秀双方に誓状を出している。貞秀を中書（中務少輔）と記しているので、徳治二年以前とわかる。仮に、中書で編年できる最後の号資料にかけて収める。【神】一六七二、【鎌】二三五一一。

312　金沢貞顕書状（倉栖兼雄筆）

（①二一三／五三八　釼阿本「秘鈔口決」本鈔巻九
②二四七／五六五　釼阿本「秘鈔口決」本鈔巻六
③二九／三九八　釼阿本「秘鈔口決」本鈔巻九）

①
十一月九日御札、十二月十九日』御報等慥到来、委細承候了、

一、白地参向事、今度ハ以外ニ』形勢吉様ニ承候間、悦存候』之処、如此御返事返々歎』入候、心中可

有御察候、
一、依種々荒説、□(田)舎人等令群集候』条、驚入候、然
而、静謐返々目出相』存候、
一、白地下向之由風聞之間、家人出』立之由事、於今
度者無跡形候、』

(本紙)
(裏紙)

②
一、金沢殿御方(北条実時後室、北条政村女)田嶋一類等退出事、』承候了、不可説
事候歟、仏神御計、』不所及人力候、彼等跡人
〲拝領、』返〲目出候、
一、山本殿・名越殿へ御参、無申計』承悦候、於向後
者常御参ハ、』可令申承給之由、思給候、御所』
存如何、無相違候者、山本殿にも』可有御物語候
也(歟)、
一、李部(北条時雄)跡事、以女房之腹子息、被』改立嫡子候之
条、承候了、目出候、
一、於新造御宿所、護摩御勤修之由』承候了、依彼賞
大石禾内曼陀(甲斐国山梨郡)』羅堂院主職御拝領、承悦無』極
候、御得分巨多之旨其聞候、

(礼紙)

③
一、同息□(屋カ)間事、心光昨日京』着承候畢、子細以兼雄(倉栖)
中候、
一、金沢殿御文給候了、御返事』進候、可令執□(進カ)給
候、子細同可申候、
一、仙洞(後宇多上皇)御事、□□(不跡)形浮。(言)不始于』今候、仍中〲不
及申候、仍(不)可被』驚思食事候、比興〱〱、
一、別駕(安達時顕)在京之間、度々対面、為』悦候、如此条々示
給候、為悦候、』此等子細兼雄可申候也、恐々謹
言、

三月二日　　　　越後守(北条貞顕)(花押)
明忍(釼阿)御房御返事

〔解説〕
金沢貞顕の兄式部大夫時雄の卒去と家督継承を伝えるので、嘉元二年四月十一日以後となる。この書状は、東使安達時顕の上洛も編年の検討材料となる。時雄の後継者がようやく決まったと伝えるので、仮に時雄卒去の翌年の書状としてここにかける。ここに記された田島氏は、

下総国下河辺庄の田島（現埼玉県松伏町）の武士であろうか。【神】①一六四二+②一四〇八+③一五七二、【鎌】二三四四二。

313　六浦瀬戸橋造営棟別銭注文土代　（五二四九／一四）

（瀬）□戸橋造営棟別銭事（武蔵国六浦庄）
（下河）□□辺新方分（下総国下河辺庄）　卅貫未下
佰拾六貫伍佰捌拾六文
（朱）百貫八百文、此内八百上粮料
上粮四百五文
肆拾参貫三十文　　野方分（下総国下河辺庄）
（朱）四十五貫　□□〻二四百文上粮料
（朱）七貫百七十文
拾弐貫弐百文　　大石禾分（甲斐国山梨郡）
（朱）十一貫三百五十□文
拾貫七百六十八文　　印西分（下総国）
（朱）十一貫二百十□文　二百五十文上粮料用□
拾九貫八百七十七文　　埴生庄分（下総国）
（朱）七貫六百
五貫八百文　　六浦庄分（武蔵国）
（朱）五貫四百卅文
六貫二百三十二文　　金沢分（武蔵国六浦庄）
（朱）一貫二百
一貫七百文　　（武蔵国六浦庄）富岡分　富〻
（朱）二貫卅七文
一貫三百十文　　蒲ㇾ里谷分（武蔵国六浦庄）
（朱）四貫四百九十三文
十一貫八百七十五文　　北郡分（常陸国）
三貫八十文　　信乃大倉・石村（大田庄）
已上弐佰〻三四十ㇾ二貫四百十八文
嘉元三年四月廿八日　　（二宮）覚恵

〔解説〕
六波羅探題として上洛した金沢貞顕から鎌倉の留守を預かった関東代官二宮覚恵が、六浦瀬戸橋造営の費用負担を試算した書類である。棟別銭とあるので、建物に対する定率課税とわかる。金沢家の所領の中でも、下総国下河辺庄の負担が群を抜いて大きい。金沢郷分が意外に少ないのは、非課税の建物が多いためであろう。紙背に、金沢貞顕書状（304号資料）がある。書状の裏を用いて試算したのであろう。【神】一四三六、【鎌】二二一八五。

314「嘉元三年雑記」五月三日条（宮内庁書陵部所蔵）

関東御教書案文已披露之扣云、
左京権大夫時村（北条）朝臣、今朝子刻誤被誅了、於左馬権頭（北条熙時）以下子息・親類等者、所無別子細也、可被存候間、且依此事、不可発向之由、可被相触在京人并西国地頭御家人等之状、依仰執達如件、

　嘉元三年四月廿三日　　相摸守（北条師時）在判

遠江守（北条時範）殿
越後守（北条貞顕）殿

逐仰
長門（北条時仲）・鎮西（北条政顕）御教書如此、正可仰遣者也、

十八日
駿川守被誅之由、関東御教書案文、自或辺到来之状云、
駿川守宗方（北条）依有陰謀之企、今日午刻被誅了、可存其旨、且就此事、在京人并西国地頭御家人等不可発向由、可被相触子細、以武石三郎左衛門入道道哥・五代〔大〕院平六左衛門尉繁員所被仰也、仍執達如件、

　嘉元三年五月四日　　相摸守在判

遠江守殿
越後守殿

駿川守宗方依有陰謀之企、今日午刻被誅了、可存其旨、且就此事、在京人并西国地頭御家人等不可発向之由、今月四日関東御教書如此、任被仰下之旨、可被相触丹波国中也、仍執達如件、

　嘉元三年五月十日　　越後守在判
　　　　　　　　　　　遠江守在判

鵜沼左衛門（国景）入道殿

又寄権大夫殿（北条時村）人十一人、五月二日被誅云々、注文在別紙、白井藤松小次郎胤資、即随一也、不注書也、又大夫殿御内打（討）死自害人注文在別、且六十人也、随聞及注進之云々、

〔解説〕
醍醐寺の雑記から嘉元の乱に関する記録を抄出した抄本である。北条時村誅殺が誤りであったと確認された後の動きがよくわかる。宮内庁書陵部本を底本に、前田育徳会尊経閣文庫の写本で校訂した。菊池紳一「嘉元の乱に関する新出史料について」（北条氏研究会編『北条時宗の時代』八木書店）に翻刻。

315「実躬卿記」嘉元三年五月八日条
（武田科学振興財団所蔵）

八日、丑、晴、入夜微雨、昨去夜子刻、関東飛脚到来、駿河守宗方（北条）去四日被誅云々、武家終夜馳集云々、宗方当時随分有賢者之聞、不便〱、

関東状曰、

駿河守宗方依有陰謀之企、今日午刻被誅了、可存其旨、且就此事、在京人并西国地頭御家人等不可参向之由、可被相触子細、以武藤三郎左衛門入道々智・五大院平六左衛門尉繁員所被仰也、仍執達如件、

嘉元三年五月四日　相摸守（北条師時）判

遠江守殿（北条時範）

越後守殿（北条貞顕）

如巷説者、時村（北条）朝臣被誅事、更非禅門（崇演、北条貞時）之所存歟、仍寄手等有沙汰、去二日十二人被切頸之処、為宗方之下知之由風聞、仍四日此事於相州禅門（北条貞時）去月廿二日焼失、仍此間寄宿当相州師時（北条）云々亭、如評定之処、宗方推入来、以時清（佐々木）入道暫不可来臨之由、仰含之時、則時清入道与打合、共落命云々、所行之企太為濫吹者歟、凡珍事〱、朝家之衰微、何事如之哉、可悲可恐、於事非無怖畏者哉、就之、在京人・篝屋両人・奉行人等有宗方於由緒之輩小々、今暁召籠武家云々、時村誅罰之時、於当時（座）落命可然之輩、時村之外三十九（五十余）人之由、有其聞、此外宗方之余党数輩打死云々、

〔解説〕
北条宗方が誅殺されたことを伝える関東御教書を載せる。嘉元の乱では、金沢貞顕の舅にあたる連署北条時村が誅殺されたので、六波羅探題南方として京都にいる貞顕は自分も誅殺されるのではないかと恐れていた。事件の張本とされる北条宗方が誅殺されたことにより、貞顕は安堵することができた。『大日本古記録　実躬卿記』。

316 金沢貞顕書状（倉栖兼雄筆）

（一〇五／四四〇　釼阿本「薄草子口決」巻十六）

度々御文慥到来、此事』如此落居、喜悦千万、余』
味難尽候、依無弐之御祈』念、不失前途之条、難
申』尽次第候也、子細先度令申候』畢、定参着候
歟、抑、扇』十本・山茶一桶令進之候、折』節見来
候之間、不顧乏少』候也、又恵雲房昨日九日京』着
候了、聊申旨候、子細期後
〔解説〕
金沢貞顕が六波羅探題として上洛した後の書状である。恵雲房は、北条時雄卒去の時に貸し出していた蔵書の点検と回収にあたった称名寺の住僧である（303号資料）。「依無弐之御祈念、不失前途之条」は、嘉元の乱に関する書状であることを推測させる。【神】一三七〇、【鎌】二二一七一七。

317 金沢貞顕書状（向山景定筆）

（二一〇／三八九　釼阿本「秘鈔口決」本鈔巻十七）

世上事珍事候、其』間子細、以寂円令申』候、恐々
謹言
　　五月九日　　　　越後守（北条貞顕）（花押）
明忍（釼阿）御房

〔解説〕
嘉元の乱の顚末について、寂円を派遣するので聞いてほしいと釼阿に伝えた書状である。【神】一四四〇、【鎌】二二二〇六。

318 金沢貞顕書状（倉栖兼雄筆）

（①五五一／七九六
②三〇／三九九　釼阿本「瑜祇経聞書口注」第一）

①
今月四日御文、同十一日到』来、委細承候畢、世上
両度』勝事、更非筆墨所覃候、』殊京兆（北条時村）事、誤被逢
夭候之』条、不可不歎候歟、然而、造意』既露顕之
上者、天下定令属』無為候歟、兼又、祈禱事、委
旨承候畢、云長老（禅恵）御計、』云衆僧御合力、喜悦之
至、』不知所謝候、雖不始于今御
（本紙）
（裏紙）
②
事候、猶々難申尽候、態』御使尤本意悦入候之由、』

能々可被申長老候也、又田』舎人上洛事、則加下知候也』如此示承候、本意候、事々期』後信候、恐々謹言、

（嘉元三年）五月十五日　越後守（北条貞顕）（花押）

明忍（釼阿）御房御返事

〔解説〕

今月四日御文とは、314・315号資料に見える関東御教書が作成された嘉元三年五月四日と同日の書状であろう。この書状は鎌倉から京都までの日数が八日なので、金沢家か称名寺の使者が持参したものとわかる。北条時村誅殺が誤った情報によって行われたこと、舅時村の死を悲しむとともに討伐の対象から外されたことを安堵したことが語られている。この間、称名寺は金沢家安穏の祈禱を続けていたので、そのことに対する謝辞を忘れていない。【神】一四四五、【鎌】二二二二五。

319　倉栖兼雄書状

（①五五〇／七九五　釼阿本「薄草子口決」巻八　②釼阿本「瑜祇経聞書口注」第三　③釼阿本「瑜祇経聞書口注」第一）

①今月四日禅札、同十一日到来、』即公私御書等令分進候畢、御』返事悉帯御使候歟、抑、世上事、先京兆（北条時村）御事、去』月廿七日午刻御使京着、則入御』于北殿（山城国六波羅）、先長門鎮西御教書、忩可』被進歟之由有其沙汰、兼雄（倉栖）於当』座書御教書候き、松田八郎左衛門尉（頼直）・斎』藤帯刀兵衛尉（基明）・向山刑部左衛門尉（敦利）・石川』弥二郎已上長門、善新左衛門尉・神保十郎』已上鎮西、未刻出京、其後関東御使鵜沼』□□左衛門尉□□酉時進発、

（本紙）

（裏紙）

②不可有別子細之由被載御教書候之』上者、可被披見之旨有其沙汰、評定』衆在京人已下悉被召御前、被読聞』候畢、此上者不可有異議候之処、京中』連々騒動、御内若輩、又或帯弓箭、或』隠甲冑宿直、仰侍所、当番之外不可祗候』由雖被加禁制候、漫隠居、恐怖之腸、焼』肝候き、仍云御内、云京中、如此嗷々、只』心中可有御察□（候）歟、かゝるあさまし（浅猿）』き事候ハす、危自花春之随風、似于（今）』冬樹之待霜候、上下失色、公私呑声』候、爰同月七日夜子刻、駿州（北条宗方）御事御』使上洛之間、造意如此露顕之上者、世』上自然静謐、別為天下、殊為御』内不可不悦

候、御祈禱之趣承及候、』殊目出候、当時殿（北条貞顕）御作法
不信無』極御事候之間、いたはしさ無申計候、』仍
雖不申上候、泰山府君・御当年□〔星カ〕

（礼紙）

③
已下御祭、兼雄申付陰陽師幷宿』曜道加祈禱候き、
便宜之時者、此御』不信事、可令諫申給候、又後生
御事』つや〳〵不被懸御意候歟、只今雖非政道』肝
要候、施仁於人民事、尤可依知因果』候哉、御身の
ためニも、又御いたはしく候也、』いかゝ仕候へ
き、所詮あはれ道心のおこり』候へかしとのミ念入
候、世上無常、遮眼』候之時、尤御便候歟、毎事せ
んなく思成候へ、』さても〳〵、顕茂（天野）自害事、只天
魔之』所致候歟、尾籠次第候、態御使、殊々』悦仰
候之由、能々可令申長老給之由、』御気色候き、御
祈禱事、猶々不可有』御懈怠候、供料なと事、可入
候ハヽ、且蒙』仰、又可被仰二宮（覚恵）候也、恐惶謹言、
（嘉元三年）五月十六日　掃部助兼雄（倉栖）（花押）
謹上　明忍（釼阿）御房御返事

〔解説〕
五月十五日の金沢貞顕書状（318号書状）とともに、釼阿の元に届けられた書状である。五月四日付書状が十一日に到来したと記すので、釼阿は金沢貞顕と倉栖兼雄の二人に書状を送ったことがわかる。北条時村・宗方について書かれているので、嘉元の乱に関するものと確定できる。四月二十七日に北条時村誅殺を伝える使者が六波羅北殿に入ったこと、それを受けて長門守護代北条時仲と鎮西探題北条政顕に説明の使者が派遣されたことを伝える。執権探題は金沢貞顕であるが、貞顕は北条時村の娘婿にあたるので、この件については次席となる北方の北条時範が中心となって処理することとなった。長門国は北条時村が守護を務めていたので、事務連絡で済む鎮西探題よりも気を遣っている。本来なら、鎮西探題より、長門守護代に使者を多く派遣することはない。また、向山敦利が長門に振りわけられている。一段落した後に自宅待機となった倉栖兼雄は「腸も焼ける思い」で事件の推移を見守ったという。この事件が北条宗方の陰謀であったと伝える使者が京都に入ったのは五月七日で、この間の六波羅南殿の緊迫した様子をよく伝える書状である。【神】一四四六、【鎌】二二二一八。

320　金沢貞顕書状（倉栖兼雄筆）

（三一／四〇〇　釼阿本「瑜祇経聞書口注」第二）

祈禱事、委細注給』候畢、云彼御意、云衆』僧御精

誠、喜悦之至、』不知所謝候、他事期』後信候、
恐々謹言、
六月五日　越後守（北条貞顕）(花押)
明忍御房（釼阿）

〔解説〕
金沢貞顕の越後守補任（嘉元二年六月二日）後、釼阿の称名寺長老就任（延慶元年十一月）以前である。嘉元の乱との関係を推測し、嘉元三年にかける。【神】一六六四、【鎌】二二六〇五。

321　金沢貞顕書状（倉栖兼雄筆）

（二四／三九三　釼阿本「秘鈔口決」本鈔巻十七）

関東騒乱之後、世上』已属無為之由承候、尤以』喜悦候、其後何等事候哉、』京都当時無殊事候也、抑、扇十本・茶一裹令』進之候、云彼、云是、■（誠）乏少』候、殊為憚候、恐々謹言、
六月八日（嘉元三年）　越後守（北条貞顕）(花押)
明忍御房（釼阿）

〔解説〕
嘉元の乱が一段落したことを伝える書状。京都も落ち着いたので、御礼に扇十本と茶一裹を送ると伝える。【神】一四四九、【鎌】二二二三四。

322　金沢貞顕書状

（四九二／三四〇函　「光明真言念誦次第」写三三一―一〇）

さ申はかりなき事にて候、』かねて思候しやうにも』候ハて、ひまの候ハぬ事、』わつらハしき事、いつれも〳〵』□候ハや、』□せられて候、』又こ□しとも』こま〳〵承て候事、』返々悦覚候、すき候ぬる』ほとニ、あくたう（悪党）とも候とて』わかたうと（若党）もてをいなとして候、□
六月十八日御文、そのゝちの御返事』たしかにミまいらせ候ぬ、なによりもせい（替）』星なといて候、又け（怪）ともゝあまた候て、』御つゝしみとも候よし、うけ給候へは、殿

〔解説〕
嘉元三年五月二十七日に彗星の出現が確認されているので、この書状は同年六月十八日以後のものであろう。仮に六月十八日に収める。【神】一四五一、【鎌】二二二四三。

323 「六臣註文選」 （建仁寺両足院所蔵）

（巻第二）

嘉元三年九月一日、以菅家秘説、授申越州太守（北条貞顕）而已、

従三位行刑部卿兼式部大輔菅原朝臣在輔

嘉元三年閏十二月五日、以刑部卿兼式部大輔菅原朝臣在輔之本校合畢、

従五位上行越後守平朝臣貞顕（北条）

本奥云、

安貞元年十月十日、以家証本移星点畢、

文章生菅原在公

同廿三日、重移点畢

菅判（菅原公輔）

寛喜二年二月一日、奉受厳親（菅原公輔）之御説畢、奥書在秘本而已、

筑前掾菅原在公

秘本奥書云、

応和三年六月八日、書写畢、

同廿七日　加点訖、　文章生資忠（菅原）

寛和元年十一月七日、以家説、奉授親王《三条院》而已、

右中弁菅（菅原）資忠

読畢、

菅在《大輔殿》御判

加貴書畢、

御判　同

康和元年十月六日、読了、

加賀掾菅（菅原）信能

永久五年六月十八日　以此書奉授聖主（鳥羽天皇）而已、

式部大輔菅（菅原）在良

奉受厳説畢、

文章生菅原在行　改輔

以家説授在登（菅原）了、

国子祭主（菅原）在輔

以菅家秘説奉授申皇太子（邦治親王、後二条天皇）而已、式部大輔菅（菅原）在輔

以菅家秘説授申九条三品羽林（忠嗣）而已、式部権少輔菅（菅原）在輔

以家秘説授申右大将軍訖、

鷹司殿翰林主人　菅原在輔

正安二年九月八日　家秘説奉授　皇太子(邦治親王、後二条天皇)而已、
学士菅原在輔
以家秘説奉授　皇太子(邦治親王)而已、
学士菅原在輔
以家秘説授男在雅訖、　三品右京兆菅在輔
嘉元四年正月十二日　以式部大輔在輔(菅原)卿注文選、重
校合畢、彼本以当巻為上下而已、　越後守平(北条貞顕)判
（巻第三十四）
正和二年十一月十五日、専以我家秘説授申武州太守(北条貞顕)
而已
従二位行式部大輔菅原在輔

〔解説〕
金沢貞顕が、文章道博士家の菅原在輔から菅家秘説の伝授を受けたことを伝える本奥書の記された版本である。奥書により、二冊一巻の装丁は金沢貞顕の行ったこととわかる。諷誦文に記された北条顕時所持本とも、金沢文庫本「文選集注」とも別の注釈本なので、漢籍を教養とした金沢家は数種の注釈本を持っていたことがわかる。

324　金沢貞顕書状

（四九三／三四〇函「光明真言念誦次第」写三三二―一二）

またたけ(武康幹)をまいらせ』候へは、まいり候て、何
事も』申候はむすらんとおほえ候、』いそき候
て、さなからにて候、』法皇(亀山上皇)の御あとハ、院(後宇多上皇)御
方へハまいり候ハて、』ミな今宮(恒明親王)へまいるなと
きこえ候、』返々ふしきニ覚て候、』西園寺(公衡)□
候やらん、
このほとハなに事か』□わたり候らん、御おほつか
なう』□□ひまいらせて候、かまくら

〔解説〕
大覚寺統の亀山院御跡に関する書状。後宇多上皇と式部卿恒明親王の確執を伝える。亀山法皇の崩御は嘉元三年九月十五日なので、その後のものであろう。仮に嘉元三年九月十五日にかけて収める。【神】一四五四、【鎌】二二三二五。

325　金沢貞顕書状（倉栖兼雄筆）

（四〇／四〇九　釼阿本「瑜祇経聞書口注」巻三）

其後寺中《武蔵国六浦庄、称名寺》何条事候』哉、京都《山城国》無殊事候也、
抑、宗倫下向之時、白地』参向事、申入候き、事形
勢』何様聞候乎、中書《長井貞秀》なとに』有御対面、被聞召、
可示給』候也、此外、世上被聞食事候』者可承候、
恐々謹言、
十一月廿一日　越後守《北条貞顕》（花押）
明忍御房《釼阿》

〔解説〕
金沢貞顕が越後守に補任された嘉元二年以後、長井貞秀が兵庫頭に補任された徳治元年より前なので、嘉元二年ないし三年に限定される。宗倫は瀬戸橋造営の担当なので、嘉元三年と推定する。【神】一四三八、【鎌】二二二一八八。

326　金沢貞顕書状（倉栖兼雄筆）

（二六／三九五　釼阿本「秘鈔口決」本鈔巻十七）

去月十六日禅札、委細承』候畢、
抑、瀬戸橋《武蔵国六浦庄》造畢之条、』誠悦入候、寺中《武蔵国六浦庄、称名寺》世上何条』
候乎、京都《山城国》無殊事候、又真』願房跡事、兼雄《倉栖》中候
歟、他』事期後信候、恐惶謹言、
十二月九日《嘉元三年》　越後守《北条貞顕》（花押）
明忍御房《釼阿》御返事

〔解説〕
釼阿から、六浦郷と金沢郷を結ぶ瀬戸橋が完成したとの報告を受け、喜びを伝えている。「称名寺のことはお変わりないですか、京都も特に変わったことはありません」は定例の文言である。真願房跡は、亡くなった律僧の遺産の処理に関する問題であろう。弥勒菩薩像内納入文書に、下河辺庄に寺院を建立し、「しんくわん」に供養を頼みたいと記す女性書状がある。【神】一四六九、【鎌】二二二四〇。

327　顕瑜書状（一二二三／名古屋市蓬左文庫所蔵「侍中群要」紙背文書）

可令参入言上之由、便宜時、』可有洩御披露候、恐
惶謹言、
（嘉元三年）後十二月十日　　顕瑜状
（花押）

〔解説〕
金沢貞顕の従兄弟顕瑜は嘉元三年閏十二月十五日に園城寺で伝法灌頂を受けるので、よろしくお伝えくださいと伝達した書状である。【神】一四七七、【鎌】二二四四二。

328　「三井寺灌頂脈譜」百一　覚助法親王授廿七人（国立公文書館所蔵）

虚空蔵　大夫　同―後十二―十五日　同所（近江国園城寺唐院）十二人
良重歯木神供　仙親　信憲　実印
顕瑜　年廿戒七　関東住　教聡　尊雅　乗伊奉行　幸慶
静泉　真弁頭　照弁　朝現助
聖三世　左近衛大夫将監（北条）顕景子

〔解説〕
金沢貞顕の従兄弟顕瑜が、嘉元三年閏十二月十五日に園城寺唐院で覚助法親王から伝法灌頂を受けたことが記録されている。

329　倉栖兼雄書状（自筆）（五五二／七九七　釼阿本「秘鈔口決」本鈔巻六）

去比委細禅札恐悦候、』彼御状則入見参候畢、
抑、（下総国下河辺庄）赤岩樋事、令成進御』教書候、可令付堤奉行
人』給候也、他事月迫候之間、』令省略候畢、恐々
謹言、
（嘉元三年）閏十二月十二日　　（倉栖）掃部助兼雄
（花押）
謹上　（釼阿）明忍御房

〔解説〕
下総国下河辺庄赤岩郷（現埼玉県吉川市・松伏町）の用水路の整備を記した書状である。倉栖兼雄は、金沢貞顕の命で御教書を作成し、堤奉行人に指示したという。赤岩本村の集落は、古利根川沿いの自然堤防上の微高地に形成されている。大河川の集まる低地の荘園下河辺庄河辺（下方）では、用水の確保や堤防の管理といった水の管理に細心の注意が払われていたのであろう。【神】一

四七八、【鎌】二二四四四。

嘉元三年（一三〇五）年末雑載

「光明真言念誦次第」紙背文書

本書紙背の金沢貞顕書状は、嘉元年間のものが多くみられるので、仮に嘉元三年年末雑載に収める。

330　金沢貞顕書状

（四九四／三四〇函「光明真言念誦次第」写三三二一―一二）

「さて前兵部大輔（北条顕実）」一級御めん候御教書、」昨日
たひて候し程ニ、」□つけ
て候、するか（駿河守）のかミハ」みちのくに（陸奥国）に」

〔解説〕
甘縄顕実の昇進を伝える。駿河守が陸奥守に転任したことを記すが、該当者は不明。【神】一四六一、【鎌】二二三五二。

331　金沢貞顕書状

（四九九／三四〇函「光明真言念誦次第」写三三二一―一三）

「あしとまし候へ、いかやうなる」事にてわたらせを
ハし」まし候やらん、返々」

〔解説〕
金沢貞顕書状の断簡。年代・内容は不明。【神】・【鎌】未収。

332　金沢貞顕書状

（四八九／三四〇函「光明真言念誦次第」写三三二一―一四）

「□まし候、なを九こんも申たくさふらひし
に、」あまりにまいり候ハぬ□」
評定ニ出候ほとに、とゝめ候ぬ、あなかしく、」

〔解説〕
金沢貞顕書状の断簡。年代・内容は不明。【神】・【鎌】未収。

333 金沢貞顕書状

（四九五／三四〇函「光明真言念誦次第」写三三二一―一五）

「しく候、」きゝひらかせ給て候らむ、よろこひおほえ候、」あまりに、」□いまみや《恒明親王》殿の御いたわり、わつらハしく」

〔解説〕
恒明親王の病状の悪化を伝えるが、年代は不詳。【神】・【鎌】未収。

334 金沢貞顕書状

（四九六／三四〇函「光明真言念誦次第」写三三二一―一六）

「よろつ御身つから申へく候、この文やかて火ニ入」られ候へく候、あなかしく、
「《上書》（切封墨引）」

〔解説〕
金沢貞顕書状の断簡。読み終わったら焼却するよう指示している。【神】・【鎌】未収。

335 金沢貞顕書状

（四九八／三四〇函「光明真言念誦次第」写三三二一―一一）

□おほしめしよりて候、」御こころさし、猶々」申つくしかたく、よろこひ後家計ニて、故殿《北条顕時》」御時さたなと候ける、」御ほんにて候なれハ、」

〔解説〕
金沢貞顕書状の断簡。年代・内容は不明。【神】一四五七、【鎌】二三三二八。

336 金沢貞顕書状

（四九七／三四〇函「光明真言念誦次第」写三三二一―二）

「□□ひ入候、順教の申候し者」（中欠）□□これにて」さふらひける、いま宮殿《恒明親王》への」御ふミみもまいらせ候、いま宮殿よりの古今」たまハり候ぬ、民部入道《藤原兼行》の」

〔解説〕
恒明親王から「古今和歌集」を給わったと記す。後宇多天皇の後、大覚寺統は後二条天皇と式部卿恒明親王のいずれを嫡系にするかで、後継争いがあった。六波羅探題金沢貞顕がこの動きの中でどう動いたかは不明であるが、「光明真言念誦次第」の紙背文書は恒明親王との親密な交流を伝える。【神】一四五六、【鎌】二二三二七。

337 金沢貞顕書状

（四八六／三四〇函「光明真言念誦次第」写三三二一―三）

「□もんして候へハ、よへの□』ちもく（除目）に叙て候、いんのをわりのせんし（尹尾張前司）、するか（駿河）
の□』□この事ともハ、六月廿八
日の御教書ともにて候、
何事かわたらせをハしまし候らむ、御おほつかなく
候、」

〔解説〕
六月下旬に除目が行われたことを伝える。330号資料に駿河守の陸奥守転出を記すので、この書状は同じ除目で尹尾張前司が駿河守補任に関わっていたことを推測させる。新任の駿河守は、恒明親王支持の人なのであろう。

【神】一四六〇、【鎌】二二三三一。

338 金沢貞顕書状

（四八七／三四〇函「光明真言念誦次第」写三三二一―四）

□よし、をわり（尾張）かつかひ』申し候へとも、いまた御
めん状をたひ候ハす候、心にあわぬ事にて』はし候
やらん、又めてたき事ハ□よしにて』□候
はんすらん、おほつかなく候て、』御たい所の御は
うハ、ことなる事なけに候、』かやうに□さかく
いのさたのさふらふは、』しさいなき御事

〔解説〕
金沢貞顕書状の断簡。尾張前司の使者が来たという。「光明真言念誦次第」紙背文書が恒明親王側とのやりとりを記すことから推測すれば、尾張前司は恒明親王の側近なのであろう。恒明親王の母は西園寺実兼の娘なので、西園寺家を間に入れての交流か。内容・年代は不明。【神】・【鎌】未収。

339 金沢貞顕書状
（四八八／三四〇函「光明真言念誦次第」写三三二―五）

御おほつかなく覚えさせをはしまし候、』こま
かニうけたまわり候』事とも
御心地とうけ給候こそ、をとろきおほへさせをハし

〔解説〕
金沢貞顕書状の断簡。内容・年代は不明。【神】・【鎌】
未収。

340 金沢貞顕書状
（四八五／三四〇函「光明真言念誦次第」写三三二―六）

事まてさふらひし、わひしくて』このほと候、
又いらせをはし』まし候へく候、
昨日の御いり、返々よろこひ覚させをはし

〔解説〕
金沢貞顕書状の断簡。内容・年代は不明。【神】・【鎌】
未収。

341 金沢貞顕書状
（四九〇／三四〇函「光明真言念誦次第」写三三二―七）

かやうニ候、うつ、なき事のミ』世におほえ
候、末代のさほう《作法》、』さ
いまみや《恒明親王》殿の御返事、やうこまかに

〔解説〕
金沢貞顕書状の断簡。内容・年代は不明。【神】・【鎌】
未収。

342 金沢貞顕書状
（四九一／三四〇函「光明真言念誦次第」写三三二―八）

たゝいまはしめ候へく候、』又かねをかつかひの
事、』このたひハかなう《叶》ましきにてさふらひけニ
候、なら《奈良》の事ニも』御つかひのほり候、長井《時千》の宮内
権大輔

〔解説〕
南都の問題で、東使が上洛するという。長井時千の宮内

権大輔補任は嘉元元年十一月一日なので（「実躬卿記」）、本書状はその日以後となる。【神】一四五八、【鎌】二二三二九。

343 金沢貞顕書状（五〇〇／三四〇函「光明真言念誦次第」写三三二一九　写三三二一一七）

「な□□いとゝかなしさ」まさ□□ひしてこそ
候へ、又蓮」心房のもとに候し子、たうし山上」三
郎左衛門かもとに候て、故備後守の」子となのり
て、とさまにて、そ」せうをし候て、式部大夫□□
つかい
（第一紙）
（第二紙）
候よし承候ハ、まことにて候やらん、」蓮心房もい
またひとつなる事ニて」候やらん、此御返事ニこま
かニ承へく候、」よろつ御文にハつくしかたく候、
あなかしく、
さたあき《（貞顕）（北条）》

〔解説〕
金沢家内部の相論と思われるが、年代は未詳。金沢家被官山上氏は、308号資料にみえる。【神】一四五九、【鎌】二二三三〇。

釼阿本「瑜祇経聞書口注」紙背文書

本書紙背の金沢貞顕書状は、貞顕の越後守補任以後、釼阿の称名寺長老就任以前のものなので、嘉元三年から延慶元年の間となる。年代推定のできないものはすべて、嘉元三年末雑記雑載に収める。

344 金沢貞顕書状（倉栖兼雄筆）（二七／三九六　釼阿本「瑜祇経聞書口注」第二）

便宜可申左右候也、事々期」後信候、恐々謹言、
正月十六日　越後守《（北条貞顕）》（花押）
明忍御房《（釼阿）》
（切封墨引）

〔解説〕
金沢貞顕書状の断簡。複数紙に書かれた書状の最終紙に当たる。【神】・【鎌】未収。

345　金沢貞顕書状（倉栖兼雄筆）（三四／四〇三　釼阿本「瑜祇経聞書口注」第二）

道覚上洛之便、禅札』慥到来候訖、此間、又』自是可有便宜候、仍心』閑以彼時可申候、京都』当時無殊事候也、恐々』謹言、

七月九日　越後守《北条貞顕》(花押)

明忍御房《釼阿》御返事

〔解説〕
上洛の使者となった近江房道覚は、のちに称名寺領加賀国軽海郷の所務で敵方にまわることになる（金文四六七二号）。【神】一六六九、【鎌】二二三五一五。

346　金沢貞顕書状（倉栖兼雄筆）（三七／四〇六　釼阿本「瑜祇経聞書口注」第一）

道義帰洛之便、御札委』細承候畢、且御事書一』見候畢、殊為悦候、事々』率爾之間、省略候、期後』便宜候也、恐々謹言、

八月八日　越後守《北条貞顕》(花押)

明忍御房《釼阿》

〔解説〕
帰洛の使者となった道義は称名寺の僧であるが、詳細は不明である。【神】一六七〇、【鎌】二二三五一二。

347　金沢貞顕書状（倉栖兼雄筆）（四一／四一〇　釼阿本「瑜祇経聞書口注」第二）

［末物忩之間、令省略候』畢、恐々謹言、

十二月十九日　越後守《北条貞顕》(花押)

明忍御房《釼阿》

（切封墨引）

〔解説〕
金沢貞顕書状の断簡。複数紙に書かれた書状の最終紙に当たる。【神】・【鎌】未収。

348　金沢貞顕書状（倉栖兼雄筆）（①九八／四三三　②二三六九／二九五〇　釼阿本「薄草子口決」巻八）

①
去月十八日禅札、委細承』候畢、抑、白地下向

事、自』中書（長井貞秀）正月下旬之比、可申試之』由、雖被仰
候、此事窮冬□』迫被出御意□□候之処、今年』正
月［　　］

（本紙）
- - - - - - - - - - - - - - - -
（裏紙）

②□□重申入候之条、□□□』候之間、其恐候之上、
進物以下』事、極不具□□〔之子〕細候之間、今月』下旬可
申入之旨存候也、此様一□』語中［　　　　　］

〔解説〕
金沢貞顕の六波羅探題辞任の件が話題になっている。長井貞秀は、徳治元年には兵庫頭に補任されているので、嘉元三年以前の書状となる。仮にこの年にかけて収める。【神】①一六七三＋②未収、【鎌】①二三五一二＋②未収。

349　倉栖兼雄書状

（五五五／八〇〇　釼阿本「秘鈔口決」本鈔巻十七）

其後、寺中（武蔵国六浦庄、称名寺）何条御事』候乎、不審不少候、
抑、先度自金沢殿（北条実時後室、北条政村女）預』御文候き、殊恐悦候、其間』
子細以覚恵（二宮）令申候了、定令』参入言上候歟、且中書（長井貞秀）にも』令申候、御和談候哉、如何、』兼又、依弁公（顕弁）
讒言、向山養』□訴訟事、□可有御綺之由、［　　　　］

〔解説〕
長井貞秀は、徳治元年には兵庫頭に補任されているので、この書状はそれ以前となる。顕弁と向山氏に関する訴訟は明らかでない。仮に、嘉元三年の年末雑載にかけて収める。【神】一四〇五、【鎌】二一八八四。

350　「春秋経伝集解」奥書

（宮内庁書陵部所蔵　識語篇一一六九号）

（第十四尾）
弘安元年九月廿二日、以音博士俊隆（清原）真人之本、書写点校畢、
従五位下行左近衛将監平朝臣「顕時」（北条）（花押）
本奥云、
文永二年閏四月十五日、授愚息（清原俊隆）音儒了、
大外記（清原教隆）在判
弘安元年十月十二日、授申越後左近大夫将監（北条顕時）尊閤
畢、此書至廿九巻、捧説先畢、而十四十五、先君（北条実時）御

時回禄成孽、重以有書点之間、越巻有訓詁之故也、
嘉元三年七月六日、以家説、奉授越後守《(北条貞顕)》殿了、
直講清原宗尚

（第廿三尾）
弘長元年六月十三日、以参州《(清原教隆)》本書写移点了、
文永二年六月二日校合了、
書本奥云、本奥云、
治承五年五月廿二日午刻、授良別駕《(清原良業)》了、
大外記《(清原頼業)》在御判
元暦元年五月十五日、重奉受御説了、主水正良業《(清原)》
建保二年七月廿四日、授家秘説於愚息仲宣《(清原)》了、
散班《(清原仲隆)》在御判
正嘉二年十月四日書写了、
権少外記直隆《(清原)》
同年同月十八日、以累祖之秘説、校点了、
正六位上行鸞臺録事清原真人《(直隆)》在判
弘安元年五月三日、以家説、授申越後左近《(北条顕時)》大夫将監
尊閤了、
音博士清原《(俊隆)》（花押）
嘉元三年閏十二月十九日、奉授越後守《(北条貞顕)》殿了、

大外記兼博士越中権守清原真人《(良枝)》（花押）

（第廿六尾）
文永二年正月十一日、以清参州《(清原教隆)》之本書写点校了、
書本奥云、本奥云、
養和元年七月廿六日、授良別駕《(清原良業)》了、
在御判
元暦元年五月廿九日、重受御説了、主水正良業《(清原)》
建保二年九月十六日、授家説於仲宣《(清原)》了、
散班《(清原仲隆)》在御判
正元元年六月六日書写了、
筑州別駕《(清原直隆)》在判
同年同月十五日、以累代之秘説、手身校点了、
筑後介直隆《(清原)》
弘安元年六月三日、以家説奉授越後左近《(北条顕時)》大夫将監尊
閣畢、
音博士清原《(俊隆)》（花押）
嘉元四年四月十一日、以家説奉授越後守《(北条貞顕)》殿了、
直講清原《(宗尚)》（花押）

〔解説〕
北条実時・顕時の二代は、鎌倉に下向した清原教隆とその子直隆・俊隆から清家代々家説の伝授を受けてきた

が、六波羅探題として上洛した金沢貞顕は、京都で明経道清原氏嫡流から清家家説による伝授を受けている。全文は89号資料に収める。

351　「古文孝経」奥書　（出光美術館所蔵　識語篇七二六号）

（尾）

永仁六年十一月廿四日、以家秘説、奉授越州（北条顕時）五品左親衛閣了、

　　　　助教清原（直隆）真人（花押）

嘉元二年九月十九日、以大博士良枝（清原）真人之本、重校合訖、

　　　　貞顕（北条）

　本奥云、

（中略）

嘉元三年五月廿四日、以大外記良枝（清原）真人之本、重見合訖、

　　　　従五位上行越後守平朝臣（北条貞顕）（花押）

以家本重校合畢、件奥書等、悉以愚筆所書写也、

　　　　大外記兼博士清原真人（良枝）（花押）

正和元年五月十四日、以秘説奉授武蔵守殿（北条貞顕）畢、此書去永仁六年、助教直隆（清原）奉授之、然而依貴命重奉授訓説者也、

　　　　大外記清原（良枝）（花押）

同日、奉授左近大夫将監殿（北条貞顕）畢、

　　　　（花押）（清原良枝）

元徳二年七月二日、以南堂十代之秘説、奉授武州（北条忠時）新左親衛尊閣了、

　　　　散位清原（教宗）（花押）

〔解説〕

「春秋経伝集解」と同様に、六波羅探題として上洛した金沢貞顕は清家の家説を明経道清原氏の嫡流から伝授されている。全文は42号資料に収める。

徳治元年（嘉元四年、一三〇六）

352　氏名未詳書状　（東大寺図書館所蔵「華厳探玄記洞幽抄」巻五二紙背文書）

後十二月初之御文□□見候了、抑、武松（伊予国吉岡庄）地頭殿三貫文替銭皆已弁進候、二ケ度弁ニハ二度なから、請取二通下進候、田舎虫損・霜害返々歎入候、御相節難治奉察候、貴房一所許御分ハ、毎日一升ツヽ、来八月晦日まで可奉沙汰候、向山刑部左衛門殿（敦利）之方ニ、用途之出来候ニ随て可奉替候、六郎三郎殿も其様申て候也、此源入道下着候て、自明日其一升ツヽ、を可

有御用候、若又彼左衛

〔解説〕金沢貞顕が六波羅探題を勤めていた時期の書状。金沢家の被官向山敦利の名前がでてくる。「後十二月初之御文」とあり、嘉元三年閏十二月の書状に対する返信と判断できる。徳治元年正月に仮に収める。佐藤進一「凝然自筆仏書の紙背文書（抄）」（「中央史学」二号）に翻刻。【鎌】未収。

353 「侍中群要」奥書

（名古屋市蓬左文庫所蔵　識語篇九八五号）

（第一尾）

嘉元四年三月廿五日、以水谷大蔵大輔清有之本、

書写校合畢、　　　　　　　　　　　（北条）貞顕

（第二尾）

嘉元四年三月廿七日、以水谷大蔵大輔清有之本、

書写校合畢、

（第三尾）

嘉元四年三月卅日、以水谷大蔵大輔清有之本、

書写校合畢、

（第四尾）

嘉元四年三月卅日、以水谷大蔵大輔清有之本、

書写校合畢、

（第五尾）

嘉元四年三月廿九日、以水谷大蔵大輔清有之本、

書写校合畢、

（第六尾）

嘉元四年四月一日、以水谷大蔵大輔清有之本、

書写校合畢、

（第七尾）

嘉元四年四月二日、以水谷大蔵大輔清有本、

書写校合畢、

（第八尾）

嘉元四年四月二日、以水谷大蔵大輔清有之本、

書写校合畢、

（第九尾）

嘉元四年四月三日、以水谷大蔵大輔清有本、

書写校合畢、

（第十尾）

嘉元四年四月五日、以水谷大蔵大輔清有之本、
書写校合畢、　　貞顕（北条）

本奥云、
養和元年十一月十一日癸未、天陰辰刻終書写之功、
以江州（高階重仲）息（高階親家）五品羽林之本写之、転展書写之間、少々有
字僻事等歟、同十五日、移点校合訖、此書本上下二
巻也、而依為大巻、分為十巻、為無披閲煩也、

（付箋云）
金沢本侍中群要伝記
金沢本侍中群要十巻、慶長中日野唯心（輝資）所賜臣高祖家（徳川）
康也、家康侍諸先臣義直（徳川）、其顛末載于義直自撰創業
録、毎巻押御本之印、蓋上古係御府所蔵、然創業録
不記其由、今不能得而詳之、

〔解説〕
金沢貞顕が六波羅評定衆水谷清有所持本を書写校合したことを伝える奥書を持つ写本である。中原広元は文章道大江氏の姓に復して大江氏を称するようになったので、その子孫は六位蔵人・式部丞を経て五位に昇進するようになった。水谷氏は在京する一族なので、蔵人を務めることを家の例とした。金沢文庫本「侍中群要」は、徳川家康から尾張徳川家の祖義直に譲られた駿河御譲本の中に含まれていた。

354 金沢貞顕書状（倉栖兼雄筆）

（五〇／四一九〈上〉釼阿本「鳥羽院御月忌次第」〈下〉釼阿本「大御室御忌日蜜導師次第」九月廿七日）

当時無殊事候之条、』承悦候、京都又同前候、
抑、唐船無為之帰朝、尤』目出候、当寺（武蔵国六浦庄、称名寺）之御大慶
候、』不可不喜候、但俊如御房（戒誉）』乗船已下向云々、
定無為』参着候歟、子細省略候、』恐々謹言、
（徳治元年）五月廿四日　　越後守（北条貞顕）（花押）
（釼阿）明忍御房御返事

〔解説〕
元に派遣した貿易船（唐船）が、無事に帰国したと伝える書状である。唐物買付けのため唐船に乗船していた俊如房戒誉も、無事に鎌倉に向かったと伝える。【神】一六六三、【鎌】二二五〇四。

355　金沢貞顕書状（倉栖兼雄筆）

（一一／三九〇〈上〉釼阿本「南御室仏名後朝供養法略次第　今季胎蔵界」〈下〉釼阿本「蓮華心院理趣三昧開白導師次第」）

愚息少童、去六日辰刻』他界候了、墓所事、故入』（北条顕時）道殿墳墓之辺、如形可』立五輪一碁（基）之由思給候、』仍貴骨付智円下之候、有』御計、云事体、云在所之便宜、』可有御沙汰候、委旨使者可』申候、恐々謹言、

（徳治元年）六月九日　　越後守貞顕（北条）

（釼阿）明忍御房

〔解説〕
金沢貞顕の子が六月六日辰刻に亡くなったので、その墓を北条顕時の墳墓の側に五輪塔として建ててほしいと伝える。遺骨は智円が預かって下向するという。現在の称名寺庭園の顕時・貞顕五輪塔の区画にある小さな五輪塔のひとつが、この小童のものであろう。【神】一六六五、【鎌】二二五〇六。

356　金沢貞顕書状（倉栖兼雄筆）

（五一／四二〇〈本紙上〉釼阿本「五部大乗経供養次第　養和二年二月廿九日」〈本紙下〉釼阿本「長者東寺拝堂次第」〈礼紙上右〉「懺法結願導師次第」〈礼紙上中〉釼阿本「長者東寺拝堂次第」〈礼紙下〉釼阿本「今宮高野御参詣次第　建久四年八月日」）

今月八日御状、今日到来、』委細承候了、抑、彼墓所』間事、執御沙汰候之条、殊』悦入候、在所故殿（北条顕時）御墓』［　　］、又俊如房（戒誉）今月』［　　］由比殿（三善康有室・天野政景女）前浜、且』［　　］了、無為帰朝、返々』［　　］□、彼一級事□□

（本紙）
- - - - - - - - - - - - - - - - - - - -
（礼紙）

追申
俊如房（戒誉）無為帰朝、返々』目出候、□（就カ）之、当時鎌倉』中□以下唐物多々』［　　］、折節可有』［　　］に、来冬明春』之比など可有沙汰哉候覧、』其間事、宜為御計』候乎、重恐々謹言、

〔解説〕
六浦殿（北条実泰室）の妹由比殿（天野政景女で三善康有室、法名は是心）は、武蔵国船木田庄由比郷（東京都

八王子市）にちなんだ通称であろう。この書状は、戒誉が無事に鎌倉に到着したこと、金沢貞顕亡息の墓所の整備が進んでいることを伝える。唐船が無事に帰国し、この船に積まれた唐物が鎌倉の市で売りさばかれていると伝える。貞顕の子供が亡くなったのは六月六日（355号資料）、貿易のため中国に派遣された俊如房戒誉を乗せた唐船が帰国したと伝えるのが五月二十四日（354号資料）であるので、六月中旬以後の書状とみてよいだろう。本書状は、第二紙の裏紙が欠けている。【神】一六七四、【鎌】二三五〇七。

357　金沢貞顕書状（倉栖兼雄筆）

（五二／四二一　釼阿本「長者東寺拝堂次第」）

□之便、去月廿三日』□日到来、同便』□同十五日京着、』□畢、□事、被引上由事、』□事等承候了、彼』□渉日添其色候、』□兼又、墳墓事、同□
□早速事行候之

〔解説〕
墳墓とは、金沢貞顕が在京した徳治元年六月六日に死去した子息の五輪塔のことであろう（355・356関連）。【神】一六六六、【鎌】二三五〇九。

358　金沢貞顕書状（倉栖兼雄筆）

（三五／四〇四　釼阿本「瑜祇経聞書口注」第一）

又、阿弥陀堂（武蔵国六浦庄、称名寺）息屋事、尤可宜』候歟、仍材木事加下知候也、』彼状即進候、可令付覚恵（二宮）給』候、当時京都無殊事候也、兼又、』白地参向事、此間自是追可令申候也、他事期後信候、』恐々謹言、

七月十八日　越後守（北条貞顕）（花押）

明忍（釼阿）御房御返事

（上書）「（切封墨引）」

〔解説〕
称名寺阿弥陀堂修理のことと考えると徳治二年の可能性がでてくるが、関東代官二宮覚恵は徳治二年正月卒去なので、徳治元年以前となる。徳治元年の唐船帰朝の収益を原資に、徳治の称名寺造営が行われたのであろう。【神】一五六三、【鎌】二二八四四。

359　「紺紙金字法華経巻」第八奥書

（国立歴史民俗博物館所蔵　識語篇二二五三号）

（第一尾）

嘉元四年八月廿九日、参詣之間、所奉納皇太神宮（伊勢国伊勢内宮）社

壇而已、

従五位上行越後守平朝臣貞顕（北条）

奉施入

金泥法華経一部八巻、

右依有由緒、奉相伝此経、仍氏神鹿嶋（常陸国）大明神御宝前

奉納之、雖至末代、不可出宮中、兼者宗幹（大掾）為家門繁

昌子孫安穏二世悉地成就円満也、敬白、

徳治三年三月日　平宗幹（大掾）

（第八尾）

嘉元四年八月廿九日、参詣之間、所奉納皇太神宮（伊勢国伊勢内宮）社

壇而已、

従五位上行越後守平朝臣貞顕（北条）

奉施入

金泥法華経一部八巻、

右依有由緒、奉相伝此経、仍氏神鹿嶋（常陸国）大明神御宝前

奉納之、雖至末代不可出宮中、兼者宗幹（大掾）為家門繁昌

子孫安穏二世悉地成就円満也、敬白、

徳治三年三月日　平宗幹（大掾）

妙法蓮華経一部、右於高野山（紀伊国金剛峯寺）奉納所也、

永禄三年七月　日　武田信玄

〔解説〕

金沢貞顕が、徳治元年に伊勢神宮（内宮）に参詣して奉納した金字法華経である。その後、常陸の大掾宗幹が常陸国一宮の鹿島神宮に奉納し、戦国時代には武田信玄が高野山に奉納したことを伝えるが、名前の書き方に疑問が残る。書物の流転を伝える興味深い奥書である。【神】一五四一、【鎌】未収。

360　六波羅御教書案

（近衛家文書）

丹波国宮田庄雑掌円道申、生西父子致条々狼藉』由事、重訴状副具書如此、如請文者、為在所不定悪党、伺』隙令乱入云々、於向後』者、毎度雖不被仰下、雑掌相触』任法可被召進生西父子也、且載起請詞可被注申也、仍執達如件、

嘉元四年九月廿九日

越後守（北条貞顕）　在御判

遠江守（北条時範）　在御判

鵜沼四郎左衛門尉殿（景広）

酒井次郎左衛門尉殿（孝信）

〔解説〕

両六波羅探題が、六波羅探題管国である丹波国宮田庄の悪党鎮圧に苦慮している様子を伝える。御教書の受取人に連名で記された鵜沼景広は金沢貞顕の被官、酒井孝信は北条時範の被官である。櫻井彦「丹波国宮田荘関連史料―近衛家文書中の鎌倉遺文未収文書」（『鎌倉遺文研究』一三号）に翻刻。

361　金沢貞顕書状（倉栖兼雄筆）

（四三／四一二　釼阿本「秘鈔口決」異尊巻四）

逐申、

潮音院殿（北条時宗後室、安達義景女）御事、無』申計候、其間子細令』省略

候、重謹言、

〔解説〕

金沢貞顕書状の追而書。北条貞時の母潮音尼が亡くなったのは、徳治元年十月九日。「重謹言」とあるので、第二信以後のものとわかる。十月九日からあまり日数が経過していないと考えてよい。【神】一五五二、【鎌】二二七四四。

362　金沢貞顕書状

（四七三／七六五　（上）釼阿本「院尊勝陀羅尼供養導師次第」（下）釼阿本「大御室御忌日講師次第」）

（本紙）

これ□たうし』ことなる事も』候ハす候、

おほかたとのゝ（大方殿）御事、』申はかりなくなけき覚さ

せ』おはしまして候（北条時宗後室、安達義景女）、御いたわりも』ほとなき御事

にて候ける、』ことにあえなく思まいらせて候、』な

に事ニつけ候ても、』とく〳〵下候て、けさん』に

入事にて候ハやと、あさ』ゆふハねんせられ候、か

やうニ

（裏紙）

御心□（ニカ）かけ給候てうけ』たまはり候御事、返々』よ

ろこひおほえさせおはしまし候、』ひんきいそき候

ほとニ、さな』からにて候、又々申入候へく候、』

このやうを御心え候へく候、あな』かしく、

さたあき（貞顕）（北条）

（上書）
「（切封墨引）」

〔解説〕
金沢貞顕が、女性に送った書状。これが称名寺の釼阿のもとに移った経緯は明らかでない。北条時宗後室（大方殿、潮音院殿）は徳治元年十月九日卒去なので、仮にその日にかけて収める。【神】一六一九、【鎌】二二三三四六。

363　鵜沼景広書状案　（近衛家文書）

丹波国宮田庄雑掌円道申、生西父子引率三百余人』悪党等、去九月廿九日打入当庄、構城郭合戦、向御使』放箭、焼払四十四宇在家由事、代官良厳注進状副景永白状』謹進上候、以此旨可有御披露候、恐惶謹言、

（追筆）「嘉元四」
十一月十二日　　左衛門尉景広（鵜沼）裏判

進上　御奉行所

〔解説〕
丹波国守護代鵜沼景広が宮田庄雑掌円道の申請を受け、悪党生西が宮田庄に打ち入って城郭を構えたことの調査に入った守護代の使いに矢を浴びせかけたと伝える。送り先の御奉行所は領家方と考えてよいので、状況を報告し、強硬な手段に出てよいか否かの判断を仰いだものであろう。櫻井彦「丹波国宮田荘関連史料—近衛家文書中の鎌倉遺文未収文書」（『鎌倉遺文研究』一三号）に翻刻。

364　向山敦利書状　（五三九／八七八　釼阿本「秘鈔口決」本鈔巻十七）

おそくつき候ハ、、二宮入道（覚恵）のやかた』にて、御まち候へく候、人めにかゝ』らてまいるへきよし候間、こよひ』にまいり候はて、あすのよになり』候ハ、、御文のなつけもさのミたかい候』ハん事なくてそ候、かまへて〳〵、御』いて候へく候、これハゆもと（湯本）（相摸国足下郡）より申』候、ふけ候とも、御まち候へく候、たひ』所より申候間、状うら恐入候、』恐々謹言、

十一月廿五日　　敦利（向山）状（花押）

（上書）
「（切封墨引）
ミやうにん（明忍）の御房御むろへ□ハすへく候
進入候　　敦利」

〔解説〕
向山敦利が鎌倉下向の途中、箱根湯本から釼阿に送った書状。旅先なので、受け取った書状の裏に返信を書いている。関東代官二宮覚恵の館で会いたいと伝えているので、徳治元年以前に限定できる。仮に、徳治元年にかける。【神】一六四八、【鎌】二八一五二。

365　金沢貞顕書状　（一三七三／釼阿本「大御室御忌日後朝導師次第」影字）

（金沢貞顕書状立紙上書）
「明忍御房御返事　　越後守（北条）貞顕」

当寺（武蔵国六浦庄、称名寺）造営［　　　　］』其沙汰候之由［　　　　］』于今延
引［　　　　］』急速申上［　　　　］』候之由、彼御方
［　　　　］』委明日程心［　　　　］』

十一月廿□□　　　　□□

明忍御房（釼阿）

〔解説〕
明忍房釼阿に充てた金沢貞顕書状の立紙に映った影字で、徳治の称名寺造営に関する書状。仮に、唐船帰朝の年にかけて収める。【神】・【鎌】未収。

徳治元年（一三〇六）年末雑載

366　金沢貞顕書状（倉栖兼雄筆）　（五七／四二六　釼阿本「秘鈔口決」本鈔巻八）

以季実（賀島）申候条々事、』為悦候、且被入御意候、』殊以
本意候、委旨難』尽状候、恐々謹言、
八月七日　　　　越後守（北条貞顕）（花押）
明忍御房（釼阿）御返事

〔解説〕
金沢貞顕が越後守に在任し、賀島季実が関東代官として鎌倉に下向するまでの間なので、嘉元二年から徳治元年の間に限定される。仮に、徳治元年年末雑載にかけて収める。【神】一五六九、【鎌】二二八七二。

367　金沢貞顕書状（倉栖兼雄筆）　（五八／四二七　釼阿本「秘鈔口決」本鈔巻九）

今月十四日禅札、委細』承候畢、下向事、御使』可
上洛之由被仰下候之』上者、都鄙無為之間こそ、』
如此申入候之処、於今者不』可然候歟、仍御使上洛

事、令』落居之後、可令参向之由、』今度被下御返
事之様、可』秘計之旨、申季実(賀島)候畢、』□
□相談給候、□

〔解説〕
金沢貞顕の重臣賀島季実が鎌倉下向以前なので、徳治二
年二月以前と推定できる。仮に、徳治元年年末雑載にか
ける。【神】一五七〇、【鎌】二二二一七（二二八七三重
出）。

368　倉栖兼雄書状

（五六一／八〇六　釼阿本「薄草子口決」巻十五）

下部三郎太郎入道被仰□』二宮禅門(覚恵)候□、随而奉行
人』中野入道太不審申候、いかさま』にも、此事二
宮禅門之許へ、』自公文所可令尋申候也、又』覚静
御房御文も、同時令拝』見候了、委細此便宜ニ可申
之由』存候之処、如□□禅門存知、及子』刻祇候殿
中候之間、不弁東西候、』此両三日之間ニ兼雄(倉栖)母儀
尼上洛』の送者等令下向事候、毎事期』其時候之由
可令伝申給候、恐々』謹言、

十一月廿八日　　　掃部助兼雄（花押）

謹上　明忍御房(釼阿)

〔解説〕
金沢貞顕と共に上洛した右筆倉栖兼雄の書状である。兼
雄の母が上洛する時に随行した人々が鎌倉に戻る時に
色々と伝えるという。関東代官二宮覚恵の名前が出てく
るので、徳治元年以前の書状である。仮に、徳治元年年
末雑載に収める。【神】一五六四、【鎌】二二八四五。

369　二宮覚恵書状

（九九八／一〇八五　「結縁灌頂書写目録」）

一、先度状申候し扇、檀紙』御とりちかえ候て、めさ
れて可給候、』前林殿えつかハされ候て、くた
る』へく候、二百文ハ五本扇、百文ハ七本、』二百
文にてハ檀紙、此内宜御計』候へく候、又来二月
上旬ニハ、必々』可有御下向候、毎事期後信
候、』恐々謹言、

十一月卅日　　　覚恵(二宮)（花押）

「(上書)（切封墨引）」

〔解説〕
金沢家の関東代官二宮覚恵の書状。覚恵は徳治二年正月に卒去したので、徳治元年以前となる。「金沢文庫古文書」には金沢家被官二宮覚恵と僧覚恵の二人がみえるので、注意を要する。前林殿は、下総国下河辺庄前林郷（茨城県古河市・五霞町）を所領とする金沢家の女性。郷内に律院戒光寺があった。【神】三五七八、【鎌】未収。

370 金沢貞顕書状（自筆）

（一二三八〇／一一六六〈上〉釼阿本「法金剛院理趣三昧結願導師次第」〈下〉釼阿本「伝法灌頂誦経導師次第」）

ちう文くして候、又』すゑさね《（賀島）（季実）》まいり候へは、』何事も申入候ハむすらんと覚候、』わろく候ハヽ、なをうけ給候て、』しなをさせさふらふへく候、
このほとは、なにことか』わたらせおはしまし候らん、』はるかにうけ給候ハねは、』御おほつかなう覚させお』はしまして候、さて御ひや』うふのからかミまいり候、さき』□とて候しか、あま』□くさふらひし』□しなをさせて候へは、

---（影字）---

□りなくきたな』□し候、かへしたく候へとも、』□かなるひんきにて』候ほとニ、まいらせ候、水のやうも』かへ候へ、小屏風のからかミにて、』いたいけして候ものをと、よくく』申て候へは、又かゝる物をしい』たして候、申はかりなく、なけき』入て候、すはうハなをし□けて候』のちニ、おほせ入候へく候、あな』かしく、

「（切封墨引）」

〔解説〕
釼阿延慶二年書写本の紙背であり、賀島季実が二宮覚恵の後任として鎌倉に下向する前なので、徳治元年に収める。金沢貞顕が女性宛に記した書状と思われる。後半の影字は、本紙の表に反転して映ったもので、本文書の裏紙と思われる。【神】一六二四、【鎌】二三三五一。

371　金沢貞顕書状（自筆）

（一二八四／一四八七〈上〉釼阿本「法金剛院理趣三昧結願導師次第」〈下〉釼阿本「伝法灌頂誦経導師次第」）

一、たかき御ひやうふのからかミ、』六十一まい、もむミつ、

一、三枚たけの御ひやうふのからかミ』二、よろひか分四十八まい、もん水、

一、二まいたけの御こひやうふのから』かミ十六まい、もんミつ、

已上百廿五枚□□

〔解説〕
唐紙を大量に調達して送ると伝えるので、前号書状と関連するものであろう。年代は未詳。前号文書にかけてここに収める。【神】一六二八、【鎌】二三三五五。

徳治二年（一三〇七）

372　「鎌倉年代記」徳治二年条（京都大学総合博物館所蔵）

正月廿八日、引付頭、一熙時（北条）・二国時（北条）・三基時（北条）・四時高（北条）・五維貞（北条）・六顕実（北条）・七道雄（長井宗秀）、

〔解説〕
甘縄顕実が引付六番頭人に移った引付改編である。

373　六波羅御教書案（近衛家文書）

丹波国宮田庄雑掌円道申、生西幷子息等放火』以下狼藉事、請文披露畢、彼輩悪行次第絶常篇』歟、所詮於向後者、毎度雖不被仰下、狼藉之由雑掌随』相触之、相催近隣地頭御家人、馳向彼所、任法可召取』其身等、若又令逐電者、且尋捜在所、且随見聞可召』取之旨、可相触当国地頭御家人、於懈怠輩者、可』被注申交名也、仍執達如件、

徳治二年正月廿五日　越後守（北条貞顕）　在判

遠江守(北条時範)　在判

鵜沼四郎(景広)左衛門尉殿

酒井又四郎

〔解説〕

六波羅探題金沢貞顕・北条時範が、鵜沼景広・酒井又四郎に対し、丹波国御家人を率いて悪党生西一党を追捕することを命じたものである。宮田庄からの排除ではなく、逃走して隠れても在所を捜して召し取るよう命じている。六波羅探題が、管国内で起こした軍事行動とみてよいのであろう。櫻井彦「丹波国宮田荘関連史料—近衛家文書中の鎌倉遺文未収文書」(『鎌倉遺文研究』一三号)に翻刻。

374　金沢貞顕書状(倉栖兼雄筆)

(四四／四一三　釼阿本「秘鈔口決」本鈔巻十六)

覚恵(二宮)他界事、凡無申計候、』元自無人之処、仰天之外』無他候、代官当時無其器候之』間、思煩候、雖然是非早速』可差下候、

抑、一級事御免之条、面目候、』御教書京着之折節、除目候之間、』夜前已令叙候了、又修理用途』

覚恵借預事、兼雄(倉栖)定可申候歟、』恐々謹言、

二月(徳治二年)一日　　　越後守(北条貞顕)(花押)

〔解説〕

関東代官二宮覚恵が亡くなったので、誰を後任として鎌倉に派遣するかが問題となっている。金沢貞顕は、徳治二年正月二十九日に正五位下に叙されており、徳治二年と比定できる。修理事は、次号資料から称名寺阿弥陀堂修造のこととわかる。【神】一五五八、【鎌】二二八四〇。

375　倉栖兼雄書状

(①五五三／七九八　②五五六／八〇一　釼阿本「秘鈔口決」本鈔巻十六)

①　御状等八、一々に入見参』候也、

度々御札、一々拝見候了、

一、御一級事、目出候、昨夕到来、』夜部即令叙給候也、

一、二宮(覚恵)禅門事、就公私驚歎』無極候、御用人已及五六人』帰泉、非直事候歟、不可不慎候、』関東御代官誰人にて候へしとも』不覚候、賀嶋(季実)なとゝ

て候へとも、それ』もいかゝ候ハむすらん、就是ハたゝ』とく御下向候へかしと念願□（候カ）、
一、称名寺（武蔵国六浦庄）阿弥陀堂修理用途』事、二宮□□□半分を可進

（本紙）（裏紙）

②由申置候之上、遵行□承□』候なれハ、早可有御知行候歟、但分』限もし不足や候らん、先人を遣』て御らむ候へかし、無子細候者、忩』調文書可有御沙汰候歟、遺跡人』ハ雖誰人候、不可苦候上ニ、御存知の』事にて候へハ、更々不可有子細候也、』但、向山（北条貞顕）五入（郎）入道判形を加候へしと』存候、是ハ但非上御定候也、兼雄（倉栖）申』候也、
一、久米郡（伊予国）寺用事、替文付候者、』忩々可引付政所頭左衛門入道候也、』猶々二宮入道事、只ゆめとのミ』覚候、事々期後信候、恐々謹言、

（徳治二年）二月一日　掃部助兼雄（倉栖）（花押）

（上書）「（切封墨引）」

〔解説〕
前号資料の金沢貞顕書状と同日の書状である。「事々期後信候」の文言を見ると、倉栖兼雄は在京したままなのであろう。金沢貞顕からの指示に基づき、詳しく記述している。釼阿は、貞顕と兼雄の両方から書状を受け取り、両方に返信したのであろう。【神】一五五九、【鎌】二二八四六。

376 「群書治要」奥書（宮内庁書陵部所蔵　識語篇四七八号）

（第十四尾）
徳治二年正月廿七日、以左衛門権佐光経（藤原）本書写点校訖、
従五位上行越後守平朝臣貞顕（北条）
同二月八日、重校合畢、
正五位下行越後守平朝臣貞顕（北条）

（第廿八尾）
延慶元年十二月十七日校合畢、同十八日、重校合訖、
貞顕（北条）

（第廿九尾）
嘉元四年二月十八日、以右大弁三位経雄（藤原）卿本書写点校畢、此書祖父越州（北条実時）之時、被終一部之功之処、後年

少々紛失、仍書加之而已、
従五位上行越後守平朝臣貞顕（北条）
本奥云、
以天書々点訖、
藤判　俊国（藤原）朝臣也
合本記伝、少々直付之、相違是多、不似余書、
同上判
所存点直畢、文永八年四月十五日読了、
藤　経雄（藤原）
嘉元四年二月廿一日、重校合畢、　越後守（北条貞顕）（花押）
（第卅尾）
嘉元四年四月七日、以右大弁三位経雄（藤原）卿本、書写点
校畢、
従五位上行越後守平朝臣貞顕（北条）
本奥云、
以御書々点訖、
藤　判　俊国（藤原）朝臣也
各合晋書之文、相違所々直付之、　判　同上
加委点了、　判　同上
受畢、　藤　経雄（藤原）

嘉元四年四月十七日、重校合畢、
越後守（北条貞顕）（花押）

〔解説〕
金沢文庫本「群書治要」は、北条実時以来、金沢家歴代が受けてきた漢籍訓読の写本である。貞顕は、六波羅探題に在任した嘉元四年から延慶元年まで京都で伝授を受けていた。全文は、74号資料に収める。

377　金沢貞顕書状（向山景定筆）

（①二二九　五五四　釼阿本「秘鈔口決」異尊第四
②四五／四一四　釼阿本「秘鈔口決」本鈔巻十六）

①今月十三日御札、一昨日廿七日』到来、委細承候畢、
抑、一級事、如此示給候』之条為悦候、且於武庫（長井貞秀）
之』亭、御問答之趣、殊以』悦存候、但彼両人被
下同日之位記候、御教書』昨日到来候也、自本』
□□者無力次（本紙）

（裏紙）
②第候、兼又、為関東代官』近日下進賀嶋五郎』左衛
門尉季実候、其間、』被聞食事候者、委細注』給候
者悦入候、諸事季実』下向之時可申候、又京都』当

時無殊事候、恐々謹言、
二月（徳治二年）廿九日　　　　越後守（北条貞顕）（花押）
明忍（釼阿）御房御返事
（上書）「切封墨引」

〔解説〕
金沢貞顕の正五位下昇進と、関東代官に補任した賀島季実の鎌倉下向を伝える。この二つの用件により、徳治二年と確定する。また、長井貞秀を武庫（兵庫頭）とよんでいるので、貞秀の兵庫頭補任の時期もわかる。【神】①一五六〇＋②一五六七、【鎌】①二二八四＋二二八七〇。

378　北条顕時七回忌供養表白

（「拾珠抄」巻第八　大倉精神文化研究所所蔵近世写本）

徳治二　三　廿八　於六ハラ（山城国京都）南方亭修之
説法感激甚　有加布施三衣重薄衣
手直記之　題名僧無之
説法感激之余　翌日送状
憲基草
表白亡父（北条顕時）七年遠忌越後守貞顕（北条）修之

慎敬白　五百塵点　久遠実成
三身相即　尺迦大師　金光明等
諸大乗経　八万十二　権実聖教
地前地上　諸大サタ　有学無学
諸賢聖衆　惣尽法界　常住三宝
而言
　南贍部州　大日本国　信心施主殿下（北条貞顕）
当先考（北条顕時）七年之遠辰　祈西土九品之託生　迎一代教主
之聖容　写三部妙典之真文ヲ　其旨趣如何者　夫
六欲天之誇快楽
　遂拭五衰退没之汗ヲ
四道士之得神仙
　未免無常反愛之悲ヲ
形無常主如玄燕ノ巣花幕ニ　袖無常家似白鷺宿風枝
ニ　東袋（岱）前後之煙　不弁老少　北芒祈還之露　不知
性名
　世無常之境思常　逢生死之別歎死ヲ　運（尽カ）迷之至
　可恥可悲

然而
人非木石　皆有父母　其徳高自二華之山　其恩深
自万柳之海　誰値生死之別不哭　誰載撫育之恩不
謝
伏惟　過去先考（北条顕時）禅定聖霊
雖稟武備之家　殊備慈悲之性　雖趨柳営之月　只
望蓮臺之雲　貞廉之性　仁愛之情ヲ
人知其賢行ヲ
帰仏之誠　信法之志
世歌其清潔ヲ
遠近共帰其徳ニ　都鄙同推其仁ヲ
然而
物皆有始終　人定帯生死故ニ　病樹陰衰テ　蒙霧
久纏　命禁声眩眊　風露洛消　重泉浪咽　節残一
別之愁ヲ　黄壌途幽　徒迷再覲之期ニ
自爾以来
日廻月移　空迎七年之遠辰　慕恩恋徳　泣致三明
之祈請

爰　信心大施主（北条貞顕）殿下
全身躰之気成形受生
可思息源之
蒙慈愛之情立身行道
可謂徳基也
依之
孝始考〔孝〕終
共恨生落之水菽之不飽
知恩報恩
只悲夢後之報恩之有誠
是以
三界慈父導師
迎而擬聖霊之恩顔
三部甚源ノ妙典
写而資幽儀之良因ニ
是則
為報老牛舐積之恩
早転大乗宝車ヲ

為謝夜鶴思子之志
苦嘆大雄馬客ヲ
何況
仏則先考(北条顕時)持念之尊像也
仰在世渇仰、為世後資糧ト
経又聖霊(北条顕時)染筆書札也
改在世落点擬世後追福　仏経共有故感応定無疑
為若者　聖霊
雖尺王雖梵王
莫逗留天上人中之雲
雖下品雖上品
須趣入三輩九品之月　化功帰本故者
尺梵天衆之在天
憑長久之天命ヲ
堅牢地神之戴地ヲ
達万旦之地望ヲ
読願文其詞分
次揚経題

抑新写御経々々
発願　四弘
一切諷誦丁　少読経丁
次誦経如常三丁　読畢丁
発願　四弘
三仏名如常三丁
仏名
南無帰命頂礼御諷誦威力　哀懸授受精好善願
教化
九乳ノ鳧鐘ヲなくしてそ　ナカヲ鴟王ヲハ驚シ奉ル
一座ノ追福モ　翻テハ聖霊九品ノ覚位ヲ極候ヘキ物
ニ候丁　新開題供養セラレ玉ヘリ　梵網経
金光明准結等諸大乗経
被称揚読嘆有リ　一代教主
尺迦善逝
抑廻向旨趣者
尊親者　父之所兼也

其恩至重
　生死者　別之所極也
　　其悲尤深
　十号世尊　一代教主　猶報父恩
　四品聖人　三明羅漢　又拭別涙
凡
　恩原大地　徳高須弥
　仁広虚空　愛深溟海
縦雖生死有別之判（限カ）　争堪再々至無期之悲
（異筆）「偏眼恩顧者　欲思不忘」
余袖哀涙者　雖押不仰
非不弁生者　必世之理
偏只哭愛別離苦之悲ニ
凡
眠テ思往事ヲ　都不勝夢
別テ拭甚涙ヲ　頻動ス愁傷ヲ
春秋寒暑　運転之徒送
　七八ヶ廻之辰端ヲ

懐旧恋古哀情之只慕
　百千万旦之遺徳ヲノミ
而間
　恩所追福者　仏（如来）之所教也
　　心地義ニモ趣之　灌頂経ニモ渲也
　没後修善者　人之所楽也
　　斉黄門思之　唐田氏痛也
就中
　厳親者　徳本也
　慈父者　恩源也
　身躰髪膚父之所生也
　人（仁王）儀才能父之所譲也
　立身渡世之計　出自彼顧眄
　揚名顕徳之芸　起於彼芳訓
　全五尺之身　保一生之運
　不離父恩徳　無非父念力
心地観経云
　経於一劫　毎日三時　刻自身内

以養父母　而未能報　一日之恩
畳恩若山　湛慈悲為海
高兎趣於五範之至
　報謝之志難及
源又至于万極之海
　恋慕之涙無乾
大権猶謝彼徳
　賢人又仰其恩
　　伏惟　過去聖霊（北条顕時）者
稟梁園一十五代之苗裔ニ
継漢皇二十八将之英気ヲ
有武備　有文車　故能協一巻之詞
有文事　有武備　故専携五材之葉
任北陸ノ刺史ニ而　知虎符之分
凝面兮誠信ヲ而　堅烏瑟之相ヲ
　慈悲柔和之稟性　清潔廉直之備身
世々所歎　人々所知
身備仁義礼之五常　心帰仏法僧之三宝ニ

翹材親之前ニハ頻善シ堅良之性操ヲ　聴訴処之下
ニハ久訪フ是非之難決　軍営之繁務　任理致裁断
不滞　皇家之重事　預顧問ニ善言無私
是以
　朝廷花洛之思尤切
　　楽侔堯舜炎無為之仁
仏法興隆之志無他
　　欲比漢晋両明之徳
朝使達楡極塞之雲之時者
　先トシ聖霊ノ意見ヲ
天書通若子営之風之境者
　憑幽儀ノ善言ヲ
不招聚蘭秋風之誹ヲ　只抽貞松里争塞之忠ニ
然間
凝思於水月　懸望於風雲之故
出俗去兮刺衣髪　入真門兮受木刃
是以
辞良将之威名　列宥王之遺身　讃仏乗之窓中　薫

修久積　転法輪之床上　恵業無他　坐禅答月　経
行林衣　昏散霧迷暗　寂照月高耀　匪啻内ニ凝ス
理非　剰又外修事行　堂舎仏閣之新営修造　仏像
経巻之図尊剋形　褒詞羅月　翰墨返記
加之
　六情懺悔梵席　貴南岳行法ヲモ
　七分金得追善　望普広教問ニモ
先考〔北条顕時〕建立精舎
　新添当来導師之尊容
往生菩提資糧〔宣 区カ〕ニハ
　深仰尺迦文仏之誠訪
凡
　仏法興隆　亘《直》諸宗ニ　滅罪行業　兼定教ヲ
養十乗奥旨者
　発台岳台涯之教尺
真言三密深義者
　伺龍猛龍智之遺流
不立文字之用心者
　期見性成仏之語
位同大覚之伝受者
　仰真是諸仏之文ヲ
寂照々寂之懇念者
　寤寐無倦
自匠〔利カ〕々他之勤行者
　造次抽誠
且又
　敬神致如在之礼
　帰仏凝深仰之志
遇僧披福田之思　得財発檀施之願
直心是浄土行ト尺　直心人不知
廉直是於難門述　廉直心不存
物而
携外典坐亡々儀則　修内親坐禅之用心
外雖罔衆訴決事　内只志三宝紹隆
施栄利人　未必当匠業
　兼之聖霊者

帰仏施入　未必敬神祇
兼之聖霊也
然間
多年漽宿霧　三明望覚月
残月窓内　罔擣業之声　五更枕上　有問寝之詞
扁鵲遂無浪老之薬　前鳥未至不老之国
経説云
人生不可不老　人老不可不病　人病不可不死
生老病死　次第必然　山海空市　何有所逃
然而
去正安第三暦暮春下旬候
余知命兮四廻
空伴逝水不反之流
帰如来兮多年
遂移浄土無為之大望ニ
伝承モ御終焉之涙候ニ
返々モ難有覚候
兼知死期　猶子孫　見慮《マミヘ》際ニモ　正臨其時　還恩

愛　迎知識
無苦無悩兮被終　正念正知兮告別
言語甚慥ナレハ不知五更之使ヲモ
容顔七替　不知一息之絶ヌルヲモ
最後之刻無留一念妄榜之
余執
終焉之砌　偏示九品孝養之
往詣
三乗相応　四儀不乱　一生無恨　九品有憑
誠難有御宿善トコソ覚候へ　遠近悉悲
況於親戚之泣遺然哉
親疎同契
況於遠伊之狎厚恩哉
或沈風難之悲
息顔於孝子台下
慕恩慕徳之故
雖哭有為世離憂
正念正知之故

隔従悦無量歩迎接
但
倣昔ニ恩顧不非夢不可拝　如古徳音不隔生不可満
泣迎尊容擬恩顔　只満法音代徳音ニ
爰　信心大施主（北条貞顕）殿下
蒙其恩愛不浅
　依多生曠劫之宿縁故
戴是芳情尤深
　酬五百生死之往因故
其志送歳送月　不可忘之者　其徳雖生経劫　是可
報謝哉
凡
賢名之誉　里満都鄙　廉潔之性　無譬古今ニ
早彰父祖之跡兮
護ルニ以洛陽九重
亡慕皇王之恩兮
　寂ルニ以正下五品
割竹ｰ符兮断《コトハル》民国之訟《ウタヘテ》
甘棠比詠ヲ

浣花洛兮為帝城之固
　安艾孝槃《カイナスタノシミヲ》
何況
文選三十軸　軸々伝師説ヲ
史書数百巻　巻々訪儒訓
決知之無私　明カシ々徳家《ツケ》之文
理非之在人　聴《キク》々詔《テイ》親ノ之事
協ヒ揚名之徳ノ本《モトニモ》
顕立身之孝ノ絶ヲモ
匪養有厳父一旦之雅誉
而又継賢息二代之名望ヲ
是併雖知　廉潔賢良之性操ヲ
又則無非　聖霊顧眄之遺徳
思食候歟
凡
　身躰髪膚不損　猶是為孝始　文学材料相備
豈又非孝極リニ　在世色養　既以為足
世後報恩　思宜抽誠《トナリ》ヲ

物而
父子之習　恩愛之道　親ハ同親猶子　頗有浅深
息是息顧志ヲ　非無軽重
而
聖霊（北条顕時）愛施主（北条貞顕）　施主仕聖霊　儀越常儀　妄過人志
或ハ子不存孝行之儀
　父有哭息於《哭》之志
陶堯者捨丹朱　虞舜者片衣開均之顔也　施主殊存
孝行之心　聖霊深致愛敬之志　送春送秋一日拝覲
無隔　迎朝迎夕片時言談不絶
「出家必先行方
「還来先語視聴
父有《コトシ》慈愍　無如先人
子有《コトシ》孝順　無如施主
随逐給仕　如影副形
庭訓領略　似響応声
然ニ
一値生死之別　永隔昵近之期　彼時御心中　サマ
ヲ　候ラメ
如答霜刃於胸裏　似転銀供於師友
仰天訴十梵天王不断（助カ）　伏地哭堅牢地神無答
只悲命愍生コトヲ　偏報身不ルヲ佝
傷而無レハ眠　不憑夢中之再会
歎而溺涙　徒払枕上之空光
但　倩案之施主第一孝行是事歟
賢君名臣之跡　知人才子之家
子孫相次　揚名顕徳
興家伝道　極以難有候
江師（大江）匡房卿常悲歎之詞ニハ　載以文立身　八才仕
君　官途寿福　受四無職　但於身　有両条大恨
一不経夕郎貫主　一不持天骨賢息家之文採　道之
秘決　永欲断絶　是大恨也トコソ候へ　（源融）河原院左
大臣託宮人詞云々　我子孫皆亡　吸引誰ヲカ持ム
適所遺者　非可相救　只悲歎於湯鑊之中　憂悩於
枷鎖鑠之下候云々　江帥存日之仰　左符没後之悲
誠理ト覚候

物而
故人日々疎々理　恋慕年々休云文アリ
依之
臨別歎思　隔年忍者ハ　聊相替有テコソ候ニ　於
施主御悲歎者
懐旧之思　隔年無休
恋古之悲　送日無忘
泣迎七年之遠辰ヲ　殊祈三明之即往
凡　七年御仏事
本質雖不慥　其理又分明也　日兎迎七日歳孟迎七
年
凡　七者
里陰陽之満数故ニ　至七数之時　必有霊威文
是以
須施者送七年而
顕亡親孝道之志ヲ
因園勤者　往七年而
儼候明父仙家之祭ヲ

橡章七年功　遂顕才士之策ヲ　茅石七年ノ鉤恭乗
文王之車ニ　往躅　既有憑　後昆　何不修
都
夢中哀情者妄想転倒之基也
哭之弥沈苦域
覚前祈請者菩提涅槃之媒也
修之弥近楽邦〔郛カ〕
不如
抑無尽紅涙　修有余白善
仏者則聖霊持念尊像也
迎而　擬芳顔ニ
経又先考平生書札也
漉而等仏語
方今
迎霊山ノ尊ヲ一朝
既説一代教主値遇ヲ
後勾曲会ニ十日
猶祈十万億土之往詣

玩山月無由　迎満月仰儚声　惜洞衣何及　講貫喜憑
巨益
　若然者　過去聖霊
南浮不定之疆
　猶哭父子恩愛之別
西方安楽之国
　必誇聖衆倶会之楽　化功帰本故
払度厄於千里之外　保寿福於万才之間　重乞
子栄孫花　皆伴大椿再改之齢ニ　親類骨肉
　同開栄花無双之途

〔解説〕
金沢貞顕は、亡父顕時の七回忌供養を六波羅南殿で行った。この供養文は、その時のものである。

379 「拾珠抄」巻五　（大倉精神文化研究所所蔵）

越後入道（北条顕時）恵日忌日
　徳治二三廿八
　六波羅南方越後守貞顕（北条）
於六ハラ（山城国京都）亭修之
　亡者五十四而入世、施主今年卅一

〔解説〕
金沢貞顕が、父顕時の七回忌を六波羅南殿で行ったことを記す。本文省略。

380 金沢貞顕書状（倉栖兼雄筆）

（四六／四一五　釼阿本「秘鈔口決」異尊巻四）

一級事、不可超越上首之』由、被仰含使者候云々、
而』敢不申此分候之間、御教書』到来日、即当春除
目入』眼之日候、令叙候了、争乍存』知背御定候
哉、此等子細、即』以兼雄（倉栖）令申候、定参申候歟、』
恐々謹言、
　三月（徳治二年）□□日　越後守（北条貞顕）（花押）
明忍（釼阿）御□（房）御返事

〔解説〕
金沢貞顕の正五位下昇進は上席の人々を超越する人事となったので、鎌倉幕府としてはそのあたりを配慮した人

事を行おうとした。しかし、手続きが間に合わず、朝廷は春除目の加叙で、貞顕を昇進させてしまった。その後始末と弁明を伝える書状である。【神】一五八四、【鎌】二二九一一。

381　倉栖兼雄書状　（未収／一一六三影字）

来廿八日御仏事、御仏』者□□弥勒、殊者□可』
□宜□致御□□□』事、□』□
又僧□□』□』□□御諷誦□被仰□□
□』□』歎徳事、御勤仕候、□

〔解説〕
北条顕時の年忌供養を記すので、三月の書状とわかる。釼阿応長元年八月書写本の影字なので仮に、七回忌にかけ、徳治二年三月に収める。【神】・【鎌】未収。

382　向山景定書状　（五四六／八一二〈上〉釼阿本「鳥羽院御月忌次第」〈下〉釼阿本「宮高野御参詣次第　三所御参儀　寿永三年」）

道程無別事上洛仕候了、
抑、新方十丁（下総国下河辺庄）配目幷阿弥陀（武蔵国六浦庄、称名寺）』堂画事、御定趣令申候
了、』委細之旨被仰候歟、且仰候し』旨、所存之
趣、無残所委令申候了、』是の御避（僻）事にても不候、
画事』賃ハ京都も関東も同事候之由、行』称御房御
申候けるによて、関東にこ』そとて被下候了、掃部（倉栖兼雄）
助も此旨陳申候、』雖何事不候、便宜之時者、蒙
仰』可令申之由相存候、恐々謹言、
（徳治二年）四月廿五日　　左衛門尉景定（向山）
（花押）

〔解説〕
金沢貞顕の右筆向山景定の書状。称名寺阿弥陀堂修理のことと考えると、徳治二年が有力になってくる。下河辺庄新方十丁配目は、埼玉県越谷市堂免に比定されている。本資料には、435号資料の金沢貞顕書状の影字がある。【神】一九六四、【鎌】二二五四二〇。

383　金沢貞顕書状　（三二一／四〇一　釼阿本「秘鈔口決」本鈔巻九）

掃部助（倉栖兼雄）帰洛之便、御状昨日到』来、抑、鵜沼左衛門（国景）
入道他界』事、老体之上、自去冬比長病之』間、雖
無憑候、返々歎存候也、』故如此承候、為悦候、又
諸事』掃部助語申候之間、散不審』候了、他事期後

信候、恐々謹言、

六月十八日　　　　　　越後守（北条貞顕）
　　　　　　　　　　　貞顕（花押）

明忍（釼阿）御房御返事

〔解説〕
伊勢国守護代を勤めた重臣鵜沼国景卒去を伝える。金沢貞顕が越後守に補任された嘉元二年から六波羅探題を離れる延慶元年の間となる。倉栖兼雄書状（次号資料）との関係から、徳治元年ないし二年に絞れる。仮に徳治二年に収める。【神】一五九〇、【鎌】二二九八七。

384　倉栖兼雄書状

（五五八／八〇三　釼阿本「秘鈔口決」本鈔巻六）

「のもとへ、兵庫頭（長井貞秀）殿御文、忩々』申出させ給候て、これへきと〳〵可』給候、且此分南殿へまつ申させ』たまひ候て、兵庫殿へも御方御』和談候へく候、うちたのませ給候□〔てカ〕、』兼雄（倉栖）下向之時、被事付申候之処、』只御返事はかり給候しあひた、か』なひ候ハぬ□〔と〕心えて候□□〔らん〕、御文には候』へきよし被載候、如此存知して』候ハヽ、此御状可申給候けるをと、後』悔千万候也、猶々可被入御意候、』他事以後便宜可申候、恐々』謹言、

六月十九日　　　　　　掃部助兼雄
　　　　　　　　　　　　（花押）

謹上　明忍（釼阿）御房

〔解説〕
長井貞秀の兵庫頭在任により、徳治元年ないし二年に限定される。仮に、徳治二年に収める。【神】一五九三、【鎌】二二九九〇。

385　倉栖兼雄書状

（五六六／八一一　釼阿本「秘鈔口決」本鈔巻十六）

逐申、

南殿御返事進候、』可令伝進給候也、又』祈禱事、尚々可被』懸御意□〔候〕也、定無疎』略御事候歟、為悦□〔候〕、』謹言、

〔解説〕
倉栖兼雄書状の追而書。倉栖兼雄書状（前号資料）と接続するか。仮に、前号資料にかけて収める。【神】一五九四、【鎌】二二九九一。

386　金沢貞顕書状（倉栖兼雄筆）

（五六／四二五〈上〉釼阿本「鳥羽院御月忌次第」〈下〉釼阿本「宮高野御参詣次第　三所御参儀　寿永三年」）

「間、令悦喜候也、季実(賀島)之跡、』給置之由申て候、未
京着候、』他事期後信候、恐々謹言、
七月十六日(徳治二年)　　越後守(北条貞顕)（花押）
明忍御房(釼阿)御返事

〔解説〕
関東代官二宮覚恵の卒去により、賀島季実が後任として鎌倉に下向した。しかし、季実の後任が上洛してこないという。二宮覚恵が卒去した徳治二年の書状であろう。
【神】一五七一、【鎌】二二八七四。

387　金沢貞顕書状（向山景定筆）

（①一二二／四四七　釼阿本「秘鈔口決」本鈔巻十六
②五九／四二八　釼阿本「秘鈔口決」本鈔巻十七）

①
其後何条御事候哉、
抑極楽寺(相摸国鎌倉)炎上間事、』珍事候、無申計候、猶々法
滅之至、悲歎無極候、』又長老(禅恵)御上洛之由風聞』
候、御用何事候哉、無指』御用者御留も候へかし
と』存候、其間事、以宗清(治部)』令申候、事々期後信
□(候)、

（本紙）
（裏紙）

②
恐々謹言、
九月十八日　　越後守(北条貞顕)（花押）
明忍御房(釼阿)

〔解説〕
金沢貞顕が越後守に在任していること、称名寺の歴代に数えない尊定房禅恵が上総国夷隅郡の千光寺（千葉県いすみ市）に遷る前であることから、嘉元二年から徳治二年の間と推定される。仮に、徳治二年に収める。【神】①一六三二＋②未収、【鎌】①二三三五九＋②未収。

388　金沢貞顕書状（倉栖兼雄筆）

（四七／四一六〈第一紙上〉釼阿本「公家孔雀経御読経開白導師次第　不断儀」〈第一紙下〉釼阿本「十種供養次第」〈第二紙上〉釼阿本「公家孔雀経御読経導師次第　一日儀」〈第二紙下〉釼阿本「十種供養次第」）

「可塞持候之間、令辞申候、世上之』難、何様之趣
候哉、重職を久持候』ハむこそ、人も難候ハめ、
官位依無不足、』辞退■(何)過候へき、於転任者、経

年』序之後者、いかゝ候ハむすらん、当時ハ実』
無其志候、所詮人之難候之様、承候へく候、
一、為遠州(北条時範)替、今度上洛人(北条貞房)被坐南方、是ニハ』可被移
北方由、如法巷説候、若実事に』も候ハ、、此事
難治次第候、其故ハ、参向』事、此間連々所望、
いまニ遠州替上洛候者、』明春なとハ可申之由存
候ニ、被移北方候者、』いまさら事改たる様ニな
り候て、北方ニ坐』していく程なく下向、不可然
なといふ事、』一定候ぬと覚候、是第一の難堪
候、是一、』次家人等已経六ケ年、在所皆此近辺
ニ』ありつき候ぬ、所領又以同前、云彼云是、
令』牢籠候之条、事之煩莫太候、其間子』細可有
御察候、是二、次経南北之例、兼時(北条)』越州之外無
之候、彼人参関東、無程
(第一紙)
(第二紙)
憚候哉、剰又、同名ことに〳〵いま〳〵』しく覚
候、是三、以前三ケ条、いつれも雖』難治候、こ
とさら下向一事、いまハ身の』大訴候に、彼障导〔碍〕
と成候ハん条、勿論』と覚候之間、若御沙汰候
ハ、、此事相構』無転変之様ニ、洒掃禅門(長井宗秀)へも令
申給、』又御意得候へと、よく〳〵武庫(長井貞秀)へ可令
申』給候、直ニも荒々雖令申候、猶々委』細貴辺
得其意、可令申給候也、』且禅門之御所存も、申
旨いかゝおほし』めされ候らん、又武庫も御所存
いかゝ』候と、相構々々可示給候、恐々謹言、
(徳治二年)十一月三日　　　　越後守(北条貞顕)(花押)
明忍(釼阿)御房

〔解説〕
金沢貞顕が六波羅探題を辞任して鎌倉に下向したいと希望を伝えた書状である。六波羅探題北条時範の卒去（徳治二年八月十四日）による後任人事が取り沙汰されている。貞顕の六波羅探題在任を六年と記すので、徳治二年十一月と確定できる。現存する料紙は、裏紙・礼紙と思われる。【神】一六四〇、【鎌】二三四四〇。

延慶元年（徳治三年、一三〇八）

389　金沢貞顕書状（倉栖兼雄筆）

（一八／三八七〈上〉釼阿「五部大乗経供養次第　養和二年二月二十九日」〈下〉釼阿本「大御室御忌日蜜導師略次第　九月二十七日」）

改年御吉事、雖事旧候、』尚以幸甚々々、
抑、敦利（向山）上洛之便、禅札委』旨承候了、兼又、長老（禅恵）
令下向』総州（上総国）給由事、先驚承候、何』事候乎、所
詮、当寺（武蔵国六浦庄称名寺）老僧一同』可有御帰寺之由、能々可被』申
候、猶難治候者、雖不入』見参候、可申越候、仍早
速

〔解説〕
年始の挨拶を述べる正月の書状である。金沢貞顕が在京し、称名寺長老の尊定房禅恵が上総国夷隅郡の千光寺（現千葉県いすみ市）に移っている。貞顕は、翻意して称名寺に戻るよう説得を指示していることから、徳治三年正月の書状と確定できる。【神】一六四七、【鎌】二三四五三。

390　「管蠡抄」奥書（山田孝雄氏所蔵近世写本　識語篇三三九号）

徳治三年二月廿五日点校畢、
正五位下行越後守平朝臣（北条貞顕）在判
同三月二日、重校合畢、菅相公為長（菅原）卿抄云々、
貞顕（北条）

〔解説〕
近世の写本に、金沢貞顕が菅原為長の撰んだ金言集「管蠡抄」を校合したと伝える奥書がある。金沢貞顕自筆本は神奈川県立金沢文庫の所蔵であるが、奥書部分が欠けているため、近世の写本から採録した。金沢氏は、明経道清原氏から漢籍を学ぶことで、漢籍を教養とする家として文化的地位を確立した。貞顕は、六波羅探題時代に京都で文書に富む家との交流を深めていった。文章道菅原氏の中興菅原為長の本もこの時期に収集したもののひとつである。

391 氏名未詳書状（東大寺図書館所蔵「華厳探玄記洞幽抄」巻五二紙背文書）

悦便宜令申候、三月二日丹波房下向時、進愚状候、
定参着候覧、其時、向山（敦利）刑部左衛門殿へ、用途壱貫
五百文替進候て、彼受取幷武松（伊予国吉岡庄）給主代六郎三郎殿方へ
の御文を取て進候き、又福角道教房之子消大夫殿之
替銭三百文夏帳之料、又前々壱貫ハ貴房直節之料正月
廿六日ヨリ至五月五日、已上百日文、又五百文ハ光遊房之□

〔解説〕
金沢貞顕が六波羅探題を勤めていた時期の書状。金沢家の被官向山敦利の名前がみえる。「華厳探玄記洞幽抄」は徳治三年二月二十二日の奥書を持つので、仮に徳治三年二月に収める。佐藤進一「凝然自筆仏書の紙背文書（抄）」（『中央史学』二号）に翻刻。

392 金沢貞顕書状（倉栖兼雄筆）

（①四九／四一八　釼阿本「大御室御忌日後朝導師次第　九月廿八日」②一一五／四五〇〈上〉釼阿本「公家孔雀経御読経導師次第不断儀」〈下〉釼阿本「大御室御忌日略講師次第　九月廿七日」）

①
凡非言語之□』候之条、皆御存□
悲歎之至、絶常□』御心中併察□
雖無力候、夢□』傷為之如何、仍□
細難尽状候、恐□
（徳治三年）三月□
（釼阿）明忍御房□

②
（礼紙）
逐申、
（長井宗秀）洒掃禅門之御悲歎』併察申候、定無比類』事候
歟、歎入候、〳〵、重』恐々謹言、

〔解説〕
長井貞秀の卒去を聞いて衝撃を受けたことを伝えるとともに、関係者の悲歎を気遣う書状である。長井貞秀の卒去は、三回忌諷誦文などから徳治三年三月十二日とわかる。鎌倉からの使者の移動時間等を考えれば、三月十五日以後とみてよい。【神】①未収＋②一七一五、【鎌】①未収＋②一三五五三。

393　金沢貞顕書状（倉栖兼雄筆）

（一〇八／四四三　釼阿延慶二年六月書写題未詳聖教）

武庫（長井貞秀）御早世［　　］』併成幻夢［　　］』被憑
申候［　　］』上者、不及申［　　］』不能左右
候、禅（長井宗秀ヵ）［　　］』事候歟、殊察申［　　］』申
候、行証御房［　　］』他行之間、不申［
］』近日下向候、其時［　　］』恐々謹言、

〔解説〕
書状の受取人は、書状の文言から、まだ長井貞秀の死を受け入れかねている気配を感じさせる。徳治三年三月かその翌月ぐらいのものであろうか。仮に、三月におさめる。【神】一七一三、【鎌】二三五五一。

394　金沢貞顕書状（倉栖兼雄筆）

（一〇七／四四二〈上〉釼阿本「鳥羽院御月忌次第」第五〈下〉釼阿本「宮高野御参詣次第　三所御参儀　寿永三年」）

去月廿三日禅札、今月四日』到来、条々承候畢、武（長井貞秀）
庫』事、就内外殊奉憑候き、又』関東譜代重臣、其
性稟于家、』尤為君為家、器用相叶候歟、』就中、南
殿・谷殿（尼永忍）御悲歎察申』候之際、弥添愁吟候、無常
之』令然之理、中眼催涙候、在生間』者、一向心安
而罷過候之処、

〔解説〕
長井貞秀が亡くなった翌月の書状。貞秀の有能さをたたえるとともに、悲嘆に沈む人々を思いやっている。【神】一七一二、【鎌】二三五五〇。

395　「徳治三年春日神木入洛日記」

徳治三年四月四日条（春日大社所蔵）

四月四日、（中略）大方近日風聞説云、関東ニ奇異
事等在之内、今度可令上洛東使兵庫頭（長井貞秀）頓死、又頼綱（佐々木）
入道無双者平井去比死去、南殿（北条貞顕）からすこ（烏子）の入道子息
頓死云々、

〔解説〕
興福寺の嗷訴により、関東では穏やかならざることが続いていると記している。六波羅探題金沢貞顕は、春日神木入洛の警固に軍勢を出し、興福寺の大衆と衝突した。それによって、興福寺の呪詛の対象となっていた。金沢家の被官烏子氏は、下総国下河辺庄に所領を持っていた

ことが他の文書（金文五二三三三・五三三二九）にみえる。

396　顗助書状（仁和寺文書）

故御所（後深草上皇）御時被召置之門跡相承大師（空海）御筆
　胎蔵真言一巻
　請雨経一部二巻
　御請来目録一巻
右、慥被返下候畢、
　徳治三年四月十日　　　　顗助（花押）

〔解説〕
仁和寺真乗院を継承した顗助が、たしかに「胎蔵真言」以下四巻の返却を受けましたと記した受取状である。仁和寺御室が持明院統によって占められていることを考えれば、故御所は嘉元二年に崩御した後深草院であろう。
【神】未収、【鎌】二三二二四。

397　金沢貞顕書状（向山敦利筆）

（一四／三八三　題未詳聖教）

造替事心被懸、三門主（延暦寺三門跡）之儀、可為』公家御沙汰、又中堂（近江国延暦寺）閉籠衆事、令』退散之様、懸三門主可有御沙汰之由』被申候、其趣一昨日廿一日両使経　奏聞』候了、其後無承旨候、但去廿日夜閉』籠衆等致闘諍及刃傷・殺害候之間、』死人四人、自堂中取出之由其聞候也、
一、去三月、六浦金沢（武蔵国）之際、雷鳴并一』寸余の大氷降事、又去月■（由）比浜（相摸国鎌倉）之』潮変■（面）由事承候了、驚入候、雖然、世上』無為目出候、
一、弁（顗弁）公母議（儀）御免之上、彼兄弟三人息女』被召仕之由承候了、驚存候、何様之事共か』候はんすらむ、相構被聞食候て、最前示』給候者本望候、
一、正恵所労、医師依沙汰遅々再発、而別』医師加療候之間、於今者得減気候了、』殊以悦入候、
一、今月十四日夜月蝕御祈事、法花堂（鎌倉、右大将家法華堂）』法印（顗弁）依承之候、仰僧徒十人、被加御祈念
――――

〔解説〕
延暦寺三門跡は、青蓮院・妙法院・梶井門跡をいう。中堂閉籠などの騒動は、本覚大師謚号事件の経過を伝えて

いる。去三月とあるので四月の書状と推定できる。徳治三年の山門嗷訴にかけ、仮に徳治三年四月に置く。【神】一六六二、【鎌】二三五〇一。

398　金沢貞顕書状（倉栖兼雄筆）（五三／四一二一〈上〉釼阿本「理趣三昧開白導師次第」〈下〉釼阿本「十種供養次第」）

一、[　]散在事、何様事候乎、』無心本候、長老（称名寺）当
時雖無住持候、各為』宿老令坐給候之上者、相構
仏事』祈禱、云世間、云出世、寺中無違』失之
様、各有談儀（議）可有御沙汰候、』毎事猶期後信候、
恐々謹言、
（徳治三年）五月廿二日　越後守（北条貞顕）（花押）
明忍（釼阿）御房御返事

〔解説〕
禅恵が上総国夷隅郡の千光寺（現千葉県いすみ市）に遷ったため、称名寺長老が空席であるという。対立の根底には、極楽寺から審海に付いてきた学侶たちと、称名寺で成長した生え抜きの世代との対立がある。禅恵が退転した後の称名寺は宿老達が運営し、当面の寺務や修法は、滞りなく執行されていると伝えられている。【神】一四四七、【鎌】二三二二四。

399　「徳治三年春日神木入洛日記」徳治三年七月二日条（春日大社所蔵）

二日、（中略）
一、昨日朔日関東事書　奏聞云々、
同日六波羅殿（北条貞顕）使者二人南都へ下向、
斎藤弥四郎左衛門尉基任・松田平内左衛門尉秀
頼、両院家へ参申入称寺訴条々、御成敗之上者、
忩可有御帰坐、次路次狼籍（藉）人等事、未被寺注申、
然者、追寺○被中者、忩可有紀明、且数百人輩罷向
上者、無左右難治定歟、能々尋究可有注進、関東
其間経日数事、就物別以外事也、○且頼綱（佐々木）法師以下
被流罪上者、路次狼籍（藉）事不可有子細云々、
仍同二日学道幷僧綱、同大衆等大集会之趣、皆以
先可奉成御帰坐之由、面々一同云々、同日寺務
事、尊光院僧正公寿拝任、
同日、頼綱法師配所尾張国へ向之、仙海当時関東住、配所参河国へ向、

則　院宣（後宇多上皇）長者宣（九条師教）等被成下寺家之間、披露之、
一、関東事書
興福寺（大和国奈良）衆徒申条々、
一、前備中守頼綱法師事
神木御入洛以後渉両年之間、以敬神之儀可処流刑、可為配所尾張国、
一、達磨寺（大和国北葛城郡）勧進僧仙海事
子細同前、可為配所参河国、
一、宇治橋（山城国）警固輩狼籍（藉）事
急速尋究可注申、
関東状
春日神木事、以時綱（二階堂）・倫綱（矢野）令言上之由、可令申給候、以此趣可令洩披露給候、師時（北条）恐惶謹言、
六月十日　陸奥守平宗宣（北条）
相摸守平師時（北条）
進上　左京権大夫入道殿（三善師衡）
（後略）

〔解説〕
徳治の春日神木入洛に対する鎌倉側の回答を記した部分である。興福寺の嗷訴に対して洛中警固を命じられた金沢貞顕は、宇治橋に警固の軍勢を出して警備した。ここで嗷訴の行列を足止めにしたことが、興福寺側から路次狼藉であると訴えられ、嗷訴の行列に対して乱暴な行為を行った者を処罰するよう要求された。この件について、鎌倉幕府は数百人の軍勢から特定するのは困難として要求をはぐらかした。

400　金沢貞顕書状（倉栖兼雄筆）

（一一〇／四四五　釼阿本「理趣三昧開白導師次第」）

去月廿九日御［　　］条々委細承［　　］
一、当寺（武蔵国六浦庄、称名寺）長老（禅恵）［　　］千光寺（上総国夷隅郡）之由［　　］有上洛
被［　　］驚歎入候、［　　］老（審海）御入滅
［　　］無為無為［　　］

〔解説〕
幻の長老となった尊定房禅恵が上総国千光寺（現千葉県いすみ市）に遷住していることを記すので徳治三年と推定できる。禅恵の千光寺移転を伝える早い時期のものか。【神】・【鎌】未収。

401　金沢貞顕書状（倉栖兼雄筆）

（五五／四二四〈上〉釼阿本「後七日法供具弁備事」〈下〉釼阿本「後七日法仏像壇供等子細」）

「令仰之由令申候、猶々可仰含候、
一、船方八幡（武蔵国六浦庄）寄進田事、下書令（ママ）進之」処、使者融恵ち
かひて上洛候了、雖然」書下々着已前ニ如本致其
沙汰候歟、」此上者、不及子細候、
一、戒円房（祐範）・河原口二郎左衛門尉事、凡無」申計候、
戒円房事、先度令申候き、」仍省略候了、
一、下向事、以敦利（向山）申候、有御和談」令入眼之様、可
有御秘計候、
一、障子下帳檀紙、兼雄（倉栖）執進候歟、」恐々謹言、
六月十七日（徳治三年）　越後守（北条貞顕）（花押）
明忍御房（釼阿）

〔解説〕
河原口二郎左衛門尉の卒去は延慶元年五月七日と判明するので（「廻向　河原口金吾第三廻」称名寺聖教三五四函四号）、本書状は延慶元年と確定する。本書状に記された船方八幡は、称名寺造営用途が着岸した船着場に近い金沢八幡社（現神奈川県横浜市金沢区）であろう。河原口氏は、鴨川と東京極が接近する京都の河原口を名字の地とする、京都で登用した被官であろうか。【神】一七一七、【鎌】二三二八六。

402　金沢貞顕書状（倉栖兼雄筆）

（五四／四二三　釼阿本「大御室御忌日後朝導師次第　九月廿八日」）

「知兼雄（倉栖）之処、相□」公私到来之時者、□」
仰含候了、又全錦□」処、西国参、此間□」
忩可令沙汰之由、同□」有懈怠之旨、能々□」
尊定上人（禅恵）無定□」歎入候、長老事□」差下
使者事候、□」戒円房（祐範）入滅事、□」年来之
住持之上、□」間、殊々歎入候、□」八幡
宮（武蔵国六浦庄船形八幡宮）寄進新□」下知状候了、於今者□」又于
今不参着候、□

〔解説〕
前号に記された戒円房祐範の入滅を伝えるので、徳治三年六月以前とわかる。金沢貞顕が、尊定房禅恵の復帰を諦めかけている様子がよみとれる。【神】一七二二、【鎌】二三二九一。前号文書にかけて収める。

403　金沢貞顕書状　（二四一／残闕　「薄草子口決」　写九二四—一）

去月四日・同十五日両通』御返報、今月四五両日到来、』委承候了、御下向之後、無御』音信候之間、不審思給候之処、』無為殊悦入候、京都（山城国）当時無』別子細候也、南都（大和国）事、先度如令』申候注進、御使下向候しかハ、』御沙汰不可有程候歟、早々可帰参候、』抑、法華経茶箱等無相違令』参着候覧、目出候、仏具、両界』御本尊并茶等事、自太子堂（山城国速成就院）』還給候ハ、、可取進候也、兼又、新日吉（山城国）』小五月会、去月廿九日被行候き、』於南方（北条貞顕）御桟敷、見物仕候了、あ』はれ見せまいらせ候はやとのミ

〔解説〕
本覚大師諡号事件に関すること、新日吉小五月会を去月と記すことにより、徳治三年六月と推定できる書状。【神】一五九六、【鎌】二一八八一（二二九九三に重出）。

404　金沢貞顕書状　（倉栖兼雄筆）　（九九／四三四〈上〉釼阿本「公家孔雀経御読経開白導師次第」〈下〉釼阿本「曼荼羅供大阿闍梨次第」不断儀」）

去月廿六日御札、今月十六日到』来、今月三日禅札、同十八日京』着、各委細承候畢、一、神木（大和国春日社）事、南都使者申合、或』［　　］申状及御返事□』［　　］其意候了、此等次第』［　　］候き、定被聞食候』［　　］申状まて尋預候□、』［　　］次第不可思儀〔議〕』［　　］、［　　］了、先日以景賢

〔解説〕
本覚大師諡号事件に関する記述を持つ書状。春日神木は在京していると考えられるので七月以前であろう。仮に六月にかける。【神】一五四〇、【鎌】二二六八五。

405　金沢貞顕書状　（倉栖兼雄筆）　（一〇九／四四四　釼阿本「公家孔雀経御読経導師次第開白中間結願」）

長老（禅恵）無帰［　　］』候、被移千光（上総国夷隅郡）［　　］』等申候之間、［　　］』其間子細、景賢［　　］』下向事、猶無

□』歎入候、武庫（長井貞秀）□』事歎存候、又□』

〔解説〕
審海が称名寺長老に指名した禅恵が千光寺（現千葉県いすみ市）に遷ったことを記す書状。帰寺を求めているが翻意しないという。金沢貞顕の被官景賢の記事にあわせ、前号資料にかけて収める。【神】一七一四、【鎌】二三五五二。

406 「徳治三年春日神木入洛日記」（春日大社所蔵）

（前略）六波羅（北条貞顕）南方近衛朱雀（山城国京都）ノカヽリ（篝）屋ニ残（桟）敷打テハ、其ノ同東ノツラ（頬）角ニ堂アリ、今度東使残（桟）敷付之
（後略）

〔解説〕
本覚大師諡号事件で入洛した春日神木が、七月十二日に京都から帰座する様子を、金沢貞顕は近衛朱雀の篝屋の隣に桟敷を設けて見物している。当該条は、七月二十一日条のあとに、見物人の一覧が記されているなかにある。

407 金沢貞顕書状（倉栖兼雄筆）
（一九／三八八　釼阿本「瑜祇経聞書口注」第二）

以景広（鵜沼）令申候事、于今』被差置候云々、殊無心本候、』如荒説者、無替沙汰者難』治歟之由、有所存人候云々、』此条無其謂候歟、元自白』地参上事候、何遮只今可』及替人沙汰候乎、随而去』年以敦利（向山）申入候之時、必被』仰下候、白地下向事、雖

〔解説〕
六波羅探題の交替人事が取り沙汰されている。貞顕の意向としては長年の勤務による六波羅探題辞任と権門との衝突による引責辞任では意味合いが違うので、本心とは別に、ここでは辞任の必要なしと主張している。仮に、事件が落着した延慶元年七月にかける。袖に切封の痕跡あり。【神】一六四一、【鎌】二三四四一。

408 倉栖兼雄書状
（五五九／八〇四　釼阿本「瑜祇経聞書口注」第三）

毎年法花読誦之』御布施茶、依世上物』忩、及遅々候畢、殊』非本意候、仍一合令』進入之候、無左右

梅（毎）尾』土産候、但、気味不思程』候歟、猶可廻秘計
候也、』恐々謹言、
七月九日　掃部助兼雄（倉栖）（花押）
（本紙）
（裏紙）
逐申
云寺中、□』一向奉憑候、殊被懸』御意
候者、本望候、重恐々』謹言、

〔解説〕
審海の後継者問題については、釼阿を信頼しているという。長老不在の称名寺経営に関するものであろう。仮に、延慶元年にかけて収める。【神】二二二〇、【鎌】二二六六五九。

409　金沢貞顕書状（倉栖兼雄筆）

（四二／四一一　釼阿本「秘鈔口決」本鈔巻六）

南都御神木（春日社）者、昨日□□御』帰坐候畢、就公私悦入
候也、』又金沢殿（北条実時後室、北条政村女）御違例、殊以驚』承候、雖然御平
癒、尤々目出候、』又衆僧に進候扇、令入（経）入給』候
覧、不審候、定御得分莫太』事候歟、又只今有数候
之間、』山茶一桶進之候、他事猶』期後信候、恐々
謹言、
七月廿七日（徳治三年）　越後守（北条貞顕）（花押）
明忍御房（釼阿）御返事

〔解説〕
本覚大師謚号事件で、仁和寺の禅助を支持した南都の春日神木が帰座したと伝えるので、徳治三年と確定する。【神】一五三九、【鎌】二二六八四。

410　金沢貞顕書状（正法寺文書）

長門国厚狭郡松嶽寺々僧申、同国厚保地頭朝尚（長門）濫妨
当寺免田内北坂本沓野開発田幷同荒野事、院宣西園
寺殿（公衡）御消息副具書如此、子細見状、早可被尋沙汰
候、恐々謹言、
徳治三年九月二十七日　越後守（北条貞顕）（花押）
近江守殿（北条時仲）

〔解説〕
六波羅探題金沢貞顕が長門国守護代北条時仲に対し、伏見上皇の院宣と関東申次西園寺公衡の副状を送るので、

内容を読んで沙汰して欲しいと伝えた書状。書状の書式をとっているが、事務連絡の文書である。秋山哲雄「長門国守護職をめぐって」(『北条氏権力と都市鎌倉』吉川弘文館)に翻刻。

411　金沢貞顕書状　(六九八七/円覚寺文書)

円覚寺(相摸国山内庄)額事、任被仰』下之旨、可令申入　仙洞(伏見上皇)給』
由、内々伺申西園寺殿(公衡)候之』処、悉被下　宸筆候、
子細』定長崎三郎左衛門入道(思元、高光)令』言上候歟、以此旨
可有洩』御披露候、恐惶謹言、　「(花押)(埋込)」
十一月七日(延慶元年)　越後守貞顕(北条)
進上　尾藤左衛門尉殿(時綱)

〔解説〕
円覚寺に勅額を下されることについて、執権探題金沢貞顕が鎌倉にいる得宗被官尾藤時綱に伏見上皇の宸筆が下されることになったと伝達している。詳細については、使節として上洛した長崎思元が伝えるという、事務連絡の書状である。本資料の貞顕花押は、別の文書から切り取って埋め込んだものである。表装の時に行われたと思われる。【神】一六四二、【鎌】二三四四五。

412　金沢貞顕書状(倉栖兼雄筆)　(六〇/四二九　釼阿本「秘鈔口決」本鈔巻十七)

去月廿四日禅札、委旨承』候畢、僧衆和(不)和之条、
尤』浅猿次第候、就其称名寺(武蔵国六浦庄)』衆僧相構於事有斟
酌、』可令振舞給候歟、定此事先』立御存知候歟、
不及子細候、下』向延引事、更非言語之所及候、』
無所期候、歎入候、他事期』後信候、恐々謹言、
十月十七日(延慶元年)　越後守(北条貞顕)(花押)
明忍御房(釼阿)御返事

〔解説〕
称名寺の内訌が深刻な状態になってきたことを伝える書状である。禅恵と対立した釼阿が就任することにも、強い抵抗があったのであろう。釼阿の称名寺長老就任は延慶元年十一月と推定されている(百瀬今朝雄「明忍房釼阿の称名寺長老就任年代」『三浦古文化』一三号)。金沢貞顕は、禅恵の称名寺復帰を諦め、釼阿に長老就任を要請していたことを伝える書状が残されている(金文一一七五、釼阿書状)。【神】一六七一、【鎌】二三五一〇。

413　金沢貞顕書状（倉栖兼雄筆）

〈①五五四／七九九〈上〉釼阿本「後七日法雑事」・〈下〉釼阿本「後七日法道場庄厳儀」②一六／三八五〈上〉釼阿本「灌頂表白　保寿院初度　正和五年十一十四」〈下〉釼阿本「後七日御修法中間用意　胎界」〉

①俊（戒誉）如御房上洛之便、去月十』一日御状、兼好帰洛之時、同十二日』禅札、各委細承候了、極楽（相摸国鎌倉）』寺長老入御当寺、目出候、又』大殿（北条実時）卅三年御仏事如法経以下』重畳之由承候了、懇懃之御追』□〔善〕等、定不唐捐候歟、是にも迎』当日、修小仏事候了、覚守僧』都為導師、吐金玉候き、其間子』細略之候、兼又、寺用綿幷所々』未進等事、厳密致沙汰可申候、

（本紙）

（裏紙）

②此便宜之内、下知公文所候了、又』金錦事兼雄（倉栖）致沙汰候歟、同重』加下知候畢、又敦利（向山）下向之使』節事、殊々□〔心〕無本候、必可有御』祈念候、云世上、云寺中、無為之』条、殊承悦候、他事難尽状候、』恐々謹言、

十一月十一日（延慶元年）　　越後守（北条貞顕）（花押）

謹上　称名寺長老（釼阿）御返事

〔解説〕
大殿北条実時の三十三回忌（建治二年没）を記すので、延慶元年と確定する。金沢貞顕は、鎌倉下向の交渉が最終段階に入っているので、派遣した向山敦利がうまくやるだろうかと心配している。称名寺長老に就任したので、釼阿に対する充所の書き方が変わっている。なお、本書状にみえる兼好は、敬称がないところから金沢家被官である。倉栖氏・中野氏などの一族であろう。【神】一六四五、【鎌】二三四五〇。

414　金沢貞顕書状（倉栖兼雄筆）

（一七／三八六　釼阿本「瑜祇経聞書口注」第三）

去月廿五日禅札、委細』承候畢、寺中何条事』候（武蔵国六浦庄、称名寺）乎、不審候、抑敦利（向山）下向間事、落』居分無意本候、兼又、越（北条貞房）』前々司子息事、被仰合』事候者、可得其意候也、又』金沢御書事、猶も相構』可被懸御意□〔候〕、事々歳

〔解説〕
向山敦利の鎌倉下向は、北条実時三十三回忌や徳治春日

神木入洛の後始末に関するものであろうか。敦利下向にかけて収める。【神】一六四六、【鎌】二三四五二。

415 金沢貞顕書状

（二四八／五六六〈上左〉釼阿本「五部大乗経供養次第 養和二年二月廿九日」〈下〉釼阿延慶二年六月書写題未詳聖教）

恐鬱之処、委細』御報、畏以承候了、先』彼御労事、返々驚存』候、早々御平癒候て、御』出仕候へかしと、旁被念』願候、

当時長老御辞退事、』又子細ハ雖不存知候、歎』入候、御管領なと二成候へか』しと、身かちにいつしかニ』被存□（候）へく候、比興候、

（紙背聖教奥書）

延慶二年六月十二日　賜上乗院宮（益性法親王）御本写点了

（梵字ケンア）

〔解説〕

金沢貞顕は、禅恵の後任として、釼阿に対して長老就任を要請した。しかし、釼阿は器に非ずと辞退をしたので、再三の説得となった。その時期の書状であろう。本書状は貞顕自筆とされているが、検討を要す。【神】三〇九一、【鎌】二三二九三。

416 倉栖兼雄書状

（五六七／「西域伝堪文」）

（本紙）

俊如（戒誉）御房御上洛之時、禅札』謹承候訖、抑、寺用綿事、』賀嶋左衛門尉与鵜沼新左衛門□（尉カ）』相論者、交分一段事候歟、』先至恒例分者、賀嶋金吾』調之、不日可進寺家（武蔵国六浦庄、称名寺）之由、御』気色候之間、即仰公文』所被進書下候、不日可令付

（裏紙）

事、玉造（陸奥国）分者、以賀嶋金吾知』行分庭室郷年貢、毎年可』弁之由、先度被定下候了、仍』書下進之候ほとに、当時鵜』沼四郎左衛門尉（景広）所労危急之間、い』たくも不申候、尚々可加催促』候、柏木（近江国柏木御厨）分少々其沙汰候歟、所残』者、同可令催促候、又金錦事、』近日可出来候、忩々可進候也、』用途不足事、先度申行証』御房候了、恐々謹言、

十一月十八日（延慶元年）

掃部助兼雄（倉栖）状（花押）

〔解説〕
俊如房快誉上洛のことと称名寺寺用綿のことについて伝えるので、前号資料の金沢貞顕書状から一週間後の右筆倉栖兼雄の書状と考えられる。丹後国守護代鵜沼景広の所労が危急であると伝える。【神】一六五二、【鎌】二三四五一。

417　関東下知状案　（高野山金剛三昧院文書）

可早以尼永忍（谷殿）領知伊勢国大連名内柴田・深瀬両村事

右、如申状者、件両村就養母帥局譲状、去嘉元元年申賜外題安堵之処、極楽寺馬場谷（相摸国鎌倉）』永忍宿所炎上之時、彼御下文証文等令焼失畢云々、尋問上総介貞茂并本間源内左衛門』入道光蓮等処、如請文者、焼失事顕然也云々者、早任先例、可令領掌之状、依仰下知』如件、

延慶元年十一月廿八日　陸奥守平朝臣（北条宗宣）在判
相摸守平朝臣（北条師時）在判

〔解説〕
この下知状案によって、谷殿の養母が将軍家女房帥局であること、谷殿が所持していた文書が焼失したことがわかる。帥局は、熱田大宮司家の一族である。上総介貞茂と、時房流が伊勢国守護を勤めた時に守護代を勤めた本間氏が証人となった。【鎌】二三四六五。

418　金沢貞顕書状　（倉栖兼雄筆）

（四八／四一七（上）釼阿本「後七日御修法開白次第胎蔵界」（下）釼阿本「後七日御修法中間用意　胎界」）

逐申、
越州（北条貞房）今月（延慶元年十二月）七日夜京』着候了、同十日始行評』定候了、毎事無為、目出候、』重謹言、

〔解説〕
新任の六波羅探題大仏貞房の京着と評定始を伝えるので、延慶元年十二月十日以後とわかる。接続する本紙・裏紙は明らかでない。【神】一六五七、【鎌】二三四七四。

延慶元年（一三〇八）年末雑載

釼阿による延慶二年書写の奥書を持つ聖教の紙背文書のうち、年代が明らかにならない文書を、延慶元年年末雑載として聖教別にまとめて収める。

釼阿本「院尊勝陀羅尼供養導師次第」紙背文書
（延慶二年書写本）

419 金沢貞顕書状
（四七〇／七六一〈上〉釼阿本「院尊勝陀羅尼供養導師次第」〈下〉釼阿本「公家孔雀経御読経開白導師次第　数日儀」）

「ましと、よく〳〵』申て候しに、さりぬへき』もの
をもまいらせ候ハさり』けるこそ、正たいなく候
へ、』御にしきまいらせ候しと、』さためて、いまは
御らん』せさせおはしまし』候ぬらん、あまりニ
かへ物をおほくして候ける、』□□』うらや
ましうこそ候へ、』したいニいたはりもまさり候へ
ハ、』又見参ニ入候ぬともおほえ候ハぬこそ、』心ほ
そう候へ、御文にてたに、』ひんことニ、申うけ給
ハる御事にて候へく候、」

〔解説〕
京都にいる貞顕が、鎌倉にいる女性に対して送った書状。仮に延慶元年に収める。【神】一六二一、【鎌】二三三四八。

420 金沢貞顕書状
（四七七／七六九〈上〉釼阿本「院尊勝陀羅尼供養導師次第」〈下〉釼阿本「公家孔雀経御読経結願導師次第不断儀」〈左端〉釼阿本「院尊勝陀羅尼供養導師次第」）

「□□』候てまいらせ候へく候、これハ』
御中のもとよりのひんに申候、給ハり候はゝ、』
それより給ハるへく候、
いせ物かたり（伊勢物語）、山と物かたり（大和物語）の』それに候しとおほ
え候、』一つゝ給ハり候て、中かきし

（上書）「（切封墨引）
これはみ□□（南殿カ）　□□」

〔解説〕
金沢貞顕が、金沢館にいる南殿に送ったと思われる書状。鎌倉で受け取った関東代官の手によって、書状は諸方に分配される。貞顕の書状とすることは検討を要す。
【神】一六二〇、【鎌】二三三四八。

421

金沢貞顕書状（自筆）（一五〇／四七五〈上〉釼阿本「院尊勝陀羅尼供養導師次第」〈下〉釼阿本「長者東寺拝堂次第」）

新春御吉慶等、千万申籠』候了、猶以幸甚々々、
抑、去月』二日御状、慥到□、
一、当寺（武蔵国六浦庄、称名寺）長老（釼阿）御□』候、雖不入見参□
□』尤本意候、可有□、
一、順恵御房寄宿□』御所存之趣、承□
□』又子細候者、重□、
一、禅興寺（相摸国山内庄）長老□』入院候了、両度□
□

〔解説〕
年始の挨拶をしているので正月の書状と判明する。年代は未詳。【神】三〇八四、【鎌】三二一八六。

422

金沢貞顕書状（自筆）（四七八／七七〇〈上〉釼阿本「院尊勝陀羅尼供養導師次第」〈下〉釼阿本「大御室御忌日講師次第」）

思候て、□御ひやふたてられ候て、』一ま
かし給ハり候て、そう（僧）正の御房へ』申へく候へ
とも、みなし候御ことと、』思まいらせ候て、
まつ申候、』大はんにやよませ、ミかくらし候
ハん、
さしたる御事の候ハぬほとニ、申候ことも候ハす
候、』このほとひまうてをし候つるか、』あすのよハ
つやをし候ハ、やと、□

〔解説〕
女性に充てた書状であろう。【神】一六二二、【鎌】二三三四九。

423

金沢貞顕書状（自筆）（四七九／七七一〈上〉釼阿本「院尊勝陀羅尼供養導師次第」〈下〉釼阿本「法金剛院理趣三昧開白導師次第」）

〱□心よりほかの』御いふせ□にてこ
そ候へ、さて』あまなハ（甘縄）（相摸国鎌倉）のやけて候程ニ』とき（常
ハ葉）へうつり□』あまり二山つゝ□（相摸国
たうしは鎌倉）、いつくに』わたらせおはしまし』候やら
ん、あんないしり□
□

〔解説〕
金沢貞顕から女性に送った書状。甘縄の火事で館ないし宿所が焼失し、常葉に移ったという。【神】一六二三、【鎌】二三三五〇。

424　金沢貞顕書状（自筆）

（四八〇／七七二〈上〉釼阿本「院尊勝陀羅尼供養導師次第」〈下〉「大御室御忌日蜜導師次第　九月廿七日」）

このいたはりは、』とりたてゝわつらハしくな
と成』たる事はさふらはねとも、心よき事も』
候ハく《候ハて》、なかく〳〵と』候へハ、いかにも』こと
しをすこさぬ』事にてそ候ハんすらむと、』お
ほえ候に、いま一と見参ニ入』候て、申うけ給
ハらす候つる、
かもんのすけ（掃部助）（倉栖兼雄）のひんの』御返事も、たしかに、う
け』たまハり候ぬ、あまりニ』ひさしく見もまいら
せ候ハねハ、』まめやかニ〳〵、御恋しく』思まい
らせて候ニも、かやうニ』うけ給はり候許ニ』こ
そ、なくさむ心ちして候へ、』かめかふち（亀淵）（相摸国鎌倉）のわかき
人々、

〔解説〕
鎌倉から京都に戻る倉栖兼雄に書状を預けた女性への返書。金沢貞顕は、在京中の書状である。【神】一五九二、【鎌】二二九八九。

425　金沢貞顕書状（自筆）

（一三八一／七七六〈上〉釼阿本「法金剛院理趣三昧開白導師次第」〈下〉）

そのやう、さきにも』申し候しとおほえ候、』
のこりニて、なにゝても、』御ようゐニ候ハん
物を、』うけ給ハり候て、』とりてまいらせ候
ハ、や、』かめかふち（亀淵）（相摸国鎌倉）のわかき人、』ちかく〳〵ニ
候らん、
御悦いまはことふり候』ぬらん、かたく〳〵申こめ候
ぬ、』としのうちの御返事も、』この月廿三日ニ、う
け給はりて、』かへ物中事、さやうニ』やかて御さ
た候つらん、いかニ』ぬしよろこひ』思候つらんと
おほえ候、

〔解説〕
女性に充てた書状であろう。亀淵は二階堂の地内に比定

される。前号資料にも「かめかふちのわかき人々」とみえ、関係するか。「この月廿三日」を四月と推定すると、貞顕は嘉元の乱で痛手をうけた北条時村の縁者を支援していたと推定できる。【神】一六二二五、【鎌】二三三五二。

426 金沢貞顕書状（自筆）

（未収／三三七函「院尊勝陀羅尼供養導師次第」写一六七―一）

う□』候つるニ、いまは□』た
のもし□
たうし□』候ニ、をとつ□

〔解説〕
金沢貞顕書状の断簡。【神】・【鎌】未収。

427 金沢貞顕書状（自筆）

（二三八二／三三七函「院尊勝陀羅尼供養導師次第」写一六七―一二）

う□』候つるに、いまはたのもしう
□』又中将殿つくし《筑紫》に候所をまいらせあ
け』□候し、かはり給ハりて候しをも、』は
るかにふそくニ候とて、あき所候ハ、、』なを
うつられ候へきよし、さたまりて候、
たうし□』候をとへ□』みまい
□』つかな□』このま□』
御事□』候へ□な□

〔解説〕
中将殿の筑紫の所領の相博が問題となり、闕所があったらそこと交換すると伝えている。六波羅探題料所の土地交換であろうか。【神】一六二二六、【鎌】二三三五三。

428 金沢貞顕書状

（二三八三／三三七函「院尊勝陀羅尼供養導師次第」写一九一―一）

あま□』いまはこれのミに、身』□大
事にて候ハんすれ□』かまへてく、と
く』みちゆき□
さかいの事、□』観真□』きかせ□
□』候らん、□』中□□

〔解説〕
女性充の書状か。「身□大事」と記すので、鎌倉下向を話題にしていると思われる。【神】一六二二七、【鎌】二三

三五四。

釼阿本「大御室御忌日講師略次第」紙背文書
（延慶二年六月書写本）

釼阿が益性法親王から伝授を受けた仁和御流聖教。以下、延慶二年六月書写本は、仁和御流聖教である。

429 金沢貞顕書状（向山景定筆）
（二一一／四四六 釼阿本「大御室御忌日講師略次第 九月廿七日」）

□□障子間事、」□□申候了、於今者
定」□□候歟、又下向間事、」□□事
又延引、」□入候、又六波羅（山城国京都）沙汰事、」□
□可致成敗之由、雖□」□□不堪之身、
一人□」□□間以栄快令言上□」□
御意得令申候、」□□言、
□

〔解説〕
金沢貞顕が六波羅探題在任中で、鎌倉下向の希望を出していた時期の書状である。延慶年間であろうか。【神】一五九八、【鎌】二三〇二七。

430 金沢貞顕書状（倉栖兼雄筆）
（一一六／四五一〈上〉釼阿本「鳥羽院御月忌次第」〈下〉釼阿本「大御室御忌日蜜導師次第 九月廿七日」）

逐申、
禁忌之間、不及判形」候也、重謹言、

〔解説〕
追而書であるが、接続は不明。禁忌について触れる437号資料が関係するか。公私の文書に花押を据えないと伝えている。【神】一六六八、【鎌】二三五一四。

釼阿本「公家孔雀経御読経開白導師次第 数日儀」紙背文書
（延慶二年書写本）

431 金沢貞顕書状（倉栖兼雄筆）
（六二／四三二 釼阿本「公家孔雀経御読経開白導師次第 数日儀」）

□札、委細承候了、」□子事、内
陣者、」□上御所存、又以」□廊
事、綵色雖」□薄綵色可宜候、」□

式部五郎入道幷』□の中務なとにて候、』
□師いかにも不可然、』□後信候、
恐々謹言、
□日　　越後守（北条貞顕）（花押）

〔解説〕
金沢貞顕が越後守に補任された嘉元二年以後、鎌倉に下向する延慶元年以前の書状である。中務は、京都で登用した安倍姓の俣野中務か。【神】一七五九、【鎌】二三八六八。

432　金沢貞顕書状（倉栖兼雄筆）

（九七／四三二　釼阿本「公家孔雀経御読経開白導師次第　数日儀」）

□札同卅日到来、』□了、
□事、悉綵色者』□廊なとハ薄
綵』□と重可申候き、其』□所詮
又綵色ニ已』□明存候、殊勝候、絵作』□
□劣無才学候、誠委

〔解説〕
前号資料と関連する書状。六波羅探題在任中のものである。【神】・【鎌】未収。

釼阿本「最勝光院御仏開眼次第」紙背文書

（三七六函　枡型本）

433　金沢貞顕書状

（未収／三七六函　釼阿本「最勝光院御仏開眼次第」）

去月六日禅□』委旨一見候了、
一、称名寺（武蔵国六浦庄）障子絵□』難治之由承候之間、□』
色にてもくるし□』状歟、御覧候乎、□』
治定之上者、元自□』法、京都鎌倉勝□』
細被尋聞、有公□』沙汰候、
一、名国司上表事、□』志候、当国者為関東
□』法之志候す、□身□

〔解説〕
六波羅探題南方金沢貞顕が称名寺にいる明忍房釼阿に送った書状。金沢貞顕は越後国務を執っていないので、

名国司である。越後守辞任のことが話題にあがっているのであろう。【神】・【鎌】未収。

434　金沢貞顕書状

（未収／三七六函　釼阿本「最勝光院御仏開眼次第」）

三月十二□

明忍《（釼阿）》御房

〔解説〕
六波羅探題時代の金沢貞顕書状の断簡。【神】・【鎌】未収。

釼阿本「長者東寺拝堂次第」紙背文書　（延慶二年書写本）

435　金沢貞顕書状（向山景定筆）

（一二一／三九二　〈上〉釼阿本「五部大乗経供養次第　養和二年二月廿九日」〈下〉釼阿本「長者東寺拝堂次第」）

以寂円申旨候、委細』相談之、相構〳〵令』入眼之
様、可令計給』候、恐々謹言、
十二月四日　越後守《（北条貞顕）》（花押）

明忍《（釼阿）》御房

〔解説〕
金沢貞顕が越後守に補任された嘉元二年以後の書状。釼阿が称名寺長老になった延慶元年は含まないが、仮にここに収める。【神】一四四一、【鎌】二二二〇七。

436　金沢貞顕書状（倉栖兼雄筆）

（六一／四三〇　釼阿本「長者東寺拝堂次第」）

□事、付公私、』□之処、如此
承』□悦入候、祈事』□之至、殊
以悦存』□病悩、凡不可』□而於
身無為』□御祈念所致』□悦入
候、事々期』□言、
□　越後守《（北条貞顕）》（花押）

〔解説〕
金沢貞顕が越後守に在任中なので、嘉元二年から延慶元年の間に限定される。【神】・【鎌】未収。

釼阿本「宮御灌頂次第」「宮御灌頂略次第」　（延慶二年書写本）
紙背文書

437　金沢貞顕書状（向山景定筆）
（一一七／四五二〈上〉釼阿本「宮御灌頂略次第」〈下〉釼阿本「宮御灌頂次第」）

追申、
新茶相尋候て追可』進候、又南殿・谷殿《永忍》御』返
事、武庫《長井貞秀》への状令』進候、可令執進給候、』
□□季実《賀島》等返事』□□候、重謹言、

〔解説〕
長井貞秀が兵庫頭に在任している時期なので、徳治元年から延慶元年の書状の追而書である。新茶が話題になっているので、三月頃である。【神】一五九五、【鎌】二二九九二。

釼阿本「宮高野御参詣次第」紙背文書
（延慶二年書写本）

438　金沢貞顕書状（向山景定筆）
（一二一／三九一〈上〉釼阿本「宮高野御参詣次第　寿永二年」〈下〉「今宮高野御参詣次第　建久四年八月日」）

今月十三日御状、同廿四日』到来、委細承候畢、
抑、禁忌事、周章之処、』加様示給候之条、尤本
意』候、他事期後信候、恐々』謹言、
六月廿五日　越後守貞顕《北条》
明忍《釼阿》御房御返事

〔解説〕
金沢貞顕が越後守に補任された嘉元二年以後の書状。貞顕に物忌の及ぶ事態が鎌倉でおきている。親族の死去であろう。【神】一六六七、【鎌】二二三五一四。

439　金沢貞顕書状（倉栖兼雄筆）
（一一八／四五三〈上〉釼阿本「鳥羽院御月忌次第」〈下〉釼阿本「宮高野御参詣次第三所御参儀　寿永三年」）

追申、
茶一桶進之候、』重謹言、

〔解説〕
金沢貞顕書状の追而書。接続する文書は未詳。【神】・【鎌】未収。

440　金沢貞顕書状（未収／三三七函　釼阿本「宮高野御参詣次第三所御参儀　寿永三年」写二四三―二）

□□二日　（北条貞顕）越後守（花押）

□□房

〔解説〕
金沢貞顕が越後守に在任していた時期の書状断簡。
【神】・【鎌】未収。

441　金沢貞顕書状（未収／三三七函　釼阿本「今宮高野御参詣次第建久四年八月日」写一九一―一）

□□二日　（北条貞顕）越後守（花押）

□□房

〔解説〕
金沢貞顕書状の追而書。接続する文書は未詳。【神】・【鎌】未収。

延慶二年（一三〇九）

442　順覚書状（一四五八／一〇五四　釼阿本「憲口抄」第四）

せられて候しかとも、皆被返』候了、若宮殿より、さ様事、』ゆめ〳〵不可有候よし、被申』候之間、如此等候也、又昨日六波（北条貞顕）』羅殿御下向候、目出思給候、』定、御悦も候らんと奉察候、』毎事期後信候、恐惶謹言、

（延慶二年）正月十四日　順覚（花押）

称名寺御侍者

（順覚筆書込）「新方辺（下総国下河辺庄）　元八二丁、今八三丁六段勘定也、可心得事也、」

（上書）「　（切封墨引）

称名寺御侍者　□　順覚」

〔解説〕
金沢貞顕の鎌倉到着を昨日と伝える。これにより、貞顕が延慶二年正月十三日に鎌倉に到着したことがわかる。また、順覚は下河辺庄新方について書き込みをしてい

る。【神】一七二六、【鎌】二三五五九。

443　金沢貞顕書状（自筆）（一五六／四八一〈上〉釼阿本「後七日法供具弁備事」〈下〉釼阿本「後七日法仏像壇具等子細」）

昨日参拝、殊悦入候、且寺中（武蔵国六浦庄、称名寺）』御修造、喜悦之外、無他事候、』兼又、彼事申合之処、御元（北条高時）』服以後、可令申之由、被計申』候之間、令存其旨候也、又御元』服御剣役事、被仰下候之』際、面目無極候、恐々謹言、

正月十七日（延慶二年）　貞顕（北条）

称名寺長老（釼阿）

〔解説〕
北条高時の元服は、延慶二年正月二十一日である（「鎌倉年代記」）。金沢貞顕はこの儀式で御剣役を勤めるという。鎌倉に戻った貞顕は、称名寺長老釼阿に対して、実名で書状を出している。【神】一七二七、【鎌】二三五六〇。

444　金沢貞顕書状（倉栖兼雄筆）（一〇四／四三九〈上〉釼阿本「後七日法雑事」〈下〉釼阿本「後七日法道場庄厳儀」）

此間万方計会、仍其』後不申承候、非本意候、又』一昨日御元（北条高時）服之儀、無風』雨之難、有天地之感、無』為無事被遂行候了、』天下之大慶此事候、幸』甚〳〵、兼又、建盞一、茶』盆一枚、茶筒一対入茶、』茶瓢・茶振各一、山茗

〔解説〕
北条高時元服式を一昨日のこととするので、延慶二年正月二十三日の書状とわかる。【神】一七二八、【鎌】二三五六一。

445　金沢貞顕書状（倉栖兼雄筆）（一二六／四五四〈上〉釼阿本「後七日御修法中間儀」〈下〉釼阿本「後七日法仏像壇具等子細」）

送賜候机、殊勝之物』候、自愛候也、抑、上洛之時預置候本』尊幷唐絵等、別目録』可給候、聊其要候也、』恐々謹言、

三月十三日（延慶二年）　貞顕（北条）（花押）

称名寺長老《(釼阿)》

〔解説〕
貞顕が六波羅探題南方として上洛する時に預けた赤橋殿壇所の本尊や唐絵の目録を拝見したいと伝える。鎌倉に下向した延慶二年とみてよいだろう。【神】一七三一、【鎌】二三六三一。

446 「鎌倉年代記」延慶二年条

（京都大学総合博物館所蔵）

三月十五日引付頭、一熙時《(北条)》・二国時《(北条)》・三貞時《(顕カ)》・四基時《(北条)》・五斎時《(北条)》・六維貞《(北条)》・七顕実《(北条)》、八月止熙時頭、

〔解説〕
長井宗秀辞任による引付改編。金沢貞顕が引付三番頭人に補任されたことを伝える。

447 金沢貞顕書状

（二六一／五七九〈上〉釼阿本「灌頂表白」〈下〉釼阿本「後七日御修法中間用意　胎界」）

洒掃頭人《(長井宗秀)》御免候也、
昨日夕方、為城介《(安達時顕)》御使、』評定出仕幷三番引付』管領事、被仰下候之』間、面目無極候、又座次』事無相違候、悦入』候、諸事此程ニ可参申候、』恐々謹言、

三月十五日《(延慶二年)》　　貞顕《(北条)》

〔解説〕
金沢貞顕が引付三番頭人に補任される前日の夕方、安達時顕が使者となってそのことを伝えたという。貞顕は三番引付頭人を喜んでいる。庶兄甘縄顕実が七番なので、中途半端な順位には入りたくなかったのであろう。【神】一七三三、【鎌】二三六三七。

448 金沢貞顕書状（自筆）

（三二四／六二一〈上〉釼阿本「後七日法雑事」〈下〉釼阿本「後七日法道場庄厳儀」）

太守禅門《(北条貞時)》・奥州《(北条宗宣)》・武州《(北条熙時)》・』貞顕《(北条)》・洒掃《(長井宗秀)》・別駕《(安達時顕)》・信州《奉行》《(大田時連)》・』長金《合奉行》《(長崎高綱)》・尾金《同前》《(尾藤時綱)》等令出仕候了、』相州《(北条師時)》御不参候也、
昨日長崎左衛門《(高綱)》為御使』御寄合参勤事、被』仰下候之間、則令出仕候』了、面目之至、無申計』候、武州同被仰下候之』際、出仕候了、徳政以下条々』御

沙汰候き、御神事以後』入見参、諸事可申承候、」

〔解説〕
金沢貞顕の寄合初出仕は、延慶二年四月九日である（『鎌倉年代記』）。その件について、昨日長崎高綱が使者となって伝えてきたという。猶々書は寄合に参仕した人々を伝えるので、四月九日ないし十日の書状とみてよい。長崎高綱を長金と記すことから、出家は延慶二年四月九日以降のこととなる。【神】一七三六、【鎌】二三六六三。

449　金沢貞顕書状（向山景定筆）

（二一七／四五五〈上〉釼阿本「後七日法供具弁備事」〈下〉釼阿本「後七日法仏像壇具等子細」）

何条御事候哉、
抑、自道日上人《快賢》茶葉三』裏給候、令進候、令磨認』
給候者、為悦候、恐々謹言、
延慶二年《延慶二年》四月十八日　貞顕《北条》（花押）
称名寺長老《釼阿》

〔解説〕
釼阿応長元年書写本の紙背で、署名の崩し方も連署時代と異なることから、貞顕が引付三番頭人として鎌倉で活動していた時期のものと考えられる。延慶三年は体調を崩しているので、二年の可能性が高い。【神】一七三二、【鎌】二三六二一。

450　金沢貞顕書状（自筆）

（二六四／五八二　釼阿本「薄草子口決」巻十六）

「たひて候、此趣をハこまか』に可被仰候、諸事委細
可』注給候、毎事令略候、恐々謹言、
卯月《延慶二年》十九日　貞顕《北条》
明忍上人御房《釼阿》
「（切封墨引）」《上書》

〔解説〕
釼阿本「薄草子口決」は金沢貞顕の六波羅探題南方時代を中心とした紙背文書群なので、貞顕が引付三番頭人を、釼阿が称名寺長老をそれぞれ勤めていた時期のものと思われる。仮に、釼阿が称名寺長老に就任した翌年の延慶二年四月と推定する。貞顕の草名も連署時代と異なる。【神】一六五五、【鎌】二三四四三。

延慶二年（一三〇九）年末雑載

451　金沢貞顕書状　（二四三／残闕「薄草子口決」写九二四―二）

此禅門不慮之上洛、』令周章候、被語申之趣、』
言語道断事候、
市左衛門三郎上洛之時、』芳札委細承候畢、条々』
御慶賀御面目之条、難』申尽候、其子細、多気（武康幹）下向
之』間、定被聞食候歟、
抑、当寺（武蔵国六浦庄、称名寺）々用事、太以驚』存候、其故ハ兼雄（倉栖）帰洛之
時、』此旨再三依令申候、於公文』所、為中野宮内
二郎入道奉行、』始中終有其沙汰、以公文所［　　　］

〔解説〕
金沢貞顕の被官武康幹の鎌倉下向のこと、称名寺寺用分納入をめぐる問題が記されている。金沢家の公文所のこと、寺用分沙汰の担当として中野宮内二郎入道がみえる。釼阿本「薄草子口決」紙背文書群なので、仮に金沢貞顕が六波羅探題を離れる延慶二年の年末雑載に収める。【神】一五九一、【鎌】二二九八八。

452　倉栖兼雄書状　（未収／一五六四影字　釼阿本「薄草子口決」）

［　　　］』［　　　］』［　　　］』
［　　］、
何条御事候□□昨日□□』此方已被下向候、□□之
間、』六波羅之沙汰、可存何様乎』之由、以
［　　　］候也、其子細』定［　　］歟、
抑、［　　　］安堵［　　］』令落居候畢、所謂金沢（北条実時室、北条政村女）（辺脱）
殿地』幷下河庄（下総国）余野村安堵候畢、』石和郷（甲斐国）者、又任
日比之約諾□□』人候、此中［　　　］相計□、

〔解説〕
金沢貞顕六波羅探題時代の右筆倉栖兼雄書状。下総国下河辺庄余野村や、甲斐国石和郷（現山梨県笛吹市）のことがみえる。釼阿書状（金文一一八四号、整理番号一五六四）に残った影字である。釼阿本「薄草子口決」紙背文書群なので、仮に金沢貞顕が六波羅探題を離れる延慶二年年末雑載に収める。【神】・【鎌】未収。

453　金沢貞顕書状

（二三七八／三三七函　釼阿本「十種供養次第」写二四六一—一）

□謹言、
□九日　越後守《（北条貞顕）》（花押）
□房御返事

（影字）
□中周章之処、』□候之条、尤本意』
□期後信候、恐々』□□、《（謹言カ）》
□五日　越後守貞顕《（北条）》
御返事

〔解説〕
影字とは、文書を重ねて湿らせた上で敲く打紙の工程で、向い合せになった合手の文書の文字が映ったものである。この影字部分の書状が、金沢貞顕が鎌倉に戻っていた延慶二年の書状と思われるので、延慶二年年末雑載に収める。【神】・【鎌】未収。

454　倉栖兼雄書状

（五六三二／八〇八　釼阿本「神泉御読経導師次第　開白」）

□承候畢、
□自備後す』□物船便舟して《（にカ）》』□状
候、若海賊の』□らんと、それにお』□へ
付候ハ、、過書』□るましく候つる二、返々』
□もおそく候ぬと覚』□御下向候、長途の
疲』□委旨、定可令語申』□言、
□八日　掃部助兼雄《（倉栖）》

〔解説〕
金沢貞顕の右筆倉栖兼雄の書状。備後国から船便で届けられる物資が海賊に襲われたのではないかと危惧している。仮に延慶二年年末雑載に収める。【神】二一一二三、【鎌】二六六六二。

455　氏名未詳書状

（二六一七／一一三三　釼阿本「秘鈔口決」本鈔巻二）

申し候ても、かひなき事にて候へとも、さりなから、』こあかはし（故赤橋）殿のわたらせをハしまし候はんに、これ（北条顕時）ほとにハ、』たとひいかなるふしきをして候とも、まとひ物に』なりはて候ハしと、いまさらとりかさね候、さきの』よのつミのほとも、心うくあんせられてこそ候へ、されハ人は』これほとにもなりはて候事にて候かやと、あさましく候、

十四日に、ほかへ御わたりにて候、いとゝ』こ（故）殿（北条顕時）の御なこりなさも、あはれと申つくしかたく候、』又たゝ一所候つるふなを（船尾郷）（下総国印西条）のかうめされ候ぬ、かたく〳〵の』なけき、さなから御をしハかり候へく候、かやうの事も、』けにわか身のとかにてこそ候へハ、なにと

「（上書）（切封墨引）
みやうにん（明忍）（釼阿）の御房　　よしの（吉野）（大和国吉野郡）□□（よりカ）」

〔解説〕
北条顕時とゆかりのあった女性の書状。下総国印西条船尾郷（現千葉県白井市）の所領を召し返されて、吉野に移ったことが記されている。仮に延慶二年年末雑載に収める。【神】一二九一、【鎌】二〇七五二。

456　金沢貞顕書状（自筆）

（三三三／六三〇　釼阿本「秘鈔口決」本鈔巻六）

追申
種々事等令申候、』早々、可被入火候、重』謹言、

〔解説〕
金沢貞顕書状の追而書。接続する書状は未詳。貞顕が鎌倉に下向した延慶二年の年末雑載にかけて収める。【神】・【鎌】未収。

457　倉栖兼雄書状

（五六〇／八〇五　釼阿本「秘鈔口決」本鈔巻六）

其後被妨公務、不申案』内候、伊欝不少候、
抑、恒例茶一合進之候、』今年梅（栂）尾山茗不足之際、』余分不出山中候、以種々秘』計奔走候也、今年ハいま、』此外更以不可有之由令申候、』可有御秘蔵候、
恐々謹言、

掃部助兼雄（倉栖）（花押）

八月廿日

謹上　明忍（釼阿）御房

〔解説〕
倉栖兼雄が六波羅探題の職務に追われて、書状を書くのが遅くなったと詫びている。栂尾山茗が不作であると伝える。仮に延慶二年年末雑載にかけて収める。【神】二一二一、【鎌】二六六六〇。

458　金沢貞顕書状（倉栖兼雄筆）

（一一四／四四九　釼阿本「秘鈔口決」本鈔巻八）

逐申

祈禱事、今度殊令致』丁寧■《給》候之条、■《尤》為悦』
候、向後如此之時者、可令』勧衆僧給候也、定
無』御懈怠候歟、又長老（釼阿）へ雖』乏少候五明廿本茶
一桶』進候、可令執進給候也、』重謹言、

〔解説〕
金沢貞顕書状の追而書。接続する文書は未詳。金沢貞顕が鎌倉に下向した延慶二年の年末雑載にかけて収める。
【神】・【鎌】未収。

459　金沢貞顕書状（倉栖兼雄筆）

（三六／四〇五　釼阿本「秘鈔口決」本鈔巻十七）

「仰候之旨、□巷説承及□』実事候乎、不審候、何
事』も委細以慥便宜注預候』者、為本意候、難尽
候、恐々』謹言、

七月廿九日　　越後守（北条貞顕）（花押）

〔解説〕
六波羅探題金沢貞顕が越後守に在任した嘉元二年から延慶元年の書状。仮に延慶二年年末雑載にかけて収める。
【神】・【鎌】未収。

460　氏名未詳書状

（二六一八／一一三四　釼阿本「秘想伝授抄」）

「□』にてそ候らん、』猶々申候、』心ちな
き』ありさまニて候、』いまゝてなかいき』し
て候事のミ』あけくれ、くちをしう』なけき申
いて候、』たいくのほうこうと』申候、こあ（故赤
か』はし橋）殿ニも、』ことニふひんなる』事ニこ（北条顕
時）

そ』おほしめして候しかハ、』よのすゑ二』かかるまとひ物二』なりはて候』しとこそ』思候はねと、返々』人めないくちをしく候、』なを〳〵はんしたのミ入まいらせ候て申けに候、よきやう二御はからひ候へく候、あなかしく、

御こと二ハ思ひまいらせ候まゝに、この』そせう（訴訟）の事も、かひ〳〵（甲斐々々）しうとり申』へき人も候ハぬほと二、思かね候て、かやう二』申候、六はら（北条貞顕）殿の御方へ申入候へハ、』かねさハ（金沢）殿の御ふしんの身二て候』時二、あの御かた（北条実時後室、北条政村女）の御ゆるし候はすハ、』御中のほうこうなとも、かなうましき』よしを、とミか（富谷）やさへもん（左衛門）入道たひ〳〵（度々）申候、』そのあはひハみな〳〵しらせをハしま』して候御事二て候へとも、ふるきミしん』さたし候ハぬゆゑ二こそ、ちりやうめされ』て候しかとも、へちにふかき御ふしんに』候ハねハこそ、さへもん（左衛門）太郎さいこまても』ほうこう申て候し事二て候へ、ミしん（未進）を』さたしまいらす候事も、ひとへ二たゝ』ひころのつかれ二たくさいしはて候て、かなひ』候はぬゆゑ二こそ、ちからおよひ候ハす、』さりかたきおほせ二て候しかとも、さた』しまいらせ候ハて、めされ候て候しかハ、』いまもほんりやう（本領）のむさし（武蔵）二、わつかなる』ところの候へとも、ミついり（水入）所二て、さなから

「（上書）　（切封墨引）
ちやうらう（長老）（鋭阿）の御方へ　まいらせ候　よしの□□」

〔解説〕
金沢貞顕が六波羅探題南方として在京した後の、北条顕時の縁者の書状。金沢殿（貞顕祖母）の勘気の原因が、地頭代として知行した所領を召し返されたことにあることがわかる。左衛門太郎は金沢家の被官であろう。別の書状（312号資料）で田島一類と記された人々であろうか。勘気に触れて吉野に隠棲しているという。【神】一二九〇、【鎌】二〇七五一。

461　倉栖兼雄書状
（五六二／八〇七　湛睿稿本「四分律行事抄」カ）

祇候人直被充賜候』訖、其後当御代又無』相違候き、雖然於今者、』所譲得人、於此御方未』聞不見事候、仍難被安』堵之由、有御沙汰、被召置候、』

此子細一々難被載御状候之』間、兼雄《倉栖》可申旨候、他
事期』後信候、恐々謹言、
十二月十日　掃部助兼雄（花押）
謹上　明忍《釼阿》御房

〔解説〕
金沢貞顕の右筆倉栖兼雄が、主人の意向を受けて京都か
ら鎌倉に送った書状。貞顕が六波羅探題南方として上洛
していた乾元元年から延慶元年十一月の間である。仮に
延慶二年年末雑載に収める。【神】二二二二、【鎌】二六
六六一。

462 賀島季実書状 （六六六六／八九八　湛睿稿本巻子本）

蒙仰候寺用□事、京都御□いまたうけ
給ハら□わた《八幡カ》の法橋下向□はやと、た
つねうけ給□よの御方のわたの五六□
ひはれ候ハ、、御つかひを給て進』候へく候、大方
此事歎入候、ミ』ちよくなり候て、まいり候て、諸
事』申入候へく候、恐々謹言、
十一月六日　季実《賀島》（花押）

〔解説〕
称名寺の寺用のことを沙汰していること、京都の意向を
配慮していることから、賀島季実が関東代官に在職した
徳治元年から延慶元年の間と思われる。石清水八幡宮の
社僧下向を伝えるのであろうか。仮に延慶二年年末雑載
に収める。【神】一五六八、【鎌】二二八七一。

463 姓未詳顕員書状 （五三三三／三〇四四　紙背なし）

申候也、恐々』謹言、
五月二日　顕員
明忍《釼阿》御房御返事

〔解説〕
金沢家の被官顕員書状の断簡。釼阿を「明忍御房」と記
すことから称名寺長老就任以前とわかるので、延慶元年
以前となる。仮に延慶二年年末雑載に収める。【神】・
【鎌】未収。

464 長井貞秀書状 （六九八五／布施美術館所蔵）

御所労大事之』由伝承候、実候』乎、若然者尤歎
驚』無極候、加様御大事』愚状令進之』条、不少其
恐候、』猶々歎入候也、』以此旨可有

〔解説〕
『弘文荘待賈古書目』一九では、写真後半に「可能給候、恐々謹言、三月七日　貞顕（花押）」の断簡を付し、本資料を金沢貞顕書状としている。仮に延慶二年年末雑載に収める。金之六八九八号は重出。【神】・【鎌】未収。

延慶三年（一三一〇）

465　金沢貞顕書状（自筆）

（二四六／五六四〈上〉釼阿本「後七日法雑事」〈下〉釼阿本「後七日法道場庄厳儀」）

彼事、十月廿九日雖令申』候、依無便宜、未披露之由』長金令《(長崎高綱)》申候之間、周章無』極候、連日御酒、当時何事も』さたありぬとも不覚候、歎』入候、く、又山門《(近江国延暦寺)》事ニより候て』六波羅使者《夜前》令下着候、去年』注進事、御左右遅々之由ニて候、』さしたる事ハ候ハねとも、□□しく

〔解説〕
徳治三年に始まる本覚大師諡号事件を記していること、六波羅からの報告や金沢貞顕の対応が年越ししていることから、引付頭人を勤めていた延慶三年初頭のものと思われる。467号資料の伏見上皇院宣は貞顕の所労を伝えるので、健康上の理由による頭人辞任であろうか。【神】二六九二、【鎌】二四二七五（二四三一二に重出）。

466「鎌倉年代記」延慶三年条

（京都大学総合博物館所蔵）

二月十八日引付頭、一熈時《(北条)》・二国時《(北条)》・三基時《(北条)》・四斎時《(北条)》・五維貞《(北条)》・六顕実《(北条)》、

〔解説〕
この引付改編で三番金沢貞顕が外れ、七番から六番に縮められている。甘縄顕実が六番引付頭人に移っている。

467　伏見上皇院宣

（叡山文庫所蔵「延暦寺護国縁起」）

被下三門跡院宣云、
山門《(近江国延暦寺)》訴訟事、神輿入洛及両年、仏閣閉門渉累月、頻驚叡襟、綷絶常篇、誠是霊神外現之冥鑒難測、衆徒中心之欝結可察者乎、但随遠方之左右、定有近日之

沙汰歟、如風聞者、貞顕（北条）所労依減気甚、於国事連相続、為使節又上洛云々、然者、落居之期已至、裁許之儀何滞、暫慰三千之愁訴、可請一二之成敗之由、可被仰含門徒之旨、院（伏見上皇）御気色候也、仍執達如件、

（延慶三年）五月二十五日　大宰大弐雅俊（藤原）

謹上　妙法院僧正之分

〔解説〕
本覚大師諡号による山門嗷訴の一件で、金沢貞顕が所労を押して上洛するという風聞が伝わっている。六波羅探題は南北ともに空席なので、貞顕は無理をしての上洛となったのであろう。【神】・【鎌】未収。

468　北条実時後室代沙弥成覚相博状

（五二六六／東寺百合文書リ函）

□□（相博カ）

金沢殿（北条実時後室、北条政村女）御地名越（相摸国鎌倉）新善光寺下毘沙門堂』入地事、

合陸戸主 除筑後四郎給地分 加西小山崎打越定者、

右地者、以醍醐僧正（親玄）御房西御門（相摸国鎌倉）小笠原谷御地』陸戸主、所被相博也、仍相博之状如件、

延慶三年六月四日　沙弥成覚（花押）

〔解説〕
北条実時後室金沢殿と醍醐寺座主を辞して鎌倉に下向した親玄僧正が六戸主の土地交換をしている。これに続く文書として、延慶三年九月十五日付の「関東御教書」（尊経閣文庫所蔵実相院及東寺宝菩提院文書、【神】一七八八、【鎌】二四〇六三）がある。【神】一七八〇、【鎌】二四〇〇九。

469　金沢貞顕書状（自筆）

（三六四／六六一　題未詳聖教折紙）

以安金吾仰られ候しニ候、康趣（ママ）、去年』十一月より此事申候事ハ、京都・関東』無其隠候、使者両年在国候て、手を』むなしくしてのほりて候ハ、、愚身』面目をうしなうのミニ候ハす、在京人』以下かあさけり（嘲）、無申計候歟、其上者』成敗すへてかなうましく候、当時事も』いつ《た》つら事ニ□になを成敗ニしたかう』物なく候ハむ、□返々公私歎入候、両度上』洛、先例も候ハぬを、近のほせられ候て、』在京定難治、成敗もかないかたきよし』兼雄（倉栖）にて申入

て候をハ、無御免候て、』結句、無面目候ハむ事く
ちをしく候へく候、』いまは多少いかても候なん、
た〻御下文』はかり給て候ハむをめんほくと〇《す》へく
候、』此趣か具最勝園寺殿（北条貞時）之御み〻ニ入たく候、

〔解説〕
延慶三年六月二十五日に金沢貞顕は病を押して上洛した。この書状は、六波羅探題の候補に名前が上がってきた段階で、辞退したい旨を申し述べたものであろう。金文六八七五は重出。【神】一七八二、【鎌】二四〇一七。

470 「延慶三年記」七月十三日条　（保井芳太郎氏所蔵）

十三日、天晴、六波羅両人上洛之内、越後守（北条）貞顕還上、今夜亥刻令京着云々、前六波羅也、

〔解説〕
延慶二年に六波羅南方の北条貞房が病死したことで、六波羅南北が空席となっていた。その間に、東使大田時連が在京人を率いて山門嗷訴を迎え撃って突破された事件があった。金沢貞顕の入洛によって六波羅北方の空席が埋まっている。肥後和男「延慶三年記」（『史潮』第七巻第三号）に翻刻。

471 「延慶三年記」九月十二日条　（保井芳太郎氏所蔵）

十二日、天晴、六波羅北方（北条貞顕）寄宿縫部殿（長井貞重）之許之間、両人向彼宿所了、乗物河南車也、

〔解説〕
金沢貞顕は、六波羅評定衆長井貞重の宿所に入っている。貞顕は、牛車に乗って移動している。肥後和男「延慶三年記」（『史潮』第七巻第三号）に翻刻。

472 法印定厳書状案　（藤井永観文庫旧蔵「東寺長者補任」紙背文書）

東寺（山城国京都）領若狭国太良庄』地頭領家所務濫妨事、』先日
以頼尊申沙汰候処、』聊指合子細候之間、為左衛門
尉』康家雑掌、可致其沙汰候、』恐々謹言、
十月三日（延慶三年）　法印定厳
謹上　右馬権頭殿（北条貞顕）

〔解説〕
金沢貞顕が六波羅探題として上洛して間もない時期の書状。東寺領若狭国太良庄の相論について、さっそく相談

を受けている。宮崎肇「藤井永観文庫旧蔵「東寺長者補任」紙背文書の紹介」（『鎌倉遺文研究』二四号）に翻刻。

473　金沢貞顕・北条時敦連署書状

（東寺百合文書ヌ函）

三和秘宝房・広瀬右衛門四郎・同加賀房・同八郎・
河原口八郎・同弥二郎・俵本五郎・平群新左衛門尉
ひらの庄（大和国平群郡）・同所筑後房等事、以秀尚（大野）・貞尚（雑賀）申入候、
可令尋披露給候、恐惶謹言、
（延慶三年）十月五日　　越後守時敦（北条）
右馬権頭貞顕（北条）
進上　大納言僧都御房（道我）

〔解説〕
六波羅探題南北が連名で、東寺の大納言僧都道我に対して書状を送っている。道我は後宇多法皇授戒の灌頂阿闍梨を勤めた禅助の弟子なので、この書状が伝えられる相手は後宇多法皇の腹心禅助となる。早稲田大学大学院中世史ゼミ「『鎌倉遺文』未収録「東寺百合文書」一五」（『鎌倉遺文研究』一五号）に翻刻。

474　法印定厳書状

（東寺百合文書お函）

（端裏書）「太良新雑掌挙状案延慶三　十一　卅」
東寺領若狭国太良庄地頭代令濫妨領家所務致条々非
法間事、頼尊故障之間、左衛門尉康家為雑掌、致其
沙汰候、可有御心得候乎、恐々謹言、
十一月三（卅）日　　法印定厳
謹上　右馬権頭殿（北条貞顕）

〔解説〕
地頭との相論が起きている若狭国太良庄の領家方雑掌を頼尊から左衛門尉康家に交代したと六波羅探題に伝達した書状。472号資料に継続するものである。端裏書には挙状と記しているが、雑掌の任命は領家側の専決事項なので、六波羅探題の意向を気にする必要はない。早稲田大学大学院中世史ゼミ「『鎌倉遺文』未収録「東寺百合文書」一五」（『鎌倉遺文研究』一五号）に翻刻。

475　日置道観着到状

（尊経閣古文書纂日置文書）

（端裏添付極札表面）「日置入道道観　奥判形　金沢武蔵守殿貞顕　「琴山」（黒角印）」
（同裏面）「延慶三年十二月朔日　文　己未　八　「栄」（黒角印）（朱割

印)」
（端裏下部紙）『四号 六十五』　（端裏下部押紙）「日 一」
依日吉神輿入洛事、丹後国御家人日置又次郎季綱当
病□〔之カ〕間、舎弟道観馳参候天、承東寺北門警固、自去
三月二日至于今令勤仕候上者、可蒙御免候哉、以此
旨可有御披露候、恐惶謹言、
延慶三年十二月一日　　沙弥道観
進上　御奉行所
「承畢（証判）　（花押）（北条貞顕）」

〔解説〕
本覚大師諡号をめぐる山門嗷訴の防禦に丹後国御家人日置道観が駆けつけたことを説明する着到状。兄季綱が病床に伏していたので、弟道観が出陣したと伝える。六波羅探題北方金沢貞顕が、道観の出陣を証明する「承畢」の文言と花押を記している。菊池紳一「財団法人前田育徳会所蔵文書」（『鎌倉遺文研究』二三号）に翻刻。

応長元年（延慶四年、一三一一）

476「公衡公記」広義門院御産愚記

延慶四年二月三日条

三日、入夜、武家使元常陸介時知（小田）備後守貞康（町野）来、持参関東状、
広義門院（藤原寧子）御産御祈事、急速可沙汰進之由、可申
入西園寺前左大臣（公衡）家之状、依仰執進〔達〕如件、
延慶四年正月廿三日　　陸奥守（北条宗宣）判
相摸守（北条師時）判
右馬権頭殿（北条貞顕）
越後守殿（北条時敦）
即、付師卿（葉室頼藤）了、（後略）

〔解説〕
鎌倉からの両使が上洛し、広義門院御産の沙汰に関する鎌倉分担分を急いで沙汰するようにと、両六波羅探題に対して指示が出されている。

477 「武家年代記」裏書　応長元年条

(宮内庁書陵部所蔵)

応長元年正月十三《六歟》、踏歌節会之時、北方武州貞顕(北条)祇候人鵜沼孫左衛門尉等引出勝事之刻、滝口平有世、装束使出納代行氏、掃部寮藤井安国失命了、狼籍(藉)人内孫左衛門尉、於左兵衛陣富小路西棟門被打留了、今一人同八郎於紫宸殿自害、依此事飯尾兵衛大夫為定・沼田三郎為尚被進関東了、

〔解説〕
応長元年正月十六日、金沢貞顕の被官鵜沼氏が持明院統の富小路御所で事件を起こした。この事件については、「花園院宸記」延慶四年正月十六日条にも記述がみられる。

478 金沢貞顕書状

(五二六八／一二三　紙背なし)

称名寺(武蔵国六浦庄)々内山木山畠并』金沢瀬戸(武蔵国六浦庄)内海殺生禁断』事、々書一通進之、可令致』厳密沙汰給候、且於殺生』禁断者、相触政所給主等候了、』不可有懈怠之儀候歟、恐々』謹言、

三月(延慶四年)廿二日　右馬権頭(北条貞顕)(花押)

謹上　称名寺長老(釼阿)

〔解説〕
次号資料によって、延慶四年と確定する。称名寺寺内の山木・山畠及び瀬戸橋以内の入海の殺生禁断を定める。また、六浦庄給主（地頭代）が金沢貞顕の乳母夫富谷左衛門入道であることが次号資料によってわかる。【神】一八〇四、【鎌】二四二六〇。

479 金沢貞顕袖判倉栖兼雄奉書複製

(五二六九／戦災で焼失　柳瀬福市氏旧蔵文書)

(花押影)(北条貞顕)

金沢瀬戸橋(武蔵国六浦庄)』内海殺生禁断』事、々書一通』遣之、且存知』其旨、且相觸』金沢(武蔵国六浦庄)・富田(武蔵国六浦庄)給主』等、可被致厳制之』由所候也、仍執達』如件、

延慶四年三月廿二日　兼雄(倉栖)奉

富谷左衛門入道殿

〔解説〕
前号文書と本奉書と事書が一組となって出された。右筆倉栖兼雄が起草した奉書に、金沢貞顕が袖判を据え、六浦庄政所富谷左衛門入道に対して発給している。富谷左衛門入道は、金沢貞顕の乳母夫である（「富谷一周廻向」三三五函）。金沢文庫所蔵ガラス乾版より複製を作成。【神】一八〇六、【鎌】二四二六二。

480　金沢貞顕書状（向山景定筆）

（一二八／四五六　熙允本「甫文口伝鈔」巻五）

条々以兼雄(倉栖)申旨候、被』尋聞食御計候』者、尤本望候、恐々謹言、

三月廿九日(延慶四年)　　右馬権頭貞顕(北条)（花押）

謹上　称名寺方丈(釼阿)

〔解説〕
金沢貞顕の右馬権頭在任は延慶三年から四年の間なので、この書状は延慶四年と確定する。六波羅探題北方在任中の書状で、詳細は倉栖兼雄が伝えると記している。【神】一八〇七、【鎌】二四二六九。

481　西園寺公衡御教書案写

（北野天満宮所蔵「紅梅殿社記録」）

常磐井殿(西園寺公衡)御施行案

北野(山城国)宮寺申、紅梅殿(山城国京都)在地人等狼藉事、蔵人』(冷泉頼定)兵部権大輔奉書副具書如此、子細見状候歟之由』、前左大臣(西園寺公衡)殿可申之旨候也、恐々謹言、

同(延慶四年)四月廿九日　　沙弥□□奉

謹上　右馬権頭殿(北条貞顕)

〔解説〕
北野天満宮が、末社紅梅殿在地人の訴訟について、持明院統の伏見院の院宣を受けた冷泉頼定の奉書と関係書類を副えて、六波羅探題金沢貞顕に送った書状である。担当の社官として正規の訴状に副えて送ったものであろう。寺家・公家・武家の三者がからむため、関東申次西園寺公衡を通している。『北野天満宮史料　古記録』に翻刻。【鎌】補一九一二。

482　金沢貞顕・北条時敦連署書状写

（北野天満宮所蔵「紅梅殿社記録」）

北野（山城国）宮寺申、紅梅殿（山城国京都）在地人等狼藉事』、子細以秀（神沢）政・基夏（斎藤）言上候、可有尋御披露』候、恐惶謹言、

六月五日（応長元年）

越後守平時敦（北条）在裏判

右馬権頭平貞顕（北条）在裏判

進上　左京権大夫（三善師衡）入道殿

〔解説〕

前号資料に続く書状。六波羅探題が連署で北野社末社紅梅殿の訴訟について、六波羅奉行人二人を使者として派遣すると、西園寺家の家司三善師衡を通じて伝達した書状である。『北野天満宮史料　古記録』に翻刻。【鎌】補一九一六。

483　金沢貞顕書状

（九五／三八七八　前田育徳会尊経閣文庫所蔵「潤背」紙背文書）

愚身御恩事、以康幹（武）自去』年中入候了、依無御沙汰、于今』遅々候之処、今（近）日可有御沙汰候由』承及候、而或方より不可思議』の事申いたされて候なり、其』故者、今度注進事、愚身罪科』のかれかたく候へとも、無為ニ落居』候了、愚身か悦喜これニすくへ』からす候、此上者、御恩不可有之旨』申されは候なる、歎入候、今度の事ハ

（本紙）

（裏紙）

［　　　　］』有子細候、条々委示給候、こと二』恐悦候、此状憚存候、御一見之後』者、早々可令入火中給候、恐々』謹言、

後六月九日（応長元年）　　前越後守貞顕（北条）

謹上　称名寺方丈（釼阿）御報

〔解説〕

愚身罪科とは、応長元年正月の御所闘乱事件をさしていると思われる。この書状は、閏月によって、応長元年と確定できる。整理三八七八は、尊経閣文庫所蔵本の影写本。【神】一八一七、【鎌】二四三三八。

484　「鎌倉年代記」応長元年条

（京都大学総合博物館所蔵）

十月廿五日引付頭、一国時（北条）・二基時（北条）・三斎時（北条）・四維（北

貞《条）》・五顕実《（北条）》、

〔解説〕
引付改編で六番から五番に縮められた。甘縄顕実が引付五番頭人に在任している。

応長元年（一三一一）年末雑載

後七日御修法関係諸本紙背文書

（応長元年書写本）

485号～490号資料は、釼阿応長元年書写本の紙背なので、仮に応長元年年末雑載に収める。

485　金沢貞顕書状（自筆）
（一二一六／五四一　〈上〉釼阿本「後七日御修法伴僧所作用意」〈下〉釼阿本「御衣加持　複香水加持」）

少女四歳、此間相労事候、』御祈念候者、悦入
候、〳〵、
御労、其後何様御坐』候哉、無心本相存候、又』涅
槃会之間、はりはこ』ふせいの物ハ、あまた入候』
よし、承候之際、目六を』相副候て令進之候、左
道』返々憚入□

〔解説〕
涅槃会の準備を記しているので、二月十五日以前とわかる。金沢貞顕の四歳の娘が所労というが、名前は不明。
【神】三〇九三、【鎌】二三一九五。

486　金沢貞顕書状
（未収／三三七函　釼阿本「後七日御修法中間儀　胎蔵界」写三二〇―一　写三二〇―三）

□候、無殊事候、』□後信候、恐々』
□、
□七日　右馬権頭貞顕《北条》（花押）
□寺長老

〔解説〕
金沢貞顕の右馬権頭在任は延慶三年から応長元年の間である。この書状の時は上洛しているものと思われる。
【神】・【鎌】未収。

487　金沢貞顕書状
（未収／三三七函　釼阿本「後七日御修法中間儀　胎蔵界」写三二〇―二）

無心本相存□』誦候、御経も早□』

〔解説〕
金沢貞顕書状の断簡。486・487号資料の二通の紙背文書は、重文「金沢文庫文書」の紙背聖教「御七日御修法中間儀　胎蔵界」と一括である。【神】・【鎌】未収。

488　金沢貞将書状

（五二二五／七九〇〈上〉釼阿本「後七日御修法結願次第　胎蔵界」〈下〉「後七日法仏像檀具等子細」）

度々進愚状候之処、』不参付哉、不預御返事』候之
条、歎入候、自何事も』当寺（武蔵国称名寺）御勧化之由、承及候』
間、先度も其由令申候、次茶』一裏進候しも、不進
候けるや覧、』□□□（無心本）相存候、日来奉読』□事
終候て、所々にて

〔解説〕
金沢貞将が称名寺長老釼阿に送った書状。称名寺に関係する僧侶書状とも読めるので、金沢貞将書状とすることは検討を要す。【神】二九九〇、【鎌】三一六四七。

489　金沢貞将書状

（五二二六／七九一〈上〉釼阿本「後七日御修法開白次第　胎蔵界」〈下〉釼阿本「後七日御修法中間用意　胎界」）

其後何条御事候』乎、御仏具事等、先』度委細令言
上候了、』人夫一人未下向候』間、自俊如（戒誉）御房一
人』持候之程、御箱一合給』候了、以件夫可進上

〔解説〕
金沢貞将が在京している時に、称名寺長老の釼阿に送った書状。俊如房戒誉に託し、鎌倉に荷物を送ろうとしている。【神】二九九一、【鎌】三一六四八。

490　氏名未詳書状

（二九〇三／一四四四〈上〉釼阿本「御七日御修法伴僧所作用意」〈下〉釼阿本「御衣加持　複香水加持」）

□てあさまし（浅猿）き事ニて候へハ、』申入候し事も
御心ニかけ』させをハしまし候て、』御たすけ
候へと思ひまいらせて候、』よろつたのミ入ま
いらせて候、』返々観達（賢恵）の御房へ』まいらせ候
御文』こまかニ』御らん候へく《せさせ》候』をハしまし
候へく候、』このよしを申し給へ、』此ゑちこ（越後）の
事は、』はせとの（長谷殿）の御方へゑちこの守殿（北条貞顕）、ひと御
ことハたニ候ハヽ、給候ぬと覚候、あれは』さ
るへき事ともニて候へハ、ゆつり状のまゝニ、
御はからひ候へと申させをハしまして候、ひん

ニハさりとも』思ひまいらせ候、このよしを御
心え候へく候、』かまくら（鎌倉）へ御ついての□□』
かまへて〳〵□□
こまかに申［　　］』させおハしま［　　］』
御方へ申させ［　　］』給候へ、又ゑち［　　］
［　　］』御ひやうちやう［　　］』やうニしり
［　　］』おハしまし［　　］』かなやま（金山）（越後国奥山庄）に《のこゝ》ゆ（故由比）
い殿の、此寺の観音（越後国奥山庄金山郷）』堂を五ちやうきしんせられて
候し、』又行円ニ五ちやう、あかハし（赤橋）（北条顕時）殿の』御れう
人ニ、此所をまいらせ（進）候へハ、』その御方へあんと（安堵）
を申て、』こしやうをとふらへと申おかれて候を、』
むかへ（向）山の御てらの候しをり、』□れ〳〵申候しか
とも、きゝも入候ハす、

〔解説〕
越後国奥山庄金山郷（現新潟県新発田市）の相伝に関わる書状。この所領は由比殿（北条実泰室、天野政景女、法名是心）から名越時如の夫人となる北条顕時女に伝領された。【神】一七六〇、【鎌】二三八六九。

491　金沢貞顕書状　（一三一五／三八八四　前田育徳会尊経閣文庫所蔵「潤背」紙背文書）

追申、
栂尾茶事、連々進入難治』候、さりなから、顕助
僧都令』所持候、こひとり候て可進候、又』厚紙
事、承候了、以便宜可令』進入候、祈禱事、猶々
被入御意』候者、恐悦候、愚状毎度御覧之』後
者、可令入火中給候、重恐々』謹言、

〔解説〕
金沢貞顕が、顕助が所持する栂尾茶を分けてもらって、送ったと伝える書状。顕助僧正の少僧都補任は応長元年なので、金沢貞顕が六波羅探題北方に在任した時の書状とわかる。仮に応長元年年末雑載に収める。整理三八八四は、尊経閣文庫所蔵本の影写本。【神】一九六五、【鎌】二五四二一。

正和元年（応長二年、一三一二）

492　金沢貞顕書状（自筆）

（一三〇／四五八　題未詳聖教折本　真言関係）

□□御札今日到来、」□□徳治神木入」□
□罪科事、示」□□《為》天下静謐御沙」□□
目候歟、又今度神」□□上洛以後、連日其」
□□帰坐なく候、歎入候、」□□ニなり候
らんと」□□横溝六郎下向之間、」□□付
中候、可有御尋候、」□□言、

□□廿六日　武蔵守貞顕（北条）

□□方丈御報

〔解説〕
正和元年の春日神木の入洛に関する書状と思われる。春日神木は、正和元年八月二十五日に入洛している。徳治二年に行われた春日神木の入洛では、六波羅探題南方金沢貞顕は路次狼藉の咎を訴えられていた。その件が、蒸し返されているのであろう。この書状は、春日神木入洛中のものである。【神】一八七八、【鎌】未収。

493　金沢貞顕書状（自筆）

（一二九／四五七　熙允本「甫文口伝鈔」巻五）

以信重申旨候、可被尋」聞食候乎、恐々謹言、

六月七日　武蔵守貞顕（北条）

謹上　称名寺方丈（釼阿）

〔解説〕
金沢貞顕が武蔵守に補任されたのは、応長元年十月二十四日である。さらに、貞顕が六波羅探題北方を退いたのが正和三年十一月十六日。この書状は、正和元年から三年の三か年にしぼられる。仮に正和元年にかけて収める。【神】一九二一、【鎌】二五三一二。

正和二年（一三一三）

494　北条顕時十三廻忌諷誦文

（三五八函）

「□□治以文為先、尊兮可親之謂也、九族」□
□仕兮可孝之義也、枝葉之成相」□□草木之有
華、実身躰之不毀傷也、若禽」□□教績莫大
焉、愛而蔵能因篤也、」□□従右犂之恩、左右

共匪遑、晨省昏定、」「　　」有懈、倩憶先考之(北条顕時)
恩徳、尤励弟子之(北条貞顕)』「　　」幽霊(北条顕時)広直稟性貞
潔、在心所歴者羽衛』「　　」寿官也、五品之後叙
留、所習者鷹揚尚文之』「　　」一礼之間、呈誉累
任国司、譜代之職令』「　　」入之□運籌栄、而
雖比隆漢之嘉模』「　　」独楽擁和之聖、休ヲ武開
評判之座ニハ、納』献正言、文籍提撕之道、振宏才
蓄雅誉似隴』「　　」李蹊取喩焉、同燕飛之歌仁棠
樹、無伐』「　　」、外施焉獲之威力、内帰鷲王之教
敕、除軟セシ』□旬之未満、羨覚月於三明之妙光、
実相正法』秘奥也、貴迦葉尊者伝授之語、空観坐禅
之』□□慕、達磨和尚興隆之行、知迷悟之非別譜』
□□名智叶幽明、宛蹈李氏之玄蹤、学兼戒』□□端
之素意、被胃病痾、雖許休退、毎有裁』□□諮問、
然間、正安之暦清明之夭華、他之医』□□菩提之仏
道、遂望以降、徳音絶而不聞、黄』「　　」独転行
粧、去而何在白楊山之花、空飄』□□老母(入殿、北条顕時後室、遠藤為俊女)之悔愁
生、或有数輩懿親之疲哀、』有多年好逑之泣往事、

或有群息奴僕之』□、就中、弟子謬為正嫡、幸鍾偏
愛補芝砌』「　　」而賜爵級、仕以中書郎、預柳営
尊』□□ニ而浴鴻奨、超以上首人ヲ、加之、課駑怯
兮』□蒙矣恥、見子不如父之儀ヲ、辞駕部兮拝武
□□繁花、忕列祖之分、両般入浴ニ掌糺決、難』
「　　」成一級加階ヲ、恣昇遷悦逢懈華之』□□何、
而雖謝揚名之至徳、窺九経而已ニ、為』□之要道、
毎顧栄路不拘、只厳善門之余』□□之志、寤寐無
休、吁嗟千万端之悲涙』□催十三廻之忌陰於焉、忽
至抽寸緒於』□□棘府ニ、修洓善、於金沢(武蔵国六浦庄)之草堂、
祖父(北条実時)在』常曰是ヲ称名寺、先霊数代之幽墳卜是、」
奉図絵釈迦如来像一鋪、奉模写華厳』□(経)六十巻、梵
網経二巻、大集経一部三十巻、日』「　　」巻、月蔵
分十巻、本業瓔珞経二巻、大』□□一部三十巻、仁
王経二巻、妙法蓮経』□巻、無量義経一巻、観普賢
経一巻、大般涅槃』□四十巻、後分二巻、遺教経一
巻、像法決□経』□□誂之、簡要着生蘇熟蘇之味、
五部究』□法典開通円別円之文、利益甚深功能無』

□、当寺（武蔵国称名寺）長老上人（明忍房剱阿）、敬為此処唱導尊師、大聖』□□妙相也、蓮眼耀容恵遠禅師之論、碩才』□□刷袖、綷之鄭重福堂唐損香花、薫而』□□有臨逍遥園之浄場、紫蘇落テ而三月浴』□□慈恩寺勝境依天時之、自然感地形之相応』□□縁起之告訣也、後人追来杜郵之孝□ェ今』□□愚之趨誠也、先考定諵蓮□之楽部拾』□□咸陽之為恰者必遷閻浮之西ニ、然則幽霊』□□輩之儼葉也、□証三仏陀之果、八刑八』□□制也、宜為八正路之縁、過去相妙禅定』□□恵光珎明現存慈堂菩薩戒尼延美』□□左典廏幼日之運命、慣西毘侖遐年之』□□又令征夷大将軍之幕府、同献道士尹』□□観社者始自若宮悉供法楽寺者於テ』□□皆令聖跡ヲ重候て、弟子匪唯嗜黄公神ノ』□久伴長生不老之齢ニ剰亦期金仙氏之妙』□□不離解脱之因、优儷松蘿之契リ焉、共保』□□寿ヲ男女璋瓦之□矣、鎮表金石之貞』□□一天下界六趣四生廻向、不限済度無辺、敬白、

□□年三月廿八日

弟子正五位下行武蔵守平（北条）朝臣貞顕敬白

草　従二位行勘解由長官菅原朝臣在兼

清書　二品覚助法親王　聖護院

□□諷誦文

□□三宝衆僧御布施

□□（北条顕時）幽霊往年今日生涯有限別路役駕』□□南膜而抽無弐心之懇誠、於東関而』□□廻之貴ヒヲ釈迦尊之聖容一鋪図絵、大』□□真文五部模写、叮以華鐘之響祈』□□之果、然則清浄戒躰者所持也、定遊』□□月涅槃妙心者所覚也、宜入涅槃城之』□□群類、各々利益、仍諷誦所修如件、敬白、

□□廿八日

弟子正五位下行武蔵守平朝臣貞顕敬白

〔解説〕

六波羅探題北方金沢貞顕が、京都で行った北条顕時十三回忌の諷誦文。文章道博士家の菅原在兼や天台宗寺門派

の高僧覚助法親王に起草・清書を依頼していることがわかる。

495 「鎌倉年代記」正和二年条　（京都大学総合博物館所蔵）

七月廿六日引付頭、一守時（北条）・二斎時（北条）・三顕実（北条）・四貞宣（北条）・五時顕（安達）、

〔解説〕
引付改編。甘縄顕実が三番頭人に移っている。

496 「六臣註文選」　（建仁寺両足院本）

（巻三十四）
正和二年十一月十五日、専以我家秘説授申武州太守（北条貞顕）而已
従二位行式部大輔菅原在輔

〔解説〕
全文は、嘉元三年年末雑載の323号資料に載せる。

正和三年（一三一四）

497 明通寺院主房憲書状案　（明通寺文書　明通寺所蔵）

（端裏書）「六波羅　御経　請取案文　正和三寅」
六波羅殿（北条貞顕）北殿御方御施入法花経一部八巻被納箱』御奉納若狭国明通寺之霊場仕候了、』爰薬師如来宝前瞋則挑三密之燭、像法』転時床上常翫十加之花焉、権興則田』村（坂上田村麻呂）将軍之草創、国中无双之伽藍』也、然則奉納件経王、任御廻向之旨、』奉訪最勝園寺殿（北条貞時）幷御祖父母御（北条実時夫妻）』菩提、且可抽御祈禱之忠候、以此旨』可有洩御披露候、恐惶謹言、
正和三年四月八日　明通寺院主阿闍梨房上□
進上　御奉行所

〔解説〕
金沢貞顕が明通寺（福井県小浜市）に法華経八巻を納入したことを本寺に報告した書状である。明通寺は真言密教広沢流の寺院なので、貞顕の長男顕助と同じ法流に属する。特別展図録『明通寺』（福井県立若狭歴史民俗博

物館）に図版掲載。【鎌】未収。

498「鎌倉年代記」裏書　正和三年五月一日条

（京都大学総合博物館所蔵）

於京都《山城国》新日吉神人与六波羅北方《北条貞顕》使向山刑部左衛門尉《敦利》致闘乱云々、

499「花園院宸記」正和三年五月一日条

（宮内庁書陵部所蔵）

天晴、今日聞、於新日吉社《山城国》、武士与日吉神人等有喧嘩事云々、武士三人被殺、神人多為武士被殺云々、又武士破却新日吉社宝殿云々、希代珍事歟、

500「元徳二年三月日吉社幷叡山行幸記」

正和三年条

（前略）同五月一日、神人宮仕等彼社《山城国新日吉社》に群集し侍る所に、六波羅検断向山刑部左衛門尉敦利・富谷掃部左衛門尉秀高、大道をば経ずして、社壇の後より、俄に馳来間、宮仕法師等之に驚て方々ににげかくれける刻、狼藉出来して、敦利以下の輩疵を蒙りけり、御子宮仕は其後いづちか逃かくれぬらん、一人もなかりけるに、今ひえに事いできたりとて、京都の武士はせ来て、見物の入道法師をなんぢは宮仕かをのれは田楽歟とて、おほく斬殺しければ、死人社頭にみち〳〵て血のかゝらぬ所もなし、（中略）去程に山門《近江国延暦寺》六波羅《山城国》へ寄べきよし聞えありとて、六波羅には、京都の武士はせ集る、築地の上に墻楯をかき、門戸かたくとぢて用心しける程也、かゝりければ、六波羅心のまゝに注進しけり、（後略）

501「武家年代記」裏書　正和三年五月三日条

（宮内庁書陵部所蔵）

山門《近江国延暦寺》大衆可発向六波羅《山城国》之由、依有其聞、武士馳集六波羅了、

502 「花園院宸記」正和三年五月七日条（宮内庁書陵部所蔵）

（前略）今日、山門（近江国延暦寺）衆徒与貞顕（北条）北方也六波羅（山城国）為合戦、可押寄之由風聞、仍京中騒動、武士多馳向六波羅云々、

503 金沢貞顕書状（自筆）（三三四／六三一　釼阿本「某宝次第　酉酉」）

『七条（山城国京都）鴉丸近憐〔隣〕をハ、早旦ニふれて候けれとも』さし出候ハす、当日出仕をも向候へと仰られて候しかとも』二人はかりむかひ候て、検断奉行人ニうちくして』候ける、其外ハ十余人ハ帰宅候て不向候、此間ニ』すてニ衆徒・神人（石清水八幡宮神人）等むかひ候て、成仏をうち候、家ニ』火をかけ候ハむするよし聞候し程ニ、両（北条貞顕・北条時敦）六波羅』家人等ありあえて候を、さしつかハし候て、先狼籍〔藉〕』を鎮候て、所存候者、次第訴訟をこそいたし候ハめ、』日中ニ路〔洛〕中六波羅近隣のにて狼籍〔藉〕いわれなき』よし、問答し候へきよし仰含候て、つかハして』候へハ、不及是非、大勢の中ニとりこめて、はうニ』まかせてきりつき候ける間、無力たちをぬき』候て、うちあひて、こなたハ無勢之上、物具もし候ハす、』あまた手をひし、三人うたれて候、あなたの』物をもあまたうち候て、ついニをひちらし候て、』狼籍〔藉〕をハせさせ候ハす候、随分忠之由を存候、』南方（北条時敦）家人等、後々むかひて人ハ候ハす、神殿（山城国新日吉社）ニ』かくれ居て候宮司法師、神殿をうちやふり候て』引出て、くひうちなとして候、糟屋弥二郎・同』三郎左衛門・同八郎・宇間五郎三郎等ニ候、日中事候うゑハ、』見聞物多候き、在京人せうく候けるも、これらか』うたれ候けるを見候て、みなにけて候、無申計候、

〔解説〕
498号資料から503号資料は、正和三年五月一日に六波羅探題金沢貞顕の家人と新日吉社神人が衝突した事件の経緯を伝えた資料である。503号資料は、貞顕が鎌倉の縁者に詳細を報告した書状なので、同月中のものであろう。500号資料は『群書類従』所収、503号資料は【神】一八八

○、【鎌】二五一三二。

504　関東下知状　（山内首藤家文書　山口県文書館所蔵）

（前略）次為物詣、相具土』持丸、正和三年六月八日六波羅（山城国）北方門前罷通之処、真如』以光円以下従人等、於路次奪取土持丸之間、番三問三答』訴陳、被経注進畢、難遁其咎之旨、性忍申之処、土』持丸者、真如扶持之処、伺物詣隙、性忍差遣林二郎』為親等於真如住宅、無是非押取土持丸、令逃失之』間、政知等依申事由於富谷掃部左衛門尉（秀高）召置之、被』渡土持丸、為親以下輩於検断奉行武弥四郎康幹』宿所、為伊地知民部大夫長清奉行被経御沙汰、於土』持丸任性忍契約被返于真如、被行為親於罪科』畢、性忍致狼藉之条、分明之由、真如雖陳之、康幹同』縁之者富谷掃部左衛門尉等不及是非沙汰、被渡土持丸』於真如之刻、為親依有所縁、多年経廻仁也、彼珍事之』時、令見継性忍之刻、召捕為親并下人（裏花押）平二郎畢、凡』康幹与為親志摩国久木庄相論之間、年来古敵也、』以彼宿意、召捕為親之条、難遁其咎之由、雖令言上、』被経御沙汰、（中略）

正中二年六月十二日

相摸守平朝臣（北条高時）（花押）

修理権大輔平朝臣（北条貞顕）（花押）

〔解説〕

正中二年六月十二日付の関東下知状の中に、正和三年六月八日の金沢貞顕被官の武康幹が関係者となった訴訟が記される。【鎌】二九一三三。

505　金沢貞顕書状　（一三二一／三八八三　前田育徳会尊経閣文庫所蔵「潤背」紙背文書）

□愚身ハ一日名をかけ候はかり』にて候へく候、早々可辞退候』間、不可有子細事候、重季実（賀島）』にて中候、能々御談儀〔議〕をし候、』又御秘計も候へく候、洒掃（長井宗秀）・』刑部（摂津親鑒）なとのかたさまそ、秘計も』したく候、可有御計候、猶々』身の事、今度かきりと存候、』御祈念他事あるへからす』候、恐々謹言、

（正和三年）六月十五日
謹上　称名寺方丈（釼阿）　　武蔵守貞顕（北条）

〔解説〕
金沢貞顕は、噂になるような事件を起こしてしまい、六波羅探題辞任を考えている。鎌倉では、長井宗秀と摂津親鑒が弁護してくれているとも伝えている。正和三年五月の新日吉神人との闘乱事件に関する書状と推定できる。整理三八八三は、尊経閣文庫所蔵本の影写本。【神】一九二〇、【鎌】二五三二三。

506 「公衡公記」正和三年十月七日条　（宮内庁書陵部所蔵）

七日、春衡（三善）来、去夜向時明（杉本）三浦安芸前司、故杉本宗明子云々許対面、馬請取之、明暁八日一定可下向之由申之云々、山門（近江国延暦寺）張本出来事幷撰定衆・免除衆等、以或山徒注文続加之、
「行尋法師注進」（異筆）
正和三年五月一日新日吉社喧嘩張本交名山徒出来武家事、
同九月十六日両六波羅（北条貞顕・北条時敦）幷両使（二階堂行貞・杉本時明）会合南方、
（後略）

〔解説〕
新日吉社闘乱事件から発展した六波羅探題と比叡山延暦寺の対立について記されたもの。鎌倉幕府が上洛させた使者と関東申次西園寺公衡が対面し、打ち合わせている。

507 金沢貞顕書状　（一三一三／三八八一　前田育徳会尊経閣文庫所蔵「潤背」紙背文書）

参向事、以信重令申候、』被尋聞食、殊御秘計』候者、喜悦候、兼又、祈禱事、』猶々可有御沙汰候了、□□』謹言、
（正和三年カ）十月十日　　武蔵守貞顕（北条）
謹上　称名寺方丈（釼阿）

〔解説〕
金沢貞顕が六波羅探題北方に在任し、かつ武蔵守に在任したのは、応長元年から正和三年の間となる。鎌倉下向の時期を探っているので、正和三年の書状か。整理三八八一は、尊経閣文庫所蔵本の影写本。【神】一九二二、【鎌】二五三二四。

508　金沢貞顕書状（一三一三／三八八二　前田育徳会尊経閣文庫所蔵「潤背」紙背文書）

一昨日御報、去夜到来、委細』承候了、抑、痢病御事、』歎存候、雖然、伯耆前司』不可有異御事之由令申』旨承候、喜入候、御食事を能々』可有御慎候、其後御様も無』心本存候之間、重令申候、』帰参以後可令参啓候、恐惶

〔解説〕釼阿の病のことを気に掛けている。伯耆前司は医師であろう。丹波氏の一族か。鎌倉下向のことが話題にのぼっているので、正和三年の可能性が高い。金沢貞顕の指示で鎌倉に下向した右筆による書状と考えられる。整理三八八二は、尊経閣文庫所蔵本の影写本。【神】三〇九二、【鎌】三三二一九四。

正和四年（一三一五）

509　金沢貞顕書状（一三二二／三八八〇　前田育徳会尊経閣文庫所蔵「潤背」紙背文書）

新春御吉慶申籠候了、猶以幸甚、抑、石村郷（信濃国太田庄）事、自谷殿（永忍）去年承旨』候き、定御存知候歟、其後慥便宜候』ハて、御返事を不申候き、下向之時、承』旨候しあひた、斯申候了、而故越後（北条実時）』守跡をはなれ候事、背御本意之由』度々承候之上者、南殿御後拝領、』さのミ難申子細候之間、領状申候、』委細谷殿へ申候、定被申合候歟、』能様ニ可有御計候、恐々謹言、

（正和四年）正月廿七日　　武蔵守貞顕（北条）

〔解説〕金沢貞顕は、正和三年十一月十六日に六波羅探題北方の任を終えて、鎌倉に戻っている。この書状で、貞顕は信濃国石村郷（現長野県長野市）の相伝について見解を述べる。石村郷は北条実時から帥局、そして南殿へと相伝された所領で、貞顕は南殿から谷殿への継承に異論がないと伝えている。女性所領の継承について、惣領が判断している書状である。整理三八八〇は、尊経閣文庫所蔵本の影写本。【神】一九六二、【鎌】二五四一八。

510　金沢貞顕書状（自筆）（一六八／四九三　釼阿本「宝寿抄」第五）

勢州へは、能々悦』仰られ候へく候、

二階堂伊勢前司（忠貞）、去年』約束申されて候漆一た』る
被進候、令取進候、自所』領猶到来候者、追可進
之』由被申候、勢州への御返事を』給候て可遣候、
兼又、中嶋事』何程ニなりて候やらん、おほつ』か
なく候、昨□（日）深雪ニ道行』候ハしと歎入候、凡三月
深雪』珍事候歟、正嘉三年三月十日雪降』之由人々
申合候、今年いかゝ

（本紙）
（裏紙）

□』召具候て可参候哉、勢州も
参』候て、意見を可申之由被申候、』可申同道候
哉、委細可承候、御』報者引返可承候、恐惶謹言、
（正和四年）八
三月四日　　　　　　　　　　　　貞顕（北条）
方丈（釼阿）進之候

（釼阿筆書込）
「左京兆（北条政村）御入滅之時、三月降雪、至廿八日降候云々、
文永十年三月七日降雪、　」
（上書）
「（切封墨引）」

〔解説〕
書状中で述べている「凡三月深雪珍事」が、「元徳二年三月日吉社并叡山行幸記」に見える「同（正和）四年三月七日、関東に大雪降て」の記事に該当すると考えられる。そのため、正和四年と推定し、ここに収める。【神】二一七一、【鎌】二七一三四。

511　「鎌倉年代記」正和四年条

（京都大学総合博物館所蔵）

（執権）
修理権大夫
従四上
貞顕（北条）
正和四八十二為連署、正中三々十六為執権、

〔解説〕
金沢貞顕の連署・執権就任の年次を記す史料。

正和五年（一三一六）

512　金沢貞顕書状（自筆）

（一三五／四六〇　釼阿本「某宝次第　酉酉」）

「ハて、御披露ハ」あるへからす候、猶々」喜
悦候、〳〵、
今朝進愚状候き、定参着」候歟、抑典廐（北条高時）御署判
事、」今日、御寄合出仕之時、別駕（安達時顕）・」長禅門（長崎高綱）両人
申云、御判事、任」先例、来十日可有御判候、七
月」者最勝園寺殿（北条貞時）御例候云々、」其後長禅門ニ対面
候、相州（北条基時）」職御辞退事、去夜高橋九郎」入道を召寄
候て申候了、愚身

〔解説〕
北条高時の執権就任は、正和五年七月十日。この書状は十三代執権北条基時の執権辞任の段取りと、金沢貞顕の連署残留の件を記している。来十日と記しているので、同年七月上旬の書状であろう。【神】二〇二五、【鎌】二五八八一。

513　「武家年代記」正和四年条

（宮内庁書陵部所蔵）

（執権）
貞顕（北条）　正和五七十任武〔州〕―、元応元辞守、正中
三五十八出家七十二、

514　金沢貞顕書状（自筆）

（一三四／四五九　釼阿本「某宝次第　酉酉」）

二合令推進候也、
開山（審海）長老御十三年之際、」少仏事可致沙汰之由存」
候之処、折節難治事等候て、」于今不申入候き、而
只今料」足沙汰出候之間、三十令進」之候、何事ニ
も可被取具候、」乏少之至難歎入候、夕方」可参
候、其時毎事可申承」候也、恐惶謹言、

〔解説〕
称名寺開山審海の十三回忌により、正和五年六月頃と推定する。【神】二〇二四、【鎌】二五八八〇。

515「武家年代記」裏書　正和五年七月十日条

（宮内庁書陵部所蔵）

七十ヨリ左馬権頭殿（北条高時）判始、相州（北条基時）辞退、武州（北条貞顕）如元上判、

〔解説〕

金沢貞顕は正和四年に十三代執権北条基時の連署に就任していたが、十四代執権北条高時の連署に留任したことを記す。貞顕の連署時代が、金沢氏の全盛時代となる。

516　金沢貞顕書状（自筆）

（一九三三／五一八　釼阿本「宝寿抄」第一）

昨日放生会降雨之間、歎存』候之処、刻限止雨、無為遂行候、』愚身流鏑□（馬）無子細候之際、』喜悦之外無他事候、兼又、道明』御房御下向候哉、毎事此間』可参申候、恐々謹言、

（正和五年）九月十七日　　（北条）貞顕

進之候

〔解説〕

「鶴岡社務記録」から放生会延引の記録をみると、鶴岡社務房海の入滅によって、放生会が九月に延引された正和五年が該当する。この年、金沢貞顕は流鏑馬役として射手一騎を受け持っている。喜悦と記しているので、射手は満足のゆく成績を出したのであろう。【神】二一九九、【鎌】二七一六二。

517　金沢貞顕書状（自筆）

（①一三六／四六一　釼阿本「宝寿抄」第十
②二七四／五九二　釼阿本「宝寿抄」第三）

①材木事、其後何様候哉、』自道明御房被申旨候』者、可承候、抑、愚身官途事、』所望分者無御免候、但他』官を明年頭殿（北条高時）御任国之時、』同時可有御免之由被仰下』候、他官者猶上品候之際、御』沙汰之趣、自愛無極候、此等』子細難尽状候、御神事以後

（本紙）

（裏紙）

②令申候、委細事者、追』可申候、又未参津材木ハ、（武蔵国六浦庄金沢郷）悉』着岸候哉、可承候、毎』事期参入之時候、恐惶謹言、

九月廿八日《正和五年》　貞顕《北条》
方丈《釵阿》
「《上書》（切封墨引）
称名寺方丈　貞顕」

〔解説〕
北条高時の国守補任を来年にすると打ち合わせている。高時は文保元年三月十日に相摸守に補任されているので、その前年正和五年九月二十八日の書状と推定できる。この段階で、材木が津（現神奈川県横浜市金沢区の金沢八幡社脇にあった船着場カ）に到着したかと尋ねている。称名寺造営が始まっていたのであろう。【神】①二〇三九＋②二〇七二、【鎌】①二六四六五＋②二六一八七。

518　金沢貞顕書状（自筆）

（二〇三／五二八　釼阿本「宝寿抄」第六）

十三日者必可参之』由思給候、仏名も其比』候
へかしと覚候、』何日可被始之候哉、
先日参入悦存候き、
抑、南殿御仏事、三日』可勤仕之由、去月申候』
了、然而、五日典廏御所《北条高時》』御わたまし、七日評定
始、』同御行始以下計会事』等候之間、三日参候事
も難治ニ
（本紙）

（裏紙）
候間、十三日ニ可取行候、』為御心得、先令申候、
委』細事者、追可申入候、』導師者可有御勤仕』候
也、只今物忩事等千万』候之間、省略候、恐惶謹
言、
極月一日《正和五年》　貞顕《北条》
方丈進之候《釵阿》
「《上書》（切封墨引）
称名寺方丈　貞顕」

〔解説〕
北条高時が執権に就任していて、右馬権頭の官にあったのは正和五年のみなので、同年のものであろう。また、南殿仏事を正和五年十二月三日に行うという。三回忌が行われたのであろうか。袖端に切封の痕跡あり。【神】二〇三七、【鎌】二六〇三九。

519　金沢貞顕書状　（一二二一／一六二七　釼阿本「薄草子口決」巻十）

「□□』可承候、
四品事、今日奉行』大外記（清原教元）令申沙汰、』成下御教書
候之間、』面目無極候、委旨』参入之時、雖可申
之』候、且令馳申候、恐惶

〔解説〕
官途奉行清原教元の経歴と鎌倉幕府首脳部の従四位下昇進が話題となっているので、正和五年十二月と推定できる。筆跡は金沢貞顕自筆と異なるので、右筆書状である。なお、本文書は、嘉元二年十月七日の執権北条師時従四位下昇叙の可能性もある。【神】二〇三八、【鎌】二六〇四四。

文保元年（正和六年、一三一七）

520　金沢貞顕書状（自筆）（①一二一九／六二六　釼阿本「宝寿抄」第六　②一二六二／五八〇　釼阿本「宝寿抄」第六）

①
京都茶者、顕助』をこそたのみて候しか、』下
向仕候之間、』たひ候人なく候、連々ニ』申入
候ぬとおほえ候、
刑部権大輔（摂津親鑒）近日上洛之間、明日』餞送仕候、新茶大
切候、先日給候』者、はやミなのみうしなひ候
て、』寺中第一の新茶、御分拝』領候者、悦入候、
茶をこのみ候』人々、来臨候ぬと覚候之間、令』用
意候也、兼又、顕助法印』小童等所労得少減候之
際、喜悦候、（本紙）

②
一向御祈念之故候之由、思給候、』返々悦入候、毎（裏紙）
事期参入之時候、』恐惶謹言、
三月十六日（文保元年）　貞顕（北条）
方丈（釼阿）
「（上書）（切封墨引）
称名寺方丈　貞顕」

〔解説〕
金沢貞顕は、文保の和談で東使として上洛する摂津親鑒を労う喫茶の会を企画している。この会では、貞顕は京

都茶と寺中茶（称名寺の茶）を用意している。この時の会が、鎌倉後期に流行した唐物を並べて中国文化を楽しむ喫茶の会か、文章道・明経道の家が平安時代以来の伝統を継承している漢詩文を詠む詩歌の会で用いる茶かは即断できない。この時代は五番茶まで摘むので、新茶の時期は三月頃になる。袖端に切封の痕跡あり。【神】①二〇四三＋②二五〇七、【鎌】①二六一二七＋②二九三九四。

521　金沢貞顕書状（自筆）

（①二三四／五四九　釼阿本「宝寿抄」第十
②二八三／六〇一　釼阿本「宝寿抄」第六）

①
□□（一日カ）経者、具経も』あるへく候、
故左京兆（北条時村）正忌日、来月』廿三日にて候乎、三嶋（伊豆国）御』
神事中候之間、仏事』難治候、仍今月廿三日に』可
被行之由、青女（北条貞将室）令申候、』一日経にて候へく候、可
有御用』意候、仏者阿《三尊》弥陀仏《の》古仏を』自是可奉渡
候、導師事』可有御沙汰候、兼又、今日令

（本紙）
（裏紙）

②
［　　］』よし先日令申候之処、』公
事計会事等候之間、』不参候、歎入候、以後日可
参候、恐惶謹言、
（文保元年）三月十八日　（北条）貞顕
（釼阿）方丈進之候
（上書）「（切封墨引）」

〔解説〕
嘉元の乱で討たれた連署北条時村の年忌法要を伝える書状なので、十三回忌の文保元年が該当する。忌日は四月二十三日であるが、伊豆三島社の神事と重なるため、法要をひと月早い三月二十三日に行うとしている。【神】①一四二六＋②二五〇八、【鎌】①二二一七二＋②二九三九五。

522　金沢貞顕書状（自筆）

（一六九／四九九四　釼阿本「宝寿抄」第十）

来廿三日仏事、御布施物』二十結令進之候之由、令
申』候、乏少之上、兼日進入比興』候歟、只今出仕
之間、止候了、』恐惶謹言、
（文保元年）三月廿日　（北条）貞顕
（釼阿）方丈進之候

〔解説〕
嘉元の乱で討たれた金沢貞顕の舅北条時村の法要（三月二十三日、命日は四月二十三日）に御布施として、銭二十結（銭百枚を紐で結わえた連を、二十本ぐらい束ねたものを一結という）を送るという。時村の十三回忌と考えれば、文保元年になる。【神】二五〇九、【鎌】二九三九六。

523 金沢貞顕書状

（未収／三七六函「兵法供記」紙背文書　写四四〇―三）

「仏□』存□、
明後日廿三日、故□』候之間、青女（北条貞将室）□
□』之由令申候、仍□』法花経者平古経□
□』経□□経進之□』御有綵物二衣□
□』令進之候由申□』先主進入之比興候、
仍□』候之間、明後□、

〔解説〕
明後日の二十三日が北条時村の十三回忌と推定できるので、文保元年三月二十一日の書状である。【神】・【鎌】未収。

524 金沢貞顕書状（自筆）

（四三四六／二五八函「使咒法経」写八七―九）

「少輔房進□、』猶医師□』定参候ぬと□、
御痢病事、□』入候、即可参承□』来廿三日仏事導
□（師カ）』者、可申多宝寺（相摸国鎌倉）□』候、一日写御用書□』承候
了、あなかしく、
　　乃刻

〔解説〕
体調不良を訴えてきた釼阿に対し、金沢貞顕がその場で書いた返信である。釼阿の体調を気にすると共に、仏事導師のことを気にしている。来る二十三日の仏事とは北条時村十三回忌であろう。【神】二四六六、【鎌】二九二七四。

525 金沢貞顕書状

（未収／三七六函「秘密兵具加持具足」写四四三―六）

「□経等者、廿五日可』□験候、
□左京権大夫（北条時村）忌日』□形可修仏事』

□□仏阿弥陀三尊古仏紺』□□裏金剛経円覚』
□可有御昌導候、』□一領、鵞眼五
結』□候、乏少候両結』□御神事、
中』□日施主不可参候、

〔解説〕
北条時村の年忌供養について記す。北条時村十三回忌と考えられるので、文保元年三月二十三日前後のものであろう。施主は、嫡流の為時・熙時が早くに亡くなっているので茂時と考えられる。【神】・【鎌】未収。

526　称名寺金堂木作始番匠注文写 （五二九〇／賜蘆文庫文書所収称名寺文書）

金堂木作始番匠事
大工
大夫次郎銀釼一二衣一 信満
引頭
一 左衛門大夫衣一 吉広
二 弥次郎銀釼一 正音
三 左衛門次郎衣一 国持
四 右馬四郎銀釼□ 守重
五 次郎大郎衣一 守信
長
大夫三郎小袖一 信吉
雑掌料銭 五貫 了意房沙汰
文保元年五月十五日
引手
賀嶋五郎
治部又六

〔解説〕
称名寺金堂木作始であるから、造営の初期の状況を伝える書類。翌文保二年十月が称名寺金堂上棟となる（「鎌倉大日記」）。【神】二〇六三、【鎌】二六一七九。

527　金沢貞顕書状（自筆） （一二三九／四六四　釼阿本「宝寿抄」第五）

一昨日光臨、恐悦候き、』雨中路次、定難治』御事
候歟、

抑、明後日金堂（武蔵国称名寺）事』始、雖下品候銀釼一柄』令進之
候、明日令参、』毎事可申入候、恐々

〔解説〕
称名寺金堂事始を記すので、文保元年五月以前であろう。前号資料の番匠注文よりも前の書状であるが、仮にここにかけて収める。【神】二〇六四、【鎌】二六一八〇。

528 金沢貞顕書状（自筆）

（一四一一／四六六　釼阿本「宝寿抄」第四）

金堂（武蔵国称名寺）材木事、足利殿（貞氏）分』悉被引出□由承候了、可
賀』申候、又因州（二階堂行世）戸部禅門事、』多年申承候之間、
故歎』入候、路次之際、病悩さこそ』候つらめと察
覚候て、返々』歎存候、又建盞ふくりん』かけ給候
へきよし承候、悦

〔解説〕
称名寺金堂の造営は、文保元年五月には始まっている。次の目途は文保二年十月の上棟であるが、この書状がいつの時期にかかるかは明らかでない。仮に木作始め（526号資料）にかけて収める。【神】二〇六七、【鎌】二六一八三。

529 金沢貞顕書状（自筆）

（一四一二／四六七　「某宝次第　酉酉」）

金堂（武蔵国称名寺）造営事、』昨日承候之趣、』早速ニ道行』候
ぬとおほえて、返々』悦入候、引返し可承候、
昨日光臨為悦候き、谷殿（永忍、北条貞顕養母）』御労、夜程何様御座候
哉、』無心本候、誠御大事もありぬ』[redacted]候やうニ
て候はむ時者、』必可馳承候、御物語候し、』他所へ
御うつりの事、無物体候、』猶もさる御さた候は
ゝ、申』とゝめまいらせさせ給へく候、ゆめ〳〵』
あるましき事にて候、能々御心え候へく候、

〔解説〕
称名寺金堂造営は、文保元年五月には始まっている。この書状は、金堂造営の準備が始まった頃のものであろう。【神】二〇六六、【鎌】二六一八二。

530 金沢貞顕書状（自筆）

（一四〇／四六五　「即身成仏義聞書」）

昨日行証御房入見参』中承候了、子細定令申』給候歟、兼又、金堂《（武蔵国称名寺）》材木少々』参着之由、昨日承候、喜』悦之外、無他事候、向後』着岸之時者、必承候て、』寺中《（称名寺）》へ□□候へく候、参着』猶々悦存之間、令啓候、

〔解説〕
金堂造営の材木が瀬戸入海の船着場に到着したと伝える。金沢八幡宮（現神奈川県横浜市金沢区）の南西にあった湊であろう。文保元年五月以後なので、仮にここにかけて収める。【神】二〇六五、【鎌】二六一八一。

531 金沢貞顕書状（自筆）

（未収／九三四影字　釼阿本「宝寿抄」第三）

昨日之吉慶申籠候□、
抑、金堂《（武蔵国称名寺）》造営何程□』材木到来候、寺中□□』
□□又□□』□□今日有御□□』□□給
候者□□御□□』□□可進入之候、恐惶謹言、
□□　貞顕《（北条）》

〔解説〕
626号資料に残る影字。称名寺金堂造営に関する書状なので、事始の行われた文保元年に仮にかけて収める。『金沢文庫資料図録　書状篇Ⅰ』に翻刻。【神】・【鎌】未収。

532 「鎌倉年代記」文保元年条

（京都大学総合博物館所蔵）

十二月廿七日引付頭、一貞規《（北条）》・二守時《（北条）》・三顕実《（北条）》・四貞宣《（北条）》・五時顕《（安達）》、

〔解説〕
引付改編で、甘縄顕実が三番頭人になっている。

文保元年（一三一七）年末雑載

釼阿本「智袋」紙背文書

533号～536号資料は、北条時村十三回忌を記した金沢貞顕連署時代の書状を含むので、文保前後の書状であろ

う。仮に一括して文保元年年末雑載に収める。

533　金沢貞顕書状（自筆）

（一二五六／五七四　釼阿本「智袋」）

増気之間、□』忩々帰宅仕候き、未無減気』候之間、歎入候、祈禱事』殊被懸御意候者、本望』候、恐惶謹言、

二月廿四日　貞顕（北条）

方丈（釼阿）

（上書）「（切封墨引）」

〔解説〕金沢貞顕は、体調が悪化したので急いで鎌倉赤橋亭に帰宅したという。釼阿に対しては、病気平癒の祈禱を求めている。【神】二五〇一、【鎌】二九三三六。

534　金沢貞顕書状（自筆）

（一六四／四八九　釼阿本「智袋」）

花のさかり何比』候哉、可承候、

行証御房為御使光臨、』恐悦候き、抑、ちやせん（茶筅）一』明日入事候、いたく大に候』ハぬを給候者、悦入候、恐惶』謹言、

二月廿六日　貞顕（北条）

方丈（釼阿）

〔解説〕称名寺の花見はいつ頃がいいかを聞いている。また、大振りの茶筅ひとつ送るよう求めている。【神】二五〇三、【鎌】二九三三八。

535　金沢貞顕書状（自筆）

（一二六三／五八一　釼阿本「智袋」）

□家之仁無神□之故□□』次第候歟、向後も無憑候』由井殿（尼是心）子息信州（大田時連）も今度もら』され候ぬ、理運至極候へとも』下臈等ニ被超越候了、愚息』同前候乎、不便無申計候、又今』度御神事、殊のとかニ候よし』きこゑ候つるか、近日又■《田》舎人等』のほり候なと申候、極楽寺（相摸国鎌倉）とても』いかゝきこしめされ候つらん、可承』候、祈禱事、可被入御意候、』此状御一見之後者、即御前ニて』火中ニ入られ候へく候、

恐惶謹言、
四月十六日　　貞顕（北条）
「（上書）（切封墨引）
称□　　□□（貞顕）」

〔解説〕
鎌倉の人事を伝える書状。由井殿尼是心（天野政景女、大田康有室）の子大田時連が洩れたこと、金沢貞顕の子息が洩れたことに不満を述べる。この書状は、内容から焼却を求めたのであろう。貞顕連署在任中のものである。【神】二一七八、【鎌】二七一四一。

536　金沢貞顕書状（自筆）

（二七七／五九五　釼阿本「智袋」）

「下故候、又大御堂（相摸国鎌倉勝長寿院）別当御房（道潤）・』相摸新大夫将監事、
承候了、』猶々可進申候也、流鏑馬以下』毎事無為
無事、殊悦入』候、恐惶謹言
乃刻　　貞顕（北条）
方丈（釼阿）御報
「（上書）（切封墨引）

□　　□□」

〔解説〕
金沢貞顕連署時代の書状。鶴岡放生会流鏑馬のことを言っているのであろうか。【神】二五三一、【鎌】二九四二三。

537　倉栖兼雄書状

（未収／「新出金沢文庫文書」）

万福寺文書（下総国下河辺庄）』正文参通内正応正安御充文幷御譲給候了、恐
々』謹言、
六月二十五日　　兼雄（倉栖）（花押）
侍者

〔解説〕
倉栖兼雄が下総国下河辺庄の万福寺（埼玉県春日部市ヵ）の文書正文三通を受け取ったと伝える称名寺への返状である。倉栖兼雄は文保二年五月三日に亡くなるので、文保元年年末雑載に収める。「新出金沢文庫文書」は称名寺前住職小林憲住氏が寺内に残しておいた聖教の一部。福島金治「新出金沢文庫文書について―翻刻と紹介―」（『金沢文庫研究』二九三号）に翻刻。【神】・【鎌】未収。

538　倉栖兼雄書状（未収／三四六函「教抄」写三五五―一＋写三五五―四＋写三五五―五）

御釼一腰、』単重一領、』鵞眼伍拾貫、』謹以拝領仕
候之間、』可有御披露候、恐々謹言、
八月卅日　　兼雄《倉栖》（花押）
向山刑部左衛門尉《敦利》とのへ

〔解説〕
金沢家の中で動いた内部文書。倉栖兼雄が向山敦利に対し、表記のものは確かに受け取りましたと金沢貞顕に伝えて欲しいと記している。延慶二年から文保元年の間の書状。兼雄は文保二年五月三日に亡くなるので、仮に文保元年年末雑載に収める。【神】未収、【鎌】二九八三五。

文保二年（一三一八）

539　金沢貞顕書状（自筆）（一七二／四九七　釼阿本「宝寿抄」第六）

昨日参拝、恐悦候、兼又、愚息』貞将《北条》官途事、昨日
御免候』ける、今日奉行大外史教元《清原》』御教書持来
候、面目与恐悦』相兼候者也、為御意得令馳』申
候、恐惶謹言、
三月廿九日《文保二年》　　貞顕《北条》
方丈《釼阿》

〔解説〕
金沢貞顕が嫡子貞将の任官を記した書状。右馬権頭補任が、この時にあたるか。官途奉行清原教元（教隆の孫）は、正和五年七月二十二日に大外記に補任され、文保元年九月に鎌倉に下向している（『外記補任』）。その関係から、文保二年と推定できる。袖端に切封の痕跡あり。
【神】二一七五、【鎌】二七一三八。

540　金沢貞顕書状（自筆）（一七三／四九八　釼阿本「宝寿抄」第十）

貞将《北条》官途事、面目』之至、令自愛候、依此事』入御
者不思寄候、以御使示』給候、恐悦候、兼又、彼雑
談事、』誠如所存候者本懐候、能々』可有御祈念
候、毎事御神事』以後可参申候、恐惶謹言、
三月晦日《文保二年》　　貞顕《北条》

方丈（釼阿）御報

〔解説〕前号資料の続きで、金沢貞将の官途のことを記している。袖端に切封の痕跡あり。【神】二一七六、【鎌】二七一三九。

541 金沢貞顕書状（自筆）

（一八三／五〇八　釼阿本「某宝次第　酉酉」）

先日光儀悦存候、兼又、』貞将（北条）評定参事、官途奉』行事、昨夕被下御教』書候、評定事、兼日不承』候き、喜悦無極候、此程ニ』毎事可参申候、恐惶謹言、

六月廿六日　　貞顕（北条）

方丈（釼阿）

〔解説〕金沢貞将の評定衆新加、官途奉行補任を伝える。官途奉行は、清原教元の後任なのであろう。前号文書の関連と考えて、仮に文保二年に収める。【神】二一一三八、【鎌】二六九〇八。

542 金沢貞将書状

（五一〇／七八一　釼阿本「某宝次第　酉酉」）

金堂（武蔵国称名寺）棟上之間、雖左』道候馬一疋鴾毛、引進』候、其間子細、使者可』申候、恐惶謹言、

（文保二年）十月九日　　貞将（北条）（花押）

称名寺方丈（釼阿）

〔解説〕称名寺金堂上棟は「鎌倉大日記」に文保二年とみえるので、本書状と合わせて文保二年十月のこととわかる。【神】二〇七八、【鎌】二六一九二。

543 金沢貞顕書状

（一四八／四七三　釼阿本「即身成仏義聞書」）

御神事中候之間、久不申』入候、背本意候、放生会無』為被遂行候了、喜悦候、抑、金堂（武蔵国称名寺）上棟事、相尋前主』税頭晴村（安倍）朝臣候之処、申詞』如此候、可為何様候哉、今月』中者吉日無之由令申候、』可為十二月十六日候歟、有■■（御計）』重可

承候、此間依放生大会

〔解説〕
陰陽師安倍晴村に依頼した称名寺金堂上棟の吉日選定の回答がきたので、文保二年十月以前とわかる。鶴岡放生会が遂行されたと記すので、同年八月の書状である。
【神】二〇六八、【鎌】二六一八四。

544 金沢貞顕書状（自筆）

（二〇八／五三三　釼阿本「宝寿抄」第十一）

一昨日光臨恐悦候き、
抑、貞将（北条）吉事候之間、』丁子百□（匁）、銀釼一柄』給候
了、雖不思寄事』候、返進其恐候之間、給置候、』
御志之至、殊悦入候、昨春』毎事可参賀候、恐惶謹
言、

（文保二年）極月廿四日　（北条）貞顕

（釼阿）方丈御報

〔解説〕
金沢貞将が引付五番頭人に就任した文保二年十二月の書状である。称名寺長老釼阿は、お祝いに銀剣一柄と丁子百匁を贈ってきた。丁子《ちょうじ》は、防虫剤や錆止めに使う薬品である。一匁と一銭（銅銭一枚）はほぼ同じ重さである。袖端に切封の痕跡あり。【神】二一三六、【鎌】二六九〇七。

545 「鎌倉年代記」文保二年条

（京都大学総合博物館所蔵）

十二月引付頭、一貞規（北条）・二守時（北条）・三顕実（北条）・四貞宣（北条）・五
貞将（北条）・六時顕（安達）、

〔解説〕
金沢貞将が評定衆から引付頭人に昇進した。貞将を評定衆と記す史料の下限が、ここになる。

546 金沢貞顕書状（自筆）

（二一一／五三六　釼阿本「宝寿抄」第一）

御報謹承候了、引付』番文令進之候、御一』見之後
□（者カ）、可返預候、』物忩計会之間、止候了、』恐惶謹
言、

（文保二年）極月晦日　（北条）貞顕

又進之候

〔解説〕
金沢貞将が引付頭人に補任された時の引付番文の話と理解すれば、文保二年となる。【神】二四八三、【鎌】二九四二〇。

文保二年（一三一八）年末雑載

547 金沢貞顕書状 （一一三／四四八）

□□たく可被申候、仰候、』□□事等も自
是』□□由仰候、其程は』□□をは面々
御』□□之由、被仰下候、』□□御障子
事、入』□□〔かヵ〕もんの介(倉栖兼雄)に可申

〔解説〕
本文書は所在不明。重文指定目録にも番号なし。倉栖兼雄の没年にあわせ、仮に文保二年年末雑載にかけて収める。【神】・【鎌】未収。

元応元年（文保三年、一三一九）

548 金沢貞顕書状（自筆） （一二三一／五五六　釼阿本「宝寿抄」第十）

年首御吉慶、寺中(武蔵国称名寺)』御繁栄、雖申籠候、猶以』不可
有尽期候、幸甚〱、
抑、引付注文返預候了、』毎日出仕之間、御報
遅々』恐入候、兼又、自御所(守邦親王)下給』候二合、令推進
之候、事々』期参入之時候、恐惶謹言、

〔解説〕
新年の賀詞を述べた後で、引付注文は確かに受け取りましたと記している。十二月に引付改編があったのは文保元年・二年なので、その翌年、文保三年正月の書状と推定できる。袖端に切封の痕跡あり。【神】二四八一、【鎌】二九三一七。

549 金沢貞顕書状（自筆） （一二五五／五七三　釼阿本「宝寿抄」第六）

先日参拝恐悦候き、

抑、依池辺(武蔵国称名寺)事、人夫』方々へ所望候、領状候者』可
申入候、又只今見来』候之間、餅十枚令推』進之
候、比興無極候歟、』恐惶謹言、
(文保三年)二月廿日　(北条)貞顕

〔解説〕
称名寺苑池造営のため、人夫の派遣を諸方に依頼したことがわかる。造営が具体化する元応元年の書状とみてよいだろう。【神】二二二〇、【鎌】二七二三六。

550　金沢貞顕書状（自筆）

（①三二八／六二五　②二五八／五七六　釼阿本「宝寿抄」第十）

①太守(北条高時)自廿二日朝御違例事』候、昨日者御少減之由承
候しか、』自今暁猶難治御事にて候』よし承候、驚
歎入候、雖然』医師等者、不可有殊御事之旨』令申
候之由、長禅門(円喜、長崎高綱)かたり申』され候、早速御減候へか
しと念』願之外無他候、御祈念も候へく候、』又
連々大雪も驚思給候、先例』よからぬなと申合候之
間、かたく〳〵』周章仕候、又法花堂(相摸国鎌倉)僧正(顕弁)上洛も

(本紙)
②委細可承候、又山をハ石きりニ』土用以前ニ○きりはて(裏紙)
候やうニ、きらせ』られ候へく候、引返可承候、』
恐惶謹言、
(文保三年)二月廿五日　(北条)貞顕
方丈(釼阿)進之候
「(上書)(切封墨引)
方丈進之候　貞顕」

〔解説〕
右大将家法華堂別当顕弁の上洛のことが記されている。文保三年の園城寺戒壇問題の始まりとなる資料である。【神】①二四七六＋②二五〇二、【鎌】①二九三八八＋②二九三一七。

551　「武家年代記」裏書　文保三年四月条

（宮内庁書陵部所蔵）

文保三四十三、三井寺(近江国園城寺)建立戒壇供養金堂之由、依風
聞、山門(近江国延暦寺)蜂起、同十五、三井寺務越後僧正顕弁
関東武州舎兄(北条貞顕)無其儀之由、被書起請文、同十八日、三井衆

徒招請宰相僧正長乗、供養戒壇并金堂（近江国園城寺）云々、依之、
同十九日三塔（近江国延暦寺）宿老等以衆議之事書奏聞之処、可被流
長乗僧正於土州之由、被下　院宣（後宇多上皇）了、同日、長乗俗
名宇治永業云々、
文保三四廿五、辰刻、山徒三井寺炎上、坊二宇残
云々、雖差向評定衆以下在京人等、早退散之間、不
及放矢帰洛了、就其儀、自南方維貞（北条）者斎藤六郎、自
北方時敦（北条）者祝屋（宿）二郎（光則）兵衛尉、同日立京都了、

552 「花園院宸記」文保三年四月十三日条　（宮内庁書陵部所蔵）

十三日戊戌、晴、今日伝聞、三井寺（近江国園城寺）欲供養金堂、建戒
壇、仍山門（近江国延暦寺）蜂起、神輿已可有入洛云々、顕弁僧正建
立戒壇云々、天魔之所為歟、但聖護院（恵助法親王）・円満院（尊悟法親王）等争
申云々、

553 「花園院宸記」文保三年四月十五日条　（宮内庁書陵部所蔵）

十五日庚子、晴、（中略）山門（近江国延暦寺）猶未落居云々、明後日（十七）衆
徒等可発向薗城寺（近江国）云々、聖護院（恵助法親王）・円満院（尊悟法親王）請文者、戒
壇事更無其実云々、尤以不審事歟、顕弁僧正去十二（一）
日、送使者於武家申云、戒壇事、若輩衆徒蜂起之
間、雖加制止不叙用之由申送之云々、而今忽諍申之
条頗不審事也、

554 「文保三年記」　（『歴代残闕日記』所収）

四月十三日、園城寺（近江国）金堂供養、被立勅使、被許赤袈（中綱）
裟之間、延暦寺（近江国）令発向彼寺、可焼払之由騒動、仍武
士警固三井洛中（山城国京都）動揺、然而十三日供養事、全無其儀
之由、長吏顕弁僧正書進起請文於公家之間、聊静謐
之処、同十八日勅使左中弁資朝（日野）参行遂供養之節
云云、仍騒動云々、

555 後宇多法皇院宣案

（「禅定寺文書」園城寺戒壇事書案のうち）

院宣

園城寺（近江国）金堂供養幷戒壇事、顕弁』僧正状如此、無其企之条、不可有』疑貽歟、此上者、忩属静謐、可帰坐』神輿（近江国日吉社）之由、御気色所候也、仍執達』如件、

四月十五日（文保三年）　左衛門佐資明（日野）

謹上　中納言僧都御房

556 「三井寺灌頂脈譜」百十六　顕弁前大僧正

（国立公文書館所蔵）

「静誉」（朱筆）　月輪院（相摸国鎌倉）　五十一始行

顕弁前大僧正授二（三）人　于時僧正

「百十六」（朱筆）　越後守平顕時子（北条）　受後廿七年

長吏（近江国園城寺）　別当　関東法花堂別当（相摸国鎌倉）

元徳三ー四ー廿二卒　六十三

月厭　大夫　文保三ー四十七　唐院（近江国園城寺）八人

弁基　年廿一　時弁神ー　尊順　浄算　顕怡

戒六　朝現頭　頼千助　弁季　行有

壇波ー　前遠江守宗基子（北条）　止ー大阿（歯木）

虚空蔵　大輔　同ー同ー九　同所六人

俊珍　年　弁静神ー　頼俊止ー入初　道増

戒　善俊　隆済頭　勤順助

八葉観音

戒波　少輔　同ー同ー十一　同所六人

弁朝　年　頼俊神ー入ー　弁季　行顕

戒　弁恒　重暹頭　印兼助

金剛菩薩

〔解説〕

文保三年の園城寺戒壇問題に関する一連の資料。この事件は、連署金沢貞顕の兄顕弁が園城寺別当に就任したことで、本寺内部の急進派が戒壇建立に動き出した。朝廷の命令をうけた六波羅探題が戒壇と城郭の破却を行った後、延暦寺大衆が園城寺に焼き討ちをかけたので、大きな遺恨を残すことになった。555号資料は【鎌】二七〇〇一。

557 金沢貞顕書状（自筆）

（三二二／六一九　釼阿本「宝寿抄」第一）

先日進愚状候之処、極楽寺（相摸国鎌倉）へ』御出之間、持帰候
了、何事御出候』哉《け》るやらん、兼又、檜皮着岸』（武蔵国六浦庄）
候哉、如員数候やらん、自何日』可被葺始□、委細
可承候、此』檜皮自熊野（紀伊国）到来之由ハ』不可有御披露
候、又引付事、』近日連々御さた候て、治定候』
了、愚息昇進事、無沙汰候、

〔解説〕
熊野檜皮が金沢郷の湊に着岸したかと尋ねている。子息金沢貞将昇進のことも記しているので、仮に文保三年にかけて収める。【神】二〇七四、【鎌】二六一九〇。

558 金沢貞顕書状（自筆）・釼阿書状

（一一三三／九三六　釼阿本「宝寿抄」第一）

（釼阿書状紙背）
惶謹言、
四月十七日（文保三年）　　貞顕（北条）
方丈（釼阿）御報

（上書）
「（切封墨引）
称名□方丈　　貞顕」

（本紙・釼阿書状）
此両三日之間、為灌頂』罷出極楽寺（相摸国鎌倉）、昨夕罷帰』
候、此■□（檜皮）□夕野嶋（武蔵国六浦庄）付候□（之カ）間、』皆以八幡宮前（六浦庄金沢郷）へ取
上て候、』大底以此檜皮金堂（武蔵国称名寺）をも』可葺調候之間、
悦喜無』申計候、如是企（事等）、参』上可申入候之処、御
神事中』候之間、不参上仕候、自明日、

〔解説〕
釼阿書状の裏に金沢貞顕が返信を認めたものである。釼阿書状が金堂の屋根葺きについて触れ、熊野檜皮が野島に到着し、金沢八幡社前で陸揚げしたと伝える。文保二年十月の称名寺上棟以後のことなので、貞顕書状は文保三年四月と推定する。貞顕書状は【神】二〇七九、【鎌】二六一九九、釼阿書状は【神】二〇八〇、【鎌】二六一九八。

559　金沢貞顕書状（自筆）

（二四五／五六三　釼阿本「宝寿抄」第二）

一日参入、悦存候き、檜皮』自何日被葺始候歟、可承』存候、熊野（紀伊国）檜皮事、其後』無承旨候、大工者不申左右』候乎、可承候、兼又、茶一合』令推進候、自真乗院（山城国仁和寺）顕助』法印許給之候、下品物ニてそ』候らんと覚候、只今物忌事等、

〔解説〕

金沢貞顕は、物忌の期間中であるという。称名寺造営に使う熊野檜皮が話題となっている。称名寺造営の檜皮は、文保三年と元亨二年の二度、金沢八幡社前の船着場まで船で運ばれたことが記録されている。仮に文保三年の造営にかけて収める。【神】二四五二、【鎌】二九二五九。

560　「花園院宸記」文保三年四月十八日条

（宮内庁書陵部所蔵）

十八日癸卯、今伝聞、去夜丑刻許、三井寺（近江国園城寺）衆徒二百人許、帯甲冑、至長乗僧正房迎取行薗城寺云々、是為金堂（近江国園城寺）供養戒和尚云々、但聖護院（恵助法親王）・円満院（尊悟法親王）等、顕弁僧正所不授之、受者相残之間、為灌頂所迎取也云々、但寺門衆徒自称之、金堂供養了、戒壇立了云々、何真何偽未弁者也、天魔之所為不能左右、依此事山門（近江国延暦寺）弥蜂起、廿一日可発向寺門云々、法滅之相、誠足歎者歟、

561　「元徳二年三月日吉社幷叡山行幸記」

（前略）同三（文保）年になりければ、顕弁僧正関東より上洛して園城寺（近江国）の長吏になる、拝堂の次に垂髪の雑談よりきて、戒壇の結構にをよびけり、公家武家更不知食、若輩自由の張行として、柱ばかり立ならべて戒壇と名づけ、長乗僧正を迎取て供養せさせけり、僧正は不思懸の夜中に衆徒契盟して具しもてゆきければ、鬼にかみとらるゝ心ちして、心ならず侍りけれども、戒躰かたのごとくよみあげ侍りけり、山門（近江国延暦寺）任例依欝申、可破却自由戒壇之由、被経厳密之御沙汰、被仰両門并武家、一日中に数ケ度の院宣を山門

寺門へ下されけり、又公卿僉議ありて、僧正をば被闕官、宇治永乗と俗名をつけられ、先師寛乗僧正が跡をたづねて、土佐国へぞ流されける、その刻おほくの落書ども侍りし中に、いかなる京童部の作侍りけるやらん、

長乗□伝寛乗罪、顕弁未成隆弁望、

せきあへぬ　み井よりいて〻　行舟の
早く流る〻　宇治のなかのり

可破却自由戒壇之由、院宣厳密なりけれども、武家の沙汰悠々なりければ、山門鬱憤に絶ず、四月廿五日彼寺に発向して、三流ともに焼払ふ、同廿八日元応元年になる、両門の張本をめされければ、山門には宣承・澄春・木有・澄詮・昌憲以下名望の輩十二人、同二年に関東に参向す、同三年二月廿八日より元亨元年となる、山上京都（山城国）悪行の張本とて又二十人めされければ、十余人を罷いでて方々にながさる、

（後略）

562　金沢貞顕書状（四七四／七六六〈上〉釼阿本「院尊勝陀羅尼供養導師次第」〈下〉釼阿本「大御室御忌日講師次第」）

（本紙追而書）

やまに（近江国延暦寺）ハよせ候』へきとて、ひしめき候、』寺（近江国園城寺）の事ハ、あとかたも』なき事にて候二、』かやう二山々』さふらへは、』仏法のうせ候へき』時節にて候やらんと、心うく候、』何事ニつけ候ても、とく〳〵たり候』事にて候ハやとのミおほえて候、』いつとなく申候へとも、いまた』

（裏紙追而書）

御めん候ハねハ、返々なけき入て候、』みやこ（山城国京都）の事は、よろつやつと（谷殿）の御物かたり』さふらハんすらんとおほえ候、なを〳〵』御ふミ悦入て候、此やうを』御心え候へく候、あなかしく、

ひさしくうけ給候ハて、』御いふせく候つるに、こまかニ』うけ給ハりて候、ことに』よろこひおほえさせおはしまして候、』さても、やつとの御のほり

候て、』たうとき所々へも、御まいり候、』けさんニ
も、たひ〳〵』入候てさふらへは、申はかりなく、（本紙）

悦入て候、御くまのまうて《熊野詣》』のあわれニてさふらひ（裏紙）
て、』けさんニもいり候、何事も』申候ハやと、あ
さゆふは、ねむせられて』こそ候へ、かめ《亀》山院御あ
と、』よにむつかしけニきこえ候しか、』御つかひの
ほり候て後ハ、』ことなる事もなけに候、』又三井寺
ニかいたん《戒壇》』たて、金堂供養し候へきとて、

「《上書》（切封墨引）」

〔解説〕
561号・562号資料は、文保の園城寺戒壇問題について記した資料である。金沢貞顕としては、園城寺別当として本山に入った兄顕弁が強硬派に擁立されていたので、無関心ではいられなかった。562号資料の書状から、そのことがうかがえる。また、亀山院御跡の問題がこじれているとも伝える。文保の和談で一応の調停ができたものの、鬱積したものは大きいのであろう。561号資料は『群書類従』所収、562号資料は【神】一四五五、【鎌】二二三三二六。

563 金沢貞顕書状（自筆）

（一四三／四六八　釼阿本「宝寿抄」第十二）

山門《近江国延暦寺》与寺門《近江国園城寺》事、六波羅』重注進到来之間、今日』有
評定、可御使上洛之由』落居候了、兼又、鎮西両《肥前国東妙》
寺《寺・妙法寺》』御願寺事、同今日有沙汰、』被免候了、尤以目
出候、彼僧《東妙寺知事良円》』定被悦喜候歟、又瀬戸橋《武蔵国六浦庄》』事、何□《比》可
出来候哉、可

〔解説〕
文保の園城寺戒壇問題の続報を記す。また、東妙寺・妙法寺を関東祈禱寺に昇格させる事が、本日の評定の議題にあがるという。「金沢瀬戸橋新造下行日記」（金文五三〇三号）により、瀬戸橋造営が元応元年とわかるので、本書状の年代も確定する。【神】二二四九、【鎌】二七〇一七。

564 金沢貞顕書状（自筆）・釼阿書状

（一一四二／九三三　釼阿本「宝寿抄」第十）

（本紙・金沢貞顕書状）

「《上書》（切封墨引）

方（釼阿）□（丈）御報　　　　貞顕（北条）」

（紙背・釼阿書状）

一日送賜候』御茶三裹令』磨進候、是者』旧御茶候
歟、色』体不宜候、此間』令参上可申入候、』恐惶
謹言、

後七月廿七日（元応元年）　　　釼阿（花押）

人々御中

〔解説〕
釼阿書状の閏月により元応元年と確定する金沢貞顕書状
立紙。立紙の紙背に釼阿が返信を書いている。釼阿書状
の袖端に切封の痕跡あり。【神】二二二一、【鎌】二七一
七九。

565　金沢貞顕書状（自筆）　（三三一／六二八「愛染秘小」）

□□瀬戸橋（武蔵国六浦庄）事、早々有』□□御沙汰被渡候者、
尤目出候、』□□昨日被召取候了、』□□九郎
云々、其外』□□叙候了、昨日今日

〔解説〕
六浦瀬戸橋の架け替え工事が、元応元年に行われてい
る。便宜、この年にかけて収める。【神】二一五五、
【鎌】二七〇三三。

566　金沢貞顕書状（自筆）
（①一四四／四六九　釼阿本「宝寿抄」第七
②一一七〇／五八八　釼阿本「宝寿抄」第二）

（本紙）

①来十七日性一法師可参之』由、令申候之間、公事不
指合』候者、必可参候、人夫事、伊勢』入道（二階堂忠貞）方へ浦（相模国三浦郡）
郷のを令所望』候之処、領状候了、自十七日』可給
之由被申候之間、悦入候、』山門（近江国延暦寺）与寺門（近江国園城寺）事、六波羅
使者』下向之間、刑部権大輔（摂津親鑒）・信濃前司（大田時連）

（裏紙）

②□』にや、十七日ニも指合候ハ
む』すらんと心本なく存候、』毎事期参拝候、恐
惶』謹言、

九月十四日（元応元年）　　　貞顕（北条）

方丈（釼阿）進之候

（上書）「（切封墨引）」

〔解説〕
文保の園城寺戒壇問題の後始末について記している。さらに称名寺苑池造営を委ねられた性一法師のことが記されているので、元応元年と推定できる。【神】①二一四八＋②未収、【鎌】①二七〇一六＋②未収。

567　金沢貞顕書状（自筆）

（一三三四／五五九　釼阿本「宝寿抄」第十）

石事九十合候、』勢州（二階堂忠貞）をも同道仕』候ハやと存候、但性一か』可寄左右候也、
池辺（武蔵国称名寺）石事、為沙汰来廿日』召具性一法師可参之由』相存候、自其日人夫をも』四十人可召進之旨、季高ニ』加下知候了、石切ニ山をも』きらせ候へき候也、同季高ニ』申て候、性一か許へハ、今朝』申遣候つるか、未無返事候、』毎時廿日参入之時可申

〔解説〕
称名寺苑池造営のこと、石切のことを浦郷の領主二階堂忠貞と打ち合わせている。元応元年の書状であろう。御伊勢山（現横浜市金沢区瀬戸）や鷹取山（現横須賀市田浦）に、石切場の跡がある。【神】二三二六、【鎌】二七二三七。

568　金沢貞顕書状（自筆）・釼阿書状

（一四五／四七〇　煕允本「酉員一結大事」）

（紙背・金沢貞顕書状）
性一石を立候者、』白砂多々いるへく候、』例の車にてあけをかれ』候へく候、又』人夫事、或方ニ』所望之処、領状候了、』土用以後可給之由可承候、』為悦候、〱、』火中ニ入られ候へく候、

（本紙・釼阿書状）
先日進候葉茶、磨給候』了、恐悦候、兼又、青嶋』石、明日可取遣候、又多（相摸国鎌倉）』宝寺訴事、昨日評定』候て、悉寺家得理候き、』大食僧、定悦喜候歟、

（上書）「（切封墨引）
向山（敦利）□〔刑〕部左衛門尉殿　釼阿」

〔解説〕
称名寺苑池造営のことを記すので、元応元年頃と推定で

きる。釵阿書状立紙の裏を使用している。【神】二二一八、【鎌】二七二三八。

569 落首 （「禅定寺文書」園城寺戒壇事文書案のうち）

山風（近江国延暦寺）ニ　フキヤフラレテ　寺クモノ
　イクタヒ家ヲ　ツクリカウラム
寺法師（近江国園城寺）　イカツチニコソ　ニタリケレ
　ナリノミナリテ　ヤカテオツレハ
　　元応四月廿八日改元
顕弁ハ　天変トコソ　イウヘケレ
　東ヨリイテ、　イクサヲコレハ

一大事之訴訟ニ　二ケ条之有事
三摩ヤ（耶）戒与堂供養　四めい（冥）之衆徒ニせめられ
五（御）裁許もなけれハ　六波羅（山城国京都）もゆるさす
七度まてやかれて　八度目ニあたりて
九やうせん（供養）とせしかハ　十方よりせめられ
百余人之大衆　千（詮）なしとてにけしハ
億（憶）治なくそおほゆる
いまは又　たゝぬものゆへ　かいたむの
　けふりとなれる　ことそかなしき
すミなれし　三井（近江国園城寺）のし水ニ　ふねうけて
　なかれやすらん　うちのなかのり（宇治永業）

570 延暦寺衆徒一揆衆議事書案 （禅定寺文書）

（前略）

一、今度発向、且任先規、且不背　勅定事、
金堂（近江国園城寺）供養幷戒壇事、去十三日欲遂其節之間、可』賜警固之由顕弁僧正申武家、々々又承　勅定、』可遣官軍之由被経　奏聞候了、就之遮被下　院（後宇多上皇）』宣云、戒壇事更無　勅許、若為自由張行者、尋』捜交名可断罪寺門凶徒云々、宿老等且仰　勅』定、且任門主貫首之厳命、相宥若輩之処、同』十八日建立戒壇、遂行受戒之条、顕然之間、任先』例、山（近江国延暦寺）』門治罰、更不可有予儀之由、若輩頻蜂起

之刻、於』自由戒和上者、遮被処還俗遠流之重科了、而廿二日』院宣云、戒壇幷城墩〔郭〕事、仰武家可撤却之由、厳密』御沙汰之最中也、明日明後日止物忩之儀、可相待』聖断云々、廿三日院宣云、明日中可撤却之由所被仰』武家也云々、任数通之院宣、雖相待武家撤却、』廿四日空暮了、其上、山門園城寺咫尺之間、不撤却』之条、已以眼前也、而及暁天 院宣等到来、武家申』詞云、園城寺戒壇幷城墩〔郭〕事、就 院宣、触申』聖護院（恵助法親王）・円満院（尊悟法親王）之処、被承諾申之間、差遣使者』（大野）秀尚（関）良成致沙汰云々、申詞之趣太以矯飾也、就中、大津（近江国）』東浦者、山門一円之進止、山王垂迹之霊地有社壇、号四御前、』田中恒世末孫生得神人住所也、而凶徒等為招敵、廿』五日早旦焼払彼浦畢、剰発向山門領南志賀（近江国）、欲』焼失事、已及二ケ度了、里人群集、致防禦之間、凶賊』希有而引退了、爰知、三井（園城寺）両門之承諾、武家両使之撤却云給云恰已以無実、仍不堪鬱陶、若輩』発向了、于時叡峰之瑞雲、須臾而起、園城之』炎焔、忽然而揚、小〔北〕山之遠見、東川之謳歌也、或』野鳥導道俗、或猿猴交軍陣、戒壇灰燼、更非人』力、一寺廃滅、起自冥慮者歟、数日思惟不背 勅定、』衆徒発向不乱先規云々、

以前条々、大概如斯、今度山門衆徒、且随厳密〔重〕之』勅定、且待武家之撤却、発向之日限送旬日、若輩之』炳誡、存予儀之条、有忠無科、有理無誤、所詮使節之検知、撤却之妄語、匪啻掠 朝儀、既似軽』武威、科条尤深、争遁其誡、此等之趣、具可被注申』関東者歟、若雖令撤却、忽企発向之由及注進者、』〔非〕招御沙汰之参差、須貽衆徒之欝墳〔憤〕者歟、仍為仰』憲法之注進、所成一揆之衆議而已、

〔解説〕

文保の園城寺戒壇問題で、延暦寺は顕弁の園城寺別当職が延暦寺の進止であると主張した。この主張は道理に叶わないと朝廷の受け入れるところとならず、園城寺もまた顕弁に辞任という形を取らせず、さらに一年間勤めさせた。その後顕弁は鎌倉に下って、兼務として残してい

た右大将家法華堂別当に戻った。【鎌】二七〇〇二。

571　金沢貞顕書状（自筆）　（一八〇／五〇五　釼阿本「宝寿抄」第十）

寺門事《(近江国園城寺)》、御使能登入道《(二階堂政雄)》・』佐渡判官入道《(佐々木宗氏)》両人治定候』了、又和布一合令進』之候、所領土産候之間、』雖左道候、進入之候、恐惶』謹言、

五月十七日《(元応元年)》　　貞顕《(北条)》

方丈《(釼阿)》進之候

〔解説〕
文保の園城寺戒壇問題で、鎌倉幕府は二階堂政雄と佐々木宗氏を上洛させるという。前号資料に関連する。
【神】二二五一、【鎌】二七〇二二。

572　「鎌倉年代記」元応元年条　（京都大学総合博物館所蔵）

閏七月十三日引付頭、一守時《(北条)》・二顕実《(北条)》・三貞宣《(北条)》・四貞将《(北条)》・五時顕《(安達)》、

〔解説〕
引付改編で、二番引付頭人に甘縄顕実、四番引付頭人に金沢貞将が入っている。

573　金沢貞顕書状（自筆）・釼阿状裏書状　（一三三／五五八　「宝寿抄」第四）

（紙背・金沢貞顕書状）

愚状火中ニ入られ』候へく候、

昨日御書之趣、具承候了、引付』事、一昨日者無御沙汰候、昨日』有御沙汰治定候、次第事、無相違』候之由、昨日夕方奉行来臨候しか、』かたり申候き、即時ニ可申候に、』及夜陰候し間、不申候き、然■《御》』札悦存候、明日可被仰出之由承』候、無子細候之条、御祈念之至、恐悦』無極候、又蓮台子十本給候了、』為悦候、又先日○《承候》性一《(二階堂忠貞)》・勢州事、

（本紙・釼阿書状）

「《(上書)》（切封墨引）

賀□《(嶋)》五郎左衛門尉《(季実)》殿　　釼阿」

〔解説〕称名寺の苑池造成のため、性一法師が招かれた後の書状なので、元応元年の書状と推定できる。元応元年の引付改編は閏七月十三日なので、閏七月十五日の書状であろうか。【神】二二一七、【鎌】二七二三三。

574 金沢貞顕書状（自筆）

（①二二一八／五五三　釼阿本「宝寿抄」第二
②二一六六／五八四　釼阿本「宝寿抄」第三）

①
御腹気無為之由、昨日承候之」間、喜悦無極候、兼
又、貞将（北条）」官途事、今日奉行人令披露」候之処、無
相違御免候了、面目」与恐悦相兼候、御祈念之故
候」之間、殊悦入候、又越訴・小侍所」両条奉行
事、自去春雖」辞申候、無御免候之間、去十七日
重」□（本紙）

②（裏紙）
□御」沙汰旨、直長禅門（円喜、長崎高綱）被申候、」先一
事御免候、悦思給候、尚々」御労御減之条、悦入
候、恐惶」謹言、
七月廿日　貞顕（北条）
方丈（釼阿）進之候
（上書）「（切封墨引）」

〔解説〕越訴頭は引付頭人が兼務する役職なので、金沢貞将が引付頭人になった文保二年以後となる。一度は辞退したと伝えるので、翌元応元年以後の書状とみてよいであろう。貞将官途事は、越後守補任のことであろうか。仮に元応元年にかけて収める。【神】①二一七七＋②二一九三、【鎌】①二七一四〇＋②二七一五六。

575 金沢貞顕書状（自筆）

（①二二三二／五五七　釼阿本「宝寿抄」第四
②二一六七／五八五　釼阿本「宝寿抄」第六）

①
先日承候隠岐緑事、」申遣候処、櫃一合夜前」送給
候之間、令進之候、」又漆も所持之由承及」候程
ニ、雖不承候、令申」候之処、櫃三合同送」給候、
仍令進之候、委旨者（本紙）

②（裏紙）
一日行証御房御出之」時、令申候き、定被語申」候
歟、自廿五日雖令出仕候、」猶腰労難治候、悉得」
減気候者、毎事可参」申候、恐惶謹言、

七月廿九日　貞顕《北条》
方丈《釵阿》進之候
「《上書》（切封墨引）
称名寺方丈　貞顕」

〔解説〕
称名寺の造営に用いる隠岐緑青や漆を送ると伝えている。578号資料の金沢貞顕書状で八月になっても腰労の治らないことがみえるので、その関係であろう。仮に元応元年にかけて収める。【神】①二二〇九＋②二二九四、【鎌】①二七一七二＋②二七一五七。

576　金沢貞顕書状（自筆）

（一四七／四七二　釵阿本「宝寿抄」第五）

昨日御報、委細承候了、抑、』今日酉刻、城務《安達時顕》広博御恩』拝領候了、自愛候歟、』可被賀申候乎、毎事』期参入之時候、恐惶』謹言、
後《元応元年》七月廿三日　貞顕《北条》
方丈《釵阿》進之候

〔解説〕
安達時顕が所領を給わったので、祝儀を届けるようにと伝える。閏月から元応元年と確定する。【神】二二一五八、【鎌】二七一七四。

577　金沢貞顕書状（自筆）

（一四六／四七一　釵阿本「宝寿抄」第五）

只今見来候程ニ、松茸』進之候、あなかしく、
後《元応元年》七月廿六日　貞顕《北条》
方丈《釵阿》進之候
「《上書》（切封墨引）」

〔解説〕
近江国柏木御厨の名主伴氏から金沢家に、進物として松茸を献上されている（656号資料）。この松茸もそうであろうか。この書状は、釵阿にお裾分けを届ける送り状である。閏月により、元応元年とわかる。【神】二二一五七、【鎌】二七一二二。

578　金沢貞顕書状（自筆）

（一九一一／五一六　釼阿本「宝寿抄」第九）

昨日、鎌田遠江権守檜皮少々』令用意候之由、申給
候之間、』即時令請取候了、九結候、六』尺五寸結
縄定候之由、令』申候、猶少々可到来候、其』時追
可申之旨令申候、』近日御寺（武蔵国称名寺）へ可付進候、先』為御
意得令申候、又腰労

（本紙）
（裏紙）

猶難治候て長座仕候へハ』をこり候、減気之時令
参』入候て、金堂等（武蔵国称名寺）をも可拝見』候、恐惶謹言、
（元応元年）八月三日　（北条）貞顕
（釼阿）方丈進之候

（上書）「（切封墨引）
称名寺方丈　貞顕」

〔解説〕
称名寺金堂上棟は、文保二年十月である。この八月の書状は、金沢貞顕が金堂を拝見にいくと伝える。文保元年五月に始められた金堂建設の完成が近づいてきたと考えれば、翌元応元年八月となる。本紙袖端に切封の痕跡あり。【神】二〇七〇、【鎌】二六一八六。

579　金沢貞顕書状（自筆）

（一九一二／五一七　熙允本「三行印信事」包紙）

先日参入、悦存候、彼時』令申候伊賀国茶令進一箱』
候、又自真乗院（京都仁和寺）顕助法印許、』茶一両日之間到来
候、仍一』合令別進候、又近日令参候て、』池（武蔵国称名寺）間事
可致沙汰□（候カ）、山者』切候哉らん、可承候、恐惶謹
言、
（元応元年）九月五日　（北条）貞顕
（釼阿）方丈進之候

〔解説〕
称名寺苑池造営の書状なので、元応元年と推定する。称名寺造営のため、石工が多く集められたのであろう。御伊勢山（横浜市金沢区瀬戸）などは、盛んに切られたのであろうか。鷹取山（横須賀市田浦）や名越切通の大切岸も石切の跡である。袖端に切封の痕跡あり。【神】二一九七、【鎌】二七一六〇。

580 金沢貞顕書状（自筆）（三五三一／六五〇　釼阿本「宝寿抄」第二）

山門（近江国延暦寺）与寺門事、御張本』出対候之間、注進使者、』今明下向之由承候也、今朝六波羅早馬下向候、去三』日寅刻春宮（邦良親王）御所（山城国京都）炎上候了、』後嵯峨院御□（時）造営之後、今』度始廻（回）禄候、驚歎入候、依』此事、今日評定被止候了、』兼又、来十七日無（合）指事候者、』性一法師召具候て、参候て』中嶋（武蔵国称名寺）事可被仰候、事々』□□（期参入之時候カ）、恐惶謹言、

〔解説〕
東宮御所炎上は、元応元年九月三日（「花園院宸記」同日条「寅剋南方有火、是春宮（邦良親王）御在所万里小路殿云々」）である。六波羅探題の早馬が今朝到着したというので、三日・四日後の書状とみてよいであろう。園城寺戒壇問題で園城寺側の張本とされた泉尊は、陸奥国信夫庄への遠流となっている（「三井続灯記」）。【神】
二一二三、【鎌】二七二三〇。

581 金沢貞顕書状（自筆）・釼阿書状（一一四四／九四一　熙允本「酉員流　一結大事」）

（紙背・金沢貞顕書状）
九月十五日（元応元年）　貞顕（北条）
方丈（釼阿）又進之候
「（上書）（切封墨引）
方丈進之候　貞顕」

（表面・釼阿書状）
御札之趣、畏以拝見仕候、』来十七日御入候者、殊以』可然候、若十七日御入候者、』如例無斎（ママ）之点心をは、』知事に可用意仕候由申』含候、若一夜之御逗留候者、』十八日ニても候へ、点心を可用』意仕候、若十七日に可有御』帰候者、十七日早旦ニ入御』候者、悦入候、又寺門（近江国園城寺）・山門（近江国延暦寺）之事、

〔解説〕
金沢貞顕連署時代の書状。釼阿書状が文保の園城寺戒壇

問題に触れることから、元応元年九月十五日と推定できる。【神】二二二五、【鎌】二七二三二。

582 祐賢書状 (二一九二／一七五四 心慶稿本)

夜事候ほとに、目者不見候□』筆立ともさたかならす候て』不交□(候カ)、大部者可有御心得候、』紙絶まに候ほとに、此体』可有御免候、
十月十九日御札、同廿八日加拝』見候了、
抑、御状奉見□(参カ)』候て、御返事取進候、同廿九日さす(佐介)(相摸国鎌倉)』けより来給て候し、申入候て、御見』参候事、相構く〵、此事』早速入眼候へかしとこそ存候、』長老(釼阿)も御心に入御坐候、如仰御状を』御見得者、申預候之処に、慥□』殿(北条貞顕)の見参に入まいらすへきまて、仰』つけられて候、御状見候へハ、殿御見□』候共、不可苦候、何有ぬらんなんと、御』不審不可有候、又殿の母御(入殿)□□』十月六日御他界にて候、無御存知候やらん、』此御状に長老御方へも、御訪御筆不見候、』彼御状に一認可有候歟、同候者、此御状(本紙)

(裏紙)
あそハされて候ハ丶、殿御覧為も何□』候なんと存候、若左様にも思食候ハ丶、近□』之間、便宜候ハ丶、此状追書の様にて、一』紙にあそハして給へく候、巻添て可置候□□』候とても、不可被苦候へとも、殿の御見給□』御志之程も候歟、愚意所存にて候、四十九□』にそ御入候へく候、
一、頓病御事、長老方(釼阿)御御《に》報《へ》奉見て驚』入候、近程にも候ハ丶、なとか不申入候へき、□』独身程も被察候へく候、御いたハしく候[redacted]、』少々事連々《ハ》も御下向候て、御求候へく候、』はやく〵、可有御上候、長老もあはれ近所□』けうかる所や申付まいらせうと、常に』愚身と仰候、蒲谷(武蔵国六浦庄)の事なとこそ、去夏』比《コロ》之物語申て候し処、けによかるへしなん』と候か、但、賢雲上人不捨候ハんにハ、不可叶と仰』候し□、此程ハ御使の計なるやうにて、入□□』賢にも申入《合》よかしと候へとも、無

可有事』候、彼人捨なんとの候ハんさらんにハ、
全の』所望なんとハ、不可有候、中々不思寄体御
□

（礼紙）

被捨候ハん時そ、能候と申て候、何様にも』来正
月程にハ、可定候歟、当時留守も候ハて』戸引立
廻候て、旦那も猿浅事に申て□（候カ）、』若年内にも、
御上候ハゝ、彼人捨ハあはや御分ニ』可成候か
と、あやにく心もや、被思候へく□（候カ）歟、』何事も
今年西ふたかりにて候ハすハ、只』御上候へ《て》、
寺忩々に候ハゝ、瀬崎（武蔵国六浦庄）聞了房旦那』菴室に御坐候
て、稽古可有候、当時ハ五十貫』とやらん、百貫
とやらん所を、聞了房ニ奉て候□、』内々承候、
隠て愚身ハ未物語候、都御心安□』御計にて候、
思食可有候、又若明春まて御』坐候ハゝ、相構
く〵彼□□より内に御上あるへく候、
一聞了房ハ、去秋比より瘡をひたゝしく』かき候
て、箱根湯（相摸国足下郡）二七日湯治してなうり』て候か、又此
程以外にかゝりてハ、此廿五日より』瀬崎旦那本
居住にて候、難治事にて候、』返々只御上候へく
候、付其候者、年中明春』者、可有御計候、諸事
紙上難尽候、恐々謹言、
（元応元年）十月廿九日　　沙門祐賢（花押）
進上　良達（心慶）御房御侍者

（懸紙）

追申候、
大仏殿（入殿）忌中にハ、観達（賢恵）御房・』本如（湛睿）御房・順如御
房・賢雲・堯観（慶誉）・』衆現・正悟、七人にて候、毎
日諸法、』順如御房《初七日》、本如御房《二七日》初七日、順如《三七》日当（武
蔵国称名寺）』長老（釼阿）、[redacted]《日々》後二七日ヨリ賢雲御房も入給』候
事、三七日ヨリ衆現房入候き、其外七』日〳〵
ハ、寺々長老聞候、四十九日ハ極楽寺（相摸国鎌倉）』長老（順忍）御説
法□（被カ）聞候、何事も〳〵』不申尽候、謹上〳〵、
はやすへて、目か不見候、

〔解説〕
金沢貞顕の母入殿（大仏殿。遠藤為俊女）の卒去は元応

元年十月十六日（「入殿十三回忌供養廻向文」）なので、元応元年と確定する。【神】二八七六、【鎌】三一〇九〇。

583　金沢貞顕書状（自筆）

（一九九／五二四　釼阿本「宝寿抄」第九）

去夜火事、西殿（北条貞規）旧跡候、無』申計候、蓬屋近辺候之間、』驚存候之処、無別子細候、悦』思給候、兼又、明日入御候て、明』後日之御時者、是にて可被』聞食候、毎事期面拝候、恐』惶謹言、

十月廿四日　　貞顕（北条）

方丈（釼阿）進之候

〔解説〕

西殿北条貞規は元応元年六月十四日に卒去している（「武家年代記裏書」）。この書状はそれ以後の火事なので、仮に元応元年に収める。【神】二二〇四、【鎌】二七一六七。

584　金沢貞顕書状（自筆）

（二七六／五九四　釼阿本「智袋」）

にて候や□□』始候、来月六日はしめ候へく候、』又此間、連日大風候、金沢（武蔵国六浦庄）』何様候哉、無心本候、又三十』五日ニハ、早々入御候て、御時も』是にて被聞食候者恐悦』候、恐惶謹言、

十一月六日（元応元年ヵ）　　貞顕（北条）

方丈（釼阿）進之候

（上書）「（切封墨引）

□　　□□」

〔解説〕

金沢貞顕の母入殿（遠藤為俊女）の五七日法要について語っているのであろうか。入殿は元応元年十月六日に亡くなっているので（「入殿十三回忌供養廻向文」）、仮に元応元年に収める。【神】二五二五、【鎌】二九四一五。

元応二年（一三二〇）

585　金沢貞顕書状（自筆）

（二五一／五六九　釼阿本「智袋」）

「人夫ハ明夕より金沢へ（武蔵国六浦庄）』向候て、自明後日はしめ候へき』よし、武州（北条守時）のうちの奉行人』令申候、五十人つゝ廿日にて』候ハむするあひた、都合千人』にて候へく候、又石きりこの程』無沙汰候者、御さいそく候て』忩々きらせられ候へく候、又仏事』さたのために、明日・明後日あひた』ニハ、必可参入候、

恐惶謹言、

（元応二年）正月十四日　（北条）貞顕

（釼阿）方丈進之候

（上書）「（切封墨引）

方丈進□□　貞顕」

〔解説〕

称名寺造営のために、人夫を出して欲しいと赤橋守時に依頼している。苑池造営の石切は犯土の禁忌を犯すことになるので、土用以前に石切を終わらせようとしている。元応二年の可能性が高い。【神】二二二九、【鎌】二七二三四。

586　金沢貞顕書状（自筆）

（二二二一／五四六　釼阿本「宝寿抄」第九）

施行事者、如先』度極楽寺（相摸国鎌倉）へ可申入候、百ケ日仏事、可為十六日候、』御導師事、先日奉行人治部』左衛門六郎宗清ニ可申入之由』申付候き、未申御返事候之間、』不審候、若いまた申入候ハぬ』やらん、宗清を只今めしニつかハし』候了、いかやうニ候哉らん、』仏ハ観音新造、経ハ大般若経新写・』法花経一日頓写候、其外獄舎施行

〔解説〕

金沢貞顕の母入殿（遠藤為俊女）の百ケ日仏事と推定すると、元応二年二月十六日となる。仮にこの日にかけて収める。【神】二二二〇、【鎌】二七一七三。

587　金沢貞顕書状（自筆）

（一二二三／五四八　釼阿本「宝寿抄」第十）

故長井武庫（貞秀）之十三年』当今年候哉、三月にて候』しと覚候、何日にて候し』やらん、委細可承候、若御覚悟』候ハすハ、田中□（殿）なと二内々被』尋申候て、可承候、中書（長井貞秀）仏事□（ハカ）』何所にてせられ候哉らん、又』前々進入候心経百巻、令進

〔解説〕
長井貞秀十三回忌の確認をしている。元応二年三月以前の書状である。十三回忌は、長井家の菩提寺大慶寺で行われたのであろうか。田中殿は、長井氏と縁が深いのであろう。【神】一七一六、【鎌】二三五五四。

588　金沢貞顕書状（自筆）

（一八二一／五〇七　釼阿本「宝寿抄」第十）

先日給候絵一対へうほう（裱褙）』いせさせ候て、進之候、黒衣』ニ跡の候て、わろく覚候へとも』力なく候、又橋（武蔵国称名寺）はいか程ニ』なりて候哉らん、近日隙候』時参候て、可拝見候、恐惶』謹言、

六月廿一日（元応二年）　貞顕（北条）

方丈（釼阿）進之候

〔解説〕
称名寺造営に関する書状のひとつと考えられ、工事は苑池に架ける橋に進んでいるのであろう。金沢貞顕は、近日中に見に行きたいと伝える。性一を招いて造園した元応二年の書状であろう。【神】二二五四、【鎌】二七〇三二。

589　金沢貞顕書状（自筆）

（一三八／四六三　釼阿本「宝寿抄」第六）

御目御労、其後何様御坐』候哉、無心本候、兼又、生水鳥』両羽進之候、可被放于池（武蔵国称名寺）候、』十七八日之程ニ、性一をハ召具候て、可』参候、又大仏（相摸国鎌倉郡）候明春（北条顕景女）房、明日入殿（北条貞顕母、遠藤為俊女）』はか（墓）へ参候へきよし申候、時者』にて候、寺の局にて時をたひ候ハヽ、』悦存候へく候、毎事期参入之時候、』恐惶謹言、

七月廿三日（元応二年）　貞顕（北条）

方丈(鈫阿)進之候

〔解説〕称名寺苑池造営と明春房の入殿墓参を記すので、入殿卒去の翌年元応二年にかけて収める。入殿は鎌倉の大仏入に住んでいたので、明春房とは親しくしていたのであろう。【神】二三二一、【鎌】二七二三九。

590「常楽記」元応二年条

十月廿三日、金沢禅尼(北条実時後室、北条政村女)他界、

〔解説〕北条実時後室（金沢貞顕の祖母）、金沢殿の卒去を記録する。

591 陸奥国玉造郡越後大夫僧都顕瑜知行分召米結解状
（五三〇五／四二　題未詳聖教）

(端書)「下　政所
可勘定
―(花押)」

注進

陸奥国玉造郡内越後大夫僧都(顕瑜)知行分、』自延慶三年至于文保弐年九ケ年』召米結解事、

合　(朱書)「六月分　一石三斗三升六合物領分文定
閏月分　二石六斗七升二合
勘申　平(花押)」

毎年壱石参斗参升伍合　(朱抹消、以下同じ)

(朱書)「拌九ケ年分　二十石四升　加閏月三ケ度定」

所済能米

銭拾貫文　和市方参石五斗　延慶三年七月五日　在切符

三石五斗　延慶三年七月六日　在切符

五石四斗　御相節斗定　延慶三年七月六日　在□□

(朱書)「一石七斗　縮本斗定」

一石□　□　□□□年八月十二日　在□□

三石九斗　御相節斗定　延慶四年三月卅日　在切符

(朱書)「一石四斗五升　同」

二石四斗　御相節斗定　応長元年十二月廿八日　在切符

(朱書)「一石二斗　同」

「三石三升五合　「正和五年八月十二日「在御検納

「五石　「正和五年十一月三日「在切符

已上九ケ年分弐拾石壹斗参升伍合此内十二石一升五合者』九年分也、八石一升者閏』月三ケ度分也、

「幷（朱書）　弐拾石壹斗参升伍合」

「過上壹斗壹升也、

「過上（朱書）　玖升伍合」　「覆勘訖、（追筆）

散位藤原朝臣（花押）」

右、結解注進之状如件、

元応弐年八月　日　惟道（花押）

「元応二年十月廿三日（朱書）　勘定畢、」

〔解説〕

金沢貞顕の従兄弟顕瑜の所領陸奥国玉造郡の召米（鎌倉幕府に納める公事米）の注文である。陸奥国玉造郡は金沢家の家領なので、その中に顕瑜は知行地をもっていたのであろう。鎌倉幕府の政所が審査を行い、過徴分のあったことを確認している。惟道が作成し提出した注進状について、某が鎌倉幕府の政所に勘定を命じた。これを受けた政所の平某が勘定を行い、さらに藤原某が覆勘している。朱合点・朱抹消・朱筆はすべて平某によるもので、墨合点が藤原某による点検の跡である。【神】二二三八、【鎌】二七五六三。

592　金沢貞顕書状（自筆）・釼阿書状

（一一五二／九四三　釼阿本「即身成仏義聞書」）

（表面・金沢貞顕書状）

左近大夫入道（北条顕景）か女』明春房も、明日』可参候由、令申候、

今日可参之由、兼日相存』候之処、常在光院（山城国京都）明暁（長老）』進発候之程、今日者心閑』申承候之間、不参候、明旦』者必可参候、恐惶謹言、

十二月五日　貞顕（北条）

方丈（釼阿）御報

（紙背・釼阿書状）

「（上書）　（切封墨引）

周防前司（狩野為成）殿　釼□（阿）」

〔解説〕
十二月六日に明春房が称名寺を訪れるのは、入殿の月忌だからであろう。元応元年は十二月十六日に百ケ日法要を行っているので、元応二年十二月から正中二年十二月の間の書状である。仮に元応二年に収める。周防前司は鎌倉幕府中枢で事務官として活動し、北条氏ともつながりのある人物なので、伊豆国在庁工藤介茂光の末流で評定衆狩野為佐の孫周防守狩野為成を比定してよいであろう。「南家伊東氏藤原姓大系図（抄）」は、今野慶信「南家武智麻呂四男乙麻呂流鎌倉御家人の系図」（『中世武家系図の史料論　上』所収）に翻刻がある。【神】二〇八六、【鎌】二六二〇二。

元応二年（一三二〇）年末雑載

釼阿本「即身成仏義聞書」第一・第二　紙背文書

金沢貞顕連署時代の書状が書写に利用されている紙背文書群。称名寺苑池造営、入殿供養のことが話題にのぼっているので、年代未詳の書状を一括して元応二年年末雑載に収める。

593　金沢貞顕書状（自筆）・釼阿書状

（二五七／五七五　釼阿本「即身成仏義聞書」）

（表面・金沢貞顕書状）

かけられ候ハヽ、悦入候、」又、明日参会事候歟」之由承候、如何、毎事」期面候、恐惶謹言、

二月廿五日　貞顕（北条）

方丈（釼阿）御報

（上書）「（切封墨引）

称名寺方丈御報　貞顕」

（紙背・釼阿書状）

今日より御客人之御」□□、昨日令取調」候新茶一裹」進之候、是本吽房」□□出候之間、」令取之候、真乗院殿（顕助）」御事□何御坐候覧、」可参承候之処、御祈禱」事を承候之間、

〔解説〕
顕助が鎌倉に下っていた時期の書状であることは確認で

きる。金沢貞顕書状は【神】二〇四五、【鎌】二六一二九。釼阿書状は【神】二〇四四、【鎌】二六一二八。

594 金沢貞顕書状（自筆）・釼阿状裏書状

（一一三八／九三九　釼阿本「即身成仏義聞書」）

（紙背・金沢貞顕書状）

近日入見参、毎事』可申入候、恐惶謹言、

六月十□（六カ）日　　貞顕（北条）

方丈（釼阿）御報

「（上書）（切封墨引）

方丈御報　　貞顕」

（表面・釼阿書状）

一日蒙仰候葉茶、』令磨進候、兼日』之間、企参上、心緒』可申入候、今度無御』急之由、示給候、延引』仕候之条、□（恐）入候、恐惶謹言、

六月十三日　　釼阿（花押）

人々御中

〔解説〕

年代を確定する文言はない。金沢貞顕連署時代の書状。釼阿は、貞顕から届けられた葉茶を茶臼で挽いたので、送付状とともに届けている。金沢貞顕書状は【神】二五一八、【鎌】二九四〇五。釼阿書状は【神】二五一七、【鎌】二九四〇四。

釼阿本「即身義聞書」第三・第四　紙背文書

金沢貞顕連署時代の紙背文書群。称名寺苑池造営、入殿供養の事が話題にのぼっているので、年代未詳の書状を一括して元応二年年末雑載に収める。

595 釼阿書状・金沢貞顕状裏書状（自筆）

（一一二六／九三五　釼阿本「即身義聞書」）

（表面・金沢貞顕書状）

先日進入茶、磨』給候了、恐悦候、』毎事期参入之』時候、恐惶謹言、

正月卅日　　貞顕（北条）

「（上書）（切封墨引）」

（紙背・釼阿書状）

『令参上、心□〔事カ〕可申入候、』恐惶謹言、

政〔正〕月晦日　　釼阿（花押）

人々御中

（上書）

「（切封墨引）

□〔倉栖掃部カ〕〔兼雄〕助殿　　釼阿」

〔解説〕

金沢貞顕は、粉茶が届いたことの礼を述べている。正月が大の月の年とわかるが、年代は未詳。釼阿書状の裏紙を使っている。金沢貞顕書状は【神】二一二六、【鎌】二六六六五。釼阿書状は【神】二一二五、【鎌】二六六六四。

596　金沢貞顕書状（自筆）

（一六〇／四八五　釼阿本「即身義聞書」）

明日者、早旦ニ』入御候者、悦入候、

御馬闕如之由、承候之間、』一疋黒引進之候、委』

旨以貞村令啓候、恐』惶謹言、

二月三日　　貞顕（北条）

方丈（釼阿）進之候

〔解説〕

称名寺で馬が不足しているという。金沢貞顕連署在任中の書状である。【神】二四九九、【鎌】二九三二四。

597　金沢貞顕書状（自筆）

（一六五／四九〇　釼阿本「即身義聞書」）

陸奥左馬助（北条貞直）妻室之腹、』一昨日始男子出生之間、

彼』家中、喜悦之外、無他事』之由承候、可被賀仰

事、㤀』可有御計候、恐惶謹言、

二月晦日　　貞顕（北条）

方丈（釼阿）進之候

〔解説〕

大仏貞直の妻が一昨日男子を産んだと聞き、祝儀の手配をしないといけないので、称名寺長老釼阿に対しても連絡している。金沢貞顕連署時代の書状である。【神】二五〇六、【鎌】二九三三一。

598　金沢貞顕書状（自筆）
（一二八四／六〇二　釼阿本「即身義聞書」）

大師《空海》御影幷土塔奉渡』候、明日有御供養、返給』候者、悦入候、又左道之』捧物、相副注文令』進之候、恐惶謹言、

三月廿日　貞顕《北条》

方丈《釼阿》進之候

〔解説〕
弘法大師御影や土塔を三月二十一日の御影供のために送ったという。赤橋亭の壇所に置かれていた物であろう。【神】二五一〇、【鎌】二九三九七。

599　釼阿書状・金沢貞顕状裏書状（自筆）
（一一五一／九四二　釼阿本「即身義聞書」）

（紙背・釼阿書状）

「可申入子細之由を御』返答申て候、昨日よりは』御食事等、弥以御不』快之由承及候、恐惶謹言、

十月廿二日　釼阿（花押）

（表面・金沢貞顕書状）

御札之旨、委細承候了、』明日評定以後、令参入』候て、可申談候、御食事』不快之条、返々歎入候、』恐惶謹言、

乃刻　貞顕《北条》

賀嶋《季実》五郎左衛門殿《尉》殿

「（上書）（切封墨引）

賀嶋《季実》五郎左衛門門尉殿　釼阿」

〔解説〕
金沢貞顕は、体調を崩して食欲がないという。釼阿書状の裏を利用した貞顕の状裏書状である。貞顕連署時代の書状。金沢貞顕書状は【神】二五四〇、【鎌】二九四三一。釼阿書状は【神】二五三九、【鎌】二九四一三。

600　金沢貞顕書状（自筆）
（一二〇九／五三四　釼阿本「即身義聞書」）

自京都《山城国》到来之間、雖』乏少候、干松茸一』裹進之候、又栃餅』廿五同令推進候、明春』可参賀候、恐

惶謹言、

極月廿九日　貞顕（北条）

方丈（釼阿）進之候

〔解説〕
京都から届いた干松茸と栃餅を送る、と伝える送付状。袖端に切封の痕跡あり。【神】二五二八、【鎌】二九四一八。

601　金沢貞顕書状（自筆）

（三二五／六二二　釼阿本「即身義聞書」）

朔日御慶中籠候了、
抑、別駕（安達時顕）御訪のため二ハ』何日御出候哉、明日者評
定』にて候、三日四日之間にて□□』やらん、さも
候ハヽ、四日早旦ニ』是へ入御候者、悦入候、下品
□』小点心を可令用意候、又地』曳事、何程ニ候哉
らん、

〔解説〕
評定のため、四日早旦に来て欲しいと伝える。地曳は、称名寺造営に関することであろう。文保から元応の間の書状とみられる。【神】二四八五、【鎌】二九四三二。

602　金沢貞顕書状（自筆）・釼阿書状

（二一六五／九四五　釼阿本「即身義聞書」）

（表面・金沢貞顕書状）
先日進入候葉茶、磨』給候了、殊悦入候、又一裹』
進之候、被磨候て給候』者、恐悦候、重申入候、恐
存』候、恐惶謹言、

乃刻　貞顕（北条）

方丈（釼阿）御報

（紙背・釼阿書状）
「（上書）（切封上書）

釼阿」

〔解説〕
金沢貞顕が入手した葉茶を釼阿のもとに送り、茶臼で挽いてもらったという。金沢貞顕書状・釼阿書状ともに【神】二五三一、【鎌】二九四二四。

603　釼阿書状・金沢貞将状裏書状

（一一六二／九五七　題未詳聖教）

（表面・釼阿書状）

其後御様、企』参上可承候之処、」今日十三日、当（武蔵国称名寺）寺々官』事、沙汰仕候之間、不』参上候之条、恐入候、又』蓮実五十本、」令取進上候、明日』池中荷葉取』尽候之間、今日令

（紙背・金沢貞将書状）

「（上書）（切封墨引）　　貞将（北条）」

〔解説〕

金沢貞将と称名寺長老釼阿がやりとりした書状。称名寺苑池造営以後なので、仮に元応二年年末雑載にかけて収める。釼阿書状・金沢貞将書状ともに【神】二九九三、【鎌】三一六五〇。

元亨元年（元応三、一三二一）

604　金沢貞顕書状（自筆）

（一五一／四七六　釼阿本「即身成仏義聞書」）

重御返事承候了、」只今子刻、男子誕生、毎事』無為候之間、喜悦之外、無』他候、御祈念之至、難申』尽候、千万悉令可申入候、』恐惶謹言、

正□□日　　貞顕（北条）

又進之候

〔解説〕

金沢家に男子が誕生したことを、称名寺の釼阿に伝える書状である。「又進之候」は続報であることを示す。男子誕生に関するものは、604・605・606号資料の三通が残されている。三通をあわせると、文保元年から元亨元年の間の正月十一日に絞りこまれる。仮に元亨元年に収める。【神】二一五九、【鎌】二七一一三。

605　金沢貞顕書状（自筆）

（一五二／四七七　釼阿本「宝寿抄」第九）

能々御祈念』候者、恐悦候、〳〵、

男子出生以後、只今辰刻まて』無殊事候、但後物いまに』遅々候、医師ハくるし』からぬよし申候へとも、』心本なく候、尚御祈念』候者、悦入候、心地ハ無為ニ候へとも、』後物遅々、返々心もとなく』存候、恐々謹言、

正月十一日　貞顕《北条》

又進之候

〔解説〕
金沢家に男子の誕生したことを釼阿に伝える書状。後産が思わしくないが、医師は心配することはないと伝える。604・605・606号資料の三通から、文保元年から元亨元年の間の正月十一日に限定される。仮に元亨元年に収める。袖に切封の痕跡あり。【神】二二六〇、【鎌】二七一二二。

606　金沢貞顕書状（自筆）

（一五三／四七八　題未詳聖教綴帖装）

後物事、無為にくたりて』候、喜悦之外、無他候、御祈』念猶々悦思給候、又只今』自太守《北条高時》も御釼くたされて』候之間、面目無極候、御使』工藤七郎左衛門尉候、返々悦』存候、恐惶謹言、

正月十一日　貞顕《北条》

又進之候《釼阿》

〔解説〕
後産が無事であったと伝える続報である。金沢家の御産について、執権北条高時から工藤七郎左衛門尉が使者として派遣され、祝儀が届けられたという。604・605・606号資料の三通から、文保元年から元亨元年の間の正月十一日に限定される。仮に元亨元年に収める。【神】二二六一、【鎌】二七一二四。

607　金沢貞顕書状（自筆カ）

（一二三〇／五五五　釼阿本「宝寿抄」第一）

顕助法印労、只同躰候、』祈禱事、被入御意候之由、』昨日承御報候之間、殊悦入候、』猶々御祈念候者、本望』候、兼又、去年御約束官途事、』被思出候て、被仰下候者、不及』申候、さ候ハすハ、愚身申出候事ハ』あらしと存候、又先日亭主』許へハ御音信候ハむハ目出候、

〔解説〕
顕助法印の所労は、変化がないと伝える。また、去年話のあった金沢貞顕の官途については先送りされているという。貞顕は元応元年二月に武蔵守を辞任した後、元亨二年九月に修理権大夫に補任されるまで散位の状態に置かれた。去年の御約束というのは、武蔵守を辞する時に次の官職の約束があったのであろう。元亨元年ないし二年の書状なので、仮に元亨元年の春除目の行われる正月にかけて収める。袖に切封の痕跡あり。【神】二〇四七、【鎌】二六一三二。

608　金沢貞顕書状（自筆）

（一三七／四六二　題未詳聖教折本）

昨日参拝恐悦候、抑、生鵠』一羽進入候、可被放于
池(武蔵国称名寺)』候乎、其間子細使者可申』入候、恐惶謹言、

正月廿九日　　貞顕(北条)

方丈(釼阿)進之候

〔解説〕
称名寺苑池の造成が終わり、鵠を放生しようとしている。元応二年の翌年、元亨元年にかけて収める。【神】二二二二、【鎌】二七二三五。

609　金沢貞顕書状（自筆）

（①〈上〉六八九一／四一八函「毗那夜迦誐那鉢底瑜伽授受念誦次第」写七四五—一②〈下〉二九三／六一一　題未詳聖教折紙）

一昨日入御、』恐悦候き、
抑、生鵠一羽令進之候、』池にはなたれ候へく候、
御所』御勝負の事とも候へとて』めされ候て、只今
参候之間、』令略候、恐惶謹言、

□十日　　貞顕(北条)

〔解説〕
称名寺造営の間の書状。苑池造営が終わり、放生の準備をしている書状であろう。中央で上下に分断され上側は『称名寺聖教』、下側は『金沢文庫文書』に分かれている。前号文書と同様仮に元亨元年にかけて収める。【神】未収、【鎌】①三二一九七＋②未収。

610　金沢貞顕書状

（未収／三七六函「秘密兵具加持口決」写四四四—一）

連日霖雨□』日之間、可参□』此雨等
不□』参申候、又』進之候、磨□』恐

惶謹言、

五月□□　□□

(釼阿)方丈進之□

〔解説〕

元亨元年は冷夏であったことが、「花園院宸記」元亨元年五月条にみえる。連日霖雨と記しており、仮に、元亨元年にかけて収める。【神】・【鎌】未収。

元亨元年（一三二一）年末雑載

釼阿本「宝寿抄」紙背文書

金沢貞顕の連署時代を中心とした書状群。正和三年から元亨元年の紙背文書が確認できる。年代未詳の書状は、仮に元亨元年年末雑載に一括して収める。

611　金沢貞顕書状（自筆）

（一五四／四七九　釼阿本「宝寿抄」第一）

御吉事等雖申旧候、』猶々不可有尽期候、抑、来』
十七日入御候者、悦存候、下品』点心可令調之候、
早旦光臨』本意候、又帰朝人々何比可』参着候哉、
可承候、毎事期』面拝候、恐惶謹言、

正月十五日　(北条)貞顕

(釼阿)方丈

〔解説〕

新年の挨拶を伝えるとともに、十七日に入御していただければ点心を用意しましょうと伝える。また、帰朝人々と記している。称名寺修造のために俊如房戒誉を元に派遣した唐船派遣関係文書の一通である。637号資料や金文二六三三・二九四四と関連するのであろう。袖に切封の痕跡あり。【神】二二六二、【鎌】二七二二六。

612　金沢貞顕書状（自筆）

（二五二／五七〇　釼阿本「宝寿抄」第一）

参候て、先日申候し、』文庫納物も可入見参』候、
進発定日、猶々可承存候、』恐惶謹言、

正月十七日　(北条)貞顕

(釼阿)方丈

(上書)「　（切封墨引）

称名寺方丈　貞顕」

〔解説〕
金沢館の文庫に収納された納物（文書・書物他）も拝見したいと伝えている。帰朝した唐船の積荷、正和五年の金沢文庫修造（「赤城神社年代記」）など、いくつかの要素が考えられる。【神】二四九五、【鎌】二九三一九。

613　金沢貞顕書状（自筆）

（二七五／五〇〇　釼阿本「宝寿抄」第一）

下給候便ハ、兵部大輔（北条顕義）』自鎮西下向便宜候也、
自太子堂（京都東山）寂忍（珍海）御房櫃ニ』合、自代官信重許下給候』
之間、進之候、四五日之程ニ』便宜候、可有御返事
候者、』給候て可進之候、恐惶謹言、

四月十日　貞顕（北条）

方丈（釼阿）進之候

〔解説〕
鎮西探題北条政顕の子顕義が九州に戻るので、便宜を図ってもらえると伝える。東山太子堂白毫寺から贈られた物の御礼は、四・五日で用意するようにと伝える。【神】二一八三、【鎌】二一八八二（二七一四六に重出）。

614　金沢貞顕書状（自筆）

（二八七／六〇五　釼阿本「宝寿抄」第一）

気味のよ□よし申候之間、』令推進之候、御寺（武蔵国称名寺）より
も気味』殊勝物等、連々可拝領候、恐惶』謹言、

五月五日　貞顕（北条）

方丈（釼阿）進之□

「（上書）（切封墨引）」

〔解説〕
金沢貞顕と釼阿が、茶の風味について論評している書状。【神】二一八八、【鎌】二七一五一。

615　金沢貞将書状

（五〇六／七七七　釼阿本「宝寿抄」第一）

御札之旨、悦承候訖、
抑、為持病療養、湯本（相摸国足下郡）』下向仕候、即□（可カ）中御返事候
之』処、遅々、恐存候、其間子細』使者可申入候、
毎事帰参之』時、可参申候、恐惶謹言、

九月十三日　右馬権頭貞将《北条》（花押）

進上　称名寺長老《釼阿》御返事

〔解説〕
金沢貞将が右馬権頭在任中の書状。貞将は、右馬権頭から越後守に転任し、前越後守で六波羅探題として上洛する。療養のため、箱根湯本に逗留するという。【神】二一八〇、【鎌】二七一四三。

616　金沢貞顕書状（自筆）

（二二五／五四〇　釼阿本「宝寿抄」第一）

七日夜より違例事候しか、』自一昨日増気候て、以外候つる』を、長周《丹波》朝臣加療治候か、温気』ハすこしかろくなりて候、食』事もつや〳〵□《め》され候ハす、身も』くるしくて候、祈禱事、殊』御意ニかけられ候ハ、、本意候、』去年の所労と同躰候、それよりハ、』かろく候、医師もことなる事』候ハしと申候之間、安堵して候、』此事により候て、御出ハあるま

〔解説〕
金沢貞顕が体調を崩したので、釼阿に対して病状を報告し、平癒の祈禱を依頼したのであろう。鎌倉に下向していた医道の官人丹波長周が療治を行っている。古代・中世の医師は、現代の薬剤師に近い。【神】二一七三、【鎌】二七一三六。

617　金沢貞顕書状（自筆）

（二二五／五五〇　釼阿本「宝寿抄」第一）

御吉事等、雖事旧候、』猶々不可有尽期候、抑、今年中臨時祈禱料』足事、歳内可令沙汰進』之由、加下知候之処、于今遅々、』背本意候、少々令進入之旨』承候、猶悉不進候事、歎』思給候、阿闍梨達ニも、能々』心ニ入てさた候やうニ、被仰付

〔解説〕
慶事に対してお祝いを述べた書状である。その後で、臨時祈禱の費用について沙汰が遅れていること、年内には納入するように指示したが遅れていることなどを伝える。金沢貞顕連署時代である。袖に切封の痕跡あり。【神】二二六五、【鎌】二七一一八。

618　金沢貞顕書状（自筆）

（二四四／五六二　釼阿本「宝寿抄」第一）

太守（北条高時）無為、昨日御下向候了、』喜悦無極候、抑、佐（佐々木宗氏）渡大夫判官』入道許へ、人夫事、重申遣』候之処、周防前司（狩野為成）許への返』状、加様候、有御一見、可返給候、』廿六日道明御房御下向事も』委申遣候了、此上者さりとも』子細候ハしと存候、又別駕（安達時顕）の』叔父上野（山河）七郎左衛門尉他界之間、

〔解説〕
金沢貞顕は、佐々木宗氏に対して、称名寺造営の人夫を出してもらえないかと依頼している。安達時顕の母は、結城氏の一族山河上野五郎左衛門尉重光の娘。山河上野七郎左衛門は母方の叔父である。【神】二四二三、【鎌】二九〇〇〇。

619　金沢貞顕書状（自筆）・釼阿書状

（二八一／五九九　釼阿本「宝寿抄」第二）

陸奥左馬助（北条貞直）の許ニ』候御妻こそ、息女の』冷泉殿とて御所（守邦親王）ニ奉■（公）』候つるか、一昨日』他界候程ニ、御妻の』悲歎無申計事候』之由、只今承候、

一昨日参拝、恐悦候き、』兼又、新茶一裏給候了、』殊勝候之間、自愛之外』無他候、恐惶謹言、

二月卅日　貞顕（北条）

（紙背・釼阿書状）

「（上書）（切封墨引）
向山□□（刑部カ）（敦利）左衛門尉殿　釼阿状」

〔解説〕
旧暦の二月末であるが、新茶一裏が届いたことへの礼状。大仏貞直の夫人で、将軍家女房冷泉殿と名乗っていた女性が亡くなったという。釼阿の縁者なのであろう。釼阿書状の状裏に書かれた書状。【神】二一六九、【鎌】二七一三二。

620　金沢貞顕書状（自筆）

（一七七／五〇二　釼阿本「宝寿抄」第二）

御神事、無為無事候之』間、喜悦無極候、此程ニ

可』参申候、毎事期其時候、』恐惶謹言、

四月廿五日　(北条)貞顕

(釼阿)方丈進之候

〔解説〕

三島社神事が無事に終わったと告げる書状。【神】二一八五、【鎌】二七一四八。

621　金沢貞顕書状（自筆）

（二八六／六〇四　釼阿本「宝寿抄」第二）

「(端裏上書)称名寺方丈　貞顕」

山伏ニハ毎事令免』候之由、入道語申候、昨日御状を書置候之処、使者』候ハて不進候つる、令進候、兼又、』只今清太郎兵衛入道来て候つるか、』山伏者、京都まてハ同道仕候、』二三日之程ニハつかれ候ぬと覚』候之由令申候、此入道ハ一昨日下着』之旨申候、為御意得令申候、恐惶』謹言、

五月廿四日　(北条)貞顕

(釼阿)方丈

〔解説〕

金沢貞顕が旅先から書いた書状。京都までは山伏が同行するという。清太郎兵衛入道は到着したかと尋ねている。貞顕が派遣した使者であろう。園城寺が傘下に収めた熊野の山伏で、清太郎兵衛入道の縁者なのであろう。【神】二一八七、【鎌】二七一五〇。

622　金沢貞顕書状（自筆）・釼阿状裏書状

（一一三五／九三八　釼阿本「宝寿抄」第二）

「(上書)（切封墨引）　(北条)貞顕」

（状裏・釼阿書状）

一昨日心静』罷入見参候之条、』恐悦無極候、抑、蕎一裏五十本』令取進上間、可令』入見参給候、恐惶謹言、

五月廿六日　釼阿（花押）

(狩野為成)周防前司殿

〔解説〕

金沢貞顕書状の裏面に、釼阿が書状を書いている。狩野為成は、鎌倉幕府の中堅官僚として活動をしつ

つ、金沢貞顕の腹心もつとめる兼参の立場をとったのであろう。釼阿書状の袖に切封の痕跡あり。【神】二〇八五、【鎌】二六二〇〇。

623 金沢貞顕書状（自筆）

（二八八／六〇六　釼阿本「宝寿抄」第二）

「（端裏上書）（切封墨引）
称名□（寺）進之候　　貞顕」

円覚寺領（相摸国山内庄）へ下向僧名字、』只今書給候、進之候、今日可』下向之由申送候、御使も』近日可被下之候歟、毎事』参入之時、可申承候、恐惶謹言、

六月二日　　貞顕（北条）

方丈（釼阿）進之候

〔解説〕
称名寺造営のため、円覚寺領に派遣された僧の名前を伝えるという。円覚寺領で伐採された材木は、輸送中に大半が失なわれたという（649号資料）。袖に切封の痕跡あり。【神】二二八九、【鎌】二七一五二。

624 金沢貞顕書状（自筆）

（二八四／五〇九　釼阿本「宝寿抄」第二）

御違例事、夜程何様御』坐候哉、無心本存候、早速』無為之事候へかしと』念願仕候、尚々夜程の御』やう可承候、恐惶謹言、

六月廿九日　　貞顕（北条）

方丈（釼阿）進之候

〔解説〕
釼阿の病状を案ずる書状。【神】二二九〇、【鎌】二七一五三。

625 金沢貞顕書状（自筆）

（二六八／五八六　釼阿本「宝寿抄」第二）

貞匡（北条）流鏑□（馬）事、無為』無事候之間、喜悦之外』無他事候、御祈念之至』恐悦候、兼又、自分も』無相違候之際、また〱悦』入候、毎事可令参入言』上候、恐惶謹言、

八月十六日　　　貞顕（北条）

〔解説〕
金沢貞匡が鶴岡放生会の流鏑馬役を勤めた記事であろう。射手は、被官の中で弓馬の芸に秀でた者が勤めたと思われる。貞匡を「さだまさ」と読むので、貞将は「存覚上人一代記」の傍注に従い、「さだゆき」と読む。
【神】二二九五、【鎌】二七一五八。

626　金沢貞顕状裏書状（自筆）・釼阿書状

（二二二五／九三四　釼阿本「宝寿抄」第三）

先日進入候綾事、』染給候了、早速之条』殊悦入候、兼又、一日承』候事、令申候之処、』委細返事候、明日以』使者可令申入候、恐惶』謹言、

正月廿八日　　　貞顕（北条）

（紙背・釼阿書状）

（上書）「（切封墨引）
賀嶋（季実）五郎左衛門尉殿　　　釼阿状」

〔解説〕
称名寺に綾を染めるよう依頼したところ、すぐに仕上がったので礼を述べている。釼阿書状の裏に書かれた礼状である。【神】二四九七、【鎌】二九三二一。

627　金沢貞顕書状（自筆）

（二二五四／五七二　釼阿本「宝寿抄」第三）

おほつかなく存候、近日』令参、可奉行候、猶々四日ハ』入御候者悦入候、恐惶謹言、

二月一日　　　貞顕（北条）

方丈（釼阿）進之候

（上書）「（切封墨引）
方丈進之候　　　貞顕」

〔解説〕
金沢貞顕が、近々称名寺に行って造営を奉行したいと伝える。二月四日に釼阿が赤橋亭に来て欲しいと伝える。連署時代の書状。【神】二四九八、【鎌】二九三二三。

628　金沢貞顕書状（自筆）

（一五五／四八〇　釼阿本「宝寿抄」第三）

下野国塩谷庄』今日太守（北条高時）御拝領候了、』広博地

候之由其聞候、」越後国志土岐庄」能登入道（二階堂政雄）拝
領候了、
茶せん（筅）一給はり候ハヽ、」悦存候、恐惶謹言、
正月十五日　貞顕（北条）
方丈（釼阿）
「（上書）（切封墨引）
方丈　貞顕」

〔解説〕
金沢貞顕が称名寺に対して茶筅が欲しいと希望を伝えた書状。北条高時が相摸守に在任するので、文保元年以後の書状である。袖に切封の痕跡あり。【神】二一六二、【鎌】二七一二五。

629　金沢貞顕書状（自筆）

（三〇六／三〇五〇　釼阿本「宝寿抄」第三）

入候、恐惶謹言、
八月十八日　貞顕（北条）
方丈（釼阿）進之候
「（上書）（切封墨引）」

〔解説〕
金沢貞顕書状の断簡。【神】・【鎌】未収。

630　金沢貞顕書状（自筆）

（二一四／五三九　釼阿本「宝寿抄」第三）

雖無指事候、只今■（可令）」言上之由、乍相存候程遠」候之間、自然渉日候之条、」殊以恐存候、兼又、雖自由之」至、其恐候、聊入御候之間、」令申入候、事宜候御茶」両種下預候ハヽ、殊以畏入候、」相営事候之間、乍恐令」言上候、返々恐憚存候、

〔解説〕
年代推定の手がかりがない書状。「事宜候御茶」は、良質の茶を入手したいということであろうか。袖に切封の痕跡あり。【神】・【鎌】未収。

631　金沢貞顕書状（自筆）

（二一九／五四四　釼阿本「宝寿抄」第三）

今年者早々可入見参之」由、乍相存候、連々霖雨ニ」道もさそ候らんと存候て、」いまゝて不申候つ

る、背本意候、」天気も晴て候へハ、道も次第ニ』なをり候らんと覚候、明後』日四日入御候者恐悦候、下品の』少点心を可令用意候、早旦ニ』可有入御候、毎事入見参、可申』承候、恐惶謹言、

〔解説〕
連々の霖雨といっているので、気候のすぐれない年なのであろう。「秘密兵具加持口決」(610号資料)紙背の金沢貞顕書状では、元亨元年を霖雨といっている。元亨年間は霖雨が続いているので、仮に元亨元年に収める。【神】二一七二、【鎌】二七一三五。

632 金沢貞顕書状(自筆)

(三二一六/六一一三 釼阿本「宝寿抄」第三)

昨日御報、委細承候了、貞将(北条)祈禱』事、御沙汰之条喜悦候、自昨日夕』方得小減候、諸医等昨日来臨候し、」何も不可有子細之由、令申候之際、」悦存候、明日可有入御之旨、輔貞』語申候、減気のうゑハ、此雨ニ定』路次もあしく候らん、不可有入御』候、兼又、葉茶すらせられ候て』給て候、為悦候、又佐(佐渡国)渡苔一合』

〔解説〕
金沢貞将の病について、医道の人々が集まって療治をしているという。また、天気も思わしくなく、足場も悪いと伝えている。年代を絞り込めない書状である。【神】二〇五五、【鎌】二六一三九。

633 金沢貞顕書状(自筆)・釼阿状裏書状

(二一六〇/九五二 釼阿本「宝寿抄」第三)

(上書)「(切封墨引)
方丈(釼阿)御報　貞顕(北条)」

(状裏・釼阿書状)
一日申談候之』趣、堯観房(慶誉)申含』候之処、無子細令領状』申候之間、悦入候、」又、明後日十五日入御』候ハ、、如例早旦ニ』御出候者、可宜候、」野嶋之(武蔵国六浦庄)磯海苔

〔解説〕
金沢貞顕書状の立紙の状裏に釼阿が返信を書いている。連署在任中の書状。袖に切封の痕跡あり。【神】二五三

五、【鎌】二九四二七。

634 金沢貞顕書状（自筆）（二六〇／五七八　釼阿本「宝寿抄」第四）

新茶定出来候歟、』可有御随身候、
僧衆只今御座之間、』下品左道御時候、入御』候
て、御覧せられ候ハ、、』恐悦候、明後日一日早
旦』入御候者、悦入候、毎事』其時入見参可申承
候、』恐惶謹言、
二月廿九日　　貞顕（北条）

〔解説〕
年代を確定する文言は含まれていない。金沢貞顕連署時代の書状である。明後日を一日と記しているので、大の月とわかる。【神】二五〇五、【鎌】二九三三〇。

635 金沢貞顕書状（自筆）（一六六／四九一　釼阿本「宝寿抄」第四）

栃餅一葛令進之』候、比興進物候、恐惶』謹言、
三月二日　　貞顕（北条）
方丈（釼阿）進之候

〔解説〕
金沢貞顕が、称名寺長老釼阿に対し、面白い物を送りますと栃餅を送った送付状。【神】二一七〇、【鎌】二七一三三。

636 金沢貞顕書状（自筆）（①二一二〇／五四五　釼阿本「宝寿抄」第四　②二一七五／五九三　釼阿本「宝寿抄」第五）

① 只今見来候之間、』餅五籠進之候、
昨日客人無為無事候き、』悦存候、今日も可参候
に、』あまりニくたひれて候』うゐニ、昨日事とも
賀申』候程ニ不参候、背本意候、』近日可参候、又
長崎新左衛門尉（高資）』来月二日金沢（武蔵国六浦庄）へ出候へきよし』申
候、紅葉ハ二日さかりに』候へきやらん、若さかり
に候ハすは、』いつころかさかりに候へき、委細（本紙）

② この御返事ニ可承候、昨□』堂無為事、猶々悦存（裏紙）
候、毎事』期参入之時候、恐惶謹言、
十月廿八日　　貞顕（北条）

方丈（釼阿）
「（上書）（切封墨引）
称名寺方丈　　　貞顕」

〔解説〕
十一月二日に長崎高資が紅葉狩りに来たいと伝えている。金沢貞顕の連署時代の書状。【神】①二二〇一＋②二二〇五、【鎌】①二七一六四＋②二七一六八。

637　金沢貞顕書状（自筆）

（一五七／四八二　釼阿本「宝寿抄」第四＋第十）

明日評定以後、可参之由』思給候、唐物等被開候へか』し、[redacted]（拝見）仕候ハむと存候、』明日、若御指合候者、明』後日夕方まてハ候はん』すれハ、明後日にてもひら』かれ候者本意候、盗人も』をそれ覚候、
忩御さた候へか』しと存候、又極楽寺（相摸国鎌倉）物者（本紙）
（裏紙）
何様御沙汰候哉、可被市立』之由聞候しハ一定候
乎、』可承候、猶々明日明後日之間、』被開候者悦入
候、引返し』可承候、恐惶謹言

正月廿四日　　貞顕（北条）
方丈（釼阿）
「（上書）（切封墨引）
称名寺方丈　　貞顕」

〔解説〕
極楽寺造営料唐船が帰朝したので、鎌倉に市が立てられている。称名寺の分は、金沢貞顕が見聞に行くまで開けないで欲しいと伝える。金沢家・称名寺はこの唐船派遣に出資をしたので、取り分を寺内に運び込んでいる。貞顕は、到着した唐物を見るのを楽しみにしているので、自分が行くまで封を開かないようにと伝えている。この時に称名寺が派遣した僧は、俊如房戒誉である。戒誉は徳治の唐船派遣でも渡元しているので、日元貿易に通じた目利きなのであろう。本紙袖に切封の痕跡あり。【神】二四八二、【鎌】二九三二一。

638　金沢貞顕書状（自筆）

（一四九／四七四　釼阿本「宝寿抄」第五）

一桶同令推進之候、
年首御吉慶申籠候了、』猶以幸甚〳〵、
抑、自御所（守邦親王）下給候餅』二合令進之候、今日』評定幷

御寄合始候之』間、只今令出仕候程ニ』省略候、恐
惶謹言、
正月七日　貞顕（北条）
方丈（釼阿）

〔解説〕
称名寺方丈釼阿への新年の挨拶。将軍守邦親王から戴いた餅二合を送ると伝える。【神】二四八〇、【鎌】二九三一六。

639　金沢貞顕書状（自筆）

（一七〇／四九五　釼阿本「宝寿抄」第五）

今朝進使者令候き、定』参入候歟、兼又、明日御影（空海）
供』之由承候之間、左道之捧物』進之候、御影も令
進候、以次』御供養候て、返給候者、恐悦候、』新
茶明日被出候覧と』覚候、近日推参候て可給候
也、』恐惶謹言、
三月廿日　貞顕（北条）
方丈□

〔解説〕
弘法大師御影供は三月二十一日なので、その前日の書状である。新茶を供物として献ずるので、撤饌であろう。【神】二二七四、【鎌】二七一三七。

640　金沢貞顕書状（自筆）

（一七八／五〇三　釼阿本「宝寿抄」第五）

自昨日夕方、貞将（北条）所労之事』候、以外難治候、御祈
念候者、』悦入候、其間子細、以使者令申』候、兼
又、甘葛事、先日承候』し、不所持候之間、披露候
之』処、少分尋出候之程ニ、令進』之候、恐惶謹
言、
五月四日　貞顕（北条）
方丈進之候（釼阿）

〔解説〕
金沢貞将の所労が思わしくないので、ますますの祈禱を依頼している。甘葛料や香の材料として使う甘葛煎が無くなったのでわけて欲しいと伝える。【神】二〇五一、【鎌】二六一三五。

641　金沢貞顕書状（自筆）　（一七九／五〇四　釼阿本「宝寿抄」第五）

貞将《（北条）》所労事、次第得減気』候之間、悦思給候、兼
又、雖』左道物候、一合令進之候、』恐惶謹言、
　五月七日　　　　貞顕《（北条）》
方丈《（釼阿）》進之候

〔解説〕
金沢貞将の所労が快方に向かっているので、御礼を一合（蓋付容器一箱）送るという。袖に切封の痕跡あり。
【神】二〇五二、【鎌】二六一三六。

642　金沢貞顕書状（自筆）　（二〇五／五三〇　釼阿本「宝寿抄」第五）

貞将《（北条）》自去十二日相労候か、』今日十五日子刻以外わつらハしく』候之間、周章無極候、祈禱』事、殊御沙汰候者、』悦入候、忩中候之間、止候了、』恐惶謹言、
　十二月十五日子刻　　　貞顕《（北条）》
方丈《（釼阿）》進之候

〔解説〕
金沢貞顕連署在任中の書状。貞将の病状が思わしくないので、深夜にもかかわらず、称名寺に使者を派遣して祈禱を依頼している。袖に切封の痕跡あり。【神】二〇五三、【鎌】二六一三七。

643　金沢貞顕書状（自筆）　（①二一八／五四三　釼阿本「宝寿抄」第五　②二六九／五八七　釼阿本「宝寿抄」第十）

①
医師者昨日も』見候て、一向中風之由令申候、昨日令申候息女所労事、』心苦躰候、両三日も加持仕候ハやと』存候、観達《（賢恵）》御房入御候ハ、、悦入候、』雨中之路次、定難治御事ニ候ぬと』存候へとも半《片》時も忩思給候之間、』令馳申候、其外も一両人《僧》御渡候て、』陀羅尼をもみてさせ■■《給ハ》、』悦存候、人数ハ可有御計候、又』祈禱事御意ニ入られ候之由、』昨日の御返事ニ承候、殊悦思

（本紙）
（裏紙）

②
□』本望候、雨中返々不心ニ候へ』とも、明日者重日候、今日中ニ』観公《（賢恵）》入御候ハ、、悦存

候、恐惶』謹言、

八月廿八日　貞顕《（北条）》

方丈《（釼阿）》進之候

「《（上書）》（切封墨引）」

〔解説〕

金沢貞顕の息女の病状について記している。医師が中風という見立をしたので、貞顕は称名寺に加持を依頼している。貞顕が賢恵の来臨を望むのは、験者として知られていたためであろう。【神】①二〇四八＋②二一九六、【鎌】①二六一三二＋②二七一五九。

644　金沢貞顕書状（自筆）

（一六一／四八六　釼阿本「宝寿抄」第六）

涅槃会捧物、雖下品』物等候、相副目六令進之』候、令参候て、可仕聴聞之由』存候ニ、つや〳〵ひま候ハぬ』程ニ不参候、歎入候、近』日可参候、恐惶謹言、

二月十四日　貞顕《（北条）》

方丈《（釼阿）》

〔解説〕

釈迦入滅の日（二月十五日）に執り行う涅槃会への捧げ物を送ったと伝える書状。聴聞に行けないと詫びを伝えている。金沢貞顕連署在任中の書状。袖に切封の痕跡あり。【神】二二六七、【鎌】二七一三〇。

645　金沢貞顕書状（自筆）

（一六七／四九二　釼阿本「宝寿抄」第六）

顕助労事、取延たるやうニハ』候へとも、未心苦之由承候、』又小童労事、無少減候之』間、歎入候、旁御祈念能々』候者、恐悦候、近日令参入、』毎事可申入候、恐惶謹言、

三月八日　貞顕《（北条）》

方丈《（釼阿）》

〔解説〕

金沢貞顕の長男顕助と小童が病に伏せり、病状が回復しないという。袖に切封の痕跡あり。【神】二〇四六、【鎌】二六一三〇。

646　金沢貞顕書状（自筆）（三一一／三〇五九　釼阿本「宝寿抄」第六）

候之間、毎事候つ、恐惶』謹言、

卯月廿六日　貞顕（北条）

方丈（釼阿）進之候

「（上書）（切封墨引）

称名寺方丈　貞顕」

〔解説〕
金沢貞顕書状の断簡。【神】・【鎌】未収。

647　金沢貞顕書状（自筆）（二六五／五八三　釼阿本「宝寿抄」第六）

又、少（小）袖二領、白帷三令推進候、』恐惶謹言、

五月十一日　貞顕（北条）

方丈（釼阿）進□□（之候）

「（上書）（切封墨引）

称名寺方丈　貞顕」

〔解説〕
金沢貞顕書状の断簡。送付状であろう。【神】二一八六、【鎌】二七一四九。

648　金沢貞顕書状（自筆）（三一〇／三〇五八　釼阿本「宝寿抄」第六）

思給候、毎事期参入之時候、』恐惶謹言、

六月七日　貞顕（北条）

方丈（釼阿）御報

「（上書）（切封墨引）

方丈進之候　貞顕」

〔解説〕
金沢貞顕書状の断簡。【神】・【鎌】未収。

649　金沢貞顕書状（自筆）（一八一／五〇六　釼阿本「宝寿抄」第六）

昨日御札、今朝拝見候了、』円覚寺（相摸国山内庄）領材木事、多』
紛失事、歎入候、且以此注』文、可申円覚寺候
也、』只今出仕之間、令省略候、』恐惶謹言、

六月廿日　貞顕《（北条）》

御報

〔解説〕
称名寺造営が行われていた時期の書状。円覚寺領から伐採した材木の多くが紛失したと伝える。666号資料との関連から、海難の可能性が高い。袖に切封の痕跡あり。
【神】二〇七六、【鎌】二六一九三。

650　金沢貞顕書状（自筆）　（一八七／五一二　釼阿本「宝寿抄」第六）

御違例□《（事カ）》、其後何様』御座候哉、無心本相存候、』委細可承候、兼又、雖下品』左道候、五明三十本』令推進之候、恐惶』謹言、

七月二日　貞顕《（北条）》

方丈《（釼阿）》□□

〔解説〕
釼阿の病状を案ずるとともに、下品と謙遜して五明（扇）三十本を送るという。【神】二一九一、【鎌】二七一五四。

651　金沢貞顕書状（自筆）　（一九〇／五一五　釼阿本「宝寿抄」第六）

自今日御神事』中候、不可承御報候、』加様申候之処、』谷殿《（北条貞顕養母、尼永忍）》便宜候之間、事付申候也、

貞将《（北条）》御恩事、只今為』長崎新兵衛尉御使』拝領候了、面目与恐悦』相兼候者也、心中可有』御察候、先忩々令馳』申候、恐惶謹言、

八月一日　貞顕《（北条）》

方丈《（釼阿）》進之候

〔解説〕
金沢貞将の御恩事とは、所領のことであろう。谷殿が称名寺に使者を送るので、書状を託したと記す。【神】二一七九、【鎌】二七一四二。

652　金沢貞顕書状（自筆）　（二〇二／五二七　釼阿本「宝寿抄」第六）

御報之趣、具承候了、』抑、両流灌頂取御沙』汰、殊以目出候、委細事、』御神事以後、可参申』候、

恐惶謹言、

十一月十四日　貞顕《（北条）》

方丈《（釼阿）》

〔解説〕
称名寺の長老釼阿が、真言密教の両流（二つの流派）の灌頂を受けたことを喜んでいる書状。【神】二二〇七、【鎌】二七一七〇。

653　金沢貞顕書状（自筆）

（三〇四／三〇四八　釼阿本「宝寿抄」第六）

『毎事期参入之時』候、恐惶謹言、

極月十日　貞顕《（北条）》

方丈《（釼阿）》

「《（上書）》（切封墨引）

称名□《（寺）》方丈　貞顕」

〔解説〕
金沢貞顕書状の断簡。【神】・【鎌】未収。

654　金沢貞顕書状（自筆）

（二一二二／五三七　釼阿本「宝寿抄」第六）

両日入見参候之条、』恐悦候、昨日者沈酔』仕候て、何様尾籠か候つらんと』歎入候、兼又、貞将《（北条）》妻女』入見参候、悦思給候、又自』顕助法印許新茶一』裹、只今到来候之間、令』□□、恐惶謹言、

〔解説〕
金沢貞顕と顕助が鎌倉に揃っている時の書状とわかるが、年代推定の手がかりなし。新茶の季節であることから、三月以後の書状であろう。【神】二一八一、【鎌】二七一四四。

655　金沢貞顕状裏書状（自筆）・釼阿書状

（一一六六／九四七　釼阿本「宝寿抄」第六）

先日進入葉茶、磨』給候了、殊悦存候、』只今、評定より帰宅』候之間、くたひれ候て』省略候了、恐惶謹言、

乃時　貞顕《（北条）》

方丈（釼阿）御報

（紙背・釼阿書状）

「（上書）（切封墨引）

向山（敦利）刑部左衛門尉殿　　釼阿状」

〔解説〕
称名寺長老釼阿が磨りあがった粉茶に付けた副状に対する返信である。釼阿書状の裏紙の状裏を利用した状裏書状。乃時は、その場で返信を書いたことを意味する。金沢貞顕連署在任中の書状である。【神】二五三二、【鎌】二九四二五。

656　金沢貞顕書状（自筆）

（三〇五／三〇四九　釼阿本「宝寿抄」第七）

「九月□日　　貞顕（北条）

方丈（釼阿）進之候

「（上書）（切封墨引）」

〔解説〕
金沢貞顕書状の断簡。【神】・【鎌】未収。

657　金沢貞顕書状（自筆）

（一九七／五二二　釼阿本「宝寿抄」第七）

去夜火事、近々之間、驚入候』之処、無為無事候、為悦候、中江』入道家焼失候了、不便候、主』者在国候歟、岩屋堂（相摸国鎌倉）者相残』候之由承候、兼又、西御門殿何事か』聞候らん、可承存候、恐惶謹言、

十月十六日　　貞顕（北条）

方丈（釼阿）進之候

〔解説〕
鎌倉の火事について記している。岩屋堂（窟堂）は残ったが、金沢家と取引のある商人中江入道の館は焼失したという。西御門殿は、金沢家ゆかりの女性。顕弁は、元応二年に園城寺別当を辞して後、西御門に坊を構えている。年代未詳のため確定出来ないが、元応二年以後なら西御門殿を顕弁に充てることもできる。【神】二二一〇三、【鎌】二七一六六。

658 金沢貞顕書状（自筆）

（三二七／六二四　釼阿本「宝寿抄」第七）

御痢病御再■〔発〕之由』承候、驚歎入候、何様御坐』候
哉、能々可有御療治候、』又貞将（北条）所労、大事物にて
ハ』候へとも、早速ニ見付候之間、』不可有異事之
旨、医師』申候之間、安堵して候、猶々』御腹事、
驚存候、御出行

〔解説〕
釼阿は、体調が思わしくないという。また、金沢貞将も重い病にかかってはいるが、医師は心配ないと伝えている。金沢貞顕連署在任中の書状である。【神】二〇五四、【鎌】二六一三八。

659 金沢貞顕書状（自筆）

（二四九／五六七　釼阿本「宝寿抄」第八）

兼又、□〔裏カ〕一□〔折〕敷令』推進之候、千万御吉事』近日可
参賀候了、恐惶』謹言、
正月二日　貞顕（北条）
方丈（釼阿）進之候
「（切封墨引）」（上書）

〔解説〕
金沢貞顕が連署を務めた時期の正月の書状である。【神】二四九二、【鎌】二九三一四。

660 金沢貞顕書状（自筆）

（三一三／三〇六一　釼阿本「宝寿抄」第八）

申入□〔候カ〕、恐惶謹言、
三月九日　貞顕（北条）
方丈（釼阿）進之候
（上書）「（切封墨引）
方丈□　□」

〔解説〕
三月九日という日付のみわかる断簡。金沢貞顕連署時代の書状。【神】・【鎌】未収。

661 金沢貞顕書状（自筆）

（三五二一／六四九　釼阿本「宝寿抄」第八）

此間、連々参拝、恐悦候き、地曳事』何様候哉、可
承候、
抑、貞将《北条》妻女、自一昨日廿日違例事候、』医師者不
可有子細之由、雖申之候、』食事減少候之間、無力
無申計』由承候、心苦存候、故御祈念候者』悦入
候、僧衆ニも能々可被仰付』之候、兼又、愚身出仕
事、昨日』刑部権大輔《摂津親鑒》為御使、忩可出仕之』旨被仰
下候之間、自明日可令

〔解説〕
金沢貞顕は病が癒えて明日から出仕するというが、貞将妻女はまだ病に伏せっているという。貞顕連署在任中の書状。【神】二一八二、【鎌】二七一四五。

662 金沢貞顕書状（自筆）

（二七九／五九七　釼阿本「宝寿抄」第九）

昨日御点心之上、種々物』給預候、喜悦無極候、』
唐物等一見仕候、悦入』候、但、重宝無之候、歎』
存候、猶々昨日之式、悦』思給候、恐惶謹言、
正月廿七日　貞顕《北条》
方丈《釼阿》

〔解説〕
帰国した唐船から称名寺に納入された唐物をみた金沢貞顕は、申し分なしと満足している。貞顕連署時代の書状。637号資料と関連する。【神】二一六四、【鎌】二七一二七。

663 金沢貞顕書状（自筆）

（一六二二／四八七　釼阿本「宝寿抄」第九）

涅槃会捧物進之候、』左道之至、比興候歟、兼又、』
此両三日、風気候、以外候』之間、今日評定不及出
仕』候、減気以後可参申候、恐惶』謹言、
二月十六日　貞顕《北条》
方丈《釼阿》進之候

〔解説〕
涅槃会の捧物は送ったが、風邪のため金沢貞顕は出席で

きなかったという。鎌倉幕府の評定も欠席しているのであるから、寝込んでいたのであろう。644号資料とは違う年の書状と考えられる。袖に切封の痕跡あり。【神】二一六八、【鎌】二七一三二。

664　金沢貞顕書状（自筆）

（一七六／五〇一　釼阿本「宝寿抄」第九）

其後何条御事候哉、此労』次第得少減候之間、廿日之比』より可出仕之由思給候、其後』可参申候、兼又、知事者道明』御房■《重》任候乎、可承候、又雖』下品候林檎五籠令進之候、』恐惶謹言、

四月十六日　貞顕《北条》

方丈《釼阿》進之候

〔解説〕
称名寺長老釼阿の病が快方に向かっていること、称名寺の知事（経営に関する役職）を道明房が重任したことを伝える。袖に切封の痕跡あり。【神】二五一四、【鎌】二九四〇一。

665　金沢貞顕書状（自筆）

（二〇四／五二九　釼阿本「宝寿抄」第九）

西御門殿自去夜御』違例之由、只今承候、』驚歎存候、今日出仕之』間、未参候、為御意得』内々令申候、兼又、柑子』三籠令推進候、恐惶』謹言、

極月九日　貞顕《北条》

方丈《釼阿》

〔解説〕
西御門殿の病状が思わしくなかったことを、釼阿に伝えている。袖に切封の痕跡あり。【神】二二〇八、【鎌】二七一七一。

666　金沢貞顕書状（自筆）

（三三三／六二〇　釼阿本「宝寿抄」第九）

毎度引返し可承候、

先日承候流失材木事、』令申尾藤左衛門入道《時綱》候之』処、難治之由令申候、大方殿《北条貞時後家、大室泰宗女》』御領之間、彼公文所へ可申』旨被申候、無■《左》右公文所へ』申候ハむ事も

いかゝと存候、』故実之仁内々申合可相』計候、其
間も無心本おほし』めされやし候らんと存候程ニ

〔解説〕
称名寺造営に用いる材木が、海難事故で大方殿の領地に漂着したという。場所は明らかではないが、着岸した材木の引き渡しに関する書状には常陸国当間津（茨城県鉾田市）の名前があり（金文二八二九）、金沢家と大方殿は北郡を相博していることからも、香取海で遭難した船に関する書状の可能性がある。円覚寺領材木の一件と関連する。【神】二〇七三、【鎌】二六一八九。

667　金沢貞顕書状（自筆）・釼阿書状

（一一五六／九四六　釼阿本「宝寿抄」第九）

葉茶磨給候了、上品』候覧、悦存候、又一裏』令進
之候、同人給て候へとも、』別箱ニ入て候之間、
若』不上品候□〔哉〕らん、不審候、』是にて少器物ニをしいれ
て』候つる程ニ、葉もくたけて

（紙背・釼阿書状）
（上書）「（切封墨引）
倉栖掃部助殿（兼雄）　　釼阿状」

〔解説〕
称名寺長老釼阿が、金沢貞顕の右筆倉栖兼雄に充て、兼雄から貞顕に伝えてもらう形式の書状を送り、その裏側に書かれた貞顕の返信である。届いた葉茶が砕けていたと伝える。倉栖兼雄は文保二年五月三日に卒去しているので、それ以前の書状となる。【神】・【鎌】未収。

668　金沢貞将書状

（五一三／一六三八　釼阿本「宝寿抄」第九）

対馬藤次殿便宜候、』御返事、慥承候了、』就今御札
三日勘見』候之処、愚身之得日候』間、来六日令延
引候了、』六日已前御計候て、』可有渡御候、兼又、

〔解説〕
金沢貞将右筆の書状とすべきか。書状は拝見したが、衰日のため、六日の予定を延引して欲しいと伝える。鎌倉幕府の奉行人対馬氏には、醍醐源氏と藤原氏がいる。袖に切封の痕跡あり。【神】二九八九、【鎌】三一六四六

669　金沢貞顕書状（自筆）

（一七一／四九六　釼阿本「宝寿抄」第十）

小童身固事、此人』申入旨候者、可被懸』御意候、

恐々謹言、

三月廿九日　貞顕（北条）

方丈（釼阿）

〔解説〕
身固とは、身体堅固のために行う陰陽道系の加持のこと。金沢貞顕は子供の身固を称名寺に依頼している。643号資料から、身固を行っているのは貞顕の信頼を得ている観達房賢恵か。【神】二〇五〇、【鎌】二六一三四。

670　金沢貞将書状

（五〇八／七七九　釼阿本「宝寿鈔」第十＋〈上〉「三昧耶戒図」裏書〈下〉「天照大神宝鏡」）

御労御減之由承候、』悦存候、雖然、其後』御心地
之様、無心本』存候之間、令申候、御』労中可参承
候之処、』折節所労之際、無其』儀候、背本意候、
（本紙）

（裏紙）
又
恐存候、恐惶謹言、

卯月五日　貞将（北条）（花押）

称名寺方丈（釼阿）

（上書）「（切封墨引）　□□　□』

〔解説〕
金沢貞将が、釼阿の所労を見舞っている。貞将もまた、所労のため訪問できないことを詫びている。本紙袖に切封の痕跡あり。【神】二九八五、【鎌】三一六四二。

671　金沢貞顕書状（自筆）

（三〇九／三〇五七　釼阿本「宝寿鈔」第十）

「かまへて□』旨、此仁定申入候歟、恐惶』
謹言、

七月十八日　貞顕（北条）

方丈（釼阿）進之候

（上書）「（切封墨引）」

〔解説〕
金沢貞顕書状の断簡。委細は、書状を持参した人が伝えるという。【神】・【鎌】未収。

672　金沢貞顕書状（自筆）

（一九四／五一九　釼阿本「宝寿抄」第十）

近江国柏木御厨之』松茸、只今到来候』之間、雖左
道之躰候、』令推進之候、恐惶謹言、

九月廿一日　貞顕《北条》

方丈《釼阿》

〔解説〕
柏木御厨は、金沢家領である。松茸は同御厨の名主伴氏から献上されている（685号資料）。上品の物とはいえないが、お裾分けで送ると伝える。袖に切封の痕跡あり。【神】二二〇〇、【鎌】二七一六三。

673　金沢貞顕書状（自筆）

（二九二／六一〇　釼阿本「宝寿抄」第十）

此状御一見之後者、』即火中ニ入られ候へく候、
田中殿御返事之趣、』具承候了、無相違候之条、
殊』悦入候、御物忩之中、早速』御申、故悦存候、
毎事期』面拝候、恐惶謹言、

十二月十二日　貞顕《北条》

方丈《釼阿》御報

〔解説〕
具体的なことは記していないが、一見の後は火中に投ずることを求めている。田中殿は正中二年二月十三日に卒去したので、正中元年以前のものである。【神】二四二九、【鎌】二九〇五五。

674　金沢貞顕書状（自筆）

（二〇六／五三一　釼阿本「宝寿抄」第十）

四日者可出仕候、是又始たる事』候、毎事無為無事
御祈誠候者、』悦入候へく候、又田中殿・浜殿へ』
の状進之候、可令伝進給候、又先日』申候し、下品
茶令進之候、毎事』期面拝候、恐惶謹言、

極月十九日　貞顕《北条》

方丈《釼阿》

「《上書》　（切封墨引）

称名寺方丈　貞顕」

〔解説〕
金沢貞顕連署時代の書状である。田中殿・浜殿への書状も合わせて送るので、渡してほしいと託している。金沢館に居るのであろう。田中殿は正中二年二月十三日に卒去したので、正中元年以前には限定できる。【神】二四三〇、【鎌】二九〇五六。

675　金沢貞顕書状（自筆）

（二八二／六〇〇　釼阿本「宝寿抄」第十）

貞将《北条》ハ只今ハしつ』まりて候し、御出候へき』
よし承候、悦思給候、
小童も心くるしき』よし承候、観達御房《賢恵》ハ』身固も
しかけさせ給て』候よし承候、うゐニ』御乳母もな
けき申候時』ニ小童の減をゐ候まてハ』観公をハそ
れニをきまいらせ』られ候て、御加持候者、悦入
候、』恐惶謹言、
□《三カ》月十六日　貞顕《北条》
方丈《釼阿》進之候

〔解説〕
金沢貞将は快方に向かい始めたが、小童の病が重いという。観達房賢恵が身固を行っているが、病状は思わしくないという。669号資料と関連。袖に切封の痕跡あり。【神】二〇四九、【鎌】二六一三三。

676　金沢貞顕書状（自筆）・釼阿書状

（二一七／五四二　釼阿本「宝寿抄」第十）

去夜御報、慥拝見』候了、祈事、御始』行返々悦入
候、其』後医師等来臨候て、』加療治候之間、し
つ』まりて候、さりとも』ことなる事ハ候ハしと』
同口ニ申候、入御者

（紙背・釼阿書状）
（上書）「（切封墨引）
御報　　釼阿状」

〔解説〕
前号資料の関連文書であろうか。称名寺が病気平癒の祈禱を始めたこと、医師が療治を始め、大事にいたることはないと伝えている。【神】・【鎌】未収。

677　金沢貞顕書状（自筆）

（一五八／四八三　釼阿本「宝寿抄」第十一）

「（端裏上書）　（切封墨引）
　称名□□　　　　貞顕」

当寺（称名寺）柱三本事、三浦安芸（杉本時明）』前司ニ昨日申候了、忩々可加』下知之由令申候、使者《ニ》問答』之趣、無相違候旨、使者』語申候之間、悦入候、申落』候之間、重申候、恐惶謹言、

　正月卅日　　　　貞顕（北条）

方丈（釼阿）

〔解説〕称名寺造営に使う柱材を三浦一族の杉本時明に依頼したところ、手配すると約束をもらった。称名寺造営期間中の書状である。【神】二〇七七、【鎌】二六一九四。

678　金沢貞顕書状（自筆）

（①二三六／五六一　釼阿本「宝寿抄」第十一
②二七二／五九〇　釼阿本「宝寿抄」第四）

①道明御房よりハ、御をとつれ』候哉らん、あわれ無相違被』取候へかしと念願候、近日』参入候て、地形事も可申談』候、又九日神事延引候て、』昨日無為ニ遂行候了、為悦』候、長禅門（円喜、長崎高綱）禁忌にて候つる、』今日より可出仕之由承候、』又はちや一つゝミ進之候、よく〳〵

（本紙）
（裏紙）

②すらせられ候、□□』もしよく候ハゝ、半分者』可令止給候、只今出仕之間、』毎事止候了、恐惶謹言、

　九月廿日　　　　貞顕（北条）

方丈（釼阿）

「（上書）　（切封墨引）
　称□□　　　　□」

〔解説〕九月九日の鶴岡臨時祭が延引になったこと、長崎高綱が服仮を給わっていることが、年代比定の手がかりになりそうである。【神】①二四二一＋②二五二三、【鎌】①二八九九九＋②二九四一一。

679　金沢貞顕書状（自筆）

（一九六／五二一　釼阿本「宝寿抄」第十一）

此事被入御意、毎事』御沙汰候つる、恐悦無極
候、』兼又、墓《事》早速御さた候者、』本望候、又葉茶一
裹』進之候、被磨給候者、』悦存候、恐惶謹言、

十月十一日　　（北条）貞顕

（釼阿）方丈進之候

〔解説〕
金沢貞顕が、釼阿に墓所のことを依頼している。袖に切封の痕跡あり。【神】二二〇二、【鎌】二七一六五。

680　金沢貞顕状裏書状（自筆）・釼阿書状

（一一六四／九四八　釼阿本「宝寿抄」第十一）

一昨日光臨、喜悦候き、』兼又、一裹給候了、』殊悦
入候、恐惶謹言、

乃時　　（北条）貞顕

（釼阿）方丈御報

（紙背・釼阿書状）

（上書）「　（切封墨引）
（狩野為成）周防前司殿　　釼阿状」

〔解説〕
金沢貞顕が連署在任中の書状。釼阿が茶一裹を送ってきたことへの礼状である。【神】・【鎌】未収。

681　金沢貞顕書状（自筆）

（二二五〇／五六八　釼阿本「宝寿抄」第十二）

餞送之志候、八日点心を』可用意候、入御候者、悦
入候、』（戒誉）俊如御房ニ□（もカ）可被伝仰候也、』（賢恵）観達御房・行
証御房も同光』臨候之様、可被仰之候、只今』出仕
之間、令省略候、恐惶謹言、

正月四日　　（北条）貞顕

（釼阿）方丈

（上書）「（切封墨引）」

〔解説〕
金沢貞顕が、正月八日に称名寺に入御して点心（中食）

をしたいと伝えている。貞顕連署時代の書状である。【神】二四九三、【鎌】二九三一五。

682 金沢貞顕書状（自筆）　（一五九／四八四　釼阿本「宝寿抄」第十二）

両種給候了、即時青女（北条貞将室）ニ』伝之候、御返事令取進』
候、殊悦申候也、只今』物忩事□候之間、省略
候、』恐惶謹言、
二月一日　貞顕（北条）
方丈（釼阿）御報

〔解説〕
称名寺から届いた品物に対する礼状。すぐに、金沢貞将夫人に渡したところ喜ばれたと伝える。袖に切封の痕跡あり。【神】二二六六、【鎌】二七一二九。

683 金沢貞顕書状（自筆）　（一八八／五一三　釼阿本「宝寿抄」第十二）

先日給候南禅寺長老（山城国京都）』御返事進之候、可令』伝進給
候、中落候之間、』重令申候、恐惶謹言、
七月六日　貞顕（北条）
重進之候
（上書）「（切封墨引）」

〔解説〕
金沢貞顕が称名寺の長老釼阿に充てた書状で、称名寺と南禅寺長老が金沢家を媒介として書状のやりとりをしていることがわかる。前回の書状で伝え忘れたので、「重」ねての文言が添えられている。【神】二一九二、【鎌】二七一五五。

684 金沢貞顕書状（自筆）　（三〇八／三〇五六　釼阿本「宝寿抄」第十二）

七月廿八日　貞顕（北条）
方丈（釼阿）進之候

〔解説〕
金沢貞顕書状の断簡。【神】・【鎌】未収。

685 金沢貞顕書状（自筆）

（①二三五／五六〇 釼阿本「宝寿抄」第十二
②二七三／五九一 釼阿本「宝寿抄」第三）

①
わらひのこ一桶』進之候、（伊予国）久米郡土産候、□□
□』器物比興候歟、
昨日御報、拝見候了、材木』反二百丁着岸之由承』
候、喜悦候、残分定到』来候歟、返々目出候、兼
又、』柏木（近江国柏木御厨）雑掌者、依他事訴訟』当参候、寺用事可申
候、』但、未進注文を可給候、昨日』松茸者、（柏木）柏木
名主伴四郎

（本紙）
（裏紙）

②
と申候仁、代々召仕候か、』■（給）之候之間進候き、（ママ）
又』薬湯者、至廿七日、其以後』三四ケ日、風慎候
て、可出仕候、』猶々材木事、悦存候、恐惶』謹言、
九月廿二日　（北条）貞顕
（釼阿）方丈
（上書）「　（切封墨引）
称名寺方丈　貞顕」

〔解説〕
称名寺造営に関する書状である。材木反二百丁が六浦庄金沢郷の船着場に着岸したという報告を受けている。また、訴訟のため鎌倉に来た近江国柏木御厨の名主伴姓柏木氏が松茸を献上した。本紙袖に切封の痕跡あり。
【神】①二〇七五＋②二〇七一、【鎌】①二六一九一＋②二六一八八。

686 金沢貞顕書状（自筆）

（一九五／五二〇 釼阿本「宝寿抄」第十二）

□達も少々』可被召具候也、』重可申入之
由、雖申候』くけ□□よし』申給候、忩々大仏
へ可有入御候、
（忍昭、北条宣時）大仏の入道、自昨日所労の』候か、今朝以外ニ大事
ニ候』之由、只今つけたひて候程に』まかり向候、
事のていニした』かい候て可申入候、まつ有御』用
意、重申候ハヽ、即時ニ入』御候者、悦存候、恐惶
謹言、
十月六日　（北条）貞顕
（釼阿）方丈進之候

〔解説〕
大仏宣時の病気のことが記されている。宣時は元亨三年六月三十日に卒去しているので、この書状の時は持ち直したのであろう。貞顕が六波羅探題を辞して鎌倉に戻った正和四年以後、宣時卒去の前年である元亨二年以前となる。袖に切封の痕跡あり。【神】二三五五、【鎌】二八四四一。

687　金沢貞顕書状（自筆）

（二〇〇／五二五　釼阿本「宝寿抄」第十二）

追可申入候、又祈禱事、』被入御意候之条、恐悦之』外無他候、尚々此五種』悦入候、恐惶謹言、

十月廿九日　貞顕（北条）

「（上書）（切封墨引）
［　　　］（称名寺方丈カ）（釼阿）□□（御報）　貞顕」

〔解説〕
前欠部分の案件については、後日伝えるという。釼阿に対して、祈禱の御礼として五種を送ったと伝える書状。【神】二二〇六、【鎌】二七一六九。

「宝寿抄」（三四九函）紙背文書

紙背文書を古文書として整理する際に、聖教函に残した分。

688　金沢貞顕書状

（二四〇六／三四九函「宝寿抄」〈上〉写三七六―七〈下〉写三七六―八）

「（上書）（切封墨引）
方丈進之候（釼阿）　貞顕（北条）」

〔解説〕
金沢貞顕が称名寺の長老釼阿に充てた書状の裏紙の部分。【神】・【鎌】未収。

「使咒法経」紙背文書

金沢貞顕の連署時代の書状。北条時村十三回忌や称名寺の土地相博がみえるので、仮に元亨元年年末雑載に収める。本書は、重要文化財金沢文庫文書に入れられたものと、重要文化財称名寺聖教に仏典として残ったものに分かれている。

689　金沢貞顕書状（自筆）（一六三／四八八「使咒法経」）

「（端裏上書）（切封墨引）」

猶々夕方［　］候て、被聞［　］恐悦候、
御報之趣、謹承候［　］平家かたり候物［　］
可来之由令申候、相［　］夕方入御候者、悦［
］恐惶謹言、

二月廿三日

（釼阿）方丈進之候

〔解説〕
金沢家の人々が、平曲を聞くので釼阿を招待している。【神】二五〇〇、【鎌】二九三二五。

690　金沢貞顕書状（自筆）（四三五二／二五八函「使咒法経」写八七―一）

六月六日　（貞顕）□□（北条）

（釼阿）方丈進之候

「（上書）（切封墨引）
方丈進之候　（貞顕）□□（北条）」

〔解説〕
金沢貞顕書状の断簡。【神】・【鎌】未収。

691　金沢貞顕書状（自筆）（四三四九／二五八函「使咒法経」写八七―五）

「（端裏上書）（切封墨引）」

如此申候之処、［　］御局御渡候［
］申候也、美濃［　］（賢俊）思禅御房へ」可書
進候也、
御報之趣、委［　］候了、茶毗以下［　］
事、只一向僧［　］沙汰にて候へく候、［
］子細以中野兵庫（兼幸）［　］幸申入候了、［
］候歟、恐惶謹言、

六月十二日　（貞顕）□□（北条）

又進之候

〔解説〕
金沢貞顕が称名寺の長老釼阿に充てた書状で、親族の茶

毗の話が出てくる。【神】二四六一、【鎌】二九二六九。

692　金沢貞顕書状（自筆）

（四三四七／二五八函「使咒法経」写八七―二）

小笠原彦次郎入道《道円》［　　］』承候了、委細一両日［
　　］』可参承候、兼又、来廿［　　］』仏事□御導
師［　　］』承候了、悦入候、愚身［　　］』小仏
事、可致其沙汰［　　］』旨参入之時可令申［
　　］

〔解説〕
元亨元年、称名寺は常陸国茨城北郡内にもつ所領五十余丁と小笠原彦二郎入道知行分・東盛義所領三分之一を相博している（金文五三〇八）。この書状は、それ以後のものである。【神】二四六二、【鎌】二九二七〇。

693　金沢貞顕書状（自筆）

（四三四八／二五八函「使咒法経」写八七―四）

新年御慶賀［　　］』年候之上、御寺《武蔵国称名寺》［　　］』繁
昌喜悦之外、［　　］』候、抑、昨日垸飯［
　　］』役事、無為候、令［　　］』悦存候、兼又、
十二［　　］』令推進之候、公事［　　］

〔解説〕
新年の賀詞を述べた書状である。連署金沢貞顕は、正月の年中行事垸飯を三日とも参列し、沙汰人・御剣役などを勤める義務があった。無事に勤めたと伝えているので、この書状は正月四日以後である。【神】二四六三、【鎌】二九二七一。

694　金沢貞顕書状（自筆）

（四三五〇／二五八函「使咒法経」写八七―六）

依伊賀左衛門殿後家［　　］』僧両人給候之条、来
［　　］』悦申候、後事者［　　］』憚覚候、時ニ
金沢に《武蔵国六浦庄》［　　］』御沙汰事候者、悦入候、令
［　　］』令申候、又只今見［　　］』筆五十本令推
［　　］』毎事期参拝之時、［　　］

〔解説〕
伊賀左衛門尉後家のことが問題になっているが、詳細は不明。【神】二四六四、【鎌】二九二七二。

695　金沢貞顕書状（自筆）

（四三五一／二五八函「使咒法経」写八七―七）

昨日御□はち［　　］』茶垸のはち［　　
生苔調給候了、喜［　　］』極候、但、今日雑掌［
［　　］』候て、明日にて候へきよ［　　］』去夜々
半ニ被仰候、［　　］』間、難治無申計候、［
［　］』て令成候者、損やし候［　　］』心もとなく存
候、［　　］』道義ニも雑掌明［　　］』延引之由
被仰候、［　　　　］

〔解説〕
何かの饗応の用意であろうか。昨夜急に守邦親王から仰せつかって、本日は延引という。【神】二四六五、【鎌】二九二七三。

696　姓未詳顕高書状

（五三八／八八三　釼阿筆「東四　行要秘次第」）

畏申候、今月』今日者、故季高』相当正命日候』之
間、地蔵一覆』御供養候て給』候者、畏存候、』為
御布施銭貨』ニ結進上仕候、』此由可令入見参』給
候、恐惶謹言、
五月廿九日　　顕高〻状上（花押）
侍者御方

〔解説〕
金沢家被官顕高の書状（折紙）。今日が季高の命日という。季高は元応二年称名寺苑池造成の書状に名前が見えるので、元亨元年以後の書状となる。仮に、元亨元年年末雑載に収める。【神】二二二三、【鎌】二七二四〇。

697　金沢貞顕書状（自筆）

（四七五／七六七　「元瑜方　西　日月内コマノ儀」）

舟いてき候ハ、、人のかまくら（鎌倉）へ下候ハ、、』
其後こさハくたるへきなと候者、』うけたまは
り候、』たうせん（唐船）わたり候ハ、、』いまにも道妙
房つきてそ』候ハんすらんとおほえ候、』さう
せんのやうに』まち候ハんする時に、いまゝて
ハ［　　

ことなる事も候ハす、』此程あまりにこなたさま
ハ、』をそろしくかむしう候て、』いけもこほり、たるひ《垂氷》も』しも《霜》ふらひてさむく候へく候、』ふるゐま
さるやうにこそ候へ、』又御ちや一つゝミ、返々
悦』入候、御わすれも候はて、
（表）

- - - - - - - - - - - - - - - - - - - -

（裏）
又せん光寺《相摸国鎌倉新善光寺》よりのたうせん《唐船》、』いつころ二一定にて
候ハむするやらん、』道めう《妙》御房のわたらせ』給候
ハむするから、こまかに』うけたまわり候へく
候、』このよしを御心え候へく候、』あなかしく、
「（上書）　　（切封墨引）
御つほねへまいらせ候　　貞顕《北条》」

〔解説〕
金沢貞顕が女性に送った書状で、表から裏に書き進んだ様式をとっている。相手の質問にその場で回答したような略式のものであろう。名越新善光寺が派遣する唐船のことについて触れている。道妙房はすでに入元している頃なので、復路の情報が待ち遠しいと伝えている。道妙房は、関東大仏造営料唐船派遣の使者としても見える新善光寺の僧である。日元貿易に通じた人物とみてよい。年代は明らかでないが、赤橋亭に氷柱ができる厳しい寒さを伝えているので一月・二月の書状であろう。【神】二五三八、【鎌】二九四三〇。

元亨二年（一三二二）

698　金沢貞顕書状

（未収／三七六函「兵法供記」写四四〇―六）

檜皮事、□』景光ニ預置□』入候ハむ
程、□』仰事候へく候し、□』沙汰之
定日□』十一日候、又僧□』事、御物語
□
閏五月《元亨二年》□□

〔解説〕
称名寺造営の檜皮のことが記されている。閏月により元亨二年と確定する。【神】・【鎌】未収。

699　金沢貞顕書状　（未収／三七六函「秘密兵具加持口決」写四四四―二）

（元亨二年）閏五月□□　　□□（北条貞顕）

（釼阿）方丈進之□（候）

〔解説〕

閏月により元亨二年と確定する。【神】・【鎌】未収。

700　「鎌倉年代記」元亨二年　（京都大学総合博物館所蔵）

七月十二日引付頭、一守時（北条）・二顕実（北条）・三時春（北条春時カ）・四貞直（北条）・五時顕（安達）、

〔解説〕

引付改編。甘縄顕実が引付二番頭人にみえる。

701　「鶴岡社務記録」十六　前大僧正顕弁　（鶴岡八幡宮所蔵）

一六前大（寺）僧正顕弁　越後守顕時（北条）息

隆弁前大僧正入室　実相院（山城国愛宕郡）

元亨二年十月廿七日補任、五十四、

〔解説〕

金沢貞顕の兄顕弁の鶴岡社務（若宮別当）就任を記した史料。

702　金沢貞将書状　（五〇七／七七八「阿闍梨　意教上人事」）

計会無申計候、明日役』事、相構〳〵、無為候之様、』御祈念候者、喜存候、兼又、』茶一箱茶子三種献之』候、茶者未開候之間、善悪』不存知候、毎事明春最』前可参賀候、恐惶謹言、

十二月廿九日　　貞将（北条）（花押）

称名寺方丈（釼阿）

（上書）「（切封墨引）

称名寺方丈　　貞将」

〔解説〕

六波羅探題に補任される前の金沢貞将書状。元亨三年以前で年未詳。仮に、元亨二年にかけて収める。【神】二

九八六、【鎌】三一六四三。

元亨三年（一三二三）

703　金山観世音寺制札

（東京大学史料編纂所所蔵）

（表）

禁制　備前国金山観音寺

可令早停止寺領四至内武士并甲乙人狩猟狼藉
事、

右、当寺者、為将軍家御祈禱所、関東六波羅代々被
下御下知、被止守護』地頭乱入狼藉畢、而近年甲乙
人等動乗馬横行寺中、放鷹狩猟領内、或塞』路地妨
往返、或伐樹竹発闘諍、因玆寺院不静、行法退転
云々、太不可然、於自』今以後者、固可従停止也、
若有猶違犯之輩者、可注申交名之状如件、

元亨三年二月十三日　左近将監平朝臣（北条範貞）（花押）

陸奥守平朝臣（北条維貞）（花押）

（裏）

奉行人　宗像□郎兵衛入道真性

清書　同四郎（重基）□□

〔解説〕

六波羅探題が発給した制札。裏書きに六波羅奉行人の名前がみえる。清書をした宗像重基は「光明寺残篇」から金沢貞冬の被官とわかる。【鎌】二八三三〇。

704　天野遠時・盛久連署年貢馬用途検納状

（五三二六／六二　題未詳聖教）

検納　当年貢馬用途事、

合弐貫捌拾参文者、

右、大夫大僧都（顕瑜）御房御分、所検納』如件、

元亨参年九月十一日

盛久（花押）

遠時（天野）

〔解説〕

鎌倉の西御門御房にいた顕瑜から金沢家の公文所に納入された貢馬用途の注文である。一頭いくらで計算したかは明らかでないが、納入する馬の相当額を銭納している。【神】二三五八、【鎌】二八五一二。

705　北条貞時十三年忌供養記　（円覚寺文書）

（前略）

同十月廿日、於仏日庵（相摸国円覚寺）無畏堂有経供養、課当寺僧衆』内三十一人、妙法蓮華経一部八巻、開結心阿等経各二』巻被頓写之、今月下旬至廿六日、其中間依無日次、以』吉日今日被始行御追善、

（中略）

廿五日、御八講結願、一品経之供養也、

（中略）

一品経調進方々

序品　大方殿（北条貞時室、大室泰宗女）捧物三十貫
方便品　西殿大方殿（北条師時後室、北条貞時女）
譬喩品　左近大夫将監殿（北条泰家）
信解品　名越兵庫入道殿（北条高時室、安達時顕女）捧物卅貫
薬草喩品　女房御方
授記品　武蔵守殿（北条守時）捧物卅貫
化城喩品　相摸新左近大夫将監殿同
弟子品　修理権大夫殿（北条貞顕）横被打枝
人記品　阿曾普賢殿（北条治時）捧物卅貫
法師品　足利殿（貞氏）同
宝塔品　三浦安芸守（杉本時明）二十貫
提婆品　大蔵殿
勧持品　掃部頭入道殿女房（長井宗秀室、北条実時女）卅貫
安楽行品　城介殿（安達時顕）同
踊出品　若宮小路殿同
分別品　伊勢入道（二階堂忠貞）廿貫
寿量品　御分（北条高時）
随喜品　出羽前司入道（二階堂貞藤）廿貫
功徳品　能登入道殿（二階堂政雄）
不軽品　掃部入道殿（長井宗秀）卅貫
神力品　長崎禅門（長崎高綱）同
嘱累品　御乳母十貫
薬王品　名越殿備前入道殿（北条宗長）御後室
妙音品　工藤二郎右衛門尉（貞祐）十貫
此品、被申中殿（惟康親王女）前御台所之処、始御領状、後御辞退、

来十』一月、可有三嶋(伊豆国)御神事、為　御追善之間、可有憚之故也云々』彼方執事長崎左衛門尉(高資)幷執事代広瀬四郎入道申沙汰之、云々、

観音品　南殿(北条貞時女)熙時御後室卅貫

陀羅尼品　刑部大輔(摂津親鑒)入道殿捧物廿貫

厳王品　普恩寺(北条基時)入道殿卅貫

勧発品　安東左衛門(聖秀カ)入道十貫

徳行品　諏方左衛門(直性)入道十貫

説法品　工藤三郎左衛門尉十貫

十功徳品　長崎下野権守入道同

普賢経　山城前司(二階堂行貞)入道廿貫

心経　長崎三郎左衛門(高光)入道十貫

阿弥陀経　尾藤二郎左衛門入道十貫

(中略)

廿六日、法堂(円覚寺)供養也、堂右雨打間、簾中大方殿、御坐其次間、修理(北条貞顕)』権大夫殿以下御一族宿老御坐、其次堂外至仏殿後』脇構桟敷九間、御布施取殿上人・諸大夫坐之敷蘇芳、縁畳』同堂左雨打間太守(北条高時)御坐、其次間、別(安達時顕)駕・洒掃(長井宗秀)・長禅(長崎高綱)以下』御内宿老参候、其次堂外桟敷七間評定衆・諸大名』以下群参、仏殿後門、雨打間ノ通一面ニ取払テ、御内人』以下国々諸御家人等烈座各用敷革、

(中略)

及半更、諸人訖事而退散、旧臣少々猶不忍去、信宿御廟、更断懐旧之腸、凡今月中旬以来、於此砌、諸方御追修計会、掃部入道殿(長井宗秀)十二日、西殿(北条師時室)大方殿十五日、巧安長老(皦外)建仁寺(山城国京都)、十六日、遠江普賢殿(北条治時)十七日、南殿熙時御後室十九日、師義長老(松嶺知義)三聖寺(山城国京都)、同日、南山長老(士雲)東勝寺(相摸国鎌倉)、廿日、長崎禅(高綱)(門脱)廿二日、城務(安達時顕)廿六日、修理権大夫殿(金沢貞顕)同日、其余、或於私宅、或就有縁之道場、営御追賁人々不可勝計、耳目之所及、十而纔記一而巳、

翌朝廿七日贈

(中略)

諸方進物到来次第

銭百貫　銀剣一　馬一疋置鞍鹿毛　修理権大夫殿

(中略)

銭百貫文　上野《長門》前司(北条時直)殿

（中略）
銭百貫文　（北条顕実）駿川守殿
（後略）

〔解説〕
円覚寺で行われた北条貞時十三回忌の記録。連署を勤める金沢貞顕が北条氏一門の宿老の筆頭として扱われていること、鎮西金沢氏の北条種時の名前は見えないが、引付頭人甘縄顕実と長門周防守護北条時直がそれぞれに進物をしていることなどがわかる。【神】二三六四、【鎌】未収。

706　金沢貞顕書状（自筆）

（二〇一／五二六〈上〉熙允本「中院口決」〈下〉熙允本「灌頂鈎鏁次第秘訣」）

去夜、今日何条事等』候哉、可承存候、兼又、』以
盛久申旨候、可被』尋聞候、謹言、
十一月二日　（北条）貞顕
（北条貞将）越後前司殿

〔解説〕
金沢貞将は、右馬権頭から越後守に転任し、嘉暦元年九月四日に武蔵守に補任された。また、正中元年八月に六波羅探題として上洛しているので、本書状はそれ以前のものである。仮に、元亨三年にかけて収める。【神】二三九九、【鎌】二八八八一。

707　関東将軍家御祈禱廿四人結番案（東寺宝菩提院三密蔵聖教）

公方御祈禱人数事　元亨三年被結番
正月　前大僧正宣覚　法印権大僧都頼源
二月　前大僧正顕弁　権大僧都宣済
三月　大僧正有助　法印権大僧都泰瑜
四月　前僧正道承
　法印権大僧都顕瑜　隠居
五月　前僧正房朝
　法印権大僧都禅秀　遁世
六月　前僧正経助　法印智円
七月　権僧正豪親　権大僧都房玄
八月　法印権大僧都永尊　権大僧都時弁
九月　法印権大僧都定然　権大僧都鑒厳
十月　法印権大僧都昭弁　権大僧都房忠

十一月　法印権大僧都公恵　権少僧都忠乗
十二月　法印権大僧都覚伊
　　　　権少僧都貞昭　遁世

〔解説〕
鎌倉幕府滅亡後に書写された元亨三年の将軍家護持僧の交名である。一月二人で、十二番に編成していたことがわかる。名前に付された合点は、死去したことを示している。金沢氏では、顕弁と顕瑜の名前がみえる。顕瑜が、鎌倉幕府滅亡によって西御門御房を隠居し、遁世したことがわかる。鶴岡社務頼仲自筆。平雅行「鎌倉幕府の将軍家祈禱に関する一史料」（『大阪大学大学院文学研究科紀要』四七号）に翻刻。

正中元年（元亨四年、一三二四）

708「花園院宸記」元亨四年三月九日条（宮内庁書陵部所蔵）

九日乙未、（中略）夕座論義（議）終頭之間、経顕（勧修寺）持参触丙穢之間不
堂上、依、関東事書室町院（瞱子内親王）御遺領之内、建長元年式乾門院（利子内親王）被進
宗尊親王所々、以別儀折中可分之云々、副
御神事也
右大将（西園寺実衡）状、春衡（三善）法師持来定資（坊城）卿宿所、此事日来有巷説、而
云々、武家使昨日向北山（山城国京都）第云々、
更不足信用之処、今已令申之条、不審無極、関東沙汰以外参差、可歎息々々、余管領之分無幾、分之者、大略有名無実歟、可驚歟、然而本自不好名利、強不足為歎、付一方申旨定是非、無左右裁許之段、東関已行乱政歟、此事深所歎息也、更非身上之愁、只悲天下之乱耳、去年秋比永嘉門院（瑞子女王）雑掌下向之由、風聞之間、以院宣不可有物忩之沙汰、可有沙汰者、可遣使者之由所仰也、而今不及院宣返事、及此沙汰之条、尤失面目、然而一身之上猶非歎、東関已乱、是我国之墜塗炭也、豈不悲乎、但此事一向貞顕（北条）張行云々、一人雖行乱政、他人何可随議乎、尤可歎息々々々、（後略）

〔解説〕
王家領荘園群のひとつ室町院領は、大覚寺統・持明院統・永嘉門院の三者が権利を主張する相続争いがおきていた。宗尊親王の王女永嘉門院は鎌倉幕府を味方につけてこの相論を続けていた。持明院統からみると、永嘉門院を支持する金沢貞顕は目障りだったのであろう。

709「鶴岡社務記録」正中元年五月十九日条
（鶴岡八幡宮所蔵）

五月（正中元年）十九日、為蝦夷降伏、於大守（北条高時）御亭開白、被修五壇護摩、一七ケ日、（後略）

〔解説〕
鶴岡社務顕弁が、奥州騒乱静謐の祈願として、得宗北条高時亭で五壇護摩を行ったと記す。北条高時書状（金文五二九九）には、「正中」の上に「文保」と上書きされた文字が確認できるので、鶴岡社務顕弁の時代に称名寺も得宗家の依頼を受けてこの騒乱の祈禱を行っていたことが確認できる。

710「常楽記」元亨四年

六月二日去夜丑時、洒掃禅門妻室（長井宗秀室、北条実時女）他界、五十、五

〔解説〕
金沢貞顕の叔母で、長井宗秀の夫人となり、貞秀の母となった女性がなくなったことを記す。

711 金沢貞顕書状（自筆）
（三一二〇／神奈川県立金沢文庫所蔵）

大覚寺殿（後宇多上皇）去月廿五日寅刻崩』御之由、自六波羅注進之間、』物沙汰被止三十ケ日候了、』因幡民部大夫為御使上洛』候、諸事近程令参入、』可申入候、恐惶謹言、
七月（元亨四年）二日　貞顕（北条）
方丈（釼阿）進之候

〔解説〕
後宇多上皇の崩御を伝えるので、元亨四年と確定する。本書状は「重要美術品　古文書（武本為訓旧蔵文書）」に収められている。【神】二三八五、【鎌】二八七七七。

712「鎌倉年代記」正中元年（京都大学総合博物館所蔵）

（六波羅）
前越後守　後武蔵守
南（北条）貞将
正中元年八月廿九日為六波羅上洛、

713 「武家年代記」正中元年　（宮内庁書陵部所蔵）

（六波羅）
南方　越後守
貞将（北条）
十一立鎌倉（相摸国）、
嘉暦元九四任武（武蔵守）｜、元徳二閏六廿八下向関東、

714 「花園院宸記」元亨四年十一月十六日条　（宮内庁書陵部所蔵）

十六日己亥、晴、貞将（北条）上洛、為六波羅南方云々、其勢五千騎許、超過于先例云々、

715 金沢貞将書状　（五一九／七八四　釼阿本「宝珠　賀」）

□□、去夜令京着（山城国）』□□念之故候と、』□
□□其間子細、以貞国』□□、恐惶謹言、
（十一月十ヵ）□七日　前越後守貞将（北条）
（元亨四年）　　　　　（花押）
□万丈（釼阿）侍者

〔解説〕
金沢貞将が六波羅探題南方として、去夜入京したと伝えるので、前掲の「花園院宸記」とあわせ、元亨四年十月十七日の書状と判断できる。六波羅探題南北を勤めた貞顕の軍勢が千騎であったことと比較すると、異例の大軍であることがわかる。正中の変の後始末や、残党蜂起を抑えるための示威であろう。【神】二三九八、【鎌】二八八八〇。

716 「花園院宸記」正中元年十一月十九日条　（宮内庁書陵部所蔵）

十九日壬寅、（中略）有頃西風吹火、直向東之間、依無其恐還御、今夜貞将（北条）進人勢、壊却近辺小屋、仍無為、尤高名歟、御幸炎上所、風尚未息、三所有火不敢滅、自亥始迄于寅半剋、火起自六条坊門猪熊（山城国京都）、至四条東洞院（山城国京都）西面、火止了、西火及綾小路（山城国京都）歟、火滅了還御、于時、寅終

〔解説〕
六波羅探題として着任した直後に起きた火事に、貞将が人手を出して延焼を防いだことを伝える。

717　金沢貞顕書状（二四二／残闕函「横帖」十三　写九二七—三）

御札之旨、謹承候了、明後日十六日』依東御堂（武蔵国称名寺）事、御指合候之間、』不可有御出之由承候了、無念』存候、自是申入候つる、此御』使ニちかい候ぬると覚候、又』観達（賢恵）御房姪婦御事、返々』歎入候、明旦まてハ神事

〔解説〕
称名寺東御堂のことに触れる。東御堂は「元亨四年十一月廿一日　東御堂礎居柱立」（金文五三四一）とあるので、仮に正中元年に収める。【神】一二三九四、【鎌】二八八六八。

718　金沢貞顕書状（自筆カ）（一二二一／五四七「色究竟事」）

昨日、以盛久承候御供養之』時、芭事、是ニする物か、』両人候之間、忩々せさせ候へく候、』下品ニそ候ハむすれとも、』御事かけ候事ハある』ましく候、五十枚之由、盛久』申候之間、其分を可用意』候、若員数依違事候者、』此御返事ニ可承候、又経（武蔵国称名寺）堂の

〔解説〕
盛久は正中元年に金沢貞将と共に上洛し、貞将の腹心として京都で活動するようになる。この書状は鎌倉の中でのやりとりなので、貞将上洛以前であろう。仮に正中元年に収める。【神】一二三五九、【鎌】二八五一四。

正中二年（一三二五）

719　金沢貞顕書状（自筆）（三六八／六六五　熙允本「甫文口伝抄」第二）

太守（北条高時）御愛物常葉前（五大院宗繁妹）、今暁寅刻御産』無為之上、男子御（北条邦時）誕生之際、天下大慶・』家門繁昌嘉瑞候、千万幸甚く候也、』辰始刻に令■（参）候了、以長崎新左衛門（高資）』申入候之処、即若御前（北条邦時）御■（坐）所（六間なる所）へ可参』旨被申候之際、令同道、参■（候て）奉見』候了、目出無申計候、御乳母いたき』まいらせられ候、尼御乳母・ふかさわ殿

同前候き、

所ニ大夫僧都貞昭候つるほと二同前、』新左衛門尉(長崎高資)

入道候つるあひた、令賀申候了、こしよせ』の二間

其外若き』女房一人祇候候つ、外二間所ニ兵庫(北条)』頭

三郎左衛門(長崎思元、高光)入道妻・』工藤殿大膳大夫入道妻・美濃殿・播磨殿、

(本紙)

(裏紙)

其後参太守候て、謁長禅門(円喜、長崎高綱)賀申候、次』太守御出之間、入見参候て、帰宅し候て、』物をハ進て候、御釼一柄左巻菊作・鎧一領紅糸威・』馬一疋栗毛糟毛置具揃、以貞季進候、貞匡(北条)分野釼』一腰左巻同進入候了、新左衛門尉(長崎高資)、貞季ニ対面』候て種々物給候、特悦■入候之由可申云々、』諸人参事、相摸左近大夫将監(北条泰家)殿・奥州(北条維貞)・』相摸新左近大夫将監(北条守時)等未明ニ参候云々、愚身』退出之後進物候時、武州御参候之由、貞季』語申候、進物事ハ左親衛(北条泰家)より御釼・御馬被進候』外ハ、外さまの人ハ未進候歟、愚老』参入之時ハ、若御前のかたわらに太刀』五六はかり、ふたつけておかれて候き、』長禅門のふるいのにてそ候らんと』推量候、

御辺よりの御使周防十郎左衛門尉にて』候へかしと、先日状ニ申て候へとも、便』宜候ハて、いまた不進候、今度進候、

(礼紙)

此上者自元用意候ハむ御使そ、早々』に下向も候はむすれハ、いそき可被下候、』進物ハ大刀・鎧はかりにて候へく候、鎧持』下候ハんもわつらひにて候ハ、、是に下品』のハ候へハ、野釼はかりを下され候へく候、大刀ハ』よく候へく候、

この事きかれて後に、しはらく候て、』披露ならぬさきに、定きこしめされて』候らめとも、とく〱北方(北条範貞)幷両使へハ内々』可被申候、これハわたくしならぬ事にて』候へハ、使者ハ過書を持てこそ下候』ハんすらめと存候、

大方殿(北条貞時後家、大室泰宗女)ハいまゝてハ御産所へ無御出』候、只今可参賀之由思給候、

城務(安達時顕)一門御産所ニも太守ニも不見候つ、』不審候也、

真乗院(顕助)への状一裏遣候、忩可被付遣候也、』あなか

しく、

十一月廿二日（正中二年）

〔解説〕
金沢貞顕が、六波羅探題金沢貞将に対して、北条高時の長子邦時の誕生を伝える書状である。祝儀の手配をしてすぐに送るように、祝儀を送る使者は私用ではないので過書を持たせて下すようになど、細かな配慮がみられる。貞将からの使者は周防十郎左衛門尉という。狩野為成の一族であろうか。【神】二四四八、【鎌】二九二五五。

720　金沢貞顕書状（自筆）
（三五五／六五二　釼阿本「即身義印明秘決　末」）

雖然、上洛事、固辞之間、不及［　　］』上洛治定以後、任御約束御計候者、可為面』目之由、以長禅門（円喜、長崎高綱）申出候之処、別駕（安達時顕）へ忩』申さたすへきよし仰られ候、別駕ニ』披露候之処、折節、尋常闕所無之□□』て、少所ハしかるへからす、侍所ニ闕所に』なりぬへき所あるよし風聞、いそき』申さたすへし、所謂下野国大内庄・常』□（陸）国□□（久慈カ）郡等、忩々さ［　］［　　］事』被仰候き、合評定候といへとも、奥州（北条維貞）御』趣□御存知之間、闕所ニなされす候、』別駕皆御存知の事にて候、去年（正中元年）進発』ちかく成候て、以安東左衛門（貞忠）被仰出候しは、』上洛以前ニ可有御計候つれとも、さりぬ』へき闕所なき間、今其儀は上洛以後忩』可□□計云々、其比ハ長□□（禅門カ）ハ所労之間、［　　］

〔解説〕
金沢貞将の六波羅探題赴任を去年と記しているので、正中二年と推定できる。【神】二四六九、【鎌】未収。

正中二年（一三二五）年末雑載

熙允本「甫文口伝抄」紙背文書（建武二年書写）

称名寺五世長老什尊が釼阿と金沢貞将からもらった料紙を使用した写本。金沢貞顕連署時代を正中二年年末雑載に収める。熙允は、什尊の改名以前の名前である。

721　金沢貞顕書状（自筆）
（二九一／六〇九　熙允本「甫文口伝抄」第八）

有御尋、此御返事ニ可承候、』近日令参、毎事可申

入』候、又別駕(安達時顕)の越後国白川庄』御拝領、被賀申候
哉、未無』其儀候者、尤可有御参候也、』御報重可
承候、恐惶謹言、

十一月二日　　　　　貞顕(北条)

方丈進之候(釼阿)

「(上書)　(切封墨引)

方丈進之候　　　　　貞顕」

〔解説〕
金沢貞顕の連署在任中の書状。安達時顕が越後国白川庄を給わったことへの祝儀の使者を遣わすよう伝えている。【神】二四八六、【鎌】二九四一四。

前田育徳会尊経閣文庫所蔵「潤背」紙背文書

金沢貞顕が六波羅探題北方から連署の時期にかけての書状群。仮に、正中二年年末雑載に収める。『金沢文庫古文書』は尊経閣文庫所蔵本から影写本を作成している。重文『金沢文庫文書』では影写本は指定から除外している。

722　金沢貞顕書状

（三一九／三八八五　前田育徳会尊経閣文庫所蔵「潤背」紙背文書）

雖不珍候、自陸奥国所領』出来候之間、和布一外
居』令進之候、兼又、寺中(武蔵国称名寺)掃除』事、以輔貞申旨
候、』可被尋聞食候、恐惶』謹言、

卯月廿一日　　　　　貞顕(北条)

方丈進之候(釼阿)

〔解説〕
金沢貞顕連署時代の書状。【神】二五一五、【鎌】二九四〇二。

723　金沢貞顕書状

（三二一／三八七九　前田育徳会尊経閣文庫所蔵「潤背」紙背文書）

雖比興進物候、只今見来』候之間、粽二百令進入之
候、』毎事、近日可令参申』候、恐惶謹言、

八月一日　　　　　貞顕(北条)

方丈進之候(釼阿)

〔解説〕
金沢貞顕が連署時代の書状。他の書状でも、貞顕は比興と称して栃餅・粽・松茸などさまざまなお裾分けを釼阿に送っている。【神】二五二〇、【鎌】二九四〇八。

釼阿本「某宝次第　酉酉（醍醐）」紙背文書

　金沢貞顕が連署となった後の書状を使用。連署時代を正中二年年末雑載に、出家後を正慶元年年末雑載に収める。

724　金沢貞顕書状（自筆）

（二八九／六〇七　釼阿本「某宝次第　酉酉」）

昨日参入悦存候き、雖』下品候、茶三裹令進之候、』大茶垸にて僧衆に可』令進給候、毎事期後』信候、恐惶謹言、

七月十六日　　貞顕（北条）

方丈（釼阿）

〔解説〕
金沢貞顕が連署在任中の書状。夏安居が明けたので、僧衆に茶を振る舞ってもらいたいと伝える。【神】一九六六、【鎌】二五四二一。

725　金沢貞顕書状（自筆）

（二九〇／六〇八　釼阿本「某宝次第　酉酉」）

愚身所労、自昨日夕方』得少減候、今朝者猶減気』候之間、殊悦存候、御祈念』之故候之由思給候之際、喜』悦無極候、慎入候之程、毎事』令省略候、恐惶謹言、

八月十一日　　貞顕（北条）

方丈（釼阿）

〔解説〕
金沢貞顕が自身の所労のことについて記す。【神】二五二一、【鎌】二九四〇九。

726　金沢貞顕書状（自筆）

（二七八／五九六　釼阿本「某宝次第　酉酉」）

追啓
為御計、青女（北条貞将室）遂参詣』候之条、故悦申候、』重恐

惶謹言、

〔解説〕
金沢貞将の正室が称名寺を訪問したと伝える書状追而書。【神】・【鎌】未収。

釼阿本「宝珠　賀」紙背文書

金沢貞顕の連署就任以後の書状。出家後も含む。連署時代は正中二年の年末雑載、出家後は金沢貞将が六波羅探題を終えて鎌倉に戻る元徳元年の年末雑載にかけて収める。

727　金沢貞顕書状（自筆）

（一九八／五二三〈上〉「愛染王十五重法」〈下〉釼阿本「宝珠　賀」）

先日承候葩三十枚、」随出来令進之候、残分』出
候、さ候ハヽ、追可進之候、」今日貢馬調候、明日
十八日』若公事計会事候ハ』すは可参候、只今出仕
之』間止候了、恐惶謹言、
十月十七日　貞顕《北条》
方丈《釼阿》進之候

〔解説〕
葩三十枚を送ると伝える。生花と考えることもできないので、葩爪（花飾り）のことであろうか。【神】二五二四、【鎌】二九四二一。

728　金沢貞顕書状（自筆）

（二九九／六一七　釼阿本「宝珠　賀」）

□□腰労難治之間、未』□□明日評定以
後、公事ニ』□□参入候て、金堂《武蔵国称名寺》・僧堂等』
□□又雖左道候、両種』□□毎事期参入之
時候、』□□言、
□□廿六日　貞顕《北条》

〔解説〕
称名寺の金堂・僧堂などに言及しているので、文保二年以後と考えることができる。金沢貞顕連署時代の書状である。【神】二〇六九、【鎌】二六一八五。

「兵法供記」紙背文書

金沢貞顕が連署ないし出家後の書状。仮に、正中二年年末雑載に収める。

729　金沢貞顕書状　（未収／三七六函「兵法供記」写四四〇―四）

「可能期申候、□□

　三月□□

　方丈進之□（釼阿）
「（上書）　（切封墨引）
　方丈進□□　」

〔解説〕
鎌倉から称名寺長老釼阿に送った書状。【神】・【鎌】未収。

730　金沢貞顕書状　（未収／三七六函「兵法供記」写四四〇―二）

「可有御意得□□」以後可参申入□□

　卯月九日

　方丈進之□（釼阿）
「（上書）　（切封墨引）
　方丈進□□　」

〔解説〕
鎌倉から称名寺長老釼阿に送った書状。【神】・【鎌】未収。

731　金沢貞顕書状　（未収／三七六函「兵法供記」写四四〇―九）

「不可有外□□」心中無□□」事沙汰□□
□」候之処、無□□」行人ニ□□」事、彼
□□」不及御沙□□」申重らひ□□」
ニハ直ニ□□」令申候之処□□」仰事候、
恐□□

　六□□

〔解説〕
六月であること以外、年月日を狭める条件をもたない。金沢貞顕の書状としたが、金沢家被官や称名寺住僧の書状とすべきか。【神】・【鎌】未収。

732　金沢貞顕書状　（未収／三七六函「兵法供記」写四四〇―七）

行詮（杲曦）御□』雖歎入□』以政景令□
□』謹言、
八月□
方丈（釼阿）進□□

〔解説〕
鎌倉から称名寺長老釼阿に送った書状。【神】・【鎌】未収。

733　金沢貞顕書状土代　（未収／三七六函「兵法供記」写四四〇―一）

□恐悦候き、』□事、有長』□
進之候、毎』□候之程、可参』□謹
言、
□月十一日　貞顕（北条）
□□（方丈カ）（釼阿）之候

〔解説〕
鎌倉から称名寺長老釼阿に送った書状。【神】・【鎌】未収。

734　金沢貞顕書状　（未収／三七六函「兵法供記」写四四〇―五）

今日者、可□』之処、昨日□』候歟之
由存候、□』者評定候、□』思給候、
花□』やらん、可承□』闕如候、上品
□』候者、恐悦□

〔解説〕
鎌倉から称名寺長老釼阿に送った書状。【神】・【鎌】未収。

735　金沢貞顕書状　（未収／三七六函「兵法供記」写四四〇―八）

此□』愚□』神事以後』可参申
候、』御返事一日程』にて可承候、
昨日御返事□』委細承候了、□』可付

奉行人「　」今朝御下ﾘ御沙汰給「　」不
及付奉「　」次第珍候「　」巻進之「
」「　」

〔解説〕
鎌倉から称名寺長老釼阿に送った書状。【神】・【鎌】未収。

「兵法壇并マタラ面」紙背文書

金沢貞顕が連署ないし出家後の書状。仮に正中二年年末雑載に収める。

736　金沢貞顕書状（未収／三七六函「兵法壇并マタラ面」写四四一―一）

長崎(高綱)禅門「　」候、兼又「　」無事候之様
「　」本望候、兼「　」進之候、[redacted]「
」候、又葉茶「　」磨給候者、為「　」
二月「　」
方丈(釼阿)進□□

〔解説〕
長崎高綱の名前が見えている。また、称名寺に葉茶を磨ってもらうよう依頼したことを記している。鎌倉から称名寺長老釼阿に送った書状。【神】・【鎌】未収。

737　金沢貞顕書状（未収／三七六函「兵法壇并マタラ面」写四四一―二）

下品御時「　」用意候、早「　」恐悦候、
恐惶「　」
三月□□
方丈(釼阿)進□□

〔解説〕
昼食を用意していると伝え、称名寺長老釼阿が鎌倉赤橋の館に来臨することを楽しみにしている。鎌倉から称名寺長老釼阿に送った書状。【神】・【鎌】未収。

「秘密兵具加持具足」紙背文書

金沢貞顕が連署ないし出家後の書状。仮に正中二年年末雑載にかける。

738　金沢貞顕書状

（未収／三七六函「秘密兵具加持具足」写四四三—二）

昨日寄人［　　］』為悦候、御［　　］』推情思給
［　　］』候、御願御跡［　　］』悦存候、下［
］』諸事期参［　　］
三月［　　］
（釼阿）
方丈進□□

〔解説〕
鎌倉から称名寺長老釼阿に送った書状。【神】・【鎌】未収。

739　金沢貞顕書状

（未収／三七六函「秘密兵具加持具足」写四四三—四）

昨日入御［　　］』兼又、日時［　　］』朝臣注文
［　　］』事、一両［　　］』申候、恐惶□□、
五月□□
（釼阿）
方丈進□□

〔解説〕
日時勘文に関する記述がみえる。鎌倉から称名寺長老釼阿に送った書状。【神】・【鎌】未収。

740　金沢貞顕書状

（未収／三七六函「秘密兵具加持具足」写四四三—七）

［　　］恐惶謹言、
□□十四日　（北条）貞顕
「（上書）　（切封墨引）
［　　］之候
［　　］　貞顕」

〔解説〕
金沢貞顕連署時代の書状。【神】・【鎌】未収。

741　金沢貞顕書状

（未収／三七六函「秘密兵具加持具足」写四四三—五）

［　　］候、他事御神事』［　　］候、恐惶謹言、
□□廿一日　（北条）貞顕
［　　］候

「（上書）（切封墨引）

□之候　　　貞顕」

〔解説〕
金沢貞顕連署時代の書状。【神】・【鎌】未収。

742　金沢貞顕書状

（未収／三七六函「秘密兵具加持具足」写四四三―一）

天気以外□』兼又、只今□』筆三十
□』候、恐惶□□、

〔解説〕
鎌倉から称名寺長老釼阿に送った書状。【神】・【鎌】未収。

743　金沢貞顕書状

（未収／三七六函「秘密兵具加持具足」写四四三―八）

□可令参之由、申入候、』□汰ニ路次
定難治』□之間、不参候、十六日』□
十七日可参之間、』□置者、すき候へき』□
□候、兼又、茶一向
□」

〔解説〕
称名寺を訪れたいが、天気が悪く道路の状況も良くないという。金沢貞顕連署時代の書状。【神】・【鎌】未収。

熙允本「酉員流　一結大事」紙背文書

金沢貞顕連署時代の書状。仮に正中二年年末雑載に収める。「酉員」は、「酉貞」で、西院流宏教方の略体略字。

744　金沢貞顕書状（自筆）

（一八六／五一一　熙允本「酉員流　一結大事」）

指入見参可申事候、』今日御出候者、喜悦』候、
猶々急事無申計候、』明日之御時者、是ニ可令』用
意候、今日中御出』候者、返々本懐候、恐惶』謹
言、
七月二日　貞顕（北条）
方丈（釼阿）進之候

〔解説〕
称名寺長老釼阿の鎌倉赤橋亭入御を心待ちにしている。

今日なら嬉しいが、明日なら十分なおもてなしをするという。袖に切封の痕跡あり。【神】二五一九、【鎌】二九四〇六。

745　金沢貞顕書状（自筆）（一八九／五一四　熙允本「酉員流　一結大事」）

御札之旨、謹承候了、」此事難尽状候、後』日以使者可申入候、恐惶』謹言、

七月十二日　貞顕（北条）

方丈（釼阿）御報

〔解説〕御札の内容は諒解したが、書状では伝えがたい内容なので、後日、使者を派遣するととりあえず返信している。【神】・【鎌】未収。

746　金沢貞顕書状（自筆）（二一〇／五三五　熙允本「酉員流　一結大事」）

雖下品物等候、厚紙十』帖三裹令進之候、明』春毎事可参賀候、」物忩無申計候之間、止』候了、恐惶謹言、

極月廿日　貞顕（北条）

方丈（釼阿）

〔解説〕厚紙（厚様の料紙）十帖と茶三裹を贈ると伝える送付状。【神】二五二九、【鎌】二九四一九。

「題未詳聖教一括」紙背文書

題未詳聖教については、記載された内容から時期を区分し、適宜収めていく。この一群は金沢貞顕連署時代なので、仮に正中二年年末雑載に収める。

747　金沢貞顕書状（自筆）（二八〇／五九八　題未詳聖教折本）

年始者、早□』雖相存候、□』其儀候、背□』無御指合□』仍左道点□』未明光臨□』謹言、

正□

方丈（釼阿）

〔解説〕新年の賀詞を述べた書状。金沢貞顕は釼阿を点心に招い

ている。紬に切封の痕跡あり。【神】・【鎌】未収。

748　金沢貞顕書状（自筆）

（二五九／五七七　題未詳聖教綴帖装）

禁忌ニなられて候よし、』只今承候、為御意得候令
申候、』毎事期参入之時候、恐惶謹言、
　　二月廿六日　　　　貞顕（北条）
　方丈（釼阿）進之候
「（上書）
　　（切封墨引）」

〔解説〕
鎌倉で禁忌の指示が出されたので、金沢貞顕は称名寺に対し、物忌に服するよう伝達している。【神】二五〇四、【鎌】二九三二九。

749　金沢貞顕書状（自筆）

（二八五／六〇三　題未詳聖教綴帖装）

　　毎度御報、裏ニ』承候へく候、
昨日御報、拝見候了、藤花』盛候之由承候了《ぬ》、近日
人々参候て』見候へきよし申され候、愚身も』一両
日之程、可参旨思給候、』阿弥陀堂（武蔵国称名寺）屏幷掃除事、』仰付
られ候らん、悦入候、』猶々、屏急速ニ出来候へか
しと』存候、兼又、如法経書写候』所へ進へき事の
候、上品ニ候』ハん、新茶二三種拝領候者、（本紙）

（裏紙）恐悦候、可□□、この使をとゝめ』をかれ候て可
拝領候、藤花』十五六日の程ニハ白色ニなり』候へ
き哉らん、其分も可承候、』恐惶謹言、
　　卯月十一日　　　　貞顕（北条）
　方丈（釼阿）進之候
「（上書）
　　（切封墨引）
　方丈進之候　　　　貞顕」

〔解説〕
藤の花が見頃であるという。称名寺造営に関する記事がみえる。状裏に返信を求めた書状。【神】二一八四、【鎌】二七一四七。

750　金沢貞顕書状（自筆）　（一七四／四九九　題未詳聖教）

此御札謹拝見候了、』彼同道事、不可有』子細候、
定日追可申入候、』恐惶謹言、
卯月□日　貞顕（北条）
方丈（釼阿）御報

〔解説〕
金沢貞顕への面会を釼阿が取り次いだのであろう。釼阿に同道するなら会うと回答している。【神】二五一三、【鎌】二九四〇〇。

751　金沢貞顕書状（自筆）　（一八五／五一〇　題未詳聖教折本真言関係）

世間病悩□』入候、金沢中（武蔵国六浦庄）□』承候、
抑、□』梅一、外居□』又綾一面□
□』色染給候、□』謹言、
四月□
方丈（釼阿）進之□

〔解説〕
鎌倉に病が広まっていると思われる。後半は釼阿が届けた物への礼であろう。【神】・【鎌】未収。

752　金沢貞顕書状（自筆）　（二〇七／五三二　題未詳聖教折本）

□実参入之由、令申』□間、進愚状候了、
□葉茶二裏進之候、』□□令磨給候者、』□悦候、恐
惶謹言、
極月十九日　貞顕（北条）
方丈（釼阿）進之候

〔解説〕
称名寺に葉茶を臼で挽くように依頼している。【神】二五二七、【鎌】二九四一七。

753　金沢貞顕書状（自筆）　（二九五／六一三　題未詳聖教折本）

□慶賀重々之』□不可有尽期』□
□茶一裏進之候、』□恐悦候、毎事』□

□候、恐惶謹言、

□十二日　　貞顕（北条）

□之候

〔解説〕
鎌倉の赤橋亭から称名寺に送った金沢貞顕の送付状である。【神】二四九四、【鎌】二九三二八。

754　金沢貞顕書状（自筆）

（二九四／六一二　題未詳聖教折本）

□捧物事」□比興候、注文」□
之候、今日者」□給候、□候、明日」□
□候者、可参候也、」□言、

□十四日　　貞顕（北条）

□之候

〔解説〕
神事の捧物について記すが、詳細は不明。【神】・【鎌】未収。

755　金沢貞顕書状（自筆）

（二九六／六一四　題未詳聖教折本）

□今日巳刻無為」□承候、評定出仕」
□き、兼又、先日令」□事、未無御左
右」□旨候之程、其沙汰候ハ、」□
能々可有御祈念」□謹言、

□月廿日　　貞顕（北条）

〔解説〕
評定出仕のことを記すが、詳細は不明。【神】二四八四、【鎌】二九四二一。

756　金沢貞顕書状（自筆）

（二九七／六一五　題未詳聖教折本）

□許左道物三」□候へ、相副状取」□
□御返事可遣候、」□謹言、

□廿日　　貞顕（北条）

□

〔解説〕何かの送付状。返信を求めている。【神】・【鎌】未収。

757　金沢貞顕書状（自筆）　（二九八／六一六　題末詳聖教折本）

□□（下）品点心を可用意」□入御候て、一夜御」□御雑談も候ハヽ」□堀内殿御入候ヽ」□とも、夕方ハ必」□悦入候、毎事期面」□謹言、

□月廿二日　　　　貞顕（北条）

□

〔解説〕釼阿に対し、点心を用意するので、入御を求めている。堀内殿も同席するという。堀内殿は貞顕の兄時雄の縁者。【神】二五三〇、【鎌】二九四二一。

758　金沢貞顕書状（自筆カ）　（二二六／五五一　題末詳聖教綴帖装）

神事無為悦存候之間、自」是只今可申之由、思給候之処、」先立御礼、喜悦候、抑、道明御房今日秋元（上総国周准郡）御下向之」旨承候了、安芸下野守之由」承候者、三浦安芸前司（杉本時明）事候歟、」所労之間ハ不申候き、其後彼」仁舎弟他界候之際、御神事中」不申通候き、近日申遣之、不申

□

〔解説〕杉本時明は弟が亡くなったので服喪の最中であり、神事を勧める貞顕は連絡を控えたと伝える。【神】二一九八、【鎌】二七一六一。

759　金沢貞顕書状（自筆）　（三〇〇／六一八　題末詳聖教折本）

□からぬ物ニて」□も所領ニて候、」□よりいてき候物」□につほか井」□この程そまいり」□く、よろつ申」□あなかしく、

□　　　　貞顕（北条）

〔解説〕金沢貞顕の仮名書状。女性充のものであろう。文末も

「あなかしく」となっている。【神】・【鎌】未収。

760 金沢貞顕書状（自筆）（三三〇／六二七　題未詳聖教切紙）

此□

御札之旨、謹□

抑、新茶一□』候了、御返事□』候、

兼又、官位□』御沙汰之間、□』太守（北条高時）

自三□』候、今日難治□』不及沙汰

候、□

□日　貞顕

□殿

（本紙・金沢貞顕書状）

（上書）「□□御報　貞顕（北条）」

〔解説〕執権北条高時からの伝達事項があるので、嘉暦元年三月の高時・金沢貞顕出家以前とわかる。【神】二四七五、【鎌】未収。

761 金沢貞顕書状（六八七八／四一三五影字　題未詳聖教）

□□□人夫十』□返〳〵候、御後山』

□十日』□候、□□百人ニて』

□謹言、

三月十九日　貞顕（北条）

〔解説〕称名寺造営に関する書状。人夫を出すように依頼している。【神】・【鎌】未収。

762 金沢貞顕書状（二四一五／「秘蔵記抄」）

□

四月十日　貞顕（北条）

称名寺方丈（釼阿）

〔解説〕【神】・【鎌】未収。

763 金沢貞顕書状（自筆）（三一二／三〇六〇〈上〉釼阿本「灌頂表白　保寿院初度正和五十一十四」〈下〉釼阿本「後七日御修法中間用意　胎界」）

（切封墨引）

「称名（上書）　　」

〔解説〕
仮に正中二年年末雑載に収める。【神】・【鎌】未収。

764　金沢貞顕書状　（五〇一／東京国立博物館所蔵「諸寺院文書」）

去年御内御巻数、御返事』遅々之間、連々令申候之
処、』只今被出候、令取進之候て、付』年号せられ
候て、をかれ候へ』く候、奉行者諸岡中務丞』にて
候、恐惶謹言、

五月十三日　　貞顕（北条）

方丈（釼阿）進之候

〔解説〕
去年の歳末祈禱巻数に対する北条得宗家の返礼が遅いと催促していたのが、ようやく受け取ったので送ると伝える。【神】二五一六、【鎌】二九四〇三。

765　金沢貞顕書状　（未収／東京大学史料編纂所所蔵「市島春城旧蔵手鑑」）

ほしめす、御ねかて』みな〱にかなはせ候、まつ
しよし候』いのりまいらせ候へく候、ひんき』候へ
く候、いけ給候て、これより□□』□つく　　
』まいらせ候、あなかしく、

六月三日

〔解説〕
本文書を金沢貞顕書状とするか検討を要す。【神】・【鎌】未収。

766　金沢貞顕書状（自筆）　（二七一一／五八九「初位満月事幷バン字無明障浮衆生妄水事」）

たゝミ悉出来之由承候』へハ、悦入候、神事以後』
参候て、毎事可申入候、恐惶』謹言、

九月廿日　　貞顕（北条）

方丈（釼阿）進之候

「（上書）（切封墨引）
称名寺方丈　　　貞顕」

〔解説〕

【神】二五二二、【鎌】二九四一〇。

767　金沢貞顕書状　（二四〇／残闕函「横帖」十三　写九二七—四）

暁、桟敷へハ御入候へく候、』僧衆七八人、御同道
あるへ』く候、本如（湛睿）御房・元空（恵釼）御房・尭観（慶誉）』御房・
知事（道明房カ）なと御同道候へかしと』思給候、猶も御見物あ
りたき』僧衆達御わたり候ハゝ、十人』はかり御入
候ハむ事、不可有子細候、』又、自今夕、神事を始
候て、』十五日朝まてハ、精進を仕候、』しよくゑ（触穢）の
事候ハゝ、御報ひねり』文にて可承候、恐惶謹言、

極月十一日　　　（北条）貞顕

「（上書）（切封墨引）
（釼阿）方丈進之候　　　貞顕」

〔解説〕

儀式の参加者について記している。触穢の時、返信はひねり文で送るようにという指示は珍しい。執権・連署の触穢は、解除によって短縮されることが多い。入殿卒去の年にあたる可能性が高い。【神】二五二六、【鎌】二九四一六。

768　金沢貞顕書状　（二四一四／「秘蔵記抄」）

極月廿二日　　　（北条）貞顕

「（上書）（切封墨引）
称名寺　　　貞顕」

〔解説〕

【神】・【鎌】未収。

769　金沢貞顕書状　（未収／三三八函「聖天開白幷結願次第」写三二六—一）

□月七日　　　（北条）貞顕

□之候

「（上書）（切封墨引）
□□之候　　　貞顕」

〔解説〕
【神】・【鎌】未収。

770　金沢貞顕書状（自筆）
（一一三七五／三三五函「口授最秘印」写二三三五―一）

『□□来月一日之』□□可存其旨候、』□
□指合候者、随』□□可申候、恐惶謹言、
□月廿六日　　　　貞顕（北条）
□□殿

〔解説〕
【神】・【鎌】未収。

771　金沢貞顕書状
（未収／三三六函「持宝王院口頌口決」写二三三六―一）

『□□間止候了、恐惶謹言、
□月廿七日　　　　貞顕（北条）

〔解説〕
【神】・【鎌】未収。

772　金沢貞顕書状
（一一二〇／三〇三函「天地麗気記」写二〇五―三）

新茶一裹賜候了、』殊勝候之間、自愛』無極候、兼
又温気』事候、明後日□』存候、毎事期□
□　　　　　　□

〔解説〕
新茶の礼状。筆跡が硬いので金沢貞顕書状とするのは要検討。【神】・【鎌】未収。

773　金沢貞顕書状
（一一二四／前田育徳会尊経閣文庫所蔵「天照大神天降私記」紙背）

昨日御報、委細承候了、自明後日五日』文払を可始
行□□存候之間、五日』早旦可参候、六日朝、下品
小点心』可令用意候旨思給候、文払の在所』へ、可
有入御候、委　　　　　　□

〔解説〕
五日から赤橋亭の風入れを行うという。五日・六日と来

ていただければ、六日は点心を用意すると伝える。【神】三〇九〇、【鎌】三二一九二。

774　金沢貞顕書状　（一二三七／「教抄幷雑抄」）

先日進入候綾黒染』給候了、殊悦入候、一段』者先立給候き、兼又、』御違例事、其後何

〔解説〕
綾の墨染めを送ってもらったという。【神】・【鎌】未収。

775　金沢貞顕書状（自筆）　（四八一／七七三〈上〉「駄都」〈下〉「一夜北斗」）

又ゆめ〳〵しくさふらへとも、ちや一つゝみ』まいり候、さたゆき（貞将）かもとよりたひて候、ようや候らんと覚候て、』まいらせ候、猶々、ゆめかましさ、わひしく候て、あなかしく、

（切封墨引）

「（上書）　えんけう（円教房永賢）の御房まいらせ候　　貞顕」

〔解説〕
金沢貞将から分けてもらった茶をお送りしますと伝える。連署時代の書状。「さたゆき」の仮名書がある。
【神】一二五三六、【鎌】二九四二八。

776　金沢貞顕書状（自筆）　（四八四／一四六七　熙允本「護摩私抄」）

おもしろくわすれかたくもおほえ候し事も、』けにくたひれ候て、何事も』おほえす候しニ、□ちとけふ』さめておほえ候、この後も、いまハあはれ〳〵』□としても、まいりつけ候事ニて候ハ、やと、』思ひまいらせてこそ候へ、又御さうしの事ともこそ候し、この文いたいけつゝ、さて』つき〳〵と、のう〳〵と、みまいらせて候し、思ひいて』まいらせてこそ候へ、紅葉の色、[redacted]《まこと》に』はなやかにミえ候しかハ、まいりて候かいも候て、』ことさら心もおよハす候、

「（上書）まいらせ候　　さたあ□（きカ）」

〔解説〕
紅葉の季節とはわかるが、年代の確定が難しい女性充の書状。金沢貞顕連署時代の書状。【神】二五三七、【鎌】二九四二九。

777 金沢貞顕書状 （五〇二／「如意輪菩薩第三即口決」）

□文進之候、」□在所可尋承」□
□候へく候、夜前」□使者宿所へ遣」□
□処可申長崎」□之旨返答之間、」□
新左衛門尉（長崎高資）之処　□

〔解説〕
使者の往来が盛んなので、何事かの調整が行われている。金沢貞顕連署時代の書状。【神】・【鎌】未収。

778 金沢貞顕書状 （一二三七二／三〇五一影字）

御札之旨、□
抑、□」仰可申参候由存候処、」蒙仰候之
間、雖可□」候、折節火急之神事候て、」自
身不参候之条、返々」失本意候事、恐入候、□

〔解説〕
火急の神事と伝えるが、詳細は不明。【神】・【鎌】未収。

779 氏名未詳書状 （一二三九〇／三三七函「転法輪」写二九九―四）

返々おほやけわたくしの」めしよせられ候物、
□
との（北条貞顕）ゝ御□候し□、」京□」く
たり候いて□」今日□　□

〔解説〕
金沢家に仕える女房の書状と思われる。【神】・【鎌】未収。

780 金沢貞顕書状 （一二三九三／三三七函未整理分）

いまれて申されて候、」□労」□い
てゝ候しをり」□候て、さまゝゝの御もてな
しにて」□は、」□ふらひしよろこひ
入候、やかて」申たくさふらひしかとも」□

とてこそ候へ、

〔解説〕
女性充の書状。【神】・【鎌】未収。

781　金沢貞顕書状（未収／三七五函「臨終大事」写八八九―一）

逐申
山門(近江国延暦寺)西塔尺迦堂閉籠退散』事、承候了、目出候、又大乗院(大和国興福寺)』聖教四十合被責て候へ、わたし』て候了、六波羅(山城国)のことなる忠と』存候に、未無御返事候、歎入候之由』善久(矢野倫綱)ニハ語申候き、善久軽服』之間、門内へハ不参之由かたり』申候し時ニ、委細不達候歟、』背本意候、

〔解説〕
六波羅探題金沢貞将から、山門の嗷訴が鎮静化したと伝えてきたいことに対し、安心したと回答している。正中二年八月の訴訟であろうか（「花園院宸記」正中二年八月二十一日条）。【神】・【鎌】未収。

嘉暦元年（正中三、一三二六）

782　金沢貞顕書状（自筆）（三二六九／六六六「五宝等納瓶様　道教御記」＋熙允本「甫文口伝抄」第三）

御吉事等、猶々不可有尽期候、
(北条)忠時去十一日参太守(北条高時)候、長崎新左衛門(高資)』尉、兼日、内々申候之際、参会候て、引導』候て、太守御前にて三献、御引出物ニ』御釼左巻給之候、新左衛門尉役也、若御前(北条邦時)同』所へ御出、御乳母いそきまいらせ候、其後』御台所(北条高時室、安達時顕女)の御方へ大御乳母引導候、』三こんあるへく候けるを、大乳母久御』わたり御いたわしく候とて、とくかへされ』て候、御引出物ハ砂金十両はりはこニ入てかねのをしきにをく、、其後』[redacted]《御所》(守邦親王)へ参候、自太守御使安東左衛門尉貞忠

(本紙)

(裏紙)
にて候き、兼日、刑部権大輔入道(摂津親鑒)ニ申之間、』大夫将監(摂津)親秀参候候(衍)て申次、御所へは』(北条)貞冬同道候て、御前へ参了、御釼被下也、』女房兵衛督殿役也、其

外、近衛殿・宰相殿』以下御前祇候云々、見めもよく、ふるまいも』よく候とて、御所ニても、太守にても、御』称美之由承候之際、喜悦無申計候、又』殿御料人事、内々御乳母にて、御乳父』に付了《申候》新左衛門尉へ、内々令申候之処、』外さまより可承之旨申候之間、十二月廿六日』吉日之際、以季実(賀島)令申之処、当日披露云々、』御返事者明春あるへきとて候、治定分ハ』未存知候、同廿七日新左衛門尉ニハ愚老直申』候き、気色あしからす候、御乳父ニも便宜』に直可申候也、御料人につきまいらせて候女房』達ハ、あわれされかしと申候■《之》由承候之間、』特悦入候、あなかしく、

(正中三年)正月十七日

〔解説〕
金沢貞顕の孫忠時が得宗家・将軍御所への初参を記した書状。北条邦時誕生以後なので、正中二年の翌年、年を越して正中三年正月十一日に初参が行われたと推定できる。北条邦時の乳母夫として、長崎高資がみえる。
【神】二四七四、【鎌】二九三一三。

783「保暦間記」

（前略）嘉暦元年三月十三日、高時(北条)依所労出家ス、法名宗鑑(崇)、舎弟左近大夫将監泰家(北条)、宜ク執権ヲモ相継クヘカリケルヲ、高資(長崎)、修理権大夫貞顕(北条)ニ語テ、貞顕ヲ執権トス貞顕、義時(北条)子五郎実泰(北条)之彦、越後守実時(北条)孫、金沢越後守顕時(北条)子、爰泰家、高時ノ母儀貞時朝臣後室、城大室太郎(泰宗)左衛門女、是ヲ憤リ、泰家ヲ同十六日ニ出家セサス、無甲斐事也、其後、関東ノ侍、老タルハ不及申、十六七ノ若者トモ迄、皆出家入道ス、イマ〳〵シク不思議ノ瑞相也、此事泰家モサスカ無念ニ思ヒ、母儀モイキトヲリ深キニ依、貞顕誅セラレナント聞ヘケル程ニ、貞顕評定ノ出仕一両度シテ出家シ畢、同四月廿四日相摸守守時(北条)武蔵守(北条)久時子、于時武蔵守・修理大夫維貞(北条)宗宣男、于時陸奥守、彼両人ヲモ将軍ノ執権トス、是モ高資カ僻事シタリトソ申ケル、（後略）

〔解説〕
嘉暦の騒動の経緯を伝える記事。北条高時の後継をめぐ

る問題で、弟泰家を推す外戚安達氏と、連署金沢貞顕を推す得宗家執事長崎氏の対立という構図が示されている。

784　金沢貞顕書状（自筆）

（三七四／六七一　熙允本「甫文口伝抄」第一）

愚老（北条貞顕）執権事、去十六日朝以』長崎新兵衛尉被仰下候
之際、面』目無極候、当日被始行評定候』了、出仕
人々、予・陸奥守（北条維貞）・中務権少輔（長井貞懐）・』刑部権大輔入（道準、摂津親鑒）
道・山城入道（行暁、二階堂行貞）・長崎新左衛門尉（高資）』以上東座、武蔵（北条守
守（時）・駿河守（北条貞直）・尾張前司（北条高家）遅参・』武蔵左近大夫将監（北条藤時）・
前讃岐権守（安達高景）・後藤信』濃入道以上西座、評定目六幷
硯役』信濃左近大夫（大田貞連）、孔子布施兵庫允、』参否安東
左衛門尉（貞忠）候き、奏事三ケ条』神事・仏事・□（乃カ）貢事、

信濃左近大夫

〔解説〕
金沢貞顕の執権就任を去十六日と記して、書状が書かれた日に行われた評定始の次第を伝える。正中三年三月の書状とわかる。【神】二四七八、【鎌】二九三九〇。

785　金沢貞顕書状（自筆）

（三七五／六七二　熙允本「酉員流　一結大事」）

執権事被仰下候、最前に候程に』十六日以後不申出
候、連署事治定』なとも候て、しつかニ、猶以便宜
可申入』之由、存思給候、又江間越前々司（北条時見）出家』と
きこえ候し程に、昨日状ニ申候之処、』今日俗体に
て来臨之間、令対面候了、』不実にて候けり、不可
思儀候、愚状等其』憚のミ候、やかて〳〵火中に入
られ候へく候、あな』かしく、

（正中三年）三月廿日

（受取注記）「□同廿九日到」

〔解説〕
執権在任中の金沢貞顕が、六波羅探題として在京する嫡子貞将に送った書状。連署が内定したと伝えるが、任命以前に貞顕は執権を辞任している。名越時見の一件は、真偽定まらぬ情報が飛びかう混乱した政情を伝える。貞顕が執権を辞任した後の三月二十九日に六波羅へ到着している。【神】二四九〇、【鎌】二九四四四。

786　金沢貞顕書状（自筆）

（三七六／六七三　熙允本「甫文口伝抄」第一）

太守禅門（北条高時）御労、今日ハいよ〳〵』めてたき御事
ニて候へハ、返々』よろこひいり候なり、
愚老（北条貞顕）出家暇事、十三日夜、以長崎』新左衛門尉（高資）雖申
入候、無御免候之間、両』三度申上候了、雖然、猶
不及御免候』程に、明旦重可参申之由申候て退
出、』十四日可参申旨思給候之処、以刑部権』大輔（道準、摂津親鑒）
入道種々被仰下候き、然而、猶』愚詞重々申入候
了、猶無御免候て、重』大輔入道にて被仰下候之
上、長崎入道（円喜、高綱）』直にさま〳〵に申さるゝむね候し』
かとも、愚存之趣再三申候き、所詮』若御前（北条邦時）御扶持
事以下、落飾候て申旨』共候之間、申畏承候由候
了、五ケ度』雖申入候、御免なく候之際、周章無極
候

〔解説〕
金沢貞顕の執権就任の経緯を伝える書状。貞顕は、北条高時の出家を受けて、連署の辞任と出家の希望を北条得宗家へ伝えた。ところが、得宗家では貞顕の辞意を認めず、北条邦時の将来を考えた話へと話題が変わっていったことを伝える。高時の病状は、快方に向かっているという。三月十六日以後の書状であろう。【神】二四七七、【鎌】二九三八九。

参考　名越朝貞書状（「高野山文書　宝簡集」三一七号）

逐申
相州（北条高時）御出家候間、同所遂素懐也、

〔解説〕
『高野山文書』や『鎌倉遺文』は、金沢貞顕書状として編年する。しかし、関連文書（四三四頁、参考資料）の花押から名越朝貞と考えられるので、名越朝貞書状と文書名を改める。なお、著名な文書なので、金沢貞顕書状から改めることを示すため、参考としてここに収める。【神】二四九一、【鎌】二九三八七。

787　金沢貞将書状

（五一八／七八三　〈上〉釼阿本「某宝次第　酉酉」〈下〉釼阿本「宝珠　賀」）

軽服事、悲歎之処、芳問』殊恐悦候、兼又、太守（北条高時）幷
親衛（北条泰家）』御落飾事、誠驚存候、又』老父（北条貞顕）執権事、被仰

下候、素懐御』免、旁無所残候之間、本意存』候之処、示預候、悦存候、其間子』細季顕可申入候、恐惶謹言、

（嘉暦元年）五月八日　前越後守貞将（北条）（花押）

謹上　称名寺方丈（釼阿）侍者

〔解説〕
金沢貞将が、称名寺長老釼阿の軽服に弔意を表したのち、嘉暦の騒動の顚末に驚くとともに、金沢家がなんとか政変を生き延びたことの安堵を伝えている。【神】二五四四、【鎌】二九五〇二。

788「鎌倉年代記」嘉暦元年条

五月十三日引付頭、一茂時（北条）・二顕実（北条）・三道順（北条時相）・四貞直（北条）・五延明（安達時顕）、

〔解説〕
引付二番頭人に、甘縄顕実がみえる。この地位が、彼の最後のものとなる。

789 季顕送進状（五三五四／二五八函「西院灌頂三昧耶戒幷内陣初後日記」写九五―四）

送進　来月三日御仏事御時料』米幷斎料銭事、
合米参石、宣旨定、銭五百文者、
右、為殿御方（北条貞将）御仏事料、所送進』如件、
嘉暦元年十月廿七日　季顕（花押）

〔解説〕
季顕は、金沢貞将の側近である。十一月三日御仏事の対象は特定できない。【神】二五九二、【鎌】二九六四一。

790「三井寺灌頂脈譜」百一　覚助法親王授廿七人（抄出）
（国立公文書館所蔵）

降三世　大夫　同（嘉暦元年）｜十二｜十六日　同所八人（近江国園城寺五別所解脱寺）
実印　円源　実幸　朝伊　円弁
顕恵年廿二戒九　実性　隆済頭　印兼助　神｜歯｜助阿実印
軍荼利　修理大夫貞顕（北条）朝臣子　顕弁僧正弟子

〔解説〕
金沢貞顕の子顕恵が、園城寺の覚助法親王から伝法灌頂

を受けたことを伝える。

嘉暦元年（一三二六）年末雑載

791　金沢貞顕書状（自筆）　（二五三／五七一　釼阿本「酉員流如法愛染口決　伊豆」）

御札之旨承候了、僧坊事、』所存之趣、令申御使
候、』可被尋聞食候、恐惶謹言、
正月十八日　（北条）貞顕

〔解説〕金沢貞顕連署時代の書状。仮に、嘉暦元年年末雑載に収める。【神】二四九六、【鎌】二九三二〇。

792　釼阿書状・金沢貞顕状裏書状　（三一五／教抄幷雑抄）

（釼阿書状）
（上書）
「（切封墨引）　釼阿状」
（季実）賀島五郎左衛門尉殿

（金沢貞顕状裏書状）
新茶一裹調給候了、

〔解説〕金沢貞顕書状の書止。連署時代の書状と考えられるので、仮に、嘉暦元年年末雑載に収める。【神】・【鎌】未収。

793　釼阿書状・金沢貞顕状裏書状（自筆）　（①一二二九／九五三「許可小野長遍比丘御口　小野幷安祥寺　蓮乗院」②一二二八／九五五「仁和寺　西院　宇賀僧都」）

（釼阿書状）
②信州石村郷神護寺』長老尊如房被参候、』不無骨候
者、可入壁見参』之由、被申候、且彼■（御）領之』所務
以下も御尋候者、』可宜候、兼又、少禁忌御事、』伝
承候、企参上、可申入候』之処、未荒説候之間、
先』以申入候、殊以驚入候、

（本紙）
（裏紙）

①何御事候乎、承即可』参申入候、恐惶謹言、
三月六日　釼阿（花押）
人々御中

「(上書)(切封墨引)」

(金沢貞顕書状)

①信州石村郷(大田庄)神護寺』長老来臨之間、入見参』候了、
其聞子細定被申候歟、』兼又、禁忌事、先立』令申
候き、依此事』入御者、不思寄候、諸』事近日可令
参申

(本紙)(裏紙)

②候、恐惶謹言、
三月六日　崇顕(北条貞顕)
方丈(釼阿)進之候

〔解説〕
金沢貞顕出家後の書状である。禁忌により入御を辞退しますといっているので、近親が亡くなったものとわかる。「壁見参」は、物忌の中での情報伝達の作法であろう。仮に、嘉暦元年年末雑載に収める。先に出された表側の釼阿書状を見ると、即日でやりとりしていることがわかる。二紙に及んでいる珍しい状裏書状。【神】二七五四、【鎌】三〇六八三。釼阿書状は【神】二七五三、【鎌】三〇六八二。

794　金沢貞顕書状　(六八八四／「宝」)

これにもよろつ』思さまなる事にて』候はんすれは
めてたく候、』又かまくら(鎌倉)へ□とく〳〵いらせをは
し』まし候て、御めてたさをも』申入まいらせ候よ
しを』御心え覚申させ給□』かしく、
□□申させ給候、

〔解説〕
金沢貞顕連署時代の書状。女性充であろう。仮に、嘉暦元年年末雑載に収める。【神】・【鎌】未収。

795　氏名未詳書状　(六八八五／「宝」)

そのゝちの御やういかゝ見えさせおはしまし』さふ
らふらん、もし又いかなる御こと』候とも、女房た
ちの』すかたあらたまりなとする事、』よく御さい
かくに候、』たうしか(上)見もまれのことにて』ありけ
に候と申せと』(北条貞顕)おほせ事にて候、あなかしく、

〔解説〕
金沢家の被官が女性に充てて送った書状と思われる。仮に、嘉暦元年年末雑載に収める。【神】・【鎌】未収。

796　金沢貞顕書状　（六八八六／「宝」）

この春よりの』御悦は、いつのとしにもすくれさせ』おはしまし候て、』よろつおほしめし候まゝの』御事にて候へは、』猶々めてたくよろこひ』覚させをはしまして候、』ことしよろつめてたき事□□』□□て候はんするを、御らんせられ候はん』する事、返々』□□たく候』らんも、めてたき事にて候』なれは、猶々めてたくうれしくて候、』猶々とく〱御文候へ、』御めてたさ申候へく候、

〔解説〕
金沢貞顕が女性に送った書状。仮に、嘉暦元年年末雑載に収める。【神】・【鎌】未収。

797　金沢貞顕書状　（六八九二／四一八函「毗那夜迦誐那鉢底瑜伽授受念誦次第」写七四五―二）

涅槃会□□』雖左道□□』相副進□□』御所（守邦親王）御般□□』若無指合□□』恐惶謹言、

二月□□

方丈（釼阿）進□□

〔解説〕
金沢貞顕連署時代の書状。心経会に関することが記されている。将軍御所の行事と重ならないかと心配している。仮に、嘉暦元年年末雑載に収める。【神】・【鎌】未収。

798　金沢貞顕書状　（未収／石原明所蔵文書）

□□月十七日　貞顕（北条）

〔解説〕
金沢貞顕連署時代の書状断簡。仮に、嘉暦元年年末雑載に収める。【神】・【鎌】未収。

799　金沢貞顕書状　（未収／三三六函　良祐本「浴油法」）

□□之次、有御供養』□□□承候、兼又、
然』□了、故自愛無極候、』□
□廿一日　貞顕(北条)

〔解説〕
金沢貞顕連署時代の書状。仮に、嘉暦元年年末雑載に収める。【神】・【鎌】未収。

嘉暦二年（一三二七）

800　金沢貞顕書状（自筆）　（三八三／六八〇　「酉員流目録」）

□之間、宇都宮(高綱)を上首ニな』□入られ
候事、不可然候、不便』□
□前大外記(清原教元)者、山城入道(二階堂行貞)行暁』□、愚
身行暁ニたかふへ』□つけられ候へきよし』
□ひ候ハて、如元大外記可為』□
□級之間、かみへあけられ』□や候は
むすらん、不可然候、』□ニ隠岐前司(佐々木清高)も子細
申なと』□評定ニ加らぬ候ほと二、』□
□外記申めくりて、敵人』□て候、比興事候
歟、あなか』□□
正月(嘉暦二年)廿五日

〔解説〕
嘉暦二年四月十七日の引付改編で、北条氏の引付頭人は四人から三人となり、安達時顕が五番から四番に上がると共に、摂津親鑒が引付頭人に昇進した。この時、宇都宮高綱（後に公綱）が頭人の候補にあがったのであろう。【神】二六九五、【鎌】三〇五〇六。

801　関東御教書案　（金剛三昧院文書）

寄進
高野山(紀伊国)金剛三昧院
伊勢国大蓮名内柴田・深瀬両村事
右、任金沢谷禅尼(谷殿・北条貞顕養母)永忍申請旨、可為彼院領者、依』
鎌倉殿(守邦親王)仰、奉寄如件、

嘉暦二年三月廿二日

相摸守（北条守時）　平朝臣　在判

修理大夫（北条維貞）平朝臣　在判

〔解説〕谷殿が高野山金剛三昧院に所領を寄進する事を、鎌倉幕府が承認した関東御教書。【鎌】二九七八三。

802　「常楽記」嘉暦二年

三月廿六日、甘縄駿河入道殿他界五十五、俗名顕実朝臣、

〔解説〕甘縄顕実の卒去を記録している。入道と表記しているので、亡くなる前に剃髪して出家したのであろう。

803　氏名未詳書状

（四八六〇／湛稿冊子三三　写八一三一一〇＋写八一三一一二）

あすの御仏事のついてニ、』れいのゑんかく（円覚）経御ふせの物』三、くしてわたしまいらせ候、』いくたひもくやうをかさねまいらせ』たく候て、ついてことに申入候、』さて、あまなは（甘縄）のするか（駿河）殿（北条顕実）の御』かくれのよしうけ給ハり候、』きこしめされて候やらん、』殿（北条貞顕）ハ御きんきにならせをハし』まし候ハんすらん、いかゝきこ』しめされ候らん、ま□□□（本紙）

（裏紙）く、寺に候て□□この□□』給候へく候、あなかしく、

（上書）「（切封墨引）　　□□□」

〔解説〕甘縄顕実卒去の報せを聞き、金沢貞顕は服仮に入られるのでしょうかと尋ねる女性書状。書状を受け取ったのは金沢家の縁者・被官とわかる。嘉暦二年三月二十六日以後、数日のうちの書状であろう。【神】二六一〇、【鎌】二九七八六。

804　金沢貞将書状

（五二一／七八五〈上〉熙允本「両部修行用心」〈下〉熙允本「日月輪私抄」）

雖無指事候、連々可申入之』旨乍存候、自然懈怠、
背本意□（候）、
抑、興福寺（大和国奈良）回禄事、相当在京□（時）』分候之間、歎存候
之処、可警固□（社）』頭之由、重被下　綸旨（後醍醐天皇）候之間、被
注進』候、兼又、雖専輙候、新茶一箱進』候、恐惶
謹言、
（嘉暦二年）四月十六日　　武蔵守貞将（北条）（花押）
謹上　称名寺方丈（釼阿）侍者

〔解説〕
「鎌倉年代記裏書」嘉暦二年三月十二日条に、「興福寺金堂以下焼失、依性真禅師合戦也」とみえる。金沢貞将は、新茶一箱を京都から送ると記している。「日月輪私抄」は、建武三年の書写である。【神】二六一三、【鎌】二九八一二。

805　金沢貞顕書状（自筆）

（三七七／六七四　熙允本「酉員流如法愛染口決　伊豆」）

明旦者、観達御房（賢恵）顕助僧正』なとをも請申
候、座席』をハ貞季・季顕等奉行し候けに
候、
去月廿四日御状、今月二日雑色下向之便、』慥到
来候了、
一、宗正与同輩事、御注進之旨承候了、事書・』具書
等給候了、可加一見候、
一、興福寺（大和国奈良）造営間事、子細同前、
一、勅使以下御使、自五方下向之由承候了、』道蘊（二階堂貞藤）・
善久（矢野倫綱）等奉行候て、当時さたあり』けニ候、城入道（安達時顕）
自去月廿八日薬湯候間、』出仕以後、定委細御沙
汰候歟、又以飛脚』自関東　禁裏（後醍醐天皇）へ馳申旨承候
ぬ、さ候て』候らんとをしハかられ候、石長老（夢窓疎石）事
も』同承候了、勅使下向ニ方々の門主・』別当・
神主等料足進上之旨、同承候了、

〔解説〕
興福寺の炎上は嘉暦二年三月（804号資料解説）なので、造営を記したこの書状はその後となる。前号資料の興福寺回禄にかけて、ここに収める。【神】二六一六、【鎌】二九八一三。

806　長崎高資書状写

（六八三／賜蘆文庫文書所収称名寺文書）

御前途事、被仰下』候之趣、畏承候畢、此旨』可令披露給候、恐惶謹言、

「嘉暦二」
五月二日　　左衛門尉高資（長崎）状

進上　向山刑部左衛門尉殿（敦利）

〔解説〕
得宗家公文所執事長崎高資が、金沢貞顕の意向は確かに承ったと向山敦利に伝えた書状。得宗家と金沢家の意思疎通を図っている様子が興味深い。【神】二六二〇、【鎌】二九八三四。

807　「鶴岡社務記録」嘉暦二年七月廿四日条

（鶴岡八幡宮所蔵）

同月（七月）廿四日、京都（山城国）飛脚到来、本寺長吏（近江国園城寺）』事、聖護院（山城国京都）新宮尊珍親王御与奪、』御書幷学頭申状到来、同廿九日被行』長吏（顕弁）吉書、本寺公文実良法眼依』雑掌折節参住之間、参勤之、（後略）

〔解説〕
金沢貞顕の兄顕弁が、園城寺長吏に就任した経緯を伝える。

808　金沢貞顕書状（自筆）

（三六六／六六三　煕允本「甫文口伝抄」第四）

干松茸一合給候』、自愛無極候、

去月二日両通御状等、同十八日力者下向』之便宜到来候了、

一、山門（近江国延暦寺）事、無為之由承候了、月公（顕弁）近日』人を可下之旨、同承候了、

一、持明院殿（後伏見上皇）御使資明（日野）朝臣下向事、承』候了、已下着
候之由、先日令申候き、』未無御沙汰候、
一、太守禅閤（崇鑑、北条高時）御労事、先日申候了、』於今者無為御事
候之間、特喜』入候、但向後も御再発候ぬと覚』
候之際、心苦存候、
一、安東左衛門入道（聖秀）、自去月之比、脚気所労候、

〔解説〕
持明院統の使者日野資明は嘉暦二年閏九月には鎌倉に下っているので（金文二一一四　益性法親王書状）、この書状は同月以前と推定できる。【神】二七七七、【鎌】三〇七六六。

809　「常楽記」嘉暦二年条

十一月七日、長井掃部頭入道（道雄、宗秀）道応他界六十三、乙丑誕生

〔解説〕
金沢貞顕の叔父長井宗秀の卒去を伝える。

嘉暦二年（一三二七）年末雑載

810　甘縄顕実書状　（五三六／三四九函　賢空本「野金口決抄」写三七―一一〇）

□御吉慶、雖事』□、幸甚々々、』□
春候之由承候、』□参上可令承』□、恐惶
謹言、
（正）□月十三日　　顕実（北条）

〔解説〕
金沢貞顕の兄甘縄顕実が新年の賀詞を述べた書状。賢空元弘四年正月書写本の紙背文書。仮に、顕実の没年の嘉暦二年年末雑載に収める。【神】一四六二、【鎌】二三三三三。

811　甘縄顕実書状　（五三七／三〇六三　紙背なし）

『□』□候歟、いたハしく□謹言、
□五日　　顕実（北条）（花押）
□房

〔解説〕
金沢貞顕の兄甘縄顕実の書状断簡。仮に、顕実の没年の嘉暦二年年末雑載に収める。【神】一四六三、【鎌】二二三三四。

嘉暦三年（一三二八）

812　金沢貞顕書状（自筆）

（三六七／六六四　煕允本「甫文口伝抄」第一）

一、資明（日野）朝臣、今月三日帰京、　勅使間事、』無相違之由、披露之旨、承候了、自　禁裏（後醍醐天皇）』万里少（小）路大納言宣房卿、自前坊（康仁王）御跡六条』前中納言（有忠）入道可有下向之由、同承候了、』宣房卿一昨日廿八日下着候、名越（相摸国鎌倉）入僧坊ニ』借住云々、昨日今日給使者候了、今日者』令対面候、重宝持下事之由風聞承候了、
一、六波羅評定衆幷奉行人等所望分、』御注進之旨承候了、且案文給候了、』二番頭人事、為信濃入道（道大、二階堂行朝）奉行可有御沙汰』之由、其聞候つるか、被渡山城入道（二階堂行貞）道候了、』近日可有御沙汰云々、
一、田楽之外、無他事候、あなかしく、

（上書）「（切封墨引）」

（嘉暦三年）正月卅日

〔解説〕
持明院統の日野資明の帰京を記す。前年の下向なので、嘉暦三年正月の書状であろう。【神】二六九一、【鎌】三〇五〇二。

813　金沢貞顕書状（自筆）

（三八一／六七八　煕允本「甫文口伝抄」第四）

去月廿一日両通御状、同廿七日御札等、雑色』下向之便、同月晦日到来候了、
一、八幡神人（山城国石清水八幡宮）閉籠事、驚存候之処、退散之』条、承悦無極候、　綸旨（後醍醐天皇）以下具書一巻給』候了、悦思給了、
一、常在光院（山城国）よりの文箱・柿櫃等、各一合』慥賜候候、
一、除書一通同前、為悦候、
一、真性（宗像）奉行大般若経料紙事、彼請取』状給候了、猶

不足分、可沙汰遣候、出来之時』者可被御覧候、
一、去月廿二日御状、同日下着候了、鎌倉（相摸国）中

〔解説〕
石清水八幡宮神人閉籠は嘉暦二年四月のことなので、仮に同月に収める。【神】二六五六、【鎌】三〇二四五。

814　久米多寺雑掌快実申状案

（京都大学所蔵影写本　久米田寺文書）

和泉国久米多寺雑掌快実謹言上
欲早被経御　奏聞被進　綸旨於関東、召下訴陳正文幷事書等被経覆勘御沙汰、被罪科奉行人下条次郎左衛門尉祐家、蒙安堵御成敗、同国山直郷下久米多里地頭武弥五郎入道寂仙寺領乱妨事、
（中略）
爰同国山直郷下久米多里地頭武弥五郎入道寂仙、以謂六波羅南方（北条貞将）管領之仁、相語奉行人下条次郎左衛門尉祐家、恣申行之間、御沙汰条々令依違者也、（中略）
次祐家令引汲論人寂仙之条、先段言上畢、何況不下二答三答之状、任寂仙申請令抑留之、而可継訴陳之由、成使節書下、擬令作落訴人於違背罪科之条、言語道断次第也、件書下案文右備之、被召出二答三答状、以到来付被校合之時、可令露見者哉、加之、引付衆中頭人丹後前司（長井宗衡）以下、悉以令存知之上、以向山新左衛門尉利宗、於六波羅南方内々令申畢、曾以無其隠者也、争不被行非勘之罪科哉是第六耳已、（後略）

〔解説〕
金沢家被官武入道寂仙が論人となった訴訟の文書。寂仙は和泉国山直郷下久米多里の地頭であるという。『岸和田市史　第六巻　史料編Ⅰ』中世一一八号に翻刻。
【神】・【鎌】未収。

元徳元年（嘉暦四、一三二九）

815　金沢貞顕書状（自筆）

（未収／三七三函「当流口伝」写四三一―八＋写四三一―九）

宮内大輔高親《摂津》入来候了、同前候、
新春御吉事、雖申籠候、千万無尽』期候歟、
一、旧冬十六日両通、十七日御札等弁賀阿闍梨下向
之便、同卅日慥到来候了、
一、六波羅《山城国》物沙汰、十二月七日被始行之由、』承候
了、目出候、
一、二条前相公《雅孝》両度参会、法興院殿』之旨承候了、旧
冬已御下着候、未』対面候、兼又、両御所《後伏見上皇・花園上皇》全御命
下向』之由承候了、言語道断事候歟、
一、一条前大僧正《道潤》御房、廿一日可有御進発

〔解説〕
新年の挨拶を述べた書状なので、正月と推定。さらに、六波羅物沙汰は、前将軍久明親王薨去をうけたものなので、嘉暦四年正月の書状と比定できる。持明院統の上皇の意を受けた二条雅孝は関東祇候廷臣。関東祇候廷臣が公武交渉に関わる事例のひとつ。【神】・【鎌】未収。

816　金沢貞顕書状（自筆）

（三八五／六八二　煕允本「甫文口伝抄」第二）

三富入道か申候ける事、』あまりニくわうさ
いニ覚候、
去月廿二日御返事等四通、雑色下向之』便、今日
到来候了、
一、去月十日、北方《北条範貞》以下被勧一献之由承』候了、尤目
出候、
一、右馬権頭《北条茂時》宿所《相摸国鎌倉》炎上事、御訪之旨承候了、』当時造
作之最中候、早速之条いかめ』しく覚候、
一、駿河守《北条春時》労事、得減気候之間、悦存』候、
一、法興院殿御文給候了、
一、常在光院御状同賜候了、御返事者』弁賀阿闍梨近
日可帰洛之由申候之際』可付進候、
一、光明院長老御状給候了、返状進候、慥可

〔解説〕
弁賀の鎌倉下着は嘉暦三年十二月三十日なので、嘉暦四年の書状である。駿河守は、元徳元年十二月に常葉範貞が補任されるので、その前任者となる。春時の可能性が高い。【神】二八五〇、【鎌】三〇九八七。

817 金沢貞顕書状（自筆）

（三八二／六七九　熙允本「甫文口伝抄」第一）

道蘊（二階堂貞藤）進発者、いまゝてハ』可為今月中之旨其
聞候、』能登守（小田時知カ）・常陸判官等』同可上洛之由
承及候、
十二月十七日御札、弁賀阿闍梨下向之』便宜、同
卅日慥下着候了、
一、法興院殿御函二合賜候了、御返事』進之候、可被
付進候、
一、春日殿柿櫃一合同前、出雲苔候之』間、令延引候
者、可損候之処、早々下着』喜入候、御返事一合
進之候、可為同前候、
一、聖顕禅師腹病之間、下向延引承』候了、其後何様
候哉、能々可療治之』旨可被仰候、大弐法印者、
年内に』令下向候了、

〔解説〕
弁賀阿闍梨鎌倉下向の翌年なので、嘉暦四年と推定。二階堂貞藤の上洛以前の書状。袖に切封の痕跡あり。【神】二六八五、【鎌】三〇四八六。

818 金沢貞顕書状

（六八八八／四一八函「鉢撞様」写七四六―四）

□□言事、自北方（北条範貞）可有御』□□に被指置候
事、不可然、』□□の御状も見給候了、筑』
□□木候、一両日こうつより』□□候き、
北方被申候者、忩々』□□事、顕元（大江）ニ度々被仰
候由』□□候、』□□所領にとゝまり候
て、以』□□て候事承候了、』□□事、注
進状到来之間、可』□□行人山城入道（二階堂行貞）行暁、
自』□□候之間、評定奉行を刑部（摂津親鑒）』□□れ
て候よし承候、後日ニ』□□かしく、
二月二日（嘉暦四年）

〔解説〕金沢貞顕が六波羅探題南方金沢貞将に送った書状。二階堂行貞の卒去を伝えるものとすると、嘉暦四年二月二日となる。【神】二六九六、【鎌】三〇五〇七。

819 金沢貞顕書状 （六八九三／四一八函「花供導師作法」写七四三一―一）

□月九日、御下着候了、律師』□哉、
可承存候、
□了、浄仙法印同廿九日、中納』□長（葉室）隆卿昨日二月一日下着之由、』□久等奉行ハ、宣房（万里小路）卿者』□道藴（二階堂貞藤）か禁忌をハ被滅』□関東
はかりの事にて候ハ、、』□も五十日にて候
を、廿日』□不可然覚候に、勅使』□
覚候、いかなる御さた』□審候、道藴か子息
等ハ』□けニ候、観意他界』□給候
に、道藴ハ十六日之由』□は参可承候、あな
かしく、
（嘉暦四年）二月二日

〔解説〕葉室長隆の鎌倉到着が嘉暦四年二月一日、万里小路宣房もこの頃であろう。二階堂貞藤の上洛が沙汰されているので嘉暦四年と推定できる。【神】二六九三、【鎌】三〇五〇四。

820 金沢貞顕書状 （未収／三七三函　熙允本「当流口伝」写四三二一―一四＋写四三一―一三）

「入道候了、政所事、内々秘計』人々候之由其聞
候、落居』不審候、かしく、
逐申
山城入道（二階堂行貞）行暁参詣太神宮（伊勢国伊勢神宮）事、』先度申候之処、雑
事間事被仰』親政候之由承候了、但行暁去月』卅
日湯殿にて大中風して候けるを』子息家人等い
かゝ候かきむて、とかく雖加療』治候、不及一
言、無分別候て、今月二日』他界候了、此上者雑
事間事、不可有』之候、子息美作入道（行恵、貞衡）・山城（高貞）左衛
門大夫・同四郎（顕行）』左衛門尉、孫子美作二郎（行直）左衛門
尉長崎入道（円喜、高綱）外孫等可有』御訪候、以使者とふらハれ
候、またく御状』実名をのせらるへく候、其仁ハ

是にて』造立候歟、此仁宿老・評定衆・政所執事・』安堵奉行・評定奉行にて候ニ［　　］』ため、返々歎入候、年六十

〔解説〕
二階堂行貞が、嘉暦四年二月二日に卒去した（「鎌倉年代記表書」）。伊勢国守護を務める金沢貞顕は行貞から伊勢参宮の相談を受けていたので、貞顕は行貞急死の経緯を伝えられた。貞顕は六波羅探題として在京する嫡子貞将に経緯を伝えている。文中に見える親政は、伊勢国守護代。【神】・【鎌】未収。

821 金沢貞顕書状（自筆）

（三八六／六八三　熙允本「酉員流如法愛染口決　伊豆」）

「言語道断［　　］、
一、浄仙法印下向之由、同承候了、
一、出羽入道（道蘊、二階堂貞藤）上洛時分事、不存知候、但今月』中ニ進発候ハむするなと其聞候、観意』房他界事、正月廿日之由承候了、是ニての』披露ハ正月十六日とて候了候、禁忌被減候て、』自今月二日　勅使以下事奉行候、関東』の事こそ候へ、如此候事不可思儀〔議〕候、
一、法興院殿御返事二通、光明院長老一通』進之候、慥可被付進候、老耄之間、両書』の事もや候覧、御不審事候者可承候、
一、忠時（北条）在所、当時ハ東向候、称名寺長老（釼阿）ニ』入見参候ハむとて、明日十日招請申候、』かさり候引出物、いしく〳〵とて、忠時ひしめき』て候、をかしく覚候、あなかしく、

二月九日（嘉暦四年）

（上書）「（切封墨引）」
（受取注記）「［　　］」

〔解説〕
819号資料と関連する。浄仙の鎌倉下向は嘉暦四年正月十九日。二階堂貞藤の上洛を記し、観意房の他界を嘉暦四年正月二十日と伝えている。【神】二六九八、【鎌】三〇五一一。

822　金沢貞顕書状（自筆）

（三六二一／六五九　熙允本「続別秘口決　ム」）

□〔道〕蘊（二階堂貞藤）在洛之間のさたのやう』□諸事不審
候、連々可注給候、
□許より写給候具書、』□委細沙汰神
妙候歟、』□召進候、便宜給候也、』□
入道（行暁、二階堂行貞）他界事、子息等』□間、未訪候、尋申て
候し、』□候しも、今者不覚』□のせ
候ハぬ、愚状二通』□男名字を内々御尋』
□名字をかゝせられて』□て、返状と
りて可給候、

〔解説〕
二階堂行貞他界によるあわただしい様子や、二階堂貞藤の在洛を伝える。嘉暦四年二月以後間もない時期の書状。【神】二七〇二一、【鎌】三〇五三二。

823　金沢貞顕書状（自筆）

（三五〇／六四七　熙允本「甫文口伝抄」第四）

今日御恩者七十八人と』承候、只今人々御下
文』持来候之間、』令対面候了、
去四日両通御報、同五日御返事等雑色』下向之
便、今日下着候了、
一、去年料足事、自行意可申之由承』候了、定盛久許
へ令申候歟、可尋』承候、
一、関東御沙汰落居、四五日之中被聞』食之旨、勅
定之由承候了、言語道断』御事歟、
一、将軍（久明親王）入道殿御跡御領事、無御存知之』由承候了、
勢州候者少所之旨親政』令申候旨、同承候了、
一、闕所注文等給候了、先度も令申候、ことく

〔解説〕
前将軍久明親王の薨去は、嘉暦三年十月十四日（「鎌倉年代記裏書」）。嘉暦四年の春除目は終わっているので、二月の書状であろうか。伊勢国守護代親政が、管国の久明親王所領は少ないと報告している。文中の「行意」は

金沢家の被官である。【神】二六九〇、【鎌】三〇四九八。

824　金沢貞顕書状（自筆）

（三八七／六八四　題未詳聖教綴帖装）

「宗正与党拷問白状等注進、今日付長崎』新左衛門尉(高資)
候之由、来申候、且彼案文追』可書進候、
同与党人等も今日申刻下着之間、為』御内侍所工藤
右近将監(貞光)沙汰、被預御内』之仁等之旨承候、無相違
下着、悦存候、
出羽入道(道蘊、二階堂貞藤)、何日京着候哉、申沙汰分、委細』可示給
候、
自今朝金沢候、明暁堯観(慶誉)御房被』立候之際、夜半□(御
カ)灯□□令申候、此事』猶々寺家(武蔵国称名寺)一大事候、入御候
て、可有御沙汰』候、公人之中ニ非家人の心ニ入
て、能』さたありぬへきにて候へく候、あなかしく
三月十三□
(上書)「(切封墨引)」

(受取注記)「嘉暦四四三　堯観□事」

〔解説〕
金沢貞将側が記した受取注記と書状の日付によって、年代が確定する。堯観房慶誉が、称名寺領加賀国軽海郷（現石川県小松市）の代官として称名寺を出立する。この書状は、慶誉が貞将に届けている。御内侍所工藤貞光の人名比定は、今野慶信「得宗被官工藤氏の基礎的考察」（『鎌倉』一〇七号）による。【神】二七〇一、【鎌】三〇五三一。

825　金沢貞顕書状（自筆）

（三八八／六八五　熙允本「続別秘口決　ム　三―内」）

「一、出羽入道(道蘊、二階堂貞藤)使節進事、何様落居候哉、』内々忩可示
給候、
一、軽海郷(加賀国能美郡)御使事、何人候哉、可承存候、』あなかし
く、
卯月十四日
(上書)「(切封墨引)」
(受取注記)「嘉暦四四廿二北方(北条範貞)雑色帰□(洛カ)便到」

〔解説〕前号資料と関連する。元徳元年の二階堂貞藤の上洛、称名寺領となった加賀国軽海郷に派遣する使節のことが話題となっている。【神】二七一六、【鎌】三〇五七九。

826 金沢貞顕書状（自筆）

（三八九／六八六　熙允本「甫文口伝抄」第三）

「一、新茶一久利給候了、殊勝候之際、返々喜』入候、
一、聞書一通、同給候了、
一、水谷入道（清有）息女他界事、承候了、歎存候、故』入道
不便かり候し、息女にて候と覚候、』猶々無申計
候、母儀の悲歎も被察候、可』訪申候、あなかし
く、

卯月廿二日

（上書）「（切封墨引）」

（受取注記）「嘉暦四五十八遠貞帰参到」

〔解説〕書状の日付と受取注記により嘉暦四年と確定。遠貞は金沢家の被官。【神】二七二〇、【鎌】三〇五八九。

827 金沢貞顕書状（自筆）

（①三八四／六八一　熙允本「西員流　一結大事」
②三九〇／六八七　熙允本「西員流　一結大事」）

①

杉谷伊勢入道所労候、父子』可有御訪候歟、
可有御計候、
致綱下向之便、去（今）月十四日御状、同』廿三日到来
候了、
一、道蘊（二階堂貞藤）使節間事、委細追可示給』之由承候了、可存
其旨候、
一、岩梨子一合賜候了、於関東珍』物候之間、賞翫之
外、無他事候、
一、遠貞近日可帰洛候歟、
一、宗長朝臣去夜下着候之旨申』候而、今朝入来候
つ、路中

（本紙）
（裏紙）

②

無為之由語申候之際、喜思給候、』為重朝臣上洛
之旨、同人語申候、』彼間事申旨候、実事候者、
言語』道断事候、

一、北方使節(北条範貞)小串四郎兵衛尉(貞雄)令』帰洛之由承候、暇
事、不及披露、』長崎左衛門入道(円喜、高綱)返状にて、かな
ふましき』よし申候云々、諸事先日状ニ』令申候
之間、省略候、あなかしく、

卯月廿九日

(上書)「(切封墨引)」
(受取注記)「嘉暦四五十八遠貞帰参到」

〔解説〕
金沢貞将の受取注記により年代が確定する。体調を崩していた常葉範貞の身暇が問題となっている。また、京都から宗長朝臣が到着したと伝える。為重朝臣も同じ勢力に属する人であり、貞顕が支持した勢力であったことをうかがわせる。【神】①二七二二＋②二七二四、【鎌】①三〇五八二／三〇六七八重出＋②三〇五九八。

828　金沢貞顕書状

（未収／三七五函「有助口伝聞書」　写八九〇―一）

三月廿八日九日御状等、北方(北条範貞)雑色下向之便』宜、
今月八日慥到来候了、
一、貞冬(金沢)被召加引付衆事、誠悦思』給了、
一、六波羅二番引付管領事、温泉下向以前』被訪意見
候之間、加賀前司(町野信宗)事申候』了、其子細先日申候し
と覚候、落』居分未承及候、刑入(摂津親鑒)対面之時』可尋
承候、
一、評定御参幷官途奉行事、御教書

〔解説〕
金沢貞冬の引付衆新加の事が記されているので嘉暦四年とわかる。831号資料から、温泉が湯本とわかる。三月二十八日・同二十九日付の書状が今月八日に到着したと伝えるので、嘉暦四年四月と比定できる。【神】・【鎌】未収。

829　金沢貞顕書状（自筆）

（三九二／六八九　熙允本「酉員流　一結大事」）

貞冬(北条)評定衆幷官途奉行事、』昨日四日被成下御教書
候、案文令写』進候、此春加引付衆候、年内両度昇
進、』面目之至、自愛無極候、
太守(崇鑑、北条高時)禅閤嫡子若御前(北条邦時)来九日御馬』乗始、御弓あそは
しそめ候へしとて』候、扶持事可為相州(北条守時)之由承候、

自両方』可有御引■《出物》之旨承候、元服なとのやうに』
候ハむするけに候、無先例候歟、雖然』徳治ニ当殿《(北条高時)》
御時、宗宣《(北条)》奥州始此沙汰』候云々、不可然事候歟、

〔解説〕
金沢貞冬の評定衆補任は、元徳元年五月四日なので、この書状は五月五日に確定する。【神】二八一〇、【鎌】三〇八五四。

830 金沢貞顕書状 （六八七九／四一三九　題未詳聖教）

「おほ［　　］』いつれも、あまりに〱、ゆめ
かまし〱候に、このたひはおひたゝしく』たま
はり候へと、おほせ事さふらふへく候、』又かま《(鎌》
くら《倉)》の事、さま〱ニ御さた《(沙汰)》ありけに候へと
も、』あくたう《(悪党)》ともしつ《(鎮)》まりけも候ハて、この
ほとも、さま〱に』きこえ候事とも〱候
て、』□いけなと二ハ、夜もすからゐあかして
なときこえ候、猶々申はかりなく候歟、
つかさ《(官途)》の奉行の事、ま［　　］』喜入候、又公家
［　　］』御祈

「(切封墨引)《(上書)》」

〔解説〕
金沢貞顕が女性に送った書状である。官途奉行の話題が出ているので、金沢貞冬が官途奉行に補任されたことを喜んでいると思われる。元徳元年五月にかけて収める。【神】三〇八九、【鎌】三〇三〇五／三二一九一重出。

831 金沢貞顕書状（自筆） （三九三／六九〇　煕允本「甫文口伝抄」第三）

貞冬《(北条)》昨日十二日評定ニ令』初参候了、無風雨之
難候、』喜思給候也、』近日湯本へ《(相摸国足下郡)》』可令下向之
由存候也、
加賀国軽海郷《(能美郡)》事、被成称名寺領』候之間、堯観御房《(慶誉)》
上洛候、任申状、公人』を差下候て、無残所可被打
渡、勢州』浄実御房も国へ可有下向之由承候、』委
旨定堯観御房定被申候歟、
勢州大日寺《(三重郡)》御願寺間事、為矢野伊賀《(善久、倫綱)》』入道奉行令申
候之処、去五日合評定、』無相違被成下御教書候、
堯観御房被』持下候、浄実御房定喜悦候乎、彼』寺

領等事、被申旨候者、能様可有御計候、』上野前司《北条時直》
使者安東左衛門五郎、今朝令下着候、

〔解説〕
称名寺が加賀国軽海郷に派遣した代官堯観房慶誉が現地で知行を始めるのは元徳元年五月（岡田忠久旧蔵二一号）なので、五月十三日と判断できる。この書状の往信は、長門・周防守護北条時直の使者が預かったと推測できる。【神】二七四一、【鎌】三〇六三五。

832　金沢貞顕書状（一三三八七／「頓成悉地口伝集」）

「□なの』□とも事、』□
猶々ふしきに覚候、又御なか』御おとゝのまつたけの事、
□候てこそ候へ、又』□候、
□貞冬《北条》か評定にまいり候、』□ことにめてたく悦おほえ候に、』かやうに承候、返々

〔解説〕
金沢貞冬は嘉暦四年五月十二日に評定衆へ初参した。この書状は評定初参を喜ぶので同月にかけて収める。一族の女性充書状。【神】二八一一、【鎌】三〇八五五。

参考　名越朝貞書状（「高野山文書　宝簡集」三一八号）

南部庄《紀伊国》沙汰事、悦承候了、委細為富部掃部允入道々円於使者』令申候、定可令聞給候歟、且道性下向之間、巨細被仰含旨候』也、返々可遣其道之旨、被含道円候、定早速可有其沙汰歟、』恐々謹言、
五月廿七日《嘉暦四年》　沙弥《北条朝貞》（花押）
智性律師御房

〔解説〕
『高野山文書』や『鎌倉遺文』は、金沢貞顕書状とする。しかし、花押から金沢貞顕ではなく名越朝貞のものと判断できるので、名越朝貞書状に改める。【鎌】二九五一二。

833　金沢貞顕書状（未収／三七三函　熙允本「当流口伝」写四三一―一九＋写四三一―一八）

又兼冬《中野》使節事、御使帰参之』後、可有御沙汰候之由承候、委』旨自盛久評定令申候歟、』猶々御労無為之条、承悦』無極候、あなかしく、

五月廿九日（嘉暦四年）

「（切封墨引）」（上書）

〔解説〕
中野兼冬を使節として派遣することが記されているので、嘉暦四年と推定する。【神】・【鎌】未収。

834　金沢貞顕書状　（未収／三七三函　熙允本「当流口伝」写四三二―五＋写四三二―四）

「おとされす候事、心よく覚候、新院（花園上皇）御をき』ても
目出候、
一、彼節会事、月公（顕弁）ニ被申之由承候了、僧衆供』料なとも、委細可被注候、あなかしく、

六月廿五日

「（切封墨引）」（上書）
「嘉暦四七十四　使又四郎便到」（受取注記）

〔解説〕
花園上皇の動向、朝廷の節会に関する園城寺長吏顕弁の動向などが記される。受取注記によって年代が確定する。【神】・【鎌】未収。

835　金沢貞顕書状（自筆）　（三九四／六九一　熙允本「酉員流如法愛染口決　伊豆」）

軽海郷（加賀国能美郡）事、大日寺（伊勢国三重郡）長老委細被語申候、』押領輩事、
不可思儀（議）無申計候、御注進』文箱者、■（盛）久（貞助）付城禅門（延明、安達時顕）
候了、本奉行人』塩飽新右近入道（聖遠）許へまかり候ぬと
覚候、』定有御沙汰被仰下候歟、兼又、所務事、』良（了性房）
尊可致其沙汰之由、於湯本宿（相摸国足下郡）申含候』之処、自長老（釼阿）
被仰付尭観御房（慶誉）之旨承』候之間、良尊か致所務事あ
るへからさる』よし令申候了、而一昨日廿六日、以
大日寺長老、』尭観房（慶誉）所務難治ニ候か、良尊可致□（所）
務

（本紙）
（裏紙）

可申遣之由自長老承候之間、申領状候了、』以此趣
良尊許へ可被仰遣候、孫四郎左衛門尉』代官・寺家（武蔵国称名寺）
方代官の京都（山城国）へのほせ候状』をうハひとり候ハむと
するよし、大日寺』御物語候、御判ハのせられ候ハ
て、可被書遣候、』路次にても可有用意候、もし又う

ハひとりて』候とも、くるしからぬやうニ、御計候へく候、』又出羽入道（道蘊、二階堂貞藤）下向事必定、何比候哉、可承』存候、あなかしく、

六月廿八日

（上書）「（切封墨引）」

（受取注記）「嘉暦四七廿顕義（北条）家人帰□（参カ）便到」

〔解説〕
金沢貞将の受取注記により、年代が確定する。鎮西探題北条政顕の子である肥前国守護北条顕義の使者が帰参するので、六波羅探題南方金沢貞将充の書状を託している。称名寺領加賀国軽海郷の打渡しのことが、主な話題となっている。【神】二七三五、【鎌】三〇六四四。

836　金沢貞顕書状　（未収／三七三函　熙允本「当流口伝」写四三一—三＋写四三一—一）

今月十日十一日両通御返事等、大日寺（伊勢国三重郡）長老（貞助）の』下向之便、一昨日到来候了、
一、彼事御返事之趣、具承候了、此等子細存内』事候、又兼冬（中野）帰参以後事、行意領状』候覧、神妙候、御上洛之後、両度下向候歟、』去年鎮西下向、旁被察候に、猶領状、返々』喜思給候、
一、月公（顕弁）事、同領状之由承候、悦入候、道蘊（二階堂貞藤）帰参之後、』御さた候て、是非ニつきて御左右候歟、其時者』可令申候、猶々可被喜申候也、
一、自禁裏（後醍醐天皇）、持明院殿（後伏見上皇）へ被進候御事書案給候了、』不可思議事候歟、東北院僧正（覚円）坊、日来　禁裏御方』以外不快ニ候つるハ、道蘊対面候て、かたく〵かねて』持明院さまよからぬよし、此僧語申候、不思議

〔解説〕
皇位継承問題で上洛した二階堂貞藤が、持明院統の重臣西園寺家の東北院僧正覚円と交渉を重ねている。貞藤の在洛によって、元徳元年と推定できる書状。前号資料にかけて、ここに収める。【神】・【鎌】未収。

837　金沢貞顕書状（自筆）　（①三四五／六四二　熙允本「甬文口伝抄」第三　②三九八／六九五　熙允本「甬文口伝抄」第一）

①園城寺（近江国）発向張本内、上林坊相摸』注記豪誉一昨日六日御免候了、仍』同日入来候之間、対面候了、代々

武』家御家人之由号申候之際、召置』起請文被免候
云々、正和三年新(山城国)』日吉社悪行張本候歟、其外者』
無御免候之由承候、御沙汰不審候、』月蔵坊(石見律師)ニも忩
可被申候、敦利(向山)

(本紙)
(裏紙)

②にも可被仰候、向後連々参申《可》』六波羅之旨、語申候
き、入《参》来候者』無等閑之由にて候へく候、愚老預』
十乗坊無御免候之際、歎存候、』又関東幷六波羅引
付事、先日令』申候き、令参着候哉、あなかしく、

七月八日

(上書)
「(切封墨引)」

(受取注記)
「嘉暦四七廿二上野前司(波多野宣通)若党帰□(洛カ)便到　以雑色御返事
申了」

〔解説〕
六波羅評定衆波多野宣通の使者が帰洛する便に書状を託している。金沢貞将の受取注記で年代が確定する。上林房豪誉は、正和三年の新日吉社闘乱で張本となった延暦寺の大衆である。この後、梶井門跡尊胤法親王に従って六波羅探題に協力し、正慶二年の京都合戦で活躍することになる。本紙袖に切封の痕跡あり。【神】①二二一四・②二七四六、【鎌】①二七二三一・②三〇六五五。

838　金沢貞顕書状（自筆）

（①三四一／六三八　熙允本「甫文口伝抄」第一
②三九九／六九六　熙允本「甫文口伝抄」第一）

①
顕茂(北条)青侍、上州(波多野宣通)使者等便、令申候了、』定参着候
歟、
一、筑後前司(小田貞知)帰洛之後、依引付事』伊せ(勢)前司(伊賀兼光)止出仕之
由風聞候、事実候哉、』若然者、相構《雖》〱出仕候
之様、可有』諷諫候、今度御沙汰不存知候、』依
次第候様、無力事候、有』出仕、一級事、忩可被
申候乎、公方

(本紙)
(裏紙)

②
御意候者、何様ニ候覧、不存知候、』愚存ニハ六
波羅評定衆眼目』と存候之間、惜覚候、可有御意
得候、
一、西室(顕宝)得業先日給状候、返状調』置候を、度々取落
候、文箱一令』進之候、便宜之時可被付遣候、

一、聖顗律師許への状一通、同進之候、』是も度々便宜ニとりをとし』て候、慥可被付候、あなかしく、

七月九日

(上書)「(切封墨引)」

(受取注記)「嘉暦四七廿四真乗院殿(顕助)　常陸房上洛便到」

〔解説〕
仁和寺真乗院院主顕助の使者常陸房上洛の便で、京都に送られた書状。六波羅探題の人事に関すること、東大寺西室に入った甥顕宝のことが記される。『太平記』巻第二「天下怪異事」に記された「西室顕実僧正ハ関東ノ一族ニテ、権勢ノ門主タル間」が顕宝のことであろう。本紙袖に切封の痕跡あり。【神】①二四四三・②二七四七、【鎌】①二九一八〇・②三〇六五七。

839　称名寺雑掌兼久所領請取状案　（五三七四／九四　紙背なし）

(端裏書)「称名寺雑掌兼久所進　嘉暦四　七　十」

(因幡国智頭郡)千土師郷東方上村内参』分壱事、早野村拼宇』仁谷、任参分壱帳、所請取』如件、

嘉暦四年七月十日

(大江顕元)江左衛門尉代官
称名寺雑掌左衛門尉兼久
在判

〔解説〕
称名寺雑掌として左衛門尉兼久がみえる。鎌倉末期の金沢氏被官には兼を通字とした人々が多い。倉栖氏や中野氏の一族であろうか。金沢家御物奉行大江顕元の代官が、称名寺雑掌を兼務している。【神】二七四八、【鎌】三〇六五八。

840　金沢貞顕書状（自筆）　（三五一／六四八〈上〉熙允本「酉員流目録」〈下〉熙允本「御影供作法」）

歎入候、〻〻、同人申候しハ親衛禅門(恵性、北条泰家)の』御病気も難治御事ニ候、人ニもましり』こハき物めされ候て、久御坐かなわぬ』御事ニ候、又同御息女御病事、大方殿(北条貞時後室、大室泰宗女)』より長朝(丹波)々臣道忍ニ被仰付候へとも』御存命不定事候、其御姪、典廏』□御わたり候、いかなるへしとも、』□申候き、最勝園寺殿(北条貞時)』□猶々歎入候、〻〻、□入道(長崎光綱)三十三年之間、山内(相摸国)』□塔

立候て、東寺（山城国）御舎利』□月九日より十一日
まて』□候て、仏事候けるよし』□
□月六日候云々、先度令申』□謹言、
（嘉暦四年）七月十三日

〔解説〕
永仁五年八月六日に亡くなった長崎光綱三十三回忌のことを記すので、嘉暦四年と推定できる。長崎家は山内庄に塔を建立するのであろうか、東寺に対して舎利を手配している。書状の年代は二階堂道蘊の鎌倉帰着により、嘉暦四年七月と確定する。【神】二八八七、【鎌】三一一二一。

841 金沢貞顕書状（未収／三七三函 熙允本「当流口伝」写四三一―一＋写四三一―一〇）

□之由承候、我□』候、女房のまかり候
事、言語道断候歟、』さりなから、前途事当時まて
ハ仰られ』候ハむする気ニも候はぬよし、人々申合
候、』猶々、今度下向無相違候へかしと念願之外』
無他候、又前度申候し、北山殿（西園寺公宗）御離間事』内々月公（顕弁）
ニ御尋候て、可注給候、あなかしく、
（嘉暦四年）七月廿二日

（上書）「（切封墨引）」
（受取注記）「元徳元七　向山神兵衛入道便到来了」

〔解説〕
金沢貞将の受取注記によって年代が確定する。嘉暦四年は八月二十九日に元徳と改元されるので、注記は改元後のものとなる。西園寺家の動向について、園城寺長吏顕弁に確認している。金沢貞顕の被官向山氏が神姓であることがわかり、甲斐国向山庄に広がった信濃国神党の一族と推測できる。【神】・【鎌】未収。

842 金沢貞顕書状（自筆）（三三八／六三五　熙允本「甫文口伝抄」第一）

去月廿五日・同廿六日・同廿九日・今月八日等御
状、性範』法眼下人先立下給候便、同十七日慥到
来候了、
一、伊勢前司（伊賀兼光）所存候へとも、可令出仕之由申候て、
巳』出仕候らん、目出喜存候、一級事を代官ニ
て』勧申候へかしと覚候、
一、為重朝臣間事、承候了、宗長朝臣申候事』者沙汰
候哉、可承存候、

一、自彼御局御文箱一合、柿櫃一合給候了、あな』かしく、

七月（嘉暦四年）廿六日

〔解説〕
伊賀兼光が人事に不満をもって籠居した後、出仕をはじめたと記しているので、838号資料の後の書状と推定できる。袖に切封の痕跡あり。【神】二七二二、【鎌】三〇五八三／三〇六七六重出。

843　金沢貞顕書状（自筆）

（三六一／六五八　熙允本「続別秘口決　ム」）

「　」度ゆゝしくふるまひ「　」』「　」人ニなり候
歟、一門之外「　」』「　」並候事、無先例候、任
「　」』「　」定[redacted]《伊勢》（伊賀兼光）前司弥所存「　」』「　」然、相
構く出仕候て、一「　」』「　」に可有所望之由、
可有「　」』「　」今度落居分、即不存知「　」』
「　」以後して奉行書給「　」』「　」条、神妙候
歟、

〔解説〕
金沢貞顕が六波羅探題金沢貞将に送った書状。伊賀兼光が人事に不満を持って籠居していた頃のものか。前号文書にかけて収める。【神】二四四二、【鎌】二九一七九。

844　金沢貞顕書状（自筆）

（三九七／六九四　熙允本「甫文口伝抄」第二）

去月廿七日御状、今月五日北方（北条範貞）雑色之便』到来、
条々具承候了、
一、自持明院殿（後伏見上皇・花園上皇）無銘御函被注進之由、同承』候了、
一、咳病事、禁裏（後醍醐天皇）・中宮（西園寺禧子）・新仙洞（花園上皇）御悩之由』承候、
驚存候、其外流布之条歎入候、関東』以外候、愚
身自去四日再発、難治に候』つるか、とかくし候
て、二三日得少減候之間、』喜思給候、
一、永嘉門院（瑞子内親王）御悩事、承候了、中書王（宗尊親王）御跡』只一所御
坐之際、特歎存候、中書王には、亡父（北条顕時）事にことニ
奉候之間、返々歎入候、

〔解説〕
宗尊親王皇女で後宇多天皇中宮となった永嘉門院は嘉暦

四年八月二十九日に薨去したので、同年の書状と推定できる。【神】二七四五、【鎌】三〇七〇一。

845　金沢貞顕書状（自筆）（四三六／七三三〈上〉熙允本題未詳聖教折本〈下〉熙允本「御影供作法」）

今月八日御状、性範法眼下人先立下向之間、同』十七日到来、具承候了、

一、道蘊（二階堂貞藤）使節間事、仙洞（後伏見上皇）御事書等令書写給』候了、廿二日之程、両人令申候歟、同廿四日、両人前にて』道蘊・善久（矢野倫綱）参候て、文書わたし候云々、今日』相州（北条守時）并愚老ニ意見を被訪候て、明日廿七日』可有御沙汰之由承候、仙洞東使（二階堂道蘊・矢野善久）所存を御』違背候之間、自　禁裏（後醍醐天皇）如被仰下、可有御和』談之旨雑色なとにて申され候ハむと、』道蘊張行候之由承候、言語道断事』候歟、永福門院（藤原鏱子、伏見天皇中宮）御書ニ無子細御和談候つるを、

（本紙）

（裏紙）

浄仙并近臣なとかけうかい候て、無其儀』候之由のせられて候なる程ニ、城入道（延明、安達時顕）も』浄仙者扶持の物にて候時ニ、意見申』かたく候よし被申候けれとも、長崎（円喜、高綱）』入道たゝ申され候へきむね申候ける程ニ』申されて候なる、持明院殿（後伏見上皇・花園上皇）御方事、城入道』能申候ハむする程に、口ふさき候ハむためニ』東北院（大和国興福寺）僧正（覚円）御房と道蘊同心候て、かやうニ女院（永福門院）ニあそはさせまいらせて候事、無申計候、』道蘊ハ城入道をたのミたる物にて候か、此事の』あまりニしたさに、かゝる御事をも持下候』事、不可思議（議）候、意見とふらハれ候とも、』愚存申候ハしと存候、猶々末世くちを』しく覚候、あなかしく、

七月廿六日（嘉暦四年）

〔解説〕
嘉暦の皇位継承問題で、鎌倉の意見が割れている状態を記している。二階堂貞藤在洛中の書状なので、嘉暦四年と推定する。【神】二七五〇、【鎌】三〇六七七。金文六八七六は重出。

846 金沢貞顕書状（自筆）（四三七／七三四〈上〉熙允本題未詳聖教折本〈下〉熙允本「御影供作法」）

片生して候けるをとりあけ候、一人者』数刻へ候
て、向の白浜岩の中より』取上候、即死候云々、親
類之由申候へとも』名字を隠候之間、不分明候、死
候ことハ』うたかひなく候、
金田兵衛入道孫二郎子息近日早世之由』承候、老後
悲歎不便存候、
在京人中ニも、早世之仁候哉、可承給候、』あなか
しく、

（嘉暦四年）七月廿六日

（上書）「（切封墨引）」

（受取注記）「元徳元七向山神兵衛入道帰□□到」

〔解説〕
金沢貞将の受取注記により、年代が確定する。嘉暦四年は八月二十九日に元徳と改元されるので、注記は改元後のものとなる。六浦庄沖合に沈没船があったのであろうか、遭難救助と思われる話が記されている。孫を亡くした金田兵衛入道は、金沢家の被官であろう。【神】二七五一、【鎌】三〇六七九。金文六八七七は重出。

847 金沢貞顕書状（未収／三七三函 熙允本「当流口伝」写四三一—七＋写四三一—六）

（中野）兼冬使節事、道蘊（二階堂貞藤）帰参之後、物忩候、明日廿七日』
可有御沙汰之由承候、落居不定覚候、自』廿八日
者、為仏事、長崎左衛門入道（円喜、高綱）山内（相模国）に』候へきよし承
候、来月六日仏事以後』帰参候歟、其後候て、申驚
候はむすらんと』覚候、其間、為沙汰、能々可有申
沙汰候、』但、所労之気候ハむ時ハ、をして出仕
候ハて、可有療治候、又駿州（北条春時）者新左衛門尉（長崎高資）』宿所へ
向て被申候上、女房も新左』衛門尉妻女の許へむか
ひて、さま〳〵に

〔解説〕
長崎家では、永仁五年八月六日に亡くなった長崎光綱の仏事を山内で執り行うという。八月六日を来月といっているので、嘉暦四年七月二十六日とみてよいであろう。駿州は、常葉範貞の前任者である。【神】・【鎌】未収。

848　金沢貞顕書状（自筆）

（三九一／六八八　熙允本「甫文口伝抄」第四）

去月廿七日御返事、長州上野前司（北条時直）使下向之』便、
今日到来、委細承候了、
一、道蘊（二階堂貞藤）使節事、大略落居、近日可被出』御返事之旨
承候了、治定分北山殿（西園寺公宗）さたハ』可有御存知候、
内々御尋候て可示給候、
一、為重朝臣上洛候て、申旨候者、有御対面、委』可
被聞候、
一、駿州（北条顕実）子息五郎高政（北条）官途事、未申候哉、』聞書出来
之時、可写給候、
一、同人長崎左衛門入道（円喜、高綱）招請事、致用意被請』候之
処、固辞候て不参之間、周章之』由承候、彼固辞
候上者、城入道（延明、安達時顕）も不参』候歟、又京都ニハ可有上
洛之旨風聞之由

〔解説〕
二階堂貞藤が使節の任を終えて鎌倉に帰参するのは嘉暦四年八月なので、この書状はその前のものと思われる。上野前司は、六波羅評定衆波多野宣通と、長門・周防守護北条時直がいるので、書き分けられている。【神】二七三四、【鎌】三〇七〇二。

849　金沢貞顕書状（自筆）

（四三八／七三五　熙允本「続別秘口伝　ム　三—内」）

『□由、去月末ニ誕生□』□候、富士（駿河国）御
精進ニハ出生にて候』□申者はゝかりあるへ
からさ』□司申候なれとも、三嶋（伊豆国田方郡）』□
とニ、七日出仕も候ましき』□十三日、七日
にあたり候と』□
□道蘊（二階堂貞藤）帰参之後、即可申』□廿日参
着、其後、此』□候、文書渡候なとにて』□
□入道仏事前七日籠居、』□其後禁忌之
間、未』□□（申カ）出之由存候、
□了、去月末下着候了、暇』□状にて
承候、委旨追可申候、
八月十三日（元徳元年）

（受取注記）「□　到」

〔解説〕
鎌倉幕府の使節として上洛した二階堂貞藤の鎌倉帰参について記すので、元徳元年と推定できる。【神】二七五七、【鎌】三〇三四四／三〇六九四重出。

850 金沢貞顕書状（自筆）

（三三三六／六三三　熙允本「甫文口伝抄」第四）

去月廿日両通返状、同廿一日御状等北方（北条範貞）雑色下
向』之便宜、今月十一日到来、条々承候了、
一、宗長朝臣備中所領事、以小串右衛門入道（貞秀）北方へ』
申入候之処、可被止押領之儀之旨、返答之由承
候』了、目出候、
一、兼冬（中野）使節事、未無御沙汰候之際、一昨日廿一日』
温泉（相摸国足下郡）下向事、申入候時、謁長崎左衛門入道（円喜、高綱）再三
申』候了、出羽入道（道蘊、二階堂貞藤）在洛之間、御免難治候歟、
彼』下向以後、可参向之由御返事を被下候之様、
可有』申御沙汰候、且愚老延慶二年に最勝園寺（北条貞時）
殿』御時下向候時、前年の十一月に明春可向之由
預御』返事候了、先例如此候之間申候き、可存其
旨』之由返答候、いかなるきか候やらん、いまゝ
て遅々』候、無心本候、被申候之趣、不及御沙汰
候、早速ニ

〔解説〕
宗長朝臣の鎌倉到着により元徳元年四月以後、二階堂貞藤が東使として在洛しているので同八月以前に絞り込むことができる。【神】二七一七、【鎌】三〇五八〇。

851 金沢貞顕書状（自筆）

（①三四八／六四五　熙允本「甫文口伝抄」第一
②四〇〇／六九七　熙允本「甫文口伝抄」第二）

①
祭ニ、春日社（大和国）・長谷寺（大和国）等』参詣之由承候了、
特喜思給候也、』北方（北条範貞）春日社へ参詣之旨承
候、』実事候哉、可承存候、
八月十四日両通御状、菊地入道』下向之便、一昨
日六日下着候了、
一、筑後前司貞知（小田）一瓶持参之間、』常陸前司（小田時知）・伊勢前
司（伊賀兼光）・斎藤左衛門大夫（基明）・』松田掃部亮（頼済）等、参入之由
承候了、』悦思給候、

一、縫殿頭(長井貞重)同持参之時、出羽左近大夫』入道・丹後前(長井宗衡)司・小早川安芸前司・水谷』兵衛蔵人(秀有)・佐々木源太左衛門尉等同参』之間承候了、縫殿頭所存不審候、

(本紙)

(裏紙)

② 雖然先悦存候、

一、冬方(吉田)卿夫婦出家事、具承候』了、今振舞誠賢人候歟、諸人』惜申候覧、さそ候らんと覚候、』返々いとをしく存候、

一、越後大夫将監(北条時益)上洛事、当時不及御』沙汰候歟、例の不実候乎、

一、放生会者、将軍(守邦親王)御重服之間、被付』[redacted](社家)(鶴岡八幡宮)候了、十五日舞童以下如先々』候けり、十六日者田楽相撲等計』にて候ける□〔よ〕し承候、八月一日より』所労之間、毎事不見物候之間、不存』知候、十三日舞調深雨之間、十四日云々、

一、聞書一通給候了、喜入候、あなかしく、

九月八日(元徳元年)

(上書)「(切封墨引)」

(受取注記)「□ 同日」

〔解説〕

将軍家の重服によって鶴岡放生会の執行が鶴岡八幡宮に委託されたので、規模の小さな神事主体の形で行われている。六波羅探題北条時益の上洛が記されている。【神】①二四四〇+②二七六一、【鎌】①二九一七七+②三〇七二七。

852 金沢貞顕書状(自筆)

(四三九/七三六 熙允本「酉員流 一結灌頂 甲」)

「被悦申候、」

一、政所事、道蘊(二階堂貞藤)父子所存以外候歟、』於我口称賢人之由候なから、』政所職被仰他人時者腹立、』言語道断事候乎、諸人口遊』候歟、あなかしく、

九月八日(元徳元年)

(上書)「(切封墨引)」

(受取注記)「□ 同日」

〔解説〕
二階堂行貞の急死による政所執事の後任人事が、二階堂貞藤が東使として在京している間に決定された。貞藤は、この人事に大きな不満を残し周囲に不平を漏らしていた。【神】二七六二、【鎌】三〇七二八。

853　金沢貞顕書状（自筆）

（四〇一／六九八　熙允本「甫文口伝抄」第三）

一、玄輝門院（藤原愔子）御悩事、同歎存候、
一、為世（二条）卿出家事、承候了、■(民)部卿者昔官途』候、今者前藤大納言と申候也、
一、御咳病事、驚存候、雖然減気之条』悦入候、さりなから能々御慎候て、さハ〱と』成て後、可有御出仕候、
一、御参■(向)事、別紙ニ令申候、時益（北条）』大夫将監上洛事、未承及候、其闕』出来候てそ、替事者治定候ぬと』覚候、
一、北方（北条範貞）労之間、無出仕之由承候了、評定も』候ハぬよし承候之際、長崎入道父子（円喜、高綱・高資）・』城入道（延明、安達時顕）ニハ、以盛久内々令申候了、あなか』しく、

九月九日（元徳元年）

（上書）「（切封墨引）」
（受取注記）「元徳元九廿北方雑色帰洛便到」

〔解説〕
後深草天皇の后玄輝門院は、元徳三年九月三十日に薨去した。北条時益が六波羅探題として上洛することを渋っていること、六波羅探題北方常葉範貞の病状が悪化していること、二条為世が出家したので書状の充名を改める必要があることなどを伝える。【神】二七六三、【鎌】三〇七二九。

854　金沢貞顕書状（自筆）

（四四〇／七三七　熙允本「酉員流　一結六外」）

暇間事、道蘊（二階堂貞藤）使節事』此僧上洛之間、委細令語』申候、可令尋聞給候、兼冬（中野）』両三日之程可令帰洛候也、』あなかしく、

九月十八日（元徳元年）

〔解説〕
二階堂貞藤が使節として上洛した事、金沢貞将が六波羅

探題として在京していることから、元徳元年と推定する。【神】二七六四、【鎌】三〇七三一。

855 金沢貞顕書状（自筆）

（四〇二／六九九　熙允本「酉員流　一結大事」）

能登大夫判官入道息女、昨日』早世候、長崎
入道(円喜、高綱)孫娘候、判官』入道可有御訪候歟、因幡
入道も』当参候、可為』同前候歟、御計候へ
く候、』杉谷(相摸国鎌倉)伊せ入道』時を待之由承候、
八月廿九日御状、今月九日慥到来候了、
一、会所障子唐紙給候了、破損』之間、致綱帰洛之
時、令申候之処、』早速調給候、特悦思給候、
一、経師谷(相摸国鎌倉)土州(北条重村)、今暁寅刻早世候了、』年来申承候之
間、故歎入候、』当腹三郎(北条政国)立嫡子候、妾腹小童』
次男・式部大夫(政憲)三男・蔵人四男、兼日』為宮内大
輔(摂津)高親奉行、被成外題』候了、臨終正念之由承
候、歎申

〔解説〕
北条重村の卒去は元徳元年九月十九日（「常楽記」）なので、この書状は同日のものとわかる。重村の嫡子が政国と伝える。【神】二七六五、【鎌】三〇七三〇。

856 金沢貞顕書状（自筆）

（四〇三／七〇〇　熙允本「酉員流　一結灌頂　甲」）

小机風情の物も、何も』多々可入事候、兼日よ
り』可有用意候、』文つくへ・文台等を造物
ハ、』故但馬前司宗康』辺候き、加賀前司(町野信宗)存知
もや候らん、』内々可有御尋候也、』大刀・刀等
可被造候也、』茶多可有御用意候、
御下向事、猶無御免候、歎存』候、雖然重令申候之
間、明春者』不可有子細之躰候、委旨以兼冬(中野)令』申
候之際、不及委細候、能々可令尋』聞（給候）候、兼又、進
物事、忩々可有御』用意候、薫物男女大切事候、
唐』船帰朝之間、事安候覧と覚候、』高倉入道(惟宗盛親カ)辺、
日数以後可被誂』申候歟、柳箱多々可入候、大小長
も』

（本紙）
（裏紙）
可有御用意候、木色文台・在金物』香台同前、於京（山城国）都者、木もたや』すく候、金物も同前候歟、諸事目に』たゝす、料所より木ともゝもめし』よせて、内々可有御用意候、又』行意重使節事、先度雖令』申候、父他界之間、不可有其儀候、』可為周防前司（狩野為成）歟之由、中兼冬候、可有』御計候、月公（顕弁）下向も明春にてハ』候ハすともと存候、御下向候者、すこし』まかり候て、下向候て、御前慶事の』時分ニ下向可宜存候、可有御意得候、』あなかしく、

九月廿一日

（上書）
「（切封墨引）」

（受取注記）
「元徳元十五兼冬帰洛便到候へ」

〔解説〕

園城寺長吏として上洛した顕弁が、明春には鎌倉に下向すると伝える。また、唐船帰朝のことを伝える。金沢家の被官行意を使節として派遣しようとしたところ、父親が亡くなったので善後策を講じると伝えている。【神】二七六七、【鎌】三〇七二二。

857　金沢貞顕書状（大阪青山短期大学文学歴史博物館所蔵 岡田忠久旧蔵称名寺文書）

それニ□□候時ニやられ候て、真性（宗像）』許へ遣之候、忩々ニ百巻事終候』様、真性ニ可被仰含候、相構〳〵十月』中ニ出来候やうニ御沙汰候へく候、』茶つきて候、能候ハ、可給候、』金沢谷殿（尼永忍）非常事出来候とも、』青侍被下事あるへからす候、』別状ニ申て候薫物事、法興院殿』にも被会候、あつらへ申され候へく候、』経師谷（相摸国鎌倉）土州（北条重村）他界事、猶々無申計』候、彼事多宝寺（相摸国鎌倉）にて候よし承候、』あなかしく、

九月廿一日

（上書）
「（切封墨引）」

（受取注記）
「元徳元十五兼冬（中野）帰洛便到」

〔解説〕

北条重村他界の続報を伝える。また、金沢貞顕の養母谷殿永忍の病状がよくないとも伝える。福島金治「岡田忠久氏所蔵称名寺文書について」（『金沢文庫研究』二八三号）に翻刻。【神】・【鎌】未収。

858　金沢貞顕書状（自筆）

（①三六五／六六二　②四四一／七三八）　熙允本「酉員流　一結六外」「酉員流　一結灌頂　甲」

①金沢谷殿（尼永忍）御事に、愚老』養子之間、禁忌事、富士宮（駿河国富士郡）司か』申候なるハ、百廿ケ日候、子息等ハ』不可有其憚之由、同令申之間、』今朝召盛久、長崎左衛門（円喜、高綱）入道直』令申候云々、然者、御禁忌者不可有』之候、

伊予国守護（宇都宮貞宗）注進ニ、土岐左近大夫（頼貞）』被殺害之由、事候哉覧、御沙汰候』躰にてハ候とも、罪名をも付られ、

（本紙）
- - - - - - - - - -
（裏紙）

②又関東へ御注進なとハ可有御斟酌』候、其外も大なる事をハ可有御』意得候、其子細兼冬（中野）帰洛之時、令』申候き、定令申候歟、

鎮西阿蘇庄（肥後国）恠異事、注進状・』御卜占等事令写進候、驚存候』也、あなかしく、

（元徳元年）九月廿八日

（上書）「（切封墨引）」

（受取注記）「□便到」

〔解説〕
金沢貞顕の養母谷殿永忍は、元徳元年九月二十四日に卒去している。駿河国一宮の社家は、養子なので貞顕の服仮は百二十日が適用されると伝えてきた。しかし、得宗家に報告したところ、この服仮は認められなかった。美濃国の土岐氏について、混乱した情報が流れている。【神】①二七六九＋②二七七一、【鎌】①三〇七三七＋②三〇七三九。

859　京都四条東洞院敷地相伝系図

（東京大学史料編纂所所蔵島津家文書）

（端裏書）「四条□」

四条東洞院敷地相伝次第

系図

和泉守
天野左衛門尉
政景 ―― 女子（法名妙智）相馬小次郎左衛門尉（胤綱）妻 ―― 女子（号谷殿）嶋津下野入道（道義、忠宗）母

嶋津下野守
忠宗（法名道義）―― 上総介
貞久（法名道鑑）

〔解説〕
島津忠宗の母として谷殿の名が見える。天野氏の縁者であり、谷殿永忍との関係は今後の検討課題。前号資料にかけて収める。

860　姓未詳景相書状（大阪青山短期大学文学歴史博物館所蔵 岡田忠久氏旧蔵称名寺文書紙背「金剛界念誦私記」）

自谷殿（尼永忍）、御用途』少々可進之由、被』仰下候しかと
も、』此水にいまゝて、』不出来候、返々、』恐歎不
少候、とかく』仕候て、責出て候、』且、一結進
之』候、随責出候、又々、』可進上候、又、病者
ハ、』源にて候、毎事、』期参上候、恐惶』謹言、
九月十四日　　景相状
御侍者

〔解説〕
谷殿にかけて収める。福島金治「岡田忠久氏所蔵称名寺文書について」（『金沢文庫研究』二八三号）に翻刻。
【神】・【鎌】未収。

861　金沢貞顕書状（自筆）（三七八／六七五　熙允本「西員流　一結大事」）

土左入道（清原教元）ハ可有御訪候歟、可有御計候、』又
工藤右衛門貞祐母儀、駿河国ニ』候けるか、
去七日他界候、同前、
九月十九日御返事三通、行秀律師辺便』宜、今月
六日到来候了、
一、治部少輔（長井高秀）上洛之後、京都何条事等候哉、』委細可
示給候、自両御方（後醍醐天皇・後伏見上皇）猶御使可下向候』歟、不審候、
一、中宮（藤原禧子）御懐妊事、不実之間、御祈等被止候而、』禁
裏（後醍醐天皇）一所ニ御坐之由其聞候、実事候哉、可承存』候
也、
一、禁裏聖天供とて□□御祈候之由承候、不審候、』
同前、
一、治部少輔□□□使者を差上』□
□□□□

〔解説〕

後醍醐天皇が関東調伏のために行った中宮御懐妊御祈の事を伝えること、東使長井高秀の上洛が元徳元年であること、九月の翌月の書状であることから、元徳元年十月六日以後とわかる。【神】二六四六、【鎌】三〇〇三六。

862　金沢貞顕書状（自筆）

（四四三／七四〇　熙允本「甫文口伝抄」第三）

「為御使可下向候けるか、東使上洛之』聞候之間、被止□□（候旨）承候了、治部少輔』高秀（長井）京着之後、何様事等候哉、』貞重（長井）以下一門、定もてなし候らんと』覚候、公家何方一体候哉、委細可』示給候、水谷（清有）入道後室之辺者』内々之儀存知候歟、

一、去十一日中務大輔俊時（北条）・右馬権助』家時（北条）両人被召加評定衆候之由（程）ニ、』入来候き、憚身候之間、以貞冬（北条）返答』候了、家時十八歳候乎、早速無申計候、』あなかしく、

十月廿一日（元徳元年）

「（切封墨引）」（上書）

〔解説〕

元徳元年十月十一日、中務大輔塩田俊時・右馬権助大仏家時が評定衆に加えられた。東使長井高秀の上洛が年代推定の条件となる。【神】二七八三、【鎌】三〇七七九。

863　金沢貞顕書状（自筆）

（①三四九／六四六　熙允本「甫文口伝抄」第三
②四〇四／七〇一　熙允本「甫文口伝抄」第二）

①

長門六郎兵衛入道跡、いかやうニ』ゆつりて候やらん、子息等』年少ニて、弥御要人不足ニ候事、』返々歎入候、〳〵、又』京都（山城国）も不審候、能々』内々者可有御用心候也、

今月十二日御札、同廿三日到来候了、

一、佐々木近江（貞氏）入道子息等返状、慥賜候』了、太郎入道返状、彼代官於路次紛失』之間、遅々之由承候了、

一、聞書一通同前、

一、出雲次郎左衛門殿（波多野）返状、同到来候了、

一、神津五郎兵衛尉秀政、於播州』所領他界之旨、承候了、暇も不申候』て下向之条、不可思儀（議）候、右

筆奉行』五人つゝにて候しか、刑部権大輔入道《（道準、摂津親鑑）》』
奉行にて近年六人ニなされ候事』不可然覚候、時
ニ闕出来もくるしからす

（本紙）
（裏紙）

覚候、
②
一、保野中務大夫《（家景）》者中承之由、公事之次、』彼入道被
申候き、道理にて苦もし候けると』覚候、治部少《（長井高秀）》
輔由緒も候時ニ、いか程も』ふるまひ候らんと存
候、長井一門いか』にもてなしてらん、可承存
候、
一、御使入洛之後、両御所御沙汰不審候、』自仙洞《（後伏見上皇）》者
御使可下向候哉、風聞之説』候者可示給候、
一、刑部権大輔入道、備中国吉備津《（賀陽郡）》宮造』国并社領事
に、愚状をこひ候し』程に書遣候了、能々御意に
入られ』候て、御さた候、代官参入之時も御対面
候て、』よく御あひしらひ候へく候、あなかしく、

十月廿八日

（上書）
「（切封墨引）」

（受取注記）
「元徳元十一十三雑色帰洛便到」

〔解説〕
保野氏は、保野中務丞安倍成家法師跡（『実躬卿記』嘉元二年五月廿九日条）とみえ、朝廷の地下官人安倍氏一族の可能性がある。長門氏は、鎮西に下向した金沢氏庶流の被官。受取注記で、年代が確定する。【神】①二七九一＋②二七七六、【鎌】①三〇七九七＋②三〇七六五。

864　金沢貞顕書状（自筆）

（四四六／七四三　煕允本「酉員流　一結大事」）

一、去月十九日夜、甘縄《（相摸国鎌倉）》の城入道《（安達時顕）》の地の南頬ニいな』
かき左衛門入道宿所の候より炎上出来候て、其
辺』やけ候ぬ、南者越後大夫将監時益《（北条）》北まてと承
候、』彼家人糟屋孫三郎《（道暁、長義）》入道以下数輩焼失候、北
者』城入道宿所を立られ候ハむとて、人を悉被
立候程ニ、そのあきにてとゝまり候ぬ、南風に
て』候しほとニ、此辺も仰天候き、北斗堂計《（相摸国鎌倉甘縄）》』の
かれて候之由承候、目出候、〳〵、
一、去夜亥刻計ニ、扇谷《（相摸国鎌倉）》の右馬権助家時《（北条）》門前』より火

いてき候て、亀谷（相摸国鎌倉）へ（の）少（小）路へやけ出候て、』土左入道（清原教元）
宿所やけ候て、浄光明寺（相摸国鎌倉）西頬まて』やけて候、右
馬権助・右馬権頭貞規（北条）後家・刑部権大輔（道準、摂津親鑑）』入道宿
所等者無為ニ候、大友近江入道（具簡、貞宗）宿所も同』無殊事
候、諏方六郎左衛門入道家焼失候云々、風始ハ』
雪下（相摸国鎌倉）方へ吹かけ候き、後ニハ此宿所へ吹かけ候
し』程ニ、驚存候しかとも、無為候之間、喜思給
候』火本ハ秋庭入道（右馬権助家人）と高橋（同前）のなニとやらんか諍
候之由聞□、』あなかしく、

十一月十一日

（上書）「（切封墨引）」

（受取注記）「　　　」

〔解説〕
金沢貞将が六波羅探題在任中で、鎌倉の大火を伝える記事。貞将の受取注記が裁ち切られているので、年代は確定できない。北条時益が六波羅探題として上洛する以前なので、嘉暦元年から元徳元年の間となる。仮に、元徳元年に収める。【神】二八一三、【鎌】三〇七七五。

865　金沢貞顕書状（自筆）

（四〇五／七〇二　熙允本「甫文口伝抄」第二）

物をつかハされ候て、明春なと絵図を』せさせ給候
へく候、ならひの地、相伝の人ともか』しりたく
候、又関東御地か、本所進士ニて（止）』候か、存知した
く候、絵図ハ丈数をハかられ候て』墨を引かれ候へ
く候、
六波羅闕所注文、去今両年分不到来候、』何様哉候
へとも、案文を不給候歟、若又』闕所か候ハぬやら
ん、不審候、いかニも両年』なき事ハあるへしとも
不覚候、奉行人』事をきらひ、又闕所ニなりぬへき
事を』評定にあけ候ハぬやらん、返々おほつか』な
く候、委細可示給候、この注文給はりて』候し後
ハ、不到来候、案文一通令進之候、』御恩事、御所
存候ハむニハ、むねと西国の』闕所を御意ニ懸られ
候へきニ、無沙汰候事』無勿体候、
法興院殿への愚状令進候、忩可被付進候、』あなか

しく、

十一月十八日

（上書）「（切封墨引）」

（受取注記）「元徳元十二朝元下人帰洛便到」

〔解説〕
京都市街の土地相論のことであろうか。絵図を描き、丈数を記入するように伝えている。また、六波羅闕所注文二年分の報告がないと記す。法興院殿は、摂関家に連なる高僧であろう。【神】二七八一、【鎌】三〇七七八。

866　金沢貞顕書状（自筆）

（四三三／七三〇　熙允本「甫文口伝抄」第四）

前度申候備前入道（北条家政）・備前権守』引付参事、明春可被召出之処、』去十二日御沙汰候て、内々被仰』候云々、兼日被仰事比興候歟、』先例又不審候、

条々

一、太守禅閤（崇鑑、北条高時）若御前（北条邦時）、自来十九日諏方入道（直性）』宿所ニ御坐候て、廿一日可有御参詣八幡宮（相模国鶴岡八幡宮）』之由承候、代々五歳ニて御参詣之旨、其沙汰』候也、

一、白鳥一羽令進之候、

一、（書）文箱の上をハ、はきのけてこそ封する』事にて候に、もとのうゑをふうせられ候事、』たひ〳〵候、申候ハむとて、いまゝて不申』候つ、一合進之候、日比ふうし候物ニも、』能々可被仰付候、大かたハミなはかせて』□に御覧候て、文をハ入らるへく候、』御無沙汰之故候也、諸方へも如此候て、物』つかハされ候らん、猶々あさましく候、〳〵、

〔解説〕
北条高時の嫡子邦時が五才で鶴岡社参を行うというので、元徳元年十一月と確定する。【神】二八〇九、【鎌】三〇八五三／補二一〇四重出。

867　金沢貞顕書状（自筆）

（①三三五／六三二　熙允本「西員流如法愛染口決　伊豆」）
（②三七九／六七六　熙允本「西員流如法愛染口決　伊豆」）

①「□□□□」佐々目僧正（有助）弟子ニ所望候、大略』治定候歟、自当時入御候ハやなと』

にて候けニ候、』［　　　　］』□月廿一日帰
参、同廿三日始』御沙汰候き、愚老ニも』意見
を被訪候しニ候、
自禁裏(後醍醐天皇)高秀(長井)帰参之時、被仰下候条々』御返事を被申
候歟、室町院(暉子内親王)御遺領事、』たやすく御返事申されか
たきよし』申され候、不日奉行人道蘊(二階堂貞藤)以外腹立』之
由承候、内々公家へ申候て、定かさねて』被仰候ぬ
と覚候之由、或人申され候、』不可思儀(議)事候、
山代庄(加賀国)にて、小津宰相跡与旧妻合戦』度々候之由承
候、守護人令注進候哉、さも』候ハヽ、忩御さた候
て、闕所注文ニ入て可有御』注進候、若又守護注進
未到候者、内々』可被勧申候、軽海郷(加賀国能美郡)より僧ののほ
りて候し、』［　　　　］

(本紙)
(裏紙)

② □申候、旧妻者大石庄(丹後国)にて合戦候し』物と覚候、且
月公(顕弁)ニも御尋候て、忩々内々』可有御沙汰候、守護
ニハこなたより勧申やうニハ』あるましく候也、
関東大仏造営料唐船事、明春可渡宗(宋)』候之間、大勧
進名越善光寺(相模国鎌倉)長老御使』道妙房年内可上洛候、常在
光院(山城国)一切経』あつらへ申候、僧をもわたされ候へき
よし』申候、愚状進候、忩々可被付長老、返状を
ハ』慥便宜ニ忩可給候、此道妙房年来対面』したる
人にて候程ニ申承候、可有御意得候』也、
高倉の宗入道(惟宗盛親カ)許へ文箱一裹・柿櫃』一合遣候、慥被
付遣候て、返状とりて可給候、』大御堂(相模国鎌倉勝長寿院)前大僧正(道潤)御房
御労あふなき事』にて候よし承候、歎入候、あなか
しく、

十二月三日(元徳元年)

(上書)「(切封墨引)」
(受取注記カ)「［　　　］」

〔解説〕

勝長寿院別当の前大僧正道潤の病状を伝えるので元徳元年と推定できる。この書状では、関東大仏造営料唐船を名越新善光寺が勧進となって派遣しようとしていると伝える。金沢貞顕もまた、この船で常在光院一切経を調達するため道妙房に常在光院の僧を同道させようとしている。②の紙背には、「酉員流如法愛染口決　伊豆」の奥書「于時建武二年十月廿六日夜剋終、於武州六浦庄金沢

寺書写了、西院末資（熙允）」がある。【神】①二四一〇＋②二七八八、【鎌】①二八九〇九＋②三〇七九〇。

868 金沢貞顕書状（自筆）

（四〇六／七〇三 熙允本「酉員流　一結大事」）

「可得其意候、
一、彼堂事、月公《顕弁》状幷注文給候了、のとかニ』能々見
候て、不審候者、重可申候、
一、北方《北条範貞》使者山本九郎《時綱》帰洛之由承候了、
一、能書人不尋出之旨同前、猶々可有御尋候、宗』人
等者、はかくしく尋出候ハしと覚候、■《他》所の』
仁ニ申され候へく候、
一、童雑色等事、子細同前、
一、刑部権大輔《道準、摂津親鑑》入道代官参申旨承候了、可被入』御意
候、
一、長門六郎兵衛入道跡事、同承候了、尤不審候、』
舎兄者行意か、諸事計申候之旨、語申候き、』不
実候哉、あなかしく、

十二月五日

（上書）
「（切封墨引）」
（受取注記）
「元徳元十二 廿六 親政下人便到」

〔解説〕
伊勢国守護代親政が鎌倉に派遣した使者に、六波羅探題金沢貞将充の書状を託している。親政は、伊勢国守護所から京まで、書状を下人に届けさせている。金沢貞顕が、有能な右筆を京都で探していることは注目してよいだろう。金沢家被官行意は鎮西金沢氏の被官長門六郎兵衛入道の舎兄と記されている。【神】二七九〇、【鎌】三〇七九六。

869 金沢貞顕書状（自筆）

（四〇八／七〇五 熙允本「甫文口伝抄」第三）

「候哉覧、それニよるへしとも不覚候、』上番管領
候上者、こな《た》へ可被進事とこそ』覚候へ、奉行人
ことき、いかゝ申候らん、為向後』可示給候、』
一、西園寺殿《公宗》御官途事に、被下候御函被取進』之由承
候了、
一、六条院長老《山城国京都》入滅事、同前、

一、吉田前大納言(定房)室家三位局逝去之旨、同承』候了、宮々母儀民部卿三品(源親子、北畠師親女)、吉田と一体之由』其聞候し、その事にて候やらん、別人候歟、』委細可承候、吉田籠居候哉、民部卿三品』者梨下門主宮(尊雲法親王)当代御子(後醍醐天皇)・聖護院准后(尊珍法親王)亀山院御子』御母儀候也、あなかしく、

極月十一日

「(上書)(切封墨引)」

(受取注記)「元徳元十二廿六親政下人便到」

〔解説〕
金沢貞顕が伊勢国守護代親政の送ってきた使者に預けて京都への転送を託した書状。吉田定房の正室が亡くなったという。ただ、吉田定房室三位局と村上源氏の民部卿三位との間に混乱があったようで、確認をとっている。尊雲法親王は、のちに還俗して護良親王となる。【鎌】二七九三三、【神】三〇八〇六。

870 金沢貞顕書状（自筆）

（四〇七／七〇四　熙允本「酉員流　如法愛染口決　伊豆」）

北方(北条範貞)官途悦喜候処、』御所存之趣、可承存候、斎藤左衛門大夫基明妻女他界之』由、承候之間、為訪遣状候、付遣之、返』状とりて可給候、北方使者、明春可下向候哉、何人』候、又小串右衛門(貞秀)入道可下向之旨承候、』時ニ公私可兼行候歟、風聞分』内々可示給候、あなかしく、

十二月十二日(元徳元年)

〔解説〕
常葉範貞は、元徳元年十二月十三日に駿河守に補任されている（「鎌倉年代記」表書）。この書状は、鎌倉側の内部調整の結果を喜悦と言っているのであろう。【神】二七九五、【鎌】三〇八〇九。

871 金沢貞顕書状（自筆）

（四〇九／七〇六　熙允本「受者　加持作法」）

候に、如此沙汰事候(候事)、存外候、但評定より』内々の御さたへわたされ候後、いかゝさた候ハん』すらん、かねてハ難知候、先度も申候し』やうニ、此近江房(道覚)ハ長野孫五郎入道もろをや』にて候なる程ニ、造沙汰ニし候、無申計候、』これニよるへからす

候、守護方へ御教書を』なされ候て、合戦張本等
ハ、厳密ニ御』さた候へく候、長野ハ斎藤等と無内
外事』けニ候、可有御意得候、あなかしく、

極月廿一日

（上書）「（切封墨引）」

（受取注記）「元徳元十二廿八北方（北条範貞）雑色帰洛便到」

〔解説〕
加賀国軽海郷が治まっていない様子が記されている。軽海郷で抵抗している長野氏が六波羅奉行人斎藤氏と親しいという。簡単には治まりそうにない様子を伝える。
【神】二八〇〇、【鎌】三〇八二七。

872　金沢貞顕書状　（五三七八／九八　紙背なし）

長日不断護摩供御』巻数一枝給候畢、』特悦存候、
恐惶謹言、

十二月廿一日　崇顕（金沢貞顕）（花押）

（異筆）「元徳元ー」

称名寺方丈（釼阿）御報

〔解説〕
金沢貞顕が称名寺に送った歳末祈禱巻数への礼状である。一枝は、文杖で数える際の単位。【神】二七九九、【鎌】三〇八二六。

873　金沢貞顕書状（自筆）　（四一〇／七〇七　熙允本「甫文口伝抄」第一）

給候、指渡官人幷御訪用途事、』重可撰行之由、同
承候了、毎事』自禁裏（後醍醐天皇）被仰下候事者、奉行人』厳密
ニ令申沙汰候、目出候、あなか』しく、

十二月廿二日

（上書）「（切封墨引）」

（受取注記）「元徳□帰洛便到」

〔解説〕
鎌倉幕府と後醍醐天皇は既に険悪な関係に入っているが、仕事の上では忠実に振る舞っている様子を伝える。
【神】二八〇二、【鎌】三〇八二八。

874　金沢貞顕書状（自筆）

（四一二／七〇九　熙允本「瑜祇経聞書口注」第三）

「前々の不見候、兼又、土岐兵衛蔵人《頼衡カ》事ハ、』守護注進候とも、大なる人の事にて候、』関東へ御注進を斟酌候へきよし』令申候き、而評定ニ落居候ハヽ、其分を』可承候けるに、可存其旨之由はかり承候』し間、未落居之由令存候之処、先日』落居候うゑは、不及子細候、守護注進を』もちて、可有御注進之由存て候つるか、』先日評定治定之上者、返々無子細候』歟、

一、法興院殿御文二通慥賜候了、あなか』しく、

十二月廿二日

（上書）「（切封墨引）」

（受取注記）「元徳二正二北方《北条範貞》雑色帰洛便到」

〔解説〕

土岐兵衛蔵人の事が問題となっているが、詳細は不明。美濃国の土岐氏には後醍醐天皇の与党がいるので、その一人に関することか。【神】二八〇三、【鎌】三〇八三〇。

875　金沢貞顕書状（自筆）

（四一四／七一一　熙允本「甫文口伝抄」第三）

「一、忠伊法印事をハ、聖護院大宮《覚助法親王》ハ何とか』仰事も候らん、いかゝ聞候覧、可承候、

一、常陸前司《小田時知》・伊勢前司《伊賀兼光》・佐々木隠岐前《清高》司等一級』所望事、為宮内大輔《摂津高親》奉行其沙汰候、被訪』意見候之間、皆可有御免之由、申所存候』了、而城入道《延明、安達時顕》、常陸・隠岐両人者可有』御免、伊せハ難有御免之由被申候云々、』刑部権大輔入道《道準、摂津親鑒》同前候歟之旨推量候、伊』勢者常陸前よりも年老、公事先立』候、丹波《長井宗衡》・筑後日来座下候、近比頭人』にてこそ候へ、伊せハ十余年頭人候、器量』御要人候之間、一級御免不可有其難候歟』之由、再三申候了、宮内大輔披露いかゝ候らん、』不審候、あなかしく、

十二月廿二日

(上書)「(切封墨引)」

(受取注記)「元徳二正二北方(北条範貞)雑色帰洛便到」

〔解説〕

六波羅探題の人事を伝える書状。伊賀兼光が冷遇されている様子がわかる。兼光は、安達時顕に睨まれていたのであろうか。網野善彦は、『異形の王権』(平凡社)で兼光を後醍醐天皇親派の一人と考えている。【神】二八〇四、【鎌】三〇八二九。

876 金沢貞顕書状(自筆)

(四一一／七〇八 煕允本「瑜祇卿聞書口注」第三)

「最中之由承候了、闕所無子細候歟、』御在洛之間ニ、闕所注文ニ入て、相構く』可有御注進候、

一、高倉入道(惟宗盛親カ)返状文箱一合、慥給候了、

一、太守禅閤(崇鑑、北条高時)今度御出生若御前(崇暁カ)、去』十二日佐々目(相摸国鎌倉遺心院)へ已入御候了、有助僧正』すちむかへニ門弟坊ニをきまいらせ』候て、女房達祗候之由承候、早速入』御、不可然覚候、

一、奥州(北条貞直)拝任以下聞書等給候了、奥州』昨日持■(来)候、道蘊(二階堂貞藤)子孫昇進、言語』道断事候歟、あなかしく、

十二月廿二日

(上書)「(切封墨引)」

(受取注記)「元徳二正二雑色帰洛便到」

〔解説〕

北条高時の男子が、佐々目遺心院の有助僧正のもとに預けられた。崇暁のことと思われる。また、大仏貞直の陸奥守補任を伝える除目聞書が鎌倉に届いたと伝える。【神】二八〇一、【鎌】三〇八三一。

877 金沢貞顕書状(自筆)

(四五一／七四八 煕允本「甫文口伝抄」第一)

「方へわたされ候て、忩可有御沙汰候、定無子細候歟、』当奉行者山城入道(二階堂兼藤)々義・長崎三郎左衛門(高頼)尉、高札執筆』安威新左衛門尉資脩候云々、八院(加賀国白山)事者被成御教』書候者、追可進候、其間御使等出立候へかしと』存候、

一、法花寺(大和国)造営召功内、宮内大輔(摂津高親)退座事、貞冬(北条)』令申

沙汰候、備中国御家人須山（陶山）又二郎諸国権守』御免
事、御教書幷国名字を栄心房許へ遣候、』文箱一
合進之候、忩々栄心房につけて』返状とりて可給
候、物忩之間、毎事省略候、あなか』しく、
（元徳元年カ）極月廿九日
（上書）「（切封墨引）」

〔解説〕
加賀国軽海郷に関する沙汰と、法花寺造営成功のことが記されている。【神】二八〇七、【鎌】三〇八四六。

878 金沢貞顕書状（自筆）

（四一五／七一二　煕允本「瑜祇経聞書口注」第三）

駿河大夫将監顕義（北条）領河内国』くすハ（楠葉）の御牧
事、所務以下事』何様候哉、委細可示給候、
去八日・同九日両通、以上三通返状、夜前北方（北条範貞）』
雑色便到来候了、
一、法興院殿御文一通給候了、
一、去年四駁馬、北山殿（西園寺公宗）候之由承候了、
一、近衛北政所御跡事、為公家御沙汰、右大臣家（近衛経忠）へ』
被付候、御沙汰依違候之間、自関東可被取申』之
旨、内大臣家（近衛基嗣）御使宮内卿範高（平）卿自旧年』下向候て
申され候程に、出羽入道々蘊（二階堂貞藤）・伊賀（矢野倫綱）』入道善久等
為奉行御さた候、梅尾（山城国）池坊々主』範高卿ニ同道候
て被致秘計候、右大臣家』よりは御使下向も候ハ
す、ひとりすまひにてハ』いかゝと覚候、道蘊年
来仲（平）高入道・範高卿』一体分身候之間、不審候、
右大臣家の御方さま』の事ハ、高倉入道（惟宗盛親カ）前々口入
候き、今ハいろい――

〔解説〕
平範高が宮内卿を勤めたのは元徳元年九月二十六日から同二年四月七日の間で、従三位昇進は元徳元年十一月九日である（『公卿補任』）。本書状は、その間となる。甘縄顕義の所領として、殿下渡領河内国楠葉牧（現大阪府枚方市）がみえる。袖に切封の痕跡あり。【神】二八三九、【鎌】三〇九三〇。

879
金沢貞顕書状（自筆）
（三八〇／六七七　煕允本「甫文口伝抄」第二）

明日刑部（道準、摂津親鑑）入、明後日問注所』信（道大、大田時連）入一瓶持来候
へきよし』申候也、

今月九日返状、雑色下向之便今日到来了、
一、中宮（藤原禧子）又御懐妊候とて、十一月廿六日京極殿へ（山城国京都）』行
啓之由承候了、比興無申計事候歟、御』祈事言語
道断候乎、
一、禁裏（後醍醐天皇）御自護摩を御勤之由承候了、
一、北方（北条範貞）参詣南都之旨、同承候了、信□の御』渡候と
覚候、
一、真性（宗像）奉行日記事、大略於彼方校合』之条、返々不
審候、能々可有御沙汰候、
一、大御堂（相摸国鎌倉勝長寿院）前大僧正（道潤）坊入滅之間、宮僧正（聖恵）御房』訪申入
候ハむためニ、月公（顕弁）下向や候はん』すらんと、金
輪院雑掌これにて申』候之由承候、実事候哉、
内々御尋候て可』示給候、行意者定存知候歟、

〔解説〕
後醍醐天皇の中宮懐妊祈禱のこと、大御堂前僧正道潤入滅を記すので、元徳元年十二月以後のものと推定される。仮に、元徳元年の年末に置く。袖端に切封の痕跡あり。【神】二七八四、【鎌】三〇七八二。

元徳元年（一三二九）年末雑載

煕允本「瑜祇経聞書口注」紙背文書

金沢貞顕出家後の書状群。金沢貞将が六波羅探題南方を勤めている間のものである。仮に、貞将が六波羅探題の任を離れる前年の元徳元年に収める。

880
金沢貞顕書状（自筆）
（三四七／六四四　煕允本「瑜祇経聞書口注」第三）

六波羅引付番文進之候、先々者御』代官にて盛久候
之間被付候か、今度者』筑後前司貞知（小田）ニ被付候
云々、眉目あら』せんのためニ、奉行人如此沙汰候
歟』之由推量候、
頭人事、加賀前司（町野信宗）理運之由、雖令』申候、不及御沙
汰候、背本意候、雖』然無力事候、後闕を可被待候

歟之』由、可有御物語候、
評定衆事、両人可被加之旨、御沙汰之間、

〔解説〕
金沢貞将が六波羅探題を勤める間の六波羅人事である。引付頭人の交替などを記すが、年代は未詳。【神】二四四四、【鎌】二九一八一。

881 金沢貞顕書状（自筆）

（三四六／六四三 熙允本「瑜祇経聞書口注」第三）

去六日両通御返事、今日雑色之便下着、』条々承
候了、
一、鎧幷筒（胴カ）丸、実事京都（山城国）如他上手之間、』可被打之由
承候、喜入候、宗妙備中国に候とも、』先うたせ
らるへく候、其間ニ被召候者、定参』着候歟、ま
いりて後被始候者、可延引候、先度も』如令申
候、いかほともうすくかろく候へく候、』又たと
ひ経数月候とも上品ニうたせ』らるへく候、
一、東北院（大和国興福寺）僧正（覚円）御房申され候事、不実之由』承候了、
不可思議〔議〕事候、誠もなき御事』けニ候、可有御意
得候、
一、道顕律師返状、慥賜候了、

〔解説〕
金沢貞顕から在京する金沢貞将に送った書状。園城寺に入った貞顕の子道顕律師のことがみえる。袖端に切封の痕跡あり。【神】二四五一、【鎌】二九二五八。

熙允本「酉員流　一結　灌頂甲」紙背文書

熙允が建武二年十一月十二日に書写した奥書を持つ聖教の紙背文書。「酉員」は、「酉負」で、西院流宏教方の略字。金沢貞将が六波羅探題の任を終える前年の元徳元年年末雑載に収める。

882 金沢貞顕書状（自筆）

（四四九／七四六 熙允本「酉員流　一結灌頂　甲」）

貞意事承候了、盛久許へ被仰』候なれハ、定令申候
歟、可承候、道蘊（二階堂貞藤）か』いかゝしてうしなひ候ハむと
存て候間、』御沙汰不審候、配所へも尋られ候やう
ニ』承候、可有御意得候、
春日局逝去事、無申計候、年来』申承候之間、特歎

入候、〳〵、
高倉入道（惟宗盛親カ）状一合給はり候ぬ、御返事』追可調進候、
あなかしく、

十二月十一日

〔解説〕
金沢貞顕が六波羅探題金沢貞将に送った書状。正中二年から元徳二年の間である。【神】二七九四、【鎌】三〇八〇七。

883　金沢貞顕書状（自筆）

（三七二二／六六九　熙允本「酉員流　一結灌頂　甲」）

大日寺（伊勢国三重郡）長老返状一通、真乗（顕助）』院より函一合進
候、慥（貞助）可被付候、』若勢州下向候者、以親政辺
便』可被下遣候也、』又、歓喜寺方丈への』文
箱一合進之候、』たしかニつけて』給はり候
ハ、、悦存候、
御産進物事、盛久・保宗等令同道持』参之処、無相
違候、御返事近日可被出之』由承候、
御領御辞退事、長崎入道父子（円喜、高綱・高資）中盛久』之処、子息者
北方（北条範貞）御恩ハ始御沙汰ニハ』あらしニて候しか、後ニ
如形あるへき』にて候し程ニ、所あてなと候て
後、』小串右衛門入道（貞秀）当参候しか、六波羅の』闕所
にて候とて、御所望候し程に』被進候き、当御方さ
やうニ候らん、無』勿体候、忩可申沙汰之由返答候
けり、』禅門ハ北方たいやうニもをよはぬ

〔解説〕
金沢貞将が六波羅探題南方を勤めている嘉暦から元徳年間の書状。876号資料に関係するか。【神】二四五〇、【鎌】二九二五七。

熙允本「酉員流　一結」紙背文書

熙允が、鎌倉幕府滅亡後に書写に用いた料紙である。金沢貞将が鎌倉に下向する前年の元徳元年年末雑載に収める。

884　金沢貞顕書状（自筆）

（三四四／六四一　熙允本「酉員流　一結灌頂　甲」）

真乗院（顕助）留守への文箱』ニ合進之候、慥可被付遣

候、

追申

姫宮御事ハ、八月十六日御かくれニて』候なるか、十月廿二日ニ御所(守邦親王)へもきこえて候、』御跡ニ謀書をかまへ出し候ハむと、鎌倉(相摸国)』へも御雑掌ニ申合候なとし候ほとニ、』かくされて候と覚候、広橋法眼ハ敵人』にて候か、申候ハ八月十三日の御かくれと』承候、嵯峨(山城国)尺〔釈〕迦堂の近辺ニ候尼』寺ニ多年御入寺、比丘尼にて御わたり』候之間、御子孫あるへからす候、大方も御』譲状候とも、比丘尼入寺の体にてハ、』御ゆつりゆるされ候事もあらしと』覚候、よく内々御尋候て可承候、

〔解説〕
将軍家の相論について記す書状である。親王将軍の時代になってから、鎌倉では将軍家の息女を姫宮とよんでいた。姫宮は、守邦親王の縁者であろう。嵯峨釈迦堂近辺の尼寺にいたという。八月十六日に薨去したが、子供はいないので相続問題の心配はないと安堵している。
【神】二八四二、【鎌】三〇三九七。

885 金沢貞顕書状（自筆）

（四一三／七一〇 煕允本「酉員流 一結六外」）

只今巳刻計、若宮神主(相摸国鶴岡八幡宮)許へ』侍所代官をしよせて候とて、』門前市をなし候之間、〇神主相尋候へハ弟』幷桑原太郎同宿候、ともニ被召取候云々、』□』桑原□(太郎ハカ)』工藤三郎右衛門入道か』子息と覚候、悪党の』ゆえにて候なと申合候へとも、』実説未分明候也、

今月十六日両通御状、北方(北条範貞)雑色下向之便、』一昨夜廿三日下着候了、

一、忠伊法印父子三人被殺害事、承候了、』先驚存候、評定之趣、子細とも候へとも、』忠伊名仁候之上、関東へ下向候て、諸人知音』候き、鑒厳僧都従父兄弟候之間、刑部権(道準、摂津親鑒)』大輔入道無内外候、仍関東へ御注進候□』宜候ぬと覚候、自公家(後醍醐天皇)如此被仰下候、可為何』様候哉之由、可有注進

候、又此事自諸方』内々馳申候ぬと存候之間、其以前ニ、先長崎』(円喜、高綱・高資)入道父子、城入道(延明、安達時顕)ニ沙汰候て、雖可令注進候、先』為御意得令申候之由、自御辺示給候とて、』昨日廿四日長崎入道父子ニハ以盛久令申候了、入道ハ□か(貞藤)

〔解説〕
忠伊法印殺害の事件が年代推定の鍵となるが、事件の詳細は不明。鑒厳は摂津親鑒の子なので、忠伊は摂津氏の縁者である。金沢貞顕が六波羅探題金沢貞将に送った書状。【神】二八〇五、【鎌】三〇八三二。

〔解説〕
鎌倉幕府の人事をめぐる書状。二階堂貞藤の処遇が話題に上るところをみると、元徳元年であろうか。新加六人は、引付衆と思われる。【神】二八一八、【鎌】三〇八七七。

886　金沢貞顕書状（自筆）

（三五九／六五六　熙允本「酉員流目録」）

□引付管領御免事も、』□以状可被申候、新加引付』衆も有御計、可為同前候、□□日治定、昨日被施行』□□進之候、新加六人者、』□佐々木隠岐前司(清高)・土左入道(清原教元)』□之処、城式部(安達顕高)大夫所望之』□々可被賀候、出羽入道(道蘊、二階堂貞藤)か

887　金沢貞顕書状（自筆）

（三七一／六六八　熙允本「甫文口伝抄」第四）

□ヽ代永寺領之間、御在洛之時』何程もよくしたゝめたく候、』又先度合戦相手僧徒』張本召上て、可有罪科候、』且、郎等ニ内々』令申候き、定申候歟、』若未申候者、有』御尋可有御沙汰候、』只今北方(北条範貞)雑色帰洛之由』申候之間、馳筆候也、

自称名寺長老(武蔵国六浦庄)(釼阿)、堯観御房(慶誉)への御文箱』一合進之候、忩可被付遺候、軽海郷(加賀国能美郡)事、本主』の子息等当参候なるか、自六波羅御使』を支申へきよし、したくし候なる、関東』にて、内々申立たるむね候之間、其御

左右まて』不可被打渡之由、国にてさゝへ候て、御
使』注進候者、日数へ候へく候、其間可当知行』之
旨造意候なる、此旨を御使ニも』郎等なとニも、
内々心えさせられ候て、』いかニさゝへ候とも、不
出対候とも、必打渡□

〔解説〕
加賀国軽海郷が称名寺領となったのは嘉暦四年。この書状は、旧領主の縁者が異議を申し立てて実力行使に及んでいるので、下地打渡しが混乱している様子を伝える。【神】二一五〇、【鎌】二七〇一八。

888 金沢貞顕書状（自筆）（四四五／七四二〈第一紙〉「諸尊通用行法略次第」〈第二紙〉題未詳聖教）

□難治事候歟、可有御計候、□』子息□
□御訪候哉、
一、土佐房（教尊）加余次を可尋出之由申候』けるハ、其後何
様候、委細可示給』候、あなかしく、
十一月三日

〔解説〕
金沢貞顕が六波羅探題金沢貞将に送った書状。正中二年から元徳元年の間である。【神】二八九〇、【鎌】三一二三。

889 金沢貞顕書状（自筆）（四四七／七四四 熙允本「敷万タラ事 小野流」）

雖下品候、染絹五包』進之候、あなかしく、
十一月廿六日

〔解説〕
金沢貞顕が六波羅探題金沢貞将の側にいる女性に送った書状。正中二年から元徳元年の間である。【神】二八八九、【鎌】三一二四。

890 金沢貞顕書状（自筆）（四五〇／七四七「摩訶迦羅天法」）

□洛候、在京之間□』□
□候者、可被承候、』□、一昨日一
級御免候、』□□（未カ）着候、少□』
□定進発候、委細□』□

仍省略候、あなか』□、

極月十八日

〔解説〕
十二月十六日に叙位を伝える報せが届いたという。誰の叙位かは不明。嘉暦元年から元徳元年の書状。【神】二八九一、【鎌】三一一二六。

891 金沢貞顕書状（二三七四／三三七函「披葉衣鎮」写三一五―三）

『□候歟、具承候了、軽海《加賀国能美郡》』□、
御返事道明御房』□候之間、周知之上候
者、』□候之由、令申候了、定』□上
者、御免之旨、可』□可承候、次所労事

〔解説〕
加賀国軽海郷のことが出てくること、金沢貞将が六波羅探題在任中であることから、元徳元年ないし二年に限定される書状。【神】二七三六、【鎌】三〇六三〇／三〇六四五重出。

892 金沢貞顕書状（六八八〇／四一八函「供養法作法」写七三八―一）

□御状、近貞下向之便、同』□のかれ
かたきよし』□しかとも、御さたにお』□
□了、天下のため歎入候、』□せらるへき
よし申』□入道ニ問答せられ候て、』□
承候、但、人々ニすゝめ』□や、猶申候ハむ
すらん』□
□今月五日無為下着、』□最前示給
候、本意候、

〔解説〕
六波羅探題金沢貞将が送ってきた書状に対する返事である。正中二年から元徳二年の間である。【神】二八九四、【鎌】三一一二八。

893 金沢貞顕書状（六八八三／四一八函「供養法作法」写七三八―二）

□《常》在光院《山城国京都》御返事、』□□令進之候、可被付進候

也、歓喜寺文箱同前候、
□□二番頭者、右馬権頭(北条茂時)』□□かさねて被
参間、其夜』□□奥守(北条貞直)ニなりて候、御沙汰之』
□□計候歟、
□□先日前民部少輔行時(北条)』□□召二日又行
時、越後』□□式部大夫徳時(北条)、遠江式部』□
□左近大夫将監時英(北条)、陸奥』□□木隠岐前司
清高(佐々木)』□□刑部大輔入道々準(摂津親鑑)』□□越後左
近大夫時知(北条)、

〔解説〕
鎌倉の人事について記す。大仏貞直が駿河守から陸奥守に転任したのであろうか。また、貞直は二番引付頭人に推されたが、三番に就任したということであろうか。
【神】二八九六、【鎌】三一一二〇。

894 金沢貞顕書状

(六八八二／三四〇函「東寺御影供順礼作法」写三三八―一+写三三八―二)

『□□夫奉行之時者、加賀前司(町野信宗)不可』□□子
細之旨存候之処、行暁(二階堂行貞)』□□前々司定昇進候
歟、可有御察候、』□□御状等、吉書雑色下
向』□□来候了、
□□月六日以前左馬助行□(春カ)』□□了、為信
濃左近大夫貞連(太田)』□□御評定之旨承候、
□□御教書参着之時、御』□□了、評定衆
奉行人事』□□喜入候、〳〵、
□□堤二具給候了、歳末』□□興候之間、
悦喜之外、』□□一合慥賜候了、
(本紙)
(裏紙)
□□御返事、同十二日返状等

〔解説〕
鎌倉の金沢貞顕が六波羅探題金沢貞将に送った書状。
【神】二四七九、【鎌】二九三九一。

895 金沢貞顕書状

(六八八七／「宝」)

忠時(北条)同日位記の事、』さうゐ候ましきよし』うけた
まはり』さふらへは、返々』めてたく悦入て候、』
ぬしもよろこひ申候さま、』申つくしかたくさふら

へハ、猶々』よろこひおほえ候、夜さり』かの方へ
も悦』おほせられ候へく候、

〔解説〕
金沢貞顕の嫡孫忠時が従五位下に叙されたことを伝える。六波羅探題金沢貞将の側にいる女性に充てたものであろう。【神】二八三三、【鎌】三〇九一九。

896 金沢貞顕書状

（未収／三七三函　熙允本「当流口伝」写四三一―一一）

周防前司(狩野為成)使節事、□』為長崎新左衛門尉(高資)御使□
□』飢饉以外候之間、替□』且者鎌倉(相摸国)中狼藉
□』此時分京都(山城国)も殊可□』進使者被申候、
かれハ□』御免もありぬへく候、□』北方(北条範貞)
も無御免候、仍来□』御返事を可被仰□』
愚老申候、抑□』御沙汰も□』二月□

〔解説〕
金沢貞将も常葉範貞も、六波羅探題を辞任して鎌倉に下向する交渉が失敗したと伝えている。元徳元年二月以後の書状と推定できる。【神】・【鎌】未収。

897 金沢貞顕書状

（未収／三七三函　熙允本「当流口伝」写四三一―一六＋写四三一―一七）

かくされ候へと、相州(赤橋守時)の命せられ候やらん、』
無承旨候、随分事とこそいたして候しニ、』如
此候事、存外無極候、』御縁者もむやくニ覚て
候へく候へ、

逐申
小串右衛門入道(貞秀)去々年下向之時、一日管領』し候
ハむするよしハ、人々ニと申廻て候』より、城入(延明、安達時顕)
道も□に候、出羽入道(道蘊、二階堂貞藤)ニ内々』山内殿(北条高時)へ申候
て、去年為北方使者(北条範貞)下向も』ありける時ニ、我不
実申て候事と』内々ニなされ給候へく候、今の使
者』明春御左右候ハむと仰られて候時ニ』被下候
事、道理ニ覚候、』奥州(北条家時)典廏方よりと内々ニ下向
ヲ』さゝへられ気□』相州(北条守時)職を辞申候よし、
其聞候上ニ』宗長朝臣申候、自去年両度申されて
候て』と語申□候へ、□不存知』□
はやく□

〔解説〕
常葉範貞の鎌倉下向が取り沙汰されていること、宗長朝臣の鎌倉滞在と二階堂貞藤の鎌倉帰参により、元徳元年八月以後と推定できる。【神】・【鎌】未収。

898　金沢貞将書状　（五二八／三八八六　前田育徳会尊経閣文庫所蔵「潤背」紙背文書）

依無指事候、其後久不令』申候、背本意候、
抑、出羽法印(静瑜)跡事、先日賜』御文候事、無相違落
居、殊悦』入候、又昇進事、云御約束、云』理運不
可有子細候之処、于今不被』仰下候、歎入候、祈禱
事』被懸御意候者悦存候、恐惶』謹言、
十一月廿二日　武蔵守貞将(北条)（花押）
謹上　称名寺方丈(釼阿)侍者

〔解説〕
六波羅探題金沢貞将が、称名寺長老釼阿に送った書状。長井氏の一族出羽法印静瑜の跡職について、話題にしている。整理三八八六は、尊経閣文庫所蔵本の影写本。【神】二六一五、【鎌】二九八一五。

899　大江顕元書状写　（五四九九／賜蘆文庫文書所収称名寺文書）

因幡国千土師郷(智頭郡)上村東方三分一分帳幷』御使海老
名五郎請文等、相副目六、進入之候、
一、当所代官東五郎罷出候之時、文書等悉令随身』候
畢、而無文書候之間、召寄百姓等、面々作以起
請』文相尋之分進候了、且彼起請文三通進入
候、』当郷内早野能所候之間、撰取之了、
一、於山内者、無指用木候之間、両方寄合、随』用要
可有其沙汰之由、且載分帳候了、
一、漆事、毎年漆事廻候、以壱升弐合請之候、』仍三
分一分、可為四合候也、以此旨可有御披露候、』
恐惶謹言、
八月廿二日　左衛門尉顕元(大江)状（花押影）
進上　称名寺侍者御中

〔解説〕
金沢家の御物奉行大江顕元が称名寺に送った書状。因幡

国千土師郷（現鳥取県智頭町）は元亨元年六月に称名寺領となったので、その年以後であり、かつ称名寺が知行できるようになったのは元徳年間なので、元徳元年以後の可能性が高い。【神】二四五七、【鎌】二九二六五。

元徳二年（一三三〇）

900　金沢貞顕書状（自筆）

（四一六／七一三　煕允本「瑜祇経聞書口注」第三）

「候、年始定自愛候歟、被察候、
光明院長老、旧冬巻数を給候、返状」一合遣之候、悦〔被〕可付遣候、
春宮（量仁親王）御元服、於内裏（山城国京都）十二月廿八日あるへき』よし、自旧年風聞候、無為ニ被遂行』候哉覧、可承存候、
後七日何僧被承行候哉、同前、
鎌倉（相摸国）中、当時無異事候、諸事期後信』候、あなかしく、
　　　　正月十三日（元徳二年）

〔解説〕持明院統の東宮量仁親王の元服を去年十二月二十八日と伝えるので、元徳二年正月の書状と確定する。【神】二八一四、【鎌】三〇八六八。

901　金沢貞顕書状（自筆）

（四一七／七一四　煕允本「甫文口伝抄」第四）

「被申候ハぬ哉覧、内々高倉入道（惟宗盛親ヵ）ニ可有御』物語候、又彼入道舎弟今春可有下向之由、旧』冬承候し、何様候哉、可承存候、
一、上品新茶等、多可有御用意候、周防前司（狩野為成）』使節事者、不可有子細之由承旨候、委旨者』以別状可令申候、
一、来三月上旬御所（守邦親王）の旬雑掌にて候、白土器・』村雲なと可入候、今〔来〕月中下着候やうニ可沙汰』進之旨、顕元（大江）可被仰候、若久米郡（伊予国）下向事候ハヽ、』留守之仁同仰らるへく候、村雲ハ難得候者、』御尋も候へく候、御所者茶を御このみにて候、』上品新茶二三種可尋給候、去年者三月』一日雑掌をさ

たし進候き、今年も三月に』なり候〇者、早速ニと
存候、可有御意得候、あなか』しく、
正月廿三日
「（切封墨引）」《（上書）》
「《（受取注記）》元徳二二七周州力者《（狩野為成）》便」

〔解説〕
金沢貞顕は、元徳二年三月上旬に将軍御所の旬雑掌を勤めるという。それに伴って、白土器・村雲（楠葉の黒器）などを入手したいと伝える。もてなしには、茶が大量に必要であるという。御斎（中食）は茶湯、夜は酒という宮廷や寺院の文化が鎌倉の武家社会に受け入れられていることがわかる。大江顕元は、金沢家の御物奉行である。【神】二八一六、【鎌】三〇八七五。

902　金沢貞顕書状（自筆）（①三五八／六五五「甫─灌頂重義 ム」②三五六／六五三「甫─灌頂重義 ム」）

①
常在《（山城国）》□』一合□、
周防前司《（狩野為成）》送物帰□』被人立候便、両度
□、
一、彼事、先日申□』無心本無申計候、
一、長意事、御沙汰□』候歟、召置之、忩
□』両人へも可有御□』てか
に、無御状候事□、
一、顕親・良俊等□』にけのほるよし、
□』候へと被仰候、□、（本紙）

②
内々相尋候、めし□』預て、忩々可被（裏紙）
□』へく候、
一、越後大夫将監時益《（北条）》□』弾正少弼《（北条治時）》ニ被任
□』事令申候、□』落居候、権
門御□』候也、
一、出羽入道《（道蘊、二階堂貞藤）》引付参□』政所執事辞退、
□』毎事まことな□』覚候、あ
なかし□《く》、
「（切封墨引）」《（上書）》
「《（受取注記）》□」

〔解説〕
政所執事二階堂貞衡が卒去し、その後任として二階堂貞

藤が補任されるのは元徳四年のことである。この間、貞藤は元徳二年正月二十四日に引付頭人に列している。貞藤が引付頭人として初参したことを記したと理解するのであれば、同年正月下旬から二月上旬となる。【神】①二八五二＋②二八一七、【鎌】①三〇九八九＋②三〇八七六。

903　金沢貞顕書状（自筆）

（三三九／六三六　題未詳聖教切紙折本）

「去月廿六日同［　　］』青侍石山か仰聞［
［　　］』、
一、正月十六日松田平内（秀頼）［　　］』承候了、悦思
［　　］』加賀前司（町野信宗）、松田掃部（頼済）［　　］』
返々喜入候、
一、同十七日伊勢前司（伊賀兼光）［　　］』事、特喜存［
［　　］』入道、同掃部允（松田頼済）［　　］』□了、猶々
［　　］』以使者可被賀［　　］、
一、同廿日於北方（北条範貞）酒［　　］』候、数刻御渡［
［　　］』返々早出不可然［　　　　　　］

〔解説〕
六波羅引付頭人伊賀兼光のことを喜んでいる。官途の事であるならば、元徳二年正月ないし二月の書状であろう。【神】二四四一、【鎌】二九一七八。

904　金沢貞顕書状（自筆）

（四一八／七一五　熙允本「瑜祇経聞書口注」第三）

「御所（守邦親王）御物、御鈒ハもたせ給候、御鎧一両格勤』取出
候之外者、一物も不取出候云々、愚老』申刻はかり
ニ太守（崇鑑、北条高時）禅門へ参候て、長崎左衛門（円喜、高綱）』入道ニ謁之後、
御所御方へ参て御眼路ニかゝり』候了、此事ニより
て被成御教書候、盛久』令取進候、いかさまニも若
党ニて可被馳』申候、御所御方へも内々可被申上候
歟、進上』持明院少将殿（行雅）とて、裏判某恐惶にて候へ
く候、』以貞冬（北条）可進入候、向殿ハ自是も猶近々候之
間、』たひ〳〵使者を進候、火もうつり候ハヽ、是
へ』先御入候へきよし令申候了、大方殿（北条貞時後室、大室泰宗女）如法〳〵』
御悦候き、無為之間喜存候、御所門四壁無為候、』
車宿・北侍・納殿・かなや殿等ものこりて候よし』

承候、雑掌所ハ一条少将能定（藤原）本名能忠・前宮内少』輔光
遠両人祗候にて候、新造以後いく程なく』やけ候、
返々歎入候、あなかしく、

二月七日（元徳二年）

〔解説〕
将軍御所の炎上は、「鎌倉年代記裏書」元徳二年二月七日条にみえる。金沢貞顕は、宝物のほとんどが運びだせなかったと伝える。【神】二八二二、【鎌】三〇八九四。

905 金沢貞顕書状 （六八八九／四一八函「鉢撞様」写七四六—三）

『□衛門殿達、かく候つれとも、風よく候
て、』□くまつ候、
□むまの時はかりに』□やすみ所
より火出きて』□とも□候と』
□て候つるほと二、』□なく御所
く〜へふきつけ候て、』□やけ候ぬ、申は
かりなく候、

〔解説〕
元徳二年二月七日の将軍御所の火事を記した書状であろう。午刻に休所から出火したと伝える。【神】二八二三、【鎌】三〇八九五。

906 金沢貞顕書状 （未収／三七三函 煕允本「当流口伝」写四三一—一五＋写四三一—一二）

縫殿頭（長井貞重）許早出之間、□』さこそと被察候、
一、行意路次無為帰来、□』如本意候之由、自行
□』悦存候、可有行意□』旁申候之際、
廿六日雑掌彼両人斎藤（家景）・俣野、』松田（頼済・秀頼）両人参候之
由承候了、旁悦思給候、
一、兼冬（中野）使節事、自去月廿日之比、連々』雖勤申候、
未無御沙汰候、無心本候、愚老』令出仕、猶可申
驚歎之由存候て、日ニ小便宜』をうかかひ候、御
機嫌あしく候程ニ不参候、』明日必と存候□り、
それをいかゝ候はむすらん、』難知候、
一、白鳥参着、悦思給候、猶一羽令進之候、』雑色ニ
付へく候、若持参候ハしとや申候ハん』すらん、
領状候□可進候、あなかしく、

(元徳二年)二月九日

〔解説〕
長井貞重の卒去は、元徳三年二月十二日。本書状はそれ以前となる。行意は、京都東山常在光院造営の件で元徳二年に鎌倉と京都を往来するので、本書状は元徳二年と推定する。【神】・【鎌】未収。

907 金沢貞顕書状 （未収／三七三函 熙允本「当流口伝」写四三一―二〇＋写四三一―二一）

去十日御札、行意下人下向之便、』同廿日慥到来候了、』抑、御労事、得減気候之由』承候、喜悦之外、無他事候、』依五条橋(山城国京都)事、御内雑色』上洛候しか、帰参候て、はや』御出仕候之旨令申候云々、事』実候者、特喜入候、又出羽入道(道蘊、二階堂貞藤)、

〔解説〕
京都東山常在光院修造の奉行として上洛した行意が鎌倉に派遣する下人に預けた書状が到着したと伝えるので、元徳二年の常在光院造営にかけて収める。五条橋の近くには得宗家在京被官安東氏の館があり、平姓安東氏は五条殿と呼ばれていた。【神】・【鎌】未収。

908 金沢貞顕書状（自筆）（四二〇／七一六―二 熙允本「受者引入作法」）

注文一通給候了、さしちかひて、前ニ』関東にて官途所望事承候了、無勿』体候、此注文を長崎左衛門入道(円喜、高綱)ニ見せ』候て、返事のやうニしたかひて、官途』執筆宮内大輔高親(摂津)か方へわたす』へく候、

一、御所(守邦親王)の相州(北条守時)へ入御事、可為来廿二日之旨』承候、貞冬(北条)可供奉之由、自小侍所被相触』候、当時造作最中候、可有御同宿云々、』あなかしく、

二月十九日

(上書)「(切封墨引)」

(受取注記)「□(元)徳二二廿九芝三郎便到」

〔解説〕
御所の炎上で、将軍守邦親王は執権赤橋守時亭に入御し、そこを仮御所とした（「鎌倉年代記裏書」）。小侍所は、この御成に供奉するよう金沢貞冬に伝達してきている。【神】二八二八、【鎌】三〇九〇九。

909 金沢貞顕書状（自筆）

（四二二／七一八　熙允本「甫文口伝抄」第四）

『□よし、其聞候、忠時《(北条)》も相州《(北条守時)》にての』御かようのために、只今□□、今朝』天気快然候つるか、たゝいま降雨候、歎』存候、若宮御方《(相撲国鶴岡八幡宮)》御輿寄者、行時《(北条)》か合手』不分明候、駿川修理亮顕香《(北条)》か武蔵大夫』将監政高《(北条)》両人之間にて候ハむするけニ候と、』長門左衛門長義語申候つ、若宮御方』の御引出物ハ御釼・砂金両方ニて、内々可被』進候之由、其聞候、

又治部卿法印・神五左衛門尉等返状函、各』一合進之候、慥可被付遣候、

周防前司《(狩野為成)》未労にて不及候〳〵《出仕候》、将軍《(守邦親王)》』御同宿之間者、なニとなく御物忩候歟、』いまは、連々可申驚候、あなかしく、

二月廿二日

「（切封墨引）」《(上書)》

「元徳二三真乗院殿《(顕助)》上洛便到」《(受取注記)》

〔解説〕
将軍守邦親王が御所の炎上で執権赤橋守時亭に移った後の事情を伝える。金沢貞顕も金沢忠時も、将軍御所の用事で忙しくしているという。この書状は、貞顕の長子真乗院顕助が上洛する便で貞将に届けられたという。【神】
二八三一、【鎌】三〇九一七。

910 金沢貞顕書状（自筆）

（①四一九／七一六―一　熙允本「酉院流　如法愛染口決　伊豆」
②四四二／七三九　熙允本「酉院流　如法愛染口決　伊豆」）

①

塩田陸奥入道《(教覚、北条国時)》、明年諏方《(信濃国諏訪社)》七月』頭役之間暇申て、奥州所領へ《(信濃国塩田庄)》』下向候とて、去十三日来臨候き、』□年一度の役』之由承及候し二、』当世ニハ数ケ度』勤仕候、深信之故候歟、

自旧冬数ヶ度進状候き、無返報』候之間不審候、

一、周防前司《(狩野為成)》使節事、未無御返事候、』無心本無申計候、近日周防前司所労』之間、不及出仕候、得減候者、定令出仕』候歟、

一、御所《(守邦親王)》入御相州《(北条守時)》亭事、来廿二日』之由其聞候、為供

奉可令参勤之旨、』今朝貞冬《（北条）》ふれられ候、何日と
ハ廻文ニ』候ハす候、不審候、相州可有御同宿（本紙）

② □』之外者、其例まれニ（裏紙）
候、少々候者不吉』候歟、可有御斟酌事候乎之
由、存思』給候へとも、定被計申人々候歟之』旨
存候、
一、旧年阿曾社《（肥後国阿蘇郡）》怪異ニつきて御占』候しニ、今年三四
月之程に』長岳《（肥後国阿蘇郡）》と候しやらん、其ニつき候て』世
間もしつかなるましきと申合』候、例の不実にて
こそと覚候へとも、』祈禱事能々可有御沙汰候、
あなか』しく、

二月十七日《（元徳二年）》

「（切封墨引）」《（上書）》

〔解説〕
将軍御所炎上のこと、塩田国時が諏訪御射山神事頭役を勤めるために下向すること、阿蘇社怪異のことなどを伝える。【神】①二八二七＋②二八二六、【鎌】①三〇九一〇＋②三〇九〇六。

911　金沢貞顕書状（自筆）
（四二二／七一九〈上〉煕允本題未詳聖教〈下〉煕允本「御影供作法」）

来月六日可致其沙汰候、以前不到来哉候』ハむすら
んと、無心本覚候、
北方《（北条範貞）》使者下向之後も、未無承旨候、
真乗院僧正《（顕助）》、去廿二日出門候て、今暁進発』候了、
路次可為十一日之由承候、
伊せ国守護代《（親政）》国沙汰不可然之旨、信濃入道《（道大、大田時連）》』矢野
伊賀入道《（善久、倫綱）》御使にて、被仰下候之間、不義』事何事候
哉、可被仰下候、神三郡《（伊勢国）》狼籍《（藉）》を』被聞食候て、伊勢
国の狼籍《（藉）》とて、守護代の』沙汰令依違候と、及御沙
汰候ハむハ不便候、』神三郡ニハいまたいろひさた
せす候、且』其子細先年注進候了、未無御左右候』
なと種々ニ申上候了、重無被仰下旨候、』守護代か
ため不便候、国へも内々申』□しく、

二月廿四日《（元徳二年）》

〔解説〕
金沢氏が守護を勤めた伊勢国で、伊勢神宮が神三郡の沙汰について守護代親政を訴えている。この書状は、真乗院顕助の上洛を記すので、元徳二年と確定する。【神】二八三七、【鎌】三〇九二七。

912 金沢貞顕書状（自筆）

（三四三／六四〇〈上〉熙允本「酉員流目録」〈下〉熙允本「御影供導師作法」）

「真乗院《顕助》ハ廿二日可進発」之由承候、路次十日
計」と申候云々、」□《一カ》《近衛兼教》位入道殿、当殿《近衛経忠》」御祖父
ニ、家基《近衛》の殿之」御弟にて御坐候、」御心え候
へく候、
かきのひら櫃一合遣之候、」ほり川の一位入道殿《具守》御
台所」の御方へ、これの女房よりにて候、」御所《守邦親王》ハ
なひく殿なと申候し」所のちかく候、一条《山城国京都》よりハか
みにて候、」むかし、是ニ御わたり候し、鴨居」殿
御むすめ御前にて御わたり候、」一位入道殿々々□
□」申候しニて、」

〔解説〕
元徳二年二月廿二日に金沢貞顕の長子真乗院顕助が上洛したと伝える同月下旬の書状。近衛家・堀川家のことを記す。【神】二八二九、【鎌】三〇九一一。

913 金沢貞顕書状（自筆）

（四二〇／七一七 熙允本「酉員流目録」）

「《貼紙》可有御計候、八院《加賀国白山》法師事」
御使にて、慥□」とりて給候へく候、□
□」川殿御所へ、たし□」かゝせて
候、御心□」真光院《禅助》御労ニ□」乗《顕助》
院僧正上洛□」無申計事候、路次□
□」かいくしき物□」鏡《近江国蒲生郡》・野路《近江国栗太郡》の辺□
□」むかへニつかハさ□」事候ハて、
ぬの□」の風情候て、つ□
「《上書》（切封墨引）」
「《受取注記》□《元》徳二二廿九芝三郎便到」

〔解説〕
金沢貞顕の長子顕助は、師の真光院禅助の所労が危急で

あると聞いて上洛するが、顕助が鎌倉を出発した二月二十二日には禅助は入滅していた。顕助の上洛を伝える書状。【神】二八四〇、【鎌】三〇九三五。

914　顕助書状　（二二一九／一〇三九　釼阿本「厚造紙」）

（禅助）真光院所労之間、近日』俄可令上洛候、其子細』欲令啓候之処、遮仰喜』存候、兼又、鵞眼千疋』給候了、思食寄候之条、』殊恐悦無極候、併可参』申候、恐惶謹言、

顕助（花押）

〔解説〕
顕助の師真光院禅助の所労を聞いて京都に向かう途中で、顕助が金沢貞将に送った書状。金沢貞顕から、餞別に鵞眼千疋（銭十貫）を頂いたと伝える。【神】二八三〇、【鎌】三〇九一一。

915　金沢貞顕書状（自筆）　（三七三／六七〇　「十弟子」）

先度も申候しと覚候、』（崇鑑、北条高時）太守禅閤御愛物今月可有』御産之由承候、男子御生（二位殿カ）候』者、御釼・鎧等可被進候歟、』御賞翫候之間、ひきつくろ』われ■■■（候へく）■（候）、例の鎧唐櫃』者、是ニ可令用意候、あなか』しく、

三月七日

〔解説〕
北条高時の子が三月中に誕生するだろうと伝える書状。太守禅閤御愛物を二位殿と解釈すれば、高時の次子時行の誕生を伝える書状となる。「太平記」巻十は、二位殿が扇谷に居たと記す。嘉暦二年から元徳二年の間の書状で、元徳元年説が提示されているが、下限となる元徳二年に収める。【神】二四四九、【鎌】二九二五六。

916　金沢貞顕書状案　（四五八／七五五　「瓶行道作法　案文」）

御下向事、此春可有其沙汰之』由、兼令申候之処、近日猶可為難』儀之時分候歟、来秋比可有左右候、』委旨使者可申候、謹言、

三月廿三日　（北条貞顕）沙弥御判

（北条貞将）武蔵守殿

〔解説〕
六波羅探題として在京する金沢貞将に送る書状として

は、通常と異なった書式で書かれている。金沢家が貞将の鎌倉下向を訴えていた元徳元年ないし二年の書状であるが、貞将は元徳二年七月に鎌倉下向しているので、仮に、元徳二年にかけて収める。【神】二七一八、【鎌】三〇五八一。

917 金沢貞顕書状（自筆）

（四八二／七七四〈上〉題未詳聖教〈下〉熙允本「盤法本尊図」）

「めてたく悦』いり候、又すいうの』せむし、四日の』夕方つきて候、』みちのほとことなる』事もさふらハて、下向候へハ、返々』よろこひ□』忠時《北条》ハよろつことなる』事もさふらハて、けなりけニのミ候、』けさんニ入たく候歟、』あわれこの春のうちに御下候て、』御らんせられ候御事にて候へかしと、』ねむせられてのミ候、』ひんきあか月とて候ほとに、』さなからにて候、』又々申へく候、』あなかしく、』

□月七日申候、

はるのしるしも、ことさら』おほしめすさまなる御事にて、』やかて御くたり候、』おもふさまなる御事にて、忠時もかたく、世事しんし候ハんする

〔解説〕金沢貞顕の嫡孫忠時が元服をすませていること、金沢貞将の鎌倉下向の交渉が記されていることから、元徳元年ないし二年の書状であろう。貞将とともに上洛した女性に送った書状なので、忠時の母（貞将正室）充と推測してよいだろう。仮に、元徳二年にかけて収める。【神】二八三五、【鎌】三〇九二一。

918 金沢貞顕書状（自筆）

（①四二八／七二五　熙允本「甫文口伝抄」第一
②四二三／七二〇　熙允本「甫文口伝抄」第一）

①

顕助僧正上洛之時、令申』候き、定令参着候歟、

去月廿一日両通御状、雑色下向之便、同廿九日』到来、委細承候了、

一、周防前司《狩野為成》使節事、去月廿七日愚老令』出仕、長崎禅門《円喜、高綱》ニ直能々申候了、如返答者』未無御沙汰候、於身者をろかのきなく』候よし被申候き、顔色も能候しニ候、』猶々以盛久可勧申候、

一、新茶三袋入㰖茶賜候了、彼岸中僧衆』是ニ御渡候
上、長老(釼阿)昨日光臨之間、勧申』御時候、仍折節特
喜入候、
一、白土器幷村雲事、御所(守邦親王)旬雑掌之間、顕元(大江)』沙汰給
候之由、御文ニ見え候へとも、至今日』不到来
候、雑掌者明後日六日可沙汰進候、

(本紙)
(裏紙)

②
何様候哉、可有御尋候、于今不下着之条、』闕如
勿論候歟、歎入候、〱、
一、平中納言惟輔卿逝去事、承候了、一流之仁にて』
候つるに歎存候、
一、高倉入道舎弟(惟宗盛親カ)、去月廿二日進発之旨、承』候了、
至今日四日無音信候、一両日之程下着候歟、
一、唐僧(明極楚俊)去月廿五日下着候、明日五日建長寺(相摸国山内庄)へ』入院
之由其聞候、
一、太守禅閤(崇鑑、北条高時)去月廿五日、石長老(夢窓疎石)の二階堂紅』葉谷の 杉谷を当時紅葉谷申候也
庵へにハかニ入御、忠乗僧都坊 安忠僧正跡』二階堂(相摸国鎌倉)なと御ら
んしめくられ候云々、石長』老自円覚寺(相摸国山内庄)輿を飛て
まいりて、御茶』すゝめまいらせられ候けるよし
承候、又此四』五日之程、寿福寺(相摸国鎌倉)へも入御候け
り、方々へ』御遊覧候歟、明日入院ニも可有御出
之由聞候、』あなかしく、

三月四日

(上書)「(切封墨引)」
(受取注記)「元徳二　二　廿七雑色帰洛便到」

〔解説〕
金沢貞将の受取注記により、年代は確定する。平惟輔薨去は元徳二年二月七日（『尊卑分脈』）である。また、明極楚俊の鎌倉下着について記す。【神】二八四四、【鎌】三〇九四九。

919　金沢貞顕書状（自筆）

（四三五／七三二　熙允本「第三重口伝　自身加持」）

「御注進候、但背道理事にて候ハむハ不可然』候、
能々可有御意得候、
一、狼籍(藉)事、唐船物ともつき候て、いさゝかさやう
ニ』候覧、返々歎存候、厳密の御沙汰候へく

候、』鎌倉《(相摸国)》中狼籍《(藉)》事、無申計候、あなかしく、

三月廿三日

〔解説〕
金沢貞顕が六波羅探題金沢貞将に送った書状。正中二年から元徳二年の間であるが、元徳元年十二月に関東大仏造営料唐船が派遣されているので、帰還の記事と推定して元徳二年に収める。なお、本紙面に熙允本「第三重口伝　自身加持」の奥書「于時建武四年乙丑三月廿六日書写了」がある。【神】二七六八、【鎌】三〇七三四。

920　金沢貞顕書状（自筆）

（四三〇／七一七　熙允本「伝法灌頂結願作法」）

御返事いたされ候とも、出仕候て、重』愚存をハ、直長崎入道《(円喜、高綱)》ニ可申候、治定』之上者、定如元こそ候ハむすらめとも、』向後のためニも、能々可申候、猶々』今度ハさりともとこそ存候つるに、』来秋とて候事、歎入候、御物沙汰』ハ、いかさまニも候へ、厳密ニ候へく候、』あなかしく、

三月廿四日

「《(上書)》(切封墨引)」

「《(受取注記)》元徳二四二清光《(大井)》帰洛便到」

〔解説〕
金沢貞将の鎌倉下向の件であろうか。金沢貞顕は長崎高綱と打ち合わせをしている。貞将の鎌倉下向は、来秋（七月・八月・九月）と伝えられている。【神】二八五六、【鎌】三〇九八二。

921　金沢貞顕書状（自筆）

（四二四／七二一　熙允本「甫文口伝抄」第一）

去十九日矢野伊賀入道《(善久、倫綱)》二男加賀権守、』信濃《(道大、》入道《大田時連)》孫子勘解由判官《(時直)》、寺社京下』奉行ニ被成候、富来左衛門入道去十二日』他界之間、壱岐入道二男転右筆、大和《(盛政)》』右近大夫嫡子佐渡《(盛秀)》太郎左衛門合奉行ニ加候つる、』雑賀中務丞』侍所《(相摸国鎌倉)》へ同日参候之由承候、』隼人允《(雑賀)》と申候し物か子息ニて候、

条々

一、春日殿御局御存生之時、具足等誂申候き、』少々出■《来》之由承候、それへ可給之旨可令申』候、送下

され候ハヽ、路次之間損候ハぬやうニ』したゝめて、人夫便宜候ハむ時、必可下給候、』如此申まいらせ候とも《とは》、高倉入道(惟宗盛親カ)ニ御物語』候へく候、

一、唐僧(明極楚俊)京都(山城国)ニて、内裏(後醍醐天皇)へめされ候て御対面、』さま〳〵の御問答之由其聞候、不可然之旨人々申』合けニ候、六波羅(北条範貞・貞将)へ被仰下候て、六波羅より』平次右衛門入道(安東蓮聖)方へふれられて候といふ一説、』又直平次右衛門入道ニ仰られて候といふ一説候也、』六波羅へ仰られて候ハヽ、六波羅ふれやう不可然、直平次右衛門入道ニ仰られて候ハヽ、関東の御命』をも蒙候ハて、僧を進候事、不可然之由申□□、(本紙)

(裏紙)

又たとひ六□(波)羅し□(ら)れ候ハすとも、参内』之時ハ、同守護人も鎧を着候、いしく〳〵と仰下』され候て、陣中ことく〳〵しく御さた候けるを、』南方(金沢貞将)四足門(山城国京都)守護にて御存知事〇《な》き事ハ候ハし、』注進もなき事不審なりなと申候人々』候時ニ、つや〳〵無承旨候、六波羅へ仰られ□(て)、』平次右衛門入道へふれて候ハヽ、いかニも可承』候に、無其儀候、不審候之由答申候了、唐僧』内裏候哉、□□りハいしう候と、さま〳〵ニ』称美□□り、去十九日□人□御招請候、』返候ハてハ、唐まてきこえ候し人み』たりとはかり申候けるなる、心をとり』たる心地にてありけニ候、即長老』になされ候、御対面不可然覚候、唐僧』参内事なとや承候ハぬ、若又無御存知候者、』是程事をた□□存知候、大様無申計候、』あなかしく、

三月廿四日(元徳二年)

〔解説〕

明極楚俊が来日したのは元徳元年八月のことであり、この書状は三月の日付をもつので、元徳二年と考えられる。安東蓮聖の没年には、元徳元年六月十九日説と元徳二年正月二十九日説がある。蓮聖が唐僧の応対をしたと認めれば、後者が有力になる。明極楚俊の参内を得宗家在京被官が取り仕切るところが、注目される。【神】二八五七、【鎌】三〇九八四。

922　金沢貞顕書状（自筆）

（四二九／七二六　熙允本「甫文口伝抄」第四）

白土器等今月中旬』令下着候、上旬雑掌』にハ
不下合候、不可思儀〔議〕事候、
今日引付ともはて候て後、酉刻ニ』令出仕、長崎入
道（円喜、高綱）に再三なく〳〵』申て候へハ、重可披露之由、可
申新左衛門（長崎高資）』候之由返答候、先喜入候、若猶当時』
御免難治ニ候ハ、、せめてハ、来秋可』下向之由の
御返事を預候ハむと申て候、』気色あしからすけニ
候へハ、先喜入』候、城入道（延明、安達時顕）ニも重御沙汰候ハ、、
相構〳〵』可被詞加之旨、以使者令申候、新左衛門
尉』にも申候、
高倉入道（惟宗盛親カ）許へ舎弟状一合ことつけて候、

〔解説〕
金沢貞顕が、将軍守邦親王の旬雑掌を勤めるために調達した白土器が間に合わなかったといっているので、元徳二年三月とわかる（901号資料）。本文から、三月下旬と推測してよい。【神】二八四五、【鎌】三〇九五〇。

923　金沢貞顕書状（自筆）

（四二五／七二二　熙允本「西員流　一結　灌頂甲」）

今月二日・三日両通御札、北方（北条範貞）雑色下向之』便、
今日到来候了、
一、自西園寺家（公宗）、以前左馬助行春被下候、』無銘御函
注進之旨承候了、任官之由』被仰下之旨、雖承
候、定他事相加候歟、
一、春日（大和国）・日吉（近江国）社等行幸事、同御注進之旨承候』了、
治部少輔（長井高秀）下向之時も、被仰下候之際、即』さた候
て、先日被申御返事候了、
一、貢馬京着之由承候了、合馬一死去之由』承候了、
十疋までをこそ次第をハ申候へ、』十一番・十二
番なとハ不申候、合馬一二之由申』候也、可有御
意得候、色代之間、北方領納不』可然候、我方に
て見参候年ニて候へハとて

〔解説〕
春日・日吉行幸は、元徳二年三月に行われている（「元

徳二年三月日吉社幷叡山行幸記」)。金沢貞将が六波羅探題を辞して鎌倉に下向するのは元徳二年六月なので、この間の書状となる。日吉行幸から日数を経ていないと推測できるので、この位置に収める。【神】二八五八、【鎌】三〇九八五。

924　金沢貞顕書状（自筆）（四二六／七二三　題未詳聖教）

追伸
春日《（大和国）》行幸、七八日已被遂行之由』其聞候、日吉《（近江国）》行幸定同前候歟、先例』御注進候ハぬやらん、不審候、若御注進』の先例候ハすとも、いつ〳〵行幸候て、

〔解説〕
金沢貞顕が六波羅探題金沢貞将に送った書状の追而書。元徳二年三月の春日・日吉行幸を記すと推測できるので、同月にかける。【神】二八四八、【鎌】三〇九五九。

925　金沢貞顕書状（自筆）（四三一／七二八　熙允本「甫文口伝抄」第四）

進之候、」慥ニつけられ候て、返状とり候て、』たしかニ候ハむ便宜ニ可給候、あはれ』無相違候へかしと念願入候、顕元《（大江）》奉行』夏装束、旧冬のほせ候、銚子・提等』修理、忩々さたし下候へきよし、内々』仰らるへく候、若顕元下国候とも、申《（伊予国久米郡）》』付て候物をめされ候て、せめ仰られ候』へく候、
新茶出来之時ハ、必可給候、あなかしく、
三月廿四日 いぬの時
（上書）「（切封墨引）」
（受取注記）「元徳二四二清光《（大井）》帰洛便到」

〔解説〕
元徳二年四月二日に、大井清光が六波羅南殿に持ち帰った書状の一つ。京都で新茶が出回り始めたら、調達して確保しておいてほしいと伝える。【神】二八五五、【鎌】三〇九八一。

926　金沢貞顕書状（自筆）（四二七／七二四　「後夜作法」）

「今月四日」両通御状、同六日・九日御札等、周防前《（狩野為成）》司』辺便宜、慥到来候了、
一、北方《（北条範貞）》暇事、不可有子細之由、自彼御方被仰之間』

小串入道（貞秀）等進物事、致用意旨承候了、且又』在洛
難治候覧とて、二万疋御沙汰候之条、』御志之
至、無申計候歟、下向候者、宝をつくされ』候
歟、
一、二月廿六日右府（近衛経忠）関白　宣下事、詔書給候了、』先
立、其聞候之間、令申候き、
一、法花寺（大和国奈良）栄心御房返状一合、慥給候了、
一、神五左衛門尉返状一合、同前、
一、光明院（山城国京都）長老御事一合、同前、
一、後七日事、金剛幢院（山城国京都）僧正坊（成助）御勤仕之由承候了、
一、常在光院（山城国京都）方丈御返事一合、到来候了、
一、京土器事、被仰顕元（大江）之由承候了、御所（守邦親王）旬雑掌

〔解説〕
金沢貞顕が、将軍守邦親王の旬雑掌のこと、近衛経忠の関白宣下のことを記すので、元徳二年三月中旬のものであろう。【神】二八四九、【鎌】三〇九八六。

927　金沢貞顕書状（大阪青山短期大学文学歴史博物館所蔵 岡田忠久氏旧蔵称名寺文書）

去月七日両通御状、同廿七日到来、委細承候了、』
大井六郎清光、去月二日無為京着之由、同承候』
了、悦思給候、』新茶一久利賜候了、為悦候、』御
乗々所労事、委承候て、驚歎入候、雖然』宮内少輔
入道覚種、加療治候之間、得減気』候之間承候了、
特目出喜入候、於今者、定』進発候歟、猶々悦存
候、』当時、内談衆・公文所衆誰ニ候乎、可注進
候、』茶のはやり候事、弥いかめしく候、御下向之
時、』かまへて多々可有御用意候、同具足も可為』
同前候、手取風炉うすなとまても、諸人ほし』かり
けニ候、可有御意得候、近衛右衛門尉さたニ、』唐
物ともゝ候ハんと覚候、御使を関東へ下され』候へ
きと聞候、実事候哉、可承存候、

〔解説〕
金沢貞顕が六波羅探題金沢貞将に送った書状。新茶の話題があがるので、三月以降、貞将の鎌倉下向が現実味をおびているので、元徳二年三月以降と考えられる。福島金治「岡田忠久氏所蔵称名寺文書について」（『金沢文庫研究』二八三号）に翻刻。【神】・【鎌】未収。

928　金沢貞顕書状（自筆）

（四三二一／七二九　熙允本「灌頂重義ム　三―内」）

候歟と御返事□』此上者、定右□』
又、公家ニ返さ□』さも候ハヽ、可為□
□』家領事も、聞□』をさへてと□
□』候とも、度々□』候し、承久□
□』当御代（後醍醐天皇）ニは、□』候、あなかし
□

（上書）「（切封墨引）」

（受取注記）「元徳二四二清光（大井）帰洛便到」

〔解説〕
下段が欠けているので意味が取りづらいが、後醍醐天皇に対する懸念を読み取れる書状。【神】二八五九、【鎌】三〇九八三。

929　金沢貞顕書状（大阪青山短期大学文学歴史博物館所蔵 岡田忠久氏旧蔵称名寺文書）

葛者、事やすき物にて候やらん、さも候
ハヽ』なへて大ニ候を、あまた可有御所持候、
一、薬種なと、京都事安候者、進物ニ可有御』用意
候、
一、度々令申候常在光院（山城国京都）修理間事、御在洛』之程、可
被終其功候、行意下向之後、不可有』正体候、
忩々可有御沙汰候、
一、同寺大般若経事、御在京之間、同功を』をへられ
候て、以前四百巻のことくに、たかひ□』くなし
をかれ候て、可有御下向候、常在光院』事とも、
入御之御沙汰候はむするニて、御到着』にて候へ
く候、あなかしく、

五月十一日

（上書）「（切封墨引）」

〔解説〕
金沢貞将が六波羅探題を勤める時期の書状。常在光院修造に対する懸念を記すので、元徳二年の書状と推定できる。福島金治「岡田忠久氏所蔵称名寺文書について」（『金沢文庫研究』二八三号）に翻刻。【神】・【鎌】未収。

930　金沢貞顕書状（自筆）（三五四／六五一「袈裟効能」）

御札之旨、謹承候了、
抑、先日以行意令申』候事、万疋可借預候之由』承
候、喜悦無極候、明後日』可進使者候、猶可為不足
候、』相構〳〵可有御秘計候、又』不可有披露之儀
候之旨承候了、

〔解説〕
金沢貞顕が六波羅探題として在京する嫡子貞将に送った書状。行意が在京していることから、常在光院造営の件か。元徳二年にかけて収める。袖に切封の痕跡あり。
【神】二八七二、【鎌】三一〇六四。

931　金沢貞顕書状（大阪青山短期大学文学歴史博物館所蔵岡田忠久氏旧蔵称名寺文書）

聞書御免御教書等、とり』とゝのへ候て、慥便
宜候て』可下給候、又小串入道（貞秀）下向』何頃候
哉、可承候、』□』御進発日事、』先日
令申候き、』参着候哉、』若又、難儀候者、』
忩々可承存候也、

御祭之路次無為、一昨日（一七日酉刻）下着候了、左候者、』
同前候、返々目出喜入候、神宮寺殿御乳母、』両人
進物去夕被遣候之処、領納悦喜』候之間、悦思給
候、左候者、五月其憚候之間、』来月可見候、此程
も無心本候、』右馬助貞冬（北条）、罷当職一級事、令申候
之』処、一昨日有御沙汰御免候、御教書進之候、』
小除目之次、可有申御沙汰候、同時ニ駿河大夫（北条）』将
監顕義（北条）・越後大夫将監時益（北条）・相摸前右馬助』高基（北条）・
相摸右近大夫将監時種（北条）等御免候了、此人々』も、貞
冬上首候之間、不可超越候程ニ、不』知存候、仍竹（播
万庄（磨国赤穂郡）沙汰人帰洛之由、令』申候之際、事付候、此
人々同時ニ被叙候之様
（本紙）
（裏紙）
可有□□此月□の人□□後ニ叙□□』人と、同日ニ
可被叙候、評定衆昇進之時、引付衆』非公人ニ上首
候哉覧と、沙汰ある事ハ、古今』無沙汰事候、旧冬
四人評定衆、鎮西管領』御免候しも、引付衆、非公
人の上首、さたな』く候き、今度始御沙汰候て、高

基・時種等を』被付上候、背本意候、官途執筆高親（摂津）服薬』事候之際、又道準（摂津親鑒）令申沙汰候、城入道（延明、安達時顕）・長崎』入道（円喜、高綱）はかり相計候云々、内挙も罷官申候も、』所望の方人にて候事なと、つや〳〵無存知人』候之間、歎入候、』将軍家（守邦親王）祇候人持明院少将行雅朝臣の状を』事付られて候、上表書ニ新中将殿と候ハ、手かき候、』行房（世尊寺）朝臣事に候乎、心して候ハむ、青侍にて忩々』被付候て、返状を忩せめられ候て、とりて可給候、』急事候之由被申候、猶々返状可責取之由、青侍』ニ可被申付候、是へも忩々可被下候、あなかしく、

（元徳二年）五月十九日

（上書）「（切封墨引）」

〔解説〕
金沢貞冬の従五位上昇進の件を伝えているので、元徳二年と推定できる。貞冬の上臈四人の同時昇進など、座次をめぐる問題が記されている。福島金治「岡田忠久氏所蔵称名寺文書について」（『金沢文庫研究』二八三号）に翻刻。【神】・【鎌】未収。

932 金沢貞顕書状写 （美吉文書）

晴村（安倍）朝臣日次以下事、愚状』申違事候者、早速ニ可承候歟、』御進発近々の』評定ニハ、京都ニ』とゝめられ候ハむ』人を共ニハ』可被召具候、

今月四日両通御状御□々下向之便宜』到来、委細承候了、

一、軽海郷（加賀国能美郡）使節事、去月者延引、今月』五日必定可進発之由承候了、在国之』間、厳密沙汰候様、能々可被仰遣候、

一、佐々木大夫判官（時信）去月廿九日酒肴指』参、常陸前司（小田時知）・斎藤（基明）左衛門大夫・松田入道等』令参之旨承候了、悦思給候、今月二日』於北方（北条範貞）雑掌、同三日江州へ被下向之由』同承候了、御下向時分、可有御音信候歟、

一、御□ニ無為下着事、先日竹万庄（播磨国）沙汰人』帰洛候歟、令申候了、条々事□被』申候分者、御返事遣

中候、定被申』候歟、又季顕同前、
一、御進発事、可為七月一日之由承候』了、但晴村朝臣日時を取急候しニハ、』後六月廿九日吉日之間、御進発も候へかしと』申候しと覚候、盛久廿九日者評定』式日候之旨令申候之間、其日まて』御出仕候て、夜陰ニ可有御立之由令』申候了、若又廿九日非評定日候者、』其暁御立不可有子細候、廿九日暁御』進発候とも、廿五日七日者可有御出仕』候、奉行人なとニ心はせられ候て、早速』ニは立候ハ、、可目出候、あなかしく、

(元徳二年)五月廿二日

(上書)「(切封墨引)」

〔解説〕
金沢貞将が六波羅探題南方を辞して鎌倉に下向する日程を打ち合わせている。貞将の出京は元徳二年七月十一日なので、同年五月の書状と考えてよいだろう。【神】・【鎌】未収。『加能史料』の抄出文が初出。

933 金沢貞顕書状（自筆）・釼阿書状

（一一三七／九五六「勧　三通　灌頂事」）

（表・金沢貞顕書状）

労事無為之間、悦存候、今□』預御札候、恐悦候、抑、(加賀国能美郡)軽海事、明暁便宜之間、』忩可申遣候、御使事者、守護』一人にてハ候ハしと覚候、国に』合御使をさゝれ候ぬと存候、千』万近日可参申候、恐惶謹言、

(元徳二年)六月七日　(金沢貞顕)崇顕

(釼阿)方丈御報

（紙背・釼阿書状）

及両三度令違乱候之間、不打渡』之由を、関東へ御注進候者、可宜候、』且此(金沢貞将)六波羅殿御下向候者、以後之』六波羅殿者、可有沙汰候之間、此趣を』令仰遣給候者、尤以可然候、心事企』参上可申上候哉、此霖雨連日』に候上、御労又以御減気之間、不参』申入候、恐惶謹言、

六月七日　釼阿（花押）

賀嶋（季実）五郎左衛門尉殿

〔解説〕
紙背の釼阿書状は、六波羅探題の交替によって後任は軽海郷の問題を引き続き処理してくれるだろうかと危惧している。金沢貞将の鎌倉下向が確定していた元徳二年六月とみてよいだろう。釼阿は、この年を霖雨と伝えている。【神】二八六八、【鎌】三一〇五八。釼阿書状は、【神】二八六七、【鎌】三一〇五七。

934　金沢貞顕書状（自筆）（三九五／六九二一〈上〉煕允本「第三重口伝　自身加持」〈下〉題未詳聖教）

軽海郷（加賀国能美郡）合戦張本八院（加賀国白山）法師事、』被成御教書、御沙汰候之由承候し、」其後何様候哉、不審候、自称名寺（武蔵国六浦庄）如』此内々注給候、令進候、近江房道覚か』棟仁候なる、長野孫五郎入道一体分』身物にて候うゐ、縁者にて候之由承』候、厳密ニ可有御沙汰候、名字も二』もちて候之旨承候、又相宰房とかゝれて』候ハ、宰相房を書たかへて候と推量候、』奉行人ニも被仰候て、重御教書をも』なされ候て、猶々厳密ニ御さた候へく候、

〔解説〕
加賀国軽海郷が称名寺領になるのは嘉暦四年である。その後、白山中宮八院衆徒との対立が激化し、元徳二年閏六月に衆徒申状（金文五三八九）が出されることになる。この書状はそれを受けた金沢貞顕書状として、ここに収める。【神】二八九九、【鎌】三一一三二。

935　金沢貞冬書状（六五二／一六〇四〈上〉「三昧耶戒図裏書」〈下〉煕允本「日月輪私鈔」）

一日御心閑申奉候之上、』達多年所望候之際、喜』悦之外無他候、剰、一昨日』種々及御沙汰候之条、』不知所』謝候、其間子細、近日可参入』言上候、恐惶謹言、

五月十一日　（北条）貞冬

侍者御中

〔解説〕
金沢貞冬が称名寺に送った書状。念願を達したという。元徳二年の従五位上昇進のことか。【神】二八七八、【鎌】三一〇九四。

936

氏名未詳書状

（二三七九／一五二〇「金剛界　胎蔵界　蘇悉地」）

つきて候、たひ〳〵』こまかニ申候しかハ、』まいりつきさふらひぬらんと』おほえ候、又御いてたちの事、』さそみち行ぬ』事ニて候らんと、』てんかく《(田楽)》の事も、かまくら《(鎌倉)》のさたとも、ところ〳〵ニて、さたし候らん事も、うけたまはり候ぬ、さそ候らんと、返々あさましくなけき入候、』公家さま《(後醍醐天皇)》の御心のうちも、まことニをそろしく、』おほえさせをハしまし候、又しやうけん《(将監)》入道殿御子息の御事、』けニ申はかりなく候、いかなるゆえニて、かやうに』御わたり候らんと、返々あさましくおほえ候、野田左衛門四郎』顕基はう〳〵へまいりて、とふらひ申候て、かへりのほり候、』又から物・茶の』はやり候事、なを』いよ〳〵まさりて候、さやうのくそくも御ようひ《〔いカ〕》候へく候、』たゝなニも物を入られ候ハて、せう〳〵ハさりぬへき人ニも、こわせをハし』ましく候へ、御ようひ《〔いカ〕》さふらふへく候、をかしく候、〳〵、』大らかニ候、犬のはこなともたせをハしまし候へく候、御わたりの後ハ、』殿《(北条貞顕)》さまニ候近しゆ《(習)》ともなとをも、めされ候ぬと覚候、又常在光院《(山城国京都)》の修理は』行意奉行ニてし候から、よく〳〵御らんしめくらせ給候て、御下候へく候、あなかしく、

六月十日《十一日》申候、

大なるひさけなとも、』ようゐ候へと、とさまへハ』つたへ仰事候へく候、』上中下のたき物いくらもいり候へく候、』はやとく〳〵物を下され』さふらふへく候、』日かす候へハとて、』ゆるに物を御さた候てハ、かなふましき事ニて候、なを〳〵』いそき〳〵御さた候やうニ、すゝめ』仰事候へく候、』引合京たんし《(檀紙)》いくらも〳〵入候へく候、

五月十七日の御ふみ』力者の下向のひんきに、』同
廿六日たしかに、』つきて候し、なゝは』ことなる
事なく

〔解説〕
六月十一日と文中にあること、金沢貞将が鎌倉に戻る準備を進めている様子をうかがわせること、常在光院修造のことが見えるので、元徳二年が有力になる。本史料は、従来金沢貞顕書状とされてきたが、被官の書状である。袖に切封の痕跡あり。【神】二八七一、【鎌】三一〇六三。

937 金沢貞顕書状 （五〇四／大阪青山短期大学文学歴史博物館所蔵岡田忠久氏旧蔵称名寺文書）

去月四日・五日・八日三通御状、雑色』下向便、
同晦日到来候了、
一、貞冬(北条)一級事、聞書給候了、人々』同時叙候之間、
悦入候、御免御教書』被下候者、以便宜可給候、
一、行房(世尊寺)朝臣返状慥到来、即時』行雅(持明院)朝臣候了、
一、目所労雖得少減候、猶不能』染筆候、謹言、
後六月三日(元徳二年)　(北条貞顕)(花押)
武蔵守殿(北条貞将)御返事

〔解説〕
この書状は、閏月から元徳二年と確定する。叙位の聞書は、受け取っているという。金沢貞顕が眼病を病んでいるので、右筆書にしたところが興味深い。『金沢文庫古文書』収録のものは、「賜蘆文庫文書」に収められた写しである。福島金治「岡田忠久氏所蔵称名寺文書について」（『金沢文庫研究』二八三号）で江戸時代に称名寺から離れた文書の所在が明らかになった。【神】二八七七、【鎌】未収。

938 「古文孝経」奥書 （出光美術館所蔵　識語篇七二六号）

元徳二年七月二日、以南堂十代之秘説、奉授武州(北条忠時)新
左親衛尊閤了、
散位清原(教宗)(花押)

〔解説〕
北条忠時伝授分のみ抄出。全文は、42号資料に収める。文章道を北堂、明経道を南堂という。

939 金沢貞顕書状（自筆） （四六〇／七五七　「金剛王院　秘密品　城務法印」）

御札之旨、謹承候了、此事』猶々無申計候、下向事

者、』明夕下着候歟之由令存』候、但自路次未無音
信候、』毎事入見参可申承』候、恐惶謹言、
七月十日　崇顕（北条貞顕）
方丈（釼阿）御報

〔解説〕
金沢貞将の鎌倉到着を明日の夕方と伝える書状。【神】二九〇〇、【鎌】三二一四〇。

940　「武家年代記」裏書　元徳二年条

七十一、武州（北条貞将）自六原（六波羅）下向、

〔解説〕
六波羅探題南方金沢貞将の鎌倉到着の日を記す。

元徳二年（一三三〇）七月雑載

金沢貞将が六波羅探題を離れた元徳二年七月に、貞将六波羅探題関係史料の中で編年しきれない941〜944号資料を収める。

941　金沢貞顕書状（自筆）（四五三／七五〇「三昧戒図」）

常在光院（山城国京都）への文箱一合』進之候、いそき〱たしか
ニ』長老へ進せられ候て、』御返事とりて、便宜之
時可給候、あなかしく、
（上書）「（切封墨引）
六はらの南殿（北条貞将）へ」

〔解説〕
京都東山常在光院に送る物を託した書状である。金沢貞将の六波羅探題南方時代のもので、嘉暦元年から元徳二年のものである。【神】二八五二、【鎌】三〇九八八。

942　金沢貞顕書状
（六八九四／四一八函「花供導師次第」写七四三一―二）

□（長）沼（宗秀）淡路前司事ニ、愚状』□□候
き、刑部禅門（道準、摂津親鑒）ひらに申』□□候ほとニ書進
候、沙汰事ハ』□□出羽入道（道蘊、二階堂貞藤）にまかせらるへ
く候、』□□御状、同十五日御札等季顕』□
□到来、具承候了、』□□候了、特悦

思給候、』□□□年、伊勢入道忠貞（行意、二階堂）にとられ』
□□るうゑに、秘蔵の物と』□□□入
候、く、』□□候了、先度給候に、重』□
□悦存候、上品候之際、』□□□候ぬ、
毎日同服候之間、』□□□一日始也、今月二日
結願候了、

〔解説〕
六波羅探題金沢貞将に送った書状。二階堂道蘊が皇位継承問題の調停で在京している。【神】二六九四、【鎌】三〇五〇五。

943　金沢貞顕書状　（未収／六八五影字）

去月七日御状、同十八日力者下向之時、』到来候了、
八幡社務（山城国石清水八幡宮）□（入江）道清法印被□瀧（竹）』清法印候之間承候了、
先立関東』に□□き□□可有帰洛之時、』毎事被
□□□□被始行』□□可有御沙汰候、あ
なか』しく、
十一月三日

〔解説〕
金沢貞顕が六波羅探題南方に在任する嫡子貞将に送った書状。石清水社務をめぐる内紛を記す。【神】・【鎌】未収。

944　金沢貞顕書状　（未収／四〇四影字）

去月七日御文、同廿三日到』来、悦承候、□□白地
下向事』候様ニ□□』御事□禅興寺（相摸国山内庄）ニ御
閑談、尤』□□御精進□□』者歟、日数は
な□□候、□□て』無承旨候、□□』
□□□』□□□可示
給候、』如比悉仰候、殊□□』恐惶謹言、
□□　□□（花押）（北条貞顕）

〔解説〕
金沢貞顕出家後の書状。影字の一部が判読できる。
【神】・【鎌】未収。

945　「常楽記」元徳二年条

七月廿一日、真乗院顕助僧正入滅三十六、

〔解説〕
金沢貞顕の長子顕助が亡くなったことを記す。

946　金沢貞将書状　（五〇九／七八〇　釼阿本「厚造紙」）

下向仕候者、最前』可参申入之由乍存』候延引、恐
存候之処、』一日参入、達本望候、』兼又、雖無差事
候、明』後日廿六日、令用意小点心候、（本紙）
入御候者、畏存候、其』間子細、以使者令』啓候、（裏紙）
恐惶謹言、
（元徳二年）十月廿（四カ）□日　（北条）貞将（花押）
（釼阿）称名寺方丈

〔解説〕
金沢貞将が六波羅探題の任を終えて鎌倉に戻った元徳二年の書状。明後日には、称名寺に行きたいと伝えている。【神】二九三五、【鎌】三一二三八。

947　聖恵避状案　（新善光寺文書）

付小河（山城国京都）門跡（聖恵）、一条（山城国京都）大宮敷地事進之候、早可有御管領
候哉、恐々謹言、
元徳二年十一月三日　聖恵御判
（崇顕、北条貞顕）修理権大夫入道殿

〔解説〕
将軍守邦親王の弟で勝長寿院別当を兼務して鎌倉に下っていた小河門跡聖恵僧正の所領であった一条大宮の敷地が、金沢貞顕に渡されている。関連文書をみると、この土地を求めているのは名越新善光寺で、金沢家が取引する京都の土倉月蔵坊が実務担当として入っている。金沢家が六波羅探題を勤めていた時期に関与した土地であろうか。【神】二九四〇、【鎌】三一二六八。

948　光恵打渡状案　（新善光寺文書）

（山城国京都）一条大宮敷地事、（崇顕、北条貞顕）修理権大夫殿入道御代官、早可被
打渡彼下地之由、（聖恵）御気色候所也、仍執達（衍）之如件、
元徳二年十一月三日　光恵判
月蔵坊石見律師御房

〔解説〕
小河門跡聖恵僧正側の担当者光恵と月蔵房が打ち合わせをして、金沢貞顕の代官が名越新善光寺に敷地を渡すよ

うにと伝えている。【神】二九四一、【鎌】三一二六九。

949　金沢貞顕書状案　（新善光寺文書）

大宮禅尼墳墓敷地事
当寺之類地候間、小河宮僧正（聖恵）御房令申入候処、無相違令拝領之候、仍御書一通進之候、早有御管領、可有御興行候哉、委細之旨御使僧令申候了、恐々謹言、
元徳二年十一月十日　沙弥崇顕（北条貞顕）□（判カ）
謹上　新善光寺（相模国鎌倉）長老

〔解説〕
土地の受取が終わったので、早く管理の手配をするようにと新善光寺長老に伝えている。金沢家を間に挟んで、天台宗の小河門跡と律宗の名越新善光寺がやりとりをしていることがわかる。【神】二九四二、【鎌】三一二七四。

950　「鎌倉年代記」元徳二年条

十二月二日、一貞将（北条）・二貞直（北条）・三範貞（北条）・四道準（摂津親鑒）・五道蘊（二階堂貞藤）、

〔解説〕
鎌倉幕府の引付改編。金沢貞将が一番頭人に昇り、大仏貞直・常葉範貞が、それぞれ二番・三番の頭人となっている。

951　金沢貞将書状　（五二二／七八六　題末詳聖教星宿関係）

祈禱巻□』為悦候、□、
「元徳二」（異筆）
十二月□
称名寺□

〔解説〕
金沢貞将が称名寺長老釼阿に送った祈禱の礼状。歳末祈禱巻数に関するものか。【神】二九四五、【鎌】三一三三二。

元徳二年（一三三〇）年末雑載

煕允本「甫文口伝抄」紙背文書

称名寺五世長老什尊（煕允から改名）が釼阿と金沢貞

将から譲られた料紙。金沢貞顕連署時代を正中二年年末雑載に、貞顕出家後の書状を元徳二年の年末雑載に収める。「甫文口伝抄」は建武二年に書写されている。

952　金沢貞顕書状（自筆）

（四三四／七三一　熙允本「甫文口伝抄」第一）

七日、二階堂信濃入道々《行》《行朝》珍等候、武田』彦六《信武》も、
只今入来候之間、勧三献、給』銀釼候了、むねと候
人々ニハ、毎度野釼』等を遣候之間、難治無申計
候、
明日者金沢長老《釼阿》可有来臨候、点心』時等之用意候、
御社《鶴岡八幡宮》参於桟敷可有』御見物候、御下向事のミ被念
願』候、忠時《北条》諸事よろしくふるまひ候』程ニ、故不
便候、あなかしく、

正月七日

「《上書》（切封墨引）」

〔解説〕

六波羅探題金沢貞将の鎌倉下向の事が話題にのぼっている。嘉暦元年から元徳二年の間の書状である。【神】二八八六、【鎌】三二一一八。

953　金沢貞顕書状（自筆）

（四四四／七四一　熙允本「甫文口伝抄」第一）

経営之間、練貫綾各』十具給候了、御公事等』密申
候に、特喜思給候、』あなかしく、

十月廿七日

〔解説〕

嘉暦元年から元徳元年の間の金沢貞顕書状。金沢貞将に依頼したものが京都から届いたと伝える。【神】二八八八、【鎌】三二一一二。

954　金沢貞顕書状（自筆）

（四四八／七四五　熙允本「甫文口伝抄」第一）

息女遣他所事、名越上殿被遣□』やうニ候へと
も、諸事経営候之間、取』乱候、千万物忩以後、可
令申候、あなか』しく、

十二月五日

「《上書》（切封墨引）」

〔解説〕
金沢貞顕が出家し、金沢貞将が六波羅探題として在京する間の書状なので、嘉暦元年から元徳元年に限定される。【神】二八九二、【鎌】三一一二五。

955 天野遠時書状

（七二七／八七三　煕允本「甫文口伝抄」第二）

旧屏風一双進之候、此風情』めつらしく候、是体にせらるへく候、縁ハ』よくも覚す候、中縁は略せらるへ』く候、蘇芳の体ハよく覚候、月・日・』さき・千鳥□きいた等ハ、これを』取て修理して候、被用候へかしと覚』候へとも、よろつ御計候へく候、

金物をそゐ同前、

〔解説〕
金沢家の被官天野遠時の書状の書止。【神】・【鎌】未収。

956 金沢貞顕書状（自筆）

（四五二／七四九　煕允本「甫文口伝抄」第三）

追申

佐々目僧正有助在洛候、それへも』内々仰られ候へかしと存候、其外の』在京人なとニも、内々仰られぬへき』候ハ（ママ）、可被申候、平次右衛門尉（安東助泰）・神五左衛門尉』等もきゝ候ハすハ可被申候也、忩可被』賀申候也、

〔解説〕
どの書状と接続する追伸かは不明。金沢貞将六波羅探題南方在任中の書状。【神】二八九三、【鎌】三一一二七。

957 金沢貞顕書状（自筆）

（四六八／七五九　煕允本「甫文口伝抄」第四）

御わたり候へく候、さてこれかみえ候ほとニ、』一合まいらせ候、人にくわせて』御らんせられ候へく候、かやうニ』申候ほとニ、御文

の候、をなし』御心ニ候、返々うれしく候、御
返事ニこまかニ』申さふらふへく候、
御り（痢）もと﹅まり候、色も』よく候よし、うけたまは
り候へハ、』返々めてたく悦入候、』かまへて〳〵、
風ひかて
「（上書）（切封墨引）　新将監（北条忠時）とのへ」

〔解説〕
金沢貞顕の体調が戻ったと嫡孫忠時に伝える書状。忠時の近衛将監補任の時期は不明。【神】二八三六、【鎌】三〇九二二。

958　金沢貞顕書状（自筆）

（四五九／七五六　熙允本「甫文口伝抄」第五）

卯月八日　崇顕（金沢貞顕）
方丈（釼阿）進之候
「（上書）（切封墨引）
方丈進之候　崇顕」

〔解説〕
金沢貞顕出家後の書状の断簡。【神】・【鎌】未収。

959　金沢貞将書状

（五一三／七八八　熙允本「甫文口伝抄」第五）

候之間、無心元存候、祈禱』事、偏憑存候之処、被
懸』御意之旨奉候、殊喜存候、』又障子引手事、下
着悦入』候之処、如此示給候、恐悦無極候、』他事
期後信候、恐惶謹言、
四月三日　武蔵守貞将（北条）
（花押）

〔解説〕
金沢貞将の武蔵守補任は嘉暦元年九月四日なので、嘉暦二年以後となる。【神】二九八四、【鎌】三一六四一。

960　金沢貞顕書状（自筆）

（四五六／七五三　熙允本「甫文口伝抄」第八）

御吉事等、於今者雖事旧候、』猶以不可有尽期候、
抑、自去六日神事仕候而、』至今日参詣諸社候、仍

不申』候つ、今暁火事驚入候、雖』然、不及太守禅（崇鑑、北条高時）閤御所（相摸国山内庄）候之間、』特目出候、長崎入道（円喜、高綱）・同四郎左衛門尉（高貞）・』同三郎左衛門入道（思元、高光）・同三郎左衛門尉（高頼）・尾藤』左衛門入道（演心、時綱）・南条新左衛門尉等宿所炎上候了、（本紙）

（裏紙）焼〔亡〕訪無申計候、可有御察候、火』本者三郎左衛門尉宿所ニ放火候云々、』兼又、御内御巻数御返事、昨日』被出候、進之候、又来十二日無』御指合候者、早旦可有入御候、小点心』可令用意候、裏可承候、恐惶謹言、

正月十日　崇顕（北条貞顕）

方丈（釼阿）進之候

（上書）「（切封墨引）

方丈進之候　崇顕」

〔解説〕
山内の火事を伝える書状。北条高時の山内殿は無事だったが、有力被官の館や宿所が炎上している。金沢貞顕が出家を遂げていることから、嘉暦二年から正慶二年の間であるが、何時の火事かは明らかでない。状裏で、急ぎ返信が欲しいと伝える。【神】三〇八三、【鎌】三二一八五。

釼阿本「宝珠　賀」紙背文書

金沢貞顕の連署就任以後の書状。出家後も含む。連署時代は正中二年年末雑載、出家後は金沢貞将が六波羅探題を終えて鎌倉に戻る元徳二年の年末雑載にかけて収める。

961　金沢貞顕書状（自筆）

（三六三／六六〇　釼阿本「宝珠　賀」）

□喜悦候、南殿・谷殿（尼永忍）』□候らん時ハ、忩々可承』□左衛門尉景定（向山）他界事、』□十八日より労候て、廿四日』□便、無申計候、正恵以下』□洛候了、いよ〳〵無人』□可有御察候、此状御一』□可被入于火中候也、』□謹言、

〔解説〕
金沢貞顕が六波羅探題として在京する金沢貞将に送った

書状。金沢家被官向山景定の他界を告げる。南殿は、正和五年十二月三日には仏事が行われている。谷殿は元徳元年九月二十四日に亡くなっている。両者が亡くなった後と考えると、金沢貞将が鎌倉に下向する元徳二年六月までの九ケ月間に限定される。【神】一九六三、【鎌】二五四一九。

962　金沢貞顕書状（自筆）

（四五五／七五二〈上〉「愛染王十五重法」〈下〉釼阿本「宝珠　賀」）

年始御慶賀、雖事旧候、』猶々不可有尽期候、
抑、明日八日無御指合候者、可』有入御候、下品点
心可令用意』候、早旦可有光臨候、恐惶謹言、
　　正月七日　　　　　　　　崇顕（金沢貞顕）
方丈（釼阿）進之候

〔解説〕
金沢貞顕が出家を遂げた後の書状である。新年の挨拶を述べた後、点心に招待している。嘉暦二年以後の書状である。【神】三〇八二、【鎌】三二一八四。

「甫―灌頂重義　ム」紙背文書

金沢貞将六波羅探題在任時代の金沢貞顕書状を多く含む。仮に、元徳二年年末雑載に収める。「ム」は宏教の略字。

963　氏名未詳書状（自筆）

（三五七／六五四「甫―灌頂重義　ム」）

〔領状し候ハや、いかゝ［　　］』御猶子ニて
御跡を［　　］』申なされたる御事、［
］』しせんすへき事ニ、［　　］』御
計候へきよし［　　］、』去年行意下向之［
］』と覚候、其後按察（洞院公敏）［　　］』
候て、忩嫁聚之儀、御［　　］』難治之由申
て候つる、［　　］』間、一日をしたき［
］』六月にて候ハむと［　　］』上（金
沢貞顕）者、十月とて候［　　］』され候程ニ、十月
［　　］』申て候、為御意得［　　］』（二
あねの大納言殿ハ［　　］』御存知候歟、為
条）世卿［　　］
「（切封墨引）」（上書）

〔解説〕
金沢貞顕の意を受けた被官が六波羅探題金沢貞将の側にいる女性に送った書状。嫡孫忠時の正室の話であろうか。【神】二七五五、【鎌】三〇三三一／三〇六八七重出。

964　金沢貞顕書状（自筆）

（三九六／六九三　「甫―灌頂重義　ム　三―内」）

御所労之由、自女房御方承候、『驚歎入候、』何様御事候哉、遼遠之間、心本なさ』無申計候、抑、御下向事、御労ニつけ候ても、』あまりに心苦存候之間、今朝以盛久』重令申長崎左衛門入道(円喜、高綱)候了、畏承之由』返答候、同新左衛門尉(高資)者出仕之間、不及』対面、城入道(延明、安達時顕)者禅僧招請之際同前、』夕方両人ニハ重可申候、御沙汰なく』候程に、老心をなやまし候、返々歎入候、

〔解説〕
金沢貞将の鎌倉下向の折衝の状況を伝えている。元徳二年の書状であろう。【神】二七四四、【鎌】三〇三〇三。

「題未詳聖教一括」紙背文書

題未詳聖教の紙背文書については、記載された内容から時期を区分し、適宜収めていく。この一群は金沢貞将六波羅探題在任時の金沢貞顕書状なので、仮に元徳二年年末雑載に収める。

965　金沢貞顕書状（自筆）

（三四二／六三九　題未詳聖教綴帖装）

自今夕精進始候て』可参詣八幡宮(相摸国鶴岡八幡宮)候、忠□(時)(北条)同前候也、

年始吉事等於今者雖事旧候、』尚々不可有尽期候、抑、周防前司(狩野為成)下部帰洛之便、令申』候き、定令参着候歟、彼出仕始事、』十五日以前者、公方(北条高時)御計会候、十九日』吉日之由、晴村朝臣(安倍)撰申候之際、可有出仕』候、無相違候へかしと念願之外無他候、』小串(貞秀)下向必定候哉、可為何比候、可承存』候、神五郎左衛門尉新恩拝領之間、遣賀札候、』忩被付候て、返状とりて便宜之時可給

〔解説〕
金沢貞顕が六波羅探題として在京する子息貞将に対して送った書状。六波羅北方常葉範貞の被官小串氏が鎌倉に下向すると伝える。新年の挨拶をしていることから、嘉暦元年から元徳二年の間の正月の書状である。袖端に切封の痕跡あり。【神】二七九六、【鎌】三〇八一〇。

966 金沢貞顕書状（自筆）

（三六〇／六五七　題未詳聖教切紙折本）

□禅閤（崇鑑、北条高時）北馬場にて』□
候、日記尋取之、追可』□
□廿二日入来候、六郎兵衛入道』□
□難治候由申給候之間、愚身』□
□民部少輔（北条盛時）殿引付ニ入られ』□給候
程ニ、みさたし候間、』□子息六郎を
明日立候之旨、』□際、愚状を事つけ
候也、』□候乎、可承存候、医師を
も』□候、療治候、をとなしき物』
□ニ候へかしと覚候、□

〔解説〕
金沢貞顕の甥民部少輔盛時が引付衆に加わったと伝える書状。【神】二八九七、【鎌】三一一二九。

967 金沢貞顕書状（自筆）

（三七〇／六六七　題未詳聖教切紙折本）

□□、
新春御吉慶□』尽期候、
抑、忠時（北条）官途事□』候之処、無相違忠
□』円覚寺長老（相摸国山内庄）進□加』
候、正月五日叙位□』七日叙位ニ八参
合□』春除目へ、左近□』
延引候者、臨時少（小）□』其間子細、五条（安東助泰カ）
□』可被申合候、所詮□』
□（□春以後）今年者、□

〔解説〕
金沢忠時の官途について述べている。正月五日の叙位ないし七日の加叙で従五位下に昇進させたいこと、春除目で左近大夫将監の叙留が認められることを考えている。しかし、文言には難しい状況がうかがえる。嘉暦・元徳

年間の書状であろう。【神】二八三二、【鎌】三〇九一八。

968　金沢貞顕書状（自筆）

（三〇二二／三六七八　題末詳聖教折本）

□□承候了、此仁か所存は』□□
□□特喜入候、鎮西事も』□□行意許
申給候之間、返々』□□雑掌之旨、常陸（小田時知）・伊勢（伊賀兼光）等□□

〔解説〕
六波羅探題の運営について言及した書状。金沢貞将が六波羅探題南方を勤めた嘉暦・元徳年間の書状である。
【神】二八七三、【鎌】三一〇六五。

969　金沢貞顕書状

（二三八五／三三七函　「正秘」　写三〇三一―二）

□□茶三色まいらせ候、あなかしく、
□□の御房の』□□しうきも、程なく
候へは、』□□とにあはれそ思まいらせて
候、又』□□下ほんに候へとも、□□

〔解説〕
年代推定の手がかりがない書状。【神】・【鎌】未収。

970　金沢貞顕書状

（六八八一／四一八函　「供養法作法」　写七三八―三）

□□由其聞候、』□□之記之旨披露
候、定日数』□□事に刑部禅（道準、摂津親鑒）秘計』□□
□と覚候程ニ、此上洛』□□夜可秘計之由存
思』□□申候也、あなかしく、
六月九日
□□違例候つるを、いまは無為』□□
候也、

〔解説〕
鎌倉の金沢貞顕が六波羅探題金沢貞将に送った書状。
【神】・【鎌】未収。

「鉢撞様」紙背文書

金沢貞将充金沢貞顕自筆書状を多く含むので、編年できない書状を元徳二年年末雑載に収める。

971　金沢貞顕書状　（二三七六／四一八函　「鉢撞様」写七四六—一）

申刻はかりニ帰来『□□』喜存候、忠時《北条》こそは
『□□』もとなく候へ、なくさ『□□』大《北条貞時後室、大室泰宗娘》方殿物詣のため『□□』むけニ小袖五具かま□
□

〔解説〕
金沢貞顕の嫡孫忠時のことが記される書状の断簡。在京する金沢貞将に送ったものと考えられる。【神】二八三四、【鎌】三〇九二〇。

972　金沢貞顕書状　（六八九〇／四一八函　「鉢撞様」写七四六—二）

『□□』つけ、ひまなく候、』□□この面
の故みちの』□□候と、おとゝひの夜つけて
候ほと二、二まはかり』□□候□んの物と
も、おゝくよりて、うちけにて候、』□□ま
ことにやけ候ハヽ、』□□候、□□と
候、
「(上書)　（切封墨引）
□□の御方へまいらせ候」

〔解説〕
火災のことを記しているが、場所・時期は特定できない。【神】二八二四、【鎌】三〇八九六。

973　金沢貞将書状　（五一一／七八二〈上〉煕允本「両部修行用心」〈下〉煕允本「日月輪私抄」）

世上、聊属静謐候之』□□《恐カ》悦存候、此間可』□
□、兼又、見来候、』□□帖進之候、恐』□□、
□□三日
貞将《金沢》（花押）
□□丈

〔解説〕
金沢貞将が六波羅探題の任を終えて鎌倉に戻った時期の

書状と思われる。【神】二九八七、【鎌】三一六四四。

974　金沢貞将書状（五二九／神奈川県立金沢文庫所蔵「村口四郎旧蔵文書」）

新春御慶賀、自他雖事』旧候、猶以幸甚々々、抑、依無差事候、其後不申』候、何条御事候哉、京（山城国）都無』殊事候、参向事、早速蒙御』免罷下度候、心中可有御察』候、相構被懸御意、御祈念候者、』恐悦候、恐惶謹言、

正月七日　　　　武蔵守貞将（北条）（花押）

謹上　称名寺方丈（釼阿）侍者

〔解説〕
六波羅探題金沢貞将が、称名寺長老釼阿に対して新年の賀詞を述べている。京都から送っていること、武蔵守に在任していることから、嘉暦二年から元徳二年の間である。【神】二六一四、【鎌】二九八一四。

元徳三年（一三三一）

975　金沢貞顕書状（自筆）（三四〇／六三七〈上〉什尊本「胎蔵界行法次第生起」〈下〉題未詳聖教折本）

「□通御札昨日□□到来、』□、□□事先日承候之間、』□候き、（長井）貞重凶害事、』□を出羽入道（道蘊、二階堂貞藤）に申請』預候之間、あらわれ候よし承候ぬ、誠』言語道断事候歟、
一、洛中（山城国）狼籍（藉）事、政所執事間事、』道蘊語申候とて、信意内々令申候之趣、』委細承候了、可存其旨候、執□□」

〔解説〕
長井貞重は、元徳三年二月十二日に卒去している。このことが問題となっているが、詳細は不明。二階堂貞藤は、元徳元年に使節として上洛している間に政所執事の人事が行われたことに不満を持っている。ここでも、そのことが尾を引いている。仮に、長井貞重卒去の日にかけて収める。熙允は後に改名し、什尊と称している。【神】二九四八、【鎌】三一三五〇。

976「常楽記」元徳三年条

元徳三年四月廿三日、若宮（相摸国鎌倉鶴岡八幡宮）別当顕弁大僧正入滅、六十三、

〔解説〕
金沢貞顕の兄で、園城寺長吏と鶴岡八幡宮の社務職を勤めた顕弁が亡くなったことを伝える。

977「鎌倉年代記」裏書　元徳三年条

（前略）八月廿九日、京都飛駅到着、去廿四日、主上（後醍醐天皇）竊出魏闕（山城国京都内裏）、令籠笠置城（山城国相楽郡）給、仍九月二日、任承久例、可上洛之由被仰出、同五六七日、面々進発、大将軍、陸奥守貞直（北条）・右馬助貞冬（北条）・江馬越前入道（北条時見）・足利治部大輔高氏、御内御使長崎四郎左衛門尉高貞、関東両使秋田城介高景（安達）・出羽入道道蘊（二階堂貞藤）、此両使者践祚立坊（光厳天皇・康仁親王）事云々、此外諸国御家人上洛、図合廿万八千騎、九月廿日、東宮（量仁親王）受禅、同廿八日、笠置城破訖、先帝（後醍醐天皇）歩儀令出城給、於路次奉迎、十月三日、遷幸六波羅（北条時益）南方、同日於楠木城（河内国石川郡）、第一宮尊良親王被虜、同廿一日、楠木城落訖、但楠木兵衛尉（正成）落行云々、十一月、討手人々幷両使下着、同月、長井右馬助高冬・信濃入道（大田時連）々大、為使節上洛、為京方輩事沙汰也、
（後略）

978　関東御教書写　（光明寺所蔵「光明寺残篇」所収）

先帝（後醍醐天皇）遷幸叡山（近江国延暦寺）事、可防申之旨、已被下院宣（後伏見上皇）云々、仍為対治凶徒等、所被差進貞直（北条）・貞冬（北条）・高氏（足利）也、次此趣可被申入西園寺家（公宗）之状、依仰執達如件、

元徳三年九月五日　右馬権頭（北条茂時）御判
相摸守（北条守時）御判

越後守（北条仲時）殿
越後左近大夫将監（北条時益）殿

〔解説〕
978号資料は、「光明寺残篇」に収録された関東御教書。鎌倉幕府が六波羅探題に対し、後醍醐天皇が比叡山に遷幸したので、後伏見上皇の院宣を受けて、討伐の軍勢を上洛させたと伝える。977号資料は、この時の一連の騒動

を伝える。上洛軍の大将軍の一人に金沢貞冬がみえる。

979　和田助家代助泰目安案

（京都府立山城資料館寄託和田家文書）

（端裏書）
「目安　恩賞事」
目安　和泉国御家人和田修理亮助家代子息助泰申
右、去々年元徳三九月十四日・十月十七日・同十九
日・廿日於楠木城（河内国石川郡）、助家不惜身命、度々合戦畢、仍
子息参河房助真幷親類大弐房明重被疵、為半死半生
之条、当国守護代官（信太三郎左衛門入道）□□加実検之上、大将軍武蔵（北条貞冬）
右馬助殿御代官酒匂宮内左衛門尉・当国守護御代官
相共、致合戦之条、証人分明也、所謂成田又太郎・
籾井彦五郎・守護代等也、（後略）

〔解説〕
和泉国御家人和田助家が鎌倉幕府に提出した軍忠状。元徳三年の上洛軍で大将軍金沢貞冬の手に属し、楠木正成の赤坂城を攻めたと伝える。【鎌】三二八二八。

980　「光明寺残篇」元徳三年九月・十月条（抄出）

（光明寺所蔵）

（九月）
十九日
（中略）武蔵右馬助殿（北条貞冬）自江州柏木宿（柏木御厨）宇治（山城国宇治郡）仁□□、
廿日
陸奥守殿（北条貞直）御京着、武蔵右馬助殿自□□御発向宇
治、
廿五日
武蔵右馬助殿立宇治御発向賀茂（山城国相楽郡）、
十月三日
□□陸奥守殿・右馬助殿・長崎四郎左衛門尉（高貞）以下
奉具　先帝（後醍醐天皇）・宮（尊良親王）以下、六波羅南方（北条時益）江奉入之、右馬助
殿家人□□（宗像）四郎（重基）於河内国奉捕一宮（尊良親王）了、
十四日
丑剋按察大納言入道殿（藤原公敏）・出羽入道（道蘊、二階堂貞藤）□□宿江被出之間、
就被申六波羅被預下野権守了、陸奥守殿・右馬助
殿・長崎四郎左衛門尉□□楠木城（河内国石川郡）之由、両六波羅（北条仲時・北

被《条時益)》□両使《(長井高冬・大田時連)》於北方［　　］談云々、右馬助殿・長崎殿領
状云々、陸奥殿所労云々、

〔解説〕
鎌倉幕府の大将軍として上洛した金沢貞冬の一連の動向を記す。貞冬は、九月二十日には金沢家の家領近江国柏木御厨（現滋賀県甲賀市）から宇治に進出し、二十五日には宇治を発って賀茂に移動している。十月三日には貞冬の家人宗像重基が尊良親王を捕らえたと伝える。十四日には、挙兵を鎮圧した追討使が、六波羅北殿に集まり評定を行うと記す。

981 「関城書裏書」元徳三年九月

同廿七日、貞直《(大仏)》・貞冬《(金沢)》・高氏《(足利)》等発向笠置城《(山城国)》、

982 金沢貞将書状
（五一二＋二九二五／二三三二函「内作業灌頂私記」写八〇―〇〇一＋写八〇―〇〇三）

梨本前門主《(尊雲法親王)》御坐河内国』楠木兵衛尉《(正成)》城《(石川郡)》之間、関東
之』軍勢悉去十六日発向之由承』候、於今者、定令
追討候歟、』兼又、雖左道候茶一種
［　　　　　］□□

称名寺方丈《(釼阿)》
「《(上書)》（切封墨引）
称名寺方丈　　　　貞将《(北条)》」

〔解説〕
金沢貞冬は、元徳三年九月十六日に赤坂城を攻める大将軍として京都を進発しているので、この書状は同月後半のものと推定できる。貞冬の赤坂城攻めは、「楠木合戦注文」にみえる。【神】二九七〇、【鎌】三一五九四。

983 「花園院宸記」元弘元年十月二十八日条

（前略）、今夕、被引御馬於貞冬《(北条)》、明暁下向之故也、
（後略）

〔解説〕
追討の任を終えた金沢貞冬が、鎌倉下向にあたって花園上皇の許に参上し、御馬を賜っている。

984 金沢貞顕書状（自筆）
（一一九／三〇三函「万鏡霊瑞麗気記」写二〇五一―一）

貞冬《(北条)》去二日出京、来［　　］』下着之由、自路次□

□』今日酉刻到来候、喜□□』之旨、能々
可有御祈□□、』恐惶謹言、
（元徳三年）十一月十一日　□
（釼阿）方丈進之候

〔解説〕
金沢貞冬は十月二十九日に鎌倉へ出立すると花園上皇に報告したが、この書状では十一月二日に出京したと伝える。【神】二九七四、【鎌】三一五四二／三一六一四重出。

985　金沢貞顕書状　（五四〇三／一一一　紙背なし）

長日不断不動護摩』御巻数一枝給候了、特』悦存候、兼又、御内御巻数』一枝同給候了、遣奉行方』可執進御返事候、恐惶』謹言、
（異筆）「元徳三」十二月廿一日　（金沢貞顕）崇顕（花押）
（釼阿）称名寺方丈御報

〔解説〕
金沢家が称名寺に依頼していた長日不断不動護摩と得宗家から依頼された祈禱の巻数が届いたので、得宗家の奉行方に届けて返事をもらうと伝える書状。【神】二九七九、【鎌】三一五六九。

正慶元年（元徳四、一三三二）

986　金沢貞将書状案　（五三〇／三〇六二　紙背なし）

（異筆）「元徳四」正月五日　武蔵守（北条）貞将同判

〔解説〕
金沢貞将の書状断簡。【神】二九八二、【鎌】三一六三九。

987　金沢貞将書状　（五四〇五／一一三　紙背なし）

下総国下河辺庄内赤岩郷・信濃国』（大田庄）石村郷・武蔵国』六浦庄富田郷今者称蒲里谷、』此所々者、為不輪之地、永代』奉寄附』（武蔵国称名寺）当寺候、此外父祖三代之間、寄附之』所々者、如本知行御管領不可有』相違候、天下泰平之御祈念』可被致精誠候、恐々謹言、

正慶元年二月十六日　　武蔵守貞将（金沢）（花押）

称名寺長老（釼阿）

〔解説〕
本文書には南北朝時代の写し（整理番号一一四号）がある。その写しの端裏書に「武蔵守貞将寄進状案　赤石・石村・富田」とあり、訴訟で提出された証文とわかる。正慶改元が四月二十八日であることから、本文書は偽文書とわかる。書状と筆跡から南北朝時代のものと推定され、おそらく訴訟の時に作成されたものであろう。【神】二九九七、【鎌】三一六八七。

988　真言宗大意表書幷裏書　（一九函　識語編一三四九号）

嘉暦二年十月十□□
暦応元年十二月十六日　金沢、長老法事、
嘉暦三年四月十一日　荒見、長老五七日、
元徳元年十一月八日　金沢、谷殿（尼永忍）法事、
同四年四月十五日　金沢、大夫入道（崇顕、北条貞顕）息女同姫殿
法事、

〔解説〕
元徳四年四月十五日、金沢貞顕息女の法事が執り行われている。姫殿とよばれているので、母方の身分が高かったことが推測される。吉田家の縁者であろうか。

989　金沢貞顕書状案　（五四〇九／一五四四　紙背なし）

□□前司忠随
常葉（相摸国鎌倉）の□慈院事、こしきふ（故式部）の大夫（北条時雄）殿の御はか』も候
へハ、ときハ（常葉）殿・にし（西）御かと（門）殿の御文、如覚の』□
二通あいそへてまいらせ候、かまへて御興隆』□（あカ）る
へく候、あなかしく
正慶元年六月廿三日　　崇｜（金沢貞顕）御判
ほりの内殿（堀内殿）へ
まいらせ候

〔解説〕
金沢貞顕の兄式部大夫時雄の墓が常葉の「□慈院」にあったと伝える。常葉殿・西御門殿は、金沢氏関係の女性なのであろう。氏名未詳書状一通と次号資料とともに一紙に書かれている。【神】三〇一〇、【鎌】三一七六四。

990　金沢貞顕書状案　（五四〇九／一五四四　紙背なし）

『□慈院の事、かやうにうけ給ハり候、ことによろこひ』おほえさせおハしまし候、労わつらハしく候て、物かき□□』□□すから□□候程に、人して申候、心もとなくおほえ□』□なかしく、

表書
そう□□（けんカ）（崇顕カ）

〔解説〕
これまで氏名未詳書状とされてきたが、案文として前号資料と一紙に書かれていること、内容が金沢貞顕の兄時雄の墓がある「□慈院」に関することなどから、金沢貞顕書状と考えられる。署判部には、もとは署判がなく封紙の表書を写したものとみられる。「そう」は貞顕の法名崇顕の仮名書きであろう。【神】三〇一一、【鎌】三一七六六六。

991　「花園院宸記」
正慶元年六月二十八日条・二十九日条

廿八日、丙寅、勢州凶徒尚以興盛之由風聞、或云、合戦地頭等、多被誅戮之後、引退云々、

廿九日、丁卯、武家実検使上洛、申詞不違風聞之説、凶徒合戦之間、在家多焼払、地頭両三人被打取、守護代（親政）宿所被焼了、其後凶徒等引退了云々、是自熊野山帯大塔宮（尊雲法親王）令旨、竹原八郎入道為大将軍襲来云々、驚歎不少、

〔解説〕
金沢家が守護職を勤める伊勢国守護所が大塔宮護良親王の令旨を奉じた竹原八郎入道の軍勢に焼き討ちされたと伝える。

992　金沢貞将袖判盛久折紙奉書　（未収／「新出金沢文庫文書」）

（花押）（北条貞将）

下河辺庄（下総国）高柳郷』給主得分物、参箇』年沽却事、致』免許之由所候也、』仍執達如件、

正慶元年七月五日　　盛久奉

河原口中務四郎殿

〔解説〕
金沢貞将が、河原口中務四郎の申請した下河辺庄高柳郷給主職得分三年分の年季売を承認した文書。福島金治「新出金沢文庫文書について—翻刻と紹介—」（『金沢文庫研究』二九三号）に翻刻。【神】・【鎌】未収。

993　陸奥国玉造郡越後大夫法印顕瑜知行分召米結解状

（五四一二／一二一　題未詳聖教）

（外題）「政所
　　可勘定
　　　　　―（花押）」

注進
（朱合点、以下同ジ）陸奥国玉造郡越後大夫法印顕瑜知行分
元徳参・正慶元幷二ケ年召米結解事、
　　　（朱書）「勘申
　　　　（二階堂道蘊）沙弥（花押）」
合
　六月分　壱石参斗参升陸合
　閏月分　弐石陸斗柒升弐合
（朱書）「幷二ケ年分米弐石陸斗柒升弐合」

所済（朱書）「弐石玖斗五升」
　玖斗五升　在返抄（朱書）「切符」（朱書）「元徳三十一廿五」
　弐石　在返抄（朱書）「同」（朱書）「同十一六」
（朱書）「過上
　　弐斗柒抄捌合　正慶元十一廿三　勘定了」
右、注進如件、
　正慶元年九月　日　　地頭代行直
　　　　　　　　　　　　　（花押）
　　「覆勘訖　　散位藤原朝臣（花押）」

〔解説〕
顕弁の後継者として西御門御房を継承した越後大夫法印顕瑜が、鎌倉幕府の政所に納める召米二年分の結解状である。過徴分の還付を受けている。【神】三〇二〇、【鎌】三一八五三。

994　金沢貞顕書状

（五四一五／一二二　紙背なし）

（崇鑑、北条高時）
太守禅閤御巻数給候了、』但御礼両通候之上、御巻数』不被付簡候之間、旁不審候、兼又、』御巻数給

候了、定此内』候歟、悦存候、恐惶謹言、

（異筆）「正慶元」
十二月廿日　　　　（貼紙）「貞顕公」崇顕（北条貞顕）（花押）

称名寺方丈（釼阿）御報

〔解説〕
称名寺が北条得宗家の依頼を受けて行った祈禱に対する礼状を金沢貞顕が取り次いでいる。称名寺側の手続きに不備があり、確認をとっている。【神】三〇三一、【鎌】三一九二八。

995　権少僧都貞助北斗供巻数（早稲田大学所蔵文書）

北斗供所　　　　正慶元年　三百五十五度

供養法三百五十五箇度

奉念

仏眼真言七千五百五十五遍

大日真言三万五千五百遍

一字金輪真言七千五百五十五遍

白衣真言七千五百五十五遍

延命真言七千五百五十五遍

八字文殊真言七千五百五十五遍

不動真言七千五百五十五遍

北斗惣呪十七万七千五百遍

御本命星真言七千五百五十五遍

御本命曜真言七千五百五十五遍

御当年星真言七千（三万五千）五百五十五遍

羅睺星真言七千五百五十五遍

御本命宮真言七千五百五十五遍

御本命宿真言七千五百五十五遍

諸曜真言七千五百五十五遍

諸宿真言七千五百五十五遍

破障真言七千五百五十五遍

右、奉為　護持親王（守邦）息災延命宝寿長遠御願圓満、始自正月一日迄于十二月晦日三百五十五箇度、日夜間、殊致精誠奉念如件、仍勒遍数謹解、

正慶元年十二月晦日　阿闍梨権少僧都法眼和尚位貞助

〔解説〕
病没した貞顕の長子顕助の跡を受け、仁和寺真乗院を継

承した弟貞助が、正慶元年分として提出した歳末祈禱巻数である。『早稲田大学所蔵　資料影印叢書二』五五号。【神】三〇三四、【鎌】三一九四三。

正慶元年（一三三二）年末雑載

釼阿本「某宝次第　酉酉」紙背文書

金沢貞顕連署以後の書状。「酉酉」は「醍醐」の略体略字。連署時代を正中二年年末雑載、出家後を正慶元年年末雑載に収める。

996 金沢貞顕書状（自筆）（四五四／七五一　釼阿本「某宝次第　酉酉」）

改年御慶賀申籠候了、』御寺（武蔵国称名寺）弥御繁昌不可有尽期候、
抑、御内御巻数御返事進之』候、又十二合一具令進
入候、毎事』可参賀候、恐惶謹言、
正月三日　崇顕（金沢貞顕）
方丈（釼阿）進之候

〔解説〕
新年の賀詞と、北条得宗家が歳末祈禱巻数への礼を述べてきたことを伝える。金沢貞顕出家後の書状である。【神】三〇八一、【鎌】三二一八三。

997 金沢貞顕書状（自筆）（四五七／七五四　釼阿本「某宝次第　酉酉」）

物詣・湯治無為候而、只今』帰参仕候、自明日可始
水湯』候、彼日数以後可参申』入候、恐惶謹言、
三月十四日　崇顕（金沢貞顕）
方丈（釼阿）進之候

〔解説〕
金沢貞顕が物詣・湯治に出かけてきたと伝える書状。
【神】三〇八五、【鎌】三二一八七。

998 金沢貞将書状（五一四／一六三九〈上〉題未詳聖教〈下〉釼阿本「某宝次第　酉酉」）

長門国豊田千熊丸』歎申旨候之間、代官』令参候、
委細被尋』聞食、便宜之時、入御』耳候之様、令申
給』候者、可為御利益候哉、』恐々謹言、
四□

称名寺□（方丈カ）（釼阿）

〔解説〕
金沢貞将が六波羅探題として上洛する以前の書状。豊田氏は、長門国の有力御家人。年代は未詳。【神】・【鎌】未収。

「瑜祇灌頂口伝幷道場荘厳　勧修寺」紙背文書

書写年代は未詳。

999　金沢貞将書状
（未収／「瑜祇灌頂口伝幷道場荘厳　勧修寺」写四四九―一）

茶子一合進候了、他』事期参入之時候、恐惶』謹言、

十月廿三日　貞将（金沢）（花押）

称（釼阿）□

〔解説〕
茶の子を送ると伝えた送付状。【神】・【鎌】未収。

1000　金沢貞将書状
（未収／「瑜祇灌頂口伝幷道場荘厳　勧修寺」写四四九―二）

恐惶謹言、

卯月一日　貞将（金沢）（花押）

称名寺方丈（釼阿）

〔解説〕
金沢貞将書状の断簡。1001号資料と接続するか。【神】・【鎌】未収。

1001　金沢貞将書状
（未収／「瑜祇灌頂口伝幷道場荘厳　勧修寺」写四四九―三）

此間、依無指事候て』不申入候、背本意候、

〔解説〕
1000号資料と接続するか。【神】・【鎌】未収。

1002 金沢貞顕書状（自筆）

（四六二／三〇五五　釼阿本「酉員流　如法愛染口決　伊豆」）

一日御状令返進候、其』間、子細先日申入候、』

□』期面□□、恐惶謹言、

五月十九日　崇顕（北条貞顕）

方丈（釼阿）進之候

〔解説〕
金沢貞顕出家後であるが、年代は未詳。【神】・【鎌】未収。

1003 金沢貞顕書状

（四六七／七五八〈上〉熙允本「水天供支度巻数」〈下〉熙允本「施餓鬼　ム　三―内」）

御いたわりをも、うけたまはりて、やかてかまくら（鎌倉）（相摸国）へも』いて候ハむとて、とくいてゝ候し、心にかゝりて候に、』かやうニ承候御事、返々』よろこひ覚させおはしましまし候、』ちかきほとニまいりて、よろつ』□□、あなかしく、

「（上書）（切封墨引）

□□の御房の御返事

まいらせ候　　□□」

〔解説〕
金沢貞顕の仮名書状。鎌倉赤橋亭からと思われるが、相手方は明らかでない。【神】三〇九四、【鎌】三〇六三八／三二一九六重出。

1004 金沢貞顕書状

（四六三／二九六函「阿弥陀包紙」写一六〇―一）

御内不断両界巻数』一枝幷御札一通給候了、』可付奉行方候、諸岡（師）民部と』申候し物ハ、他界候て、経』多年候、兼又、長日不動之』護摩御巻数、同賜候了、』特喜入候、恐惶謹言、

極月廿一日　崇顕（北条貞顕）

〔解説〕
金沢貞顕出家後の書状。称名寺が送ってきた歳末祈禱巻数に対する礼状。金沢家被官の師岡民部の死去について記している。嘉暦元年から正慶元年の間の書状。【神】三〇八七、【鎌】三二一八九。

1005 金沢忠時書状 （六八九／六五函　湛睿本「隋自意抄」）

『参上可申入候、』恐惶謹言、

霜月廿九日　忠時《北条》（花押）

（上書）「（切封墨引）」

〔解説〕
金沢忠時書状の断簡。【神】・【鎌】未収。

1006 金沢貞顕書状 （一二三九／残闕函「横帖　十三」旧「教抄并雑抄」写九二七—一）

『五日可令申』候、恐惶謹言、

七月三日　貞顕《北条》

方丈（釼阿）進之候

（上書）「（切封墨引）

方丈進之候　貞顕」

〔解説〕
年代推定の要素をもたない断簡。出家以前であるが、仮に正慶元年年末雑載に収める。【神】・【鎌】未収。

1007 金沢貞顕書状（自筆） （四六一／二七八函「文殊讃」写一三四—二）

『□□定候、重可灸治』□□□□間、炎天時
分、周章』□□□品至極候、筆三十』□□□
□候、恐惶謹言、

□月十七日　崇顕（北条貞顕）

□□之候

〔解説〕
金沢貞顕が出家を遂げた正中三年三月以後の書状。夏から秋の書状であろう。【神】三〇八六、【鎌】三二一八八。

1008 盛久書状 （八一一／八七九　釼阿本「勧修寺　金剛界口決」）

『よく候ハん、所望候、重畳之』所望候、恐惶不少
候、恐惶謹言、

六月三日　盛久（花押）

（上書）「（切封墨引）

金沢方丈（釼阿）　　　盛久」

〔解説〕
金沢貞将の腹心盛久の書状断簡。称名寺方丈を金沢方丈と書いている。【神】・【鎌】未収。

正慶二年（一三三三）

1009　金沢貞将請文案　（五四一四／七八七　熙允本題未詳聖教）

鶴岡八幡宮（相模国鎌倉）二月臨時祭御代官』事、去年十一月廿一
日御教書、昨日』到来、為定役可令勤仕之旨、謹』
奉候訖、但、於来月者、愚息淳時（北条）』差下伊勢国候之
間、難参勤候、』以此趣可有御披露候、恐惶謹言、
正月廿四日（正慶二年）　　武蔵守平貞将（北条）請文

〔解説〕
金沢貞将が、鶴岡八幡宮臨時祭で代官として参仕を求められたことを承諾していたが、尊雲（大塔宮護良親王）を支持する竹原入道に伊勢国守護所が襲われたことから（「花園院宸記」正慶元年六月廿六・廿八・廿九日条）、淳時に軍勢をつけて伊勢国に派遣するため、臨時祭の勤仕は難しいと述べている。本文書の紙背には、聖教の識語「已上、永仁六ー五月九日、受師主審海上人面受了、釼阿在御判」「建武四年三月廿四日賜御本書写了、金資熙允（花押）」がある。【神】三〇四五、【鎌】三一九七四。

1010　「大方広円覚修多羅了義経」奥書　（識語篇一六一号）

（巻下尾）
正慶二年三月廿八日、迎先考（北条顕時）三十三廻御遠忌、漉御
遺礼為科紙、書写供養畢、　　沙弥（北条貞顕）（花押）

〔解説〕
金沢貞顕が父顕時の三十三回忌供養で造った円覚経の奥書である。供養のため、父の遺札を漉き返した料紙を使用している。奥書は、現存する貞顕最後の自筆である。

1011　「梅松論」上　新田義貞挙兵の事

（前略）かゝりしほどに、三の道へ討手をぞつかはされける、下の道の大将は武蔵守貞将（北条）向ふ処に、下

総国より千葉介貞胤、義貞《新田》に同心の儀有て責上間、武蔵の鶴見《橘樹郡》の辺におひて相戦けるが、是も打負て引退く、（後略）

1012 「太平記」巻十

鎌倉合戦事同相摸入道自害事（西源院本）

（前略）搦手大将ニテ、下河辺《下総国》へ向ハレタル金沢武蔵守貞持《将》ハ、小山判官《秀朝》・千葉介《貞胤》ニ打負テ、下道ヨリ鎌倉へ入ラレケレハ、思ノ外ナル事哉ト、人皆周章騒キケル処ニ、（中略）源氏三方ヨリ寄ケレハ、平家モ勢三手ニソ分ラレケル、其一方ヘハ金沢越後守有時ヲ大将軍トシテ、安房・上総・下野《総》ノ勢ヲ三万余騎相添テ、気和井坂《相摸国鎌倉》ヲ防カル、一方ハ大仏陸奥守貞直ヲ大将トシテ、甲斐・信濃・伊豆・駿河ノ勢五万余騎ニテ、極楽寺ノ切通ヲ防カル、一方ヘハ、赤橋相摸守《守時》大将トシテ、武蔵・相摸・出羽・奥州勢六万余騎ヲ以テ、洲崎《相摸国》ノ敵ヲ防カル、此外末々ノ平氏ノ一族八十余人、国々ノ兵十万余騎ヲハ、時ニ取テ弱ハカラン方ヘ向ヘシトテ、鎌倉中ニ残置タル、（後略）

〔解説〕
新田義貞の挙兵を受け、鎌倉幕府は鎌倉街道上道を北上する大手軍勢の総大将に北条泰家、中道を北上して下河辺庄で軍勢を集める搦め手の総大将に金沢貞将を選んだ。金沢貞将は鎌倉で編成した軍勢を率いて鶴見まで北上したところで小山秀朝・千葉貞胤の軍勢と遭遇し、敗れて鎌倉に引き返した。その後、鎌倉防衛の第一線に金沢越後守有時が就いたことが記されている。この有時は不明で、流布本などでは普恩寺基時が主将、金沢越後左近大夫将監が副将の任に当たったとしている。越後大夫将監は、鎌倉幕府滅亡後に出家し、建武二年に時直の一族とともに長門で挙兵している。西源院本『太平記』は、諸本の中でもよく古態を残したものとされているが、北条氏の人名には疑問が多く、鎌倉のことをよく知らないと思われる。

1013 「太平記」巻十

鎌倉中合戦事同相摸入道自害事（西源院本）

（前略）金沢武蔵守貞将ハ山内《相摸国山内庄》ノ合戦ニ郎従八百余人討レ、我身モ七ケ所疵ヲカウムリ、相摸入道《崇鑑、北条高時》ノ御坐ケル東勝寺《相摸国鎌倉》へ打帰リ給タレハ、入道斜ナラス感シテ、則両探題職ニ居セラルヘキ由、御教書ヲソ成シケル、貞将ハ一家ノ滅亡、日ノ中ヲハ過サシト思ハレケレ共、多年ノ望ミ達シケレハ、今ハ冥途ノ思出ニ成ヌト悦テ、又戦場ヘ打テ出給ケルカ、彼御教書裏ニ、我百年之命ヲ棄テ、公カ一日之恩ヲ報ト、大文字ニ書テ、是ヲ鎧ノ引合セニ収メ、大勢ノ中ニ係入テ討死シ給ケルコソ哀ナレ、（後略）

〔解説〕
正慶二年五月二十二日に小袋坂切通の守りが破られ、金沢貞将が討死にする場面を描いたものである。流布本では「大仏貞直并金沢貞将討死事」と題して一段につくり、最後の文章も「終ニ討死シ玉ケレハ、当家モ他家モ推双テ、感ゼヌ者モ無リケリ。」と改訂し、貞将の最期を武家の名誉を守る立派な振る舞いを示したと表現している。

1014 「太平記」巻十

鎌倉中合戦事同相摸入道自害事（西源院本）

（前略）是ヲ見テ、堂上《(東勝時)》堂下ニ御坐ケル一門他家之人々、皆押膚脱々々、腹ヲ切リ、自ラ頸ヲ掻落ス人々誰々ソ、金沢大夫入道崇顕《(貞顕)》・佐介近江前司宗直・甘名《(甘縄)》駿河守・子息左近将監《(顕義)》・名越土佐前司時元・印具越前々司宗末《(宗有)》・塩田陸奥守入道《(教覚、国時)》・摂津刑部《(道準、親鑒)》大輔入道・小町中務権大輔朝実《(北条朝貞)》・常盤《(常葉)》駿河守範貞《(北条)》・長崎左衛門入道円喜《(高綱)》・城加賀前司師顕《(安達)》・秋田城介時顕・越前守有時《(北条)》・南左馬頭義時・接《(摂)》津左近大夫《(親如)》・長崎三郎左衛門入道思元《(高光)》・明石長門介入道忍阿・名越一族三十四人・赤橋・常盤《(常葉)》・佐介人々四十六人、其門葉タル人々二百八十三人、我前ニトソ剪タリケル、其後屋形ニ火ヲ係タリケレハ、猛火盛ニ燃上リ、黒烟天ニ充満タルニ、庭上門前ノ兵、或ハ炎ノ中ヘ走入テ腹ヲ切リ、或ハ父子兄弟差違ヘ々々重リ伏ス（後略）

〔解説〕
鎌倉の東勝寺において、北条高時が自害した後の記述。最後まで高時と行動を共にした人々が次々と自害していった様子を記す。金沢貞顕がその筆頭に記されている。安達氏の時顕・高景父子や甘縄顕実・宗顕父子を混同したり、人名の誤りが多く、改訂の必要な状況をよく示している。

1015　布施資平着到状写（佐賀県立図書館所蔵有浦家文書）

着到

信濃国布施五郎資平合戦事、

右、去五月十九日、馳参御方、奉属搦手』大将軍新田（岩松経家）兵部大輔殿于時下野五郎殿、随侍大将』軍岡部三郎下知、於長勝寺（相模国鎌倉）前致合戦、同』廿日廿一日廿二日於小袋坂（相模国鎌倉）抽軍忠之条、侍大』将軍幷軍勢等被見知訖、然早下給御』判、為備弓箭面目、着到如件、

元弘三年八月　日

（証判）「一見了、（岩松経家）（花押影）

承候了、（岡部三郎カ）清恵（花押影）」

〔解説〕
元弘の鎌倉合戦で、金沢貞将が布陣した小袋坂を攻めた新田軍に属する布施資平の軍忠状。貞将は、赤橋守時の軍勢が五月十八日に壊滅した後、小袋坂に布陣してここを守っていた。【鎌】三二五一八。

1016　足利高氏御教書幷吉見円忠施行案（「光明寺残篇」所収）

（端裏書）「足利殿御教書幷吉見殿施行案」

伊勢国凶徒対治事、事書一通進之候、守此旨可令致沙汰給候、恐々謹言、

元弘三年五月廿四日　　前治部大輔高氏（足利）御判

謹上　吉見殿（円忠）

伊勢国可令対治凶徒由事、今月廿四日御教書案文遣之、守御事書之旨、可致其沙汰、来月三日以前、小河（伊勢国三重郡）可令馳参給候、於緩怠之儀者、関東同心之由、可令注申也、仍執達如件、

元弘三年五月卅日　　円忠（吉見）判

（伊勢国）三重郡地頭御家人中

〔解説〕
金沢氏が守護を勤めた伊勢国に対する追討命令。足利高氏は、源家一門吉見氏に対し、伊勢国凶徒（北条氏与

党）の追討を命じている。吉見円忠は三重郡の御家人に対して六月三日までに小河に集結するよう通達し、言い逃れや不参の者は北条氏への同心とみなして報告すると伝えている。

1017 「仁和寺諸院家記」（仁和寺所蔵）

貞助少僧都号大夫□□、顕助舎弟、天下、動乱之時、不及安堵逐電畢

〔解説〕
仁和寺真乗院院主貞助が、六波羅探題滅亡の混乱の中で行方知れずになったと伝える。『仁和寺史料　寺誌編』真乗院の項に翻刻。

正慶二年（一三三三）年末雑載

以下三十三通は、どれも年代を確定することが出来ない文書である。金沢氏が滅亡した年の年末雑載として収める。

1018 金沢貞顕書状（一一二二／三四八八　湛睿本「四分律行事鈔中四見聞集」）

□不思懸承及候、返々

〔解説〕
金沢貞顕書状の断簡。巻子本のつなぎに使われて残る。【神】・【鎌】未収。

1019 金沢貞顕書状（一一三八／三四六函「教抄并雑抄」写三五二一―六）

新茶一裹、調給候了、

〔解説〕
金沢貞顕書状の書止。【神】・【鎌】未収。

1020 金沢貞顕書状（三〇三／三九八七　什尊本「秘」）

□返々目出候、御幣長崎』□にて候事、同四郎左衛門尉（高貞）』□御まほりかたな、同三郎《同当》御』□新左衛門尉（長崎高資）、御笠大蔵孫五郎』

□候之間、御かさハさゝす候云々、』□
□左衛門尉等供奉、御運長久□

〔解説〕
北条得宗家の若君護持に関する書状であろう。金沢貞顕出家後のものと思われる。【神】三〇八八、【鎌】三〇六四八／三二一九〇重出。

1021 金沢貞顕書状（三一四／三四六函「教抄并雑抄」写三五五—一一＋写三五五—一三）

先日進入候綾黒染』給候了、殊悦入候、一段』者先
立給候き、兼又、』御違例事、其後何□

〔解説〕
年月日未詳の書状断簡。【神】・【鎌】未収。

1022 金沢貞顕書状（自筆）（三三三一／六二九　題未詳聖教折紙）

□御中御勤等、』□申候之間、閣筆』
□令中候、授与事』□等候之間、延引
候、』□之旨之由存候、御助成』□相
遣之由承候、』□無所謝候、雖□

〔解説〕
年代・内容を絞り込めない書状。【神】・【鎌】未収。

1023 金沢貞顕書状（自筆）（四六九／七六〇〈上〉煕允本「醍醐　五　金玉七内」〈下〉煕允本「御流　金玉　七之内」）

□めてたさも御文の候し、まことに』悦入て候、
いかさまにも』そとまいり候て中候へく候、』
ものつや〳〵かゝれ候ハて、』とゝめ候、あな
かしく、
御下文はやまいりて』候やらん、おほつかなくこ
そ、』思まいらせ候へ、承』たく候、一日わか（若）宮』
こうち（小路）殿よりもこの□

〔解説〕
金沢貞顕が女性に送った書状であろう。「若宮小路殿」は705号資料にみえる。現在は若宮大路と記すが、「金沢文庫文書」には若宮小路と記されている。【神】二〇六一、【鎌】二六一六六。

1024　金沢貞顕書状　（一二三七七／三三七函　釼阿本「神泉御読経導師次第　開白」）

『□□殊事候之条、』□□都又同前候、』□
□謹言、
（北条貞顕）
（花押）

〔解説〕
金沢貞顕書状であるが、年代は未詳。【神】・【鎌】未収。

1025　金沢貞顕書状　（一二三八六／三三七函　「正秘」　写三〇三―三）

『□□よし帰候しか、』□□てまいりて、』□
□見まいらせて候し、いしけかり』□□ま
て候へは、』□□ハ、、よろこひ入候、申たく
候しかとも、

〔解説〕
年代推定の手がかりがない書状。【神】・【鎌】未収。

1026　金沢貞顕書状（自筆）　（一二三八八／三三七函　「北斗大事」　写一八三一―二）

し□□』す□□』御地ひかれ候はゝ』
さきに候しやう□□』着到をつけ候て給は
り候て』ふん候ハ、、なをも』まいらせ候へく
候、このやう□□
この二日、よ□□』事□□』れう□□』
よ□□

〔解説〕
年代推定の手がかりがない書状。女性充か。【神】・
【鎌】未収。

1027　金沢貞顕書状　（一二三八九／三三七函　「転法輪」　写二九九―二）

申□□』まめやかに御めてた□□』と
りさたしまいらせ候つる』心のひまなさに、御
返事』なりぬ□□

御よろこ［　］』いつの［　］』む［　］

〔解説〕
年代推定の手がかりがない書状。【神】・【鎌】未収。

1028 金沢貞顕書状

（二三九一／三三七函「七曜九執深義　ム」写一八二—三）

［　］たつね申て候しかとも、光明院ニ』御わたり
と、さふらはぬよし承候し程［　］』日ハく
れ候、せう（称）名寺（武蔵国六浦庄）へも』まいりて、長老（釼阿）の
［　］かぬ入道』［　］候と□ねてよし』［　］
［　］事うけたまはり候、なけき』［　］候て、□
□候へ、』悦［　］』うけたま［　］』す候、
さし［　］』覚［　］

〔解説〕
年代推定の手がかりがない書状。金沢貞顕の書状とするのは要検討。【神】・【鎌】未収。

1029 金沢貞顕書状（自筆）

（二三九二／三三七函「北斗印義等　ム」写一八七—二）

さた［　］』まいらす候し、心もとなく候、』こ
の程ニまいり候て、よろつ［　］』申候へく候、
くれまいらせ候て、さなからにて［　］』地の
事、よろ［　］』長老（釼阿カ）［　］』事［　］

〔解説〕
年代が絞り込めない書状。女性充か。【神】・【鎌】未収。

1030 金沢貞顕書状

（三〇七二／三〇五一　影字）

御札之旨［　］
抑、［　］縦雖不蒙』仰、可申参候由存候処、』
蒙仰候之間、雖可承［　］』候、折節火急之神事候
て、』自身不参候之条、返々』失本意候事、恐入
候、［　］

〔解説〕
年代が絞り込めない書状。【神】・【鎌】未収。

1031　金沢貞顕書状　（三四九三／三四三六　湛睿本「四分律行事鈔中一見聞集」）

□老令申候之処、南条（宗直）・長崎（円喜、高綱）』□両人、各月令管領
候之処ニ、』□事者六月中事、□』□崎（長カ）新兵衛
方者無案□』□如此等事、大略暫申候』□分、不
行道候之間、無正体候、

〔解説〕
得宗家の運営に関することを記す。年代は未詳。【神】
二四八七、【鎌】二九四三三。

1032　金沢貞顕書状　（六九八五／布施美術館所蔵文書）

可給候、恐々謹言、
三月七日　貞顕（北条）（花押）

〔解説〕
金沢貞顕の連署時代の書状断簡。『金沢文庫古文書』は、誤って接続された長井貞秀書状とともに翻刻している。【神】・【鎌】未詳。

1033　金沢貞顕書状　（未収／図像断簡　写九一七―一）

一疋糟毛置鞍』□』恐々謹言、
卯月□□
称名寺□□

〔解説〕
年代が絞り込めない書状。【神】・【鎌】未収。

1034　金沢貞顕書状　（未収／二七八函「文殊讃」　写一三四―一）

□』之旨、被尋』□』本望候、兼又、

〔解説〕
年代が絞り込めない書状。金沢貞顕の出家後か。【神】・【鎌】未収。

参考　名越朝貞書状　（未収／「高野山文書」宝簡集）

依南部庄（紀伊国）貢米事、可有関東注進之旨承候、驚存候之

間、巌密』可致沙汰之際、固被定下候、定存知候
歟、相構当年中可有其』沙汰之由、南部庄幷越前所
領令下知候、内々得此心、学侶中』口入候者為悦
候、恐々謹言、
三月十九日　沙弥《北条朝貞》（花押）
智性律師御房

〔解説〕
花押形が435頁（八三二参考）と同じであり、金沢貞顕書状を名越朝貞書状に改める。嘉暦二年以後とわかるが下限は確定出来ない。【神】二七五九、【鎌】二九四四三／二九七七九／三〇五三六／三〇七一六重出。

1035 向山景信書状 （五四八／八八五　題未詳聖教）

よし申つかハして候、もし』さる事候やらん、ふ□
た□』て候ハ、、此便宜ニあつかり』候へく候、又
仰給候し御』しやうハ、御心閑ニ給ハり候て、』も
ち参候へく候、恐々謹言、
八月六日　景信《向山》（花押）
観達御房《賢恵》

（上書）「（切封墨引）
観達御房　景信」

〔解説〕
金沢家被官向山景信が観達房賢恵に送った書状。賢恵は某寺の長老に就任し、上人号で呼ばれるようになるので、鎌倉最末期までは下らない。【神】二六一七、【鎌】二九八一六。

1036 金沢貞顕書状 （四八三／「横帖」九）

御文返々よろこひ思まいらせて候、』又これもこと
さらとくまいらせ候、』返々きたなさおかしう、』ま
ことに、あまりにひさしく申』さふらはて、これよ
りも申たく候つるに、

〔解説〕
金沢貞顕が女性に送った仮名書状の断簡。【神】・【鎌】未収。

1037 金沢貞顕書状 （未収／七〇八影字）

無足仁等御□事□間、』□□承候、仍今日可

被』□行候之聞、』□、

〔解説〕
876号資料に残る影字で、一部は判読できるも、内容は未詳。【神】・【鎌】未収。

1038　金沢貞顕書状　（未収／三二函「胎蔵金剛菩提心義略問答抄」）

□東候、復常令』□候処也、無指事
候』□十月鎌倉（相摸国）之』□給候之処、以川

〔解説〕
金沢貞顕書状とするか要検討。貞顕書状とするには世尊寺流と筆跡が異なるか。【神】・【鎌】未収。

1039　金沢貞顕書状　（未収／四二三函「御影供導師作法」）

□御俗名をハ兼教と』□るましく候て
ハ、可損物候、

〔解説〕
金沢貞顕書状の断簡。【神】・【鎌】未収。

1040　金沢貞将書状　（五一五／三九〇〇「教抄」カ）

自愛無極候、又尊』海御房よりの一裹』同給候了、
殊悦申

〔解説〕
金沢貞将が六波羅探題として上洛する以前の書状。建武二年の識語（識語二七九九と同文）あり。【神】・【鎌】未収。

1041　金沢貞将書状　（五一六／二七七函「後録段」第五　写一三一―一）

□巳刻平産、』□之間、併御』□
候、特悦存候、』□事之由、可令』□
謹言、
□月廿三日　　貞将（北条）（花押）
□丈

〔解説〕
金沢貞将が六波羅探題として上洛する以前の書状。妻女の平産を伝える。【神】二九八八、【鎌】三一六四五。

1042 金沢貞将書状　（五一七／二七八函「廻向秘曲集」）

「御使恐悦□』恐惶謹□、

三月□

称名寺□□（方丈カ）（釼阿）

（上書）「（切封墨引）

称名寺方□　」

〔解説〕
金沢貞将が六波羅探題として上洛する以前の書状。釼阿の使者派遣に礼を述べる。【神】・【鎌】未収。

1043 金沢貞将書状　（五二四／七八九　熙允本「日想観秘印言」）

御茶一□』申候之由、□』自愛候、又

□』被帰参候、□』可得御意□

三月廿□

称名寺方□（釼阿）

〔解説〕
金沢貞将が称名寺長老釼阿に送った書状。【神】・【鎌】未収。

1044 金沢貞将書状　（五一七／七九二〈上〉「印明　遍照寺般若寺僧都」〈下〉「受者高座加持　般若寺僧都」）

□候之由奉候、驚』存候、雖可参申入候、』且令申候、猶々何様』御坐候哉、無御心元存候、』湯治以後者、違例事候て、』不及出仕候之処、今日始出』仕候之間、于今不参申候、「

〔解説〕
金沢貞将が称名寺長老釼阿に送った書状。湯治の場所は、湯本であろう。年代は未詳。【神】二九九二、【鎌】三一六四九。

1045 金沢貞将書状　（二四二二／三一〇五影字「胎　明義　口決」）

先日之参拝、殊悦存』候、兼又、年始最前可』申入之由存候之処、依不及』出仕候、于今不申候、背本意』候、明後日晦日、小点心用』意仕候、入御候者

悦候、其』間子細、以参可申入候、恐惶謹言、

正月廿八日　貞将《北条》

（花押）

称名寺方丈《釼阿》

〔解説〕

金沢貞将が称名寺長老釼阿に送った書状。来臨の時に点心を用意すると伝える。【神】二九八三、【鎌】三一六四〇。

1046　金沢貞将書状

（二四二三／二七八函　貴雲本「妙音天讃」）

『毎事期□□』惶謹言、

二月□

称名寺方《釼阿》□

（上書）「（切封墨引）

称名寺方□　」

〔解説〕

金沢貞将書状の断簡。【神】・【鎌】未収。

1047　金沢貞匡書状

（六五三／一六〇三　釼阿本「冥朱事」）

『重、比興候』、恐惶謹言、

三月廿七日　貞匡《北条》

（花押）

方丈《釼阿》侍者

（上書）「（切封墨引）

方丈侍者　貞匡」

〔解説〕

金沢貞顕の子貞匡の書状断簡。「さだまさ」の読みは、この人にあてる。【神】二四五三、【鎌】二九二六〇。

1048　顕瑜書状

（未収／東京大学史料編纂所所蔵「市島春城旧蔵手鑑」）

『併可有賢察候、其後』仏事幷高野《紀伊国》参詣』等計会之間、愚報于』今遅々、慮外次第』候、猶々御音信本』意候也、毎事期』下向之時候、恐々謹言、

正月三日　顕瑜

称名寺方丈（釼阿）御返事

〔解説〕
園城寺で活動をする金沢貞顕の甥顕瑜が、称名寺長老釼阿に送った書状。本山で活動していた時期のもので、鎌倉下向の年代は不明。顕弁の後継者として、将軍家護持僧を勤めている。鎌倉幕府滅亡後は、遁世僧となる。
【神】三〇二一、【鎌】三一八五四。

1049　道円書状　（一九四四／八八二「聖教目録」）

山本殿第三年御仏□（事ヵ）』来月二日、於東尼寺（武蔵国六浦庄海岸尼寺）可被』行之候、御導師事、可令申』入長老（釼阿）給候、仍目録令』進』上之候、以此旨可有御披露』候、恐惶謹言、

四月廿七日　　道円状（花押）

侍者御中

〔解説〕
山本殿は、元亨四年の東御堂礎居柱立の注文（金文五三四一）に名前が見えるので、正中元年以後の五月二日に卒去したこと、葬儀は海岸尼寺で行われたことがわかる。嘉暦元年以後の書状である。袖に切封の痕跡あり。
【神】二三九五、【鎌】二八八六九。

暦応元年（建武五、一三三八）

1050　「常楽記」建武五年

十一月十六日、金沢明忍長老（釼阿）入滅、

〔解説〕
称名寺二世長老釼阿の入滅を伝える。

貞和二年（一三四六）

1051　室町幕府下知状案　（新潟県立歴史博物館所蔵「越後文書宝翰集」三浦和田文書）

（異筆）「同前」

御判（足利直義）

三浦下野前司貞宗法師法名道祐代頼円与武州金沢称名寺雑掌持円相論、越後国奥山庄内金山郷事

右、就両方解状、召決内談之座訖、相論之趣雖区、所詮当郷者、為元弘没収之地、道祐拝領之処、称本

寺領、雑掌掠給安堵之（状）条、令依違之由、頼円依訴申之、於一方内談（依田左衛門尉貞行奉行）有其沙汰、被渡（返）禅律方之間、所糺決也、爰彼地者、本主由井尼（大田時連室、天野政景女）是心所領也、相副永仁元年八月廿九日下知状、譲補養女平氏（前中務権大輔時如（北条）妻越後入道恵日（北条顕時）女子）之間、同二年十一月廿日充給安堵御下文知行之条、両方無論、而去建武四年六月十九日道祐拝領恩賞之随一也、雑掌押領無謂之由、頼円訴申之処、就元徳三年九月六日平氏寄進状、寺家（称名寺）知行之間、建武三年十二月一日為信濃入道行珍（二階堂行朝）奉行、充給安堵之上、依道祐之訴、於禅律方有其沙汰、於寺家者、重賜施行、至道祐者、可充給其替之由、同四年十一月十八日裁断訖、今更不可依違之旨、雑掌陳之、先伺申子細之処、可勘申之旨、今年六月十九日評議訖、凡当郷者、時如亡妻平氏所領之条勿論、縦雖為別相伝之地、又先立時如雖早世、一類難差別、元弘没収無異儀、寺家本知行之条、敢無公験、為当寺領之由、被載建武安堵之条、令依違之由、頼円所申非無子細（是一）、仍先沙汰之次弟〔第〕、仰行珍召出建武三年記録訖、如状者、尋問長井大膳権大夫広秀・佐野四郎左衛門尉資清等之処、寺家所申無相違之旨、捧請文之由、所見也、為没収之地者、難依証人之申詞（是二）、如同記〔録〕六者、或被付　勅裁之地於南禅寺（山城国）、或被寄江（江間）馬尼浄元寄附之地（信州伊賀良庄中村・河路）於開禅〔善〕寺（開山大鑑（清拙正澄）禅師）之由、所見也、於　勅裁之地者、各別御沙汰也、至浄元寄附之地者、為庄内寺領之上、新給人承諾之由、所見也、不足比量（是三）、次成敗御免之仁等分、被許寄附之条、後年別儀之大法也、於没収之地者、就後家女子行跡、新法已前之安堵不足信用（是四）、次同四年施行者、被遵行先日安堵之由、所見也、難称裁断之上、理非者、不依安堵之条、定例也、仍同前（是五）、次如本所雑掌所帯正慶元年御下知状并時如同年請文等者、本主平氏者、元徳二年死去之条顕然也、同三年九月六日寄附状、謀作之条勿論、且当郷時如相伝之条、証跡既分明也、寺領不実之条、不及御不審之由、道祐申之処、彼状者、榎下左近大夫淑〔寂〕連法師銘封也、当時現存之間、有疑殆之上、平氏者、同三年十一月廿四日死去、崇顕（北条貞顕）已下親類禁忌之日限無其隠、宜被糺尺（釈）之由、雑掌陳之、如下知状者、当郷年貢毎年四十四貫文也、而地頭越後入道恵日女子跡元徳二・三両年対捍云々、如時如請文者、於元徳二年分者、本主存生之時、致弁帯返抄訖、至同三年時如分者、可令究済候、残分者、懸面々領主、可訴申云々、云時如判形、云淑（寂）連銘封、無指謀難之間、於本主死去年限者、聊雖有了見、至下地者、寺家不知行之条明白也、道祐所難、有其謂歟是六、而寺領者、自元非一円、有各別分領之条、見寄附状、寺家雑掌誤不弁申物別分限歟之由、雑掌雖遁申之、如寄附状者、人々尓申弖候事者、不違可有御計候云々、為一円寄附之地、本主被管（官）之輩活計、可為寺恩之由、所見也、随而寺家雑掌、自建武至今致一郷補任訴訟訖、敢不立除田、而時如請文出現之後、変先言之条、失陳謝之故歟是七、且可注申寺家知行分限之由、於内談之座、仰雑掌之処、元弘已前僅一両年之所務也、彼代官尭（慶誉）観房向背寺家訖、不知其故実、動乱已後者、亦佐々木加地（景綱）近江前司濫妨之間、不寄付所務、仍地下事、敢無才学（覚）云々、会尺（釈）又以不審、不知行之条勿論歟、凡道祐所進公験与寺家所帯寄附状、更難対揚是八、然則於当郷者、奇（棄）捐寺家競望、任御下文、道祐一円知行不可有相違焉、次寺家所進平氏状真偽事、道祐雖申子細、彼状不及許容之条、見先段、此上糺明無用也、仍不及沙汰矣者、下知如件、

貞和二年七月十九日

〔解説〕

北条顕時の娘で名越時如室となった女性の所領越後国奥山庄金山郷が、元徳二年に彼女が亡くなった後に夫名越時如の所領となったのか称名寺の所領かを争点とした所領争いが起きている。夫の所領であれば元弘没収地として三浦貞宗への拝領が確定するが、称名寺はこの所領が顕時の娘から寄進されたものであり、尭観房慶誉が代官だったと室町幕府に訴訟を起こして返還を求めている。本主を北条実時の叔母由井殿（天野政景娘）と記していることから、天野氏から金沢家に移った所領だったのであろう。尭観房慶誉は加賀国軽海郷代官も勤めていた。

延文四年（一三五九）

1052 「園太暦」延文四年三月二十六日条

天陰、自昨夜雨猶甚、今日議定云々、人数済々、一品（勧修寺経顕）・四条前大納言（油小路隆蔭）・葉室大納言（長光）・実夏（洞院）・甘露寺前中納言（藤長）等参、東陸上人遺跡、円頓戒法事有沙汰、除目入眼遅々、群儀及日中云々、
諏方大進円忠法師、又付妙悟（藤原親季）奉武家不審二ケ条、愚存以妙悟筆注遣之、
前将軍（足利尊氏）周忌之間、可被法花八講之旨、其沙汰候、南北証義既雖乗勅命、未参公請已前、武家勧請之条、無先例云々、可為何様候哉、御意之趣内々可示給候、又彼詠歌、可加今度勅撰候、被載常在光院（山城国京都）寺号之由其沙汰候、而関東貞顕（北条）入道本願相続之条、不可然哉否、同可承存之由内々其沙汰候、両条有御伺、可示給候、恐惶謹言、
三月廿六日　　円忠（諏訪）判
左馬助（藤原親季）入道殿

「本折紙」（抄出）
一、先公勅撰御位署事
常在光院御号、以非自身草創及先祖建立之寺院、為其号之条、雖廻思案猶不分明、贈官人署所先規不同歟、被任撰者沙汰之条、可無其難歟、

〔解説〕
足利尊氏が院号にと望んだ京都東山の常在光院が金沢貞顕本願の寺院なので、尊氏の院号として相応しくないと議論されたことを伝える。

1053 資寿院置文　（相国寺慈照院所蔵）

資寿院（山城国京都）本願無着比丘尼
城奥州（覚真、安達泰盛）禅門息女
金沢越後（北条顕時）禅門恵日後室
仏光禅師（無学祖元）御小師
釈迦堂殿（足利貞氏正室、北条顕時娘高能母）者、無着息女
浄妙寺殿（足利貞氏）
足利讃岐（義観、貞氏）入道内房
資寿院文書七通案

正文在資寿院

一、本願無着寄進状案松木嶋
一、無着大芋寺保寄進状案
一、関東御下知幷六波羅執行案
一、先朝御代新田（義貞）殿状案
一、当御代御下文案
一、植杉（上）民部大輔（憲顕）殿請文案
一、二階堂山城守（行直）寄進状案

已上七通自筆令書進候、

貞和五年六月十一日　　夢窓（疎石）（花押）

〔解説〕
北条顕時の夫人無着が京都の松木島に創建した資寿院に残された置文。無着が安達泰盛の娘で北条顕時の正室となったこと、無着の娘釈迦堂殿が足利貞氏に嫁いだことなど、俗縁が記されている。釈迦堂殿と足利貞氏との間に誕生したのが、早世した嫡子左馬頭高能である。後世、無着と無外（如大）が混同された伝記が作成され、さまざまな議論を生むことになる。

1054　沙弥法義寄進状　（中山法華経寺文書）

畏令申候、抑、金沢武蔵守（貞将）殿御自筆』金泥御経一部、幷大聖（日蓮）御自筆十章抄』御書六枚、是者愚身一期之後御寺（下総国法華経寺）へ』寄進可申之由存候処、安世院始申、面々』御意見候間、一日も急速可寄進申段、』勿論候、御自筆御書者、天目坊畠中』敷島より被払候しを、無相違申沙汰候間、此時』喜ニ被与法義候、彼門徒僧俗同心ニ当門家』重宝候、雖不可叶之由申候、別当一人、今度』寺家恩可送申由被申候て、拝領仕候、』殊ニ此御書可為御重宝之由承候間、尤副』進上申候、何も御明物御書候、末代まて』御寺家為御重宝、可被納置候、以此旨可有御』披露候、恐惶謹言、

（法義自筆）「応永十七年三月二日　　自筆加申候了

沙弥法義（花押）」

〔解説〕
中山法華経寺に、金沢貞将自筆の金泥御経が寄進された

と伝える書状である。称名寺三世長老湛睿が長老を勤めた下総国千田庄土橋東禅寺と中山法華経寺は千田氏ゆかりの寺院なので、千田氏にゆかりのある東禅寺の仏典が中山法華経寺に移された可能性はある。

経歴関係資料

1055　北条時政以来後見次第　（前田育徳会尊経閣文庫所蔵）

（金沢貞顕項抜粋）

従四位下行修理権大夫平朝臣貞顕（北条）故越後守顕時（北条）三男
永仁二十二十六　任左衛門尉、同日補東二条院蔵人、同四四廿一　従五位下宣下、同廿四　任右近将監、同四七七　上洛　於六波羅執行武家事、同二八十一　任中務大輔、嘉元二六二　遷越後守、徳治二正廿九　正五位下、延慶二正　下向関東、同十二辞守、同三六廿五　重上洛　六波羅再任例、同廿八任右馬権頭、応長元六ー辞権頭、同十廿四　任武蔵守、正和四ー　下向、同七十一　補将軍家別当事、重基時（北条）相並、同五六廿三　政所着座、同ー以後相並高時（北条）、同十二十四　叙従四下、元応元二ー　辞守、同二十二叙従四上、元亨二九十七　任修理権大夫、正中三三十六　為執権　今日評定始　去十三日評定出仕　翌日素懐事御免　同四二六出家　法名崇顕　年四七、元弘三五廿二　夭亡云々　五十六、

1056　「三井続灯記」巻四　長吏次第

顕弁　月輪院　越後守顕時子
嘉暦二年九月二十九日吉書、実良在鎌倉之間、学頭状持参之、有御対面廿四日也、

1057　「寺門伝記補録」第十四

前大僧正　月輪院（相模国鎌倉）　七十五世
顕弁　越後入道顕時（北条）之子、経本寺（近江国園城寺）別当至前大僧正、又受将軍家（久明親王）之請補鎌倉法華堂別当、永仁元年十二月二十三日、受三部大法職位於前大僧正静誉、年二十五、臘十四、嘉暦二年補長吏（近江国園城寺）、元徳二年四月十二日

入寂、年六十有三、

1058「鶴岡八幡宮寺社務職次第」(鶴岡八幡宮所蔵)

顕弁　十六　寺　大夫大僧正、号月輪院、(相摸国鎌倉)治十年、越後守顕時男、(北条)無拝社、薬師講演被行、金沢修理大夫貞顕兄、隆弁大僧正入室受法、実相院前大僧正静誉灌頂、園城寺別当長吏、法華堂別当、元亨二年壬戌、十廿八補社務職五十四、御教書御使長崎次郎左衛門尉、被送引出物、砂金五十両、白太刀一、馬一疋置白鞍、

同三年二月八日、大仁王会導師社務、呪願覚伊法印

正中元年甲子、今年者相当、任辛酉之例於当社月次御祈禱在之、又五壇護摩在之、今年炎旱過法之間、可致御祈禱之由、供僧中江被成御教書了、同六月二日降雨之間、尤神妙之由、御感御教書到来、社務副状在之、

元徳三年辛未四月廿三日入滅、於金沢(武蔵国六浦庄)葬之、六十三、

系図・表

1 金沢氏系図

- 実泰
  - 実時
    - 実村
    - 篤時
    - 顕時（赤橋）
      - 顕弁（鶴岡社務　園城寺長吏）
      - 顕実（甘縄）
        - 宗顕
          - 時顕
        - 顕茂
        - 顕香
        - 顕益
        - 顕義
        - かう首座（東勝寺）
      - 時雄（常葉）
        - 盛時
        - 顕宝（東大寺）
        - 女子（安達時顕妻）
      - 貞顕（金沢）
        - 顕助（仁和寺　東寺長者）
        - 貞将
          - 忠時
          - 敦時
        - 貞冬
        - 貞匡

- 実政（鎮西探題）
  - 顕景
    - 顕瑜（園城寺・将軍家護持僧）
    - 明春房（大仏入）
  - 女子（名越時如妻）
  - 女子（千葉胤宗妻貞胤母）
  - 女子（足利貞氏妻高義母）
  - 政盛
    - 女子
  - 政顕（鎮西探題）
    - 顕義（肥前守護）
    - 種時
    - 高政（規矩　肥後守護）
    - 貞義（糸田）
  - 女子（岩難手殿）

- 貞高
- 貞助（仁和寺）
- 顕恵（園城寺）
- 道顕（園城寺）

- 女子（小山長村妻）
- 女子（唐橋通清妻）
- 女子（大江広時妻）
- 女子（九条忠嗣妻）
- 女子（江馬越後四郎妻）

- 時直（長門周防守護）
  - 上野四郎入道
- 女子（長井宗秀妻貞秀母）
- 女子（名越長頼妻）
- 女子（飛鳥井雅有妻）

2　金沢氏嫡流婚姻関係図

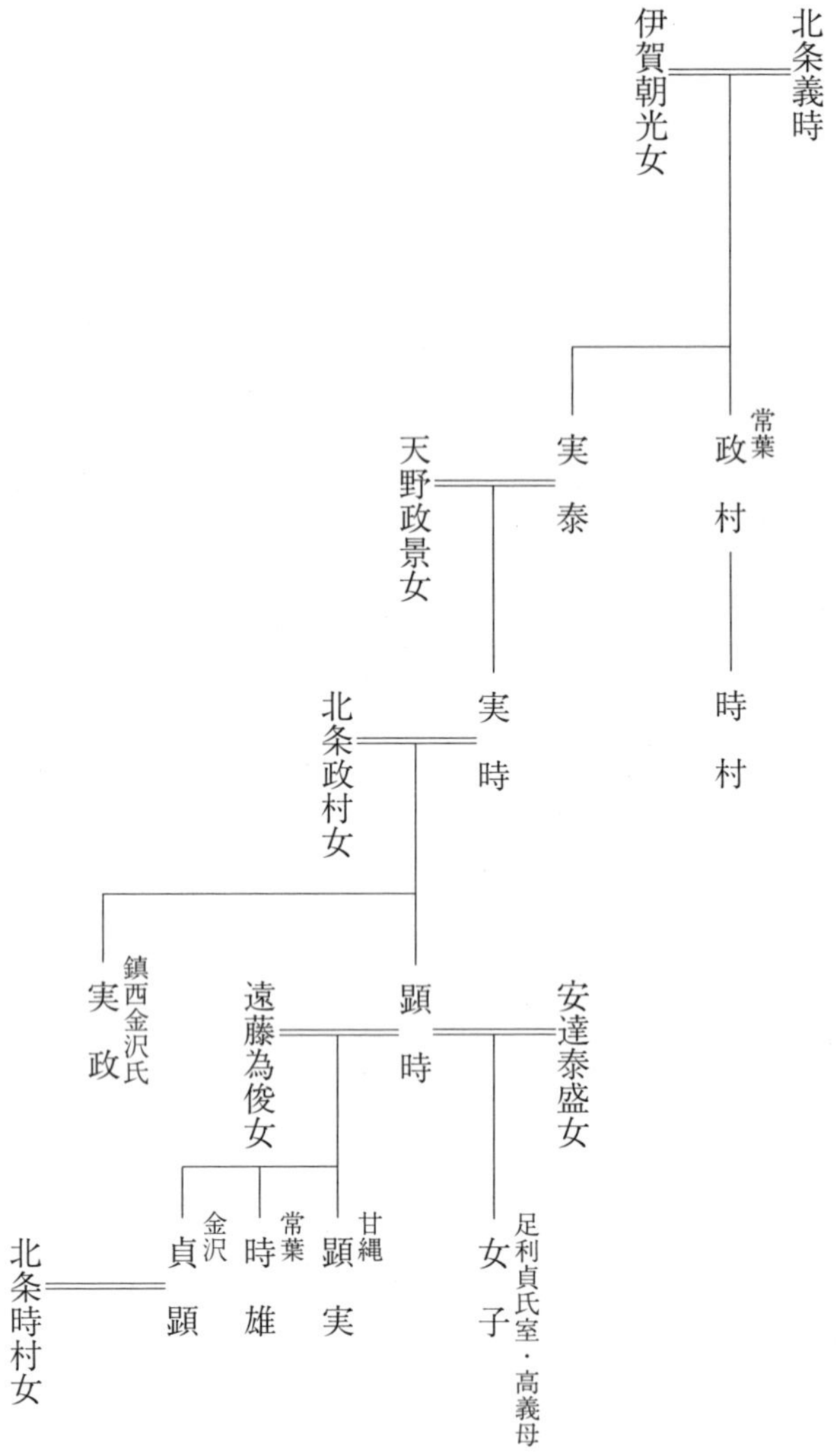

3　北条氏略系図

（アラビア数字＝執権、連＝連署、北＝六波羅北方、南＝六波羅南方、鎮＝鎮西探題、鶴＝鶴岡社務、園＝園城寺長吏）

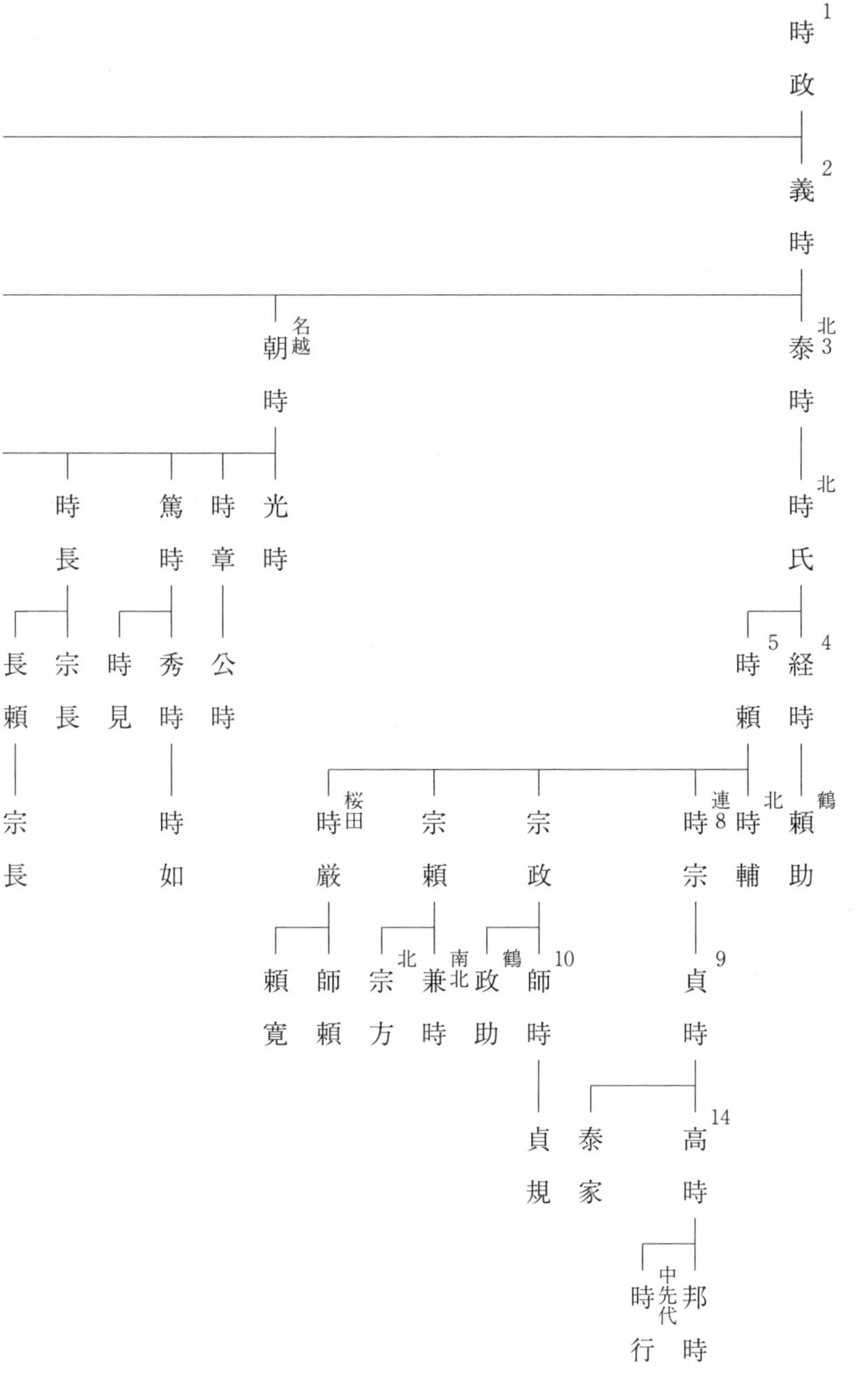

- 時房 南連
  - 朝直 大仏
    - 朝房
  - 時盛 南佐介
    - 時員
      - 時国 南
    - 政氏
      - 盛房 南
- 有時 伊具
  - 通時
    - 斉時
      - 高有
  - 兼義
    - 有助 鶴
- 実泰（別掲）
- 政村 連7・常葉
  - 時村 北連
    - 為時
      - 熙時 連12
        - 茂時 連
    - 定宗
      - 随時 鎮
  - 政長
    - 重村
    - 時敦 南北
      - 時益 南
- 重時 北連
  - 長時 北6・赤橋
    - 義宗 北
      - 久時 北
        - 守時 16
        - 宗時
          - 重時
        - 英時 鎮
  - 時茂 北
    - 時範 北
      - 範貞 北
  - 義政 連・塩田
    - 国時
      - 俊時
  - 業時 連
    - 時兼
      - 基時 北13・普恩寺
        - 仲時 北
- 教時
- 時幸

- 連 宣時
  - 宗宣
    - 南連11 維貞
      - 高直
  - 南 貞房
- 時直
  - 清時
    - 園 房朝

4　天野氏系図（前田育徳会尊経閣文庫所蔵本）

- 天野遠景
  - 政景
    - 景村
      - 顕村
      - 女子　大仏東谷知足寺長老　行円
    - 景経
      - 遠時　民部大夫
      - 円信　比丘円証
      - 女子　長井出羽太郎入道妻
      - 女子　天野景村妻
    - 女子　越後守実時母六浦殿
    - 女子　由比殿　法名是心　大田康有室
  - 鵜沼 則景
    - 泰景
      - 国景　伊勢国守護代
        - 実景
        - 景弘（景広）　丹波国守護代

5　遠藤氏系図（続群書類従本）

- 遠藤為俊（渡辺惣官）
  - 俊全（六波羅奉行人）
  - 為景（渡辺惣官）
    - 兼俊（渡辺惣官）北条兼時烏帽子子
  - 女子　入殿大仏禅尼北条顕時妻　顕実時雄貞顕母
  - 女子　北条宗頼妻、後嫁五代院左衛門尉　五代院太郎左衛門尉母

6　長井氏系図

- 大江広元
  - 時広（長井）
    - 泰秀
      - 時秀
        - 宗秀 ＝ 北条顕時女
          - 貞秀
            - 高秀
            - 貞懐
    - 泰重
      - 頼重
        - 貞重

7　安達氏系図

- 安達盛長
  - 景盛
    - 義景
      - 景村（大室）
        - 泰宗
          - 女子（北条貞時室高時母）
      - 泰盛
        - 宗景
        - 女子（北条顕時室）
      - 顕盛
        - 宗顕
          - 時顕
            - 高景
            - 女子（北条高時室）
      - 女子（長井時秀室宗秀母）
      - 女子（宇都宮景綱室）
      - 女子（北条時宗室貞時母）

8 明経道清原氏略系図

- 頼隆
  - 定滋 ― 定康 ― 祐隆 ― 頼業（局務 明経博士）
    - 近業（主水正 法住寺合戦討死）
    - 良業（局務 明経博士）― 頼尚（局務 助教）― 良季（局務 明経博士）― 良枝（局務 明経博士）― 宗尚（局務 明経博士）
    - 仲隆（助教）
      - 仲宣（明経博士）
        - 隆尚（直講）
        - 隆重（直講）
      - 教隆（大外記 引付衆 直講）
        - 直隆（助教 淡路守）
          - 教元（大外記 官途奉行 明経博士）
          - 教宗（大外記 明経博士）
        - 俊隆（直講）
  - 定隆 ― 定俊 ― 信俊 ― 信憲 ― 信弘（明経博士）

表1　金沢氏領一覧

所領名	国名	領有関係等
楠葉牧	河内国	甘縄顕義所領
庄田	伊勢国	伊勢国守護領
柴田村	伊勢国	谷殿（金沢貞顕養母）所領
深瀬村	伊勢国	谷殿（金沢貞顕養母）所領
荒島	志摩国	志摩国守護領
村櫛庄伊佐地郷	遠江国	谷殿（金沢貞顕養母）所領
石和庄	甲斐国	金沢殿（北条実時室）所領
八代庄	甲斐国	金沢氏惣領所領
六浦庄	武蔵国	金沢氏惣領所領
麻生郷	武蔵国	北条時顕所領
与宇呂保	上総国	北条実政室上総女房所領
埴生庄	下総国	金沢氏惣領所領
埴生西条	下総国	金沢氏惣領所領
印西条	下総国	金沢氏惣領所領
下河辺庄	下総国	金沢氏惣領所領
東庄上代郷他	下総国	称名寺領、東盛義所領三分之一
北郡	常陸国	金沢氏惣領所領、大方殿と土地相博で譲渡

所領名	国名	領有関係等
柏木御厨	近江国	金沢氏惣領所領
麻井御厨	近江国	北条実政娘岩難手殿が押領されたことを訴訟
大田庄	信濃国	北条実時所領、所領の一部は女性所領・称名寺領
玉造郡	陸奥国	金沢氏惣領所領
軽海郷	加賀国	称名寺領、北郡内称名寺寺用との相博で寺領化
山代庄	加賀国	称名寺寺用分状にみえる女性所領
菅谷	加賀国	称名寺寺用配分状にみえる所領
仏木	能登国	称名寺寺用配分状にみえる所領
大田保	越中国	金沢貞顕所領
奥山庄金山郷	越後国	北条顕時娘（名越時如妻）所領
大石庄	丹後国	金沢家御物奉行料所
千土師郷	因幡国	称名寺領、東盛義所領三分之一
赤江保	出雲国	六波羅探題南方料所、周防国竈戸関と相博して譲渡
一宮	長門国	異国警固料所、北条時直知行
二宮庄	長門国	異国警固料所、北条時直知行
吉永庄	長門国	異国警固料所、北条時直知行
竈戸関	周防国	出雲国赤江保と相博して六波羅探題領所化
久米郡	伊予国	金沢氏惣領家所領

表1　金沢氏領一覧

野口保	伊予国	金沢家被官大江氏が地頭代職を持つ所領
規矩郡	豊前国	鎮西金沢氏（実政流）所領
糸田庄	豊前国	鎮西金沢氏分家糸田貞義名字の地
岩室村	豊後国	規矩高政所領
佐嘉御領	肥前国	甘縄顕実所領
河副庄三分之一	肥前国	規矩高政所領
大浦	肥後国	規矩高政所領
皆代	肥後国	規矩高政所領
小河院	大隅国	北条時直所領

＊所領の地頭代職（給主職）に一族・縁者・被官を補任して給わっている事例は、広域所領を管理する惣領の所領として扱った。六波羅領所・守護領・異国警固領所などの役領については、在任中の所領として領所と表記した。また、没収された北条氏領として最後の領主名でくくられたため、所領か領所か不明確なところは、暫定的に所領として扱った。本資料集の掲載番号は索引に譲る。

表2　金沢氏被官一覧

家名	系譜	本国・本領	備考
大井清光	信濃源氏	信濃国大井郷	金沢貞将被官
大江覚一	地下官人か		金沢家御物奉行
大江顕元	地下官人か		大江覚一の子
鵜沼国景	天野氏分家	美濃国鵜沼郷	伊勢国守護代・貞顕宿老被官
鵜沼実景	天野氏分家	美濃国鵜沼郷	金沢貞顕六波羅南殿祇候人
鵜沼景広	天野氏分家	美濃国鵜沼郷	六波羅御分丹波国守護代
鵜沼孫左衛門尉	天野氏分家	美濃国鵜沼郷	金沢貞顕六波羅北殿祇候人
鵜沼八郎	天野氏分家	美濃国鵜沼郷	金沢貞顕六波羅北殿祇候人
賀島季実		駿河国賀島庄	金沢貞顕関東代官
賀島又一郎		駿河国賀島庄	金沢貞顕被官
賀島季村		駿河国賀島庄	北条時直被官・大隅国守護代
烏子入道			金沢家宿老
烏子利時			下河辺庄内に所領を持つ被官
烏子顕忠			烏子利時の子
河原口次郎左衛門尉			下河辺庄高柳郷を所領とする被官
倉栖兼雄		常陸国来栖院	顕時・貞顕重代の被官、右筆
倉栖掃部助四郎		常陸国来栖院	金沢家御内祇候人・兼雄の子

表２　金沢氏被官一覧

治部宗清	文官か		官途名を通称とする貞顕被官
武康幹	大掾氏	常陸国多気郷	貞顕・貞将二代の被官、富谷氏縁者
富谷左衛門入道		下総国富谷郷	金沢貞顕乳母夫・六浦庄地頭代
富谷秀高		下総国富谷郷	六波羅北殿検断奉行人
中野宮内二郎入道			貞顕・貞将二代の被官
中野兼冬			貞顕・貞将二代の被官
二宮覚恵		甲斐国八代郡	金沢貞顕関東代官
野田顕基			六波羅探題金沢貞将の在京被官
平岡実俊			北条実時に仕えた小侍所司
平岡為政			鎮西金沢氏の被官・肥前国守護代
平岡為尚			鎮西金沢氏の被官・肥前国守護代
向山敦利	諏訪社神党	甲斐国向山郷	金沢貞顕六波羅検断頭人
向山景定	諏訪社神党	甲斐国向山郷	金沢貞顕右筆
向山利宗	諏訪社神党	甲斐国向山郷	金沢貞将在京被官
向山神左衛門入道	諏訪社神党	甲斐国向山郷	金沢貞顕使者としてみえる
宗像重基	越前斎藤氏		金沢貞冬被官・六波羅奉行人
諸岡民部		武蔵国諸岡保	金沢家公文所
諸岡中務丞		武蔵国諸岡保	金沢家公文所

表3　金沢氏・称名寺関係寺社一覧

寺院名・院家名	国名／大都市	宗派等	備考
称名寺	武蔵国	律宗西大寺流	金沢家菩提寺
海岸尼寺	武蔵国	律宗西大寺流	称名寺に隣接する尼寺
船形八幡宮	武蔵国	神社	瀬戸入海に設けられた船着場の鎮守
瀬戸三島明神	武蔵国	神社	瀬戸神社。六浦湊を守護する社
鶴岡八幡宮	鎌倉	神仏弘通	貞顕の兄顕弁が鶴岡社務就任
右大将家法華堂	鎌倉	天台真言弘通	貞顕の兄顕弁が別当就任
赤橋殿壇所	鎌倉	惣領家持仏堂	金沢家の赤橋殿に設けられた壇所
西御門御房	鎌倉	天台寺門	鶴岡社務顕弁と甥顕瑜の住房
佐々目遺身院	鎌倉	真言広沢	鎌倉における真言密教広沢流の拠点
極楽寺	鎌倉	律宗西大寺流	称名寺より上席となる鎌倉の律院
多宝寺	鎌倉	律宗西大寺流	北条業時創建の律院
勝長寿院	鎌倉	天台山門	大御堂。鎌倉における延暦寺の拠点
名越新善光寺	鎌倉	律院	鎌倉から派遣する唐船の勧進元
千光寺	上総国	律院	歴代に数えない禅恵が遷った律院
東禅寺	下総国	律宗西大寺流	湛睿が長老として赴任した律院
戒光寺	下総国	律宗西大寺流	下河辺庄に創建された律院
常敬寺	下総国	初期真宗	下河辺庄に創建された真宗寺院
龍角寺	下総国	天台山門	埴生庄地頭北条実時が外護した寺院

表3　金沢氏・称名寺関係寺社一覧

薬師寺	下野国	律院	称名寺開山審海の前住寺院
大日寺	伊勢国	律院	金沢氏が守護を務めた伊勢の律院
園城寺	近江国	天台寺門本山	顕弁以下、金沢氏の密教僧を輩出
園城寺別院如意寺	山城国	天台寺門	顕弁の師隆弁の法流が継承する別院
園城寺金光院	近江国	天台寺門	河内源氏が園城寺に創建した院家
園城寺宝昭院	近江国	天台寺門	隆弁が園城寺に創建した院家
延暦寺	近江国	天台山門本山	六波羅探題金沢貞顕が衝突した権門寺院
実相院	京都	天台寺門	顕弁の師静誉が院主を務めた院家
仁和寺	京都	真言広沢	真言密教広沢流の中核寺院。持明院統
仁和寺真乗院	京都	真言広沢	貞顕の子顕助・貞助が継承した院家
仁和寺上乗院	京都	真言広沢	釼阿の師益性法親王が継承した院家
仁和寺真光院	京都	真言広沢	顕助の師禅助が院主を務めた院家
常在光院	京都	天台真言弘通	金沢貞顕が京都に創建した寺院
東寺	京都	真言	顕助が東寺二長者に就任
醍醐寺	山城国	真言小野	真言密教小野流の中核寺院
勧修寺	山城国	真言小野	真言密教小野流の中核寺院
東大寺西室	南都	華厳宗	金沢氏一門顕宝が入寺した院家
東大寺知足院	南都	律院	称名寺三世長老湛睿が修行した律院
興福寺東北院	南都	法相宗	持明院統の重鎮覚円の院家
久米田寺	河内国	律院	称名寺三世湛睿が修行した律院

表4　書状立紙一覧

金文番号／整理番号	立紙本文		紙背聖教
一二／三〇八三	明忍御房	中務大輔貞顕	「薄草子口決」巻二〇
一三／三六七一	明忍御房	中務大輔貞顕	「薄草子口決」巻十四
七七／三八六八	明忍御房御返事	越後守貞顕	「薄草子口決」巻一
七六／三〇五二	明忍御房	越後守貞顕	「薄草子口決」巻八
七八／三八六九	明忍御房御返事	越後守貞顕	「瑜祇経聞書口注」第一
八〇／三八七一	明忍御房	越後守貞顕	「瑜祇経聞書口注」第一
七五／三〇五一	明忍御房	越後守貞顕	「瑜祇経聞書口注」巻二
八一／三八七二	明忍御房	越後守貞顕	「瑜祇経聞書口注」巻二
八二／三八七三	明忍御房	越後守貞顕	「瑜祇経聞書口注」巻二
八三／三八七四	明忍御房御返事	越後守貞顕	「瑜祇経聞書口注」巻二
七九／三八七〇	明忍御房	越後守貞顕	「瑜祇経聞書口注」巻三
九一／三〇八七	明忍御房御返事	越後守貞顕	「秘鈔口決」本鈔巻九
九二／三〇八八	明忍御房御返事	越後守貞顕	「秘鈔口決」本鈔巻九
九三／三〇八九	明忍御房御返事	越後守貞顕	「秘鈔口決」本鈔巻九
九四／三〇九〇	明忍御房	越後守貞顕	「秘鈔口決」本鈔巻九
八八／三〇八四	明忍御房御返事	越後守貞顕	「秘鈔口決」本鈔巻十六
六九／三〇九八	明忍御房	越後守貞顕	「南御室仏名後朝供養法略次第」
七一／三一〇〇	明忍御房御返事	越後守貞顕	「南御室仏名後朝供養法略次第」

表４　書状立紙一覧

八九／三〇八五	明忍御房御返事	越後守貞顕	「秘鈔口決」異尊巻四
九〇／三〇八六	明忍御房御返事	越後守貞顕	「秘鈔口決」異尊巻四
六四／三〇九一	謹上　称名寺長老	越後守貞顕	「表白」
六八／三〇九七	□忍御房御返事	越後守貞顕	「曼荼羅供大阿闍梨次第」
七四／三一〇三	明忍御房	越後守貞顕	「曼荼羅供大阿闍梨次第」
七〇／三〇九九	明忍御房御返事	越後守貞顕	「十種供養次第」
七二／三一〇一	明忍御房御返事	越後守貞顕	「大御室御忌日講師略次第」
未収／紙背	明忍御房御返事	越後紙貞顕	「大御室御忌日蜜導師次第」（三三七函）
二三九五／紙背	明忍御房御返事	越後守貞顕	「大御室御忌日後朝導師次第」（三三七函）
未収／紙背	明忍御房□□□	越後守貞顕	「観音院灌頂次第」（三三七函）
未収／紙背	明忍御房御返事	越後守貞顕	「最勝光院御仏開眼次第」（三七六函）
二三九六／紙背	明忍御房御返事	越後守貞顕	「宮高野参詣次第」（三三七函）
二三九七／紙背	明忍御房御返事	越後守貞顕	「観音院灌頂次第」（三三七函）
二三九四／紙背	明忍御房御返事	越後守貞顕	「院孔雀経御読経次第略儀　御」（三三七函）
六五／三〇九二	謹上　称名寺長老	越後守貞顕	「後七日御修法中間儀　胎蔵界」
六六／三〇九三	謹上　称名寺長老御返事	越後守貞顕	「後七日御修法開白次第　胎蔵界」
七三／三一〇二	明忍御房	越後守貞顕	「後七日御修法開白次第　胎蔵界」
未収／紙背	□名寺方丈	右馬権頭貞顕	「雑抄」（一二八函）
一一五七／九四九	方丈御報	貞顕	「宝寿抄」巻六
三〇七／三〇五三	方丈進之候	貞顕	「宝寿抄」巻七

金文番号／整理番号	立紙本文	紙背聖教
一一四一／九四〇	方□□報　貞顕	「宝寿抄」巻八
一一六六／九六六	貞顕	「宝寿抄」巻九
二三九九／紙背	称名寺方丈　貞顕	「宝寿抄」（三四九函）
二四一六／紙背	貞顕	「宝寿抄」（三四九函）
二四〇〇／紙背	称名寺方丈　貞顕	「宝寿抄」（三四九函）
二四〇五／紙背	方丈進之候　貞顕	「宝寿抄」（三四九函）
二四〇四／紙背	称名寺方丈　貞顕	「宝寿抄」（三四九函）
未収／紙背	方丈進之候　貞顕	「甫文口伝抄」（残闕函）
三一六／三〇九四	方丈進之候　貞顕	「胎印可口決」
未収／紙背	□　貞顕	「某宝次第　酉酉」（三五四函）
未収／紙背	□方丈　貞顕	「某宝次第　酉酉」（三五四函）
二四〇一／紙背	称名寺方丈　貞顕	「秘宗深密抄」（四六函）
二四〇二／紙背	称名寺方丈　貞顕	「秘宗深密抄」（四六函）
二四〇三／紙背	称名寺方丈　貞顕	「秘宗深密抄」（四六函）
二四〇四／紙背	称名寺方丈　貞顕	「秘宗深密抄」（四六函）
二四一〇／紙背	称名寺方丈　貞顕	「秘宗深密抄」（四六函）
二四一一／紙背	称名寺方丈　貞顕	「秘宗深密抄」（四六函）
二四一二／紙背	称名寺方丈　貞顕	「秘宗深密抄」（四六函）
二四一三／紙背	称名寺方丈　貞顕	「秘宗深密抄」（四六函）

表４　書状立紙一覧

未収／紙背	方丈□	貞顕	「横帖」十三（残闕函）
二四〇七／紙背	方丈進之候	貞顕	「横帖」十八（残闕函）
二四〇八／紙背	方丈進之候	貞顕	「横帖」十八（残闕函）
未収／紙背	御報	貞顕	「護摩口決」包紙（二九五函）
一一五八／九五〇	方丈御報	貞顕	「酉員流　一結大事」
一一五九／九五一	方丈御報	貞顕	「酉員流　一結大事」
未収／紙背	□□寺方丈	貞顕	「後七日法道場荘厳儀」（三三七函）
一一六一／九五四	□	貞顕	「聖天最極秘事灌頂印也」
四六四／三〇五四	方丈進之候	崇顕	「甫文口伝抄」巻六
四六五／三一〇四	進上　称名寺方丈	沙弥崇顕	「普賢名義　ム　四ー内」
未収／紙背	方丈進之候	崇顕	「（梵字アバラ）鈔勘文」（三四一函）
未収／紙背	方丈進之候	崇顕	「灌頂大事」（三三六函）
未収／紙背	方丈進之候	崇顕	「灌頂大事」（三三六函）
未収／紙背	方丈進□□		「二八尊漢語」（二七八函）
未収／紙背	方丈進□□		「二八尊漢語」（二七八函）
未収／紙背	方丈進□□		「二八尊漢語」（二七八函）
未収／紙背	方丈進□□		「二八尊漢語」（二七八函）
未収／紙背	方丈進□□		「二八尊漢語」（二七八函）
未収／紙背	□□進之候	崇顕	「二八尊漢語」（二七八函）
未収／紙背	□□進之候	崇顕	「二八尊漢語」（二七八函）

金文番号／整理番号	立紙本文	紙背聖教
未収／紙背	方丈之進候　崇顕	「雑抄」（一一八函）
未収／紙背	方丈御報　崇顕	「雑抄」（一一八函）
未収／紙背	方丈御報　崇顕	「雑抄」（一一八函）
二四六四／紙背	進上　称名寺方丈　右馬権□貞将	「秘蔵記抄」（四八函）
二四二五／紙背	称名寺方丈　貞将	「内作業灌頂私記」（一二二函）
五二〇／三八八七	謹上　称名寺方丈侍者　前越後守貞将	紙背なし
五三二／三一〇六	謹上　称名寺方丈侍者　武蔵守貞将	「玉人　ム　普賢」
五三一五／三一〇五	謹上　称名寺方丈　武蔵守貞将	「胎明義口決」
五四〇／三一二一	謹上　明忍御房御報　左衛門尉敦利	「公家孔雀経御読経開白導師次第」
五四七／三一二〇	謹上　明忍御房　左衛門尉景定	「公家孔雀経御読経開白導師次第」
二三七〇／紙背	謹上　明忍御房　掃部助兼雄	「院尊勝陀羅尼供養導師次第」（三三七函）
五六九／三一二三	掃部助兼雄	「南御室仏名後朝供養法次第」
五六八／三一二二	謹上　明忍御房御返事　掃部助兼雄	「秘鈔口決」本鈔巻十六
七二八／三一一五	謹上　称名寺長老御房　左衛門尉遠時	「後七日御修法中間義」

＊整理項の数字は、重要文化財「金沢文庫文書」の整理番号、紙背と記したものは、重要文化財「称名寺聖教」紙背文書である。

あとがき

本資料集は、前半は『吾妻鏡』、後半は重要文化財「金沢文庫文書」と重要文化財「称名寺聖教」及びその紙背文書が中心になっている。『吾妻鏡』は、金沢氏が別当を勤めた小侍所の資料を多く収録していることから、北条実時・顕時父子やその被官・職務上の部下が作成した書類をもとにした記事が多く条文として立てられることになった。その結果、『吾妻鏡』を軸に据えて、関連資料を集めたものが本資料集の前半部分を形成する。

北条顕時の後半生からは、「金沢文庫文書」や「称名寺聖教」紙背文書といった金沢氏・称名寺関係資料群が中核に据わるようになる。資料の中核は、金沢氏一門の人々と菩提寺称名寺との間でやりとりされた身内の書状なので、金沢氏の目線でみた鎌倉幕府や一門・菩提寺の動向がよく伝わるものとなっている。これらの書状には「火中に投ずべく候」の文言を持つものがあるように、関係者のみが知っていればよい情報伝達を前提としたものも含まれる。それらは本来残るべき性質のものではないが、「称名寺聖教」の書写に利用されたため、焼却処分を免れたことになる。金沢貞顕書状・金沢貞将書状のほとんどは、現在は書状として整理保存されているが、本来の姿は聖教の紙背文書ということができる。使用された料紙の品質がよく、受け取った称名寺の住僧が聖教の書写に再利用しようと考えたために残ったのである。

鎌倉時代後期、特に北条高時政権の時代は権利を証明する公文書は数多く残されているが、政務や儀式の運営を伝える故実書や先例となる部類記、公家や幕府職員の日記、法令集は残存例が少ない。持明院統の花園天皇の日記『花園院宸記』などは珍しい例で、歴代の日記が残る吉田家も定房の日記『吉槐記』のような逸文しか残されていない。鎌倉幕府滅亡と共に社会構造が変化したので、十四世紀前期に作成された日記や記録は先例として役に立たず、次の世代に継承されることなく廃棄されたためである。従前の研究史では北条高時政権が無為無策であったと評価されがちであるが、これは先例となりえない文献が破棄された現実を見落とした故の誤認と考えてよい。鎌倉時代後期は政務に関する資料の残存が薄い中で、鎌倉幕府の重臣としてどのような政治的判断をし、政権運営を行ったかを身内の目線で書き残した金沢氏関係資料群は、終末期の鎌倉幕府を研究する上で貴重な資料群である。

本資料集は、初代の実泰から鎌倉の館を本宅として活動した四代貞顕までの資料を編年に排列している。年代を確定できない資料は下限と判断できる年に掛け、紙背文書については典籍・聖教の書写の年代を下限として排列することで、可能な限り、資料編年の年代幅を小さくするようにつとめた。金沢氏が署判を据えた公文書については、『鎌倉遺文』収録のものを基礎にした目録を作成した。その中で、金沢氏の一族・被官の動向や家政運営に関する記述のあるものは本編にも収録した。この資料集から、金沢氏・鎌倉幕府の目線からみた鎌倉時代後期の政治や社会に対する理解が深まれば幸甚である。

代表編者　永井　晋

【編　者】
永井　晋（ながい　すすむ）＊代表編者
1959年生まれ。神奈川県立金沢文庫主任学芸員。日本中世史。
〔主な著書〕『鎌倉幕府の転換点—『吾妻鏡』を読み直す』（日本放送出版協会　NHKブックス、2000年）・『金沢北条氏の研究』（八木書店、2006年）・『鎌倉源氏三代記』（吉川弘文館　歴史文化ライブラリー、2010年）

角田　朋彦（つのだ　ともひこ）
1969年生まれ。京都造形芸術大学非常勤講師。日本中世史。
〔主な著書〕『南北朝遺文　関東編』1-5巻（共編、東京堂出版、2007-2012年）・『吾妻鏡事典』（共著、東京堂出版、2007年）

野村　朋弘（のむら　ともひろ）
1975年生まれ。京都造形芸術大学専任講師。日本中世史。
〔主な著書〕「皇位継承に於ける諡号制の位置」（『日本文化と神道』3号、國學院大學、2006年）・「『久我家文書』一号文書の再検討」（『古文書研究』67号、吉川弘文館、2009年）・「中世後期の権門神社における特異性—松尾社領の伝領を中心に—」（『GENESIS』15号、京都造形芸術大学、2011年）

金沢北条氏編年資料集《かねさわほうじょうしへんねんしりょうしゅう》

2013年3月25日　初版第一刷発行　　定価（本体20,000円＋税）

編　者　永　井　晋
角　田　朋　彦
野　村　朋　弘

発行所　株式会社　八　木　書　店　古書出版部
代表　八　木　乾　二
〒101-0052 東京都千代田区神田小川町3-8
電話 03-3291-2969（編集）-6300（FAX）

発売元　株式会社　八　木　書　店
〒101-0052 東京都千代田区神田小川町3-8
電話 03-3291-2961（営業）-6300（FAX）
http://www.books-yagi.co.jp/pub/
E-mail pub@books-yagi.co.jp

印　刷　平　文　社
製　本　牧製本印刷
用　紙　中性紙使用

ISBN978-4-8406-2070-3

©2013 SUSUMU NAGAI/TOMOHIKO TSUNODA/TOMOHIRO NOMURA

索　引

一、本索引は、人名、地名、典籍・聖教名の索引からなる。
一、索引は、本書の資料番号で引けるようにした。本書収録の参考資料については「資料番号＋参」とした。
一、→　で参照項目を示した。
一、そのほか、各索引の冒頭に収録した凡例を参照されたい。

人名索引

一、実名は漢字五十音順、通称・女性名は訓読五十音順で配列した。

一、俗人男性は（家名または姓・親族・官途名または通称）、僧侶・尼僧は（門流・俗縁／師弟・僧官僧位または院号等通称）、俗人女性は（親族・婚姻関係・実名または通称）の順に記した。

一、鎌倉幕府滅亡後に改名した人々は、滅亡前の人名で立項した。

【あ - お】

安国（藤井氏・掃部寮官人）　477
安忠（天台山門）　918
以基（大江氏・江民部大夫）　64,75,87
為家（藤原氏／御子左流・定家子・大納言／民部卿）　93
為経（豊島氏・左衛門尉）　30,70,86,92
為行（大中臣氏・備前権守）　249
為広（狩野氏・左衛門尉）　25,30,66,86,92,108
為光（狩野氏）→　為佐
為佐（狩野氏・藤原行光子・兵衛尉／太宰少弐）5,25,30,34,56,70,75,87,92,108,592
為氏（二条家／御子左流・為家子）　93
為時（北条氏政村流・政村子）　525
為時（狩野氏・為佐子・左衛門尉）　55,58,66,67,86,92,94,108
為重（朝臣）　827,842,848
為俊（遠藤氏・家国子・左近将監）　5,494,582,584,586,589,592
為尚（沼田氏・三郎）　477
為親（林氏・二郎）　504
為世（二条家／御子左流・為氏子・大納言）853,963
為成（狩野氏・為佐子・左衛門尉／甲斐守）30,61,92,113,115,124
為成（狩野氏・為仲子・周防前司）　592,618,622,680,719,856,896,901,902,909,910,918,926,965
為相（冷泉家・為家子）　172
為長（菅原氏・長守子・参議）　141,390
為定（狩野氏・肥後守）　61
為定（飯尾氏・兵衛大夫）　477
為方（中御門家・経任子・中納言）　298
惟義（大内氏・平賀義信子・駿河守）　1
惟光（鹿島田氏・左衛門尉）　76
惟康親王（将軍家・宗尊親王皇子・御所）217,221,227,228,236,237,252,705
惟時（平賀氏・惟信子・新三郎）　55,66,92,94,115,124
惟道（顕瑜坊官）　592
惟輔（平氏・信輔子・中納言）　918
維行（安倍氏・木工権助）　89
維貞（北条氏時房流／大仏家・宗宣子・陸奥守／引付頭人／六波羅探題／連署／修理大夫）　372,446,466,484,551,703,719,720,783,784,801
維範（安倍氏・資元子）　22
維平（土肥氏・遠平子・左衛門尉）　92
印兼（天台寺門・平兼定子／定顕弟子）556,790
印秀（律宗・泉福寺僧）　137
印日（俗名不明）　214
員平（淵江氏・右衛門尉）　210
胤家（木内氏・胤朝子・二郎）　30,34
胤家（佐原氏）　30,34,35
胤家（矢木氏・常家子・式部大夫）　195
胤景（海上氏・胤方子・弥四郎）　70
胤継（相馬氏・胤綱子・左衛門尉）　66,92,94,108
胤行（東氏・重胤子・中務丞／法名素暹）30,44
胤綱（相馬氏・義胤子・小次郎左衛門尉）859
胤氏（大須賀氏・通信子・左衛門尉）　34,

44,55,56,58,66,70,92,94
胤氏（武石氏・胤重子・四郎）　66,92,94
胤資（白井氏・藤松小□）　314
胤時（千葉氏・胤正子・八郎）　30-32
胤秀（大須賀氏・胤信子・左衛門尉）　25
胤重（東氏・中務少輔）　63
胤信（大須賀氏・千葉常胤子）　31,32
胤村（相馬氏・胤綱子・左衛門五郎）　30,34,92,108
胤村（武石氏・次郎）　60
胤直（東氏）　195
胤村（三浦氏・義村子・左衛門尉）　30
胤有（海上氏・東重胤子・五郎）　30,34
叡尊（律宗・慶玄子・西大寺長老／興正菩薩）　132,134-141,143,144,146-148,150-154,156,158,160,161,164,165,219,240
永業（宇治氏）→ 長乗
永賢（律宗・円教房）　775
永勝（少工僧）　247
永真（律宗）　166
永尊（真言広沢・元瑜弟子・鶴岡密乗坊／将軍家護持僧）　707
永祐（浄土教・常福寺僧）　247
栄快（律宗）　429
益信（真言広沢・源仁弟子・本覚大師）　397,403,404,406,409,465,467,475
益性（真言広沢・亀山天皇皇子／益助弟子・上乗院宮／法親王）415,808
円意（天台寺門／藤原長信子・恒恵弟子・宰相律師）　15
円慶（仏師・土佐公）　247
円源（天台寺門・定顕弟子・三位）　790
円親 → 円意
円全（明経道中原氏・師澄子・越前法橋／鎌倉幕府奉行人）　231
円忠（諏訪氏・大進／室町幕府奉行人）　1052
円忠（吉見氏・頼源子・律師）　1016
円珍（天台寺門・和気宅成子・智証大師）　261
円道（丹波国宮田庄雑掌）　360,363,373
円弁（天台寺門・定顕弟子・大蔵卿）　790
遠景（天野氏・景光子・藤内）　77参
遠時（天野氏・景経子・民部大夫・金沢家被官／左衛門尉）　704,955
遠貞（金沢家被官）　826,827
縁快（藤原資頼子・宰相法印）　10
乙麻呂（藤原氏・武智麻呂子・藤原南家）　592

【か】

花園天皇（天皇家・伏見天皇皇子・花園院・持明院殿）　477,499,502,552,553,560,580,610,708,714,716,781,815,834,844,845,983,984,991
家雅（花山院家・長雅子・中納言／後伏見天皇乳夫）　279
家基（近衛家・基平子・右大臣／関白）　912
家教（藤原氏・美作兵衛蔵人）　113-115
家景（安倍氏／俣野家・中務大夫）　863,906
家康（徳川氏・松平広忠子・江戸幕府将軍家）　353
家氏（足利氏・泰氏子・太郎／大夫判官／中務権大輔）　30,60,66,69,70,92,108,169
家氏（塩屋氏・平左衛門）　61
家氏（宍戸氏・家周子・左衛門尉）　86
家時（北条氏時房流／大仏家・維貞子・右馬権助／評定衆）　862,864,897
家周（宍戸氏・家政子・壱岐守）　34
家政（北条氏朝時流／名越家・宗長子・備前入道）　866
家村（三浦氏・義村子・駿河四郎／左衛門尉／式部大夫）　2,5,17,25,30,34,41,43,44
家長（中条氏・盛尋子・出羽守）　5,10
家範（小嶋氏・又次郎）　125,126
家平（中条氏・家長子・左衛門尉）　5,15
家隆（藤原氏・光隆子・従二位）　93
家連（佐原氏・義連子・左衛門尉／肥前守）　15,30
雅孝（二条家／飛鳥井流・基長子・前相公）　815
雅俊（藤原氏・雅藤子・太宰大弐）　467

雅有（二条家／飛鳥井流・教定子・大夫・少将）54,116,124,158,169
快賢（律宗・道日上人） 449
快実（律宗・久米多寺雑掌） 814
戒誉（律宗・俊如房） 354,356,413,416,489,611,637,681
覚伊（天台寺門・実円弟子・園城寺別当／将軍家護持僧） 707,1058
覚意（浄土教） 247
覚恵（二宮氏・金沢家被官／関東代官） 275,289,295,296,310,313,319,349,358,364,368,369,374,375,386
覚恵（律宗） 369
覚円（法相宗・西園寺実兼子・東北院僧正） 836,845,881
覚守（顕密・僧都） 413
覚種（医道官人・宮内少輔／法名覚種） 927
寛秀（律宗） 166
覚助（天台寺門・後嵯峨天皇皇子・法親王／聖護院／聖護院大宮） 328,494,790,875
寛乗（天台寺門・源兼時子／猷尊弟子） 561
寛全（天台寺門・寛瑜弟子） 261
観意（律宗・観意房） 819,821
観証（浄土教・菅原長貞子・俗名菅原宗長／北条実時後見） 141,142,207,218
鑒厳（真言小野・摂津親鑒子／親玄弟子・将軍家護持僧／僧都） 707,885

【き】

季兼（清原氏・検非違使少尉） 249
季顕（姓未詳・金沢家被官） 787,789,805,942
季光（毛利氏・大江広元子・毛利入道） 15,25,43
季高（姓未詳・金沢家被官） 567,696
季綱（日置氏・又次郎／丹後国御家人） 475
季時（中原氏・親能子・駿河守） 10,15
季実（賀島氏・左衛門尉／金沢家被官／関東代官） 366,367,370,375,377,386,437,462,505,573,599,626,782,792,933
基家（九条家・良経子・内大臣） 93
基夏（斎藤氏・基任子・六波羅奉行人） 482
基継（天台寺門） 261
基光（明法道中原氏・大理正） 100
基広（後藤氏・基政子） 212
基綱（後藤氏・基清子・左衛門尉／佐渡守） 2,5,22,25-27,30,34,54,56,60,61,64,66,70,75,87,92,94
基嗣（近衛家・経平子・内大臣） 878
基時（押垂氏・斎藤基員子・左衛門尉） 30,70,92
基時（北条氏重時流／普恩寺家・時兼子・引付頭人／執権／普恩寺入道） 372,446,466,484,512,515,705,1012,1055
基親（平氏／親範子） 161
基親（後藤氏・基綱子・左衛門尉） 34,108,124
基政（後藤氏・基綱子・佐渡判官／大夫判官／壱岐守） 21,25,30,55,60,61,67,70,74,86,92,124,108,113,115,124,169,172,226,235
基村（後藤氏・基成子・左衛門尉） 30
基泰（立河氏） 34
基長（二条家・侍従） 169
基任（斎藤氏・基永子・左衛門尉／六波羅奉行人） 399
基輔（坊門家・清親子・坊門三位） 124
基明（斎藤氏・基永子・兵衛尉／左衛門大夫／六波羅奉行人） 319,851,870,932
基頼（後藤氏・基政子・左衛門尉／判官／六波羅評定衆） 66,92,94,108,113,115,197,207
基隆（後藤氏・基綱子・左衛門尉／大夫判官） 34,49,55,67,92,113,115,169
貴雲（律宗・称名寺住僧） 1046
輝資（日野氏・晴光子・法名唯心） 353
熙允（律宗・釼阿弟子・玄寥房／改名什尊） 480,493,568,579,581,706,719,721,744,745,746,776,782,784-786,804,805,808,812,813,816,817,820-823,825-827,829,831,833-838,836-838,840-856,858,861-871,873-887,889,896,897,900,901,904,906,

908-913,917-923,925,928,934,935,952-960,973,975,1003,1009,1020,1043
熙時（北条氏政村流・為時子・左馬権頭／武蔵守／引付頭人）　314,372,446,448,466,525,705
亀山天皇（天皇家・後嵯峨天皇皇子・新院／仙洞／禅林寺）　74,177,236,247,249,324,562,869
義景（安達氏・景盛子・城太郎／秋田城介／引付頭人）　7,10,18,25,27,30,34,37,38,43,45,54,60-62,64,66,70,75,228,361,362
義行（佐竹氏・義茂子・六郎次郎）　34
義行（横溝氏・六郎）　18,27
義氏（足利氏・義兼子・左馬頭／法名正義）　59,61,69,228,242
義時（北条氏得宗家・時政子・相摸守／右京権大夫／奥州禅門）　1,3,4,13,234,783
義時（南氏・左馬頭）　1014
義重（波多野氏／忠経子／出雲守）　48,58,60,61
義尚（足利氏・義政子・征夷大将軍）　52
義政（北条氏重時流／塩田家・重時子・陸奥六郎／左近大夫将監／武蔵守／引付頭人）　86,92,108,113,115,116,190,192,228
義詮（足利氏・尊氏子・征夷大将軍／大納言）　52
義村（三浦氏・義澄子・駿河守）　5,7,11,18,19
義泰（大曾禰氏・長泰子・左衛門尉／上総介）　108,115,116,124,252
義長（鎌田氏・兵衛三郎）　86,92,108,115,124
義直（尾張徳川家・家康子・尾張藩主）　353
義貞（新田氏・朝氏子・小太郎）　1011,1053
義茂（佐竹氏・隆義子・六郎）　92
義連（長氏・左衛門尉）　61,92,124
吉広（番匠・左衛門大夫）　526
久家（秦氏・右近将曹）　249
久時（島津氏・忠義子・修理亮）　92,94,108,113,115,124
久時（北条氏重時流／赤橋家・義宗子・武蔵守）　783
久明親王（将軍家・後深草天皇皇子・征夷大将軍／将軍入道殿御跡）　815,823,1057
久良（藤原氏・左衛門尉）　10
久良（紀氏・肥前守）　61
宮清（新善法寺家・家田宝清子・石清水別当／法印）　185,186
匡房（大江氏・成衡子・江帥）　378
教元（明経道清原氏・直隆子・大外記／官途奉行／土佐入道）　519,539,541,800,861,864,886
教時（北条氏朝時流／名越家・朝時子・遠江六郎／刑部少輔／中務権大輔／遠江守）　41,53,55,60,70,73,76,86,92,94,108,113,115,123,124,156,159,169,182,198,255
教助（真言広沢・三条実親子・仁和寺真乗院）　310
教宗（明経道清原氏・直隆子・散位）　42,351,938
教聡（天台寺門・寛教弟子）　328
教尊（土佐房）　888
教定（二条家／飛鳥井流・飛鳥井雅経子・侍従）　54,93,258
教隆（明経道清原氏・仲隆子・三河守／直講／大外記／引付衆）　42,64,74,75,87,89,100,104,350,539
業時（北条氏重時流・重時子・陸奥七郎／刑部少輔／弾正小弼／越後守）　60,86,92,102,108,113,115,116,124,169,237,244
凝然（華厳宗・円照受戒・東大寺／示観房）　352,391
近業（明経道清原氏・頼業子・外史二千石）　89
近貞（姓未詳・金沢家被官）　892
勤順（天台寺門）　556

【く・け】

空海（真言宗・弘法大師）　147,396,598,639
堀河天皇（天皇家・白河天皇皇子・堀河院）　52
具守（村上源氏／堀河家・基具子・堀川一位入

道）　912
具忠（村上源氏／唐橋家・通清子・少将）　124,208
経尹（世尊寺家・経朝子）　285
経遠（禅師）　504
経家（岩松氏・政経子・兵部大輔）　1015
経顕（勧修寺家・定資子・一品）　708,1052
経光（三浦氏／佐原氏・光盛子・左衛門尉）　55,56,108,197
経綱（宇都宮氏・泰綱子・下野七郎）　49,55,58,66,86,92
経時（北条氏得宗家・泰時子・小侍所別当／執権／大夫将監／武蔵守）　14,16,17,25,26,35
経重（河越氏・泰重子・次郎）　92,94,108,113
経重（渋谷氏・高重子・十郎）　34
経助（真言小野・隆遍弟子・僧正／将軍家護持僧）　707
経昌（安倍氏・親元子）　10
経成（明経道中原氏・円全子・越前四郎／引付衆）　64,75,87
経尊（真言小野・花山院宣経子・稲荷法橋）　227
経忠（近衛家・家平子・右大臣／関白）　878,912,926
経長（吉田家・為経子・中納言）　279
経朝（氏家氏・余三）　94
経朝（真板氏・五郎二郎）　57,68
経朝（明経道中原氏）　→　経成
経友（明経道中原氏）　→　経成
経雄（日野家・俊国子・右大弁三位）　74,376
経連（佐原氏・盛連子・大炊助）　30
恵雲房（律宗・称名寺住僧）　285,303,316
恵助法親王（天台寺門・伏見天皇皇子／覚助弟子・聖護院門跡）　552,553,560,570
景永（丹波国宮田庄悪党）　363
景家（小田氏・時家子・伊賀四郎）　55,70,114
景家（姓未詳・北条時範被官）　302
景経（天野氏・政景子・左衛門尉）　25,30,55,86,115
景経（加藤氏・景廉子・三郎）　55,66,81,113,124
景賢（姓未詳・金沢家被官）　404,405
景広（鵜沼氏・国景子・左衛門尉／金沢家被官／丹波国守護代）　360,363,373,407,416
景光（金沢家被官）　698
景綱（宇都宮氏・泰綱子・下野四郎／左衛門尉／下野守／執奏／法名蓮瑜）　60,73,92,94,108,113,115,169,236,237,259,262,263,264
景綱（梶原氏・景俊子・左衛門太郎／左衛門尉）　34,55,70,92,108,116
景綱（佐々木氏／加地氏・宗貞〔宗敦〕子・近江前司）　1051
景氏（天野氏・政景子・左衛門尉）　30,34,56,58,86,92,113
景氏（梶原氏・景俊子・左衛門尉）　108
景氏（尾藤氏・景信子・尾藤太）　38
景氏（糀野氏・左衛門尉）　113
景氏（藤原氏・検非違使少尉）　249
景信（神党／向山氏・金沢家被官）　1035
景実（大曾禰氏・長泰子・四郎）　124
景秀（長江氏・師景子・八郎四郎）　30
景俊（梶原氏・景茂子・右衛門尉／左衛門尉／上野介）　30,34,55,58,61,62,66,67,70,92,108
景盛（安達氏・盛長子・高野入道覚地）　43
景相（姓未詳・谷殿永忍雑掌）　860
景村（天野氏・政景子・左衛門尉）　70,92,138
景村（安達氏・義景子・城三郎）　55,58,61,66,86,92,108
景泰（武藤氏・太宰少弐）　252
景忠（長尾氏・景茂子・四郎）　43
景朝（遠山氏・加藤景廉子・兵衛尉／大和守／大蔵少輔）　2,19,25,30,56
景朝（長江氏・七郎）　55
景定（神党／向山氏・左衛門尉／金沢家被官／右筆）　317,377,382,387,429,435,437,

449,480,961
景茂（天野氏・遠景子・左衛門尉）　108
景茂（狩野氏・左衛門尉）　115
景茂（長尾氏・定景子・平内左衛門尉）　43
景頼（武藤氏・頼茂子・左衛門尉／太宰少弐／法名心蓮）25,30,34,43,54-56,61,64,66,70,75,82,86,87,92,92,94,108,112,113,115,122,124,128,129,182
恵海（律宗）　166
恵釼（律宗・湛睿弟子・元空房）　767
慶誉（律宗・堯観房／加賀国軽海郷代官）582,633,767,824,831,835,887,1051
見阿弥陀仏（浄土教）　130,132,133,135,136,138-140
兼久（称名寺雑掌／左衛門尉）　839
兼教（近衛家・基平子）　912
兼教（二条家・教雅子・二条少将）　54,63,115
兼教（姓未詳）　1039
兼経（近衛家・家実子）　116,129,179
兼行（藤原氏・忠兼子・民部入道）　336
兼光（伊賀氏・光政子・伊勢前司／六波羅評定衆／六波羅引付頭人）　838,842,843,851,875,903,968
兼好（姓未詳・金沢家被官）　413
兼綱（明石氏・左近将監）　64,75,87
兼氏（足利氏・泰氏子・次郎）　69,94
兼時（北条氏得宗家・宗頼子・越後守／六波羅探題）　388
兼時（北条氏有時流／伊具家・有時子・駿河四郎）　92,108
兼冬（中野氏・金沢家被官）　833,836,847,850,854,856-858,906
兼藤（二階堂氏・貞藤子・山城入道／法名道義）877
兼雄（倉栖氏・掃部助／金沢家奉行人／右筆）270,271,275,280,285,293-296,300,301,304,310-312,316,318-321,325,326,329,344-349,354-358,361,366-368,374,375,380-386,388,389,392-394,398,400-402,404,405,407-409,412-414,416,418,424,430-432,436,439,444,445,451,452,454,457-459,461,469,479,480,537,538,547,667
兼幸（中野氏・金沢家被官・兵庫）　691
兼頼（武藤氏）　→　頼村
釼阿（律宗・明忍房／称名寺長老／方丈）233,270,271,275,276,278,280-283,285,288-290,292-296,300,301,303,308,310-312,316-321,325,326,329,344-349,354-358,361,362,364-368,370,371,374,375,377,380-389,392-394,398,400-402,404,405,407-409,412-415,418-445,447-450,452-458,460,461,463,465,478,480,483,485-490,492-494,505,507,510,512,514,516-522,524,527,528,531,533-536,539-544,546,548-550,557-559,562-564,566-568,571,573-590,592-602,604,605,607,608,610-691,696,699,702,711,720-727,729,730,732,733,739,744-752,757,763,764,766,767,787,791-793,797,821,872,887,898,914,918,933,939,946,951,952,958,960,962,974,982,984,985,987,994,996-1000,1002,1006,1008,1009,1024,1028,1029,1042-1050
賢雲（律宗・賢雲上人）　582
賢空（律宗）　810
賢恵（律宗・観達房／観達上人／観公）490,582,643,669,675,681,717,805,1035
賢俊（律宗・思禅御房）　691
賢性（律宗）　311
賢忠（明経道清原氏／伏原・秀賢子・大蔵卿従二位）　42
憲顕（上杉氏・憲房子・民部大輔）　1053
鹸外功安（禅宗・建仁寺長老）　705
顕怡（天台寺門・円顕弟子・出雲本寺住僧）556
顕員（姓未詳・金沢家被官）　463
顕基（野田氏・左衛門四郎／金沢家被官）936
顕義（北条氏実泰流／甘縄家・顕実子・大夫将監）　878,931,1014
顕義（北条氏実泰流／鎮西金沢氏・政顕子・筑前守護／兵部大夫）　613,835

顕景（北条氏実泰流・顕時子・左近大夫将監／左近大夫入道）　328,589,592
顕恵（北条氏実泰流／天台寺門・貞顕子／覚助弟子・大夫）　790
顕元（大江氏・覚一子・金沢家被官／金沢家御物奉行）　818,839,899,901,918,925,926
顕行（二階堂氏・行貞子・左衛門尉）　820
顕香（北条氏実泰流／甘縄家・甘縄顕実子・修理亮）　909
顕高（安達氏・時顕子・式部大夫）　886
顕高（金沢家被官／季高縁者）　696
顕氏（足利氏・次郎）　60,61,92
顕氏（六条家・顕家子・六条二位）　124
顕時（北条氏実泰流・実時子・越後四郎／左近大夫将監／越後守／引付衆／評定衆／引付頭人／執奏／法名恵日／赤橋殿）　9,42,89,98,102,113,115,116,124,125,127,162,169,178-180,191,193,208 参 ,229,236-238,241,243-246,248-257,259-264,266-269,275,277,285,323,335,350,351,355,356,378,379,381,455,460,490,494,556,701,783,844,1010,1051,1053,1055-1058
顕実（北条氏実泰流／甘縄家・顕時子・兵部大輔／駿河守／駿河入道／引付頭人
＊ 1014 は太平記の誤り）　208,265,330,372,446,447,466,484,495,532,545,572,700,705,788,802,803,810,811,838,848,1014
顕実（東大寺西室）　→　顕宝
顕助（北条氏実泰流／真言広沢・貞顕子／禅助弟子・仁和寺真乗院／僧都／法印／僧正）　310,396,491,497,520,559,579,593,607,645,654,719,805,838,883,884,909,911-914,918,945,995,1017
顕助小童　520
顕親　902
顕盛（安達氏・義景子・六郎／兵衛尉）　108,113,115,124,178
顕弁（北条氏実泰流／天台寺門・顕時子／静誉弟子・弁公／越後僧正／法華堂法印／法華堂僧正／園城寺別当／鶴岡社務／将軍家護持僧／園城寺長吏／月公）　39,261,349,397,468,550-556,560-562,569,570,657,701,707,709,790,807,808,834,836,841,856,867,868,879,976,993,1048,1056-1058
顕方（村上源氏／土御門家・定通子・参議中将／中納言／宗尊親王後見／法名了中）　60,61,63,69,71,98,106,116,124,152,160,161,167,178,180
顕宝（華厳宗・北条時雄子・西室得業）　838
顕茂（天野氏・景茂子）　319
顕茂（北条氏実泰流／甘縄家・顕実子）　838
顕瑜（北条氏実泰流・顕景子／覚助弟子・越後大夫僧都／将軍家護持僧）　327,328,591,704,707,993,1048
元氏（足立氏・遠長子・三郎／左衛門尉）　10,66,92
元明天皇（天皇家・天智天皇皇女）　177
元瑜（真言広沢・藤原延光子／宏教弟子・佐々目遺身院）　243,697
現暹（天台寺門）　261
源秀（律宗・泉福寺僧）　137
厳恵（真言小野・藤原高実子・醍醐／左大臣法印）　86
厳勝（大工僧）　247

【こ】

後宇多天皇（天皇家・亀山天皇皇子・上皇／大覚寺殿／法皇／仙洞）　272,279,312,324,336,399,473,551,555,570,711,844
後光厳天皇（天皇家・光厳天皇皇子・後光厳院）　52
後嵯峨天皇（天皇家・土御門天皇皇子・後嵯峨院）　189,247,580
後三条天皇(天皇家･後朱雀天皇皇子･後三条院)　52
後深草天皇（天皇家・後嵯峨天皇皇子・後深草院）　52,247,298,299,396,853
後醍醐天皇（天皇家・後宇多天皇皇子・後醍醐院／禁裏／先帝）　52,804,805,812,813,836,844,845,861,869,873,874,879,885,

921,928,936,977,978,980
後土御門天皇（天皇家・後花園天皇皇子） 52
後二条天皇（天皇家・後宇多天皇皇子・東宮／後二条院） 52,323,336
後伏見天皇（天皇家・伏見天皇皇子・新院／持明院殿） 279,808,815,836,844,845,861,863,978
護良親王 → 尊雲法親王
公員（橘氏・公業子・薩摩余一） 43,81
公義（橘氏・公業子・薩摩十郎） 43
公景（宮内左衛門尉） 30
公恵（天台寺門・名越公時養子／敬宗弟子・将軍家護持僧） 707
公衡（西園寺家・実兼子・中納言／左大臣） 249,298,324,410,411,475,476,481,506
公氏（菅原氏・公輔子・上総介） 143
公時（北条氏朝時流／名越家・時章子・尾張次郎／左近大夫将監／引付頭人／執奏／法名道鑑） 53,55,60,66,70,102,107,108,113,115,124,169,180,237,244,248,250,259,262
公寿（法相宗・藤原実持子・尊光院僧正／興福寺別当） 399
公信（氏家氏・公頼子・氏家太郎） 7
公宗（西園寺家・実衡子・北山殿／西園寺殿） 841,848,869,878,923,978
公仲（中御門家／阿野家・実直子・阿野少将） 115
公冬（一条家・能清子・侍従） 124
公敦（徳大寺家／近衛家・実光子・近衛中将） 146,148
公敦（坊城家・実光子・中将） 124,146,148
公敏（洞院家・実泰子・按察大納言入道） 963,980
公輔（菅原氏・在世子・式部権大輔） 143,323
広胤（佐貫氏・七郎） 68,113
広雅（長田氏・兵衛太郎／左衛門尉／引付奉行人） 64,75,81,87,202
広元（明経道中原氏／大江氏・広季子） 353
広光（毛利氏・季光子・兵衛蔵人／兵衛大夫） 5,34
広綱（結城氏・朝広子・兵衛尉／大夫判官／上野介） 58,61,113,195,213
広資（安倍氏・広経子） 58
広秀（長井氏・大膳権大夫） 1051
広信（佐貫氏・弥四郎） 55,57,68
広世（大江氏） 42
広相（陰陽師） 22
広仲（大膳亮） 5
広範（藤原南家・茂範子・大内記） 196
光円（真如従者） 504
光遠（前宮内少輔） 904
光家（中条氏・家長子・左衛門尉） 34,55
光義（伊賀氏・隼人太郎／左衛門尉） 34
光経（藤原氏・左衛門権佐） 74,376
光景（長尾氏・兵衛尉） 25,30
光景（天野氏・政景子・肥後守） 242
光厳天皇（天皇家・後伏見天皇皇子・東宮量仁親王） 900,977
光恵（天台山門・聖恵執事） 948
光行（源氏・光遠子・河内守） 103
光綱（阿曽沼氏・朝綱子・小次郎） 34,55,61,66,86,92,108,113,117,118
光綱（長崎氏・平盛時子・左衛門尉入道） 237,840,847
光衡（三善氏・式部大夫） 5
光圀（水戸徳川家・頼房子・水戸殿） 104
光資（加藤氏・光員子・兵衛尉） 5
光時（土屋氏・宗光子・新三郎） 70
光時（北条氏朝時流／名越家・朝時子・式部丞／越後守／法名蓮智） 17,34-36,219
光重（伊賀氏・朝光子・右衛門尉／左衛門尉／隼人正） 2,5,7,25,30,34
光成（安東氏・左衛門尉） 122
光政（伊賀氏・光高子・兵衛太郎／式部兵衛太郎／左衛門尉） 34,55,67,70,92,94,102,108,113,115,124
光政（姓未詳・進士次郎） 64,75,87
光清（葛西氏・清親子・左衛門尉） 55,70,92

光盛（佐原氏／三浦氏・盛連子・左衛門尉／遠江守）　34,49,55,56,60,61,66,70,92,123
光宗（伊賀氏・朝光子・式部入道／法名光西）　64,75,87
光宗（中条氏）→　光家
光則（宿谷氏・行時子・二郎兵衛尉）　551
光村（三浦氏・義村子・駿河三郎／能登守）　2,5,25,30,34,36,43,44
光泰（伊賀氏・宗綱子・左衛門尉）　34,92
光泰（工藤氏・左衛門尉／小侍所司）　57,63,113,114,117,118,122,125,128,178
光長（伊賀氏・宗義子・兵衛次郎／左衛門尉）　108,124
光房（伊賀氏・光資子・左衛門尉）　25,30,55,56,58,67,70,92
光連（佐原氏・政連子・左衛門尉）　35
光蓮（本間氏・源内左衛門入道／伊勢国守護代）　417
行意（金沢家被官・長門六郎左衛門兄）　823,836,856,868,879,906,907,929,930,936,963,968
行胤（二階堂氏）→　行忠
行円（律宗・越後国奥山庄金山郷観音堂関係）　490
行家（二階堂氏・和泉三郎）　62
行雅（持明院家・基行子・持明院少将／将軍家祗候人）　904,931,937
行幹（益戸氏・下河辺政義子・左衛門尉）　30,66
行義（二階堂氏・行村子・左衛門尉／出羽守／法名行空）　5,25,30,34,43,58,60,61,64,66,75,87,92,94,108,182
行久（二階堂氏・行村子・隠岐四郎／左衛門尉／大夫判官／常陸介／法名行日）　5,17,25,30,64,75,87
行久（紀氏・所右衛門尉）　54,63,87
行経（二階堂氏・行綱子・伊勢次郎／左衛門尉）　69,108,116
行景（加藤氏・景長子・左衛門尉）　5,25,30,34
行景（二階堂氏・行氏子・懐島隠岐入道／法名道願）　113,252
行顕（天台寺門・長乗弟子・宮内卿）　556
行光（下河辺氏・行時子・右衛門尉）　18
行綱（二階堂氏・行盛子・大夫判官／伊勢守／法名行願）　30,56,58,61,62,64,66,70,75,87,92,94,129,168,182
行佐（二階堂氏・行泰子・筑前四郎／左衛門尉）　55,108,113,116,178
行氏（二階堂氏・基行子・隠岐三郎左衛門尉）　61,70,86
行氏（姓未詳・装束使出納代）　477
行資（二階堂氏・行義子・出羽三郎／左衛門尉）　55,56,62,66,92,94,108,115
行時（北条氏・民部少輔）　893,909
行実（二階堂氏・行泰子・左衛門尉）　115
行秀（律師）　861
行重（二階堂氏・行泰子・左衛門尉）　113,178
行春（左馬助／西園寺家諸大夫）　894,923
行俊（鎌田氏・俊長子・兵衛尉／左衛門尉）　55,61,66,86,92,94,108,113,115,124
行俊（三善氏・掃部助）　249
行章（二階堂氏・行方子・左衛門尉）　55,56,62,66,86,92,94,108,113,115,124
行尋（法師）　506
行盛（二階堂氏・行光子・信濃民部大夫入道／法名行然／引付頭人）　22,26,36,54,64,75
行信（紀氏・滝口兵衛尉）　54,63
行世（二階堂氏・行義子・左衛門尉／因幡民部大夫入道）　124,528
行清（二階堂氏・行久子・兵衛尉／左衛門尉）　55,56,66,70,81,92,115,124
行宗（二階堂氏・行忠子・左衛門尉）　113,115,116
行村（糟屋氏・左衛門三郎）　102
行村（二階堂氏・行村子・隠岐入道）　10
行泰（二階堂氏・行盛子・兵衛尉／左衛門尉／筑前守／引付頭人）　2,17,25,30,56,64,70,75,87,92
行忠（二階堂氏・行盛子・左衛門尉／判官／法

名行一）　25,30,34,43,49,55,58,61,62,66,67,92,94,182,197,215
行忠（布施氏・三郎）　57,68
行朝（二階堂氏・貞綱子・信濃入道／法名行珍）　812,952,1051
行直（山名氏・行氏子・次郎／進次郎）　64,75,87
行直（二階堂氏・貞衡子・左衛門尉／山城守／室町幕府政所執事）　820,1053
行直（陸奥国玉造郡地頭代／金沢家被官）　993
行通（小野寺氏・通時子・左衛門尉）　55,70,92,94,107,108,113,115,124
行定（大見氏・実景子・兵衛尉）　30,86,92,124
行貞（二階堂氏・行宗子・山城前司入道／法名行暁）　506,705,784,800,812,818,820,822,852,894
行長（二階堂氏・行氏子・兵衛尉）　124
行方（二階堂氏・行村子・大蔵少輔／和泉守／御所奉行／引付頭人）　25,30,43,58,61,62,64,66,69,70,75,82,86,87,92,94,97,101,102,105,107,108,111,113-115,117,118,120,123,124,128,169,182
行房（世尊寺家・経尹子）　931,937
行有（二階堂氏・行義子・兵衛尉／左衛門尉／備中守）　30,34,55,56,58,60,62,66,70,92,94,113,115,123,169,180,237
行有（天台寺門・長乗弟子・信濃）　556
行勇（真言／禅・鶴岡荘厳坊／寿福寺／浄妙寺／僧都）　15
行雄（二階堂氏）　→　行清
行雄（二階堂氏・左衛門尉）　92
行頼（二階堂氏・行泰子・兵衛尉／左衛門尉）　55,61,69,70,92,94,108,113,128
行頼（二階堂氏・行義子・出羽七郎／左衛門尉）　92,94,108,113,115,124
孝信（酒井氏・左衛門尉／北条時範被官）　360
幸円（天台宗・円乗房・竜角寺）　177
幸慶（天台寺門）　328
幸貞（天台寺門）　261
杲曦（律宗・行詮房）　732
恒世（田中氏・近江国一宮日吉社神人）　570
恒明親王（天皇家・亀山天皇皇子・今宮／式部卿）　324,333,336,338,341
高家（北条氏朝時流／名越家・宗長子・尾張前司／評定衆）　784
高景（安達氏・時顕子・前讃岐権守／評定衆／秋田城介／太平記は時顕と高景を混同する）　784,977,1014
高基（北条氏時房流・時貞子・前右馬助）　931
高光（工藤氏・重光子・左衛門尉／右衛門尉）　60,178,237
高光（長崎氏・光盛子・三郎左衛門入道／法名思元）　411,705,719,960,1014
高綱（宇都宮氏・貞綱子・改名公綱）　800
高綱（平氏／長崎氏・光綱・左衛門尉／長禅門／長崎左衛門入道／法名円喜）　448,465,512,550,574,678,705,719,720,736,786,820,827,845,847,848,850,853,855,858,883,885,904,908,918,920,922,931,960,964,1014,1031
高氏（佐々木氏・宗氏子・佐渡判官／法名道誉）　52
高氏（足利氏・貞氏子・治部大輔／改名尊氏）　977,978,981,1016,1052
高資（長崎氏・高綱子・新左衛門尉／得宗家執事／北条邦時乳母夫）　636,705,719,777,782,783,784,786,806,824,847,853,883,885,896,922,964,1020
高時（北条氏得宗家・貞時子・左馬権頭／相摸守／執権／法名崇鑑／太守禅門／太守禅閤）　52,443,444,504,512,515,517,518,550,606,618,628,705,709,719,760,782,783,786,786 参 ,787,808,829,866,876,897,904,915,918,960,965,966,994,1013,1014,1055
高秀（長井氏・貞秀子・治部少輔）　861-863,867,923
高親（摂津氏・親致子・宮内大輔／官途奉行）

815,855,875,877,908,931
高政（北条氏実泰流／甘縄家・顕実子・五郎） 848
高貞（二階堂氏・行貞子・左衛門大夫） 820
高貞（長崎氏・高綱子・左衛門尉） 960,977,980,1020
高冬（長井氏・貞秀子・右馬助／改名挙冬） 977,980
高能（足利氏・貞氏子・左馬頭） 1053
高頼（長崎氏・光盛子・左衛門尉） 877,960
康家（三善氏・五郎左衛門尉） 86,108,113,124
康家（姓未詳・若狭国太良庄雑掌） 472,474
康幹（武氏・弥四郎／金沢家被官） 310,324,451,483,504,814
康義（三善氏・弥善太左衛門尉） 25,30,56,61
康光（池上氏・左衛門尉） 86
康持（三善氏／町野家・康俊子・民部大夫／備前守） 25,30,34,64,70,75,87
康俊（三善氏／町野家・三善康信子・民部大夫） 5
康常（風早氏・胤康子・太郎） 92,108,195
康仁親王（天皇家・邦良親王皇子・前坊跡／東宮） 812,997
康宗（三善氏／大田家・康連子・太郎兵衛） 64,75,87
康長（三善氏・右衛門尉） 70,86,94,108
康定（三善氏・善太左衛門尉） 55,86
康有（三善氏／一宮家・左衛門尉） 113,115
康有（三善氏／一宮家・右衛門次郎） 34
康有（三善氏／大田家・康連子） 74,230,232,237,356,535
康連（三善氏／大田家・康信子・民部大夫） 26,64,75,87
豪親（真言広沢・祐親弟子・将軍家護持僧） 707
豪誉（天台山門・上林坊／相摸注記） 837
国景（天野氏／鵜沼氏・泰景子・左衛門尉／鵜入／左衛門入道／金沢家被官／伊勢国守護代／丹波国守護代） 201,239,283,302,314,383
国氏（畠山氏／今川氏・吉良長氏子・上野三郎） 34,55,56,69,92,108
国持（番匠・左衛門次郎） 526
国時（北条氏重時流／塩田家・義政子・引付頭人／陸奥入道／法名教覚） 372,446,466,484,910,1014
国俊（姓未詳・刑部次郎左衛門尉） 69
国道（安倍氏・晴光子・陰陽権助） 5

【さ・し】

在兼（菅原氏・在嗣子・従二位行勘解由長官） 494
在公（菅原氏・公輔子・文章生／筑前掾） 323
在行（菅原氏） → 在輔
在登（菅原氏） 323
在輔（菅原氏・在公子・式部権少輔／東宮学士／右京権大夫／刑部卿／式部大輔／従三位） 323,496
在良（菅原氏・定義子・式部大輔） 323
佐房（大江氏・親広子・左近大夫将監） 5,30
三条天皇（天皇家・冷泉天皇皇子） 323
四条天皇（天皇家・後堀河天皇皇子・四条院） 52
氏広（大泉氏・九郎） 113
氏綱（佐々木氏／加地氏・信実子・左衛門尉） 25,30,70,86
氏信（佐々木氏・信綱子・左衛門尉／対馬守） 25,30,43,55,61,92,94,97,108,237
氏村（三浦氏・朝村子・三浦又太郎／左衛門尉） 7,18,30,41,43
師員（明経道中原氏・師茂子・摂津守／評定衆／法名行厳） 30,34,77 参 ,240
師教（九条家・忠教子・藤氏長者） 399
師景（長江氏・義景子・長江八郎） 7
師顕（安達氏・時長子・加賀前司） 1014
師衡（三善氏・西園寺家家司） 399,482
師時（千葉氏・師胤子・七郎太郎） 34,92,

108,519
師時（北条氏得宗家・宗政子・相摸守／執奏／引付頭人／執権） 259,264,314,315,399,417,448,476,519,705
師実（摂関家・頼通子・左大臣） 52
師重（望月氏・余一） 125,126
師親（村上源氏／北畠家・雅家子） 869
師泰（高氏・師重子・越後守） 266
師直（高氏・師重子・武蔵守） 266
師直（明経道中原氏・師清子・局務） 231
師平（藤原氏） → 忠時
師方（明経道中原氏・師直子・大外記） 307
師連（明経道中原氏・師員子・縫殿頭／御所奉行） 56,87,92,108,113,124,182,242
資綱（四方田氏・高綱子・左衛門尉） 192
資脩（安威氏・新左衛門尉・鎌倉幕府奉行人） 877
資親（藤原氏・親綱子・内蔵権頭） 55,56,58
資清（佐野氏・左衛門尉） 1051
資村（三浦氏・義村子・駿河五郎／左衛門尉） 17,30,34,41,43
資忠（菅原氏・雅規子・文章生／右中弁） 323
資朝（日野家・俊光子・左中弁） 554
資能（押垂氏・蔵人） 54,67
資能（少弐氏・武藤資頼子・少卿入道） 197
資平（布施氏・信濃国御家人） 1015
資明（日野家／柳原家・俊光子・左衛門佐） 555,808,812
資茂（赤塚氏・左近蔵人） 124
治時（北条氏得宗家／阿曾家・随時子・普賢殿／弾正少弼） 705,902
持円（称名寺雑掌） 1051
持村（姓未詳・金沢家被官） 280
時胤（千葉氏・成胤子・千葉介） 31,195
時員（南条氏・左衛門尉） 17
時員（北条氏時房流／佐介家・時盛子・時家改名／越後五郎） 53,55,56,58,60,62,70,73
時英（北条氏時房流・貞宣子・左近大夫将監） 893
時益（北条氏政村流・時敦子・左近大夫将監／六波羅探題） 851,853,864,902,931,977,978,980
時家（小田氏・八田知家子・筑後十郎／伊賀守） 7,25,30,34,56,58,66,70,92,108,124,182
時家（松岡氏・四郎） 18
時基（北条氏朝時流／名越家・朝時子・七郎／刑部少輔／引付頭人／法名道西） 76,92,108,113,115,124,169,248,250,262-264
時業（宇都宮氏／塩谷氏・頼業子・左衛門尉） 66,108
時景（内藤氏・盛時子・肥後六郎／左衛門尉） 92,108
時景（北条氏時房流／佐介家・時盛子・越後掃部助） 30
時景（雅楽氏・左衛門尉） 30
時見（北条氏朝時流／江間家・篤時子・越前前司／越前入道） 785,977
時兼（北条氏朝時流／名越家・朝時子・右近大夫将監／左近大夫将監） 30,55
時顕（安達氏・宗顕子・別駕／城介／引付頭人／北条高時後見／城入道／法名延明／太平記は時顕と高景を混同している） 310,312,447,448,495,512,532,545,572,576,601,618,700,705,719-721,782,788,800,805,835,845,848,853,864,875,885,897,922,931,964,1014
時元（二宮氏・弥二郎） 68,113,125,126
時元（北条氏朝時流・時国子・土佐前司、正中二年没） 1014
時光（結城氏・朝光子・左衛門尉） 30,34,53,56,66
時光（波多野氏・義重子・左衛門尉） 55,76
時行（北条氏得宗家・高時子） 915
時広（北条氏時房流・時村子・相摸七郎／武部大夫／越前守／引付頭人） 30,55,56,62,70,73,86,92,108,113,115,123,149,169,178,182,190,192,203
時弘（北条氏時房流） → 時広
時高 → 斎時

時綱（宇都宮氏・頼綱子・美作守）　30,43
時綱（二階堂氏・盛綱子）　399
時綱（尾藤氏・時景子・左衛門尉／左衛門入道／法名演心）　411,448,666,960
時綱（山本氏・常葉範貞被官）　868
時幸（北条氏朝時流／名越家・朝時子・修理亮）　30
時国（北条氏時房流・時員子・左近将監／六波羅探題）　239
時氏（北条氏得宗家・泰時子・修理亮）　141
時実（南部氏・実光子・又二郎）　94
時実（北条氏得宗家・泰時子・次郎）　5
時種（北条氏・相摸右近大夫将監）　931
時秀（上総氏・秀胤子・式部大夫）　25,30
時秀（長井氏・泰秀子・太郎／宮内権大輔／備前守）　35,55,60,66,87,92,94,113,115,124,128,182,237
時春（北条氏有時流／伊具家）　→　春時
時如（北条氏朝時流／名越家・秀時子・中務大輔）　490,1051
時章（北条氏朝時流／名越家・朝時子・式部大夫／尾張守／引付頭人／法名見西）　25,30,34,53,54,56,58,60,61,64,66,70,75,76,87,90,108,116,124,157,174,182,190,192,197,255
時尚（北条氏・義時子・陸奥七郎）　17,30
時信（佐貫氏・時綱子・太郎）　30
時信（佐々木氏・頼綱子・大夫判官／近江国守護）　932
時親（北条氏時房流／佐介家・時盛子・越後右馬助）　70,92,108,113
時親（三村氏・右衛門尉／左衛門尉）　25,55,63,69
時政（北条氏・時家子）　1055
時清（葛西氏・清重子・左衛門尉）　30,92
時清（佐々木氏・泰清子・左衛門尉／判官／入道）　55,56,94,115,124,169,315
時盛（安達氏・義景子・四郎／左衛門尉）　61,92,94,108,113,115,169
時盛（北条氏時房流／佐介家・時房子・越後守）　228
時千（長井氏・宗秀子・宮内権大輔）　342
時宗（北条氏得宗家・時頼子・相摸太郎／左馬頭／相模守／連署／執権）　98,108,113,116,117,119-122,124-126,128,131,173,178,180,184,196,228,237,242,243,283,361,362
時相（北条氏朝時流／名越家・時幸子・法名道順／引付頭人）　788
時村（宇都宮氏・時綱子・掃部助）　30
時村（小野氏・蔵人太郎）　160
時村（幸島氏・時光子・小次郎）　54,113
時村（土屋氏・次郎）　34
時村（北条氏政村流・政村子・陸奥三郎／新相摸三郎／左近大夫将監／武蔵守／左京権大夫／引付頭人／執奏／連署）　92,102,108,113,115,124,160,169,179,180,203,227,239,249,259,262-264,270,271,314,315,318,319,425,521-525,682
時知（小田氏・泰知子・左衛門尉／常陸介／常陸前司）　92,94,108,206,476,817,851,875,932,968
時知（北条氏実泰流・時雄子・左近大夫将監）　893
時仲（小野沢氏・仲実子・次郎）　34,55-57,129
時仲（北条氏時房流／大仏家・朝直子・武蔵四郎／左近大夫将監）　49,55,56,58,92,94,108,115
時仲（北条氏政村流・為時子・長門国守護代）　314,319,410
時忠（北条氏時房流／大仏家・朝直子・武蔵五郎）　55,56,92,108,113,115,123,124,127,169
→　宣時
時長（小笠原氏・長清子・小笠原六郎）　7,18,25,30
時長（北条氏朝時流／名越家・朝時子・備前守）　30,55,60,61,66,228
時朝（笠間氏／塩谷氏・朝業子・判官／長門守）　25,30,58,60,61,92,108,128
時直（小笠原氏／伴野氏・時長子・三郎）　94,108

時直（三善氏／大田家・時連子・勘解由判官／京下奉行）　921
時直（北条氏時房流・時房子・相摸五郎／式部大夫／遠江守）　7,25,30,56-58,61,70,86,92,94,108,124
時直（北条氏実泰流・実時子・長門周防守護／上野介／長州上野前司）　705,831,848,1012
時通（小野寺氏）→　通時
時通（北条氏時房流・時直子・遠江次郎）　73,92
時定（北条氏時房流・時房子・右近大夫将監）　30,34,55,56,58,60-62,66,70,92
時定（北条氏得宗家・時氏子・六郎／改名為時）　41,43,49,55-58,60,66,70,92,94
時道（姓未詳・弥五郎）　195
時敦（北条氏政村流・政長子・六波羅探題／越後守）　473,476,482,503,506,551
時範（北条氏重時流・時茂子・遠江守／越前守／六波羅探題／北殿）　298,299,302,314,315,319,360,373,388,470
時弁（天台寺門・長乗弟子・将軍家護持僧）　556,707
時方（北条氏実泰流・実時子）→　顕時
時輔（北条氏得宗家・時頼子・相模三郎／式部大夫／六波羅式部丞）　108,113,115,116,122,124,169,197,255
時房（北条氏時房流・時政子・相摸守／修理権大夫）　10,15,20,21,228,246,417
時明（三浦氏／杉本氏・宗明子・安芸前司）　506,677,705,758
時明舎弟（三浦氏／杉本氏・宗明子）　758
時茂（北条氏重時流・重時子・陸奥弥四郎／六波羅探題）　53,60,61,66,70,76,78,162
時雄（北条氏実泰流・顕時子・式部大夫）　289,291,296,303,312,316,989,990
時頼（北条氏得宗家・時氏子・兵衛尉／左近大夫将監／執権／法名道崇／最明寺禅門）　25,30,34,35,37,38,40,41,43,45,48-51,54-57,59-61,63,66,67,69,71,81,82,86,94,98,107,113,117,118,122,129,134-136,138,140,141,144,151,152,161-165,228
時利（北条氏得宗家・時頼子）→　時輔
時隆（北条氏時房流・時房子・相摸八郎／民部権大輔）　41,55,56,61,66,92,108,113,115,124
時連（三浦氏／佐原氏・盛連子・兵衛尉／左衛門尉）　25,34,54-56,60,81,86,94
時連（三善氏／大田家・康有子・信濃守／問注所執事／法名道大／信濃入道）　448,470,535,566,879,911,921,977,980,1051
慈賢（天台山門・源頼兼子／慈円弟子・康楽寺僧正）　222
日述（日蓮宗・身延山武井房）　227
日蓮（日蓮宗／大聖）　208 参 ,1054
実印（天台寺門・公智子・覚助弟子・円融房）　328,790
実夏（洞院家・公賢子・権大納言）　1052
実義（北条氏実泰流・義時子）→　実泰
実躬（三条家・公貫子）　272,274,315,342,863
実景（大見氏・行定父・左衛門尉）　30
実景（鵜沼氏・国景子・金沢家被官）　295
実景（春日部氏・実平子・甲斐守）　30,34,43
実兼（西園寺氏・公相子）　249
実光（南部氏・光行子・次郎）　66,125
実幸（天台寺門）　790
実綱（佐々木氏／加地氏・実秀子・加地太郎）　55
実綱（土肥氏・四郎／左衛門四郎）　54,55,67,81,92,94,108,113,115,124
実衡（西園寺家・公衡子・右近衛大将）　708
実氏（西園寺家・公経子・冷泉太政大臣）　43
実時（北条氏実泰流・実泰子・陸奥太郎／掃部助／越後守／小侍所別当／評定衆／引付頭人／故越後守殿）　9,11,12,14-77,77 参 ,78,81,82,84,86-126,128-149,151-168,173-178,181-192,195-208,208 参 ,209,211,213-236,238,240,242,247,251,257,258,270,271,280,287,296,312,349,350,376,

409,413,452,460,468,490,494,497,509,590,705,710,783
実秀（渕名氏・余一）　77参,168
実俊（平岡氏・左衛門尉／小侍所司）　67,69,79,80,83,85,94,114,117,118,123,125,128,202,203,206,209-216
実性（天台寺門・行順弟子・二位）　790
実信（中御門家・新少将）　124
実政（北条氏実泰流／鎮西金沢氏・実時子・越後六郎／上総介／異賊征伐大将軍／鎮西探題）　233,280
実清（伊賀氏・左衛門尉）　102
実村（北条氏実泰流・実時子・陸奥太郎／越後太郎）　86,98,143,145,168,206,208参
実泰（北条氏実泰流・義時子・陸奥五郎／小侍所別当／法名浄仙）　1-13,77,77参,138,170-173,234,356,783
実能（広沢氏・実高子・兵衛尉）　23,30
実方（波多野氏／広沢氏・遠義子・余三）　81
実保（加藤氏・尚景子・左衛門尉）　66,70,92,124
実明（正親町家・洞院公守子・権中納言）　279
実有（一条家・公経子）　13
実祐（浄土教）　247
実隆（中御門家・中御門新少将）　115
実良（天台寺門・園城寺公文）　807,1056
寂恵（天台宗・法師）　93
寂円（律宗・称名寺住僧ないし金沢家被官）　310,317,435
寂仙（金沢家被官・武弥五郎入道／下久米多里地頭）　814
寂澄（律宗）　166
寂蓮（榎下氏・左近大夫）　1051
守時（北条氏重時流／赤橋家・久時子・引付頭人／執権／武蔵守／相模守）　495,532,545,572,585,700,705,719,783,784,801,829,845,897,908-910,978,1012,1015
守重（番匠・右馬四郎）　526
守信（番匠・次郎太郎）　526
守邦親王（将軍家・久明親王皇子・御所）　548,619,638,695,703,782,797,801,851,884,901,904,908-910,912,918,922,926,931,947,995
種継（苅田氏・苅田直講）　89
種時（北条氏実泰流／鎮西金沢氏・政顕子）　705
種成（和気氏・親成子・典薬権助）　222
秀胤（千葉氏／上総氏・千葉常秀子・上総権介）　30,34,44
秀吉（豊臣氏・木下弥右衛門子・関白）　52
秀高（富谷氏・掃部左衛門尉／金沢家被官／六波羅奉行人）　500,504
秀康（藤原氏・秀宗子・能登守）　202
秀尚（大野氏・六波羅奉行人）　473,570
秀政（神沢氏・六波羅奉行人）　482
秀政（神津氏・兵衛尉）　863
秀長（豊臣氏・木下弥右衛門子）　52
秀朝（小山氏・貞朝子・判官）　1012
秀有（水谷氏・清有子・兵衛蔵人）　851
秀頼（波多野氏・経朝子・五郎／兵衛尉）　53,55
秀頼（松田氏・頼直子・平内左衛門尉／六波羅奉行人）　399,903,906
秀連（長氏・掃部左衛門尉）　30,92
什尊（称名寺五世長老・初名熙允・玄寥房）　→　熙允
衆現（律宗）　582
重家（姓未詳・筑前次郎太郎）　76
重基（宗像氏・四郎・六波羅奉行人／金沢貞冬被官）　703,980
重教（藤原氏・仲能子・能登右近大夫）　61,124,169
重景（安達氏・義景子・左衛門尉）　113,115,124
重継（小田氏・知重子・修理亮）　30,34,92,108
重憲（明経道清原氏・内匠允）　89
重光（結城氏／山河氏・朝光子・兵衛尉）　30,66,70,94,108,618
重綱（佐々木氏・高綱子・左衛門尉）　5,7

重氏（姓未詳・備中左近大夫）　15
重信（大須賀氏・胤信子・左衛門尉）　30
重時（北条氏重時流・義時子・駿河守／相摸守／小侍所別当／六波羅探題／連署／極楽寺入道）　2-6,9,43,48,49,50,53-55,60,61,66,76,92,94,140,161,162,228,242
重時（三浦氏・義村子・駿河九郎）　30
重親（中原氏・親光子・右近大夫）　92
重盛（平氏・清盛子・内大臣）　52
重暹（天台寺門）　556
重宗（清科氏）　10
重村（大河戸氏・重澄子・左衛門尉）　25,30,35,41
重村（渋谷氏・三郎太郎）　113
重村（北条氏政村流・政長子・土佐守）　855,857
重仲（高階氏・泰仲子・近江守）　353
重澄（大河戸氏・三浦義澄子・大隅守）　43,160,162,164
重保（江戸氏・七郎）　92
重輔（水谷氏・田村仲能子・左衛門大夫）　30,33,34
重茂（多賀谷氏・弥五郎）　57
重隆（大河戸氏）　→　重澄
淑蓮　→　寂蓮
俊基（薗田氏・成基子・淡路守）　34
俊義（大河戸氏・民部大夫）　34
俊光（日野家・資宣子・中納言）　307
俊行（山名氏・行氏子・中務丞）　64,75,87
俊国（藤原氏・俊親子・左京大夫）　74,376
俊氏（姓未詳・左衛門尉／六浦庄代官）　200
俊時（北条氏重時流／塩田家・国時子・中務大輔／評定衆）　862
俊成（藤原氏・俊忠子・従三位）　93,284
俊珍（天台寺門・顕弁弟子・大輔／鶴岡真智坊／鶴岡千南坊／鶴岡御殿司）　556
俊定（姓未詳・駿河右近大夫）　107,115
俊平（深沢氏・山城守）　64,75,87
俊隆（明経道清原氏・教隆子・肥前介／音博士）　89,100,104,194,350
春衡（三善氏・西園寺家家司）　506,708
春時（北条氏有時流／伊具家・斎時子・駿河守）　700,816,847
順覚（律宗・称名寺僧）　442
順教（姓未詳）　336
順如（律宗）　582
順徳天皇（天皇家・後鳥羽天皇皇子・順徳院）　52
順忍（律宗・加藤氏・極楽寺長老）　582
淳時（北条氏実泰流・貞将子）　1009
助家（和田氏・清遠子・修理亮／和泉国御家人）　979
助義（佐竹氏・八郎）　30,34
助経（平島氏・弥五郎）　125,126
助真（和田氏・助家子・三河房）　979
助泰（安東氏・蓮聖子・平次右衛門尉）　956,967
助泰（和田氏・助家子）　979
松嶺師義（禅宗・三聖長老）　705
尚景（加藤氏／景廉子・判官）　30
尚持（雑賀氏・太郎）　87
尚長（丹波氏・経長子）　249
照弁（天台寺門・実円弟子・鶴岡座心坊／鶴岡仏乗坊／将軍家護持僧）　328,707
昌憲（天台山門）　561
章久（明法道中原氏・章親子・明法博士）　104
章綱（加地氏）　54
証位（律宗）　166
照弁（天台寺門・実円弟子・鶴岡座心房・将軍家護持僧）　→　昭弁
浄算（天台寺門）　556
浄仙（顕密・法印）　819,821,845
浄蓮（僧）　247
承澄（天台山門・小川僧正）　222
乗伊（天台寺門・聖勝子／実円弟子）　328
乗台（浄土教・称名寺別当）　141,150
乗蓮（律宗）　247
常胤（千葉氏・常重子・千葉介）　195
常忍（富木氏・富木入道／千葉氏重臣）　84,85,208 参
職重（大江氏・右衛門少志）　249

職仲（明法道中原氏・弾正忠）　104
心阿　705
心慶（天台宗）　582
心光（律宗）　312
信意（金沢家被官）　975
信吉（番匠・大夫三郎）　526
信経（武田氏・信長子・八郎）　94
信憲（天台寺門・藤原範房子／定俊弟子）　328
信玄（武田氏）→ 晴信
信綱（佐々木氏・定綱子・左衛門尉）　5
信時（武田氏・信政子・五郎次郎）　67
信時（北条氏時房流・朝盛子・越後又太郎）　108
信重（岩間氏・左衛門尉）　116
信重（姓未詳・金沢家被官）　493,507,613
信俊（鎌田氏・図書左衛門尉）　86,116,124
信宗（三善氏／町野家・宗康子・加賀前司／六波羅引付頭人）　828,856,880,894,903
信泰（大須賀氏・朝氏子・左衛門尉）　117
信定（塩飽氏・左近入道）　54
信貞（塩飽氏・左近大夫）　54
信貞（三春氏・前文章得業生）　189
信朝（加地氏・佐々木信実子・佐々木八郎）　2,7,25,30
信忠（本間氏・忠家子・左衛門尉）　18,30,55,56
信能（菅原氏・加賀掾）　323
信武（武田氏・信宗子・彦六）　952
信満（番匠・大郎次郎）　526
真鏡（浄土教）　141
真如　504
真性（宗像氏・六波羅奉行人）　703,813,857,879
真弁（天台寺門）　328
深円（真言広沢・三条公親子・仁和寺真乗院）　310
審海（律宗・慈猛弟子・称名寺長老／妙性房／開山長老）　188,247,255,256,275,283,290,292-295,301,398,400,405,408,514,1009
親員（明経道中原氏／摂津氏・師員子・大隅守）　92,108
親家（高階氏・重仲子・五品羽林）　353
親家（藤原氏・親任子・右馬権助／右馬助／内蔵権頭／木工権頭）　60,61,63,70,71,73,94,108,111,113-116,124,167,169,182
親鑒（摂津氏・親致子・刑部権大輔／評定衆／刑部大輔入道／引付頭人／法名道準）　505,520,566,661,705,782,784,786,800,818,828,863,864,868,875,879,885,893,931,942,950,970,1014
親季（藤原氏・左馬助入道／法名妙悟）　1052
親賢（藤沢氏・清親子・藤沢四郎）　18
親玄（真言小野・源通忠子・僧正）　260,468
親行（源氏・光行子・河内式部大夫）　93,103
親光（明経道中原氏・師員子・安芸守）　55,56,58,61,70,86,92
親実（藤原氏・中原忠順子・周防守）　5,30,61,197
親実（三条左近大夫将監）　5
親実（藤原氏・美濃前司）　30
親秀（大友氏・能直子・大炊助）　15
親秀（摂津氏・親鑒子・大夫将監）　782
親如（摂津氏・親致子・左近大夫）　1014
親職（安倍氏・時職子）　3,10,22
親政（金沢家被官・伊勢国守護代）　820,823,868,869,883,911,991
親清（佐々木氏・加賀守）　60
親盛（姓未詳・弥次郎左衛門尉）　25,30,34,55,61,67,70
親泰（三村氏・三郎兵衛尉）　69
親定（中原氏・親光子・掃部助大夫）　124
親能（藤原氏・定能子）　58,77 参
仁俊（紀氏ヵ）　54

【す・せ】

崇暁（真言広沢・有助僧正入室・北条高時子・佐々目遺身院）　876

崇徳天皇（天皇家・鳥羽天皇子・崇徳院）　52
正音（番匠・弥次郎）　526
正恵（姓未詳・金沢家被官ヵ）　397,961
正悟（律宗）　582
生西（丹波国宮田庄悪党）　360,363,373
正成（楠木氏・正遠子・兵衛尉）　977,979,982
正仏（春日部氏・弥二郎入道／金沢家被官）　302
征審（宮内卿律師）　15
成家（安倍氏ヵ）　863
成覚（俗姓未詳・金沢殿雑掌）　468
成源（天台山門・藤原忠頼子・岡崎僧正）　22
成助（真言広沢・源通重子／禅助弟子・金剛幢院僧正）　926
成通（山内氏・左衛門尉）　86,92
成仏（石清水神人）　503
政景（天野氏・遠景子・左衛門尉／和泉守）　5,10,22,77,77参,138,234,356,490,535,859,1051
政景（姓未詳・金沢家被官）　732
政憲（北条氏政村流・重村子・式部大夫）　855
政顕（北条氏実泰流／鎮西金沢氏・実政子・鎮西掃部助／鎮西探題）　283,314,319,613,835
政高（北条氏有時流／伊具家・政有子・大夫将監）　909
政綱（木村氏・信綱子・太郎）　34
政綱（武田氏・五郎三郎）　30,34,41,49,60,66,108
政国（北条氏政村流・重村子・三郎）855
政氏（小笠原氏・彦二郎）　125
政氏（薬師寺氏・政村子・左衛門尉）　34,66,92
政秀（上総氏・秀胤子・修理亮）　30,34
政宗（明経道中原氏・円全子・越前兵庫助）　64,75,87,231
政村（北条氏政村流・義時子・陸奥四郎／右馬権頭相模守／右京権大夫／引付頭人／連署／執権）　2-6,22,25,30,34,37,38,45,54,56,60,63,64,66,71,75,87,93,95,102,106,108,116,129,147,154,155,160,162,164,180,184,203,205,210,228,242,251,270,280,287,296,312,349,409,452,460,468,510,590
政泰（天野氏・政景子・左衛門尉）　66,67,70,86,92
政泰（関氏・政綱子・左衛門尉）　30-32,34,43
政知（姓未詳・六波羅奉行人）　504
政長（北条氏政村流・政村子・式部大夫）　237
政平（武田氏・五郎七郎）　54,57,68
政茂（大江氏／那波氏・宗元子・左近大夫／刑部権少輔）　55,56,61,66,87,92,108,124
政雄（二階堂氏・行綱子・能登入道）　571,628,705
政連（明経道中原氏／平氏・中原政宗子）　229,231
斎時（北条氏有時流／伊具家・通時子・引付頭人）　372,446,466,484,495
性一（造園師）　566-568,573,580,588,589
性海（律宗）　166
性真（興福寺大衆）　804
性忍　504
性範（法眼）　842,845
清基（坊門家／清親子／少将、改名後基輔）　34,54
清久（姓未詳・金沢家被官）　292,295
清経（葛西氏・清時子・左衛門尉／法名経蓮）　70,92,195
清恵　1015
清基（豊島氏・康家子・豊島三郎）　195
清源（律宗）　166
清光（大井氏・金沢家被官・六郎）　920,925,927,928
清高（佐々木氏・宗清子・隠岐前司）　800,875,886,893

清時（葛西氏・清親子・左衛門尉）　58
清時（北条氏時房流・時直子・太郎／遠江馬助）　30,54,55,66,70,92,94,108,113,115,124,169
清重（葛西氏・豊島清元子・壱岐入道／法名定蓮）　31,32,195
清親（葛西氏・清重子・伯耆守）　30,34
清正（豊津氏）　247
清盛（平氏・忠盛子・入道相国）　89
清拙正澄（禅宗・大鑑禅師・開禅寺開山）　1051
清貞（安倍氏）→　晴貞
清奉（池田氏・国光子・池田五郎）　57
清輔（藤原氏・顕輔子）　93
清有（水谷氏・重輔子・六波羅評定衆／大蔵大輔／水谷入道）　286,353,826,862
清頼（平井氏・八郎）　57,68
盛義（東氏・義行子・六郎）　692
盛久（姓未詳・金沢貞将右筆）　704,706,718,823,833,835,853,858,880,882,883,885,904,918,932,964,992,1008
盛経（大曾禰氏・時長子・左衛門尉）　55,60,66,67,86,92
盛経（諏訪氏・盛重子・左衛門尉／法名真性）　195
盛継（内藤氏・盛時子・左衛門尉）　30,34
盛綱（平氏・左衛門入道／法名盛阿）　43
盛時（内藤氏・盛家子・左衛門尉／肥後守）　5,56,58
盛時（桑原氏・平内）　57,68,125
盛時（三浦氏／佐原氏・盛連子・左衛門尉／三浦介）　10,25,30,34,48,56,60,61,66,70,92,94,242
盛時（平氏・盛綱子・左衛門三郎／新左衛門尉）　17,38,69,128,129
盛時（中原氏・山城守）　55,64,75,87
盛時（北条氏実泰流・時雄子・民部少輔）　966
盛秀（大和氏・盛政子・太郎左衛門／合奉行）　921
盛重（諏訪氏・信綱子・諏訪入道／蓮仏）　38,43,45
盛親（惟宗氏・高倉宗入道）　856,867,876,878,882,901,918,921,922
盛政（大和氏・右近大夫）　921
盛遍（律宗）　156
盛頼（諏方氏・盛重子・兵衛四郎）　57
晴賢（安倍氏・晴綱子）　10,22
晴幸（安倍氏・時晴子）　10
晴秀（安倍氏・親職子）　10
晴信（武田氏・信虎子・法名信玄）　359
晴宗（安倍氏・親職子・陰陽少允）　60,116,202
晴村（安倍氏・時尚子・前主税頭）　543,932,965
晴貞（安倍氏　＊本文は清貞と誤記）　10
晴茂（安倍氏・親職子）　10
勢義（浄土教）　247
聖一（真言小野・法師）　260
聖遠（塩飽新右近入道／鎌倉幕府奉行人）　835
聖恵（天台山門・久明親王皇子／親源弟子・小河門跡／勝長寿院別当／宮僧正）　879,947-949
聖顕（禅師／律師）　817,838
聖秀（安東氏・左衛門入道）　705,808
聖徳太子（天皇家・用明天皇皇子）　165
聖瑜（真言広沢）　243
静泉（天台寺門）　328
静弁（律宗）　166
静瑜（真言小野・長井氏・出羽法印）　898
静誉（天台寺門・近衛兼平子／仙朝弟子・実相院／大僧正）　261,556,1057,1058
説尚（後藤氏・左衛門尉）　54
絶海中津（禅宗）　266
仙海（大和国達磨寺）　399
仙覚（天台山門・武蔵国北院）　216
仙舜（顕密・法親王門徒）　217
仙親（天台寺門・敬宗弟子）　261
泉尊（天台寺門・長乗弟子）　580
宣覚（真言小野・北条為時子／覚済弟子・大僧正／将軍家護持僧）　707

宣経（波多野氏・小次郎）　55,76,81,94,113
宣賢（安倍氏・資元子）　10
宣賢（明経道清原氏・宗賢子・少納言）　194
宣済（将軍家護持僧）　707
宣時（波多野氏・義重子・左衛門尉）　53,55,76
宣時（北条氏時房流／大仏家・朝直子・武蔵守／引付頭人）　237,244,248,250,686
→ 時忠
宣承（天台山門）　561
宣通（波多野氏・泰重子・上野前司／六波羅評定衆）　837,838,848
宣房（万里小路家・資通子・権右中弁／大納言）　305,812,819
善慶　201
善俊（天台寺門）　556
禅恵（律宗・称名寺長老／尊定房／尊定上人／千光寺住）　293,294,318,387,389,398,400,402,405,412,415
禅秀（真言広沢・禅助弟子・将軍家護持僧）　707
禅助（真言広沢・源通成子／性助弟子・仁和寺真光院）　409,473,913,914

【そ】

宗叡（天台寺門・円珍弟子）　261
宗円（天台寺門・藤原宗親猶子）　261
宗幹（大掾氏／栗崎家・教幹子・九郎）　359
宗基（北条氏朝時流／名越家・時基子・刑部少輔／遠江守）　237,556
宗義（長沼氏・宗員子・左衛門尉）　92
宗業（湯浅氏・宗光子・二郎入道）　15
宗久（大工）　52
宗景（安達氏・顕盛子・城介／引付頭人）　250,253
宗顕（北条氏実泰流／甘縄家・顕実子）　1014
宗光（小山氏・七郎）　67,86,92
宗光（下河辺氏・左衛門二郎）　25
宗光（土屋氏・宗遠子・左衛門尉）　5,10
宗康（姓未詳・但馬前司）　856
宗綱（佐々木氏・氏信子・左衛門尉）　116
宗綱（平氏・頼綱子・平金吾）　283
宗綱（大和二郎）　30
宗衡（長井氏・運雅子・丹後守／六波羅引付頭人）　814,851,875
宗国（姓未詳・甲斐守）　64,75,87
宗氏（藤原氏・忠継子・非参議）　272
宗氏（佐々木氏・満信子・佐渡判官／佐渡大夫判官／法名賢観）　571,618
宗秀（長井氏・時秀子・掃部頭／執奏／引付頭人／法名道雄／洒掃禅門）　259,283,286,311,372,388,392,393,446-448,505,705,710,809
宗秀（長沼氏・宗泰子・淡路前司）　942
宗俊（安倍氏）　249
宗尚（明経道清原氏・良枝子・主水正／直講）　42,89,350
宗世（中御門家・宗藤子・中御門少将）　115,124
宗正　805,824
宗政（長沼氏・小山政光子・淡路守）　242
宗政（北条氏得宗家・時頼子・相摸四郎／四郎左近大夫／武蔵守／引付頭人）　116,122,197,203,237,242,243
宗清（治部氏・金沢家被官／左衛門六郎）　387,586
宗清（大工）　52
宗宣（北条氏時房流／大仏家・宣時子・陸奥守／執奏／引付頭人／連署）　259,263,399,417,449,476,783,829
宗尊親王（将軍家・後嵯峨天皇子・親王／御所／中書王）　60-63,66-68,70,71,81,94,98,101,105-107,109,114,116,123,124,128,129,153,163,169,179,180,196,223,247,708,844
宗泰（長沼氏・時宗子・左衛門尉）　30,34,92,108,113
宗泰（北条氏時房流／大仏家・宣時子）　246
宗長（姓未詳・進三郎左衛門尉）　86,92,124
宗長（北条氏朝時流／名越家・長頼子・備前二郎／備前入道）　197,705

宗長（朝臣）　827,842,850,897
宗朝（宇都宮氏・頼綱子・左衛門尉／石見守）　23,25,30,108,128
宗直（北条氏朝時流・頼直子・近江前司）　1012
宗直（南条氏・得宗被官）　1031
宗繁（五大院氏・得宗被官・常葉前兄・北条邦時後見）　719
宗方（北条氏得宗家・宗頼子・駿河守）　314,315,319
宗峰妙超（禅宗・大燈国師）　266
宗房（北条氏政村流・政村子・相模右馬助）　237
宗妙（鎧職人）　881
宗明（三浦氏／杉本氏・時連子）　506
宗有（北条氏有時流／伊具家・兼義子・越前前司　＊太平記の宗末は誤り）　1014
宗有（姓未詳）　237
宗頼（北条氏得宗家・時頼子・相模七郎／修理亮）　122,124,178,197
宗倫（姓未詳・金沢家被官）　310,325
相範（藤原南家・経範子・刑部卿／改名諸範）　252
尊胤（天台山門・後伏見天皇皇子・梶井門跡）　837
尊雲（天台山門・後醍醐天皇皇子・梨下門跡／梨本前門主／大塔宮／改名護良親王）　869,982,991,1009
尊家（天台山門・六条顕家子・本覚院／日光山／法印）　179
尊雅（天台寺門・藤原為言子／敬宗弟子）　328
尊海（尊海御房）　1040
尊玄（顕密）　221
尊悟（天台寺門・伏見天皇皇子／観昭弟子・円満院門跡）　552,553,560,570
尊氏（足利氏）→　高氏
尊順（天台寺門）　556
尊珍（天台寺門・亀山天皇皇子／覚助弟子・聖護院新宮／聖護院准后）　807,869
尊良親王（天皇家・後醍醐天皇皇子・第一宮）　977,980
存覚（浄土真宗・覚如子）　625

【た】

太守禅閤若御前（有助僧正入室）→　崇暁
泰胤（千葉氏・胤綱子・次郎）　34,41,55,267
泰家（北条氏得宗家・貞時子・左近大夫将監／親衛禅門）　705,719,783,787,840,1012
泰経（出田氏・又太郎）　203
泰光（毛利氏・季光子・蔵人）　25,30
泰綱（宇都宮氏・頼綱子・修理亮／下野守）　10,25,30,34,56,60,61,70,76,92,108
泰綱（佐々木氏・信綱子・右衛門三郎／壱岐守）　2,5,25,30,34,41,43,55,60,61,66,70,73,92,94,124,129,169
泰綱（原氏・左衛門四郎）　17
泰国（畠山氏・義純子・上野介）　34,55,92,108,242
泰氏（足利氏・義氏子・宮内少輔／丹後守）　17,19,25,30,34,55,56,59
泰時（北条氏得宗家・義時子・武蔵守／左京権大夫）　4,5,10-12,15,17-21,25-27,228,306
泰秀（上総氏・秀胤子・左衛門尉）　30
泰秀（長井氏・時広子・左衛門大夫／甲斐守）　17,22,25,30,34,43,60,228
泰重（河越氏・重時子・掃部助）　30,34
泰重（長井氏・時広子・長井左衛門／左衛門大夫）　60,61,242
泰信（佐々木氏・高信子・左衛門尉）　94,108
泰親（宇都宮氏／塩谷氏・頼業子・左衛門尉）　86,92
泰清（佐々木氏・義清子・左衛門尉／大夫判官／信濃守）　25,30,55,61,94,108
泰盛（安達氏・義景子・城九郎／秋田城介／引付頭人／越訴頭／別駕／城奥州禅門／法名覚真）　41,43,49,55,60,61,63,66,70,71,73,75,87,92,108,113,115,123,169,174,175,178,182,184,190,192,197,203,217,

237,242-244,248,252-255,266,283,1053
泰盛（三浦氏・光盛子・左衛門尉）　92,94
泰宗（安倍氏）　10
泰宗（安達氏／大室氏・景村子／北条貞時舅）
666,705,719,783,840,904,971
泰貞（安倍氏・為成子）　3,22,33
泰村（三浦氏・義村子・駿河二郎／若狭守）
2,3,5,7,25-27,30,34,38,41,43,44,46
泰朝（塩谷氏・親朝子・兵衛尉）　23,108
泰茂（長井氏・時広子・判官代）　15,108
泰瑜（天台寺門・公義子／覚助弟子・将軍家護持僧／法印権大僧都）　707
大休正念（禅宗）　268,269
大弐（法印）　817
達磨和尚（達磨宗）　494
湛睿（律宗・本如房・東禅寺長老／称名寺長老）
461,462,582,767,1005,1018,1031,1054

【ち】

知家（姓未詳・筑前小次郎）　76
知継（田中氏・知氏子・左衛門尉）　61,86,108
知定（茂木氏・左衛門次郎）　55,92,108
知輔（安倍氏・宗基子）　3
智円（律宗）　355
智円（天台寺門・長乗弟子・下総国葛飾八幡宮別当）　707
智性（真言・高野山／律師）　832参,1034参
致綱（金沢家被官）　827,855
仲家（宇多源氏・仲経子・能登右近蔵人・能登右近大夫）　30,92
仲教（宇多源氏・能登右近蔵人）　61
仲光（明経道清原氏）　→　教隆
仲高（平氏・仲兼子・仲高入道）　878
仲康（宇多源氏・仲親子・左衛門尉）　64,75,87
仲時（宇多源氏・仲経子・能登右近大夫）
55,56,66,70,92
仲時（北条氏重時流／普恩寺家・基時子・越後守／六波羅探題）　978,980
仲親（醍醐源氏・右近大夫）　58
仲宣（明経道清原氏・仲隆子・明経博士／直講／助教）　89,350
仲隆（明経道清原氏・頼業子・助教）
42,89,350
忠伊（顕密・法印）　875,885
忠員（姓未詳）　211
忠義（宿屋氏・次郎）　53
忠義（島津氏・忠久子）　→　忠時
忠久（島津氏・惟宗広言子・大夫判官）　5
忠義（島津氏・忠綱子・左衛門尉）　94
忠景（島津氏・忠綱子・左衛門尉）　94,108,113,115,124,169
忠景（横溝氏・弥七）　125
忠行（海老名氏・左衛門尉）　23,30,61
忠行（島津氏・忠綱子・左衛門尉）　92,108
忠光（明経道清原氏）　→　教隆
忠光（横溝氏・七郎五郎）　57
忠綱（島津氏・忠久子・左衛門尉／周防守）
58,66,70,86,92,108,124
忠氏（頓宮氏）　210
忠氏（本間氏・左衛門尉）　68
忠嗣（九条家・通輔子・九条三品）　323
忠時（姉小路家・兵衛佐）　54
忠時（藤原氏・家時子・讃岐守）　115,124
忠時（北条氏重時流・重時子・陸奥十郎）
178,237
忠時（本間氏・忠家子・左衛門尉）　113,125,126
忠時（島津氏・忠久子・兵衛尉／大隅守）
2,30,56,58,61,66,70,92,108
忠時（北条氏実泰流・貞将子・左近大夫将監）
42,351,782,821,895,909,917,938,952,957,963,965,967,971,1005
忠乗（天台山門・将軍家護持僧／僧都）
707,918
忠随（姓未詳・前司）　989
忠宗（島津氏・久経子・下野守／法名道義）
859
忠珍（浄土教・常福寺僧）　247
忠貞（二階堂氏・盛忠子・伊勢前司／伊勢入道）

510,566,567,573,705,942
忠茂（丹波氏・長忠子・采女正／図書頭） 60,115
忠頼（島津氏・忠綱子・左衛門尉） 124
長意 902
長胤（武石氏・左衛門尉） 113,124
長雅（花山院家・定雅子・中将／中納言） 60,61,71,116
長義（糟屋氏・孫三郎入道／北条時益被官／法名道暁） 864
長義（佐竹氏・重義子・常陸次郎） 66
長義（長門氏・左衛門） 909
長経（大曾禰氏・長泰子・左衛門尉） 92,113,115
長景（安達氏・義景子・弥九郎／九郎／美濃守） 113,115,178,253
長厳（真言広沢・尊真弟子・刑部卿僧正） 52
長光（江戸氏・太郎） 113
長光（丹波氏・忠長子・兵庫頭） 243
長光（葉室家・長隆子・大納言） 1052
長綱（佐々木氏・泰綱子・左衛門尉） 129
長氏（大泉氏・九郎） 55,66,70,86,115
長時（北条氏重時流／赤橋家・重時子・左近大夫将監／六波羅左近大夫／執権／武蔵守） 60,61,92,105,106,109,116,121,129,161,228
長周（丹波氏・長光子・将軍侍医） 616
長重（横地氏・左衛門四郎） 125,126
長乗（天台寺門・藤原長貞子／寛乗弟子・宰相僧正／俗名宇治永業） 551,560,561,569
長政（下妻氏・長朝子・下野四郎） 34
長清（伊地知氏・民部大夫／六波羅奉行人） 504
長専（千葉家家司） 84,85
長村（小山氏・朝政子・小山五郎／左衛門尉／出羽守） 7,25,30,34,35,41,53,55,56,58,60,61,66,70,92,94,108,113,169
長泰（大曾禰氏・時長子・兵衛尉／左衛門尉／上総介） 30,34,43,56,60,61,64,66,70,75,87,92,94,108,113,124
長泰（小笠原氏／伴野氏・小笠原時直子・出羽守） 252
長朝（丹波氏・典薬頭） 840
長頼（大曾禰氏・宗長子・太郎／左衛門尉） 92,108,115,116
長頼（北条氏朝時流／名越家・時長子・備前三郎） 86,92,94,102,108,113,115,124
長頼（武藤氏・左衛門尉） 195
長澄（小笠原氏・長清子・余一） 41,49,54,60
長能（飯富氏・源内左衛門尉） 30
長頼（大曾禰氏・宗長子・左衛門太郎） 108,116
長隆（葉室家・頼藤子） 819
朝伊（天台寺門・定顕弟子・中納言） 790
朝胤（武石氏・胤重子・三郎／左衛門尉） 60,92,108
朝基（宇都宮氏・宗朝子・新左衛門尉） 34
朝景（笠間氏・時朝子・左衛門尉） 108
朝元（姓未詳・金沢貞将被官） 865
朝現（天台寺門） 328,556
朝広（結城氏・朝光子・結城七郎／兵衛尉／上野判官／大蔵権少輔／法名信仏） 2,7,17,21,25,30,34,56,61,66,70,202,242
朝行（伊賀氏・朝光子・左衛門尉） 2,5,30
朝光（結城氏・小山政光子・左衛門尉／法名日阿） 5,31,32,202
朝氏（大須賀氏・胤氏子・左衛門尉） 92,94,108,113,117,118
朝時（北条氏朝時流／名越家・義時子・式部大夫／越後守／遠江守） 3,5,6,25,156,228
朝重（渋谷氏・武重子・左衛門太郎） 113,125,126
朝尚（長門氏・厚保地頭） 410
朝清（葛西氏・時清子・左衛門尉） 34
朝村（薬師寺氏・小山朝政子・左衛門尉） 30,39
朝村（結城氏・朝光子・上野十郎） 23,25,30,41,53-56,63,66,81,113
朝長（伊賀氏・左衛門尉） 55,56,108

朝長（小山氏・朝政子・左衛門尉）　5,41
朝直（北条氏時房流／大仏家・時房子・相模四郎／武蔵守／遠江守／引付頭人）　5,7,25,30,34,43,55-58,60-62,64,66,69,70,75,87,90,92,94,108,116,124,157
朝貞（北条氏朝時流／名越家・時基子・中務権大輔　＊太平記の朝実は誤り）　786 参,832 参,1014,1034 参
朝平（土肥氏・次郎／兵衛尉）　25,30,92
朝房（伊賀氏・左衛門三郎）　102
朝房（北条氏時房流／大仏家・朝直子・武蔵蔵人太郎／式部大夫）　43,55,66,70,92,197
朝連（長氏・左衛門尉）　61
澄春（天台山門）　561
澄詮（天台山門）　561
鳥羽天皇（天皇家・堀河天皇皇子・聖主）　323
直義（足利氏・貞氏子・左兵衛督）　266,1051
直元（足立氏・遠親子・左衛門尉）　55,70,86,92,108
直性（諏訪氏・得宗被官／左衛門入道／諏訪入道）　705,866
直隆（明経道清原氏・教隆子・明経得業生／権少外記／筑後介／助教）　42,89,194,350,351
珍宴（天台・竜角寺別当）　177
珍海（律宗・東山太子堂・寂忍房）　613
珍誉（南都宿曜師・珍耀弟子・助法印）　10
珎瑜（南都宿曜師・珍俊弟子・大輔律師）　156

【つ・て】

通業（小野寺氏・通綱子・左衛門尉）　44
通景（山内氏・藤内）　34
通時（小野寺氏・通綱子・左衛門尉）　30,34,70,86,92,94
通時（河野氏・通久子・右衛門四郎）　57
通時（北条氏有時流／伊具家・有時子・駿河五郎）　108
通重（山内首藤氏・通直子・左衛門尉）　30,86,92,94
通親（村上源氏・雅通子・内大臣）　60,61
通定（多々良氏・左衛門尉／肥後国住人）　30
通方（村上源氏／土御門家・定親子・大納言）　60,116
通邦（稲葉氏・通経子・尾張徳川藩士）　104
定員（藤原氏・兵庫頭／但馬守）　22,25,30,34
定家（藤原氏・俊成子・民部卿／中納言）　13,93,284
定教（藤原氏）　249
定玉（天台寺門・藤原基衡猶子）　261
定厳（真言小野・法印・若狭国太良庄）　472,474
定康（波多野氏・義泰子・兵衛次郎）76
定衡（三善氏・蔵人左衛門尉）　249,298
定資（坊城家・俊定子）　708
定舜（律宗・俊芿弟子・隆信房／入宋沙門）　132,134,136
定清（真言広沢・後藤基清子／定豪弟子・加賀律師／大門寺）　10
定然（真言広沢・定清弟子・将軍家護持僧／法印権大僧都）　707
定智（諸岡氏・左衛門尉／沙弥定智）　297
定通（村上源氏／土御門家・通親子・内大臣）　60
定範（藤原氏・定員子・左衛門大夫）　25,30,34
定仏（真言広沢）　243
定房（吉田家・経長子・検非違使別当／吉田前大納言）　305,309,869
定耀（浄土教・常福寺僧）　247
貞意（金沢家縁者ないし被官）　882
貞胤（千葉氏・胤宗子・千葉介）　1011,1012
貞永（鎮西金沢氏被官）　283
貞懐（長井氏・貞秀子・中務権少輔／評定衆）　784
貞季（姓未詳・金沢家被官）　719,805
貞規（北条氏得宗家・師時子・引付一番頭人／

西殿）　532,545,583,864
貞久（島津氏・忠宗子・上総介／法名道鑑）　859
貞匡（北条氏実泰流・貞顕子）　625,719,1047
貞顕（北条氏実泰流／金沢家・顕時子・越後左近大夫／左近大夫将監／中務権大輔／越後守／右馬権頭／武蔵守／修理権大夫／六波羅探題／引付頭人／六波羅殿／連署／執権／法名崇顕）　42,74,89,270-276,278-296,298-348,350-362,365-368,370,371,373-380,382,383,386-395,397-407,409-416,418-454,456,458-461,464-467,469-483,485-487,490-494,496-498,502-525,527-531,533-536,538-541,543,544,546-551,557-559,562-568,571,573-614,616-667,669,671-695,697-699,701,705,706,708,710,711,717-786,786参,787,790-801,803,805-813,815-832,832参,833-838,840-858,861-897,900-934,936,937,939,941-945,947-949,952-954,956-958,960-972,975,976,984,985,988-990,994-997,1002-1004,1006,1007,1010,1014,1018-1034,1034参,1036-1039,1047,1051,1052,1055,1058
貞顕小童（北条氏実泰流・貞顕子・少童）　355-357
貞顕男子　604-606
貞顕小童　645,669,675
貞光（工藤氏・得宗被官・御内侍所・右近将監）　824
貞行（依田氏・室町幕府奉行人）　1051
貞康（三善氏／町野家・東使／備後守）　476
貞衡（二階堂氏・行貞子・美作入道／法名行恵）　820,902
貞国（姓未詳・金沢家被官）　715
貞氏（足利氏・家時子・讃岐守／法名義観／浄妙寺殿）　243,528,705,1053
貞氏（佐々木氏・宗氏子・近江入道）　863
貞時（北条氏得宗家・時宗子・相摸守／太守禅門／相州禅門／執権／最勝園寺殿）　231,237,243,303,315,361,448,469,497,512,666,705,719,783,840,850,904,971
貞秀（長井氏・宗秀子・中務少輔／兵庫頭）　280,283,292,295,310,311,325,348,349,377,384,388,392-395,405,437,464,587,710,1032
貞秀（小串氏・右衛門入道）　850,870,883,897,926,931,965
貞重（長井氏・頼重子・六波羅評定衆／縫殿頭）　471,851,862,906,975
貞助（真言広沢・金沢貞顕子・仁和寺真乗院院主・大日寺長老）　835,836,883,995,1017
貞尚（雑賀氏・六波羅奉行人）　473
貞昭（天台寺門・名越公貞子／貞雅弟子・将軍家護持僧／若王寺別当）　707,719
貞将（北条氏実泰流／金沢家・貞顕子・評定衆／官途奉行／引付頭人／右馬権頭／越後守／武蔵守／越訴頭／小侍所別当／六波羅探題）　488,489,521,523,539-542,544,545,548,557,572,574,603,615,625,632,640-642,651,654,658,661,668,670,675,682,702,706,712-716,718-720,726,775,781,787,789,804,814,818,820,827,835,837,841,843,854,864,868,880-883,888,889,891,892,894-896,898,914,916-921,923,924,927,929,930,932,933,936,937,939-943,946,950-954,956,959,961-965,968,970,971,973,974,982,986,987,992,998-1001,1008,1009,1011-1013,1015,1040-1046,1054
貞宣（北条氏時房流／大仏家・宣時子・引付頭人）　495,532,545,572
貞宗（宇都宮氏・貞泰子・伊予国守護）　858
貞宗（三浦氏・杉本宗明子・下野前司／法名道祐）　1051
貞宗（大友氏・頼泰子・左近入道／法名具簡）　864
貞村（姓未詳・金沢家被官）　596
貞知（小田氏・時知子・筑後前司）　838,851,875,880
貞忠（安東氏・北条高時被官／左衛門尉）　720,782,784
貞直（北条氏時房流／大仏家・宗泰子・陸奥左

馬助／駿河守／陸奥守／引付頭人） 597,619,700,784,788,876,893,950,977,978,980,981,1012,1013
貞直男子（北条氏時房流／大仏家・貞直子・男子誕生） 597
貞冬（北条氏実泰流／金沢家・貞顕子・右馬助／引付衆／評定衆／官途奉行） 309,703,782,828-832,862,877,904,908,910,931,935,937,977-984
貞藤（二階堂氏・行藤子・出羽前司入道／法名道蘊／政所執事／引付頭人） 705,805,817,819,821,822,824,825,827,835,836,840,845,847-850,852,854,867,876,878,882,886,897,902,907,942,950,975,977,980,993
貞藤子孫 876
貞茂（姓未詳・上総介） 417
貞房（北条氏時房流／大仏家・宣時子・六波羅探題／越前守） 388,414,418
貞祐（工藤氏・時光子・二郎右衛門尉） 705,861
貞雄（小串氏・四郎兵衛尉） 827
貞連（大田家・時連子・左近大夫） 784,894
田村麻呂（坂上氏・苅田麿子・征夷大将軍） 497

【と】

杜預（中国・杜恕子・魏／西晋） 89
土御門天皇（天皇家・後鳥羽天皇皇子・土御門院） 52
土持丸（童部） 504
冬方（吉田家・経長子・権中納言） 309,851
藤時（北条氏重時流／塩田家・俊時子・左近大夫将監／評定衆） 784
藤長（甘露寺家・吉田隆長子・中納言） 1052
道円（富部氏・掃部入道／鎌倉幕府奉行人） 832 参
道円（律宗・称名寺住僧） 1049
道家（九条家・義経子・関白） 27
道我（真言小野・聖誉子／禅助弟子・聖無動院権僧正） 473
道覚（天台山門・白山衆徒／近江房） 345,871,934
道観（日置氏・季綱弟・丹後国御家人） 475
道義（律宗） 346,695
道顕（天台寺門・金沢貞顕子） 881
道氏 10
道潤（天台山門・二条良実子／道玄弟子・勝長寿院別当／大御堂前大僧正） 536,815,867,879
道性（真言僧ないし名越家被官） 832 参
道承（真言・永福寺別当／将軍家護持僧） 707
道仁（浄土教） 247
道成（宇多源氏・仲遠子ヵ、刑部大輔入道／源仲持ヵ） 54
道清（石清水祀官入江家・尚清子・八幡社務） 943
道禅（天台寺門・真円弟子・信濃法印／将軍家護持僧） 10
道増（天台寺門・九条頼経息／長乗弟子・大納言） 556
道存（武石氏・左衛門入道） 314
道智（武藤氏・左衛門入道） 315
道忍（丹波氏） 840
徳時（北条氏・式部大夫） 893
篤時（北条氏実泰流・実時子・越後次郎） 89,98,145,168,194
敦経（藤原式家・令明子・河内守） 74
敦綱（藤原式家・令明子） 74
敦周（藤原式家・茂明子・大内記） 74
敦利（神党／向山氏・左衛門尉／金沢家被官／六波羅検断頭人） 278,310,319,352,364,389,391,401,407,413,414,498,500,538,568,619,655,806,837

【な-の】

南山士雲（禅宗・東勝寺長老） 705
二条天皇（天皇家・後白河天皇皇子・二条院）

52,74
如覚（北条時雄縁者）　989
忍性（律宗・叡尊弟子・良観房／極楽寺長老）　165,188,288
忍尊（天台寺門・定玉弟子）　261
能行（大江氏・石見守）　30,34,108
能成（藤原氏・侍従）　249
能清（一条家・頼氏子・一条中将）　115,124
能定（一条家・能俊子・少将／本名能忠）　904

【は - ほ】

貝阿弥陀仏　→　見阿弥陀仏
範高（平氏・仲兼子・宮内卿）　878
範智（越後法橋）　10
範貞（北条氏重時流／常葉家・時範子・左近将監／駿河守／六波羅探題／引付頭人）　703,719,816,818,825,827,828,825,844,847,850,851,853,868,870,871,874,875,878,879,883,885,887,896,897,903,911,921,923,926,932,950,965,1014
繁員（五大院氏・左衛門尉）　314,315
武重（渋谷氏・高重子・二郎太郎／左衛門尉）　30,55,66,67,70,81,92
武智麻呂（藤原氏・不比人子・南家）　592
武直（内蔵氏・六浦庄住人）　247
武房（菊池氏・隆泰子）　203
伏見天皇（天皇家・後深草天皇皇子・法皇／富小路殿）　279,299,411,465,466,481
文幸（惟宗氏／皆吉氏・文元子・大炊助）　64,75,87
文親（惟宗氏・文元子・陰陽師）　10
文親（浄土教・佐渡寺）　218
弁賀（阿闍梨）　815-817
弁季　→　弁基
弁基（天台寺門・顕弁弟子／名越宗基子・大夫／鶴岡座心坊）　556
弁恒（天台寺門・長乗弟子・大輔）　556
弁聖（天台寺門・円顕弟子・証菩提寺供僧）　261
弁静（天台寺門・慶宗弟子・鶴岡座心坊）　556
弁朝（天台寺門・顕弁弟子・鶴岡密乗坊）　556
保己一（塙氏・宇兵衛子・国学者）　104
保宗（姓未詳・金沢家被官）　883
輔貞（姓未詳・金沢家被官）　632,722
法義（沙弥）　1054
法助（真言広沢・九条道家子・開田准后）　243
邦行（藤原氏／日野家・邦俊子・大内記）　249
邦時（北条氏得宗家・高時嫡子・若御前）　719,782,786,829,866,876
邦良親王（天皇家・後二条天皇皇子・東宮）　580
奉重（豊原氏・土御門院武者所／明法生／右衛門尉／図書允）　100,104,181
奉政（豊原氏・武衛）　104
房海（天台寺門・藤原宗長子／円審弟子・鶴岡社務）　516
房憲（真言広沢・明通寺院主）　497
房玄（真言小野・親玄弟子・将軍家護持僧／権大僧都）　707
房忠（天台寺門・敬宗弟子・鶴岡密乗坊／将軍家護持僧）　707
房朝（天台寺門・北条清時子／静珍弟子・将軍家護持僧／前僧正／園城寺長吏）　707

【ま - も】

満氏（足利氏／吉良氏・長氏子・上総三郎／上総介）　60,86,92,108,113,115,197,252
満定（明法道清原氏・清定子・左衛門尉）　64,75,87
無学祖元（禅宗・仏光国師）　257,266,267,1053
夢窓疎石（禅宗／石長老）　266,805,918,1053
明円（山伏）　247
明極楚俊（禅宗）　918,921
明継（明法道中原氏・明法博士）　100
明重（和田氏・大弐房）　979
明方（明法道中原氏・右衛門志）　100

茂光（工藤氏・狩野家次子・工藤介）　592
茂時（北条氏政村流・熙時子・引付頭人／右馬権頭／連署）　524,788,816,893,978
茂範（藤原南家・経範子・右京権大夫／文章博士／藤三品）　74,196,223,226,230,232
木有（天台山門）　561

【や・ゆ】

有家（平井氏・又次郎）　125,126
有時（北条氏有時流／伊具家・義時子・陸奥六郎／大炊助／駿河守）　2-5,18,25,228
有時（北条氏有時流／伊具家・有政子・越前守）　1014
有時(北条氏実泰流　＊太平記西源院本の誤り)　→　金沢越後左近大夫将監
有助（真言広沢・伊具兼義子／頼助弟子・鶴岡社務／将軍家護持僧／佐々目僧正）　707,867,876,956
有世（平氏・蔵人所滝口）　477
有忠（村上源氏／六条家・有房子・前中納言）　812
有長（姓未詳）　733
祐安（明経道清原氏・祐隆子・造酒正）　89
祐家（下条氏・六波羅奉行人／左衛門尉）　814
祐賢（律宗）　582
祐光（伊東氏・祐時子・左衛門尉）　55,92,108
祐広（伊東氏・祐長子・薩摩十郎）　68,124
祐綱（伊東氏・左衛門尉）　30
祐氏（姓未詳・左衛門尉）　92,94
祐時（伊東氏・工藤祐経子・大和守）　25,30,242
祐盛（伊東氏・右衛門尉）　34,61
祐村（内記氏・兵庫允）　64,75,87
祐村（姓未詳・河内守）　60,92
祐泰（宇佐美氏・左衛門尉／日向守）　25,30,34,55,61,92,108,110-113,124
祐泰（早河氏・次郎太郎）57,68,113
祐長（伊東氏／安積氏・工藤祐経子・左衛門尉／薩摩前司）　30,34,44,56,70
祐朝（伊東氏／安積氏・工藤祐経子・兵衛尉／薩摩守）　2,56,108
祐朝（伊東氏／安積氏・薩摩九郎）　54,55,57
祐能（伊東氏・祐長子・薩摩七郎／左衛門尉）　41,55,61,67,70,86,92,94,108,113,115,124
祐範（石清水八幡宮雑掌／法橋）　186
祐範（律宗・戒円房／称名寺住僧）　270,300,301,401,402
祐隆（明経道清原氏・定康子）　89
融（嵯峨源氏・嵯峨天皇皇子・河原院左大臣）　378
融恵（律宗）　401

【ら】

頼胤（千葉氏・時胤子・千葉介）　32,79,80,83-85,92,108,195
頼円（三浦貞宗雑掌）　1051
頼家（源家将軍・頼朝子）　14
頼基（四条氏・左衛門尉／北条氏朝時流被官）　208 参
頼義（河内源氏・頼信子）　228
頼業（宇都宮氏／塩谷氏・頼綱子・左衛門尉／大夫判官／越中守）　7,30,56,58,92,108
頼業（明経道清原氏・祐隆子・東市正／明経博士／助教／大外記）　42,74,89,351
頼暁（天台山門・鶴岡供僧・将軍家護持僧）　10
頼経（九条家・道家子・若君／将軍家／御所／大殿／大納言）　2,5,7,8,13-15,18-22,25,27-30,33-36,38,42,58,77 参 ,89
頼景（安達氏・義景子・城次郎／丹後守）　25,30,34,54-56,60-62,66,67,75,86,87,92,94,98,108,252
頼玄（律宗・三村寺長老）　150,155
頼源（真言・聖済弟子・鶴岡真智坊／法印権大僧都／将軍家護持僧）　707
頼綱（佐々木氏・泰綱子・壱岐三郎／左衛門尉／備中守／入道）　58,115,128,395,399
頼綱（二階堂氏・行綱子・左衛門尉）　113,128,129

頼綱（平氏・盛時子・故入道）　283
頼衡（土岐氏・頼貞子・兵衛蔵人）　874
頼済（松田氏・掃部允）　851,903,906
頼氏（足利氏／畠山氏・治部権大輔／畠山入道／法名義念）　115,124,154
頼氏（新田氏／世良田氏・得川義季子・三河守）　34,55,56,61,66,70,86,92,94,108,113,115,169
頼嗣（九条家・頼経子・若君御前／将軍家）　28,34,35,40,41,43,48,49,50,54,56-58,77 参
頼時（三浦氏）　242
頼滋（明経道清原氏）　→　頼業
頼秀（明経道清原氏・権少外記）　249
頼俊（天台寺門・乗俊弟子・鶴岡千南坊／鶴岡執行）　556
頼助（真言広沢・北条経時子／法助弟子・鶴岡社務／大僧都）　243
頼尚（明経道清原氏・良業子・主水正／明経博士）　42,89
頼盛（三浦氏・盛時子・三浦介六郎）　94,108
頼千（天台寺門）　556
頼宗（真言広沢）　243
頼村（武藤氏・頼貞子・七郎／右近将監　＊兼頼と同一人物ヵ）　34,67,70,86,92,108,115,124
頼尊（真言小野・若狭国太良庄雑掌）　472,474
頼泰（大友氏・親秀子・出羽守／兵庫頭）　185,197,249
頼泰（周枳氏・兵衛四郎）　125,126
頼泰（武藤氏・景頼子・兵衛尉／左衛門尉）　66,92,108,113,124
頼仲（鶴岡八幡宮社務）　707
頼朝（源氏・義朝子・右近衛大将）　3,39,43,52,77 参 ,306,397
頼直（北条氏時房流・時直子・八郎）　92,115
頼直（松田氏・頼盛子・左衛門尉／六波羅奉行人）　319
頼定（若槻氏・頼隆子・伊豆守）　30,70,92
頼定（冷泉家・蔵人兵部権大輔）　481
頼貞（土岐氏・光定子・左近大夫）　858
頼任（真言広沢）　243
頼藤（葉室家・頼親子・太宰帥）　476
頼平（中条氏・時家子・出羽藤左衛門）　61,70,108
頼瑜（真言広沢・経瑜弟子）　303
頼隆（藤原氏・重頼子）　5
頼連（佐原氏／三浦氏・盛連子・遠江十郎／左衛門尉／対馬守）　70,92,113,252

【り - ろ】

利氏（足利氏・泰氏子・三郎）　55,61,92,94
利宗（神党／向山氏・金沢家被官）　814
隆蔭（油小路家・隆久子・四条前大納言）　1052
隆済（天台寺門）　556,790
隆重（明経道清原氏・仲宣子・直講）　74
隆俊（小曾氏・六郎）　125,126
隆尚（明経道清原氏・仲宣子）　89
隆弁（天台寺門・円伊弟子・鶴岡別当法印）　57,561,701,1058
隆茂（冷泉家・隆兼子・少将／冷泉中将）　124,169
良円（天台寺門・菅原良頼猶子）　261
良円（律宗・東妙寺知事）　563
良季（明経道清原氏・頼尚子・主水正／明経博士／大外記／本名良尚）　42,249
良基（藤原氏・忠房子・松殿法印／僧正）　10,184
良業（明経道清原氏・頼業子・大舎人允／能登介／主水正／明経博士）　42,89,350
良暁（顕密・下野律師）　220
良康（丹波氏・権侍医）　249
良厳（丹波国宮田庄代官）　363
良枝（明経道清原氏・良季子・少外記／大外記／明経博士／越中権守）　42,89,350,351
良重（天台寺門・藤原仲兼子／円助弟子）　328

良尚（明経道清原氏） → 良季
良信（天台山門・大蔵卿法印） 22
良倣（僧侶） 902
良成（関氏・六波羅奉行人） 570
良尊（律宗・了性房） 835
良任（明経道清原氏・良季子・明経得業生） 42
良祐（律宗・称名寺僧） 799
量仁親王 → 光厳天皇
倫綱（三善氏／矢野家・倫景子・伊賀入道／法名善久） 399,781,805,831,845,878,911,921
倫長（三善氏／矢野家・倫重子・対馬守） 64,75,87,182
蓮聖（安東氏・平次右衛門入道／得宗家在京被官／五条殿） 921
瀧清（石清水祀官竹家・良清子・法印／竹検校） 943

◎実名不詳

【あ行】

安芸下野守 758
秋葉小三郎 18
秋庭入道（大仏家時被官） 864
明石長門介入道忍阿（鎌倉幕府奉行人） 1014
浅羽次郎兵衛尉 53
阿曽沼五郎 117
安達三郎左衛門 61
安達弥九郎 253
足立三郎 86,92,108
足立左衛門三郎 86
足立左衛門尉 70
足立四郎左衛門 61
厚狭弥太左衛門 61
甘縄殿 208
安美入道 85
淡路式部大夫 30
安金吾 469
安東五郎太郎 51
安東左衛門五郎（北条時直被官） 831
安養房（染売買） 247
飯高五郎 31,32
伊賀蔵人 5
伊賀左衛門 694
伊賀左衛門六郎 114
壱岐太郎左衛門尉 55,56
壱岐入道二男（鎌倉幕府右筆） 921
壱岐判官代 61
池坊坊主 878
石川弥二郎（六波羅探題使者） 319
石山（青侍） 903
伊豆次郎左衛門尉 92
和泉蔵人 5
和泉左衛門 168
伊豆本三郎兵衛尉（鎮西探題使者） 280
出雲次郎左衛門尉（波多野氏） 863
伊勢四郎 61
伊勢四郎左衛門尉 115
市左衛門三郎 451
一色四郎左衛門尉 57
伊東三郎 55,66
伊東三郎左衛門（石見国守護） 197
伊東八郎兵衛 61
伊東六郎左衛門次郎 108
伊藤三郎左衛門 → 伊東三郎左衛門
いなかき左衛門入道 864
稲津左衛門尉 102
因幡入道 855
因幡民部大夫 711
色部左衛門尉 66
伊予殿 208参
祝屋二郎兵衛尉（北条時敦家人／宿屋氏ヵ） 551
岩城氏（江戸時代大名） 104
尹尾張前司（恒明親王側近） 337,338
上杉氏 266
宇佐美河内守 61
宇佐美兵衛尉 5
宇佐美三郎兵衛尉 2

宇佐美五郎右衛門尉　66
宇治宮（宇都宮）　254
右大将軍　323
内八郎　477
内孫左衛門尉　477
鵜沼新左衛門尉（金沢家被官）　416
鵜沼八郎（金沢貞顕在京被官）　477
鵜沼孫左衛門尉（金沢貞顕在京被官）　477
鵜沼□□□□左衛門尉（金沢家被官）　319
右武衛　305
右馬入道（塗師）　247
宇間右衛門尉　86
宇間五郎三郎（北条時敦被官）　503
越後二郎　30
越後孫太郎　257
越中左衛門尉（宇都宮氏）　92
越州嫡男　208参
海老名五郎　899
円覚寺長老　967
遠藤右衛門尉　67,86
近江守　265
大内介　61
大倉次郎兵衛尉　44
大蔵孫五郎　1020
大須賀左衛門太郎　66
大須賀左衛門四郎　81
大須賀四郎　108
大隅大炊助　128
大隅次郎（三浦氏／大河戸重澄子・次郎）　35
大隅太郎左衛門尉　60
大曽禰五郎　55,56
大曽禰五郎兵衛尉　92
太田左衛門　61
大多和左衛門尉　124
大多和新左衛門尉　25,30
大見肥後二郎左衛門尉　92
岡部左衛門四郎　18
岡部三郎　1015
小河（金沢家被官）　296
小津宰相跡　867
乙若御前（将軍家・九条家・頼経子・若君御前）　35,56
小笠原入道　61
小笠原彦二郎入道道円　692
小河次郎　43
隠岐三郎左衛門尉　5
隠岐出羽（後藤氏）　61
隠岐前司　800
隠岐備中左衛門　61
小野寺八郎左衛門尉　86
小原木左衛門二郎（鎮西探題使者）　280
小山四郎（小山氏・朝政子）　35
尾張権守　108

【か行】

甲斐次郎　61
加賀国守護（北条時敦流）　871,933
覚静御房　368
賀島五郎（金沢家被官）　526
賀島左衛門尉（金沢家被官）　416
春日殿　817,921
春日部氏（紀姓）　302
春日部氏（平姓進士氏）　302
上総殿　89
上総二郎左衛門尉　124
糟屋弥二郎（北条時敦被官）　503
糟屋三郎左衛門（北条時敦被官）　503
糟屋八郎（北条時敦被官）　503
月蔵坊（土倉・石見律師）　837,947,948
葛山次郎　34
金沢越後左近大夫将監（北条氏実泰流・顕時子ヵ）　1012
金田二郎（金田兵衛入道孫）　846
金田二郎子息　846
金田兵衛入道　846
金持次郎左衛門尉　43
かねをか　342
狩野四郎　86
狩野新左衛門　61
狩野帯刀左衛門尉　86
狩野藤次兵衛尉　5

狩野太郎　92
鎌田遠江権守　578
亀淵の若き人々　424,425
鴨居殿　912
加余次　888
烏子入道（金沢家被官）　395
河原口二郎左衛門尉（金沢家被官）　401
河原口中務四郎（金沢家被官）　992
河原口八郎（大和国平野庄論人方）　473
河原口弥二郎（大和国平野庄論人方）　473
歓喜寺方丈（律宗）　883
観真（律宗）　428
菊池入道　851
木内下総前司　31,32
行証房（律宗／称名寺住僧）　382,393,530,534,575,681
刑部権丞　61
刑部大甫入道　242
工藤三郎右衛門入道（得宗被官）　885
工藤右近三郎　57,68
工藤三郎左衛門尉（得宗被官／入道）　705
工藤七郎左衛門尉（北条高時被官）　606
工藤大膳大夫（得宗被官）　719
宮内左衛門（北条時村家人）　227
熊王丸　54
九郎　565
桑原太郎（得宗被官工藤三郎右衛門入道子）885
源入道　352
検牧中務三郎　81
上野右衛門　61
光明院長老（京都）　816,821,900,926
黄門上人位　304
光遊房　391
国分小次郎　31,32
極楽寺長老　413
小郷入道　242
五条（安東氏）　967
五大堂殿　289
後藤小幡三郎左衛門尉　30
後藤新左衛門尉　30
後藤信濃入道（評定衆）　784
近衛羽林　222
近衛右衛門尉　927
小早川安芸前司　851
小早河美作次郎兵衛尉　66
五郎入道（箔師）　247
金輪院雑掌　879

【さ行】

雑賀中務丞（雑賀隼人允子）　921
雑賀隼人允　921
宰相房　934
斎藤（雑掌）　906
斎藤六郎（大仏維貞被官）　551
左衛門太郎（金沢家被官）　460
左衛門入道（政所頭）　375
酒井又四郎（北条時範被官）　373
酒匂宮内左衛門尉（金沢貞冬被官）　979
相摸新大夫将監（北条氏）　536
相摸新左近大夫将監（北条氏得宗家）　705,719
さ二郎左衛門　61
佐々木源太左衛門尉　851
佐々木左衛門四郎　68
佐々木四郎左衛門尉　66
佐々木判官三郎　7
薩摩四郎左衛門　61
佐渡右京達　87
佐野地頭　61
佐原六郎左衛門尉　30
三郎左衛門尉　208参
三郎左衛門尉　960
三郎太郎入道（金沢家下部）　368
散位藤原朝臣（鎌倉幕府政所職員）　591,991
塩谷四郎左衛門尉　30
式部五郎入道　431
式部大夫　343
式部八郎兵衛尉　92
七郎左衛門尉　214
信太三郎左衛門入道（和泉国守護代）　979
信濃四郎　86

芝三郎　908,913
治部卿法印　909
治部又六（金沢家被官）　526
渋谷次郎左衛門尉　86
下野権守　980
十乗坊（天台寺門）　837
修理大夫故殿　242
順恵房（律宗）　421
将監入道子息　936
城務法印　939
常在光院（長老・常在光院方丈・律宗）　816,926,941
浄実房（律宗・大日寺僧）　831
消大夫（道教房子・伊予国福角）　391
称名寺知事（律宗）　581
城木工助（安達氏）　61
少輔房（律宗）　524
真願房（律宗）　326
神宮寺殿　931
神五左衛門尉（得宗被官）　909,926,956,965
神保十郎（六波羅探題使者）　319
穂雨　258
酔醒軒主　89
周防蔵人　5
周防修理亮　61,92
周防十郎左衛門尉（狩野氏ヵ・金沢家被官）　719
諏訪六郎左衛門入道　864
杉谷伊勢入道　827,855
杉谷伊勢入道子　827
須藤左衛門　61
須山又二郎（陶山氏・備中国御家人）　877
陶山又二郎　877
駿河次郎　115
駿河入道　242
駿河守　265
駿河守　330,337
駿河守　847
清太郎兵衛入道　621
関大進（六波羅奉行人）　292
摂津左衛門尉　30
摂津新左衛門尉　55,56
善刑部丞　87
善新左衛門尉（六波羅探題使者）　319
善六郎兵衛尉　86
禅興寺方丈（長老）　303,421
相宰房　934
僧廷尉　104
薗田弥二郎　30
尊如房（信濃国石村郷神護寺長老）　793

【た 行】

大食僧　568
大進阿闍梨　208 参
高江左衛門二郎　289
高倉入道（惟宗盛親）舎弟　901,918,921,922
高橋九郎入道（普恩寺基時被官）　512
竹原八郎入道　991,1009
竹万庄沙汰人（播磨国）　931,932
田嶋一類（金沢家被官）　312,460
伊達次郎　66
田中太郎　25
太郎入道（佐々木氏）　863
俵本五郎（大和国平野庄相論論人方）　473
丹波房（凝然の関係者）　391
弾正左衛門尉　35
弾正十郎　35
筑後四郎　468
筑後入道　242
筑後房（大和国平野庄住人）　473
千葉七郎　31,32
中将　426
中納言僧都（天台山門）　555
長太郎左衛門　61
対馬左衛門次郎　87
対馬藤次　668
対馬入道　254
土屋新左衛門尉　55
鶴岡若宮神主　885
鶴岡若宮神主弟　885

出羽左衛門　61
出羽左近大夫入道　851
藤新左衛門　61
藤肥後三郎　61
道教房（伊予国福角）　391
東五郎（千葉氏／東氏）　899
道妙房（律宗・新善光寺僧）　867
道明房（律宗・称名寺住僧／称名寺知事）　516,517,618,664,678,697,758,767,891
東陸上人跡　1052
遠江大炊助太郎　92
遠江式部（北条氏ヵ）　893
遠江入道故殿　242
遠江守　242
富来左衛門入道　921
土岐兵衛蔵人　874
土肥左衛門　61
富谷左衛門入道（金沢家被官／貞顕乳母夫）　460,478,479
豊田源兵衛尉　30
豊田千熊丸（長門国御家人）　998

【な行】

内藤ゑもん　61
内藤肥後三郎左衛門尉　92
内藤豊後二郎左衛門尉　92
長井右近太夫　61
長井八郎蔵人　61
長内左衛門尉　61,86
中江入道（商人）　657
中左衛門尉　5
長崎下野権守入道（得宗被官）　705
長崎二郎左衛門尉（得宗被官）　1058
長崎新兵衛尉（得宗家被官）　651,784,1031
長門六郎兵衛入道（鎮西金沢氏被官・行意弟）　863,868
中野宮内二郎入道　451
中野入道太（金沢家奉行人）　368
中院御力者　260
長野孫五郎入道　871,934
中村馬五郎　43
中山右衛門尉　86
中山左衛門尉　67,92
名越新善光寺長老　867,949
名越兵庫入道（北条氏朝時流）　705,719
嚢右近三郎　57
成田又太郎　979
那波太郎　92
南条二郎左衛門尉　237
南条新左衛門尉　960
南禅寺長老　683
南部孫次郎　252
二階堂氏　266
新田三郎　30,61
野瀬判官代　61
野田四郎左衛門（金沢家被官）　303
能登大夫判官　855
能登守　817

【は行】

薄師入道（五郎）　247
波多野壱岐前司　61
波多野六郎左衛門尉　30
伴氏（近江国柏木御厨名主）　577,672,685
伴四郎（近江国柏木御厨名主）　685
肥後弥藤次　81
肥前左衛門　61
備前権守　866
常陸太郎　30
常陸太郎左衛門尉　86,92,108
常陸八郎左衛門尉　92,108
常陸房（顕助従僧）　838
常陸判官　817
尾藤二郎左衛門入道（得宗被官）　705
日向介　5
日向判官代（藤原親家弟）　61
兵衛判官代　5,115
兵庫頭入道　719
兵部法橋（伊勢国某寺領地頭代）　302
平井氏（佐々木頼綱側近）　395
広河五郎左衛門尉　102
広瀬右衛門四郎（大和国平野庄相論論人方）

473
広瀬加賀房（大和国平野庄相論論人方）　473
広瀬四郎入道（得宗家執事代）　705
広瀬八郎（大和国平野庄相論論人方）　473
広橋法眼　884
備後守　343
備後二郎兵衛尉　55
深栖下野前司　61
富士宮司　858
藤沢小四郎（諏訪大祝一族）　68
藤原朝臣（権大納言／文応元年在任）　189
藤原千寿王丸　209
布施兵庫允　784
平金吾（得宗家被官）　283
平四郎兵衛尉　69
平二郎（下人）　504
平群新左衛門尉（大和国平野庄相論論人方）　473
伯耆蔵人　5
伯耆左衛門　61
伯耆前司（医師）　508
伯耆太郎左衛門尉　60
法興院殿（摂関家縁者ヵ）　815-817,821,857,865,874,878
北条蔵人（重村四男）　855
法親（法親王）　217,220,221
本吽房（顕助従者）　593

【ま行】

真壁平六　86
牧野太郎左衛門尉　108
孫四郎左衛門尉（軽海郷本主代官）　835
又四郎（金沢家使者）　834
松浦氏（江戸時代大名）　104
松岡人々　61
松田入道（六波羅奉行人）　932
万年馬入道　43
俣野中務　61,431
三浦五郎左衛門尉　92
三富入道　816
美作入道　61
妙法院僧正（延暦寺）　467
三和秘法房（大和国平野庄相論論人方）　473
向山五郎入道（金沢家公文所奉行人）　375
向山神兵衛入道（金沢家被官）　841,846
向山養□　349
武蔵三郎（北条氏）　61
武蔵六郎（北条氏）　41
武佐権允　61
陸奥四郎　55
陸奥守　330,336
武藤三郎左衛門尉　178
武藤八郎　55
毛利右近大夫　242
籾井彦五郎　979
諸岡中務丞（金沢家被官）　297,764
諸岡民部（金沢家被官）　297,1004
聞了房（律宗・六浦庄金沢郷瀬崎住）　582

【や行】

野翁怡（禅宗）　89
弥四郎左衛門尉　92
弥新左衛門尉　92
祝屋二郎兵衛尉　551
矢野加賀権守（倫綱子／寺社奉行）　921
八幡法橋（石清水社僧）　462
山上四郎（金沢家被官）　307
山上三郎左衛門（金沢家被官）　343
山河上野七郎左衛門尉（結城氏・安達時顕叔父）　618
山田彦次郎　129
山内左衛門二郎（山内首藤氏）　27
山内三郎太郎（山内首藤氏）　55
山内太郎左衛門尉　86
山田五郎　18
横溝六郎　492

【ら・わ行】

了意房（律宗・称名寺住僧）　526
蓮心房　343
六条院長老　869

六郎三郎（武松給主代）　352,391
六郎兵衛入道　966
若宮御方　909

◎女性名

【あ 行】

赤橋殿の御れう人　490
阿観（尼・金沢家縁者）　247
安達時顕女房　310
安達泰盛女（北条顕時室・法名無着）　243,266,267,335,1053
天野政景女（北条実泰室・実時母）　77参,138,234,247
伊賀左衛門後家　694
和泉左衛門尉後家　168
一条局（土御門通方女／将軍家女房／一条殿）60,116
入殿（北条顕時妻／遠藤為俊女／顕実・時雄・貞顕母／大仏殿）　494,582,584,586,589,592,767
卜部氏（内蔵武直妻）　247
永嘉門院（宗尊親王王女・後宇多天皇中宮・瑞子内親王）　708,844
栄心房（法花寺住僧）　877,926
永忍（金沢貞顕養母・谷殿／金沢谷殿）394,417,437,509,529,562,651,801,857-860,961,988
永福門院（藤原鏱子・伏見天皇中宮）　845
越州嫡男并妻尼　208参
大江氏旧妻　867
大方殿（北条時宗室・安達義景女・貞時母・潮音院）　283,361,362
大方殿（北条貞時室・大室泰宗女・高時母・泰家母）　666,705,719,783,840,904,971
大蔵殿　705
大津尼（大河戸重澄女・北条政村室・時村母／法名遍如）　160,162,164
大宮禅尼　949
小津宰相旧妻　867

【か 行】

春日局　882
金沢殿（北条実時室・北条政村女・顕時実政母）95,116,147,162,208参,251,270,280,296,312,349,409,452,460,468,497,590
金沢南殿　→　南殿
亀谷禅尼（中原師員室・将軍家女房／法名浄阿）77参,240
鴨居殿御むすめ御前　912
行円房（律宗・天野景村女・大仏尼寺長老）138,490
工藤右衛門貞祐母儀　861
工藤殿（工藤大膳大夫入道妻・北条邦時乳母）719
倉栖兼雄母　368
建春門院（平滋子）　284
建春門院中納言　→　藤原俊成女
賢恵（観達房）姪　717
顕弁母（弁公母儀）　397
建礼門院（平徳子・平清盛女・高倉天皇中宮）287
建礼門院右京大夫（藤原伊行女・建礼門院女房）287,307
玄輝門院（藤原愔子・後深草天皇后／准参宮）853
広義門院（後伏見天皇女御・西園寺公衡女・寧子）　476
後醍醐天皇中宮（西園寺禧子）　844,861,879
近衛北政所　878
近衛殿（将軍家女房）　782
小林女房　304

【さ 行】

宰相殿（将軍家女房）　782
斎藤基明妻女　870
三位局（源親子・北畠師親女）　869
式乾門院（後高倉院皇女・利子内親王）　708
慈性（北条実時夫人）　247

春華門院（後鳥羽天皇皇女・昇子内親王・八条院養女）　284
乗台本妻　150
浄元（江馬尼／開禅寺開基）　1051
真観（尼・金沢家縁者）　247
信願（尼・金沢家縁者）　247
神宮寺殿御乳母　931
周防局（将軍家女房）　116
駿河守女房　847
是心（天野政景女・三善康有室・由比殿／大田時連母）　230,247,356,490,535,1051
宣陽門院（後白河院皇女）　234
禅定二位家（藤原親能女・九条頼経室・頼嗣母・大宮局・二棟御方）　58,77 参
帥局（将軍家女房・谷殿養母・熱田大宮司家）　224,417,509

【た 行】

大納言（二条家・二条為世姉カ）　963
平基親女（将軍家女房治部卿・北条重時後家・長時母）　161
竹御所（源頼家女・九条頼経室）　14
田中殿　587,673,674
丹後局（金沢家縁者）　247
千田尼（下総国神保郷地頭）　195
千葉泰胤女（北条顕時夫人）　267
中将（将軍家女房・北条政村本妻／法名如教）　160
中納言（藤原俊成女／建春門院・八条院・春華門院女房）　284
潮音院（北条時宗室）　→　大方殿
時道女房（下総国国分寺地頭）　195
恒明親王御台所　338
常葉殿（金沢家縁者）　989
常葉前（北条高時愛妾・五大院宗繁妹・邦時母）　719
得生（尼・金沢氏縁者）　247

【な 行】

長崎高資妻女　847
中殿（惟康親王女・久明親王御台所）　705
名越上殿　954
名越殿（金沢家縁者）　312
名越殿（名越宗長後室）　705
二位殿（北条高時妾）　915
二階堂行綱妻　168
西殿大方殿（北条師時室・北条貞時女）　705
西御方（土御門通親女・将軍家女房）　60,61
西御門殿（金沢家縁者）　657,665,989
能性（尼・金沢家縁者）　247
能登大夫判官息女（長崎高綱孫女）　855

【は 行】

長谷殿　490
八条院（暲子内親王・鳥羽天皇皇女・二条天皇後見）　284
播磨殿（北条邦時乳母）　719
浜殿　674
東二条院（藤原公子・後深草天皇后・皇后）　1055
東御方（将軍家女房）　116
備中殿（将軍家女房）　61
姫宮（将軍家息女）　884
兵衛督（将軍家女房）　782
ふかさわ殿（長崎高光妻）　719
藤原俊成女（健子／建春門院・八条院・春華門院女房／春華門院後見／女房名中納言）　284
淵名実秀女（越州旧妻／実村・篤時母）　168
傅母（宗尊親王傅母）　116
兵衛佐局（将軍家女房）　116
別当局（将軍家女房）　60,61,116
北条顕時女（名越時如室）　490,1051
北条顕時女（足利貞氏室・釈迦堂殿）　243,1053
北条顕時後家　→　安達泰盛女
北条邦時大御乳　782
北条貞顕女（少女四歳）　485
北条貞顕息女　643
北条貞顕息女（姫殿）　988
北条貞顕小童乳母　675

北条貞時乳母　705
北条貞直妻室　597
北条貞規後家　864
北条貞将室（青女）　521,523,654,661,682,726,917
北条実時家中青女　158
北条実時妻　153
北条実時女　162
北条実時女（長井宗秀室／洒掃禅門妻室）　705,710
北条重時女（北条時頼室）　140
北条高時室（安達時顕女／御台所）　705,782
北条忠時母　917
北条時雄女房　312
北条時宗女房　243
北条時茂妻　162
北条政子（二位尼・二位家・大御所）　77参,202
北条政村女（北条実時室）→　金沢殿
北条泰家息女　840
北条泰家姪　840
堀川一位入道殿（具守）御台所　912
堀内殿（北条時雄縁者）　757,989

【ま行】

前林殿（金沢家縁者）　369
三浦義村女（北条泰時室）　18
三浦義村女（毛利季光室）　43
三浦義村女（上総介秀胤室）　44
三浦泰村妻室　43
水谷清有室（息女母儀／後室）　826,862
水谷清有息女　826
御息所（宗尊親王室・近衛兼経女・宰子）　116,129,179
南殿（金沢南殿／金沢家縁者／長井家縁者）　270,271,384,385,394,420,437,509,518,961
南殿（北条熙時室／北条貞時女）　705
美濃局（土御門定通室／通方母／将軍家女房／美濃殿）　60,61
美濃殿（北条邦時乳母）　719
明春房（北条顕景女）　589,592
妙智（相馬胤綱妻）　859
無外如大　266,1053
向殿　904
六浦殿（北条実泰室・天野政景女・北条実時母）　77,77参,78,138,234,247,356
室町院（後堀河天皇皇女・暉子内親王）　708,867
弥五郎時道女房（下総国国分寺地頭）　195
民部卿三品（源親子・北畠師親女）　869

【や行】

谷殿　→　永忍
谷殿（島津忠宗母）　859
山川重光女（安達時顕母）　618
山本殿（金沢家縁者）　312,1049
吉田定房室家三位局　→　三位局
吉田冬方室　851
四方田資綱女房　192

【ら行】

冷泉殿（将軍家女房／大仏貞直妻）　619
蓮信（尼・金沢家縁者）　247
若宮殿　442
若宮小路殿　705,1023

地名索引

一、訓読五十音順で配列し、諸国と市街地（鎌倉・京都・奈良）に分けて排列した。
一、諸国は（国名＋郡郷または荘園）で記し、市街地は都市ごとに項目を立て、市街地内の地名を付した。
一、城館・邸宅については所有者を記した。

◎諸　国

【あ 行】

赤池（尾張国）　61
赤岩郷（下総国下河辺庄）　329,987
赤岩樋（下総国下河辺庄）　329
赤岩本村（下総国下河辺庄）　329
赤城神社（上野国）　612
赤坂城　→　楠木城
秋元（上総国周准郡）　758
厚狭郡（長門国）　410
足下郡（相摸国）　364,615,831,835
阿蘇社（肥後国一宮）　910
阿蘇庄（肥後国）　858
厚保（長門国厚狭郡）　410
熱田社（尾張国）　15
阿野（駿河国）　61
余野村（下総国下河辺庄）　452
鮎沢（駿河国藍澤ヵ）　61
荒見（武蔵国）　988
粟田郡（近江国）　913
安房国　52,1012
阿波国　52
伊賀国　579
伊賀良庄（信濃国）　1051
池田宿（遠江国）　61
石和郷（甲斐国）　452
石川郡（河内国）　977,979,982
石村郷（信濃国大田庄）　224,313,509,793,987
伊豆山（走湯山／二所／伊豆国）　101,120
伊豆国　592,849,1012
夷隅郡（上総国）　387,389,398,405
和泉国　814,979
伊勢国　302,383,417,801,820,823,831,835,836,868,869,883,911,991,1009,1016
伊勢国守護所　991,1009
伊勢神宮（伊勢国）　15,359,820,911
　皇太神宮社　359,820
伊勢国守護領（伊勢国）　239
因幡国　839,899
犬上河原（近江国）　61
石清水八幡宮（山城国）　15,185,186,228,462,503,813,943
石見国　197
伊予国　251,375,858,901,925
印西条（下総国／金沢家領）　31,32,195,296,313,455
印東庄（下総国）　31,32
宇佐（豊前国）　185
宇治（山城国）　980
宇治郡（山城国）　980
宇治橋（山城国）　399
宇仁谷（因幡国智頭郡）　839
浦郷（相摸国）　566,567
越後国　433,490,628,721,1051
越前国　197
越中国　208 参
江戸城（武蔵国府内）　104
江間（伊豆国）　1051
延暦寺（近江国／天台山／比叡山／山門／三門主）　89,177,222,397,465,467,470,475,500-502,506,510,551-554,556,560-563,566,569,570,580,581,781,808,837,923,978
　梶井門跡（三千院）　397,837
　釈迦堂　781

西塔（三塔）　551,781
青蓮院（三門跡）　397,467
中堂　397
東塔（三塔）　551
妙法院（三門跡）　397,467
近江国　328,397,465,467,506,551-555,560-563,566,569-571,577,580,581,672,685,781,790,807,808,837,913,923,924,978,980,1057
大石禾（甲斐国山梨郡）　312,313
曼荼羅堂　312
大石禾曼荼羅堂院主職　312
大石庄（丹後国）　867
大磯宿（相摸国）　61,138
大芋寺保　1053
大岩（遠江国）　61
大内庄（下野国）　720
大方郷（下総国）　31,32,195
大草（尾張国）　61
大倉郷（信濃国大田庄）　224,313
大黒庄（土佐国）　52
大須賀郷（下総国）　31,32,195
大田庄（信濃国）　224,313,509,987
大津東浦（近江国）　570
大戸庄（下総国）　31,32,195
大原野社（山城国）　15
大連名（伊勢国）　417,801
岡部（駿河国）　61
小河（伊勢国三重郡）　1016
隠岐　575
興津宿（駿河国）　61
奥山庄（越後国）　490,1051
愛宕郡（山城国）　701
小見郷（下総国）　31,32,195
尾張国　399
園城寺（近江国／三井寺）　261,328,550-556,560-563,566,569-571,580,581,621,657,790,807,834,837,856,881,976,1048,1057,1058
円満院　552,553,560,570
戒壇　550-552,556,560-562,569-571,580,581
金堂　551,552,560,562,570
唐院　261,328,556

【か行】

戒光寺（下総国下河辺庄前林郷）　369
開禅寺（信濃国）　1051
甲斐国　61,313,452,1012
加賀国　824,825,831,835,867,871,877,887,891,913,932-934,1051
鏡宿（近江国）　61,913
掛川宿（遠江国）　61
葛西郡（下総国）　195
葛西西郡（下総国）　195
笠置城（山城国）　977,981
笠縫（美濃国）　61
風早郷（下総国葛飾郡）　31,32,195
鹿島大明神（常陸国一宮）　359
柏木宿（近江国）　980
柏木御厨（近江国）　416,577,672,685,980
柏原（近江国）　61
春日部郷（下総国下河辺庄）　302
上総国　387,389,398,400,405,1012
固瀬宿（相摸国）　60
香取社（下総国）　31,32,195
香取海　666
金山郷（越後国奥山庄）　490,1051
観音堂　490
向山の御寺　490
鎌倉郡（相摸国）　589
上野方（下総国）　31,32,195
上村（因幡国智頭郡千土師郷）　839,899
蒲生郡（近江国）　913
萱田郷（下総国）　31,32,195
萱津（尾張国）　61
軽海郷（加賀国）　824,825,831,835,867,871,877,887,891,932-934,1051
河栗（下総国）　195
河内国　878,977,979,980,982
河路（信濃国伊賀良庄）　1051
河妻郷（下総国下河辺庄）　224
神崎庄（下総国）　31,32,195

観世音寺（備前国／将軍家御祈祷所）　703
蒲原宿（駿河国）　61
紀伊国　15,359,557,559,801,832参,991,1034参,1048
菊河（遠江国）　61
北院（武蔵国／喜多院）　216
北郡（常陸国茨城郡）　310,313,692
　北郡政所　310
北野社（山城国／北野宮）　15,481,482
黄瀬川（駿河国）　61
木津河（山城国相楽郡）　137
吉備津宮（備中国）　202,863
久慈郡（常陸国）　720
楠木城（河内国）　977,979,980,982
楠葉牧（河内国）　878
国清名（伊予国久米郡）　251
熊野（紀伊国）　557,559,621,991
熊野三山（紀伊国）　15,52,236,562
　熊野速玉神社　52
久米郡（伊予国）　251,375,901,925
久米多寺（和泉国）　814
久米多里（和泉国）　814
解脱寺（近江国・園城寺五別所）　790
上野国　77参
光明寺（伊勢国）　703,978,980
康楽寺（山城国）　222
高野山（紀伊国）　359,801,1048
　金剛三昧院　801
国分寺（下総国）　31,195

【さ行】

境川（尾張国・三河国）　61
猿島郡（下総国幸島郡）　31,32
佐渡寺（所在地不明・浄土教）　218
佐渡国　208参,632
真近（伊勢国）　302
佐野（駿河国）　61
猿俣郷（下総国葛飾郡）　32,195
塩田庄（信濃国）　910
塩谷庄（下野国）　628
慈恩寺（下総国）　494
志土岐庄（越後国）　628
信濃国　224,313,509,793,910,987,1051
信夫庄（陸奥国）　580
柴田村（伊勢国大連名）　417,801
志摩国　504
下総国　31,32,59,177,195,224,252,254,255,260,296,310,312,313,329,369,382,395,442,452,537,987,1011,1054
下葛西（下総国）　31,32
下河辺庄（下総国）　31,32,59,177,195,224,310,312,313,329,369,382,395,442,452,537,987,992,1012
下野国　628,720,1012
下野方（下総国）　31,32,195
十丁配目（下総国下河辺庄新方／十丁免）　382
松嶽寺（長門国厚狭郡）　410
白川庄（越後国）　721
白河関（陸奥国白河郡）　21
神護寺（信濃国石村郷）　793
神保郷（下総国）　31,32,195
周防国　197,705
洲崎（相摸国）　1012
駿河国　52,849,858,861,1012
諏訪社（信濃国一宮）　910
関本宿（相摸国）　60,61
摂津国　89
千光寺（上総国夷隅郡）　387,389,398,400,405
千束郷（武蔵国）　85
泉福寺（所在未詳）　137
匝瑳北条（下総国）　31,32,195

【た行】

醍醐寺（山城国）　314
当間津（常陸国）　666
大日寺（伊勢国／律院／関東御願寺）　831,835,836,883
田浦（相摸国三浦郡）　567
たかじく（美濃国）　61
鷹取山（相摸国）　567,579

高柳郷（下総国下河辺庄）　992
竹万庄（播磨国）　931,932
武松地頭（伊予国吉岡庄）　352,391
田嶋（下総国下河辺庄）　312
橘樹郡（武蔵国）　25,1011
玉造郡（陸奥国）　416,591,993
田村（相摸国三浦郡）　7
田村山荘（相摸国三浦郡・三浦義村別亭）　7
太良庄（若狭国）　472,474
垂井（美濃国）　61
丹後国　314,475,867
丹波国　360,363,373
筑後国　197
千田庄（下総国）　1054
智頭郡（因幡国）　839,899
千土師郷（因幡国智頭郡）　839,899
鎮西　203,283,293,314,319,563,613,836,858,863,931
鎮西探題　283,314,319,613,835
筑紫　427
鶴見（武蔵国橘樹郡）　1011
鶴見別庄（武蔵国橘樹郡・安達義景別亭）　25
手越宿（駿河国）　61
出羽国　1012
東禅寺（下総国）　1054
東妙寺（肥前国）　563
遠江国　52
遠山方（下総国）　31,32,195
栂尾（山城国／高山寺茶園／栂尾山茗）　408,457,491
土佐国　52,551,561
富谷郷（下総国埴生西条）　31,32,195
豊川（三河国）　61

【な 行】

長岳（肥後国阿蘇郡）　910
長門国　314,319,410,705,998,1012
中村（信濃国伊賀良庄）　1051
新方（下総国下河辺庄）　313,382,442
二所（伊豆権現・箱根権現）　101,120
庭室郷（陸奥国）　416
野方（下総国下河辺庄）　313
野路駅（近江国粟田郡）　20,61,913
能美郡（加賀国）　825,831,835,867,887,891,933,934

【は 行】

白山（加賀国）　877,913,934
　八院　877,913,934
箱根（相摸国）　364,582,615
箱根権現（二所／相摸国）　101,120
箱根湯（相摸国）　582
橋本駅（遠江国敷智郡）　19,61
埴生（下総国）　31,32
埴生西条（下総国）　31,32,195
埴生庄（下総国）　59,177,252,254,255,260,310,313
早野村（因幡国智頭郡千土師郷）　839,899
原中（駿河国）　61
播磨国　863,937
東坂本河原口坊（近江国・天台山門）　222
曳馬（遠江国）　61
肥後国　197,910
久木庄（志摩国）　504
肥前国　197,563
常陸国　145,236,310,313,359,666,692,720
備中国　202,863,877,881
百済寺（近江国）　222
日吉社（近江国／二十二社）　15,475,510,923,924
平塚郷（下総国埴生西条）　31,32,195
平松（伊勢国）　302
平野庄（大和国）　473
平野村（下総国下河辺庄）　224
備後国　454
深瀬村（伊勢国大連名）　417,801
福原京（摂津国）　89
富士（駿河国）　849
富士宮（駿河国）　858
懐島（相摸国大庭御厨）　138
船尾郷（下総国印西条）　455

船木田庄（武蔵国） 356
豊前国 185
古利根川 329
豊後国 185
伯耆国 197
法華経寺（下総国） 1054

【ま行】

舞沢（遠江国敷智郡） 19
前林郷（下総国下河辺庄） 224,369
万福寺（下総国下河辺庄） 537
三浦郡（相模国） 566
三重郡（伊勢国） 831,835,836,883,1016
三河国 399
三島社（伊豆国） 521,620,705,849
南部庄（紀伊国） 832参,1034参
南志賀（近江国） 570
箕浦（近江国） 61
身延山武井房（甲斐国） 227
宮路中山（遠江国／小夜中山ヵ） 61
宮田庄（丹波国） 360,363,373
妙法寺（肥前国） 563
三村寺（常陸国筑波郡） 145,150,168
明通寺（若狭国） 497
弥勒寺（豊前国） 185
神三郡（伊勢国） 911
武蔵野（武蔵国） 25
陸奥国（奥州） 21,415,580,591,709,722,993,1012
紅葉山文庫（江戸城） 104
諸岡保（武蔵国） 297

【や行】

矢木郷（下総国葛飾郡） 31,195
薬師寺（下野国） 188
山香庄（豊後国） 185
山上保（上野国） 308
山城国 406,481,482,498-504,559,562,580,592,701,708,807,813,837,840,863,884,907,926,936,943,947,948,977,980,981,1051,1052
山代庄（加賀国） 867
山直郷（和泉国） 814
大和国 781,804,805,845,851,877,923,924,926
山梨郡（甲斐国） 312,313
山中（伊豆国） 61
矢作宿（三河国） 61
結城郡（下総国） 31,32,195
由比郷（武蔵国船木田庄） 356
湯本（相摸国足下郡／温泉／湯本宿） 364,615,828,831,835,850,997,1044
横田庄（出雲国） 186
良生郷（伊予国久米郡） 251
吉岡庄（伊予国） 352,391
吉野（大和国） 455
吉橋郷（下総国） 32,195

【ら・わ行】

竜角寺（下総国埴生庄） 177
　本堂 177
　二王堂 177
若狭国 472,474,497
和多（相摸国三浦郡） 154

◎鎌　倉

【あ行】

赤橋殿（北条顕時・金沢貞顕亭・赤橋鳳亭） 368,445,490,533,598,627,697,737,744,753,773,1003
　公文所 368,416,451,704
　壇所 445
秋庭入道宿所 864
甘縄 265,423,864
甘縄宿坊 265
甘縄殿（北条実時亭ヵ） 208
甘縄亭（安達氏／城入道宿所） 18,43,864
甘縄亭（甘縄顕実亭） 265
尼屋敷（天野屋敷） 77参
遺身院 876

いなかき左衛門入道宿所(安達時顕甘縄亭南頬)　864
稲村ヶ崎　60
岩屋堂（窟堂）　657
右大将家（源頼朝）法華堂　3,39,43,397,550,556,570,1057,1058
打越　468
宇都宮景綱亭　236
宇都宮辻子　5
永忍宿所　417
扇谷　864
大倉　5,77 参
　大倉幕府　77 参
大御堂　→　勝長寿院
大仏（大仏宣時亭）　686
大友近江入道（貞宗）宿所　864
小笠原谷地　468

【か 行】

疥癩宿　155
月輪院　556,1056,1057,1058
亀淵　424,425
亀谷　58,77 参 ,240,864
亀谷新造御亭　58,77 参
亀谷殿（北条実泰亭）　77 参
経師谷　75,855,857
清原教元亭　864
下馬橋　60
極楽寺　242,288,387,398,413,417,535,557,558,582,586,637
極楽寺切通　1012
御前谷　77 参
小袋坂切通　1013,1015
小町　60
小町東亭　106

【さ 行】

佐々目　876
佐々目谷口　265
佐介　582
釈迦堂　139,140
寿福寺　269,918
将軍御所（宇都宮辻子／幕府）　5,23,43,46,49,62,68,73,81,82,85,106,113-116,122,123,153,169,178,221,236,237,252,253,518,782,904,905
　かなや殿　904
　車宿　237,904
　車寄　5
　北侍　904
　小侍所　67,121
　雑掌所　904
　侍所　5,720,885,921
　寝殿　5,60
　台所　30,62
　常御所　67
　中御所　116
　納殿　904
　中門　237
　南庭　5
　西御侍　237
　西門　70,237
　庇御所　115
　弘庇　115
　二棟御所　114,237
　二棟廊　5
　馬場殿　49,82
　東侍　116
　東門　116
　広御所　81
　鞠御坪　67
　南門　5,60
　御厩侍　67
　やすみ所　905
浄光明寺　864
勝長寿院（大御堂）　77 参 ,105,110,536,867,879,947
神護寺　43
新清凉寺(叡尊鎌倉滞在地／中原師員後家宿所)　139,140,240
　礼堂　151
　弘庇　151

新善光寺　468,697,867,947,948,949
新造御宿所（金沢家）　312
杉谷　827,855,918
筋替橋　43
諏訪入道宿所　866
諏訪六郎左衛門入道宿所　864
摂津親鑒宿所　864
僧正御房　422

【た 行】

大慶寺（長井氏菩提寺）　587
大慈寺　110,111
大仏（関東大仏・鎌倉大仏）　867,919
大仏入　589
大仏尼寺　138
多宝寺　188,524,568,857
智岸寺谷　77 参
千葉屋形　265
忠乗僧都坊（安忠僧都跡／二階堂）　918
長勝寺　1015
珍瑜宿所　156
鶴岡八幡宮（八幡宮／宮寺）　8-10,21,34,43,47,48,50,57,66,70,71,79,80,84,92,97,104,108,110,124,127,128,129,242,243,516,543,625,678,701,709,851,866,885,909,952,965,976,1009
　熱田社　242
　荏柄社　242
　廻廊　242
　上宮　242
　上幣殿　242
　竈寝殿　242
　源大夫社　242
　鐘楼　242
　白旗社　242
　下宮　242
　下幣殿　242
　神宮寺　242
　高良社　242
　武内社　242
　中鳥居　242
　西廻廊　128
　拝殿（上宮）　242
　拝殿（下宮）　242
　東廻廊　128
　松童社　242
　御輿寄　909
　三島社　242
　八足門　242
　埒門　128
　楼門　242
　若宮　80,885,909,976
　腋門　128,242
東勝寺　705,1013,1014
塔辻　43
常葉　423,989

【な・は 行】

長井貞秀亭（中書宿所／武庫亭）　283,377
長井泰秀亭　43
中江入道家（窟堂）　657
長尾氏亭　43
名越　468,579,697,812,867,947-949
名越入　812
名越切通　579
　大切岸　579
中下馬橋　43,60
二階堂　217,425,918
二階堂紅葉谷庵（夢窓疎石庵）　918
二階堂行貞亭湯殿　820
西小山崎　468
二宮覚恵館　364
西御門小笠原谷地（親玄僧正地所）　468
西御門宿所（天野景村宿所）　138
西御門殿（北条実時亭）　39
西御門殿（金沢氏縁者女性宅）　657
西御門御房（顕弁・顕瑜住房）　39,468,657,704,993
馬場谷　417
浜高御倉　75
東御亭（北条時宗亭）　116
　檜皮寝殿　116

西門　116
毘沙門堂（名越）　468
北条有時亭　18
北条家時亭（右馬権助）　864
北条貞時亭（相州亭）　243,315
北条貞規亭（西殿）　583
北条貞規後家亭　864
北条実時亭（陸奥掃部助亭）　39
北条茂時宿所（右馬権頭宿所）　816
北条高時亭（太守御亭）　709
北条忠時在所（金沢貞顕赤橋殿東向）　821
北条時宗亭（東御亭／相州御亭）　116,180,184
北条時頼亭（左親衛亭／相州御亭／禅門故宅）　38,40,60,69,165
北条守時亭（相州亭）　910
北条師時亭（相州亭）　315
北条泰時亭（武州御亭）　11,26
北斗堂（甘縄）　864
北舎　160,162,168
法華堂（北条義時墳墓堂）　3

【ま・や・わ 行】

前浜（浜）　40,41,125,356
町大路　116
南舎（北条実時室鎌倉亭）　147
源親行亭　93
南新御堂御所（北条政子亭）　77 参
紅葉谷　918
雪下　864
由比浜　57,60,397
由比浜鳥居　60
永福寺　43,217,221
惣門　43
若宮大路　43,70,1023

◎武蔵国六浦庄

六浦庄　44,130,138,188,199,200,225,234,247,255,275,280,286,301,310,313,326,358,365,375,382,389,397,400,401,412,414,421,433,443,451,478,479,494,517,557,558,565,582,584,585,633,636,685,751,831,867,934,987,1028,1049
御伊勢山　567,579
海岸尼寺（東尼寺）　1049
金沢　193,397,414,479,494,584,585,636,694,751,988,1051,1058
金沢郷　247,255,313,326,517,558,685
船着場　685
金沢八幡社　→　船方八幡
金沢文庫　42,230,303,612
金沢館（六浦別業）　234,270,310,420,612
釜利谷　→蒲里谷
蒲里谷（蒲谷）　313,582,987
常福寺　247
称名寺（金沢家菩提寺／金沢寺）
顕時墳墓　355,356
阿弥陀堂　358,374,375,382,749
池辺石（青嶋石）　567,568
入殿墓　589
苑池　549,566-568,573,579,585,588,589,603,608,609,696
金沢之草堂　494
経堂　718
光明院　1028
金堂　526-531,542,558,578,728
貞顕墓所 679
少童（貞顕子）　墳墓 355-357
僧堂　728
中嶋　510,580
橋　588
東御堂　717,1049
明忍（釼阿）御室　364
弥勒堂　247
瀬崎　582
瀬戸　199,200,313,478
瀬戸入海　199,530
瀬戸橋　304,310,313,325,326,478,479,563,565
富田　→　富岡
富岡（富田郷）　313,479,987

野島（六浦郷）　558,633
船方八幡（現金沢八幡社）　401,402,517,530,558,559
宝樹院　247
六浦本郷　247,326
六浦庄政所　200,478,479
六浦庄沖合　846
六浦別郷　→　金沢館
聞了房庵室（潮崎）　582
嶺松寺　267

◎相摸国山内庄

山内庄　54,89,94,107,162,303,411,421,623,649,840,847,918,944,960,1013
円覚寺　243,411,623,649,666,705,918
　仏堂　705
　仏日庵　705
　施無畏堂　705
　法堂　705
最明寺　94,107,135,136,140,144
最明寺殿（北条時頼亭）　107,134-136,140
禅興寺　303,421,944
建長寺　162,269,918
典厩御所（北条高時亭／太守禅閤御所）　518,960,966
　北馬場　966
長崎高貞宿所　960
長崎高資宿所　847
長崎高綱宿所　960
長崎高光宿所　960
長崎高頼宿所　960
南条新左衛門尉宿所　960
尾藤時綱宿所　960
山内殿（北条時頼亭・高時亭）　54,56,94,98,897

◎京都（平安京）

綾小路　716
粟田口桟敷　272
一条　912,947,948
猪熊　716
今出川（西園寺公衡亭）　249
新日吉社　403,498-500,503,505,506,837
　社壇　500
　神殿　503
　宝殿　499
梅尾　878
大宮　947-949
大宮禅尼墳墓　949
小河門跡　947,948
亀山宿所　189
鴨川　401
賀茂　980
賀茂社　15
烏丸　189,503
河原院　378
河原口　401
歓喜寺　883,893
祇園社　15,16
北山殿（西園寺家）　708,841,848,878
京極　298,299
京極殿　879
景愛寺　266
検非違使庁（使庁）　309
建仁寺　705
紅梅殿（北野社末社）　481,482
光明院　816,821,900,926
五条殿（安東氏亭）　907
五条橋　907
近衛朱雀篝屋　406
金剛幢院　926
嵯峨　139
嵯峨釈迦堂　884
定資卿（坊城）宿所 708
三聖寺　705
資寿院　1153
四条　716,859
七条烏丸　503
実相院　701
聖護院　552,553,560,570,807
持明院殿　836,844,845

常在光院　592,813,816,867,893,902,907,926,929,930,936,941,1052
浄住寺　133
真如寺　266
正脈庵　266
清凉寺　139
泉涌寺　137
速成就院（東山太子堂／白毫寺）　403,613
内裏　900,921,977
　四足門　921
武弥四郎康幹宿所（金沢家在京被官）　504
春宮（邦良親王）御所　580
東寺　472-475,840
　北門　475
常磐井殿（西園寺公衡）　481
南禅寺　683,1051
長井貞重宿所　471
二条　189,298,299
二条富小路殿（持明院統御所／里内裏）　279,299,477
　左兵衛陣　477
　紫宸殿　477
　西棟門　477
仁和寺　200,310,396,409,559,579,838,995,1017
　真乗院　310,396,559,579,838,995,1017
　上乗院　415
東京極　401
東洞院　716,859
東山　613,906,941,1052
坊門　716
松木島　1053
万里小路　298
吉田　869
吉田社　15
蓮華王院　74
六条　716
六条院　869
六条左女牛　228
六条堀河亭（河内源氏亭）　228
六条若宮（六条八幡宮）　15,228

◎奈　良

奈良（南都）　342,399,403,404,409,805,879,926
春日社　15,395,399,404,406,409,492,851,923,924
興福寺　395,399,781,804,805,845
　大乗院　781
　東北院　845,881
西大寺　130,132-138,140,161-163,219,240
達磨寺　399
東大寺　177,838
　西室　838
長谷寺　851
法華寺　877,926
法隆寺　165

典籍・聖教名索引

一、本文において「酉員」のまま表記したものは「西院」の略体なので、本索引では正式名称にて表示し排列した。

一、奥書を採録した典籍、奥書・紙背文書を採録した聖教名を立項した。

一、長文の書名となる典籍・聖教は、本文中の出典表記を一部省略した。

【あ 行】

愛染　秘小（称名寺聖教）565
愛染王十五重法（称名寺聖教）　727,962
阿闍梨　意教上人事（称名寺聖教）　702
厚造紙　釼阿本（称名寺聖教）　914,946
天照大神天降私記（称名寺聖教）　773
天照大神宝鏡（称名寺聖教）　670
阿弥陀包紙（称名寺聖教）　1004
一夜北斗（称名寺聖教）　775
今宮高野参詣次第　建久四年八月日　釼阿本（称名寺聖教）　356,438,440,441
院号定部類記（宮内庁書陵部所蔵）　307
院尊勝陀羅尼供養導師次第　釼阿本（称名寺聖教）　362,419-428,562
印明　遍照寺般若僧都（称名寺聖教）　1044
薄草子口決　釼阿本（称名寺聖教）　270,271,275,276,280,285,290,295,300,303,316,319,348,368,450,452,519
薄草子口決　残闕函（称名寺聖教）　278,291,292,403,451
廻向秘曲集（称名寺聖教）　1042
大御室御忌日後朝導師次第　釼阿本（称名寺聖教）　365
大御室御忌日講師次第　九月廿七日　釼阿本（称名寺聖教）　362,422,562
大御室御忌日講師略次第　九月廿七日　釼阿本（称名寺聖教）　392,429
大御室御忌日蜜導師次第　九月廿七日　釼阿本（称名寺聖教）　354,389,424,430
大御室御忌日後朝導師次第　九月廿八日　釼阿本（称名寺聖教）　392,402
御衣加持　複香水加持　釼阿本（称名寺聖教）　485,490

【か 行】

勧修寺　金剛界口決　釼阿本（称名寺聖教）　1008
勧　三通　灌頂事（称名寺聖教）　933
灌頂鈎鏁次第秘決　熈允本（称名寺聖教）　706
灌頂重義　ム（西院宏教方）　熈允本（称名寺聖教）　928
灌頂表白　保寿院初度　正和五年十一十四　釼阿本（称名寺聖教）　413,447,763
管蠡抄（神奈川県立金沢文庫所蔵）　390
教抄（称名寺聖教）　538,1040
教抄并雑抄（称名寺聖教）　774,792,1006,1019,1021
口授最秘印（称名寺聖教）　770
群書治要（宮内庁書陵部所蔵）　74,223,230,232,376
花供導師次第（称名寺聖教）　819,942
供養法作法（称名寺聖教）　892,893,970
華厳探玄記洞幽抄　凝然本(東大寺図書館所蔵)　352,391
袈裟効能（称名寺聖教）　930
結縁灌頂書写目録（称名寺聖教）　369
憲口抄　釼阿本（称名寺聖教）　442
源氏物語　河内本（名古屋市蓬左文庫所蔵）　103
元瑜方　西　日月内コマノ儀（称名寺聖教）　697
建礼門院右京大夫集（京都府立図書館所蔵）　287
公家孔雀経御読経開白導師次第　数日儀　釼阿本（称名寺聖教）　419,431,432
公家孔雀経御読経開白導師次第　不断儀　釼阿

本（称名寺聖教）　388,404
公家孔雀経御読経結願導師次第　不断儀　釼阿本（称名寺聖教）　392,420
公家孔雀経御読経次第　一日儀　釼阿本（称名寺聖教）　388
公家孔雀経御読経導師次第　開白中間結願　釼阿本（称名寺聖教）　405
光明真言念誦次第（称名寺聖教）　322,324,330-343
後夜作法（称名寺聖教）　926
許可　小野長遍比丘音口　小野并安祥寺　蓮乗院（称名寺聖教）　793
古今和歌集（國學院大學図書館所蔵）　93
後七日法供具弁備事　釼阿本（称名寺聖教）　401,443,449
後七日法雑事　釼阿本（称名寺聖教）　413,444,448,465
後七日法道場庄厳儀　釼阿本（称名寺聖教）　413,444,465
後七日法仏像壇供等子細　釼阿等(称名寺聖教)　401,443,445,448,449,488
後七日御修法開白次第　胎蔵界　釼阿本（称名寺聖教）　418,489
後七日御修法結願次第　胎蔵界　釼阿本（称名寺聖教）　488
後七日御修法中間儀　胎蔵界　釼阿本（称名寺聖教）　445,486,487
後七日御修法中間用意　胎界　釼阿本（称名寺聖教）　413,418,447,489,763
後七日御修法伴僧所作用意　釼阿本（称名寺聖教）　485,490
古文孝経（出光美術館所蔵）　42,351,938
五部大乗経供養次第　養和二年二月廿九日　釼阿本（称名寺聖教）　356,389,415,435
五宝等納瓶様　道教御記（称名寺聖教）　782
後録段　第五（称名寺聖教）　1041
護摩私抄　熙允本（称名寺聖教）　776
御流　金玉　七之内　熙允本（称名寺聖教）　1023
金剛王院　秘密品　城務法印（称名寺聖教）　939
金剛界　胎蔵界　蘇悉地（称名寺聖教）　936
紺紙金字法華経巻（国立歴史民俗博物館所蔵）　359

【さ行】

最勝光院御仏開眼次第　釼阿本（称名寺聖教）　286,433,434
三行印信事　熙允本（称名寺聖教）　579
三昧耶戒図（称名寺聖教）　669,935,941
色究竟事（称名寺聖教）　718
敷万タラ事　小野流　熙允本（称名寺聖教）　889
使咒法経（称名寺聖教）　524,689-695
侍中群要（名古屋市蓬左文庫所蔵）　327,353
日月輪私抄　熙允本（称名寺聖教）　804,935,973
四分律行事鈔中一見聞集　湛睿本(称名寺聖教)　1031
四分律行事鈔中四見聞集　湛睿本(称名寺聖教)　1018
持宝王院口頌口決（称名寺聖教）　771
拾珠抄（大倉精神文化研究所所蔵）　378,379
受者高座加持　般若寺僧都（称名寺聖教）　1044
受者加持作法　熙允本（称名寺聖教）　871
受者引入作法　熙允本（称名寺聖教）　908
十種供養次第　釼阿本（称名寺聖教）　388,398,453
十弟子（称名寺聖教）　915
首楞厳経大意（称名寺聖教）　188
春秋経伝集解（宮内庁書陵部所蔵）　89,350
潤背（前田育徳会尊経閣文庫所蔵）　483,505,507,508,509,722,723,898
初位満月事并バン字無明障浮衆生妄水事（称名寺聖教）　766
聖教目録（称名寺聖教）　1049
聖天開白并結願次第（称名寺聖教）　769
諸寺院文書（東京国立博物館所蔵）　764
諸尊通用行法略次第（称名寺聖教）　888

心慶稿本（称名寺聖教）　582
神泉御読経導師次第　釼阿本　開白（称名寺聖教）　454,1024
水天供支度巻数　熙允本（称名寺聖教）　1003
随自意抄　湛睿本（称名寺聖教）　1005
図像断簡（称名寺聖教）　1033
西域伝堪文（称名寺聖教）　416
正秘（称名寺聖教）　969,1025
斉民要術（名古屋市蓬左文庫所蔵）　185,186,198,201-203,206-222
施餓鬼　ム　熙允本（称名寺聖教）　1003
施氏尉繚氏解義（天理図書館所蔵）　229
施氏司馬法講義（右文古事附録所収）　231
千載和歌集（静嘉堂文庫所蔵）　258
懺法結願導師次第　釼阿本（称名寺聖教）　356
続古今和歌集（冷泉家時雨亭文庫所蔵）　192
即身義印明秘決末　釼阿本（称名寺聖教）　720
即身義聞書　釼阿本（称名寺聖教）　595-602
即身成仏義聞書　釼阿本（称名寺聖教）　530,543,592,593,594,604
続別秘口決　ム　熙允本（称名寺聖教）　822,825,843,849

【た行】

醍醐　五　金玉　七―内　熙允本(称名寺聖教)　1023
第三重口伝　自身加持　熙允本（称名寺聖教）　919,934
胎蔵界本末　秘法八帖（称名寺聖教）　289
胎蔵界行法次第生起　什尊本（称名寺聖教）　975
胎蔵金剛菩提心義略問答抄（称名寺聖教）　1038
胎　明義　口決（称名寺聖教）　1045
駄都（称名寺聖教）　775
たまきはる（神奈川県立金沢文庫所蔵）　284
湛睿稿本『四分律行事抄』ヵ（称名寺聖教）　461
湛睿稿本巻子本（称名寺聖教）　462
湛稿冊子三三（称名寺聖教）　803
智袋　釼阿本（称名寺聖教）　533-536,584,585
中院口決　熙允本（称名寺聖教）　706
長者東寺拝堂次第　釼阿本（称名寺聖教）　356,357,421,435,436
天台肝要文（中山法華経寺所蔵）　79,85
天地麗気記（称名寺聖教）　772
伝法灌頂結願作法　熙允本（称名寺聖教）　920
伝法灌頂誦経導師次第　釼阿本（称名寺聖教）　370,371
転法輪（称名寺聖教）　779,1027
東四　行要秘次第　釼阿本（称名寺聖教）　696
東寺御影供順礼作法（称名寺聖教）　894
東寺長者補任（藤井永観堂文庫旧蔵・立命館大学アートリサーチセンター所蔵）　472
当流口伝　熙允本（称名寺聖教）　815,820,833-836,841,847,896,897,906,907
鳥羽院御月忌次第　釼阿本（称名寺聖教）　354,382,386,394,430,439
頓成悉地口伝集（称名寺聖教）　832

【な行】

内作業灌頂私記（称名寺聖教）　982
西院灌頂三昧耶戒幷内陣初後日記(称名寺聖教)　789
西院流（西員流）　一結灌頂　甲　熙允本（称名寺聖教）　852,856,858,882-884,923
西院流（西員流）　一結大事　熙允本（称名寺聖教）　568,581,744,745,746,785,827,829,855,861,864,868
西院流（西員流）　一結六外　熙允本（称名寺聖教）　854,858,885
西院流目録　熙允本（称名寺聖教）　800,840,886,912,913
西院流如法愛染口決　伊豆　釼阿本（称名寺聖教）　791,805,821,835,867,870,910,1002

日想観秘印言　熙允本（称名寺聖教）　1043
如意輪菩薩第三即口決（称名寺聖教）　777
仁和寺　西院　宇賀僧都（称名寺聖教）　793

【は 行】

破禅宗（中山法華経寺所蔵）　80,83
万鏡霊瑞麗気記（称名寺聖教）　984
本朝続文粋（国立公文書館所蔵）　196
鉢撞様（称名寺聖教）　818,905,971,972
盤法本尊図　熙允本（称名寺聖教）　917
秘　什尊本（称名寺聖教）　1020
秘鈔口決　釼阿本（称名寺聖教）　283,296,312,317,321,326,329,349,361,364,366,367,374,375,377,380,383-385,387,409,412,455-459
秘書要文（中山法華経寺所蔵）　84
秘蔵記抄（称名寺聖教）　762,768
秘想伝授抄　釼阿本（称名寺聖教）　460
七曜九執深義　ム（称名寺聖教）　1028
毗那夜迦誐那鉢底瑜伽授受念誦次第（称名寺聖教）　609,797
瓶行道作法　案文（称名寺聖教）　916
百練抄（宮内庁書陵部所蔵）　305
披葉衣鎮（称名寺聖教）　891
兵法供記（称名寺聖教）　523,698,729-735
兵法壇并マタラ面（称名寺聖教）　736,737
秘密兵具加持具足（称名寺聖教）　525,610,631,699,738-743
甫一灌頂重義　ム（西院流宏教方）（称名寺聖教）　902,963,964
甫文口伝鈔　熙允本（称名寺聖教）　480,493,719,721,782,784,786,808,812,813,816,817,823,826,831,837,838,842,844,848,850,853,862,863,865,866,869,873,875,877,879,887,909,918,921,922,925,952-960
法金剛院理趣三昧開白導師次第　釼阿本（称名寺聖教）　423,425
法金剛院理趣三昧結願導師次第　釼阿本（称名寺聖教）　370,371
宝（称名寺聖教）　794,795,796,895
宝珠　賀　釼阿本（称名寺聖教）　715,787,961,962
宝寿抄　釼阿本（称名寺聖教）　510,516-518,520-522,527,528,531,539,540,544,546,548-550,557-559,563,564,566,567,571,574-578,580,583,586-589,605,607,611-688
宝幢抄　秘密決疑抄（称名寺聖教）　281
北斗印義等　ム（称名寺聖教）　1029
北斗大事（称名寺聖教）　1026
法曹類林（国立公文書館所蔵・称名寺所蔵）　306
某宝次第　西酉　釼阿本（称名寺聖教）　512,514,529,541,542,724-726,787,996-998
梵網戒本日珠抄（本證寺所蔵）　254

【ま・や 行】

摩訶迦羅天法（称名寺聖教）　890
曼荼羅供大阿闍梨次第　釼阿本（称名寺聖教）　404
御影供作法　熙允本（称名寺聖教）　840,845,846,911
御影供導師作法（称名寺聖教）　912,1039
南御室仏名後朝供養法略次第　今季胎蔵界　釼阿本（称名寺聖教）　355
宮御灌頂次第　釼阿本（称名寺聖教）　437
宮御灌頂略次第　釼阿本（称名寺聖教）　437
宮高野御参詣次第　三所御参儀　寿永三年　釼阿本（称名寺聖教）　382,386,394,439,440
宮高野御参詣次第　寿永二年　釼阿本（称名寺聖教）　438
妙音天讃　貴雲本（称名寺聖教）　1046
名語記（個人蔵）　227
冥朱事（称名寺聖教）　1047
毛詩（大東急記念文庫所蔵）　194
文殊讃（称名寺聖教）　1007,1034
夢因縁（称名寺聖教）　256
野金口決抄　賢空本（称名寺聖教）　810
有助口伝聞書（称名寺聖教）　828
瑜祇灌頂口伝并道場荘厳　勧修寺（称名寺聖教）

999-1001
瑜祇経聞書口注　釼阿本（称名寺聖教）　293,294,301,310,311,318-320,325,344-347,358,407,408,414
瑜祇経聞書口注　熙允本（称名寺聖教）　874,876,878,880,881,900,904
浴油法　良祐本（称名寺聖教）　799
横帖　九（称名寺聖教）　288,1036
横帖　十三（称名寺聖教）　717,767,1006

【ら 行】

理趣三昧開白導師次第　釼阿本（称名寺聖教）　398,400
律（国立公文書館所蔵）　100
令義解（国立公文書館所蔵）　104
令集解（国立公文書館所蔵）　189
両部修行用心　熙允本（称名寺聖教）　804,973
臨終大事（称名寺聖教）　781
類聚三代格（宮内庁東山御文庫所蔵）　181
聯句集　釼阿本（称名寺聖教）　233
蓮華心院理趣三昧開白導師次第　釼阿本（称名寺聖教）　355
六臣註文選（建仁寺両足院本）323,496

【その他】

337 函未整理断簡（称名寺聖教）　780
＊釼阿延慶二年六月書写題未詳聖教（称名寺聖教）　393,415
＊題未詳聖教（称名寺聖教）　282,308,397,469,603,704,750,761,830,888,917,924,934,998,1035
＊題未詳聖教　星宿関係（称名寺聖教）　951
＊題未詳聖教　折本　熙允本（称名寺聖教）　845,846
＊題未詳聖教　熙允本（称名寺聖教）　911,1009
＊題未詳聖教　折紙（称名寺聖教）　609,975,1022
＊題未詳聖教　折本　真言関係（称名寺聖教）　492,751
＊題未詳聖教　折本（称名寺聖教）　608,747,752-757,759,968
＊題未詳聖教　切紙折本（称名寺聖教）　903,966,967
＊題未詳聖教　綴帖装（称名寺聖教）　606,748,749,758,824,965
＊題未詳聖教　切紙（称名寺聖教）　760

金沢北条氏関係年表

金沢北条氏関係年表

和暦	西暦	院政	天皇	関東申次	将軍家（鎌倉殿）	得宗	執権	連署	六波羅探題 北方	六波羅探題 南方	称名寺長老
承元2	1208		1198.1～1210.11 土御門								
承元3	1209										
承元4	1210										
建暦1	1211										
建暦2	1212			1199～1216.3 坊門信清							
建保1	1213				1203.9～1220.1 源実朝						
建保2	1214	1198.1～1221.7 後鳥羽									
建保3	1215		1210.11～1221.4 順　徳								
建保4	1216						1205.閏7～1224.6 北条義時				
建保5	1217										
建保6	1218										
承久1	1219										
承久2	1220										
承久3	1221										
		1221.7～1223.5 後高倉	1221.4～7 仲　恭								
貞応1	1222								1221.6～1224.6 北条泰時	1221.6～1224.7 北条時房	
貞応2	1223										
元仁1	1224										
嘉禄1	1225										
嘉禄2	1226										
安貞1	1227		1221.7～1232.10 後堀河						1224.4～1230.6 北条時氏		
安貞2	1228										
寛喜1	1229			1216～1244.8 西園寺公経							
寛喜2	1230										
寛喜3	1231										
貞永1	1232										
天福1	1233	1232.10～1234.8 後堀河				1224.6～1242.6 北条泰時	1224.6～1242.6 北条泰時	1225.7～1240.1 北条時房		1224.6～1242.1 佐介時盛	
文暦1	1234				1226.1～1244.4 九条頼経						
嘉禎1	1235								1230.3～1247.7 北条重時		
嘉禎2	1236		1232.10～1242.1 四　条								
嘉禎3	1237										
暦仁1	1238										
延応1	1239										
仁治1	1240										
仁治2	1241										
仁治3	1242										
寛元1	1243		1242.1～1246.1 後嵯峨			1242.6～1246.閏4 北条経時	1242.6～1246.3 北条経時				

北条実泰	北条実時	北条顕時	その他の人々	事　項	西暦
1208 誕生					1210
1214.10 元服 (1 号資料)					1220
1230.3小侍所別当補任(9号資料)	1224 誕生			1221 承久の乱 1224 伊賀氏事件	1230
1234 出家	1233 元服 (11 号資料) 1234小侍所別当譲任(12号資料) 1236.3 掃部助・宣陽門院蔵人				1240
				1241 清原教隆鎌倉下向	

金沢北条氏関係年表

和暦	西暦	院政	天皇	関東申次	将軍家（鎌倉殿）	得宗	執権	連署	六波羅探題		称名寺長老
									北方	南方	
寛元2	1244		1242.1～1246.1 後嵯峨	1216～1244.8 西園寺公経 1244～1246.9 九条道家	1226.1～1244.4 九条頼経 1244.4～1252.4 九条頼嗣	1242.6～1246.閏4 北条経時	1242.6～1246.3 北条経時		1230.3～1247.7 北条重時		
寛元3	1245										
寛元4	1246	1246.1～1272.2 後嵯峨	1246.1～1259.11 後深草	1246.10～1269.6 西園寺実氏		1246.閏4～1262.11 北条時頼	1246.3～1256.11 北条時頼				称名寺の創建年代は「後嵯峨院第二皇子（後深草天皇）即位の頃」と伝えられる（247号資料）
宝治1	1247							1247.7～1256.3 北条重時	1247.7～1256.3 北条長時		
宝治2	1248										
建長1	1249										
建長2	1250										
建長3	1251										
建長4	1252				1252.4～1266.7 宗尊親王						
建長5	1253										
建長6	1254										
建長7	1255										
康元1	1256						1256.11～1264.7 北条長時	1256.3～1264.8 北条政村	1256.4～1270.1 北条時茂		
正嘉1	1257										
正嘉2	1258										
正元1	1259		1259.11～1274.1 亀山								
文応1	1260										
弘長1	1261										関東往還記に称名寺別当乗台の名が見える。一二六七年以前は、浄土教寺院として活動
弘長2	1262					1262.11～1284.7 北条時宗					
弘長3	1263										
文永1	1264						1264.8～1268.3 北条政村	1264.8～1268.3 北条時宗		1264.10～1272.2誅 北条時輔	
文永2	1265										
文永3	1266				1266.7～1289.10 惟康親王						
文永4	1267										1267.9〈開山〉～1304.6〈入滅〉審海

北条実泰	北条実時	北条顕時	その他の人々	事　項	西暦
	1246.5 寄合衆（37号資料）			1246.5 宮騒動	
				1247.6 宝治合戦（43-44号資料）	
		1248 誕生			
			1249 北条実政誕生		
					1250
	1252.4 引付衆（64号資料）				
	1253.2 評定衆（72号資料）				
			1254.3 北条実時母卒去（77号資料）		
	1255.11 越後守（88号資料）				
	1256.4 引付三番頭人（90-91号資料）				
		1257.11 元服（98号資料）			
			1260 北条実時母七回忌		1260
				1262 西大寺長老叡尊鎌倉下向（135-138号資料）	
1263.9.26 卒去（170号資料）					
	1264.6 引付二番頭人（174号資料） 同10 越訴頭人兼務（175-176号資料）				
	1267 越訴奉行を辞す（187号資料）	1267.4 引付衆（191号資料）		1267 称名寺、律院に改まる	

金沢北条氏関係年表

和暦	西暦	院政	天皇	関東申次	将軍家 (鎌倉殿)	得宗	執権	連署	六波羅探題		称名寺 長老
									北方	南方	
文永5	1268			1246.10 ～1269.6 西園寺 実氏			1264.8～ 1268.3 北条政村	1264.8～ 1268.3 北条時宗	1256.4～ 1270.1 北条時茂		
文永6	1269	1246.1～ 1272.2 後嵯峨								1264.10～ 1272.2誅 北条時輔	
文永7	1270		1259.11 ～1274.1 亀　山					1268.3～ 1273.5 北条政村			
文永8	1271										
文永9	1272										
文永10	1273										
文永11	1274								1271.12～ 1276.12 北条義宗		
建治1	1275							1273.6～ 1277.4 北条義政			
建治2	1276					1262.11 ～1284.7 北条時宗	1268.3～ 1284.4 北条時宗				
建治3	1277										
弘安1	1278				1266.7～ 1289.10 惟康親王						
弘安2	1279										
弘安3	1280	1274.1～ 1287.10 亀　山	1274.1～ 1287.10 後宇多							1277.12 ～1284.6 佐介時国	1267.9 〈開山〉 ～1304.6 〈入滅〉 審　海
弘安4	1281			1269.6～ 1299.6 西園寺 実兼							
弘安5	1282								1277.12 ～1287.8 北条時村		
弘安6	1283										
弘安7	1284										
弘安8	1285							1282.4～ 1287.6 北条業時		1284.12～ 1287.8 伊具兼時	
弘安9	1286										
弘安10	1287										
正応1	1288	1287.10 ～1290.2 後深草									
正応2	1289					1284.7～ 1311.10 北条貞時	1284.7～ 1301.8 北条貞時				
正応3	1290								1287.8～ 1293.1 伊具兼時		
正応4	1291										
正応5	1292		1287.10 ～1298.7 伏　見					1287.8～ 1301.8 北条宣時		1288.2～ 1297.5 佐介盛房	
永仁1	1293				1289.10 ～1308.8 久明親王						
永仁2	1294								1293.3～ 1297.6 北条久時		

北条実時	北条顕時	金沢貞顕	その他の人々	事　項	西暦
			1269 顕弁誕生	1270.12 実時の書庫火災にあう	1270
1273.6 引付一番頭人 （204号資料） 1276.10六浦別業にて卒去 （234号資料）	1278.2 評定衆 （238号資料） 1280.11 越後守 （241号資料）	1278 誕生	1273 甘縄顕実誕生 1275 北条実政、異賊征伐のため鎮西下向	1274 文永の役	1280
	1281.10 引付四番頭人 （244-245号資料） 1283.9 従五位上 （249号資料） 1285.11 下総国埴生庄に籠居、この時出家 （252-254号資料）		1283.9 北条実政、上総介補任。長門周防守護となる	1281 弘安の役 1285.11 霜月騒動 （252-254号資料）	1290
	1293.4 鎌倉に復帰 1294.10 引付四番頭人 （262号資料）	1294 左衛門尉・東二条院蔵人		1293.4 平禅門の乱	

金沢北条氏関係年表

和暦	西暦	院政	天皇	関東申次	将軍家（鎌倉殿）	得宗	執権	連署	六波羅探題 北方	六波羅探題 南方	称名寺長老
永仁3	1295										
永仁4	1296		1287.10〜1298.7 伏見	1269.6〜1299.6 西園寺実兼					1293.3〜1297.6 北条久時	1288.2〜1297.5 佐介盛房	
永仁5	1297						1284.7〜1301.8 北条貞時	1287.8〜1301.8 大仏宣時			
永仁6	1298								1297.6〜1300.11 北条宗方		1267.9〈開山〉〜1304.6〈入滅〉審海
正安1	1299	1298.7〜1301.1 伏見	1298.7〜1301.1 後伏見								
正安2	1300									1297.7〜1302.1 大仏宗宣	
正安3	1301										
乾元1	1302				1289.10〜1308.8 久明親王			1301.8〜1305.4 北条時村	1301.6〜1303.10 普恩寺基時		
嘉元1	1303										
嘉元2	1304	1301.1〜1308.8 後宇多	1301.1〜1308.8 後二条								
嘉元3	1305					1284.7〜1311.10 北条貞時			1303.12〜1307.8 北条時範	1302.7〜1308.12 金沢貞顕	この間、歴代に数えない長老禅恵在任
徳治1	1306										
徳治2	1307						1301.8〜1311.9 北条師時				
延慶1	1308			1299.6〜1315.9 西園寺公衡							
延慶2	1309							1305.7〜1311.10 大仏宗宣	1308.11〜1309.12 大仏貞房		
延慶3	1310	1308.8〜1313.10 伏見	1308.8〜1318.2 花園		1308.8〜1333.5 守邦親王						1308.11〜1338.11 釼阿
応長1	1311										
正和1	1312					1311.10〜1333.5 北条高時	1311.10〜1312.5 大仏宗宣 1312.6〜1315.7 北条熙時	1311.10〜1312.6 北条熙時	1310.6〜1314.11 金沢貞顕	1310.7〜1315.6 北条時敦	

北条顕時	金沢貞顕	金沢貞将	その他の人々	事　項	西暦
1296.1 引付三番頭人 (263 号資料)	1296.4 従五位下・右近将監 同 5 左近将監		1296 北条実政、鎮西探題に移る	1296.12 鎌倉大地震	
	1300.10 従五位上				1300
1301.3 卒去			1301.9 北条実政出家 同 11 北条政顕、鎮西探題補任		
	1302.7 六波羅探題南方 (272-274 号資料) 同 8 中務大輔	1302 頃誕生	1302.12 北条実政卒去 (280 号資料)		
	1304.6 越後守				
				1305.3 嘉元の乱、貞顕の舅北条時村討たれる(314-321 号資料)	
1307 七回忌 (378-379 号資料)	1307.1 正五位下		1307.1 甘縄顕実、引付六番頭人補任（372 号資料）	1307.1 二宮覚恵卒去 (374 号資料) 同徳治の唐船派遣	
	1308.10 実時の三十三回忌 (413 号資料) 同 12 鎌倉下向			1308.3 長井貞秀卒去 (392 号資料)	
	1309.3 引付三番頭人(446 号資料) 同 4 寄合衆 (448 号資料) 同8 引付二番頭人			1309.1 北条高時元服 (443-444 号資料)	
	1310.6 六波羅探題北方 (470 号資料)				1310
	1311.6 右馬権頭を辞す 同 10 武蔵守		1311.10 甘縄顕実、引付五番頭人補任（484 号資料）		

金沢北条氏関係年表

和暦	西暦	院政	天皇	関東申次	将軍家(鎌倉殿)	得宗	執権	連署	六波羅探題 北方	六波羅探題 南方	称名寺長老
正和2	1313	1308.8～1313.10 伏見		1299.6～1315.9 西園寺公衡			1312.6～1315.7 北条熙時		1310.6～1314.11 金沢貞顕	1310.7～1315.6 北条時敦	
正和3	1314										
正和4	1315		1308.8～1318.2 花園				1315.7～11 普恩寺基時				
正和5	1316	1313.10～1318.2 後伏見									
文保1	1317										
文保2	1318								1315.6～1320.5 北条時敦		
元応1	1319	1318.2～1321.12 後宇多								1315.9～1324.8 大仏維貞	
元応2	1320										
元亨1	1321				1308.8～1333.5 守邦親王	1311.10～1333.5 北条高時	1316.7～1326.3 北条高時	1315.7～1326.3 金沢貞顕			1308.11～1338.11 釼阿
元亨2	1322										
元亨3	1323										
正中1	1324		1318.2～ 後醍醐								
正中2	1325			1322.9～1326.11 西園寺実衡							
嘉暦1	1326						1326.3.16～3.26 金沢貞顕	1326.4～9 大仏維貞	1321.11～1330.11 常葉範貞	1324.11～1330.閏6 金沢貞将	
嘉暦2	1327			1326.11～1333.5 西園寺公宗			1326.11～1333.5 赤橋守時				
嘉暦3	1328										

北条顕時	金沢貞顕	金沢貞将	その他の人々	事　項	西暦
1313.3 十三回忌供養 (494 号資料)			1313.7 甘縄顕実引付三番頭人補任（495 号資料）		
	1315 連署 (511 号資料)		1315.7 これ以後、北条政顕、鎮西探題を退く	この頃から、称名寺造営始まる	
	1316.12 従四位下				
			1317 北条顕景卒去	1317 文保の和談	
		1318.6 評定衆、官途奉行 (540 号資料)	1318.5 金沢貞顕執事、倉栖兼雄卒去 1318 顕弁園城寺別当補任	1318 称名寺金堂上棟	
		1318.12 引付五番頭人 (545 号資料)			
	1319 武蔵守辞任 (513 号資料)	1319. 閏 7 引付四番頭人 (572 号資料)	1319 北条時直、長門周防守護補任 同 10 入殿卒去	1319.4 文保の園城寺戒壇院騒動 (550-556 号資料)	
			1320.10 北条実時夫人金沢殿卒去（590 号資料）		1320
	1322.9 修理権大夫		1322.7 甘縄顕実引付二番頭人補任（700 号資料） 同 10 顕弁、鶴岡社務職補任（701 号資料）		
		1324.11 六波羅探題南方（712-715 号資料）		1324.9 正中の変 同年幕府、称名寺に遠江天竜川・下総高野川架橋を命じる	
			1325.1 顕助、東寺長者補任 同 2 田中殿卒去 同12 顕助、権僧正・法務補任／顕恵、伝法灌頂		
	1326.3.16 執権 同 3.26 執権辞任・出家 (783 号資料)			1326 嘉暦の騒動	
		1327.8 武蔵守補任	1327.3 甘縄顕実卒去 (802 号資料) 同 7 顕弁、園城寺長吏補任（807 号資料）		
			1328.9 谷殿卒去	1328 嘉暦の皇位継承問題	

金沢北条氏関係年表

和暦	西暦	院政	天皇	関東申次	将軍家（鎌倉殿）	得宗	執権	連署	六波羅探題 北方	六波羅探題 南方	称名寺長老
元徳1	1329								1321.11～1330.11 常葉範貞	1324.11～1330.閏6 金沢貞将	
元徳2	1330		1318.2～ 後醍醐	1326.11～1333.5 西園寺公宗	1308.8～1333.5 守邦親王	1311.10～1333.5 北条高時	1326.11～1333.5 赤橋守時	1329.7～1333.5 北条茂時			
元徳3	1331								1330.12～1333.5 普恩寺仲時	1330.7～1333.5 北条時益	1308.11～1338.11 釼阿
正慶1	1332	1331.9～1333.5 後伏見	1331.9～1333.5 光厳								
正慶2	1333										
建武1	1334										
建武2	1335										
建武3	1336										
建武4	1337										
暦応1	1338										1338～ 湛睿
暦応2	1339										

北条顕時	金沢貞顕	金沢貞将	その他の人々	事　項	西暦
			1329.7 顕助薨去	1329 関東大仏造営料唐船派遣 （866 号資料） 同年東山常在光院修造を行う	
		1330.閏6六波羅探題南方を辞任 同12引付一番頭人 （950 号資料）			1330
			1331.4 顕弁薨去 （976 号資料） 同9 貞冬、大将軍として上洛（977-978 号資料）	1331.9 元弘の乱	
	1333.3 顕時三十三廻忌供養のため円覚経を写経 （1010 号資料） 同5鎌倉東勝寺にて自刃 （1014 号資料）	1333.5 山内で討死 （1013 号資料）	1333.5 長門周防守護北条時直降伏	1333.5 鎌倉幕府滅亡 同6後醍醐、称名寺を勅願寺とし、寺領安堵	
				1334 規矩・糸田の乱	

公的文書の発給一覧

一、本一覧は、『鎌倉遺文』（以後『鎌遺』と略す）から実時・顕時・貞顕・貞将の各人が発給した幕府の文書を抽出したものである。

一、項目は、鎌遺番号・文書名・年月日・西暦・出典・受給者・各人の官職（史料上の表記）・備考からなる。

一、文書名は『鎌遺』に依ったが、貞顕の発給文書の内、外題安堵に関しては、文書名「外題安堵」とし、備考欄に『鎌遺』の文書名を記した。

一、備考欄には、和与など特記すべき事項のみ掲げた。また、本書に集録した文書の場合、（●●号資料）として文書番号を付した。

一、各項目内で史料上の割注は〈　〉で表記し、人名註などは（　）で表記した。

一、文書で特に区別が必要なものについては、所蔵機関を出典に付した。

公的文書の発給一覧（実時・顕時・貞顕）

表1　北条実時

鎌遺番号	文書名	年月日	西暦	出　典
8534	北条実時・同時宗請文	(文応元年)7月6日	1260	吾妻鏡文応元年7月6日条
8573	北条時宗・同実時連署状	(文応元年)11月13日	1260	吾妻鏡文応元年11月11日条

表2　北条顕時

鎌遺番号	文書名	年月日	西暦	出　典
15687	鎌倉将軍惟康親王家御教書	弘安8年9月2日	1285	鹿島大禰宜家文書

表3　金沢貞顕

鎌遺番号	文書名	年月日	西暦	出　典
21236	六波羅御教書案	正安4年9月12日	1302	東大寺文書
未　収	六波羅御教書案	正安4年9月15日	1302	東寺百合文書ミ函
21264	六波羅下知状案	正安4年10月18日	1302	黄微古簡集12　八塔寺文書
未　収	六波羅御教書案	正安4年10月27日	1302	東寺百合文書ミ函
未　収	六波羅御教書案	乾元元年11月28日	1302	東寺百合文書ミ函
未　収	六波羅御教書	乾元2年2月9日	1303	醍醐寺文書
21586	六波羅御教書	乾元2年7月(26日カ)	1303	藤田精一氏旧蔵文書
21653	六波羅施行状	嘉元元年9月18日	1303	東寺文書　六芸之部数
21741	六波羅御教書案	嘉元2年2月8日	1304	九条家文書
21871	六波羅御教書案	嘉元2年6月18日	1304	徵古文府　坤
21874	六波羅御教書案	(嘉元2年) 6月24日	1304	徵古文府　坤
21896	六波羅施行状	嘉元2年7月16日	1304	熊谷家文書
未　収	六波羅下知状	嘉元2年11月12日	1304	尊経閣古文書纂　南禅寺慈聖院文書

受給者	史料上の実時の表記	備　考
和泉前司（二階堂行方）	越後守	小侍所別当として去年8月に行われた放生会の御社参供奉人について御所奉行へ出した請文。（117号資料）
和泉前司（二階堂行方）	実時	将軍の二所御参詣供奉人についての請文。（120号資料）

受給者	史料上の顕時の表記	備　考
前大禰宜（中臣頼親）	越後守	訴訟の出廷を求める召文。

受給者	史料上の貞顕の表記	備　考
出羽法印（静瑜）	中務大輔	
東前南北地頭中	中務大輔	『加能史料』鎌倉Ⅱ正安4年10月条
八塔寺	中務大輔平朝臣	
東前南北地頭中	中務大輔	『加能史料』鎌倉Ⅱ正安4年10月条
津戸弥三郎入道 守護代	中務大輔	『加能史料』鎌倉Ⅱ正安4年10月条
味鏡太郎左衛門尉 朝日孫太郎	中務大輔	『大日本古文書　醍醐寺文書』8巻　1935号
河戸村一分地頭	中務大輔	
東寺領伊予国弓削嶋雑掌栄実	中務大輔平朝臣	東寺領伊予国弓削嶋雑掌栄実と地頭代佐房の和与。
輪田庄西方雑掌静成	中務大輔	
豊田彦五郎 河村佐藤五郎入道	越後守	
祭主（大中臣定忠）	越後守	
熊谷三郎四郎法師〈法名行蓮〉後家尼妙法并子息直明	越後守平朝臣	
加賀国得橋郷内佐羅別宮御供田雑掌貞清 得橋本郷地頭代乗賢	越後守平朝臣	菊地紳一「財団法人前田育徳会所蔵文書(6)」(『鎌倉遺文研究』28号) 105号／『加能史料』鎌倉Ⅱ嘉元2年11月12日条、加賀国得橋郷内佐羅別宮御供田雑掌貞清と得橋本郷地頭代乗賢の和与。

公的文書の発給一覧（貞顕）

鎌遺番号	文書名	年月日	西暦	出　典
22032	六波羅御教書案	嘉元2年11月23日	1304	野坂文書
未　収	六波羅御教書写	嘉元12年11月27日	1304	集古文書
22059	六波羅下知状	嘉元2年12月16日	1304	金沢文庫文書
22066	六波羅下知状	嘉元2年12月24日	1304	法金剛院文書
22240	六波羅下知状	嘉元3年6月12日	1305	熊谷家文書
22241	六波羅御教書案	嘉元3年6月12日	1305	東大寺文書
22246	六波羅御教書案	嘉元3年6月22日	1305	東寺百合文書ゐ函
22318	六波羅御教書案	嘉元3年9月7日	1305	東大寺文書
22398	六波羅御教書案	嘉元3年11月27日	1305	東大寺文書
22601	六波羅御教書案	嘉元4年4月7日	1306	東寺文書白河本184
未　収	六波羅御教書案	嘉元4年9月29日	1306	近衛家文書
未　収	六波羅禁制	徳治元年12月16日	1306	法観寺文書
未　収	六波羅御教書案	徳治2年正月25日	1307	近衛家文書
22880	六波羅下知状案	徳治2年3月10日	1307	六波羅蜜寺文書
22881	六波羅御教書案	徳治2年3月11日	1307	東大寺文書
22889	六波羅下知状案	徳治2年3月12日	1307	九条家文書
23047	六波羅御教書	徳治2年9月14日	1307	尊経閣古文書纂　神護寺文書
未　収	六波羅下知状	徳治2年11月23日	1307	賀茂別雷神社文書
23120	六波羅下知状	徳治2年12月23日	1307	賀茂別雷神社文書
23122	六波羅下知状	徳治2年12月24日	1307	高野山文書　宝簡集24
23125	六波羅下知状	徳治2年12月27日	1307	高野山文書　宝簡集24
23180	六波羅下知状	徳治3年2月16日	1308	神護寺文書

受給者	史料上の貞顕の表記	備　考
源氏女	越後守	安芸国厳島社供僧神官と源氏女代官宗賢の訴訟。代官宗賢が出対しないため源氏女に参決を求めた召文。
高野山奥院衆中	越後守	
小□□□住僧覚□	越後[　]	302 号資料
法金剛院領丹波国主殿保領家雑掌定慶	越後守平朝臣	
（熊谷）庄松王丸代国秀	越後守平朝臣	庄松王丸代国秀と伯父又太郎親資の和与。
出羽法印（静瑜）	越後守	
若狭国太良庄地頭代	越後守	召文。
出羽法印（静瑜）	越後守	
出羽法印（静瑜）	越後守	
大内弥三郎入道 酒勾左衛門八郎	越後守	
鵜沼四郎左衛門尉（景広） 酒井次郎左衛門尉（孝信）	越後守	櫻井彦「丹波国宮田荘関連史料—近衛家文書中の『鎌倉遺文』未収文書—」（『鎌倉遺文研究』13 号）19 号「越後守・遠江守連署御教書案」（360 号資料）
法観寺末寺円福寺	越後守平朝臣	
鵜沼四郎左衛門尉（景広） 酒井又四郎	越後守	櫻井彦「丹波国宮田荘関連史料—近衛家文書中の『鎌倉遺文』未収文書—」（『鎌倉遺文研究』13 号）25 号「越後守・遠江守連署御教書案」（373 号資料）
美作国林田郷地頭代	越後守	
東大寺学侶	越後守	
輪田庄西方〈領家羅羅丸〉雑掌静成	越後守平朝臣	
高雄神護寺衆徒	越後守	
	越後守平朝臣	『史料纂集 賀茂別雷神社文書』1 巻 386 号
賀茂別雷神社	越後守平朝臣	
高野山蓮花乗院学侶	越後守平朝臣	
高野山蓮花乗院学侶	越後守平朝臣	
江田五郎入道 伊豆五郎太郎入道	越後守	

鎌遺番号	文書名	年月日	西暦	出　典
23249	六波羅下知状	徳治3年5月2日	1308	尊経閣古文書纂　南禅寺慈聖院文書
23252	六波羅御教書案	徳治3年5月5日	1308	唐招提寺所蔵東大寺文書
23392	六波羅御教書写	徳治3年9月27日	1308	防長風土注進案16　吉田宰判8　山野井村
23433	六波羅下知状	延慶元年10月12日	1308	大橋文書
23448	六波羅御教書	延慶元年11月9日	1308	広峯文書
23458	六波羅下知状	延慶元年11月20日	1308	広峯神社文書
23490	六波羅下知状	延慶元年12月23日	1308	山内首藤文書
23492	六波羅下知状	延慶元年12月24日	1308	益田家文書
23596	六波羅御教書	延慶2年2月21日	1309	忽那家文書
23629	六波羅御教書案	延慶2年3月12日	1309	六波羅蜜寺文書
23884	六波羅御教書	延慶3年2月7日	1310	東寺百合文書イ函
24084	六波羅御教書案	(延慶3年カ)10月5日	1310	東寺百合文書と函
未　収	六波羅御教書案	(延慶3年カ)10月5日	1310	東寺百合文書ヌ函
24276	六波羅御教書	延慶4年3月30日	1311	早稲田大学図書館所蔵文書
補1915	六波羅探題御教書案	(応長元年カ)5月22日	1311	冷泉家文書
補1916	六波羅探題御教書写	(応長元年カ)6月5日	1311	北野社紅梅殿記　上
24380	六波羅御教書案	応長元年7月29日	1311	東寺百合文書な函
24390	六波羅御教書	(応長元年カ)8月7日	1311	離宮八幡宮文書
24395	六波羅下知状案	応長元年8月12日	1311	田代文書
24408	六波羅御教書案写	応長元年8月24日	1311	小早川家文書
補1937	六波羅探題御教書写	応長2年2月17日	1312	北野社紅梅殿記　上

受給者	史料上の貞顕の表記	備　考
南禅寺領加賀国得橋郷地頭代興範	越後守平朝臣	
春近馬允 服部平三	越後守	
近江守	越後守	
久留美庄雑掌覚知 真真部又太郎成正 同太郎入道心光後家尼性忍	越後守平朝臣	播磨国久留美庄雑掌覚知と当庄一分地頭真真部又太郎成正・同太郎入道心光後家尼性忍の和与。
広峯兵衛大夫跡	越後守	鴨河堤の修固を指示する御教書。
祇園本社播磨国広峯社	越後守平朝臣	
山内首藤三郎通資	越後守平朝臣	備後国地毘本郷雑掌道祐と地頭山内首藤三郎通資の和与。
久利郷地頭七郎祐房〈今者死去〉息女清原氏代景光	越後守平朝臣	
綿貫二郎（利用） 高木五郎兵衛入道（盛久）	越後守	
江見孫次郎 角田六郎次郎	越後守	
長崎左衛門入道（高綱）	右馬権頭平貞顕	
大納言僧都（道我）	右馬権頭貞顕	大和国大強盗の交名。
大納言僧都（道我）	右馬権頭貞顕	「『鎌倉遺文』未収録「東寺百合文書」」（『鎌倉遺文研究』5巻）652号「六波羅探題北条時敦・金沢貞顕連署書状案」。『鎌遺』24084号の大和国強盗についてと関連。
小串五郎左衛門尉 □島弥□□□□□□	右馬権頭	
冷泉殿（為相）	右馬権頭貞顕	
左京権大夫入道 （三善師衡）	右馬権頭平貞顕	（482号資料）
東寺領安芸国勅旨雑掌頼有	前越後守	
左京権大夫入道 （三善師衡）	前越後守平貞顕	『鎌遺』25196は編年を誤って重出。
和泉国大鳥庄上条地頭田代豊前又次郎基綱代良遍	前越後守平朝臣	和泉国大鳥庄雑掌定覚と大鳥庄庄上条地頭田代豊前又次郎基綱代良遍の和与。
安芸国沼田庄地頭	前越後守	
海老名和泉弥五郎	武蔵守	

鎌遺番号	文書名	年月日	西暦	出　典
補1938	六波羅探題御教書写	応長2年2月17日	1312	北野社紅梅殿記 上
24545	六波羅御教書案	応長2年3月2日	1312	唐招提寺所蔵東大寺文書
補1941	六波羅探題御教書写	正和元年4月10日	1312	北野社紅梅殿記 上
24603	六波羅御教書案	正和元年5月18日	1312	田代文書
24604	六波羅御教書案	正和元年5月20日	1312	千家文書
補1942	六波羅探題御教書案	正和元年5月29日	1312	広橋家旧蔵永徳度革命諸道勘文裏文書
24621	六波羅下知状案	正和元年7月7日	1312	集古文書28
24652	六波羅御教書	正和元年9月9日	1312	久米田寺文書
24661	六波羅施行状案	正和元年9月24日	1312	四天王寺所蔵如意宝珠御修法日記裏文書
24669	六波羅下知状	正和元年10月7日	1312	高野山文書　宝簡集7
24741	六波羅御教書	正和元年12月17日	1312	久米田寺文書
24749	六波羅下知状案	正和元年12月23日	1312	竹生島文書
24775	関東御教書	正和2年正月12日	1313	鎌倉国宝館所蔵文書
24783	六波羅下知状	正和2年2月2日	1313	尊経閣文庫所蔵武家手鑑
24831	六波羅御教書	正和2年3月23日	1313	神戸大学附属図書館教養部分館所蔵文書
24832	六波羅御教書案	正和2年3月23日	1313	広峯神社文書
24854	六波羅御教書案	正和2年4月29日	1313	鞆淵八幡社文書
24879	六波羅御教書案	正和2年5月27日	1313	仁和寺文書
24881	六波羅御教書案	正和2年6月2日	1313	九条家文書
24942	六波羅下知状	正和2年8月7日	1313	東寺百合文書京函
24943	六波羅施行状	正和2年8月9日	1313	冷泉家文書
25028	六波羅下文案	正和2年11月2日	1313	四天王寺所蔵如意宝珠御修法日記裏文書
25029	六波羅御教書案	正和2年11月2日	1313	益田家文書
25056	六波羅下知状	正和2年12月2日	1313	中村雅真文書

受給者	史料上の貞顕の表記	備　考
加地丸宝殿	武蔵守	
東大寺衆徒	武蔵守	
富樫介入道（定昭）	武蔵守	
品河刑部左衛門尉	武蔵守	
杵築大社国造家	武蔵守	召文。
佐々木二郎	武蔵守	
中沢式部房円性并真継・真景・昌直・覚賢	武蔵守平朝臣	出雲国淀本庄の地頭職の有無についての相論。
惣官	武蔵守	
富樫介入道定昭	武蔵守平朝臣	
高野山大塔領備後国大田庄雑掌朝西	武蔵守平朝臣	
下久米多里地頭	武蔵守	
近江国竹生島寺僧	武蔵守平朝臣	
多賀江四郎	武蔵守	
	武蔵守平朝臣	前欠により宛所不明。和与。
広峯刑部大夫	武蔵守	
広峯刑部大夫	武蔵守／修理権大夫	播磨国広峯社大別当職の相伝について。元亨３年５月８日にも相摸守（北条高時）と修理権大夫（貞顕）が追認。
八幡検校法印	武蔵守	
今林庄雑掌禅練	武蔵守平朝臣	
薬師寺次郎左衛門尉	武蔵守	
摂津国垂水庄下司女播磨房代唯勝	武蔵守平朝臣	
(冷泉）前右衛門督家〈為相卿〉雑掌尚弘	武蔵守平朝臣	
冨樫介法師〈法名定照〉	武蔵守平朝臣	
石見国伊甘郷地頭	武蔵守	
東大寺学侶等雑掌朝舜 長井出羽法印静瑜代禅性	武蔵守平朝臣	東大寺学侶等雑掌朝舜と美濃国茜部庄地頭長井出羽法印静瑜代禅性の和与。

公的文書の発給一覧（貞顕）

鎌遺番号	文書名	年月日	西暦	出　典
25073	六波羅御教書案	正和2年12月15日	1313	唐招提寺所蔵　東大寺文書
25088	六波羅御教書	正和2年12月25日	1313	久米田寺文書
未　収	六波羅施行状案	正和3年2月26日	1314	東寺百合文書ホ函
未　収	六波羅施行状案	正和2年(3カ)閏3月2日	1314	東寺百合文書な函
25163	六波羅御教書案	正和3年6月29日	1314	東寺文書白河本121
25164	六波羅御教書案	正和3年6月29日	1314	萩藩閥閲録　児玉主計広高
25174	六波羅御教書写	正和3年7月7日	1314	続左丞抄4
25181	六波羅御教書写	正和3年7月21日	1314	小早川家文書
25215	六波羅下知状	正和3年8月27日	1314	金沢文庫文書
25216	六波羅下知状	正和3年8月27日	1314	妙興寺文書
25219	六波羅御教書案	正和3年9月9日	1314	東寺百合文書ほ函
25373	六波羅御教書案	正和3年12月11日	1314	唐招提寺所蔵東大寺文書
未　収	関東御教書案	正和4年8月10日	1315	西大寺文書103函
25613	関東下知状	正和4年9月10日	1315	三島大社矢田部家文書
25299	関東下知状案	正和4年11月23日	1315	実相院文書
25662	関東下知状	正和4年11月23日	1315	高野山文書宝簡集7
25705	関東御教書	正和4年12月30日	1315	第2回西武古書大即売展目録
25617	関東御教書案	正和4年9月12日	1315	常陸総社文書
25663	関東下知状案	正和4年11月23日	1315	実相院文書
21494	外題安堵	正和4年12月5日	1315	八坂神社文書
25832	関東御教書案	正和5年5月6日	1316	大友家文書
25837	関東下知状案	正和5年5月12日	1316	詫摩文書
24748	外題安堵	正和5年5月27日	1312	詫摩文書

受給者	史料上の貞顕の表記	備　考
東大寺衆徒	武蔵守	
信太三郎左衛門入道	武蔵守	
堤五郎	武蔵守	「『鎌倉遺文』未収録「東寺百合文書」」（『鎌倉遺文研究』6巻）728号
志芳一方地頭	武蔵守	「『鎌倉遺文』未収録「東寺百合文書」」（『鎌倉遺文研究』6巻）735号
下津五百市地頭代	武蔵守	
児玉小四郎（藤行）	武蔵守	
伊達蔵人太郎入道	武蔵守	
小早川美作民部大夫(朝平)	武蔵守	
伊勢国守護領庄田方地頭代浄慶	武蔵守平朝臣	
尾張国草部郷一分地頭幸寿丸代教円	武蔵守平朝臣	
遠江前司	武蔵守	
服部平三	越後守	武蔵守の誤記か。
越後守（北条時敦）	武蔵守	
三島社神主盛親	武蔵守平朝臣	
肥前国河上社雑掌家邦	武蔵守平朝臣	
高野山大塔領備後国大田庄雑掌朝西	武蔵守平朝臣	
伊与僧都	武蔵守	永福寺薬師堂供僧職の補任状。
完戸壱岐前司（時家）	武蔵守	
肥前国河上社雑掌家邦	武蔵守平朝臣	肥前国河上社雑掌家邦と山田庄領家兼地頭遠江守随時代行真の和与。
次郎入道行念	武蔵守	『鎌遺』では「道念所領譲状案」（乾元2年閏4月14日付）に裏書。
大友左近大夫将監(貞宗)	武蔵守	鎮西警固について。
肥後国六箇庄小山郷地頭早岐判官代清基法師〈法名正心〉代隆信	武蔵守平朝臣	肥後国六箇庄小山郷地頭早岐判官代清基法師代隆信と六箇庄惣追補職給主水原孫四郎宣孝代行信の和与。
菊池孫九郎隆元	武蔵守	『鎌遺』では「早岐正心（清基）譲状案」（正和元年12月21日付）に裏書。

公的文書の発給一覧（貞顕）

鎌遺番号	文書名	年月日	西暦	出　典
25860	関東御教書案	正和5年6月7日	1316	国立公文書館所蔵大乗院文書雑々引付3
25876	関東下知状	正和5年6月27日	1316	中村文書
25930	関東下知状	正和5年9月7日	1316	武沢文書
25978	関東御教書	正和5年閏10月5日	1316	相承院文書
26034	外題安堵	正和5年11月29日	1316	長府毛利家文書
26071	関東御教書	正和6年正月12日	1317	鎌倉国宝館所蔵文書
未　収	関東下知状案	文保元年3月7日	1317	近衛家文書
26117	関東御教書案	文保元年3月20日	1317	薩藩旧記前編巻12古本　末吉検見崎氏家蔵
26121	関東下知状	文保元年3月23日	1317	永光寺文書
26122	関東下知状	文保元年3月23日	1317	永光寺文書
26124	関東下知状案	文保元年3月25日	1317	金剛三昧院文書
25454	外題安堵	文保元年5月25日	1317	後藤文書
26226	関東下知状	文保元年6月7日	1317	尊経閣文庫所蔵　古文書纂　天野文書
未　収	関東下知状	文保元年8月23日	1317	三浦家文書
26463	関東下知状	文保元年12月12日	1317	山内首藤文書
26475	将軍守邦親王家政所下文	文保元年12月21日	1317	藤野文書
26476	関東御教書案	文保元年12月21日	1317	金剛三昧院文書
26477	関東下知状写	文保元年12月21日	1317	福岡市立歴史資料館所蔵青柳資料
26541	関東御教書	文保2年2月2日	1318	大友家文書

受給者	史料上の貞顕の表記	備　考
陸奥守（大仏維貞） 越後守（北条時敦）	武蔵守	越中国放生津住人本阿と越前国坪江郷住人専念の相論船の召文。
中村八郎法師〈法名道覚〉 後家尼音阿	武蔵守平朝臣	
佐野安房兵衛太郎入道明蓮	武蔵守平朝臣	
大輔法印（智円）	武蔵守	下総国葛飾八幡宮別当職の補任状。
	武蔵守	『鎌遺』26034「某譲状」の外題安堵。
多賀江四郎	武蔵守	
陸奥守（大仏維貞）	武蔵守	櫻井彦「丹波国宮田荘関連史料—近衛家文書中の『鎌倉遺文』未収文書—」（『鎌倉遺文研究』13号）27号
遠江守（北条随時）	武蔵守	鎮西探題への御教書。
酒勾八郎頼親女子平氏 〈海野三郎信直妻〉	武蔵守平朝臣	
酒勾八郎頼親女子平氏 〈海野三郎信直妻〉	武蔵守平朝臣	
西海道関渡沙汰人	武蔵守平朝臣	
後藤彦太郎頼任	武蔵守	『鎌遺』では「藤原基任譲状」（正和4年3月18日付）の外題安堵。
天野肥後左衛門尉景茂法師〈法名観景、今者死去〉、女子尼是勝〈本名尊勝〉代泰知 兄次郎左衛門尉景広代盛直・同弟三郎左衛門尉顕茂代朝親	武蔵守平朝臣	
	武蔵守平朝臣	『山口県史』資料編 中世3 三浦家
惣領山内四郎三郎経清	武蔵守平朝臣	備後国地毘庄河北村内門田一分地頭尼見阿代秀実と惣領山内四郎三郎経清の和与。
島津下野前司入道々義（忠宗）	別当武蔵守平朝臣	
高野山金剛三昧院長老	武蔵守	河内国讃良庄の安堵。
菊池浄宗	武蔵守平朝臣	
大友左近大夫将監（貞宗）	武蔵守	

公的文書の発給一覧（貞顕）

鎌遺番号	文書名	年月日	西暦	出　典
26549	関東下知状	文保2年2月16日	1318	白河結城家文書
26593	外題安堵	文保2年3月23日	1318	島津家文書
26592	外題安堵	文保2年3月23日	1318	島津家文書
26594	外題安堵	文保2年3月23日	1318	島津家文書
26612	関東下知状	文保2年3月27日	1318	長楽寺文書
26651	関東下知状	文保2年4月28日	1318	武沢文書
11427	外題安堵	文保2年4月29日	1318	吉川家文書
25819	外題安堵	文保2年5月10日	1318	色部文書
26686	関東下知状	文保2年5月27日	1318	根岸文書
25818	外題安堵	文保2年6月19日	1318	色部文書
補1989	関東下知状案	文保2年6月20日	1318	願泉寺文書
25599	外題安堵	文保2年6月日	1318	伊佐早謙蔵色部文書
26726	関東御教書案	文保2年7月5日	1318	大友家文書録
未　収	外題安堵	文保2年7月27日	1318	萩藩閥閲録　梨羽頼母組 巻58内藤二郎左衛門70号裏書
26748	関東下知状	文保2年7月29日	1318	成田文書
26804	関東寄進状案	文保2年10月9日	1318	金剛三昧院文書
26840	関東下知状案	文保2年11月7日	1318	金剛三昧院文書
26852	関東御教書案	文保2年11月17日	1318	大友家文書
26888	関東下知状	文保2年12月12日	1318	大友家文書
26902	関東下知状	文保2年12月22日	1318	茂木文書
26903	関東下知状案	文保2年12月23日	1318	長楽寺文書

受給者	史料上の貞顕の表記	備　考
結城摂津守盛広	武蔵守平朝臣	
大むすめ御せん	武蔵守	『鎌遺』「島津道義忠宗譲状」（文保2年3月15日付）の外題安堵。
貞久	武蔵□□	『鎌遺』「島津道義忠宗譲状」（文保2年3月15日付）の外題安堵。
時久	武蔵守	『鎌遺』「島津道義忠宗譲状」（文保2年3月15日付）の外題安堵。
加治伊郎左衛門尉法師〈法名教意〉女尼仙心	武蔵守平朝臣	
佐野弥太郎増綱	武蔵守平朝臣	
万満丸（周防親基）	武蔵守	『鎌遺』「僧覚実周防制多迦丸譲状案」（文永10年10月5日付）の裏書。
平長倫息又童	武蔵守	『鎌遺』「平長倫譲状案」（正和5年4月19日付）の裏書。
経清 頼行	武蔵守平朝臣	紀伊国富安庄雑掌経清と地頭代頼行の和与。
平長倫	武蔵守	『鎌遺』「平長綱所職譲状」（正和5年4月19日付）の外題安堵。
尊重護法寺雑掌良勝	武蔵守平朝臣	
平長倫 母御前	武蔵守	『鎌遺』「色部長綱譲状」（正和4年8月13日付）の裏書。
大友左近大夫将監（貞宗）	武蔵守	
内藤景廉	武蔵守	『萩藩閥閲録』2巻　内藤次郎左衛門70号「内藤景廉譲状」（正和3年2月3日付）文書の外題安堵。
	武蔵守	前欠により宛所不明。
高野山金剛三昧院	武蔵守	
備後国神崎庄雑掌行盛	武蔵守平朝臣	備後国神崎庄地頭阿野侍従季継代助景と雑掌行盛の和与。
大友左近大夫将監（貞宗）	武蔵守	
美濃国中村庄下方地頭大友左近大夫将監貞宗代上円	武蔵守平朝臣	
前大勝大夫長典法師□□	武蔵守平□□	
由良孫三郎景長妻紀氏	武蔵守平朝臣	

公的文書の発給一覧（貞顕）

鎌遺番号	文書名	年月日	西暦	出　典
26904	関東御教書案	文保2年12月23日	1318	壬生家文書
26906	関東下知状	文保2年12月24日	1318	埼玉県立文書館所蔵安保文書
26962	関東下知状案	文保3年3月10日	1319	金剛三昧院文書
26973	関東下知状案	文保3年3月16日	1319	金剛三昧院文書
26975	関東下知状案	文保3年3月18日	1319	古案記録草案　色部文書
20363	外題安堵	元応元年6月5日	1319	熊谷家文書
27062	六波羅下知状案	元応元年6月16日	1319	金剛三昧院文書
27063	六波羅下知状案	元応元年6月16日	1319	金剛三昧院文書
27091	関東下知状	元応元年7月12日	1319	別符文書
27092	関東下知状	元応元年7月12日	1319	守矢文書
27104	関東御教書案	元応元年7月29日	1319	勧修寺文書
27348	関東下知状	元応元年12月27日	1319	若王子神社文書
27089	関東下知状	元応元年7月7日	1319	見聞筆記13
27382	関東下知状	元応2年2月23日	1320	長楽寺文書
27392	関東下知状	元応2年3月2日	1320	飯野家文書
27402	関東御教書案	元応2年3月11日	1320	肝属氏系図文書写
27429	関東下知状案	元応2年4月2日	1320	報国寺文書
27513	関東御教書写	元応2年6月16日	1320	川上忠塞一流家譜
27515	関東下知状	元応2年6月25日	1320	小野文書
未　収	関東御教書并事書案	元応2年7月29日	1320	勧修寺文書
27574	関東下知状写	元応2年9月25日	1320	小早川家文書
27652	関東下知状案	元応2年12月7日	1320	四天王寺所蔵如意宝珠御修法日記裏文書
27658	関東御教書案	元応2年12月16日	1320	福智院家文書
20208	外題安堵	元応2年12月20日	1320	入来院岡元家文書

受給者	史料上の貞顕の表記	備　考
陸奥守（大仏維貞） 越後前司（北条時敦）	武蔵守	
安保次郎行員法師〈□□信阿〉	武蔵守平朝臣	
高野山金剛三昧院	前武蔵守平朝臣	
高野山金剛三昧院	武蔵守平朝臣	
色部九郎左衛門尉長行 色部孫五郎長直	武蔵守平朝臣	色部九郎左衛門尉長行と同孫五郎長直の和与。
新三郎	前武蔵守	『鎌遺』「了道譲状」（正安2年1月23日付）の外題安堵。
高野山金剛三昧院	前越前守平朝臣	
高野山金剛三昧院	前越後守平朝臣	
別符太郎幸時	前武蔵守平朝臣	
白河十郎有忠	前武蔵守平朝臣	
陸奥守（大仏維貞）	前武蔵守	
淡路国由良庄雑掌善阿	前武蔵守平朝臣	淡路国由良庄雑掌善阿と地頭木内下総四郎左衛門入道道源代道政・円性の和与。
山城国淀魚市庄雑掌厳永	前武蔵守平朝臣	
加地三郎左衛門尉法師〈法名教意〉女子尼仙心	前武蔵守平朝臣	
長田余一入道昌遍〈今者死去〉子息次郎貞昌	前武蔵守平朝臣	
遠江前司（北条随時）	前武蔵守	
粟生田彦太郎道村妻藤原氏	前武蔵守平朝臣	
	前武蔵守	永福寺修造用途について。
紀氏宮石女并盛忠等代泰次	前武蔵守平朝臣	
陸奥守（大仏維貞）	前武蔵守	『愛知県史』784（3）号
小早河美作弥四郎左衛門尉景宗〈本名政宗〉	前武蔵守平朝臣『貞顕』	
富樫介法師〈法名定照今者死去〉子息次郎	前武蔵守平朝臣	
律明上人	前武蔵守	
ひたち殿	前武蔵守	『鎌遺』「渋谷重世譲状案」（正安元年8月17日付）の外題安堵。

鎌遺番号	文書名	年月日	西暦	出　典
26216	外題安堵	元応 2 年 12 月 20 日	1320	後藤文書
27694	関東下知状	元応 3 年正月 7 日	1321	山形大学所蔵中条文書
27807	関東下知状案	元亨元年 6 月 20 日	1321	越後文書宝翰集　河村氏文書
27808	将軍守邦親王家寄進状案	元亨元年 6 月 22 日	1321	金沢文庫文書
27810	関東下知状	元亨元年 6 月 27 日	1321	秋山喜十所蔵文書
27806	関東御教書	元亨元年 6 月□日	1321	明王院文書
27825	将軍（守邦親王）家寄進状案	元亨元年 8 月 7 日	1321	金沢文庫文書
27826	関東下知状案	元亨元年 8 月 7 日	1321	越後文書宝翰集　河村氏文書
27860	関東御教書案	元亨元年 9 月 12 日	1321	立花大友文書
27877	関東下知状案	元亨元年 10 月 11 日	1321	薩藩旧記前編 12　牛屎文書
27876	外題安堵	元亨元年 10 月 20 日	1321	田代文書
27883	関東御教書	元亨元年 10 月 20 日	1321	二階堂氏正統家譜 10
27910	関東御教書案	元亨元年 12 月 6 日	1321	益永文書
27911	関東御教書	元亨元年 12 月 7 日	1321	越後文書宝翰集　三浦和田文書
27912	関東下知状	元亨元年 12 月 7 日	1321	飯野家文書
27504	外題安堵	元亨元年 12 月 15 日	1321	相馬岡田文書
27917	関東下知状	元亨元年 12 月 16 日	1321	宮内庁書陵部所蔵文書
27924	関東御教書写	元亨元年 12 月 25 日	1321	太宰管内志所収　宇佐記
27930	関東下知状	元亨元年 12 月 27 日	1321	中込寛量所蔵文書
27961	関東下知状	元亨 2 年 2 月 27 日	1322	相摸文書
28034	関東下知状案	元亨 2 年 5 月 27 日	1322	金沢文庫文書
28055	関東御教書案	元亨 2 年 6 月 7 日	1322	樋田文書

受給者	史料上の貞顕の表記	備　考
彦五郎もとつね	前武蔵守	『鎌遺』「藤原頼任ゆつり状」（文保元年5月26日付）の外題安堵。
古河条内中村地頭佐々木太郎重朝女子尼道信	前武蔵守平朝臣	越後国加地庄雑掌孝順と古河条内中村地頭佐々木太郎重朝女子尼道信の和与。
河村小太郎秀久	前武蔵守平朝臣	
称名寺	前武蔵守平朝臣	
美濃国饗庭東庄内屋井郷雑掌道性	前武蔵守平朝臣	
播磨律師（慶綱ヵ）	前武蔵守	
称名寺	前武蔵守平朝臣	下総国結城郡下方内毛呂郷の寄進。
早河村小太郎秀久	前武蔵守平朝臣	
大友左近大夫将監（貞宗）	前武蔵守	
牛屎院司	前武蔵守平朝臣	
松石女	前武蔵守	『鎌遺』「佐々木宗清譲状案」（元亨元年10月10日付）の外題安堵。
隠岐三郎（二階堂行雄）	前武蔵守	
武蔵修理亮（北条英時）	前武蔵守	宇佐宮弥勒寺造営について。
和田彦四郎（茂実）	前武蔵守	
伊賀前司頼泰〈今者死去〉子息次郎左衛門尉光貞代義直	前武蔵守平朝臣	
五郎たねやす	前武蔵守	『鎌遺』「尼専照胤盛後家譲状」（元応2年6月8日付）の外題安堵。
得田彦次郎章実 地頭代重隆	前武蔵守平朝臣	能登国高畠庄内小柴村地頭得田彦次郎章実と同国大町保地頭代重隆の和与。
武蔵修理亮（北条英時）	武蔵守	鎮西探題への御教書。
	前武蔵守平朝臣	和与。前欠により宛所不明。
相模国飯田郷地頭飯田四郎法師〈法名浄宗〉女子尼妙心	前武蔵守平朝臣	
原井兵衛四郎有時後家平氏	前武蔵守平朝臣	
越中二郎左衛門尉（顕資）	前武蔵守	

公的文書の発給一覧（貞顕）

鎌遺番号	文書名	年月日	西暦	出　典
28057	関東御教書案	元亨2年6月7日	1322	樋田文書
28064	関東下知状案	元亨2年6月20日	1322	余目文書
28090	関東下知状	元亨2年7月7日	1322	越後文書宝翰集　三浦和田文書
28114	関東下知状	元亨2年7月27日	1322	留守文書
27887	外題安堵	元亨2年10月11日	1322	市河文書
27886	外題安堵	元亨2年10月11日	1322	市河文書
28210	関東下知状案	元亨2年10月27日	1322	正木文書
18695	外題安堵	元亨2年10月29日	1322	飯野八幡宮文書
27265	外題安堵	元亨2年11月20日	1322	吉川家文書
27267	外題安堵	元亨2年11月20日	1322	吉川家文書
27266	外題安堵	元亨2年11月20日	1322	吉川家文書
18266	外題安堵	元亨2年12月2日	1322	三浦家文書
28288	関東下知状案	元亨2年12月23日	1322	米沢市立図書館所蔵色部文書
28336	関東下知状	元亨3年2月23日	1323	得田文書
未　収	関東御教書案	元亨3年3月29日	1323	太宰管内志所収　宇佐記
14292	外題安堵	元亨3年5月8日	1323	深江家文書
28397	関東御教書	(元亨3年)5月10日	1323	島津家文書
28432	将軍家政所下文	元亨3年6月20日	1323	尊経閣古文書纂　宝菩提院文書
28433	関東寄進状	元亨3年6月20日	1323	金沢文庫文書
28463	関東下知状案	元亨3年7月27日	1323	諏訪大社下社文書
28467	関東御教書	元亨3年7月29日	1323	金剛三昧院文書

受給者	史料上の貞顕の表記	備　考
大宰少弐貞経	前武蔵守	宇佐宮の条々。
いゑあきら 大夫四郎かけもと	前武蔵守平朝臣	いゑあきらと大夫四郎かけもとの和与。
和田又四郎章連	前武蔵守平朝臣	
留守左衛門二郎家明	前武蔵守平朝臣	
大井田女子伊賀次郎太郎か母	修理権大夫	『鎌遺』「市河盛房譲状」（元亨元年10月24日付）の外題安堵。
六郎助房	修理権大夫	『鎌遺』「市河盛房譲状」（元亨元年10月24日付）の外題安堵。
新田下野太郎入道々定代堯海	修理権大夫平朝臣	
伊賀光貞	修理権大夫	『鎌遺』「伊賀頼泰所領譲状案」（永仁2年11月11日付）の裏書。
ますくま	修理権大夫	『鎌遺』「吉川一心経高譲状」（元応元年10月3日付）の外題安堵。
わうくま	修理権大夫	『鎌遺』「吉川一心経高譲状」（元応元年10月3日付）の外題安堵。
ますくま	しゆりのこんのかミ	『鎌遺』「吉川一心経高譲状」（元応元年10月3日付）の外題安堵。
とうにまろ	修理権大夫	『鎌遺』「沙弥某譲状」（正応6年7月25日付）の裏書。
長直	修理□□	
得田又二郎章時〈今者死去〉子息彦三郎	修理大夫平朝臣	能登得田保内志良田地頭尼心称代頼種と得田又二郎章時〈今者死去〉子息彦三郎の和与。
武蔵修理亮（北条英時）	修理大夫	『鎮西探題史料集』628号
まつつる母	修理権大夫	『鎌遺』「平重政所領譲状」（弘安4年4月15日付）の裏書。
武蔵修理亮（北条英時）	修理権大夫	島津大隅前司久長の出家について。
賀茂八郎左衛門尉 周東弥太郎高景	別当修理権大夫平朝臣	
金沢称名寺	修理権大夫平朝臣	
大祝時澄代久政	修理権大夫平朝臣	
武蔵修理亮（北条英時）	修理権大夫	筑前国粥田庄の殺生禁断について。

公的文書の発給一覧（貞顕）

鎌遺番号	文書名	年月日	西暦	出　典
28532	関東下知状写	元亨 3 年 9 月 23 日	1323	水府志料所収文書
27900	外題安堵	元亨 3 年 10 月 5 日	1323	南禅寺文書
28565	関東下知状	元亨 3 年 10 月 27 日	1323	香取社旧大禰宜家文書
24794	外題安堵	元亨 3 年 12 月 2 日	1323	茂木文書
27916-2	外題安堵	元亨 3 年 12 月 2 日	1323	三浦家文書
28608	関東下知状	元亨 3 年 12 月 7 日	1323	禰寝文書
28609	関東下知状	元亨 3 年 12 月 7 日	1323	池端文書
28611	関東下知状	元亨 3 年 12 月 12 日	1323	五十川清所蔵文書
28643	関東御教書案	元亨 4 年正月 20 日	1324	薩藩旧記前篇巻 14　加治木新納仲左衛門蔵
28659	関東御教書案	元亨 4 年 2 月 5 日	1324	東寺百合文書ヱ函
26214	外題安堵	元亨 4 年 2 月 13 日	1324	吉川家文書
28753	関東御教書	元亨 4 年 5 年 17 日	1324	大友家文書
補2034	外題安堵	元亨 4 年 6 月 21 日	1324	山内文書
28763	関東下知状	元亨 4 年 6 月 2 日	1324	留守文書
26401	外題安堵	元亨 4 年 8 月 4 日	1324	島津伊作家文書
28805	関東御教書	元亨 4 年 8 月 25 日	1324	金沢文庫文書
28846	関東下知状	元亨 4 年 10 月 7 日	1324	長楽寺文書
28888	関東下知状案	元亨 4 年 11 月 23 日	1324	田鎖文書
28903	関東下知状	元亨 4 年 12 月 7 日	1324	飯野家文書

受給者	史料上の貞顕の表記	備　考
伊賀彦次郎行元	修理権大夫平朝臣	
伊達貞綱	修理権大夫	『鎌遺』「伊達宗綱譲状」（元亨元年 11 月 10 日付）の外題安堵。
香取蔵人三郎実胤	修理権大夫平朝臣	
（茂木）たけくま丸	修理権大夫	『鎌遺』「茂木知氏譲状」（正和 2 年 2 月 10 日付）の裏書。
平子十郎（重通）	修理権大夫	『鎌遺』「平子重嗣去渡状」（元亨元年 12 月 15 日付）の裏書。
建部重清	修理権大夫平朝臣	
建部氏〈字又〉	修理権大夫平朝臣	
原孫三郎貞頼後家尼浄忍并子息彦七頼忠 同左衛門尉法師〈法名浄忍〉及子息新左衛門尉時忠	修理権大夫平朝臣	原孫三郎貞頼後家尼浄忍并子息彦七頼忠と同左衛門尉法師〈法名浄忍〉及子息新左衛門尉時忠の和与。
	修理権大夫	
陸奥守（大仏維貞） 遠江左近大夫将監（常葉範貞）	修理権大夫	室町院御遺領について。
吉川経景	修理権大夫	『鎌遺』「吉川慈真経家譲状」（文保元年 5 月 25 日付）の外題安堵。
近江守（大友貞宗）	修理権大夫	
くまつる丸	修理権大夫	『鎌遺』「尼いくわん山内時業女譲状」（元亨 4 年 3 月 29 日付）の外題安堵。
留守左衛門四郎家泰	修理権大夫平朝臣	
左京進（島津宗久）	修理権大夫	『鎌遺』「島津久長自筆譲状」（文保元年 10 月 22 日付）の裏書。
称名寺長老（釼阿）	修理権大夫	遠江国天竜川・下総国高野川両所橋について。
小柴彦次郎盛光妻紀氏	修理権大夫平朝臣	
閉伊光頼	修理権大夫平朝臣	
陸奥国岩城郡好島庄西方預所伊賀前司頼泰〈今者死去〉子息二郎左衛門尉光貞代官義直	修理権大夫平朝臣	

公的文書の発給一覧（貞顕）

鎌遺番号	文書名	年月日	西暦	出　典
28906	関東御教書案	元亨4年12月10日	1324	東寺百合文書ヱ函
28933	関東下知状案	正中元年12月21日	1324	広峯神社文書
28934	関東下知状	正中元年12月23日	1324	飯野家文書
29102	関東下知	正中2年5月2日	1325	内藤家文書
24992	外題安堵	正中2年5月4日	1325	東寺百合文書へ函
未　収	関東御教書案	正中2年5月28日	1325	集古文書
29133	関東下知状	正中2年6月12日	1325	山内首藤文書
29138	関東御教書	正中2年6月20日	1325	薩藩旧記前編14末吉検見崎氏蔵
29147	関東下知状写	正中2年7月7日	1325	越後文書宝翰集　三浦和田文書
29184	関東御教書	正中2年8月25日	1325	大和文華館所蔵文書
29193	関東下知状	正中2年9月7日	1325	越後文書宝翰集　三浦和田文書
29218	関東下知状	正中2年10月7日	1325	島津家伊作文書
29237	関東下知状	正中2年10月27日	1325	島津家伊作文書
29288	関東御教書案	正中2年12月13日	1325	大川文書
29297	関東御教書	正中2年12月25日	1325	円覚寺文書
29281	関東下知状	（正中2年？）□月□日	1325	金沢文庫文書
29334	関東御教書写	正中3年正月23日	1326	太宰管内志所収　宇佐記
28360	関東下知状案	正中3年3月25日	1326	臼田文書
29446	関東下知状写	正中3年3月25日	1326	大善寺文書

受給者	史料上の貞顕の表記	備　考
越後前司（北条時敦） 遠江左近大夫将監（常葉維貞）	修理権大夫	室町院御遺領について。
兼清	修理権大夫平朝臣	
陸奥国岩城郡好島庄西方預所伊賀前司頼泰〈今者死去〉子息次郎左衛門尉光貞代義直	修理権大夫平朝臣	
大慈寺新阿弥陀堂雑掌朝覚	修理権大夫平朝臣	大慈寺新阿弥陀堂雑掌朝覚と中山八郎次郎重綱代行源の和与。
孫太郎範長	修理権大夫	『鎌遺』「藤原範兼所領譲状」（正和2年9月12日付）の外題安堵。
二位阿闍梨御房	修理権大夫	
山内三郎左衛門尉通藤子息三郎右衛門尉通宗後家尼性忍	修理権大夫平朝臣	（504号資料）
武蔵修理亮（北条英時）	修理権大夫	
和田左衛門四郎茂長女子平氏代夫政世	修理権大夫平朝臣	
越後前司（金沢貞将） 遠江左近大夫将監（常葉範貞）	修理権大夫	
和田左衛門四郎茂長女子平氏	修理権大夫平朝臣	和田左衛門四郎茂長女子平氏と姉平氏〈富安三郎息女〉の和与。
地頭大隅左京進宗久代道慶	修理権大夫平朝臣	島津庄薩摩方伊作庄・同日置北郷雑掌憲俊と地頭大隅左京進宗久代道慶の和与。
地頭大隅左京進宗久代道慶	修理権大夫平朝臣	島津庄薩摩方日置新御領雑掌承信と地頭大隅左京進宗久代道慶の和与。
武蔵修理亮（北条英時）	修理権大夫	
建長寺正統院	修理権大夫平朝臣	常陸国椎火郷宮山村内田地壱町七段・屋敷2ケ所の寄進。
	修理権大夫平朝臣	
宇佐宮	武蔵守	修理権大夫の誤りか。
臼田四郎重経	修理権大夫平朝臣	
柏尾山大善寺	修理権大夫	

公的文書の発給一覧（貞顕・貞将）

鎌遺番号	文書名	年月日	西暦	出　典
29384	関東下知状	（正中３年？）	1326	金沢文庫文書

※『鎌遺』29649・29775・29783・28778・29963 号では金沢貞顕発給とされている。しかし貞顕は嘉暦元年３月 26 日に出家している。また続いて連署となった大仏維貞が修理大夫となっているので、これらの文書は一覧からは除外した。

表４　金沢貞将

鎌遺番号	文書名	年月日	西暦	出　典
28981	六波羅御教書案	正中２年２月２日	1325	東寺百合文書ぬ函
未　収	六波羅御教書案	正中２年３月 12 日	1325	薩藩旧記前編巻 10
29043	六波羅御教書案	正中２年３月 13 日	1325	国分寺文書
29064	六波羅御教書案	正中２年３月 23 日	1325	薩摩入来院氏臣岡元文書
29098	六波羅御教書	正中２年４月 24 日	1325	松尾神社文書
29106	六波羅御教書案	正中２年５月 15 日	1325	東大寺東南院文書
29107	六波羅御教書案	正中２年５月 15 日	1325	東大寺東南院文書
29189	六波羅下知状案	正中２年９月２日	1325	吉川家文書
29522	六波羅御教書	嘉暦元年６月 12 日	1326	中村文書
29582	六波羅御教書	嘉暦元年８月 12 日	1326	中村雅真文書
29643-B	六波羅御教書	(嘉暦元年)10 月 29 日	1326	根岸文書
29652	六波羅下知状	嘉暦元年 11 月 12 日	1326	東寺百合文書せ函
29654	六波羅御教書案	嘉暦元年 11 月 16 日	1326	東寺百合文書ぬ函
29686	六波羅御教書	嘉暦元年 12 月 17 日	1326	千家文書
29757	六波羅御教書案	嘉暦２年３月２日	1327	東大寺文書
29790	六波羅御教書案	嘉暦２年３月 30 日	1327	東大寺文書
29791	六波羅下知状案	嘉暦２年３月 30 日	1327	東大寺文書
29820	六波羅下知状	嘉暦２年４月 23 日	1327	早稲田大学図書館所蔵佐草文書
29855	六波羅御教書	嘉暦２年５月 25 日	1327	東大寺文書
29861	六波羅御教書	嘉暦２年６月９日	1327	尊経閣古文書纂　南禅寺慈聖院文書

受給者	史料上の貞将の表記	備　考
	修理権大夫平朝臣	宛所不明。『鎌遺』29281号も重複。

受給者	史料上の貞将の表記	備　考
真上彦三郎	前越後守	摂津国垂水庄の相論。
武蔵修理亮（北条英時）	前越後守	『鎮西探題史料集』742号
武蔵修理亮（北条英時）	前越後守	
渋谷平六	前越後守	
荻野総三郎入道	前越後守	
出羽孫三郎（長井泰朝）	前越後守	東大寺領美濃国茜部庄の相論。
大夫阿闍梨（長井桓瑜）	前越後守	東大寺領美濃国茜部庄の相論。
永安彦次郎兼時女子尼良海〈字孫夜叉〉代道正と舎弟弥次郎兼員代明仁	前越後守平朝臣	永安彦次郎兼時女子尼良海代道正と舎弟弥次郎兼員代明仁の和与。
伊賀国守護代（平常茂）	前越後守	
伊賀国守護代	前越後守	
法性寺前宰相（親康）	前越後守平貞将	
東寺雑掌行胤	武蔵守平朝臣	
真上彦三郎	武蔵守	
杵築大社国造家	武蔵守	
守護代（平常茂）	武蔵守	
伊丹左衛門三郎	武蔵守	次項29791号文書と関連。摂津国兵庫島に関する。
渋谷四郎太郎入道	武蔵守	
源氏女代行祐 飯沼新三郎親泰法師〈法名覚法〉	武蔵守平朝臣	源氏女代行祐と飯沼新三郎親泰法師の和与。
渋谷四郎太郎入道	武蔵守	『鎌遺』29790・29791号と関連。
長野惣領地頭	武蔵守	

公的文書の発給一覧（貞将）

鎌遺番号	文書名	年月日	西暦	出　典
29873	六波羅下知状	嘉暦2年6月27日	1327	高野山文書　宝簡集7
29881	六波羅御教書案	嘉暦2年7月1日	1327	京都大学総合博物館所蔵東大寺文書
29883	六波羅御教書	嘉暦2年7月2日	1327	忽那文書
29915	六波羅御教書案	嘉暦2年8月5日	1327	東寺百合文書ぬ函
29918	六波羅御教書案	嘉暦2年8月11日	1327	東大寺文書
29948	六波羅御教書案	嘉暦2年8月28日	1327	東大寺東南院文書
29974	六波羅下知状	嘉暦2年9月23日	1327	甲子夜話続篇巻71
29989	六波羅下知状	嘉暦2年後9月7日	1327	東寺百合文書マ函
29994	六波羅御教書案	嘉暦2年閏9月10日	1327	東大寺文書　成巻文書72
未　収	六波羅御教書案	嘉暦2年10月22日	1327	東寺百合文書さ函
未　収	六波羅御教書	嘉暦2年10月28日	1327	東寺文書　五常部智1
30072	六波羅御教書案	嘉暦2年11月12日	1327	東大寺文書
未　収	六波羅御教書	嘉暦2年12月8日	1327	東寺百合文書さ函
30095	六波羅下知状	嘉暦2年12月12日	1327	田代文書
30102	六波羅下知状	嘉暦2年12月16日	1327	香宗我部家伝証文
30131	六波羅御教書	嘉暦3年2月6日	1328	広島大学所蔵進士文書
30160	六波羅御教書	嘉暦3年2月28日	1328	広島大学所蔵進士文書
30241	六波羅下知状案	嘉暦3年4月27日	1328	六波羅蜜寺文書
30338	六波羅下知状	嘉暦3年8月13日	1328	離宮八幡宮文書
30413	六波羅下知状案	嘉暦3年10月7日	1328	東大寺東南院文書
30591	六波羅下知状	嘉暦4年4月23日	1329	高野山文書　宝簡集7

受給者	史料上の貞将の表記	備　考
高野山金剛峯寺衆徒并備後国大田庄雑掌朝酉	武蔵守平朝臣	
服部右衛門大夫入道(持法)	武蔵守	
守護代	武蔵守	
真上彦三郎	武蔵守	
守護代（平常茂）	武蔵守	
波賀次郎入道 矢部七郎	武蔵守	
芥河岡孫四郎入道信覚	武蔵守平朝臣	
東寺勧学会料所安芸国三田郷雑掌行胤	武蔵守平朝臣	東寺勧学会料所安芸国三田郷雑掌行胤と当郷惣地頭市河又五郎入道行心代頼行の和与。
服部右衛門太郎入道(持法)	武蔵守	
地頭代	武蔵守	「『鎌倉遺文』未収録「東寺百合文書（26）」」950号（『鎌倉遺文研究』26号　2010年）
地頭殿中	武蔵守	「『鎌倉遺文』未収録「東寺百合文書（26）」」948号（『鎌倉遺文研究』26号　2010年）
守護代（平常茂）	武蔵守	
地頭代	武蔵守	「『鎌倉遺文』未収録「東寺百合文書（26）」」518号（『鎌倉遺文研究』26号　2010年）
田代又次郎基綱	武蔵守平朝臣	高陽院大番領雑掌頼直と和泉国大鳥庄上条地頭田代又次郎基綱の相論。訴人頼直の主張が破棄される。
立山社地頭彦太郎宣通	武蔵守平朝臣	
	武蔵守	美濃国二木郷惣領地頭円俊の代官円慶と濫妨人の召文。
	武蔵守	美濃国二木郷惣領地頭円俊の代官円慶と濫妨人の召文。
六波羅蜜寺々僧	武蔵守平朝臣	
八幡宮大山崎神人等	武蔵守平朝臣	
東大寺領美濃国茜部庄雑掌定尊	武蔵守平朝臣	
高野山大塔領備後国大田庄雑掌良信	武蔵守平朝臣	高野山大塔領備後国大田庄雑掌良信与同庄桑原方地頭美作権守貞宗代源舜の和与。

公的文書の発給一覧（貞将）

鎌遺番号	文書名	年月日	西暦	出　典
30601	六波羅下知状案	嘉暦4年5月5日	1329	菅浦文書
30643	六波羅御教書案	嘉暦4年6月28日	1329	東大寺東南院文書
30669-1	六波羅下知状	嘉暦4年7月23日	1329	慶応大学所蔵反町文書
30768	六波羅御教書	元徳元年11月2日	1329	離宮八幡宮文書
30979	六波羅御教書	元徳2年3月20日	1330	壬生家文書
31000	六波羅下文	元徳2年4月16日	1330	忽那文書
31013	六波羅下知状	元徳2年4月23日	1330	高野山文書　宝簡集6
31018	六波羅御教書案	元徳2年4月24日	1330	東大寺文書
31116	六波羅下知状案	元徳2年閏6月27日	1330	金剛峯寺文書

受給者	史料上の貞将の表記	備　考
佐々木三郎右衛門尉	武蔵守	関連文書『鎌遺』30538号「後醍醐天皇綸旨」・30548号「後醍醐天皇綸旨案」30549号「西園寺公宗御教書案」。
椙谷又三郎入道	武蔵守	
久美孫三郎行親代行信	武蔵守平朝臣	
小笠原又大郎 田村十郎入道	武蔵守	
安見弥三郎入道 大山又三郎	武蔵守	
藤原氏〈字如福〉	武蔵守平朝臣	
高野山大塔領備後国大田庄雑掌良信	武蔵守平朝臣	
大夫阿闍梨（長井桓瑜）	武蔵守	
高野山大塔領備後国大田庄雑掌良信	武蔵守平朝臣	高野山大塔領備後国大田庄雑掌良信と同庄太田方黒淵別作地頭上田次郎入道善綱代亮秀の和与。